Je comprends tout !

2de

Français
Françoise Rio

Mathématiques
Olivier Revil

Histoire-Géographie
Sylvie Martin-Rayeh

SVT
Christian Camara
Claudine Gaston

Physique-Chimie
Nicolas Coppens
Olivier Doerler

Anglais
Catherine Baudry

Espagnol
Claire Ramboz

Allemand
Cécile Brunet

Nathan

SOMMAIRE

FRANÇAIS

MATHÉMATIQUES

HISTOIRE-GÉOGRAPHIE

 ISBN 978-2-09-185349-9

1 Le lexique

SAVOIR

L'étude du lexique concerne la forme et les différents sens des mots d'une langue.

La forme des mots

Chaque mot est l'union d'un **signifiant** (les lettres et les sons qui le constituent) et d'un **signifié** (ses significations).

Le sens des mots

- Le **sens propre** est le sens premier d'un mot, qui peut aussi avoir un ou plusieurs **sens figurés**, plus abstraits ou imagés : *le cœur qui bat* (sens propre) / *le cœur de la ville* (sens figuré).
- La **dénotation** désigne le sens objectif, usuel, d'un mot, tel qu'il est défini dans le dictionnaire ; la **connotation** renvoie aux significations secondaires et subjectives, aux valeurs positives ou négatives qui sont associées à certains mots et qui varient selon l'époque et les références culturelles ou personnelles : le verbe *jacasser*, dénotant le cri de la pie, a une connotation péjorative quand, appliqué aux humains, il désigne le bavardage futile.
- La plupart des mots sont **polysémiques**, c'est-à-dire qu'ils ont plusieurs sens ; les mots **monosémiques** (qui n'ont qu'un seul sens) renvoient généralement au vocabulaire spécialisé des sciences et des techniques.

Champ sémantique et champ lexical

L'ensemble des différents sens d'un mot constitue son **champ sémantique** (les expressions *table de bois, se mettre à table, table de multiplication* appartiennent au champ sémantique du mot *table*). Il ne faut pas confondre cette notion de champ sémantique avec celle de **champ lexical**, désignant l'ensemble des mots qui, dans un texte ou un discours, renvoient à une même notion, un même thème : *père, mère, fils, fille, fratrie* constituent le champ lexical de la *famille*.

Synonymes, antonymes, homonymes et paronymes

- Les **synonymes** sont des mots de sens similaire ou proche : *parler / causer*.
- Les **antonymes** sont des mots de sens contraire : *éloge / blâme*.
- Les **homonymes** sont des mots qui se prononcent ou s'écrivent de la même façon mais qui diffèrent par leur sens : *dessin / dessein*.
- Les **paronymes** sont des mots de forme proche (orthographe ou prononciation) mais de sens différent : *compréhensible* (qu'on peut comprendre) / *compréhensif* (qui comprend les autres, est bienveillant).

Niveaux de langue

Les mots peuvent appartenir à différents niveaux de langue : **familier** (langue orale relâchée ou argotique), **courant** (vocabulaire ordinaire, compris par tous), **soutenu** (mots élégants, rares).

Ce plat, je l'ai kiffé ! (familier)
J'ai bien aimé ce plat. (courant)
J'ai apprécié ce mets. (soutenu)

SAVOIR FAIRE Analyser le lexique employé dans un texte

- **Pour bien comprendre le sens et la valeur des mots** employés dans un texte, il faut tenir compte de l'époque à laquelle il a été écrit, car le sens des mots évolue : le mot *ennui*, qui signifiait au XVIIe siècle un cruel tourment, a pris peu à peu un sens affaibli pour désigner un sentiment de désœuvrement. Consulter le dictionnaire s'impose pour éviter le risque de contresens.
- **La perception du niveau de langue** dépend également du contexte historique. Un texte écrit dans un registre courant il y a deux ou trois siècles peut aujourd'hui paraître relever d'un registre soutenu.
- **Repérer les connotations** positives (mélioratives) ou négatives (péjoratives) des mots permet de percevoir la visée du texte :

> Au fond, c'était un paresseux, ayant des appétits sanguins, des désirs très arrêtés de jouissances faciles et durables. Ce grand corps puissant ne demandait qu'à ne rien faire, qu'à se vautrer dans une oisiveté et un assouvissement de toutes les heures.
>
> Émile Zola, *Thérèse Raquin*.

Les connotations péjoratives des termes *paresseux, jouissances faciles, se vautrer, oisiveté* donnent une vision négative du personnage décrit.

• **L'étude des champs lexicaux dominants** permet de déterminer le thème principal d'un texte : il ne s'agit pas d'énumérer tous les termes appartenant au même champ lexical, mais de comprendre le sens créé par ces liens entre ces mots. On peut ensuite observer si les différents champs lexicaux sont opposés (*le bonheur / le malheur*) ou complémentaires (*la violence / la guerre*).

S'ENTRAÎNER

1 Identifiez, parmi les couples de mots suivants, les synonymes, antonymes, homonymes et paronymes.

a. but / butte
b. voiture / automobile
c. calme / paisible
d. paraphrase / périphrase
e. centripète / centrifuge
f. raie / rai
g. indulgence / sévérité
h. conjoncture / conjecture

2 Cherchez, pour chacun des mots suivants, deux synonymes, l'un appartenant au registre familier, l'autre au registre soutenu.

a. prétentieux
b. maison
c. ami
d. colère
e. manger
f. s'amuser
g. audacieux

3 Employez les paronymes suivants dans de courtes phrases qui feront comprendre leur sens.

a. importun / opportun
b. décerner / discerner
c. perpétuer / perpétrer
d. évoquer / invoquer
e. éruption / irruption

4 Employez les mots dans différentes expressions ou phrases qui feront ressortir la polysémie de chacun d'eux.

a. tête
b. front
c. mouton
d. sel
e. foyer
f. scène
g. échec

5 Identifiez le champ lexical dominant dans le texte suivant en relevant les mots qui le constituent.

Quelque chose de belliqueux la transportait. Elle aurait voulu battre les hommes, leur cracher au visage, les broyer tous ; et elle continuait à marcher rapidement devant elle, pâle, frémissante, enragée, furetant d'un œil en pleurs l'horizon vide, et comme se délectant à la haine qui l'étouffait.

Gustave Flaubert, *Madame Bovary*, 1857.

6 Quelles connotations sont associées au loup dans l'extrait du poème suivant qui décrit la mort d'un loup tué par des chasseurs ? Relevez les mots qui contribuent à créer ces connotations.

[...]
Le Loup vient et s'assied, les deux jambes dressées
Par leurs ongles crochus dans le sable enfoncées.
Il s'est jugé perdu, puisqu'il était surpris,
Sa retraite coupée et tous ses chemins pris ;
Alors il a saisi, dans sa gueule brûlante,
Du chien le plus hardi la gorge pantelante
Et n'a pas desserré ses mâchoires de fer,
Malgré nos coups de feu qui traversaient sa chair
Et nos couteaux aigus qui, comme des tenailles,
Se croisaient en plongeant dans ses larges entrailles,
Jusqu'au dernier moment où le chien étranglé,
Mort longtemps avant lui, sous ses pieds a roulé.
Le Loup le quitte alors et puis il nous regarde.
Les couteaux lui restaient au flanc jusqu'à la garde,
Le clouaient au gazon tout baigné dans son sang ;
Nos fusils l'entouraient en sinistre croissant.
Il nous regarde encore, ensuite il se recouche,
Tout en léchant le sang répandu sur sa bouche,
Et, sans daigner savoir comment il a péri,
Refermant ses grands yeux, meurt sans jeter un cri.
[...]

Alfred de Vigny, « La Mort du Loup », I,
Les Destinées, 1864.

2 Phrases et syntaxe

SAVOIR

Une phrase est un ensemble de mots constituant une unité de sens : elle commence par une majuscule et se termine par un point, un point d'interrogation ou d'exclamation, ou des points de suspension. Les phrases varient selon leur structure, type et forme.

Phrases simple et complexe

- La **phrase verbale** est construite autour d'un ou de plusieurs verbes conjugués. La **phrase non verbale** se construit autour d'un mot autre qu'un verbe conjugué.

Facile à dire ! Vraiment ? Silence !

- Une **phrase verbale simple** est constituée d'une seule proposition, dite indépendante.
- Une **phrase complexe** comporte plusieurs verbes conjugués, donc plusieurs propositions.

– Les propositions peuvent être indépendantes, **coordonnées** au moyen d'une conjonction de coordination (*mais, ou, et, donc, or, ni, car*) ou **juxtaposées** à l'aide de signes de ponctuation (virgule, point-virgule, deux points).

– Une phrase complexe est constituée d'une proposition principale dont dépendent une ou plusieurs propositions **subordonnées** (relative, interrogative indirecte, complétive ou conjonctive circonstancielle).

Types et formes de phrases

- Il existe quatre types de phrases.

– La **phrase déclarative** constate un fait : *Il fait beau.*

– La **phrase interrogative** formule une question : *Fait-il beau ?*

– La **phrase exclamative** exprime une émotion : *Quel beau temps !*

– La **phrase injonctive** exprime un ordre ou une interdiction : *Sortez. / Défense de fumer.*

- Ces quatre types de phrases s'emploient à différentes formes.

– **Affirmative ou négative** : *Il fait beau. / Il ne fait pas beau.*

– **Active ou passive** : *Cette nouvelle me ravit. / Je suis ravie de cette nouvelle.*

– **Neutre ou emphatique** : *Je vais vous révéler un secret. / C'est un secret que je vais vous révéler.*

– **Personnelle ou impersonnelle** : *Une drôle d'histoire m'est arrivée. / Il m'est arrivé une drôle d'histoire.*

Rythme

Le rythme des phrases dépend de la longueur des propositions, du nombre et de l'organisation des groupes de mots. Le jeu sur le rythme fait la beauté des phrases, mais contribue aussi au sens par des effets de mise en valeur, d'attente ou de surprise.

- Une **période** est une longue phrase complexe, qui enchaîne en cascade plusieurs propositions. À l'inverse, la **parataxe** consiste à juxtaposer de brèves propositions en supprimant le lien logique qui les unit : *Il aurait appelé, on lui aurait répondu.* (= *S'il avait appelé, on lui aurait répondu.*)
- Un **rythme binaire** associe deux éléments de même longueur pour produire un effet de symétrie, d'équilibre ou d'opposition (*La société m'importune, la solitude m'accable*, B. Constant, *Adolphe*) ; un **rythme ternaire** regroupe trois éléments de longueur identique ou inégale, pour souligner une progression (*Je le vis, je rougis, je pâlis à sa vue*, Racine, *Phèdre*).

SAVOIR FAIRE — Analyser les divers tours syntaxiques

Pour analyser les effets de la syntaxe dans un texte littéraire, il faut :

- **Identifier les constructions et les rythmes dominants.**

– Les phrases simples visent à condenser le sens et à accélérer le rythme.

> Jacques commença l'histoire de ses amours. C'était l'après-dîner : il faisait un temps lourd ; son maître s'endormit. La nuit les surprit au milieu des champs ; les voilà fourvoyés.
>
> Denis Diderot, *Jacques le Fataliste*.

– Les phrases complexes se prêtent à l'exposé détaillé d'un raisonnement, à l'analyse d'une situation ou d'un caractère complexe.

Quand je m'y suis mis quelquefois à considérer les diverses agitations des hommes et les périls et les peines où ils s'exposent dans la cour, dans la guerre, d'où naissent tant de querelles, de passions, d'entreprises hardies et souvent mauvaises, j'ai dit souvent que tout le malheur des hommes vient d'une seule chose, qui est de ne savoir pas demeurer en repos dans une chambre.

Pascal, *Pensées*.

- **Interpréter le choix des types de phrases dominants.** Les phrases déclaratives dominent dans les récits, descriptions, exposés d'idées, tandis que les phrases interrogatives, exclamatives et injonctives expriment des émotions et visent à impliquer le lecteur.

S'ENTRAÎNER

1 Lisez le texte et répondez aux questions.

Un jour, l'air était tiède, le Luxembourg était inondé d'ombre et de soleil, le ciel était pur comme si les anges l'eussent lavé le matin, les passereaux poussaient de petits cris dans les profondeurs des marronniers, Marius avait ouvert toute son âme à la nature, il ne pensait à rien, il vivait et il respirait, il passa près de ce banc, la jeune fille leva les yeux sur lui, leurs deux yeux se rencontrèrent.

Qu'y avait-il cette fois dans le regard de la jeune fille ? Marius n'eût pu le dire. Il n'y avait rien et il y avait tout. Ce fut un étrange éclair.

Elle baissa les yeux, et il continua son chemin.

Ce qu'il venait de voir, ce n'était pas l'œil ingénu et simple d'un enfant, c'était un gouffre mystérieux qui s'était entr'ouvert, puis brusquement refermé.

Il y a un jour où toute jeune fille regarde ainsi. Malheur à qui se trouve là !

Victor Hugo, *Les Misérables*, Livre VI, 1862.

a. Identifiez la structure de la phrase dominante dans le premier paragraphe et expliquez l'effet qu'elle produit.

b. Dans l'ensemble du texte, relevez une phrase complexe, une phrase emphatique, une phrase interrogative, une phrase exclamative.

2 Lisez le début de cette nouvelle et répondez aux questions.

J'aimais éperdument la comtesse de ... ; j'avais vingt ans, et j'étais ingénu ; elle me trompa, je me fâchai, elle me quitta. J'étais ingénu, je le regrettai ; j'avais vingt ans, elle me pardonna : et comme j'avais vingt ans, que j'étais ingénu, toujours trompé, mais plus quitté, je me croyais l'amant le mieux aimé, partant le plus heureux des hommes.

Vivant Denon, *Point de lendemain*, 1812.

a. Identifiez et commentez les effets produits par la structure et le rythme des phrases dans le texte.

b. Transformez en phrases complexes le passage allant de « elle me trompa » à « elle me pardonna » de manière à exprimer les liens logiques.

3 Après avoir lu le texte, répondez aux questions.

Madeleine grelotte. Elle souffle sur ses doigts. Une main après l'autre. Un froid mouillé s'engouffre sous sa jupe. Elle plaque sa jupe contre ses cuisses. Les arbres nus succèdent aux arbres nus, découpés sur le ciel gris-mauve. Elle fixe le ruban d'asphalte. Elle serre le châle sur sa poitrine. Le nœud se défait.

Valentine Goby, *L'Échappée*, © Éditions Gallimard, 2007.

a. Réécrivez le texte suivant au moyen de trois ou quatre phrases complexes.

b. Expliquez la différence d'effets produits par ces deux versions.

4 Lisez le texte et répondez aux questions.

Dans le parc du château de Coppet, en Suisse, Chateaubriand attend son amie Juliette Récamier qui se recueille sur la tombe de leur amie commune, Mme de Staël.

J'apercevais de l'autre côté du lac la maison de lord Byron dont le faîte était touché d'un rayon du couchant ; Rousseau n'était plus là pour admirer ce spectacle ; et Voltaire, aussi disparu, ne s'en était jamais soucié. C'était au pied du tombeau de Mme de Staël que tant d'illustres absents sur le même rivage se présentaient à ma mémoire : ils semblaient venir chercher l'ombre, leur égale, pour s'envoler au ciel avec elle, et lui faire cortège pendant la nuit. Dans ce moment Mme Récamier, pâle et en larmes, est sortie du bocage funèbre, elle-même comme une ombre. Si j'ai jamais senti à la fois la vanité et la vérité de la gloire et de la vie, c'est à l'entrée du bois silencieux, obscur, inconnu où dort celle qui eut tant d'éclat et de renom, et en voyant ce que c'est que d'être véritablement aimé.

René de Chateaubriand, *Mémoires d'outre-tombe* IV, 1848-1850.

a. Repérez dans le texte deux tournures emphatiques et des rythmes binaires et ternaires.

b. Commentez l'effet produit par la construction et le rythme de la dernière phrase.

3 Les modes et les temps des verbes

SAVOIR

Le mode verbal indique la manière dont le fait exprimé par le verbe est envisagé (comme réel ou irréel, certain ou incertain…). Il existe en français trois modes personnels (qui se conjuguent aux temps du passé, du présent et du futur) et deux modes impersonnels (qui ne se conjuguent pas).

Les modes personnels

- **L'indicatif** : mode de la réalité, il présente un fait comme réel, certain.
- **Le subjonctif** : mode du virtuel, il exprime un fait non réalisé mais considéré comme possible, souhaitable ou redoutable.
- **L'impératif** : mode de l'injonction, il exprime un ordre, un conseil, une interdiction.
- **Le conditionnel** est un temps de l'indicatif qui peut avoir une valeur modale exprimant une hypothèse, ou présentant une action soumise à une condition.

Les modes impersonnels

- **L'infinitif** : il s'emploie comme un nom, occupant la fonction de sujet ou de complément d'un verbe conjugué.
- **Le participe** (présent ou passé) : fonctionnant comme un adjectif, il caractérise un nom ou un pronom. Précédé de *en*, le participe présent est un **gérondif** qui sert à exprimer des compléments circonstanciels de manière, de moyen, de simultanéité (*Il chante en marchant.*).

SAVOIR FAIRE Analyser les valeurs des temps de l'indicatif

• Pour étudier la valeur des modes et temps verbaux dans un texte littéraire, il faut d'abord les identifier, puis interpréter les choix dominants (texte rédigé au présent ou au passé, fréquence des tours à l'impératif ou au subjonctif…) en référence au type du texte (narratif, descriptif, argumentatif) et être attentif aux changements soudains (insertion d'un présent d'énonciation ou de narration dans un récit au passé, passage de l'indicatif à l'impératif ou au subjonctif qui permettent de prendre à partie le lecteur).

• **Valeurs du présent**

Présent d'actualité	Exprime un fait qui se déroule au moment où l'on parle (*Je vous écoute.*) ; employé dans un récit au passé, il s'agit d'un **présent d'énonciation** renvoyant au moment de l'écriture et au discours du narrateur (*Je me souviens encore aujourd'hui de mon septième anniversaire…*).
Présent d'habitude	Expose une habitude, un fait répété dans le présent (*Je me lève chaque matin à sept heures.*).
Présent à valeur de passé récent ou de futur proche	Renvoie à une action qui se déroule peu avant ou peu après le moment où l'on parle (*Il sort d'ici. J'arrive dans une heure.*).
Présent de narration	Raconte un fait passé au présent pour en rendre la narration plus vivante (*Tout se déroulait comme prévu. Tout à coup apparaît une silhouette étrange…*) ; quand les faits passés racontés au présent sont de nature historique, on parle de **présent historique** (*En 1492, Colomb découvre l'Amérique.*).
Présent de vérité générale	Exprime un fait ou une idée considérés comme toujours vrais, indiscutables (*La Terre tourne autour du Soleil. Qui cherche trouve.*).

• **Valeurs des temps du passé**

Imparfait	Rapporte un fait ou une action passés envisagés dans leur déroulement (*Il observait le paysage.*). L'**imparfait descriptif** est employé dans les descriptions et les portraits, l'**imparfait itératif** relate un fait répété dans le passé (*Chaque dimanche, elle partait à l'aube.*).

Passé simple	Temps du récit, employé principalement à l'écrit, il relate des faits passés ou des actions ponctuelles qui se succèdent, accomplies à un moment précis (*Le téléphone sonna, personne ne décrocha.*). Par opposition à l'imparfait qui présente les événements de second plan, le passé simple marque les faits de premier plan (*On était à table quand il arriva.*). Il peut aussi évoquer une action achevée, dont la durée est déterminée (*Il vécut dix ans à Paris.*).
Passé composé	À l'oral, il remplace le passé simple (*Il a vécu dix ans à Paris.*). Contrairement au passé simple qui marque une rupture entre le passé et le moment de l'énonciation, le passé composé établit un lien entre passé et présent (*J'ai réussi, je suis content.*).
Plus-que-parfait et passé antérieur	Marquent l'antériorité par rapport aux faits rapportés à l'imparfait (*Il avait tout préparé.*) ou au passé simple (*Dès qu'il eut repris conscience, il éclata de rire.*).

• **Valeurs du futur**

Futur simple	Exprime une action à venir considérée comme certaine (*Elle aura dix ans l'an prochain.*) ; peut aussi exprimer un ordre (*Tu rentreras à 22 h.*) ou une anticipation dans un récit au présent ou au passé (*Dix ans plus tard, il se souviendra que...*).
Futur antérieur	Marque l'antériorité d'un fait par rapport à un autre fait à venir (*Quand tu auras fini de manger, tu débarrasseras la table.*) ou exprime une probabilité (*Il aura rencontré quelqu'un en ville.*).
Futur dans le passé	Exprimé par un verbe au **conditionnel**, il exprime le futur par rapport à une action passée (*Mon seul espoir était qu'il arriverait à temps.*).

S'ENTRAÎNER

1 Identifiez et justifiez le mode personnel et le temps des verbes employés dans ce texte.

J'étudiais un jour seul ma leçon dans la chambre contiguë à la cuisine. La servante avait mis à sécher à la plaque les peignes de Mlle Lambercier. Quand elle revint les prendre, il s'en trouva un dont tout un côté de dents était brisé. À qui s'en prendre de ce dégât ? Personne autre que moi n'était entré dans la chambre. On m'interroge ; je nie d'avoir touché le peigne. M. et Mlle Lambercier se réunissent ; m'exhortent, me pressent, me menacent ; je persiste avec opiniâtreté ; mais la conviction était trop forte, elle l'emporta sur toutes mes protestations, quoique ce fût la première fois qu'on m'eût trouvé tant d'audace à mentir. [...] Je sens en écrivant ceci que mon pouls s'élève encore ; ces moments me seront toujours présents quand je vivrais cent mille ans.

Jean-Jacques Rousseau, *Les Confessions*, I, 1765-1770.

2 Après avoir lu le texte, répondez aux questions.

Comme le temps s'y prêtait à merveille et qu'on était samedi, journée que sa fonction lui permettait de chômer, Anthime est parti faire un tour à vélo après avoir déjeuné. Ses projets : profiter du plein soleil d'août, prendre un peu d'exercice et l'air de la campagne, sans doute lire allongé dans l'herbe [...]. Une fois sorti de la ville en roue libre, pédalé sans effort sur une dizaine de kilomètres plats, ...

... il a dû se dresser en danseuse quand une colline s'est présentée, se balançant debout de gauche à droite en commençant de suer sur son engin. Ce n'était certes pas une grosse colline, on sait jusqu'où montent ces hauteurs en Vendée, juste une légère butte mais assez saillante pour qu'on pût y bénéficier d'une vue.

Jean Echenoz, *14*, Éditions de Minuit, 2012.

a. Identifiez le mode et le temps des verbes soulignés.

b. Justifiez la valeur des verbes au présent.

c. Réécrivez le texte en transposant au passé simple les verbes conjugués au passé composé.

d. Quels effets différents observez-vous entre votre réécriture et le texte d'Echenoz, racontant une scène qui a lieu juste avant l'ordre de mobilisation générale le 1er août 1914 ?

3 Écrivez les verbes entre parenthèses au mode et au temps qui conviennent.

a. Je vous (*être*) reconnaissante de bien vouloir me rendre le livre que je vous (*prêter*) le mois dernier.

b. Avant qu'il (*pouvoir*) protester, nous partîmes.

c. Après que la guerre (*être déclarée*), le pays fut bouleversé.

d. Bien que le texte (*décrire*) un monde imaginaire, il (*offrir*) matière à (*réfléchir*) sur la réalité.

4 L'énonciation et la modalisation

SAVOIR

Pour identifier une situation d'énonciation, il faut déterminer qui parle, à qui, où, quand, et se demander si l'énoncé est modalisé (= exprime la subjectivité du locuteur) ou neutre. La recherche des marques de l'énonciation et de la modalisation permet de mieux définir la nature et les enjeux du texte ou du discours (vise-t-il à raconter, informer, émouvoir, convaincre, persuader ?) ainsi que la stratégie du locuteur (cherche-t-il à manifester sa subjectivité ou au contraire à la dissimuler ?).

Les principaux types d'énoncés

▸ **Les énoncés ancrés dans la situation d'énonciation** font référence à la situation de communication par des marques des 1re et 2e personnes du singulier et du pluriel (pronoms personnels, déterminants possessifs), des indices de lieu et de temps donnés par rapport à la situation du locuteur (*ici, aujourd'hui, l'an passé…*), des marques du jugement ou du sentiment du locuteur (mots appréciatifs et péjoratifs, verbes à l'impératif ou au subjonctif). Ces énoncés relèvent de ce qu'on appelle le **discours**.

▸ **Les énoncés coupés de la situation d'énonciation** ne comportent pas de référence à la situation de communication : ils sont rédigés à la 3e personne du singulier ou du pluriel, leurs indications de lieu et de temps font référence au contexte des événements racontés (*en 1915, en Bretagne, le lendemain*). Ces énoncés caractérisent le **récit**. Les énoncés à valeur universelle tels que les textes scientifiques et certains textes philosophiques et moralistes (maximes, sentences, proverbes) sont également coupés de la situation d'énonciation.

▸ Ces deux types d'énoncés peuvent exister séparément, mais le plus souvent ils alternent au cours d'un même texte.

La modalisation

Elle renvoie à la manière dont le locuteur s'implique dans son énoncé en exprimant son **jugement** et ses **sentiments**, de manière implicite ou explicite. Il existe diverses marques de modalisation :
– le lexique évaluatif, les connotations mélioratives ou péjoratives (voir chapitre 1) ;
– les verbes modalisateurs, exprimant une opinion, un sentiment, un souhait ;
– les adverbes modalisateurs suggérant l'approbation (*heureusement*), le doute (*peut-être*), la certitude (*sans doute*) ;
– les types de phrases (voir chapitre 2) et les modes verbaux (voir chapitre 3) ;
– la ponctuation (points d'exclamation et d'interrogation, points de suspension, guillemets, italique) ;
– l'implicite et l'ironie (voir chapitre 7).

SAVOIR FAIRE Comment reconnaître les marques de l'énonciation et de la modalisation ?

Nul quartier de Paris n'est plus horrible, ni, disons-le, plus inconnu. La rue Neuve-Sainte-Geneviève surtout est comme un cadre de bronze, le seul qui convienne à ce récit, auquel on ne saurait trop préparer l'intelligence par des couleurs brunes, par des idées graves ; ainsi que, de marche en marche, le jour diminue et le chant du conducteur se creuse, alors que le voyageur descend aux Catacombes. Comparaison vraie ! Qui décidera de ce qui est plus horrible à voir, ou des cœurs desséchés, ou des crânes vides ?

Honoré de Balzac, *Le Père Goriot*, 1834.

1. Qui parle ?

Si le narrateur de ce roman n'intervient pas à la 1re personne du singulier, il manifeste sa présence par :
– des marques de la 1re personne du pluriel : verbe conjugué à l'impératif (*disons-le*) ;
– l'emploi du pronom indéfini *on* qui renvoie ici au narrateur ;
– des indices temporels : la rue est décrite au présent d'actualité, renvoyant au temps de l'écriture.
– des marques de jugement péjoratif : comparaisons aux sombres connotations (*plus horrible, comme un cadre de bronze, couleurs brunes, idées graves, Catacombes, cœurs desséchés, crânes vides*).

2. À qui ?

Le narrateur prend à partie ses lecteurs au moyen de l'exclamation et de l'interrogation rhétoriques dans les deux dernières phrases.

3. Dans quel but ?

Dans les premières pages de son roman, le narrateur présente le cadre de l'histoire à l'aide d'un énoncé ancré dans la situation d'énonciation et fortement modalisé. Le décor est décrit au présent d'actualité comme s'il s'agissait d'une réalité contemporaine dont le roman offrirait une représentation fidèle. En exprimant son jugement sur ce lieu, le narrateur cherche surtout à créer un lien avec son lecteur pour mieux l'intéresser à la fiction qui va suivre.

S'ENTRAÎNER

1 Classez les énoncés suivants selon qu'ils sont ancrés ou coupés de la situation d'énonciation.

a. « Le 15 septembre 1840, vers six heures du matin, la Ville-de-Montereau, près de partir, fumait à gros tourbillons devant le quai Saint-Bernard. »

Gustave Flaubert, *L'Éducation sentimentale*.

b. Rejoignez-moi ici dans une heure.

c. Molière est mort à l'âge de 51 ans.

d. « Demain, dès l'aube, à l'heure où blanchit la campagne,
Je partirai. Vois-tu, je sais que tu m'attends. »

Victor Hugo, *Les Contemplations*.

e. Il faut reconnaître que le dernier album du groupe, qui sort ce mois-ci, est bien moins réussi que le précédent.

2 Relevez les marques de l'énonciation dans le texte suivant, et déduisez-en le genre auquel il appartient.

Ô femmes ! approchez et venez m'entendre. Que votre curiosité, dirigée une fois sur des objets utiles, contemple les avantages que vous avait donnés la nature et que la société vous a ravis. Venez apprendre comment, nées compagnes de l'homme, vous êtes devenues son esclave ; comment, tombées dans cet état abject, vous êtes parvenues à vous y plaire, à le regarder comme votre état naturel ; comment enfin, dégradées de plus en plus par une longue habitude de l'esclavage, vous en avez préféré les vices avilissants mais commodes aux vertus plus pénibles d'un être libre et respectable. Si ce tableau fidèlement tracé vous laisse de sang-froid, si vous pouvez le considérer sans émotion, retournez à vos occupations futiles.

Choderlos de Laclos, *Des femmes et de leur éducation*, 1783.

3 Distinguez dans la fable suivante ce qui relève du récit, coupé de la situation d'énonciation, et ce qui relève du discours, ancré dans la situation d'énonciation ; classez les indices qui vous permettent de reconnaître ces deux énoncés différents.

La femme du lion mourut :
Aussitôt chacun accourut
Pour s'acquitter envers le prince
De certains compliments de consolation,
Qui sont surcroît d'affliction.
Il fit avertir sa province
Que les obsèques se feraient
Un tel jour, en tel lieu ; ses prévôts y seraient
Pour régler la cérémonie,
Et pour placer la compagnie.
Jugez si chacun s'y trouva.
Le prince aux cris s'abandonna,
Et tout son antre en résonna.
Les lions n'ont point d'autre temple.
On entendit à son exemple
Rugir en leurs patois messieurs les courtisans.
Je définis la cour un pays où les gens,
Tristes, gais, prêts à tout, à tout indifférents,
Sont ce qu'il plaît au prince, ou, s'ils ne peuvent l'être,
Tâchent au moins de le paraître,
Peuple caméléon, peuple singe du maître,
On dirait qu'un esprit anime mille corps :
C'est bien là que les gens sont de simples ressorts.
Pour revenir à notre affaire,
Le Cerf ne pleura point ; comment eût-il pu faire ?
[...]

La Fontaine, « Les Obsèques de la lionne », *Fables*, VIII, 14, 1678.

4 Quels termes modalisateurs vous paraissent inutiles dans cet extrait de commentaire de la fable de La Fontaine (exercice 3) ? Reformulez les trois phrases pour les rendre conformes au mode d'énonciation attendu dans un devoir scolaire.

Jean de La Fontaine, l'un de nos meilleurs auteurs français, critique les défauts des hommes et de la société en mettant en scène dans ses fables des animaux personnifiés. Je crois qu'il a dit quelque part : « Je me sers des animaux pour instruire les hommes. » À mon avis, ce procédé apparaît bien dans « Les Obsèques de la lionne », la fable que je dois commenter aujourd'hui.

5 Les discours rapportés

SAVOIR

Type de discours rapporté	Exemple	Caractéristiques	Effets
Discours direct	*« T'es toujours fâchée contre moi ? » demanda Jean à Sophie.*	Rapporte les paroles telles qu'elles sont censées avoir été prononcées, à l'aide d'un verbe de parole ou de pensée placé en incise ou en introduction. Ponctuation spécifique : guillemets, deux points, tirets et passage à la ligne pour les répliques qui se succèdent. Pronoms et temps verbaux renvoient à la situation d'énonciation.	Dans un texte argumentatif, permet de citer exactement les propos d'autrui. Dans un texte narratif, apporte une vivacité réaliste au récit, et contribue à caractériser les personnages à travers leur langage spécifique.
Discours indirect	*Jean demanda à Sophie si elle restait fâchée contre lui.*	Rapporte le sens des paroles prononcées, sans guillemets ni tirets, en les reformulant dans une proposition subordonnée qui suit un verbe de parole ou de pensée. Pronoms et temps verbaux concordent avec la situation d'énonciation de celui qui rapporte les propos.	Marque une distance par rapport aux paroles prononcées dont il ne transcrit ni la forme ni le ton exacts. Permet de résumer des propos pour en garder l'idée principale, et d'assurer un effet de continuité entre le récit et les discours rapportés.
Discours indirect libre	*Jean demanda à Sophie si elle était toujours fâchée contre lui. Enfin quoi, il faudrait bien qu'elle lui pardonne un jour !*	Système mixte qui mêle certains traits du discours indirect (absence de guillemets et de tirets, pronoms de la 3e personne, concordance des temps) à des caractéristiques du discours direct (marques d'oralité, points d'exclamation ou d'interrogation).	Utilisé essentiellement à l'écrit, notamment dans les romans à partir du XIXe siècle, rapproche le narrateur de ses personnages en donnant l'impression de superposer leurs voix. Permet de glisser du point de vue omniscient au point de vue interne.
Discours narrativisé (récit de paroles)	*Il me raconta son enfance en Égypte.*	Résume le thème ou le sens général des propos, sans en transcrire le contenu exact.	Crée un effet de rapidité et de resserrement du récit sur l'essentiel, en résumant brièvement le contenu de paroles jugées secondaires.

SAVOIR FAIRE Repérer et analyser les discours rapportés

La pauvre Manon me raconta ses aventures, et je lui appris les miennes. Nous pleurâmes amèrement en nous entretenant de l'état où elle était, et de celui d'où je ne faisais que sortir. [...] M. de T... nous conseilla de ne pas rendre cette première entrevue trop longue, pour lui donner plus de facilité à nous en procurer d'autres. Il eut beaucoup de peine à nous faire goûter ce conseil ; Manon, surtout, ne pouvait se résoudre à me laisser partir. Elle me fit remettre cent fois sur ma chaise ; elle me retenait par les habits et par les mains. Hélas ! dans quel lieu me laissez-vous ! disait-elle. Qui peut m'assurer de vous revoir ? M. de T... lui promit de la venir voir souvent avec moi. Pour le lieu, ajouta-t-il agréablement, il ne faut plus l'appeler l'Hôpital ; c'est Versailles, depuis qu'une personne qui mérite l'empire de tous les cœurs y est enfermée.

Abbé Prévost, *Manon Lescaut*, 1731.

Trois types de discours rapportés alternent dans cet extrait du roman de Prévost racontant les retrouvailles entre deux jeunes amants, Des Grieux et Manon, qui ont été incarcérés dans des prisons séparées.

- Le **discours narrativisé** (en rouge) relate brièvement le récit mutuel que les personnages se font de leurs « aventures » sans détailler celles-ci : en effet, le lecteur connaît déjà ce que Des Grieux a vécu en prison, tandis que le narrateur tient à garder le mystère sur ce qui est arrivé à Manon.

- Le **discours indirect** (en vert) : les conseils et promesses de M. de T... sont rapportés au style indirect parce que l'intention généreuse de ce personnage importe plus que la forme exacte de ses propos.
- Le **discours direct** (en bleu) : la dernière phrase de M. de T... est rapportée au style direct pour mettre en valeur la métaphore galante comparant la prison de Manon (*l'Hôpital*) au château de Versailles ; l'adverbe *agréablement* accompagnant le verbe en incise *ajouta-t-il* souligne d'ailleurs cette galanterie. Le narrateur fait aussi entendre les déplorations de Manon au moyen d'un discours direct pour accentuer le caractère pathétique de l'épisode. L'édition de ce roman du XVIIIe siècle ne recourt pas aux guillemets pour rapporter les discours au style direct : on reconnaît ceux-ci grâce aux pronoms personnels *je* et *vous*, aux verbes conjugués au présent, aux interjections (*Hélas !*) et à la ponctuation expressive (points d'exclamation et d'interrogation).

S'ENTRAÎNER

1 Lisez le texte et répondez aux questions.

Le narrateur, Des Grieux, raconte sa première rencontre avec une jeune fille, Manon, dont il est tombé immédiatement amoureux.

Je lui demandai ce qui l'amenait à Amiens, et si elle y avait quelques personnes de connaissance. Elle me répondit ingénument qu'elle y était envoyée par ses parents, pour être religieuse. L'amour me rendait déjà si éclairé, depuis un moment qu'il était dans mon cœur, que je regardai ce dessein comme un coup mortel pour mes désirs. Je lui parlai d'une manière qui lui fit comprendre mes sentiments, car elle était bien plus expérimentée que moi [...]. Je combattis la cruelle intention de ses parents par toutes les raisons que mon amour naissant et mon éloquence scolastique purent me suggérer. Elle n'affecta ni rigueur ni dédain. Elle me dit, après un moment de silence, qu'elle ne prévoyait que trop qu'elle allait être malheureuse, mais que c'était apparemment la volonté du Ciel, puisqu'il ne lui laissait nul moyen de l'éviter.

Abbé Prévost, *Manon Lescaut*, 1731.

a. Identifiez les paroles rapportées sous forme de discours indirect et de discours narrativisé.

b. Transposez les discours indirects en discours directs.

2 Après avoir lu le texte, répondez aux questions.

Soudain, une lourde main s'appuya sur son épaule et une grosse voix lui demanda : « Qu'est-ce qui te fait donc tant de chagrin, mon bonhomme ? »

Simon se retourna. Un grand ouvrier qui avait une barbe et des cheveux noirs tout frisés le regardait d'un air bon. Il répondit avec des larmes plein les yeux et plein la gorge :

« Ils m'ont battu... parce que... je... je... n'ai pas... de papa... pas de papa.

– Comment, dit l'homme en souriant, mais tout le monde en a un. »

L'enfant reprit péniblement au milieu des spasmes de son chagrin : « Moi... moi... je n'en ai pas. »

Alors l'ouvrier devint grave ; il avait reconnu le fils de la Blanchotte et, quoique nouveau dans le pays, il savait vaguement son histoire. ...

...

« Allons, console-toi, mon garçon, et viens t'en avec moi chez ta maman. On t'en donnera... un papa. »

Guy de Maupassant, « Le papa de Simon », *La Maison Tellier*, 1881.

a. Transposez les discours directs en discours indirects.

b. En comparant les deux versions du texte, expliquez pourquoi Maupassant a fait ici le choix du discours rapporté au style direct.

3 Lisez le texte et répondez aux questions.

Jacques, un cheminot, vient de fuir sa jeune cousine Flore envers laquelle il éprouve à la fois une attirance sensuelle et une pulsion meurtrière.

Alors, Jacques [...] éclata en sanglots convulsifs, vautré sur le ventre, la face enfoncée dans l'herbe. Mon Dieu ! il était donc revenu, ce mal abominable dont il se croyait guéri ? Voilà qu'il avait voulu la tuer, cette fille ! Tuer une femme, tuer une femme ! cela sonnait à ses oreilles, du fond de sa jeunesse, avec la fièvre grandissante, affolante du désir. Comme les autres, sous l'éveil de la puberté, rêvent d'en posséder une, lui s'était enragé à l'idée d'en tuer une. Car il ne pouvait se mentir, il avait bien pris les ciseaux pour les lui planter dans la chair, dès qu'il l'avait vue, cette chair, cette gorge, chaude et blanche. Et ce n'était point parce qu'elle résistait, non ! c'était pour le plaisir, parce qu'il en avait envie, une envie telle, que, s'il ne s'était pas cramponné aux herbes, il serait retourné là-bas, en galopant, pour l'égorger. Elle, mon Dieu ! cette Flore qu'il avait vue grandir, cette enfant sauvage dont il venait de se sentir aimé si profondément. Ses doigts tordus entrèrent dans la terre, ses sanglots lui déchirèrent la gorge, dans un râle d'effroyable désespoir. Pourtant, il s'efforçait de se calmer, il aurait voulu comprendre. Qu'avait-il donc de différent lorsqu'il se comparait aux autres ?

Émile Zola, *La Bête humaine*, 1890.

a. Relevez les passages de discours indirect libre en soulignant ce qui permet de les identifier.

b. Résumez les pensées du personnage à l'aide d'une ou deux phrases de discours narrativisé.

6 Les figures de style

SAVOIR

Utilisées dans tous les niveaux de langage, les figures de style sont des procédés d'expression qui visent à rendre un énoncé plus frappant ou plus original.

Figures fondées sur le rapprochement entre des réalités différentes

- La **comparaison** rapproche deux termes différents à l'aide d'un mot comparatif (*comme, tel que, ressembler à*...) pour faire ressortir le point commun entre le comparé et le comparant :

Quand le ciel bas et lourd pèse comme un couvercle. (Baudelaire)

- La **métaphore** assimile deux éléments distincts sans mot comparatif comme pour fusionner le comparant et le comparé dont le point commun reste implicite : *Quel temps de chien !*
- La **personnification** attribue des caractéristiques humaines à un animal, une chose, une idée : *la caresse du vent.*
- L'**allégorie** représente une notion abstraite sous la forme concrète d'un être vivant : *Un soir, j'ai assis la Beauté sur mes genoux. – Et je l'ai trouvée amère. – Et je l'ai injuriée.* (Rimbaud)

Figures fondées sur la substitution d'un mot à un autre

- La **métonymie** remplace un mot par un autre qui est lui est lié par un rapport logique (désigner le contenu par le contenant, une fonction par le lieu où elle s'exerce, une œuvre par son auteur) : *Finis ton assiette.*
- La **périphrase** remplace un mot par plusieurs termes qui précisent les caractéristiques de l'être ou l'objet désignés : *le septième art* (= le cinéma).
- L'**antiphrase,** figure essentielle de l'ironie, consiste à dire le contraire de ce que l'on veut faire entendre : *Je te remercie, c'est très aimable* (en réponse à un propos blessant).

Figures fondées sur l'opposition

- L'**antithèse** consiste à employer deux mots opposés dans une même phrase ou un même texte : *J'attacherai la gloire à tout ce qu'on insulte.* (Hugo)
- L'**oxymore** juxtapose deux mots de sens contraire, dont l'association surprend : *une douce violence.*
- Le **paradoxe** exprime une pensée contraire à l'opinion courante : *Génial, mes parents divorcent !*
- Le **chiasme** reprend dans un ordre inverse deux mots ou groupes de mots identiques ou de sens proche : *La vie ne vaut rien mais rien ne vaut la vie.*

Figures fondées sur l'amplification

- L'**hyperbole** est l'emploi d'un mot très fort ou exagéré par rapport à la réalité exprimée : *Je meurs de faim.*
- L'**accumulation** énumère plusieurs mots de même nature et de sens proche : *Rien n'était si beau, si leste, si brillant, si bien ordonné que les deux armées.* (Voltaire)
- La **gradation** énumère des termes de sens proche dans un ordre d'intensité croissante ou décroissante : *Je suis le Ténébreux, le Veuf, l'Inconsolé.* (Nerval)
- Le **parallélisme** est la reprise d'une même construction syntaxique, pour souligner un effet d'opposition ou de symétrie :

Si je partais, est-ce qu'ils reviendraient ?
Si je restais, est-ce qu'ils partiraient ?
(Tardieu)

- L'**anaphore** est la répétition d'un même mot ou expression en tête de plusieurs phrases, vers ou propositions :

Assez vu. La vision s'est rencontrée à tous les airs.
Assez eu. Rumeurs des villes, le soir, et au soleil, et toujours.
Assez connu. Les arrêts de la vie. – Ô Rumeurs, et Visions !

(Rimbaud)

Figures fondées sur l'atténuation

- L'**euphémisme** atténue l'expression d'une réalité désagréable ou choquante, dans une intention pudique, ironique ou hypocrite : *un plan social* (= licenciement).
- La **litote** est une formule atténuée, souvent à la forme négative, destinée à renforcer le sens de l'expression : *Je ne suis pas fâché d'être en vacances* (= je suis très content).

SAVOIR FAIRE Interpréter les figures de style

Pour analyser l'effet produit par les figures de style, on peut notamment :

- **distinguer les figures originales des clichés** ou expressions toutes faites : la métaphore « *il pleut des cordes* » appartient au langage courant alors que Verlaine crée une comparaison originale en écrivant : *Il pleure dans mon cœur comme il pleut sur la ville* ;
- **étudier les fonctions des périphrases** qui peuvent servir à éviter des répétitions (*le chef de l'État, le président de la République*), décerner des éloges ou des blâmes (*l'île de Beauté, le pire film de l'année*), apporter une précision (*la fille aux yeux verts*) ou créer un mystère (*celui dont il ne faut pas prononcer le nom*) ;
- **comprendre le sens implicite et souvent polémique des oxymores, paradoxes, euphémismes et litotes :** parler d'un *merveilleux malheur* suggère qu'on peut sortir grandi d'une épreuve, affirmer *le droit à la paresse* peut être une revendication politique et sociale, évoquer des *dommages collatéraux* pour désigner les victimes civiles d'une guerre est une forme de cynisme politique.

S'ENTRAÎNER

1 Identifiez les figures de style employées dans les titres de livres ou de films suivants. Puis décrivez en quelques mots le type d'histoire que chacun de ces titres vous semble annoncer.

a. *Voyage au bout de la nuit*
b. *L'insoutenable légèreté de l'être*
c. *Extrêmement fort et incroyablement près*
d. *Les Dents de la mer*
e. *L'espion qui venait du froid*
f. *Le Père Noël est une ordure*

2 Identifiez les figures de style employées dans les expressions suivantes et explicitez leur sens en les remplaçant par une expression équivalente.

a. Je ne vais pas y aller par quatre chemins.
b. Je crains d'avoir eu les yeux plus grands que le ventre.
c. N'en faites qu'à votre tête, je m'en lave les mains.
d. C'est une mesure en faveur des jeunes des quartiers.

3 Relevez un exemple des figures suivantes : comparaison, métaphore, allégorie, métonymie, accumulation, parallélisme, oxymore. Caractérisez la vision du monde et de la vie que ces procédés stylistiques contribuent à exprimer.

Le narrateur est un médecin qui vient de s'installer dans une banlieue pauvre de la région parisienne, vers 1930.

Quant aux malades, aux clients, je n'avais point d'illusion sur leur compte… Ils ne seraient dans un autre quartier ni moins rapaces, ni moins bouchés, ni moins lâches que ceux d'ici. Le même pinard, le même cinéma, les mêmes ragots sportifs, la même soumission enthousiaste aux besoins naturels, de la gueule et du cul, en referaient là-bas comme ici la même horde lourde, bouseuse, titubante …

… d'un bobard à l'autre, hâblarde toujours, trafiqueuse, malveillante, agressive entre deux paniques.

Mais puisque le malade, lui, change bien de côté dans son lit, dans la vie, on a bien le droit aussi nous, de se chambarder d'un flanc sur l'autre, c'est tout ce qu'on peut faire et tout ce qu'on a trouvé comme défense contre le Destin. Faut pas espérer laisser sa peine nulle part en route. C'est comme une femme qui serait affreuse la Peine, et qu'on aurait épousée. Peut-être est-ce mieux encore de finir par l'aimer un peu que de s'épuiser à la battre pendant la vie entière.

Louis-Ferdinand Céline, *Voyage au bout de la nuit*, © Éd. Gallimard, 1932.

4 Identifiez les figures de style dans la tirade suivante et montrez comment elles soutiennent la visée persuasive de l'argumentation.

Camille, dix-huit ans, refuse d'épouser son cousin Perdican, parce que les religieuses du couvent où elle a été élevée l'ont mise en garde contre l'amour. Perdican tente de la persuader du contraire.

Adieu, Camille, retourne à ton couvent, et lorsqu'on te fera de ces récits hideux qui t'ont empoisonnée, réponds ce que je vais te dire : Tous les hommes sont menteurs, inconstants, faux, bavards, hypocrites, orgueilleux ou lâches, méprisables et sensuels ; toutes les femmes sont perfides, artificieuses, vaniteuses, curieuses et dépravées ; le monde n'est qu'un égout sans fond où les phoques les plus informes rampent et se tordent sur des montagnes de fange ; mais il y a au monde une chose sainte et sublime, c'est l'union de deux de ces êtres si imparfaits et si affreux. On est souvent trompé en amour, souvent blessé et souvent malheureux ; mais on aime, et quand on est sur le bord de sa tombe, on se retourne pour regarder en arrière ; et on se dit : « J'ai souffert souvent, je me suis trompé quelquefois, mais j'ai aimé. C'est moi qui ai vécu, et non pas un être factice créé par mon orgueil et mon ennui. »

Alfred de Musset, *On ne badine pas avec l'amour*, acte II, scène 5, 1834.

7 L'implicite

SAVOIR

Sens explicite / sens implicite

De nombreux discours et textes comportent à la fois un **contenu explicite** (ce qui est dit clairement) et un **sens implicite**, renvoyant au non-dit, aux sous-entendus qu'il faut interpréter pour bien saisir toute la portée du texte. Il s'agit de « lire entre les lignes » pour comprendre ce qui est suggéré à travers ce qui est dit « en toutes lettres ».

À quoi sert l'implicite ?

Les écrivains recourent à l'implicite pour diverses raisons, qu'il convient de déterminer pour comprendre leurs intentions.

- Le **contexte politique et culturel** peut empêcher de faire des critiques explicites du pouvoir, de la société, ou de décrire des scènes considérées comme choquantes (violence, érotisme...). Les auteurs procèdent alors par allusions ou évocations indirectes en laissant au lecteur le soin d'expliciter celles-ci.
- Certaines **stratégies argumentatives** utilisent l'implicite comme un moyen de persuasion efficace pour créer un rapport de complicité avec le lecteur. C'est souvent le cas dans les **textes ironiques** et **satiriques**.
- Enfin, **l'art de suggérer**, de laisser entendre plutôt que de tout dire, est un moyen d'expression subtil qui donne aux textes une dimension poétique. L'implicite permet de jouer sur la polysémie du langage.

SAVOIR FAIRE Reconnaître et décoder l'implicite

• **Un sens peut en cacher un autre**

Pour bien interpréter le sens implicite d'un texte, il faut comprendre les références et les valeurs de l'auteur. Dans sa pièce *Dom Juan*, Molière fait tenir à son héros un éloge de l'hypocrisie religieuse qui commence ainsi :

> *Il n'y a plus de honte maintenant à cela ; l'hypocrisie est un vice à la mode, et tous les vices à la mode passent pour vertus*

et s'achève par

> *C'est ainsi qu'il faut profiter des faiblesses des hommes, et qu'un sage esprit s'accommode aux vices de son siècle.* (*Dom Juan*, acte V, sc. 2).

Sens explicite : le personnage vante les avantages de l'hypocrisie.

Sens implicite : l'auteur dénonce cette imposture qui est à ses yeux le principal vice impuni de son époque.

Indices : si l'on ne connaît pas le combat contre la fausse dévotion que Molière a mené toute sa vie, on peut néanmoins deviner ses intentions en repérant les connotations péjoratives des mots *vice, passent pour* et des antithèses *vices / vertus, sage esprit / vices* qui suggèrent une perversion des valeurs. On comprend ainsi que cet apparent éloge est en réalité un blâme de l'hypocrisie.

• **Entendre les sous-entendus**

– Il faut repérer le jeu éventuel sur le double sens des mots ou le recours aux antiphrases ironiques (consistant à dire le contraire de ce que l'on veut faire comprendre) :

> *– Une fille, étant à confesse, dit :* « Je m'accuse d'avoir estimé un *jeune homme. – Estimé : combien de fois ?* » *demanda le Père.* (Nicolas Chamfort, *Caractères et anecdotes*)

La valeur comique de cette « anecdote » tient au jeu sur l'équivoque du verbe *estimer* qui a probablement pour la jeune fille un sens sentimental alors que l'ecclésiastique lui donne aussitôt une signification sexuelle. Chamfort raille implicitement l'esprit mal tourné du confesseur.

– Quand Ruy Blas (héros d'une pièce de Victor Hugo), Premier ministre du roi d'Espagne, surprend les conseillers du roi en train de se partager secrètement les richesses du pays, il s'exclame :

> « *Bon appétit, messieurs ! Ô ministres intègres !*
> *Conseillers vertueux !* [...] » (Victor Hugo, *Ruy Blas*, III, 2)

La métaphore *bon appétit* souligne la cupidité des conseillers qui se partagent les richesses comme on le ferait d'un gâteau, tandis que les qualifications de *ministres intègres* et *conseillers vertueux* sont des antiphrases qui dénoncent la corruption de ces personnages.

• Des petites phrases qui en disent long

Saisir l'implicite consiste aussi à compléter certains énoncés elliptiques (qui ne disent pas tout) ou énigmatiques en imaginant les présupposés ou les implications suggérés et en décryptant les valeurs des mots et des procédés stylistiques : le titre du recueil poétique de Baudelaire *Les Fleurs du mal* est un oxymore invitant à extraire la beauté du mal, à convertir le vice ou la laideur en objet esthétique.

S'ENTRAÎNER

1 Après avoir lu ces deux anecdotes, répondez aux questions.

C'est un fait avéré, que Madame, fille du Roi, jouant avec une de ses bonnes, regarda à sa main, et, après avoir compté ses doigts : « Comment ! dit l'enfant avec surprise, vous avez cinq doigts aussi, comme moi ? » Et elle recompta pour s'en assurer.

Un homme buvait à table d'excellent vin, sans le louer. Le maître de la maison lui en fit servir de très médiocre. « Voilà du bon vin, dit le buveur silencieux. – C'est du vin à dix sols, dit le maître, et l'autre est un vin des dieux. – Je le sais, reprit le convive ; aussi ne l'ai-je pas loué. C'est celui-ci qui a besoin de recommandation. »

Nicolas Chamfort, *Caractères et anecdotes*, 1795.

a. Explicitez le sens implicite des paroles rapportées au style direct dans ces deux anecdotes.

b. Expliquez ce que Chamfort cherche à critiquer dans ces deux textes.

2 Lisez le texte, puis répondez aux questions.

Lors d'un dimanche à la campagne, en bord de Seine, une famille de commerçants parisiens rencontre deux canotiers qui proposent un tour en barque à la mère et à la fille, Henriette, âgée de dix-huit ans. Henri, l'un des canotiers, fait descendre la jeune fille sur un îlot, où ils écoutent un rossignol chanter.

La jeune fille pleurait toujours, pénétrée de sensations très douces, la peau chaude et piquée partout de chatouillements inconnus. La tête de Henri était sur son épaule ; et, brusquement, il la baisa sur les lèvres. [...] Alors, affolée par un désir formidable, elle lui rendit son baiser en l'étreignant sur sa poitrine, et toute sa résistance tomba comme écrasée par un poids trop lourd.

Tout était calme aux environs. L'oiseau se mit à chanter. Il jeta d'abord trois notes pénétrantes qui semblaient un appel d'amour, puis, après un silence d'un moment, il commença d'une voix affaiblie des modulations très lentes.

Une brise molle glissa, soulevant un murmure de feuilles, et dans la profondeur des branches passaient deux soupirs ardents qui se mêlaient au chant du rossignol et au souffle léger du bois.

...

...

Une ivresse envahissait l'oiseau, et sa voix s'accélérant peu à peu comme un incendie qui s'allume ou une passion qui grandit, semblait accompagner sous l'arbre un crépitement de baisers. Puis le délire de son gosier se déchaînait éperdument. Il avait des pâmoisons prolongées sur un trait, de grands spasmes mélodieux.

Quelquefois il se reposait un peu, filant seulement deux ou trois sons légers qu'il terminait soudain par une note suraiguë. Ou bien il partait d'une course affolée, avec des jaillissements de gammes, des frémissements, des saccades, comme un chant d'amour furieux, suivi par des cris de triomphe.

Mais il se tut, écoutant sous lui un gémissement tellement profond qu'on l'eût pris pour l'adieu d'une âme. Le bruit s'en prolongea quelque temps et s'acheva dans un sanglot.

Ils étaient bien pâles, tous les deux, en quittant leur lit de verdure.

Guy de Maupassant, « Une partie de campagne », *La Maison Tellier*, 1881.

a. Montrez comment la description du chant du rossignol renvoie implicitement à la scène d'amour entre les deux jeunes gens, en vous fondant notamment sur les connotations symboliques de cet oiseau et sur la polysémie de certains mots.

b. Expliquez pour quelles raisons, selon vous, Maupassant recourt ici à ce choix narratif.

3 En dégageant les valeurs symboliques des objets représentés, expliquez la signification implicite de ce genre de tableau qu'on appelle une « vanité ».

Simon Renard de Saint-André (1613-1677), *Vanité*, peinture à l'huile, 65 × 54 cm, collection particulière, France.

8 Les types de textes

SAVOIR

Dans tous les genres littéraires, on distingue quatre principaux types de textes correspondant à différentes visées : raconter, décrire, argumenter, expliquer.

- Le **texte narratif** (ou récit) raconte une histoire, une suite d'événements réels ou fictifs. Ce récit est pris en charge par un narrateur qui raconte les faits à la première ou à la troisième personne, en adoptant divers points de vue narratifs (omniscient, interne ou externe).
- Le **texte descriptif** expose les caractéristiques d'un lieu, d'un objet ou d'un personnage (la description d'un personnage s'appelle un **portrait**). Comme pour un texte narratif, la description peut être faite d'un point de vue omniscient, interne ou externe.
- Le **texte argumentatif** exprime une thèse, une opinion sur un sujet donné à l'aide d'arguments et d'exemples dans le but de convaincre le lecteur.
- Le **texte informatif ou explicatif** apporte des informations de manière objective afin de renseigner ou d'instruire le lecteur, de lui faire comprendre une situation.

Ces différents types de textes peuvent alterner ou se mêler au cours d'un même livre, d'une même page.

SAVOIR FAIRE — Identifier les types de textes

On reconnaît les différents types de textes en s'interrogeant sur leur finalité principale et en repérant des indices spécifiques.

- Un **texte narratif** comporte des **indications de temps et de lieu** et des **verbes d'action** conjugués principalement aux **temps du récit** (présent, passé composé, passé simple, imparfait) :

  À une heure du matin, pendant l'hiver de 1829 à 1830, il se trouvait encore dans le salon de la vicomtesse de Grandlieu deux personnes étrangères à sa famille. Un jeune et joli homme sortit en entendant sonner la pendule. (Balzac, *Gobseck*)

- Un **texte descriptif** comporte des **indications spatiales** et des **verbes d'état** (*être, sembler, demeurer…*) ou de **perception**, conjugués au **présent** ou à **l'imparfait** ; des **détails** précis permettent de se représenter ce qui est décrit :

  Le soir, lorsque la lampe était allumée, on voyait l'intérieur de la boutique. Elle était plus longue que profonde ; à l'un des bouts, se trouvait un petit comptoir ; à l'autre bout, un escalier en forme de vis menait aux chambres du premier étage. (Zola, *Thérèse Raquin*)

- Un texte **argumentatif** développe un raisonnement souligné par des **connecteurs logiques** et des **verbes de jugement.** Il recourt à un lexique **abstrait** (pour exposer les idées, les arguments) et **concret** (pour illustrer ces arguments à l'aide d'exemples) ; il peut alterner l'**éloge** (avec un vocabulaire appréciatif) et le **blâme** (vocabulaire dépréciatif) ; selon les cas, **le locuteur affirme sa présence** (recours à la première personne, adresses directes au lecteur) ou au contraire la **masque** derrière un énoncé à valeur universelle, souvent formulé au **présent de vérité générale** :

  Le préjugé est une opinion sans jugements. Ainsi dans toute la terre on inspire aux enfants toutes les opinions qu'on veut, avant qu'ils puissent juger. […] Ce n'est pas par préjugé que vous courez au secours d'un enfant inconnu prêt à tomber dans un précipice ou à être dévoré par une bête. Mais c'est par préjugé que vous respecterez un homme revêtu de certains habits, marchant gravement, parlant de même. (Voltaire, *Dictionnaire philosophique*)

- Un texte **informatif ou explicatif** cherche à **faire comprendre** une notion ou une situation **sans formuler un jugement** ni chercher à convaincre le lecteur (c'est en quoi il diffère du texte argumentatif même si des explications ou des informations peuvent venir soutenir une argumentation). Il se reconnaît à l'emploi d'une **formulation générale**, souvent énoncée au **présent**, sans marques de présence du locuteur. Il recourt à des **connecteurs logiques** et à des **descriptions**. Le vocabulaire est précis, peut comporter des **termes techniques**, et faire appel à des comparaisons :

  La plupart des orientalistes qui ont étudié la langue des Bohémiens croient qu'ils sont originaires de l'Inde. En effet, il paraît qu'un grand nombre de racines et beaucoup de formes grammaticales du romani se retrouvent dans des idiomes dérivés du sanscrit. (Mérimée, *Carmen*)

S'ENTRAÎNER

1 Identifiez le type des textes suivants en relevant dans chacun d'eux trois indices caractéristiques.

a. Dire la vérité est utile à celui à qui on la dit, mais désavantageux à ceux qui la disent, parce qu'ils se font haïr. Or, ceux qui vivent avec les princes aiment mieux leurs intérêts que celui du prince qu'ils servent ; et ainsi, ils n'ont garde de lui procurer un avantage en se nuisant à eux-mêmes.

Blaise Pascal, *Pensées*, 1669.

b. Il faut, pour comprendre ce mécanisme, qui est un des piliers de la vie W, préciser quelque peu cette notion de « village » : les villages ne regroupent pas la totalité des habitants de W, mais seulement les sportifs et ceux qui, tout en ne pratiquant plus aucun sport, tout en ne participant plus aux compétitions, sont directement nécessaires aux sportifs : les directeurs d'équipe, les entraîneurs, les médecins, les masseurs, les diététiciens, etc.

Georges Perec, *W ou Le souvenir d'enfance*, © Éd. Denoël, 1975, 1988.

c. Puis sur l'eau profonde, sur l'eau sans limites, plus sombre que le ciel, on croyait voir, çà et là, des étoiles. Elles tremblotaient dans la brume nocturne, petites, proches ou lointaines, blanches, vertes ou rouges aussi. Presque toutes étaient immobiles, quelques-unes, cependant, semblaient courir.

Guy de Maupassant, *Pierre et Jean*, 1888.

d. Les deux voyageurs arrivèrent le soir à un château superbe. L'ermite demanda l'hospitalité pour lui et pour le jeune homme qui l'accompagnait. Le portier, qu'on aurait pris pour un grand seigneur, les introduisit avec une espèce de bonté dédaigneuse.

Voltaire, *Zadig*, 1747.

2 Identifiez les différents types de textes qui se mêlent à l'intérieur de chacun des trois extraits suivants.

a. *L'un des personnages de ce roman par lettres, Usbak, un Persan voyageant en Europe, raconte à l'un de ses compatriotes la vie des Parisiens qu'il observe avec étonnement.*

Je vis hier une chose assez singulière, quoiqu'elle se passe tous les jours à Paris.

Tout le peuple s'assemble sur la fin de l'après-dîner et va jouer une espèce de scène que j'ai entendu appeler *comédie*. Le grand mouvement est sur une estrade, qu'on nomme le *théâtre*. Aux deux côtés, on voit, dans de petits réduits qu'on nomme *loges*, des hommes et des femmes qui jouent ensemble des scènes muettes, à peu près comme celles qui sont en usage en notre Perse.

...

...

Ici, c'est une amante affligée qui exprime sa langueur ; une autre, plus animée, dévore des yeux son amant, qui la regarde de même : toutes les passions sont peintes sur les visages et exprimées avec une éloquence qui, pour être muette, n'en est que plus vive.

Montesquieu, *Lettres persanes*, lettre 28, 1721.

b. *Cosette, âgée de sept ans, est contrainte de traverser une forêt, seule, de nuit, pour aller chercher de l'eau.*

L'enfant regardait d'un œil égaré cette grosse étoile qu'elle ne connaissait pas et qui lui faisait peur. La planète, en effet, était en ce moment très près de l'horizon et traversait une épaisse couche de brume qui lui donnait une rougeur horrible. La brume, lugubrement empourprée, élargissait l'astre. On eût dit une plaie lumineuse. [...]

L'obscurité est vertigineuse. Il faut à l'homme de la clarté. Quiconque s'enfonce dans le contraire du jour se sent le cœur serré. Quand l'œil voit noir, l'esprit voit trouble. Dans l'éclipse, dans la nuit, dans l'opacité fuligineuse, il y a de l'anxiété, même pour les plus forts. Nul ne marche seul dans la nuit sans tremblement. [...]

Sans se rendre compte de ce qu'elle éprouvait, Cosette se sentait saisir par cette énormité noire de la nature. Ce n'était plus seulement de la terreur qui la gagnait, c'était quelque chose de plus terrible même que la terreur. Elle frissonnait. [...] Son œil était devenu farouche. [...] Alors, par une sorte d'instinct, pour sortir de cet état singulier qu'elle ne comprenait pas, mais qui l'effrayait, elle se mit à compter à haute voix un, deux, trois, quatre, jusqu'à dix, et, quand elle eut fini, elle recommença.

Victor Hugo, *Les Misérables*, 1862.

c.

La Grenouille qui se veut faire aussi grosse que le Bœuf

Une Grenouille vit un Bœuf
Qui lui sembla de belle taille.
Elle, qui n'était pas grosse en tout comme un œuf,
Envieuse, s'étend, et s'enfle, et se travaille,
  Pour égaler l'animal en grosseur,
  Disant : « Regardez bien, ma sœur ;
Est-ce assez ? dites-moi ; n'y suis-je point encore ?
– Nenni. – M'y voici donc ? – Point du tout. – M'y voilà ?
– Vous n'en approchez point. » La chétive pécore
  S'enfla si bien qu'elle creva.

Le monde est plein de gens qui ne sont pas plus sages :
Tout bourgeois veut bâtir comme les grands seigneurs,
  Tout petit prince a des ambassadeurs,
  Tout marquis veut avoir des pages.

Jean de La Fontaine, *Fables*, livre I, 3, 1668.

9 La structure d'un texte

SAVOIR

Analyser la structure d'un texte consiste à dégager les différentes étapes ou parties qui le constituent. Cette composition dépend du type du texte (argumentatif, narratif, descriptif ou explicatif) et du genre littéraire (roman, théâtre, poésie, essai...) auquel il appartient.

Globalement, il existe quatre façons d'organiser un texte.

- Une structure **temporelle**, dans les textes narratifs qui racontent une histoire selon un ordre chronologique ou bien à l'aide de retours en arrière ou d'anticipations.
- Une structure **spatiale**, dans les textes descriptifs ou narratifs présentant le parcours ou le portrait d'un personnage, la disposition d'un lieu ou d'objets.
- Une structure **thématique**, dans tous types de textes qui passent en revue divers sujets.
- Une structure **logique**, dans les textes argumentatifs ou explicatifs qui exposent un raisonnement ou une explication en faisant ressortir les rapports de cause à conséquence, ou en exposant deux points de vue opposés sur un même sujet, ou encore en alternant les arguments d'ordre général, abstrait, et les exemples particuliers, concrets, à titre d'illustrations.

SAVOIR FAIRE Comment dégager la structure d'un texte ?

On peut analyser aussi bien la structure d'ensemble d'un livre (roman, pièce de théâtre, essai) que celle d'un extrait dont il faut justifier le découpage en s'appuyant sur les repérages suivants :

• **Observer la disposition typographique**

– Dans un texte en **prose**, la répartition en **paragraphes** correspond souvent au passage d'une étape à l'autre. Il peut être utile de résumer, à l'aide d'un titre, le contenu de chaque paragraphe.

– La structure d'un **poème en vers** est soulignée par sa répartition en **strophes**. Cette composition est particulièrement sensible dans les poèmes de **forme fixe** tels que le sonnet, constitué de deux quatrains et deux tercets, dont le dernier vers crée un effet de « chute », de fin surprenante.

• **Dégager les principaux champs lexicaux**

Une structure thématique se reconnaît à la succession de champs lexicaux dominants dans chaque partie du texte. Il convient d'observer le **rapport entre ces différents champs lexicaux** : sont-ils complémentaires ou opposés ? Par exemple, La Bruyère, dans l'un de ses *Caractères* (1668), oppose le portrait d'un homme riche, Giton, à celui d'un homme pauvre, Phédon.

• **Repérer les indications de temps et de lieu**

– Un récit est généralement organisé selon une structure chronologique soulignée par des **indices de temps** (compléments circonstanciels de temps : *le lendemain* ; dates ; adverbes : *d'abord, ensuite, enfin*). La structure du texte respecte souvent l'ordre de succession des événements racontés, en suivant notamment les étapes du **schéma narratif** traditionnel (situation initiale, événement déclencheur, succession de péripéties, élément de résolution, situation finale). Il peut aussi y avoir des retours en arrière (nommés **analepses**) ou des évocations par anticipation d'événements ultérieurs (= **prolepses**).

– Un texte descriptif est structuré par des repères **spatiaux** (*à gauche, plus loin*) qui permettent de visualiser le lieu ou l'objet évoqué tandis que des **verbes de perception et de mouvement** indiquent la position de l'observateur.

– La composition d'un **portrait** influence le jugement porté sur le personnage, selon l'importance hiérarchique accordée aux diverses parties du corps, ou à certains détails de l'apparence. Flaubert, dans *Madame Bovary* (1857), dresse le portrait d'une servante de ferme en commençant par décrire ses pieds chaussés de « galoches de bois », puis en insistant sur ses mains, symboles d'une vie vouée à un travail difficile.

• **Repérer les connecteurs logiques**

Les étapes d'une argumentation ou d'une explication sont soulignées par des connecteurs logiques qui explicitent le **cheminement de la pensée** : **addition** d'arguments ou d'éléments (*d'abord, ensuite, enfin...*), rapport de **cause à conséquence** (*en raison de, puisque, étant donné que / c'est pourquoi, par* *conséquent, si bien que...),* **opposition** (*pourtant, toutefois, néanmoins...*), **concession** (*certes, mais...*), **comparaison** (*de même que, à l'instar de...*).

• **Observer les changements du mode d'énonciation**

Dans un texte narratif ou argumentatif, ou dans un poème, le changement de pronoms personnels (de *je* à *nous*, ou *on*) ou l'adresse directe au destinataire (désigné par *tu* ou *vous*) souligne le passage du particulier au général, ou, dans un ordre inverse, le glissement de la réflexion à valeur universelle vers l'illustration fondée sur l'expérience personnelle.

S'ENTRAÎNER

1 Selon quel type de structure le texte est-il organisé ? Quels indices vous permettent d'identifier le type de structure dominant ?

Vingt belles filles de la garde reçurent Candide et Cacambo à la descente du carrosse, les conduisirent aux bains, les vêtirent de robes d'un tissu de duvet de colibri ; après quoi les grands officiers et les grandes officières de la couronne les menèrent à l'appartement de Sa Majesté au milieu de deux files chacune de mille musiciens, selon l'usage ordinaire. Quand ils approchèrent de la salle du trône, Cacambo demanda à un grand officier comment il fallait s'y prendre pour saluer sa Majesté.

Voltaire, *Candide*, 1759.

2 Lisez le poème et répondez aux questions.

Tant que mes yeux pourront larmes épandre[1],
À l'heur[2] passé avec toi regretter,
Et qu'aux sanglots et soupirs résister
Pourra ma voix, et un peu faire entendre,

Tant que ma main pourra les cordes tendre
Du mignard[3] luth, pour tes grâces chanter,
Tant que l'esprit se voudra contenter[4]
De ne vouloir rien fors[5] que toi comprendre :

Je ne souhaite encore point mourir.
Mais quand mes yeux je sentirai tarir,
Ma voix cassée, et ma main impuissante,

Et mon esprit en ce mortel[6] séjour
Ne pouvant plus montrer signe d'amante,
Prierai la Mort noircir mon plus clair jour.

Louise Labé, *Sonnets*, 1555.

1. répandre ; 2. bonheur ; 3. gracieux ; 4. s'appliquer à ; 5. sauf ; 6. terrestre.

a. Comparez la répartition des deux phrases qui composent le sonnet et la répartition des vers en quatre strophes : que constatez-vous ?

b. En vous appuyant sur les connecteurs logiques, dégagez les deux grandes parties qui structurent le sonnet.

3 En repérant les principaux champs lexicaux et les connecteurs logiques, dégagez la structure dominante du texte.

La guerre est un fruit de la dépravation des hommes ; c'est une maladie convulsive et violente du corps politique, il n'est en santé, c'est-à-dire dans son état naturel que lorsqu'il jouit de la *paix* ; c'est elle qui donne de la vigueur aux empires ; elle maintient l'ordre parmi les citoyens ; elle laisse aux lois la force qui leur est nécessaire ; elle favorise la population, l'agriculture et le commerce ; en un mot elle procure aux peuples le bonheur qui est le but de toute société. La guerre au contraire dépeuple les États ; elle y fait régner le désordre ; les lois sont forcées de se taire à la vue de la licence qu'elle introduit ; elle rend incertaines la liberté et la propriété des citoyens ; elle trouble et fait négliger le commerce ; les terres deviennent incultes et abandonnées. Jamais les triomphes les plus éclatants ne peuvent dédommager une nation de la perte d'une multitude de ses membres que la guerre sacrifie ; ses victoires même lui font des plaies profondes que la *paix* seule peut guérir.

Damilaville, article « Paix », *Encyclopédie*, 1751-1766.

4 En observant l'évolution du mode d'énonciation et les connecteurs logiques, distinguez les différentes étapes de l'argumentation.

Peuple du salaire, né du salaire, ne vivant que par le salaire, il périt avec le salaire, et s'insurge dans son cœur contre une société qui le condamne par sa condition au travail et qui lui refuse le travail. Or, le travail pour lui c'est la vie. La société, impassible et égoïste, peut-elle voir tout cela et détourner les yeux en renvoyant ce peuple à la concurrence pour toute réponse et pour tout secours ? Nous disons : non ! Le dernier mot d'une société bien faite à un peuple qui périt ne peut pas être la mort ! Le dernier mot d'une société bien faite doit être du travail et du pain. Le droit au travail n'est pas dans ce cas autre chose que le droit de vivre. Si vous reconnaissez le droit de vivre, vous devez reconnaître à ce peuple le droit au travail !

Alphonse de Lamartine, « Du droit au travail et de l'organisation du travail », article paru dans *Le Bien public*, décembre 1844.

10 Genres, registres et mouvements littéraires

SAVOIR

Les genres littéraires

Les genres littéraires sont des catégories permettant de classer les œuvres de toute époque selon des critères formels. On distingue quatre principaux genres, dont chacun comprend plusieurs sous-genres :
– le **genre narratif** regroupe les récits d'histoires fictives ou réelles : romans, nouvelles, contes, autobiographies, biographies ;
– le **genre poétique** comprend les poèmes en vers, les poèmes en prose, ou en vers libres ;
– le **genre théâtral** comprend les tragédies, les comédies, les tragi-comédies, les drames ;
– le **genre argumentatif** regroupe les textes qui exposent une thèse, défendent des idées : essai, traité, discours, pamphlet…

Les mouvements (ou courants) littéraires et culturels désignent un ensemble d'auteurs et d'œuvres qui, à une époque donnée, ont en commun une certaine conception de l'humanité et de la création artistique. La plupart de ces mouvements ne se limitent pas à la littérature mais concernent aussi d'autres arts (peinture, architecture, musique, cinéma…). Les mouvements se succèdent au fil du temps en s'opposant ou en se faisant écho les uns aux autres. En France, les principaux mouvements à connaître sont :

XVIe siècle : l'humanisme

XVIIe siècle : le baroque, le classicisme

XVIIIe siècle : les Lumières

XIXe siècle : le romantisme, le réalisme, le naturalisme, le symbolisme

XXe siècle : le surréalisme, l'absurde, le nouveau roman

Les registres littéraires

Les registres littéraires, notion transversale aux divers genres et mouvements, se définissent en fonction des émotions et des effets visés par un texte ou une œuvre d'art, à l'aide de procédés et de thèmes spécifiques. Certains registres sont liés à des genres littéraires particuliers mais ne s'y restreignent pas (le registre tragique est le propre de la tragédie mais peut aussi être exploité dans un roman, un poème, un tableau, un film, une photographie…).

On distingue sept principaux registres dont certains comportent des variantes : **comique, tragique, pathétique, lyrique, épique, fantastique, polémique**.

Il ne faut pas confondre ces registres littéraires avec ce qu'on appelle parfois les registres de langue renvoyant à divers niveaux de langage (soutenu, courant ou familier).

SAVOIR FAIRE Reconnaître les registres littéraires

Registres	Effets visés	Thèmes privilégiés	Procédés caractéristiques
Comique	Faire rire et éventuellement critiquer.	Défauts de l'homme et de la société.	Caricature, exagération, antiphrase ironique, jeux de mots, quiproquo, dérision par l'absurde.
Tragique	Susciter l'effroi, la pitié ou la fascination envers un destin marqué par la fatalité.	Passions destructrices, conflits, violence, mort.	Figures d'opposition, expression du dilemme, du conflit, de la souffrance, lamentations, apostrophes, hyperboles.
Pathétique	Émouvoir, susciter la compassion.	Souffrance, injustice, victimes innocentes.	Images émouvantes, figures d'opposition, procédés d'insistance, ponctuation expressive.
Lyrique	Exprimer avec intensité des sentiments intimes.	Amour heureux ou malheureux, colère, révolte, tristesse ou joie, émotions face à la nature, au temps qui passe, aux épreuves de la vie.	Emploi du *je*, champs lexicaux des sentiments, images, procédés d'insistance, apostrophes, interrogations et exclamations.
Épique	Exalter l'héroïsme individuel ou collectif lors de situations exceptionnelles, de combats, d'exploits.	Courage, grandeur, dépassement de soi dans des situations de combat (guerre, lutte contre les forces naturelles, conflits sociaux, exploits sportifs).	Figures d'amplification et d'insistance, mots au pluriel et termes collectifs, personnifications, allégories.

Registres	Effets visés	Thèmes privilégiés	Procédés caractéristiques
Fantastique	Susciter le trouble et l'angoisse face à l'intrusion d'un élément surnaturel dans un contexte ordinaire.	Troubles de la perception, cauchemar, hallucination, folie, peur de la mort, créatures étranges, monstres.	Verbes de perception, modalisateurs, personnifications d'objets, comparaisons et métaphores, antithèses et oxymores, interrogations.
Polémique	Provoquer interrogations et prises de parti autour d'un sujet qui fait débat.	Sujets politiques et sociaux, valeurs morales, injustices, querelles artistiques.	Expressions du jugement, lexique mélioratif et péjoratif, adresses directes au lecteur, procédés d'opposition et d'insistance, ironie.

S'ENTRAÎNER

1 Dans un tableau à trois colonnes, classez les questions suivantes selon qu'elles portent sur les genres, les mouvements ou les registres littéraires.

a. Quels sont les ressorts du comique dans cette scène ?

b. Quels procédés d'écriture propres à l'essai trouvez-vous dans ce texte ?

c. Quel auteur français est considéré comme le chef de file du naturalisme ?

d. En quoi ce passage est-il un exemple d'ironie tragique ?

e. Quelles conventions du genre romanesque sont remises en cause dans cette œuvre apparentée au nouveau roman ?

f. Quels idéaux humanistes ce texte présente-t-il ?

g. En quoi ce dénouement est-il caractéristique de la fin d'une tragédie ?

h. Quels procédés confèrent au texte une dimension épique ?

i. En quoi ce poème est-il caractéristique de l'esthétique baroque ?

j. Comment s'opère le passage au fantastique dans cette description ?

2 Lisez les textes et répondez aux questions.

Texte 1

J'ai cueilli ce brin de bruyère
L'automne est morte souviens-t'en
Nous ne nous verrons plus sur terre
Odeur du temps brin de bruyère
Et souviens-toi que je t'attends

Guillaume Apollinaire, « L'Adieu », *Alcools*, © Éd. Gallimard, 1913.

Texte 2

Que n'ai-je achevé tout ce que j'avais à dire de mon séjour chez Mme de Vercellis ! Mais, bien que mon apparente situation demeurât la même, je ne sortis pas de sa maison comme j'y étais entré. J'en emportai les longs souvenirs du crime et l'insupportable poids des ...

... remords dont au bout de quarante ans ma conscience est encore chargée, et dont l'amer sentiment, loin de s'affaiblir, s'irrite à mesure que je vieillis. Qui croirait que la faute d'un enfant pût avoir des suites aussi cruelles ?

C'est de ces suites plus que probables que mon cœur ne saurait se consoler. J'ai peut-être fait périr dans l'opprobre et dans la misère une fille aimable, honnête, estimable, et qui sûrement valait beaucoup mieux que moi.

Jean-Jacques Rousseau, *Les Confessions*, 1782.

Texte 3

L'heure sonna, dehors, à l'église, dans le vent nocturne.

– Qui est là ? demandai-je, à voix basse.

La lueur s'éteignit : j'allais m'approcher...

Mais la porte s'ouvrit, largement, lentement, silencieusement.

En face de moi, dans le corridor, se tenait, debout, une forme haute et noire – un prêtre, le tricorne sur la tête. La lune l'éclairait tout entier, à l'exception de la figure ; je ne voyais que le feu de ses deux prunelles qui me considéraient avec une solennelle fixité.

Le souffle de l'autre monde enveloppait ce visiteur, son attitude m'oppressait l'âme. Paralysé par une frayeur qui s'enfla instantanément jusqu'au paroxysme, je contemplai le désolant personnage, en silence.

Tout à coup, le prêtre éleva le bras, avec lenteur, vers moi. Il me présentait une chose lourde et vague. C'était un manteau. Un grand manteau noir, un manteau de voyage. Il me le tendait, comme pour me l'offrir !...

Auguste Villiers de l'Isle-Adam, *Contes cruels*, 1883.

a. À quel genre littéraire chacun des textes appartient-il ? Justifiez votre réponse en relevant deux indices.

b. Quel(s) est/sont le(s) registre(s) dominant(s) dans chacun d'eux ? Justifiez votre réponse en relevant trois indices caractéristiques.

11 Les différents genres du théâtre

SAVOIR

Jusqu'au XIXe siècle, le théâtre se partage en différents genres qui respectent des conventions formelles et, globalement, opposent les pièces tragiques aux pièces comiques. Par la suite, le théâtre moderne fait éclater ces cadres stricts en mêlant le tragique au comique et en détournant les règles de la dramaturgie classique.

Genre	Époque	Caractéristiques	Auteurs et œuvres emblématiques
Farce	Du Moyen Âge au XVIIe siècle	Théâtre comique populaire, personnages bouffons, satire de la vie quotidienne.	*La Farce de Maître Pathelin* (1465) ; Molière, *Les Précieuses ridicules* (1659).
Tragi-comédie baroque	Début XVIIe siècle	Intrigue mouvementée, actes violents, dénouement heureux.	Corneille, *Le Cid* (1637).
Comédie classique	XVIIe – XVIIIe siècles	Personnages de condition moyenne, de même époque que l'auteur, intrigues fondées sur conflits de famille et de mœurs, dénouement heureux, visée divertissante et critique.	XVIIe s. : toutes les comédies de Molière. XVIIIe s. : Marivaux, *Le Jeu de l'amour et du hasard* (1730) ; Beaumarchais, *Le Barbier de Séville* (1775), *Le Mariage de Figaro* (1784).
Tragédie classique	Seconde moitié du XVIIe siècle	Héros mythologiques ou historiques de haut rang, d'époque éloignée, victimes de la fatalité et de leurs passions, dénouement malheureux.	Corneille, *Horace* (1640), *Cinna* (1641) ; Racine, *Andromaque* (1667), *Phèdre* (1677).
Drame romantique	Première moitié du XIXe siècle	Héros historiques ou fictifs, de tous milieux, époque récente du XVIe ou XVIIe ; conflits entre aspirations individuelles et contraintes sociales ; mélange des registres tragique et comique, refus des règles classiques ; dénouement malheureux.	Hugo, *Hernani* (1830) ; *Ruy Blas* (1838).
Vaudeville et comédie de boulevard	Seconde moitié du XIXe siècle – XXe siècle	Comédie divertissante, nombreux rebondissements et quiproquos ; personnages bourgeois caricaturés, intrigue souvent fondée sur le mariage et l'adultère.	Labiche, *Un chapeau de paille d'Italie* (1851) ; Feydeau, *La Dame de chez Maxim* (1899).
Farce tragique, drame absurde	Milieu du XXe siècle	Mélange des registres tragique et comique, intrigue et langage déconstruits, personnages grotesques et pathétiques, mise en cause du sens de l'existence et du langage.	Ionesco, *La Cantatrice chauve* (1950) ; Beckett, *En attendant Godot* (1952).
Théâtre contemporain	XXe – XXIe siècles	Diversité des formes et des langages, influence d'autres arts (cinéma, danse, musique), mélange du comique et du tragique, intrigues faites de conflits intimes, familiaux ou sociaux.	Sarraute, *Pour un oui ou pour un non* (1986) ; Koltès, *Combat de nègres et de chiens* (1979) ; Lagarce, *Juste la fin du monde* (1990).

SAVOIR FAIRE — Analyser des textes de théâtre en fonction de leur genre

Le genre théâtral dans lequel une pièce s'inscrit crée des attentes chez le spectateur qui se prépare à voir un certain type de représentation, de personnages et d'intrigue en fonction des conventions propres à chaque genre. Or, les dramaturges comme les metteurs en scène peuvent se conformer à ces conventions ou au contraire les transgresser pour surprendre le public. Lors de l'analyse d'un texte de théâtre, on se posera les questions suivantes :

- **À quelle époque la pièce a-t-elle été écrite ? Quels genres théâtraux dominaient alors ?**
- **Le titre de la pièce suggère-t-il son appartenance à un genre ?**

Les pièces du XVIIe siècle qui ont pour titre le nom de personnages de la mythologie grecque – *Médée*, de Corneille, *Andromaque* de Racine – ou de l'histoire romaine – *Cinna ou la clémence d'Auguste*, de Corneille – sont en général des tragédies. Un titre familier comme *Mais n'te promène donc pas toute nue !* (Feydeau) annonce une comédie de boulevard.

- **Le nom et le milieu social des personnages sont-ils caractéristiques d'un genre théâtral ?**

Dans la liste des personnages, la mention de héros puissants – rois, princes – annonce l'univers de la tragédie antique ou classique, tandis que bourgeois et gens du peuple relèvent plutôt de la comédie.

- **La pièce mêle-t-elle les registres tragique et comique et les niveaux de langage ?**

Ce mélange, rare dans le théâtre classique du XVIIe siècle, est caractéristique du drame romantique et plus encore du théâtre moderne et contemporain.

- **Les conventions propres au genre sont-elles respectées dans la scène ou l'extrait étudiés ?**

La pièce de Molière, *Dom Juan* (1665), s'écarte des règles de la comédie classique car l'intrigue se déroule en plusieurs lieux, en deux jours, et le héros meurt à la fin.

S'ENTRAÎNER

1 En vous référant au tableau ci-contre, indiquez le genre de pièce que chacun des titres suivants vous semble annoncer.

a. *Le Triomphe de l'amour*
b. *Le Mariage de Figaro*
c. *Tueur sans gages*
d. *Alexandre Le Grand*
e. *La Jalousie du Barbouillé*
f. *Sganarelle ou le Cocu imaginaire*
g. *Madame est servie*

2 À quel genre de pièce correspond chacun des résumés d'intrigue ?

a. Au XVIIIe siècle à Londres, un jeune poète idéaliste se heurte à une société matérialiste. Talentueux mais incompris, il loue une chambre chez un industriel qui se montre aussi brutal avec ses ouvriers qu'envers sa femme, Kitty, dont le poète est secrètement amoureux. Accusé de plagiat, humilié par l'offre d'un emploi de domestique, le héros finira par s'empoisonner après avoir avoué son amour à Kitty qui meurt elle aussi.

b. À la mort de Claude, empereur romain, sa seconde épouse Agrippine a écarté du pouvoir Britannicus pour placer sur le trône son fils Néron issu d'un premier mariage. Pour affirmer son autorité de despote, Néron fait enlever Junie, la jeune fille promise à Britannicus, et empoisonne celui-ci.

c. Un écrivain raté et son épouse vivent reclus depuis quinze ans dans un appartement où un cadavre ne cesse de grandir. Poussé par sa femme à se débarrasser du cadavre, le mari finit par s'échapper avec celui-ci, en s'envolant.

3 À quel genre de pièce peuvent correspondre ces différentes listes de personnages ? Justifiez votre réponse.

Liste 1

CHRYSALE, Bon bourgeois.
PHILAMINTE, Femme de Chrysale.
ARMANDE, HENRIETTE, Filles de Chrysale et de Philaminte.
ARISTE, Frère de Chrysale.
BELISE, Sœur de Chrysale.
CLITANDRE, Amant d'Henriette.
TRISSOTIN, Bel Esprit.
VADIUS, Savant.
MARTINE, Servante de cuisine.
L'EPINE, Laquais de Trissotin.
JULIEN, Valet de Vadius.
LE NOTAIRE

Liste 2

ETEOCLE, Roi de Thèbes.
POLYNICE, Frère d'Etéocle.
JOCASTE, Mère de ces deux Princes et d'Antigone.
ANTIGONE, Sœur d'Etéocle et de Polynice.
CREON, Oncle des Princes et de la Princesse.
HEMON, Fils de Créon, Amant d'Antigone.
OLYMPE, Confidente de Jocaste.
ATTALE, Confident de Créon.
UN SOLDAT GREC. UN PAGE, DES GARDES.

12 La tragédie classique

SAVOIR

Les origines antiques de la tragédie

▸ La tragédie est née dans la **Grèce antique au ve siècle av. J.-C.**, sous la démocratie athénienne. Liée à des cérémonies **religieuses**, les représentations tragiques ont aussi une fonction **politique et sociale** car elles rassemblent les citoyens autour de réflexions sur la condition humaine.

▸ À partir de sujets empruntés à la mythologie, les tragédies d'**Eschyle**, de **Sophocle** ou d'**Euripide** mettent en scène des héros soumis à la fatalité, jouets de la volonté des dieux, à l'image d'Œdipe, personnage à la fois coupable et innocent car il commet un parricide et un inceste sans connaître la véritable identité de ses victimes.

▸ Selon Aristote, philosophe grec du IVe siècle av. J.-C., la tragédie doit produire un effet de **catharsis** (purgation des passions), libérant le spectateur de ses propres pulsions violentes en lui inspirant un sentiment de terreur et de pitié envers les personnages.

Les caractéristiques de la tragédie classique

▸ Le **classicisme** est un mouvement littéraire et culturel de la seconde moitié du XVIIe siècle, sous la monarchie absolue de Louis XIV. Les auteurs classiques s'inspirent des œuvres antiques et cherchent à « plaire et instruire » au moyen d'un art en quête de perfection, clarté, mesure et ordre.

▸ La tragédie classique – dont les principaux auteurs sont **Corneille** et **Racine** – suit des contraintes strictes :

• L'**intrigue**, inspirée de la mythologie ou de l'histoire **antique**, met en scène des **personnages de haute condition** en situation de crise et victimes de la **fatalité** issue de la malédiction divine ou de leurs propres passions excessives. La plupart des héros de Corneille cherchent à vaincre leurs dilemmes (conflits) en invoquant la force de la raison et du sens de l'honneur, au prix de sacrifices imposés à eux-mêmes ou à autrui, alors que les personnages de Racine subissent les ravages de passions qui leur sont fatales.

• La tragédie, divisée en cinq actes, est écrite en **alexandrins**, dans une langue soutenue, sans mélange des genres ni des registres (aucun élément comique).

• Trois principales règles doivent être respectées :
- **la règle de la vraisemblance** : l'action doit paraître vraisemblable en se conformant aux attentes du public. Une intrigue fidèle aux sources mythologiques paraissait vraisemblable même si elle n'était pas réaliste (l'un des personnages de *Phèdre* de Racine est tué par un monstre marin, conformément au mythe grec) ;
- **la règle des bienséances** : la représentation ne doit pas heurter la sensibilité du public. Les personnages adoptent un langage conforme à leur rang social, ne font aucune allusion aux réalités corporelles (nourriture, sexualité) et les actions violentes sont racontées mais non représentées sur scène ;
- **la règle des trois unités de temps, de lieu et d'action** : l'intrigue se déroule en une journée, dans un lieu unique, et toutes les actions sont liées à l'intrigue principale.

SAVOIR FAIRE — Étudier une scène de tragédie classique

• **Situer la scène dans le déroulement de la pièce**

L'acte I correspond à l'exposition du conflit ; les actes II, III et IV développent le nœud et les péripéties, c'est-à-dire les revirements de l'action sous l'effet du conflit ; l'acte V est la résolution du conflit sous forme d'un dénouement généralement malheureux.

• **Identifier le type de texte** (voir chapitre 14), **sa composition, ses registres**

S'agit-il d'un dialogue, d'une tirade, d'un monologue ? Comment progresse-t-il ? Quels procédés concourent aux registres tragique, pathétique ou lyrique ?

• **Élucider le sens littéral du texte**

Faites attention à l'ordre des mots soumis à la construction du vers et des rimes ; vérifiez la signification de certains mots qui diffère du sens moderne.

Ah ! Seigneur, si votre heure est une fois marquée,
Le ciel de nos raisons ne sait point s'informer.

Racine, *Phèdre*, acte I, sc. 1

Ces vers signifient que la raison humaine ne peut rien contre le destin (*votre heure*) déterminé par les dieux (*le ciel*).

• **Dégager la visée principale de la scène et les relations entre les personnages**

S'agit-il d'apporter des informations, de relater des événements qui ne sont pas montrés sur scène, de montrer l'affrontement entre deux ou plusieurs personnages, ou d'exprimer les sentiments ou le dilemme d'un des héros ?

S'ENTRAÎNER

1 Repérez les vers qui énoncent : la principale visée de la tragédie ; les différentes règles de la tragédie classique (unités de lieu, temps, action ; vraisemblance ; bienséances).

Poète et théoricien du classicisme, Nicolas Boileau explique dans son Art poétique *(1674) les principes à suivre pour écrire une tragédie.*

Si d'un beau mouvement l'agréable fureur
Souvent ne nous remplit d'une douce « terreur »,
Ou n'excite en notre âme une « pitié » charmante,
En vain vous étalez une scène savante :
Vos froids raisonnements ne feront qu'attiédir
Un spectateur toujours paresseux d'applaudir,
Et qui, des vains efforts de votre rhétorique
Justement fatigué, s'endort ou vous critique.
Le secret est d'abord de plaire et de toucher :
Inventez des ressorts qui puissent m'attacher.
Que dès les premiers vers l'action préparée
Sans peine du sujet aplanisse l'entrée.
[...]
Nous voulons qu'avec art l'action se ménage ;
Qu'en un lieu, qu'en un jour, un seul fait accompli
Tienne jusqu'à la fin le théâtre rempli.
Jamais au spectateur n'offrez rien d'incroyable :
Le vrai peut quelquefois n'être pas vraisemblable.
Une merveille absurde est pour moi sans appas :
L'esprit n'est point ému de ce qu'il ne croit pas.
Ce qu'on ne doit point voir, qu'un récit nous l'expose :
Les yeux en le voyant saisiront mieux la chose ;
Mais il est des objets que l'art judicieux
Doit offrir à l'oreille et reculer des yeux.
Que le trouble, toujours croissant de scène en scène,
À son comble arrivé se débrouille sans peine.

Nicolas Boileau, *Art poétique*, Chant III, 1674.

2 Quelles caractéristiques de la tragédie classique et du héros tragique apparaissent dans ce dialogue placé à l'ouverture de la pièce de Racine, *Andromaque* ? Quelle fonction remplit celui-ci ?

Dans cette première scène, Oreste, fils du roi de Mycènes Agamemnon, retrouve son ami Pylade à la cour de Pyrrhus, fils d'Achille et roi d'Épire, une région du nord de la Grèce.

ORESTE
Oui, puisque je retrouve un ami si fidèle,
Ma fortune[1] va prendre une face nouvelle ;
Et déjà son courroux semble s'être adouci,
Depuis qu'elle a pris soin de nous rejoindre[2] ici.
Qui l'eût dit, qu'un rivage à mes vœux[3] si funeste
Présenterait d'abord Pylade aux yeux d'Oreste ?
Qu'après plus de six mois que je t'avais perdu,
À la cour de Pyrrhus tu me serais rendu ?

PYLADE
J'en rends grâces au ciel, qui m'arrêtant sans cesse
Semblait m'avoir fermé le chemin de la Grèce,
Depuis le jour fatal que[4] la fureur des eaux
Presque aux yeux[5] de l'Épire écarta nos vaisseaux.
Combien dans cet exil ai-je souffert d'alarmes !
Combien à vos malheurs ai-je donné de larmes,
Craignant toujours pour vous quelque nouveau danger
Que ma triste amitié ne pouvait partager !
Surtout je redoutais cette mélancolie
Où[6] j'ai vu si longtemps votre âme ensevelie.
Je craignais que le ciel, par un cruel secours,
Ne vous offrît la mort que vous cherchiez toujours.
Mais je vous vois, Seigneur ; et si j'ose le dire,
Un destin plus heureux vous conduit en Épire :
Le pompeux appareil[7] qui suit ici vos pas
N'est point d'un malheureux qui cherche le trépas.

ORESTE
Hélas ! qui peut savoir le destin qui m'amène ?
L'amour me fait ici chercher une inhumaine[8].
Mais qui sait ce qu'il doit ordonner de mon sort,
Et si je viens chercher ou la vie ou la mort ?

Jean Racine, *Andromaque*, acte I, scène 1, 1667.

1. destin ; 2. réunir ; 3. désir d'être aimé ; 4. où ; 5. en vue de ; 6. dans laquelle ; 7. escorte, suite ; 8. insensible à mon amour.

13 La comédie classique

SAVOIR

Les origines de la comédie classique

Comme la tragédie, la comédie est apparue en Grèce au Ve siècle av. J.-C., liée aux fêtes rituelles en l'honneur de Dionysos, dieu du Vin. La comédie se distinguait de la tragédie en mettant en scène des personnages ordinaires dans des **situations de la vie quotidienne**, avec une visée à la fois divertissante et satirique. Les auteurs de la comédie grecque (Aristophane, Ménandre) inspireront les dramaturges latins (Plaute, Térence).

En plus de ces sources antiques, deux formes de théâtre populaire ont influencé la comédie classique au XVIIe siècle : la **farce médiévale**, fondée sur des jeux de scène et des mots grossiers, des personnages codifiés, des intrigues simples ; la ***commedia dell'arte*** (née au XVIe siècle en Italie), dont les intrigues plaisantes sont improvisées par des comédiens masqués interprétant des personnages-types (Arlequin, Polichinelle…).

Les caractéristiques de la comédie classique

Dans la seconde moitié du XVIIe siècle, la comédie est dominée par l'œuvre de **Molière** qui vise à « **corriger les mœurs par le rire** » en conciliant tradition populaire, qualités littéraires et dimension critique.

Comme la tragédie, la comédie suit les **règles de la dramaturgie classique** (unités de temps, de lieu, d'action ; vraisemblance et bienséances). Elle comporte trois ou cinq actes **en vers ou en prose**, déroulant l'exposition, le nœud, les péripéties et le dénouement du conflit.

La comédie se distingue de la tragédie par :
- ses **personnages** : contemporains de l'auteur, issus de divers milieux sociaux (noblesse, bourgeoisie, paysans, domestiques), incarnant des types codés (le vieillard amoureux ou avare, le père autoritaire, les jeunes amoureux, le valet rusé…) ;
- son **intrigue** : conflit ancré dans la vie quotidienne et la sphère familiale, autour des thèmes du mariage, de l'argent, des conventions sociales permettant de ridiculiser les défauts des hommes et de la société ;
- son **niveau de langue** : courant, proche de la conversation ;
- ses **registres** : exploitant toutes les variétés du comique, sans élément tragique ;
- son **dénouement** : le plus souvent heureux (mariage ou réconciliation).

On distingue quatre principales formes de comédie au XVIIe siècle :
- la **comédie d'intrigue** présente une action complexe (souvent un projet de mariage contrarié), riche en rebondissements, coups de théâtre, quiproquos (*Les Fourberies de Scapin*) ;
- la **comédie de caractère** développe les traits d'un personnage incarnant un défaut humain ou une obsession risible (*L'Avare*) ;
- la **comédie de mœurs** ridiculise une mode ou le comportement d'un groupe social (*Les Femmes savantes*) ;
- la **comédie-ballet**, inventée par Molière et le musicien Lully, comporte des intermèdes chantés et dansés (*Le Bourgeois gentilhomme*).

SAVOIR FAIRE — Analyser les différentes formes de comique

Pour étudier la portée comique d'un texte théâtral, il faut imaginer la manière dont il pourrait être mis en scène, et distinguer les différentes formes de comique qui souvent se combinent.

- Le **comique de gestes** : grimaces, gestes machinaux ou répétés, coups, chutes, costumes ridicules…
- Le **comique de mots** : lexique familier, mélange des niveaux de langue, insultes, intonations et accents caricaturaux, jeux sur le sens ou le son des mots…
- Le **comique de situation** : quiproquos, déguisements, coups de théâtre, renversements de situation, répétition d'un même procédé (on parle en ce cas de comique de répétition).
- Le **comique de caractère** : caricature des défauts des individus ou des catégories sociales que les personnages incarnent (ex. : la méfiance d'un avare, la vanité d'un pédant…).
- Le **comique de parodie** : imite de manière caricaturale ou détourne un style, un genre ou un registre littéraire, un personnage ou une œuvre célèbre, une manière de parler (ex. : la servante déguisée en médecin dans *Le Malade imaginaire* de Molière parodie le discours médical).

• Le **comique de l'absurde** : présente des situations ou des paroles étranges qui perturbent la logique habituelle et qui paraissent dénuées de sens. (ex. : le valet Sganarelle, dans *Dom Juan* de Molière, vante les bienfaits d'un remède provoquant la mort soudaine d'un malade qui n'arrivait pas à mourir).

S'ENTRAÎNER

1 Lisez l'extrait et répondez aux questions.

CLITANDRE
Cher Marquis, je te vois l'âme bien satisfaite :
Toute chose t'égaye, et rien ne t'inquiète.
En bonne foi, crois-tu, sans t'éblouir les yeux,
Avoir de grands sujets de paraître joyeux ?

ACASTE
Parbleu ! je ne vois pas, lorsque je m'examine,
Où prendre aucun sujet d'avoir l'âme chagrine.
J'ai du bien, je suis jeune, et sors d'une maison
Qui se peut dire noble avec quelque raison ;
Et je crois, par le rang que me donne ma race,
Qu'il est fort peu d'emplois dont je ne sois en passe[1].
Pour le cœur[2], dont sur tout nous devons faire cas,
On sait, sans vanité, que je n'en manque pas,
Et l'on m'a vu pousser, dans le monde, une affaire[3]
D'une assez vigoureuse et gaillarde manière.
Pour de l'esprit, j'en ai sans doute, et du bon goût
À juger sans étude et raisonner[4] de tout,
À faire aux nouveautés, dont je suis idolâtre,
Figure de savant sur les bancs du théâtre,
Y décider en chef, et faire du fracas
À tous les beaux endroits qui méritent des ah !
Je suis assez adroit ; j'ai bon air, bonne mine,
Les dents belles surtout, et la taille fort fine.
Quant à se mettre bien, je crois, sans me flatter,
Qu'on serait mal venu de me le disputer.
Je me vois dans l'estime autant qu'on y puisse être,
Fort aimé du beau sexe, et bien auprès du maître[5].
Je crois qu'avec cela, mon cher Marquis, je crois
Qu'on peut, par tout pays, être content de soi.

Molière, *Le Misanthrope*, acte III, sc. 1

1. auxquels je ne puisse prétendre ; 2. courage ; 3. avoir un duel ; 4. discuter ; 5. le roi.

a. Quel type de personnage Acaste incarne-t-il ?

b. Pourquoi est-il ridicule ?

c. Quelles formes de comique sont exploitées dans la tirade d'Acaste ?

2 Après avoir lu le texte, répondez aux questions.

Deux jeunes amoureux, Eraste et Julie, veulent se débarrasser de M. de Pourceaugnac, un avocat du Limousin auquel le père de Julie veut marier sa fille. L'une de leurs ruses consiste à faire passer pour fou M. de Pourceaugnac en le faisant examiner par deux médecins.

MONSIEUR DE POURCEAUGNAC : – Messieurs, il y a une heure que je vous écoute. Est-ce que nous jouons ici une comédie ?
PREMIER MÉDECIN : – Non, Monsieur, nous ne jouons point.
MONSIEUR DE POURCEAUGNAC : – Qu'est-ce que tout ceci ? et que voulez-vous dire avec votre galimatias[1] et vos sottises ?
PREMIER MÉDECIN : – Bon, dire des injures. Voilà un diagnostic qui nous manquait pour la confirmation de son mal, et ceci pourrait bien tourner en manie[2].
MONSIEUR DE POURCEAUGNAC : – Avec qui m'a-t-on mis ici ?
Il crache deux ou trois fois.
PREMIER MÉDECIN : – Autre diagnostic : la sputation[3] fréquente.
MONSIEUR DE POURCEAUGNAC : – Laissons cela, et sortons d'ici.
PREMIER MÉDECIN : – Autre encore : l'inquiétude de changer de place.
MONSIEUR DE POURCEAUGNAC : – Qu'est-ce donc que toute cette affaire ? et que me voulez-vous ?
PREMIER MÉDECIN : – Vous guérir, selon l'ordre qui nous a été donné.
MONSIEUR DE POURCEAUGNAC : – Me guérir ?
PREMIER MÉDECIN : – Oui.
MONSIEUR DE POURCEAUGNAC : – Parbleu ! je ne suis pas malade.
PREMIER MÉDECIN : – Mauvais signe, lorsqu'un malade ne sent pas son mal.
MONSIEUR DE POURCEAUGNAC : – Je vous dis que je me porte bien.
PREMIER MÉDECIN : – Nous savons mieux que vous comment vous vous portez, et nous sommes médecins, qui voyons clair dans votre constitution.
MONSIEUR DE POURCEAUGNAC : – Si vous êtes médecins, je n'ai que faire de vous ; et je me moque de la médecine.
PREMIER MÉDECIN : – Hon, hon : voici un homme plus fou que nous ne pensons.

Molière, *Monsieur de Pourceaugnac*, acte I, scène 8 (extrait)

1. discours confus, incompréhensible ; 2. idée fixe, caractéristique de la folie ; 3. crachement.

a. Distinguez les formes de comique employées dans cette scène.

b. Quels comportements abusifs ce dialogue dénonce-t-il ?

14 Les composantes du texte théâtral

SAVOIR

Une pièce de théâtre : deux types de textes

- Les **paroles** des personnages, destinées à être interprétées sur scène par des comédiens, témoignent du caractère des personnages, des relations qui existent entre eux, et du déroulement de l'intrigue.

- Les **didascalies**, inscrites en italique, sont des indications scéniques données par l'auteur et non prononcées par les personnages. Elles précisent les lieux et les décors, l'identité des personnages, leurs déplacements, gestes et intonations.

> ALCESTE, *sortant du coin où il s'était retiré.* (Molière, *Le Misanthrope*, V, 2)

- Les **didascalies internes** sont des indications scéniques données dans les répliques des personnages : quand un personnage de Corneille (dans *Cinna*, V, 1) ordonne « Prends un siège, Cinna », cela nous informe sur un élément du décor et sur le mouvement que va exécuter l'interlocuteur.

La double énonciation

Les paroles prononcées par les personnages de théâtre visent deux destinataires : le ou les autres personnages sur scène, et les spectateurs dans la salle. À travers les paroles des personnages, l'auteur s'adresse indirectement au public sans faire entendre sa propre voix. C'est ce que l'on appelle la double énonciation, dans :

- les **scènes d'exposition** qui apportent au public des informations nécessaires à sa compréhension :

> *Oui, c'est Agamemnon, c'est ton Roi qui t'éveille.* (Racine, *Iphigénie*, I, 1)

Ce vers, situé au tout début de la pièce, annonce l'identité du personnage et le moment matinal où commence la tragédie ;

- les **monologues**, où le personnage semble parler tout seul mais expose en réalité sa pensée au public ;
- les **quiproquos** et malentendus permettant aux spectateurs de comprendre ce que certains personnages ignorent.

SAVOIR FAIRE — Distinguer les différentes formes de la parole théâtrale

	Définition	Effets visés
Réplique	Prise de parole des différents personnages lors d'un dialogue. Une brève réplique, souvent cinglante, s'appelle une **répartie**.	Échange d'informations, débat d'idées, expression de sentiments.
Tirade	Longue réplique d'un personnage adressée à un ou plusieurs interlocuteurs.	Récit relatant une action qui ne peut être mise en scène, développement d'une argumentation, d'un sentiment, d'un aveu.
Monologue	Discours d'un personnage seul sur scène.	Exprime le trouble d'un personnage qui analyse ses sentiments dans un moment de crise ou qui délibère avec lui-même pour trancher un dilemme.
Soliloque	Monologue d'un personnage qui n'est pas seul sur scène.	Souligne la solitude du personnage, ses difficultés de communication avec l'entourage.
Stichomythie	Échange de brèves répliques limitées à une phrase, un vers ou un hémistiche.	Accélère le rythme du dialogue pour le transformer en duel ou en duo verbal, intensifie la tension dramatique. CHIMÈNE. Rodrigue, qui l'eût cru ? RODRIGUE. Chimène, qui l'eût dit ? (Corneille, *Le Cid*, III, 5)
Aparté	Souvent signalée par la didascalie *(à part)*, brève réplique qu'un personnage adresse au public et que les autres personnages ne sont pas censés entendre.	Effet le plus souvent comique qui instaure une complicité entre le personnage et le public, souligne le décalage entre la parole et la pensée du personnage. HARPAGON : C'est trop d'honneur que vous me faites, adorable mignonne. MARIANE, *à part* : Quel animal ! (Molière, *L'Avare*, III, 6)

S'ENTRAÎNER

1 Lisez l'extrait, puis répondez aux questions.

Durant la guerre de Troie, les dieux exigent qu'Agamemnon, chef suprême des Grecs, sacrifie sa fille Iphigénie. Agamemnon, déchiré entre son amour paternel et son devoir royal, fait venir sa fille qui ignore tout de son sort.

AGAMEMNON
Grands Dieux ! à son malheur dois-je la préparer ?
IPHIGÉNIE
Vous vous cachez, Seigneur, et semblez soupirer ;
Tous vos regards sur moi ne tombent qu'avec peine.
Avons-nous sans votre ordre abandonné Mycènes[1] ?
AGAMEMNON
Ma fille, je vous vois toujours des mêmes yeux.
Mais les temps sont changés, aussi bien que les lieux.
D'un soin cruel ma joie est ici combattue.
IPHIGÉNIE
Hé ! mon père, oubliez votre rang à ma vue.
Je prévois la rigueur d'un long éloignement.
N'osez-vous sans rougir être père un moment ?
Vous n'avez devant vous qu'une jeune princesse[2]
A qui j'avais pour moi vanté votre tendresse.
Cent fois lui promettant mes soins, votre bonté,
J'ai fait gloire à ses yeux de ma félicité.
Que va-t-elle penser de votre indifférence ?
Ai-je flatté[3] ses vœux d'une fausse espérance ?
N'éclaircirez-vous point ce front chargé d'ennuis ?
AGAMEMNON
Ah ! ma fille !
IPHIGÉNIE
Seigneur, poursuivez.
AGAMEMNON
Je ne puis.
IPHIGÉNIE
Périsse le Troyen auteur de nos alarmes !
AGAMEMNON
Sa perte à ses vainqueurs coûtera bien des larmes.
IPHIGÉNIE
Les Dieux daignent surtout prendre soin de vos jours !
AGAMEMNON
Les Dieux depuis un temps me sont cruels et sourds.
IPHIGÉNIE
Calchas[4], dit-on, prépare un pompeux sacrifice.
AGAMEMNON
Puissé-je auparavant fléchir leur injustice !
IPHIGÉNIE
L'offrira-t-on bientôt ?
AGAMEMNON
Plus tôt que je ne veux.
[...]

Jean Racine, *Iphigénie*, acte II, sc. 2, 1674.

1. ville grecque d'où vient Iphigénie ; 2. Ériphile, jeune prisonnière d'Achille et protégée d'Iphigénie, assiste à ce dialogue ; 3. trompé ; 4. prêtre et devin.

a. Quelle réplique doit être prononcée comme un aparté ?

b. Quels vers contiennent une didascalie interne ?

c. Quel moment du dialogue recourt à la stichomythie et pour quel effet ?

d. Sur quel quiproquo ce dialogue repose-t-il et comment exploite-t-il la double énonciation ?

2 Après avoir lu le texte, répondez aux questions.

Arnolphe voulait épouser une jeune orpheline, Agnès, qu'il a fait élever dans l'ignorance totale des réalités de la vie pour en faire une femme naïve et soumise. Mais un jeune homme, nommé Horace, courtise Agnès.

ARNOLPHE
[...]
De quel œil la traîtresse a soutenu ma vue !
De tout ce qu'elle a fait elle n'est point émue ;
Et bien qu'elle me mette à deux doigts du trépas,
On dirait à la voir qu'elle n'y touche pas[1].
Plus en la regardant je la voyais tranquille,
Plus je sentais en moi s'échauffer une bile[2] ;
Et ces bouillants transports dont s'enflammait mon [cœur
Y semblaient redoubler mon amoureuse ardeur.
J'étais aigri, fâché, désespéré contre elle,
Et cependant jamais je ne la vis si belle ;
Jamais ses yeux aux miens n'ont paru si perçants,
Jamais je n'eus pour eux des désirs si pressants ;
Et je sens là dedans qu'il faudra que je crève
Si de mon triste sort la disgrâce s'achève.
Quoi ? j'aurai dirigé son éducation
Avec tant de tendresse et de précaution ;
Je l'aurai fait passer chez moi[3] dès son enfance,
Et j'en aurai chéri la plus tendre espérance,
Mon cœur aura bâti[4] sur ses attraits naissants
Et cru la mitonner[5] pour moi durant treize ans,
Afin qu'un jeune fou dont elle s'amourache
Me la vienne enlever jusque sur la moustache[6],
Lorsqu'elle est avec moi mariée à demi !
Non, parbleu ! non, parbleu ! Petit sot, mon ami,
Vous aurez beau tourner, ou j'y perdrai mes peines,
Ou je rendrai, ma foi, vos espérances vaines,
Et de moi tout à fait vous ne vous rirez point.

Molière, *L'École des femmes*, acte IV, sc. 1, 1662.

1. qu'elle est une sainte-nitouche, une jeune fille timide ; 2. colère ; 3. entrer chez moi ; 4. fait des projets ; 5. cuire longtemps à petit feu (verbe à prendre ici au sens figuré) ; 6. au nez et à la barbe.

a. Quelles fonctions ce monologue remplit-il et quels aspects du personnage d'Arnolphe fait-il ressortir ?

b. Rédigez deux ou trois didascalies précisant à différents moments du monologue la gestuelle ou l'intonation du personnage.

15 Les différentes formes d'argumentation aux XVIIe et XVIIIe siècles

SAVOIR

Les textes argumentatifs cherchent à convaincre ou à persuader le destinataire pour le faire adhérer à la **thèse** (l'opinion) de l'auteur sur un certain **thème** (un sujet). Si tout texte littéraire comporte une part d'argumentation, certains genres ont plus que d'autres une visée argumentative. On distingue **deux principaux modes d'argumentation**, mis en œuvre dans différents genres littéraires.

L'argumentation directe

L'auteur expose explicitement ses idées, sans passer par la fiction, au moyen d'une énonciation personnelle ou à portée universelle. Aux XVIIe et XVIIIe siècles, cette forme d'argumentation se développe principalement dans les genres suivants :

- **L'essai, le discours, le traité** : réflexion personnelle sur un ou divers sujets (Fénelon, *Traité de l'éducation des filles*, 1686 ; Montesquieu, *De l'Esprit des lois*, 1748).
- **La préface** : texte précédant une œuvre dans lequel l'auteur explicite ses intentions et ses principes esthétiques (les pièces du théâtre classique sont toutes accompagnées d'une préface du dramaturge).
- **La lettre** : à l'origine intime et privée, adressée à une personne précise, elle peut avoir une dimension publique en exprimant des idées destinées à tous (*Correspondance* de Mme de Sévigné au XVIIe siècle ; Diderot, *Lettre sur les aveugles*, 1749).
- **Les formes brèves et fragmentaires** : recueils de maximes, de pensées ou de portraits, d'écrivains dits « moralistes » (La Rochefoucauld, *Maximes*, 1678 ; Pascal, *Pensées*, 1670 ; La Bruyère, *Les Caractères*, 1688).
- **La satire, le pamphlet :** violente critique contre quelque chose ou quelqu'un, s'appuyant souvent sur la moquerie ou la caricature (Boileau, *Satires*, 1666 ; Sieyès, *Qu'est-ce que le tiers état ?*, 1789).

L'argumentation indirecte

L'auteur passe par le détour de personnages et de situations fictives pour exprimer ses idées de manière plus implicite, notamment dans les genres de l'apologue et de l'entretien.

- **L'apologue** : bref récit fictif et allégorique, dont se dégage une morale clairement formulée à la fin du récit (morale explicite) ou suggérée à travers l'histoire (morale implicite). Les personnages stéréotypés incarnent des qualités et des défauts humains. Parmi les différentes formes d'apologue, on distingue la fable et le conte.
  - La **fable** : récit en vers ou en prose, dont les personnages sont des animaux personnifiés ou des types humains. En s'inspirant de fables antiques, La Fontaine, au XVIIe siècle, a donné à ce genre pédagogique une dimension littéraire et critique.
  - Le **conte** : destiné comme la fable à « plaire et instruire », il développe plus de péripéties, au fil d'une quête initiatique ou d'un récit d'apprentissage. Au XVIIe siècle, Charles Perrault remet à la mode les **contes merveilleux** de la tradition orale. Au XVIIIe siècle, Voltaire invente le genre du **conte philosophique** (*Candide, L'Ingénu*) qui dénonce ironiquement les travers de la société et interroge la condition humaine.
- **L'entretien ou le dialogue philosophique** : très prisée des philosophes des Lumières, notamment Diderot (*Le Neveu de Rameau*, 1762), la forme du dialogue entre des interlocuteurs fictifs ou réels imite la conversation naturelle et favorise la confrontation d'idées contradictoires.

SAVOIR FAIRE — Commenter une fable ou un conte

Pour montrer comment une fable ou un conte cherche à « plaire et instruire », on peut se poser les questions suivantes :

- **S'agit-il d'une fable ou d'un conte ?** En vers ou en prose ?
- **Quel est le contexte littéraire et culturel ?** (classicisme au XVIIe siècle, mouvement des Lumières au XVIIIe siècle)
- **Quels types de personnages** sont mis en scène (types humains, animaux personnifiés) ? Leurs paroles sont-elles rapportées au style direct ou indirect ?

- **Le récit suit-il les étapes du schéma narratif** traditionnel (situation initiale, élément modificateur, enchaînement de péripéties, élément de résolution, situation finale) ?
- **Quels registres** mobilise-t-il ?
- **La morale** est-elle clairement distinguée du récit, est-elle explicite ou implicite ?
- **Quels sont les enjeux du récit** et les significations de la morale ? Quels qualités et défauts des hommes et de la société les personnages incarnent-ils ? À quels faits ou débats contemporains de l'auteur peuvent-ils faire penser ? Quelle résonance ont-ils aujourd'hui ?

S'ENTRAÎNER

1 À partir des indications du titre, identifiez la forme d'argumentation (directe ou indirecte) et le genre littéraire (voir la liste indiquée en page gauche) auxquels appartiennent les œuvres suivantes :

a. Faret, *L'Honnête Homme ou l'Art de plaire à la cour,* 1630

b. La Fontaine, *Contes et Nouvelles en vers,* 1665

c. Bossuet, *Discours sur l'histoire universelle,* 1681

d. Fontenelle, *Entretiens sur la pluralité des mondes,* 1686

e. Mme d'Aulnoy, *Contes nouveaux ou les Fées à la mode,* 1698

f. Voltaire, *Lettres philosophiques,* 1734

g. Vauvenargues, *Réflexions et Maximes,* 1746

h. Voltaire, *Zadig ou la Destinée,* 1748

2 Identifiez le genre argumentatif et le thème de réflexion dans lesquels s'inscrivent les extraits suivants. Puis inventez le titre de l'œuvre dont chacun pourrait être extrait.

a. Il faut commencer par se bien dire à soi-même et par se bien convaincre que nous n'avons rien à faire dans ce monde qu'à nous y procurer des sensations et des sentiments agréables. Les moralistes qui disent aux hommes : réprimez vos passions, et maîtrisez vos désirs, si vous voulez être heureux, ne connaissent pas le chemin du bonheur.

b. Ces gens de la Lune, on ne les connaîtra jamais, cela est désespérant. – Si je vous répondais sérieusement, répliquai-je, qu'on ne sait ce qui arrivera, vous vous moqueriez de moi, et je le mériterais sans doute. Cependant je me défendrais assez bien, si je voulais. J'ai une pensée très ridicule, qui a un air de vraisemblance qui me surprend [...]. Je gage[1] que je vais vous réduire à avouer[2], contre toute raison, qu'il pourra y avoir un jour du commerce[3] entre la Terre et la Lune.

1. je parie ; 2. je vais vous forcer à reconnaître que ; 3. des relations

c. Le vieux Bélus, roi de Babylone, se croyait le premier homme de la terre : car tous ses courtisans le lui disaient, et ses historiographes le lui prouvaient. Ce qui pouvait excuser en lui ce ridicule, c'est qu'en effet ses prédécesseurs avaient bâti Babylone plus de trente mille ans avant lui, et qu'il l'avait embellie.

3 En suivant le questionnaire proposé dans la rubrique « Savoir faire », faites une analyse de cette fable de La Fontaine.

La Génisse, la Chèvre et la Brebis, en société avec le Lion

La Génisse[1], la Chèvre et leur sœur la Brebis,
Avec un fier Lion, Seigneur du voisinage,
Firent société[2], dit-on, au temps jadis,
Et mirent en commun le gain et le dommage[3].
Dans les lacs[4] de la Chèvre un Cerf se trouva pris.
Vers ses associés aussitôt elle envoie[5]
Eux venus, le Lion par ses ongles compta,
Et dit : « Nous sommes quatre à partager la proie. »
Puis en autant de parts le Cerf il dépeça ;
Prit pour lui la première en qualité de Sire :
« Elle doit être à moi, dit-il, et la raison,
C'est que je m'appelle Lion :
À cela l'on n'a rien à dire.
La seconde, par droit, me doit échoir[6] encor :
Ce droit, vous le savez, c'est le droit du plus fort.
Comme le plus vaillant, je prétends la troisième[7].
Si quelqu'une de vous touche à la quatrième
Je l'étranglerai tout d'abord[8]. »

Jean de La Fontaine, *Fables*, I, 6, 1668.

1. jeune vache ; 2. s'associèrent ; 3. les profits et les pertes ; 4. les filets, le piège tendu par la chèvre ; 5. elle envoie des messagers ; 6. doit me revenir ; 7. comme je suis le plus vaillant, je revendique la troisième part ; 8. immédiatement.

16 Les types d'arguments et de raisonnement

SAVOIR

Arguments et exemples

Les textes argumentatifs cherchent à **convaincre** (en faisant appel à la raison, à la pensée logique) ou à **persuader** (en jouant sur l'émotion, la sensibilité). L'auteur développe sa **thèse** (son opinion) à l'aide d'**arguments** (idées générales) et d'**exemples** (faits particuliers, concrets).

Il existe différents types d'arguments :

- les **arguments logiques** reposent sur l'enchaînement de propositions reliées par des liens logiques (cause à effet, supposition, addition...) ;
- les **contre-arguments** sont destinés à réfuter la thèse de l'adversaire ;
- les **arguments d'autorité** font référence à des auteurs ou des ouvrages connus, ou bien à l'opinion générale considérée comme un modèle ;
- les **arguments fondés sur des valeurs** en appellent à des principes moraux incontestés, à des idéaux (la liberté, la justice...).

Les modes de raisonnement

Type	Définition
Raisonnement déductif (déduction)	Part d'une idée générale pour aller vers des faits particuliers, de l'argument abstrait vers l'exemple concret.
Raisonnement inductif (induction)	Part de faits particuliers, d'exemples, pour en dégager des conclusions générales.
Raisonnement concessif (concession) ou par opposition	Commence par admettre ou feindre d'admettre une partie de la thèse de l'adversaire pour ensuite mieux réfuter celle-ci.
Raisonnement par analogie	Recourt à une comparaison entre deux situations ou deux thèses, différentes dans leur contexte mais similaires dans leurs conséquences ou leur déroulement.
Raisonnement par l'absurde	Développe de manière absurde les conséquences d'une thèse pour démontrer la fausseté de celle-ci.

SAVOIR FAIRE — Distinguer arguments, exemples et modes de raisonnement

- **Raisonnement par induction**

D'où vient que cet homme, qui a perdu depuis peu de mois son fils unique, et qui, accablé de procès et de querelles, était ce matin si troublé, n'y pense plus maintenant ? Ne vous en étonnez pas : il est tout occupé à voir par où passera ce sanglier que les chiens poursuivent avec tant d'ardeur depuis six heures. Il n'en faut pas davantage. L'homme, quelque plein de tristesse qu'il soit, si l'on peut gagner sur lui de le faire entrer en quelque divertissement, le voilà heureux pendant ce temps-là. Et l'homme, quelque heureux qu'il soit, s'il n'est diverti et occupé par quelque passion ou quelque amusement qui empêche l'ennui de se répandre, sera bientôt chagrin et malheureux. Sans divertissement il n'y a point de joie, avec le divertissement il n'y a point de tristesse.

Blaise Pascal, *Pensées*, 1670.

La démonstration part de l'**exemple** d'un homme qui dissipe par le plaisir de la chasse le chagrin d'avoir perdu son fils. Ce fait particulier (souligné par le déterminant démonstratif *cet homme*) est présenté dans une phrase interrogative qui nous interroge sur les causes d'un tel comportement. La question trouve une réponse dans la suite du texte, qui induit de cet exemple une **vérité générale** sur la puissance du « divertissement » détournant l'homme de la pensée de la mort. Cette généralisation est sensible à travers l'emploi du mot à valeur universelle *l'homme* et du présent de vérité générale. La dernière phrase, construite sur un parallélisme, est une **maxime**.

• Raisonnement concessif

Dans ce roman par lettres entre Persans qui voyagent en Europe, Usbek développe avec son ami Rica une discussion sur la relation entre le bonheur des hommes et le développement des sciences et des arts.

[...] Tu crois que les arts amollissent les peuples, et, par là, sont cause de la chute des empires ? Tu parles de la ruine des anciens Perses, qui fut l'effet de leur mollesse. Mais il s'en faut bien que cet exemple décide, puisque les Grecs, qui les vainquirent tant de fois et les subjuguèrent, cultivaient les arts avec infiniment plus de soin qu'eux.

Montesquieu, *Lettres persanes*, lettre 106, 1721.

– Usbek commence par citer la **thèse adverse**, assortie d'un **exemple** (*Tu crois que les arts amollissent les peuples, et, par là, sont cause de la chute des empires ? Tu parles de la ruine des anciens Perses, qui fut l'effet de leur mollesse.*).

– Il la réfute ensuite au moyen de la conjonction *mais* et d'un **contre-exemple** qui a valeur d'un **argument d'autorité** (référence aux Grecs de l'Antiquité, considérés comme un modèle à l'époque de Montesquieu).

S'ENTRAÎNER

1 Distinguez les phrases énonçant les arguments de celles qui proposent des exemples. Puis reformulez la thèse de Voltaire.

On a dit, il y a longtemps, qu'un homme pendu n'est bon à rien, et que les supplices inventés pour le bien de la société doivent être utiles à cette société. Il est évident que vingt voleurs vigoureux, condamnés à travailler aux ouvrages publics toute leur vie, servent l'État par leur supplice, et que leur mort ne fait de bien qu'au bourreau, que l'on paye pour tuer les hommes en public. Rarement les voleurs sont-ils punis de mort en Angleterre ; on les transporte dans les colonies. Il en est de même dans les vastes États de la Russie ; on n'a exécuté aucun criminel sous l'empire de l'autocratrice[1] Élisabeth. Catherine II, qui lui a succédé, avec un génie très supérieur, suit la même maxime. Les crimes ne se sont point multipliés par cette humanité, et il arrive presque toujours que les coupables relégués en Sibérie y deviennent gens de bien. On remarque la même chose dans les colonies anglaises. Ce changement heureux nous étonne ; mais rien n'est plus naturel. Ces condamnés sont forcés à un travail continuel pour vivre. Les occasions du vice leur manquent : ils se marient, ils peuplent. Forcez les hommes au travail, vous les rendrez honnêtes gens. On sait assez que ce n'est pas à la campagne que se commettent les grands crimes, excepté peut-être quand il y a trop de fêtes, qui forcent l'homme à l'oisiveté, et le conduisent à la débauche.

Voltaire, *Commentaire sur le livre des délits et des peines*, chap. 10 « De la peine de mort », 1766.

1. despotique, tyrannique

2 Repérez les phrases qui énoncent :

a. la thèse principale de l'auteur,

b. un raisonnement par analogie,

c. un raisonnement concessif.

Un conquérant, enivré de sa gloire, ruine presque autant sa nation victorieuse que les nations vaincues. Un prince qui n'a point les qualités nécessaires pour la paix ne peut faire goûter à ses sujets les fruits d'une guerre heureusement finie : il est comme un homme qui défendrait son champ contre son voisin et qui usurperait celui du voisin même, mais qui ne saurait ni labourer, ni semer, pour recueillir aucune moisson. Un tel homme semble né pour détruire, pour ravager, pour renverser le monde, et non pour rendre un peuple heureux par un sage gouvernement.

Venons maintenant au roi pacifique. Il est vrai qu'il n'est pas propre à de grandes conquêtes ; c'est-à-dire qu'il n'est pas né pour troubler le bonheur de son peuple en voulant vaincre les autres peuples que la justice ne lui a pas soumis : mais, s'il est véritablement propre à gouverner en paix, il a toutes les qualités nécessaires pour mettre son peuple en sûreté contre ses ennemis.

Fénelon, *Les Aventures de Télémaque*, livre 5, 1695.

3 Lisez le texte, puis répondez aux questions.

On se contente à présent, dans quelques autres pays, de dire : « [...] Tu n'as pas ma religion, tu n'as donc point de religion : il faut que tu sois en horreur à tes voisins, à ta ville, à ta province. »

S'il était de droit humain de se conduire ainsi, il faudrait donc que le Japonais détestât le Chinois, qui aurait en exécration le Siamois ; celui-ci poursuivrait les Gangarides, qui tomberaient sur les habitants de l'Indus ; un Mogol arracherait le cœur au premier Malabare qu'il trouverait ; le Malabare pourrait égorger le Persan, qui pourrait massacrer le Turc : et tous ensemble se jetteraient sur les chrétiens, qui se sont si longtemps dévorés les uns les autres.

Voltaire, *Traité sur la tolérance*, 1763.

a. Quel type de raisonnement est développé dans le second paragraphe ?

b. Quelle thèse Voltaire cherche-t-il à soutenir au moyen de ce raisonnement ?

17 L'ironie polémique

SAVOIR

L'ironie au service de la critique

L'ironie est une figure de style qui joue sur un **double discours** : on dit quelque chose de faux, de ridicule ou de choquant tout en faisant comprendre au destinataire qu'on ne croit pas à ce qu'on affirme.

L'ironie établit ainsi une relation de **complicité** entre le locuteur et le destinataire puisque celui-ci doit saisir le décalage entre le sens apparent et le sens réel des propos pour comprendre le jugement critique du locuteur.

Arme privilégiée de la **critique**, l'ironie participe aux registres polémique et satirique.

Le **registre polémique** consiste à réfuter avec force ou violence une thèse adverse, à dénoncer des faits ou des actes.

Le **registre satirique** consiste également à critiquer ou dénoncer des faits, des comportements, en recourant à la moquerie, à la dérision.

Les procédés de l'ironie

L'**antiphrase**, consistant à dire le contraire de ce que l'on pense tout en faisant comprendre ce que l'on veut dire, est la figure par excellence de l'ironie : on raille la bêtise de quelqu'un en disant : « Quelle intelligence ! »

Le **décalage entre le sens apparent et le sens réel** peut être souligné par différents éléments.

• Des procédés d'**atténuation** (litotes, euphémismes) : Voltaire présente les cachots où sont emprisonnés des innocents comme « des appartements d'une extrême fraîcheur, dans lesquels on n'était jamais incommodé du soleil » (*Candide*, chap. 6).

• Des procédés d'**exagération**, de caricature (hyperboles, superlatifs, accumulations) :

> *Pangloss enseignait la métaphysico-théologo-cosmolo-nigologie. Il prouvait admirablement qu'il n'y a point d'effet sans cause, et que, dans le meilleur des mondes possibles, le château de monseigneur le baron était le plus beau des châteaux, et madame la meilleure des baronnes possibles* » (*Candide*, chap. 1)

Voltaire ironise sur la stupidité du prétendu philosophe Pangloss qui ne fait que flatter ceux qui l'emploient comme précepteur.

• Des effets de **rupture** par rapport à la logique courante, de décalage entre le sérieux apparent des propos et leur caractère saugrenu ou insoutenable : dans sa *Modeste proposition pour empêcher les enfants des pauvres d'être à la charge de leurs parents ou de leur pays et pour les rendre utiles au public* (1729), Jonathan Swift propose que les enfants pauvres soient vendus aux riches pour être mangés.

• Des **discours rapportés** : l'auteur du texte ironique insère au style direct, indirect ou indirect libre les propos ou pensées de l'adversaire qu'il attaque ou tourne en dérision.

SAVOIR FAIRE Décrypter l'ironie

> Après le tremblement de terre qui avait détruit les trois quarts de Lisbonne, les sages du pays n'avaient pas trouvé un moyen plus efficace pour prévenir une ruine totale que de donner au peuple un bel autodafé[1] ; il était décidé par l'université de Coïmbre[2] que le spectacle de quelques personnes brûlées à petit feu, en grande cérémonie, est un secret infaillible pour empêcher la terre de trembler.
>
> Voltaire, *Candide*, chap. 6, 1759.

1. mot portugais signifiant « acte de foi », et désignant le supplice du feu ; 2. ville universitaire du Portugal, siège du tribunal ecclésiastique de l'Inquisition au Moyen Âge.

• **Sens apparent**

Voltaire semble faire l'éloge du tribunal de l'Inquisition qui organise un autodafé pour empêcher un nouveau tremblement de terre.

• **Indices de l'ironie**

– **Rupture avec la logique courante** : l'autodafé, supplice barbare, est qualifié de *spectacle*, de *grande cérémonie* que l'on *donne* au peuple comme s'il s'agissait d'une généreuse faveur. Un faux lien de causalité est établi entre l'autodafé et le tremblement de terre, comme si l'exécution de *quelques personnes brûlées à petit feu* pouvait empêcher une catastrophe naturelle (dérision par l'absurde).

– **Antiphrases :** l'alliance des mots *bel autodafé* constitue à la fois un oxymore et une antiphrase.

Les membres de l'Inquisition sont qualifiés de *sages du pays* alors qu'ils commettent des actes cruels et irrationnels.

Le châtiment est qualifié de *moyen efficace* et de *secret infaillible* pour empêcher le séisme.

• **Sens véritable**

Voltaire, philosophe des Lumières, condamne le fanatisme et l'obscurantisme de l'Inquisition qui exploite les superstitions populaires et qui transforme des innocents en boucs émissaires.

S'ENTRAÎNER

1 Quels sont les indices de l'ironie dans les trois textes suivants ? Quels types de comportements sont critiqués ?

a. Lise entend dire d'une autre coquette qu'elle se moque de se piquer de jeunesse, et de vouloir user d'ajustements qui ne conviennent plus à une femme de quarante ans. Lise les a accomplis, mais les années pour elle ont moins de douze mois et ne la vieillissent point. Elle le croit ainsi, et, pendant qu'elle se regarde au miroir, qu'elle met du rouge sur son visage et qu'elle place des mouches, elle convient qu'il n'est pas permis à un certain âge de faire la jeune, et que Clarice, en effet, avec ses mouches et son rouge, est ridicule.

Jean de La Bruyère, *Les Caractères*, « Des femmes », 1688.

b. J'étais à table à côté d'un homme qui me demanda si la femme qu'il avait devant lui n'était pas la femme de celui qui était à côté d'elle. J'avais remarqué que celui-ci ne lui avait pas dit un mot ; c'est ce qui me fit répondre à mon voisin : « Monsieur, ou il ne la connaît pas, ou c'est sa femme. »

Nicolas Chamfort, *Caractères et anecdotes*, 1795.

c. Un poète consultait Chamfort sur un distique : « Excellent, répondit-il, sauf les longueurs. »

Nicolas Chamfort, *Caractères et anecdotes*, 1795.

2 Lisez le texte et répondez aux questions.

Les Romains n'infligèrent jamais la torture qu'aux esclaves, mais les esclaves n'étaient pas comptés pour des hommes. Il n'y a pas d'apparence[1] non plus qu'un …

… conseiller de la Tournelle[2] regarde comme un de ses semblables un homme qu'on lui amène hâve, pâle, défait, les yeux mornes, la barbe longue et sale, couvert de la vermine dont il a été rongé dans un cachot. Il se donne le plaisir de l'appliquer à la grande et à la petite torture, en présence d'un chirurgien qui lui tâte le pouls, jusqu'à ce qu'il soit en danger de mort, après quoi on recommence ; et comme dit très bien la comédie des *Plaideurs*[3] : « Cela fait toujours passer une heure ou deux. »

Le grave magistrat qui a acheté pour quelque argent[4] le droit de faire ces expériences sur son prochain va conter à dîner à sa femme ce qui s'est passé le matin. La première fois, madame en a été révoltée ; à la seconde, elle y a pris goût, parce qu'après tout les femmes sont curieuses ; ensuite, la première chose qu'elle lui dit lorsqu'il rentre en robe chez lui : « Mon petit cœur, n'avez-vous fait donner aujourd'hui la question[5] à personne ? »

Les Français, qui passent, je ne sais pourquoi, pour un peuple fort humain, s'étonnent que les Anglais, qui ont eu l'inhumanité de nous prendre tout le Canada, aient renoncé au plaisir de donner la question.

Voltaire, article « Torture », *Dictionnaire philosophique*, 1764.

1. Il n'est pas non plus très vraisemblable qu'un conseiller de la Tournelle puisse considérer comme un de ses semblables un homme… 2. Chambre criminelle du parlement de Paris. 3. Comédie de Racine (1668), satire de la justice ; 4. Allusion à la possibilité d'achat d'un titre ou d'une charge ; 5. Torturer.

a. Relevez des antiphrases et des manifestations derupture par rapport à la logique courante.

b. Quels sentiments envers le magistrat et sa femme Voltaire cherche-t-il à nous inspirer ?

c. Quelle est l'opinion de Voltaire sur la pratique de la torture ?

18 Les différents genres du roman au XIXe siècle

SAVOIR

Origines et définition du roman

▸ Apparu au Moyen Âge, le mot *roman* désigne d'abord la langue romane, langue courante parlée en France, par opposition au latin qui était la langue savante. Par extension, le mot s'applique aussi aux **récits en vers** racontant les exploits de chevaliers (*Chanson de Roland, Conte du Graal*) ou bien, dans une veine populaire et satirique, les aventures de personnages populaires ou d'animaux personnifiés (*Roman de Renart*).

▸ Le sens moderne du mot *roman*, en tant que genre littéraire spécifique, apparaît au XVIe siècle : **récit d'imagination en prose**, assez long, racontant la vie ou un moment de la vie de personnages fictifs ancrés dans un lieu et un temps qui donnent l'illusion du réel.

▸ Du XVIIe au XVIIIe siècle, le genre romanesque se développe en se diversifiant, mais reste considéré comme un genre mineur, même s'il connaît un succès croissant auprès du public.

Le triomphe du roman au XIXe siècle

▸ Le roman est le **genre littéraire dominant** au XIXe siècle. Sa diffusion est favorisée par les progrès de l'alphabétisation et l'essor de la presse qui publie des romans en **feuilletons**.

▸ Les romanciers font concurrence aux savants en ayant l'ambition de **représenter le réel** et interrogent de manière critique les transformations de la société.

▸ Le genre romanesque évolue en expérimentant de multiples formes et thèmes, parmi lesquels on peut distinguer quelques tendances principales au fil du siècle.

• **Le roman intimiste ou « roman du moi »** : sous l'influence du « mal du siècle » romantique, le roman raconte à la première ou à la troisième personne les tourments intimes d'un individu qui semble souvent être un double de l'auteur (Chateaubriand, *René*, 1802 ; Musset, *La Confession d'un enfant du siècle*, 1836).

• **Le roman historique** : de nombreux romanciers français rivalisent avec l'Écossais Walter Scott (auteur d'*Ivanhoé*, 1819) pour puiser dans l'histoire récente des sujets d'aventures romanesques et exaltantes (Vigny, *Cinq-Mars*, 1826 ; Hugo, *Notre-Dame de Paris*, 1831) ou constituer de véritables sagas historiques (Dumas, *Les Trois Mousquetaires*, 1844).

• **Le roman social** : la révolution industrielle, les mutations sociales qu'elle entraîne, et l'émergence du mouvement socialiste conduisent les romanciers à s'intéresser aux classes populaires, et notamment au monde ouvrier (Hugo, *Les Misérables*, 1862) ou paysan (romans champêtres de George Sand, tels que *La Petite Fadette*, 1849).

• **Le roman réaliste** : dans le cadre d'un vaste mouvement littéraire et artistique (voir chapitre 20), de nombreux romans visent à représenter la réalité contemporaine sans l'idéaliser (Balzac, *Le Père Goriot*, 1834 ; Flaubert, *Madame Bovary*, 1857).

• **Le roman naturaliste :** dans la continuité du réalisme, un groupe de romanciers dans les années 1870-1890 réunis autour d'Émile Zola (série des *Rougon-Macquart*) revendiquent la visée scientifique du roman chargé de démontrer les lois du destin des sociétés et des individus.

▸ D'autres modèles et influences s'ajoutent à ces diverses tendances qui peuvent se mêler dans un même roman. Ainsi, de nombreux romans du XIXe siècle adoptent la structure du **récit d'apprentissage**, racontant le parcours d'un jeune homme (ou d'une jeune fille) qui, cherchant à « parvenir », découvre les règles du jeu social et se transforme au fil d'épreuves et de rencontres initiatrices (Stendhal, *Le Rouge et le Noir*, 1830 ; Flaubert, *L'Éducation sentimentale*, 1869).

SAVOIR FAIRE — Étudier l'incipit d'un roman

• L'incipit (du verbe latin signifiant « il commence ») désigne le début d'un récit, chargé d'un rôle stratégique : l'auteur y noue implicitement un pacte de lecture avec son lecteur dont il cherche à susciter l'intérêt en créant un horizon d'attente pour la suite du récit. Il s'agit également d'annoncer le genre du roman en en manifestant les conventions spécifiques.

• Deux principaux types d'incipit se rencontrent dans les romans du XIXe siècle :

– l'**incipit statique** décrit le cadre de l'intrigue ou dresse le portrait des personnages ;

> Madame Vauquer, née de Conflans, est une vieille femme qui, depuis quarante ans, tient à Paris une pension bourgeoise établie rue Neuve-Sainte-Geneviève, entre le Quartier latin et le faubourg Saint-Marceau.
>
> Balzac, *Le Père Goriot*, 1834.

– l'**incipit dynamique**, « *in medias res* » (= au cœur de l'action), raconte une action en cours de déroulement.

> Nous étions à l'étude, quand le Proviseur entra, suivi d'un nouveau habillé en bourgeois et d'un garçon de classe qui portait un grand pupitre.
>
> Flaubert, *Madame Bovary*, 1857.

• Dans tous les cas, il faut se demander si et comment l'incipit permet de répondre aux questions élémentaires (où, quand, qui, quoi, comment, pourquoi ?) – ou, au contraire, comment il élude ces questions – et incite le lecteur à lire la suite du roman.

S'ENTRAÎNER

1 En vous fondant sur le sens et les connotations du titre, identifiez le genre auquel appartiennent les romans suivants, publiés au XIXe siècle.

a. *Illusions perdues*

b. *L'Argent*

c. *Les Chouans*

d. *Les Mystères du peuple ou l'Histoire d'une famille de prolétaires à travers les âges*

e. *La Reine Margot*

2 Lisez ces débuts de roman, puis répondez aux questions.

1. Dans les derniers jours de mai 1793, un des bataillons parisiens amenés en Bretagne par Santerre fouillait le redoutable bois de la Saudraie en Astillé. On n'était pas plus de trois cents, car le bataillon était décimé par cette rude guerre. C'était l'époque où, après l'Argonne, Jemmapes et Valmy, du premier bataillon de Paris, qui était de six cents volontaires, il restait vingt-sept hommes, du deuxième trente-trois, et du troisième cinquante-sept. Temps des luttes épiques.

Victor Hugo, *Quatrevingt-Treize*, 1874.

2. Un *tapis-franc*, en argot de vol et de meurtre, signifie un estaminet ou un cabaret du plus bas étage.

Un repris de justice, qui, dans cette langue immonde, s'appelle un *ogre*, ou une femme de même dégradation, qui s'appelle une *ogresse*, tiennent ordinairement ces tavernes, hantées par le rebut de la population parisienne ; forçats libérés, escrocs, voleurs, assassins y abondent.

…

…

Un crime a-t-il été commis, la police jette, si cela se peut dire, son filet dans cette fange ; presque toujours elle y prend les coupables.

Ce début annonce au lecteur qu'il doit assister à de sinistres scènes ; s'il y consent, il pénétrera dans des régions horribles, inconnues ; des types hideux, effrayants, fourmilleront dans ces cloaques impurs comme les reptiles dans les marais.

Eugène Sue, *Les Mystères de Paris*, 1842.

3. Il se trouve dans certaines villes de province des maisons dont la vue inspire une mélancolie égale à celles que provoquent les cloîtres les plus sombres, les landes les plus ternes ou les ruines les plus tristes. Peut-être y a-t-il à la fois dans ces maisons et le silence du cloître et l'aridité des landes et les ossements des ruines. La vie et le mouvement y sont si tranquilles qu'un étranger les croirait inhabitées, s'il ne rencontrait tout à coup le regard pâle et froid d'une personne immobile dont la figure à demi monastique dépasse l'appui de la croisée, au bruit d'un pas inconnu. Ces principes de mélancolie existent dans la physionomie d'un logis situé à Saumur, au bout de la rue montueuse qui mène au château, par le haut de la ville.

Honoré de Balzac, *Eugénie Grandet*, 1833.

a. Ces débuts de romans sont-ils des incipit statiques ou « in medias res » ?

b. Quels indices, dans chacun d'eux, permettent de deviner le genre du roman ?

c. Quelles questions le lecteur se pose-t-il sur la suite de l'intrigue après avoir lu chacun de ces incipit ?

19 Le genre de la nouvelle au XIXe siècle

SAVOIR

Définition et origines de la nouvelle

- La nouvelle est un **récit fictif en prose**, qui se distingue du roman par sa **brièveté** et sa concentration : nombre réduit de personnages et de péripéties, resserrement du lieu et du temps de l'intrigue.
- Proche du **genre du conte**, la nouvelle s'en distingue par le contenu du récit, ses registres et ses finalités : elle exclut le registre merveilleux et ne comporte pas de « morale » explicite ou de visée pédagogique.
- Le genre de la nouvelle apparaît à la fin du Moyen Âge : *Le Décaméron* (cent récits répartis sur dix journées), 1350, de l'auteur italien Boccace.
- Les **écrivains français de la Renaissance**, au XVIe siècle, puis les auteurs classiques au XVIIe siècle, développent le genre de la nouvelle en lui donnant une dimension comique ou tragique (Bonaventure Des Périers, *Nouvelles Récréations et Joyeux Devis*, 1558 ; Marguerite de Navarre, l'*Heptaméron*, 1558 ; Mme de Lafayette, *La Princesse de Montpensier, La Comtesse de Tende*, 1662).
- Au XVIIIe siècle, les écrivains du siècle des Lumières délaissent le genre de la nouvelle pour lui préférer celui du conte philosophique.
- C'est au **XIXe siècle** que la nouvelle connaît son **apogée** : la plupart des écrivains romantiques, réalistes ou naturalistes (Balzac, Musset, Stendhal, Mérimée, Flaubert, Maupassant, Zola) ont pratiqué ce genre littéraire, qu'ils nomment indifféremment *nouvelle, conte, récit* ou *chronique*. Son succès tient aussi au développement de la presse : les nouvelles sont d'abord publiées dans des journaux avant d'être éditées en recueils.

Caractéristiques de la nouvelle au XIXe siècle

- Le récit, d'une **longueur variable** (une à cent pages environ), est centré sur un moment de la vie qui va marquer le destin des personnages, lesquels sont peu nombreux. Maupassant raconte dans « La Parure » (1886) comment une femme s'est épuisée à rembourser un collier qu'elle avait perdu lors d'un bal après l'avoir emprunté à une amie.
- Conformément au double sens du mot *nouvelle* qui désigne aussi bien un récit fictif qu'un fait d'actualité, l'intrigue tend souvent à s'inspirer ou à imiter les « faits divers » publiés dans la presse.
- Le genre de la nouvelle est dominé au XIXe siècle par deux principaux registres : le **réalisme** et le **fantastique** (apparition dans un contexte ordinaire d'événements insolites, d'apparence surnaturelle, qui restent inexpliqués). Maupassant, auteur de très nombreux contes et nouvelles, s'est illustré dans ces deux registres apparemment opposés.
- **L'espace et le temps** contribuent à l'effet de resserrement : le lieu est souvent unique, la durée est limitée ou comporte des ellipses ou des sommaires (voir chapitre 23). Dans « La Parure », Maupassant résume en une page dix ans de la vie du couple Loisel.
- Tout le récit est tendu vers une **fin** qui, tragique ou comique, doit être **frappante**, inattendue : c'est ce qu'on appelle une **chute**, souvent formulée en une seule phrase. À la fin de « La Parure », l'héroïne apprend que le collier qu'elle croyait de grande valeur n'était qu'un bijou de pacotille.

SAVOIR FAIRE — Étudier une nouvelle

- Le **titre** : désigne-t-il un personnage, un événement, un lieu, un sentiment ? Est-il informatif ou énigmatique quant au contenu du récit ?
- Le **cadre spatio-temporel** : en quels lieux et en combien de temps se déroule l'histoire ? Le rythme du récit (voir chapitre 23) comporte-t-il des sommaires et des ellipses ?
- Le **registre dominant** : la nouvelle est-elle réaliste ou glisse-t-elle vers le fantastique ? Comporte-t-elle des éléments comiques ou tragiques ?
- Les **personnages** : à quel milieu social appartiennent-ils ? Quels sont leurs principaux traits de caractère, quelles qualités, valeurs ou défauts incarnent-ils ?
- L'**intrigue** : sur quel événement est-elle centrée ? Le récit suit-il les étapes du schéma narratif traditionnel (voir chapitre 23) ?
- La **chute** : est-elle heureuse ou malheureuse ? prévisible ou inattendue ?

1 Reformulez les divers « avantages » que Baudelaire reconnaît à l'art de la nouvelle par rapport à celui du roman.

[La nouvelle] a sur le roman à vastes proportions cet immense avantage que sa brièveté ajoute à l'intensité de l'effet. Cette lecture, qui peut être accomplie tout d'une haleine, laisse dans l'esprit un souvenir bien plus puissant qu'une lecture brisée, interrompue souvent par le tracas des affaires et le soin des intérêts mondains. L'unité d'impression, la totalité d'effet est un avantage immense qui peut donner à ce genre de composition une supériorité tout à fait particulière, à ce point qu'une nouvelle trop courte (c'est sans doute un défaut) vaut encore mieux qu'une nouvelle trop longue. L'artiste, s'il est habile, n'accommodera pas ses pensées aux incidents, mais, ayant conçu délibérément, à loisir, un effet à produire, inventera les incidents, combinera les événements les plus propres à amener l'effet voulu. Si la première phrase n'est pas écrite en vue de préparer cette impression finale, l'œuvre est manquée dès le début. Dans la composition tout entière il ne doit pas se glisser un seul mot qui ne soit une intention, qui ne tende, directement ou indirectement, à parfaire le dessein prémédité.

Charles Baudelaire, « Notes nouvelles sur Edgar Poe », *L'Art romantique*, 1868.

2 a. En vous appuyant sur le titre ainsi que sur leurs débuts et fins, vous indiquerez si ces nouvelles sont réalistes ou fantastiques, en justifiant votre réponse par un relevé des éléments caractéristiques de chaque registre.

b. Imaginez en quelques lignes la série d'événements qui se déroulent entre le début et la fin des deux nouvelles.

Edgar Allan Poe, « Le Chat noir », 1857

- *Début* :

Relativement à la très étrange et pourtant très familière histoire que je vais coucher par écrit, je n'attends ni ne sollicite la créance. Vraiment, je serais fou de m'y attendre dans un cas où mes sens eux-mêmes rejettent leur propre témoignage. Cependant, je ne suis pas fou, – et très certainement je ne rêve pas.

- *Fin* :

J'avais muré le monstre dans la tombe !

(traduit de l'américain par Charles Baudelaire)

Émile Zola, « Les Coquillages de M. Chabre », 1876

- *Début* :

Le grand chagrin de M. Chabre était de ne pas avoir d'enfant. Il avait épousé une demoiselle Catinot, de la maison Desvignes et Catinot, la blonde Estelle, grande ...

... belle fille de dix-huit ans ; et, depuis quatre ans, il attendait, anxieux, consterné, blessé de l'inutilité de ses efforts.

- *Fin* :

Neuf mois après son retour à Paris, la belle Mme Chabre accouchait d'un garçon. M. Chabre, enchanté, prenait à part le docteur Guiraud, et lui répétait avec orgueil :

– Ce sont les arapèdes[1], j'en mettrais ma main au feu !... Oui, tout un panier d'arapèdes que j'ai mangés un soir, oh ! dans une circonstance bien curieuse... N'importe, docteur, jamais je n'aurais pensé que les coquillages eussent une pareille vertu.

1. coquillages.

3 Lisez le début de la nouvelle et répondez aux questions.

Des gens naissent avec un instinct prédominant, une vocation ou simplement un désir éveillé, dès qu'ils commencent à parler, à penser.

M. Sacrement n'avait, depuis son enfance, qu'une idée en tête, être décoré. Tout jeune il portait des croix de la Légion d'honneur en zinc comme d'autres enfants portent un képi et il donnait fièrement la main à sa mère, dans la rue, en bombant sa petite poitrine ornée du ruban rouge et de l'étoile de métal.

Après de pauvres études il échoua au baccalauréat, et, ne sachant plus que faire, il épousa une jolie fille, car il avait de la fortune.

Ils vécurent à Paris comme vivent des bourgeois riches, allant dans leur monde, sans se mêler au monde, fiers de la connaissance d'un député qui pouvait devenir ministre, et amis de deux chefs de division.

Mais la pensée entrée aux premiers jours de sa vie dans la tête de M. Sacrement ne le quittait plus et il souffrait d'une façon continue de n'avoir point le droit de montrer sur sa redingote un petit ruban de couleur.

Les gens décorés qu'il rencontrait sur le boulevard lui portaient un coup au cœur. Il les regardait de coin avec une jalousie exaspérée. Parfois, par les longs après-midi de désœuvrement, il se mettait à les compter. Il se disait : « Voyons, combien j'en trouverai de la Madeleine à la rue Drouot. »

Maupassant, « Décoré ! », 1883.

a. Relevez les phrases ou expressions qui présentent le personnage de cette nouvelle comme l'incarnation d'un type humain (psychologique ou sociologique).

b. Comment se manifeste la concentration du lieu et du temps propre au genre de la nouvelle ?

c. Imaginez les péripéties et la chute de cette nouvelle.

20 Le réalisme

SAVOIR

Définition du réalisme

Le réalisme est à la fois un mouvement littéraire et artistique qui s'est développé au milieu du XIXe siècle, et une tendance esthétique qui traverse diverses époques : il s'agit de « faire vrai » en proposant dans une œuvre une **représentation fidèle, non idéalisée, de la réalité**.

Dès l'Antiquité grecque, les philosophes désignent par le mot de *mimesis* la façon dont l'art cherche à « imiter » la réalité. Du Moyen Âge au XVIIIe siècle, il y a toujours eu en littérature une certaine tendance « réaliste » s'opposant à une vision idéalisée du monde (par exemple dans les fabliaux médiévaux ou les romans picaresques du XVIIIe siècle).

Le mouvement réaliste au XIXe siècle

En tant que mouvement littéraire, le réalisme apparaît en France vers 1830. Les deux romanciers **Stendhal** et **Balzac** marquent la transition du romantisme au réalisme. Dans *Le Rouge et le Noir* (1830), sous-titré initialement *Chronique de 1830* et inspiré d'un fait divers, Stendhal définit le roman comme un « miroir que l'on promène le long du chemin » ; il pratique une sorte de réalisme subjectif en décrivant la France de son époque à travers la conscience individuelle du héros, Julien Sorel, jeune homme d'origine modeste, avide de reconnaissance sociale. Balzac entreprend à la même époque une vaste fresque romanesque qu'il réunira sous le titre général de *La Comédie humaine* : à travers 91 romans et de nombreuses nouvelles, Balzac veut « faire concurrence à l'état civil » en dressant un tableau complet des mœurs de la société contemporaine. Il invente le procédé du retour de certains personnages d'un roman à l'autre, ce qui accentue le réalisme de son univers fictif.

Vers 1850, le mot *réalisme* est employé de manière péjorative par des critiques d'art pour critiquer les tableaux du peintre Gustave **Courbet** qui veut représenter le monde tel qu'il est, en particulier la vie paysanne, sans l'embellir (*L'Après-dînée à Ornans*, 1849). Or, des écrivains, Champfleury et Duranty, vont revendiquer ce terme de *réalisme* pour en faire le mot d'ordre d'un mouvement artistique et littéraire qui peinera cependant à se constituer en « école » avec maîtres et disciples.

Auteur de *Madame Bovary* (1857) puis de *L'Éducation sentimentale* (1869), Gustave **Flaubert** est considéré comme l'un des représentants du réalisme alors même qu'il refuse cette étiquette. Pour lui, en effet, le choix du sujet romanesque importe moins que le travail du style.

À partir des années 1870, les écrivains naturalistes (voir chapitre 21) s'inscrivent dans la lignée du mouvement réaliste qui exercera une large influence sur la littérature et les arts des XXe et XXIe siècles.

SAVOIR FAIRE — Reconnaître les caractéristiques du réalisme

- **Sujets et personnages** sont empruntés à la vie ordinaire, à la banalité du quotidien. Si les romanciers réalistes veulent représenter la diversité des milieux sociaux, leurs personnages principaux sont souvent d'origine modeste, issus du peuple ou de la petite bourgeoisie. Julien Sorel est le fils d'un charpentier, le père d'Emma Bovary est un paysan normand.
- **Les thèmes de l'argent, du corps, de la sexualité,** auparavant tabous ou évoqués de manière détournée, ont une place privilégiée dans les œuvres réalistes qui en font une description parfois crue. L'argent est une obsession chez les personnages du *Père Goriot* de Balzac ou de *Madame Bovary* de Flaubert. Courbet peint dans *L'Origine du monde*, tableau longtemps caché, le sexe d'une femme.
- **Des descriptions (lieux, intérieurs, objets) et des portraits détaillés,** chargés d'« effets de réel », témoignent d'un souci d'observation scrupuleuse et visent à donner l'illusion de la réalité. Le portrait du père Grandet (Balzac, *Eugénie Grandet*) évoque la verrue sur le nez du personnage.
- **Une insistance sur la laideur, la misère, la médiocrité ou les difficultés de l'existence** souligne le refus de l'idéalisation. Au début du *Père Goriot*, Balzac décrit la pension Vauquer comme un lieu où « règne la misère sans poésie ; une misère économe, concentrée, râpée ». Madame Bovary, l'héroïne de Flaubert, juge la conversation de son mari désespérément « plate comme un trottoir de rue ».

1 Repérez les éléments caractéristiques du roman réaliste dans ces deux textes.

a. *À la fin du roman, Eugène de Rastignac, jeune provincial désireux de se faire une place dans la haute société parisienne, assiste à l'enterrement du père Goriot, un vieil homme qui s'est ruiné pour ses filles ingrates envers lui.*

Les deux prêtres, l'enfant de chœur et le bedeau vinrent et donnèrent tout ce qu'on peut avoir pour soixante-dix francs dans une époque où la religion n'est pas assez riche pour prier gratis. Les gens du clergé chantèrent un psaume, le *Libera*, le *De profundis*. Le service dura vingt minutes. Il n'y avait qu'une seule voiture de deuil pour un prêtre et un enfant de chœur, qui consentirent à recevoir avec eux Eugène et Christophe[1].

– Il n'y a point de suite, dit le prêtre, nous pourrons aller vite, afin de ne pas nous attarder, il est cinq heures et demie.

Cependant, au moment où le corps fut placé dans le corbillard, deux voitures armoriées, mais vides, celle du comte de Restaud et celle du baron de Nucingen[2], se présentèrent et suivirent le convoi jusqu'au Père-Lachaise[3]. À six heures, le corps du père Goriot fut descendu dans sa fosse, autour de laquelle étaient les gens[4] de ses filles, qui disparurent avec le clergé aussitôt que fut dite la courte prière due au bonhomme pour l'argent de l'étudiant. Quand les deux fossoyeurs eurent jeté quelques pelletées de terre sur la bière pour la cacher, ils se relevèrent, et l'un d'eux, s'adressant à Rastignac, lui demanda leur pourboire. Eugène se fouilla, il n'avait plus rien, et fut forcé d'emprunter vingt sous à Christophe. Ce fait, si léger en lui-même, détermina chez Rastignac un accès d'horrible tristesse.

Honoré de Balzac, *Le Père Goriot*, 1835.

1. homme à tout faire dans la pension où vivait Goriot ; 2. époux des deux filles de Goriot ; 3. cimetière parisien ; 4. domestiques.

b. *Ce texte est l'incipit du roman de Maupassant.*

« Zut ! » s'écria tout à coup le père Roland qui depuis un quart d'heure demeurait immobile, les yeux fixés sur l'eau, et soulevant par moments, d'un mouvement très léger, sa ligne descendue au fond de la mer.

Mme Roland, assoupie à l'arrière du bateau, à côté de Mme Rosémilly invitée à cette partie de pêche, se réveilla, et tournant la tête vers son mari :

« Eh bien!… eh bien !… Gérôme ! »

Le bonhomme, furieux, répondit :

« Ça ne mord plus du tout. Depuis midi je n'ai rien pris. On ne devrait jamais pêcher qu'entre hommes ; les femmes vous font embarquer toujours trop tard. »

Ses deux fils, Pierre et Jean, qui tenaient, l'un à bâbord, l'autre à tribord, chacun une ligne enroulée à l'index, se mirent à rire en même temps et Jean répondit :

« Tu n'es pas galant pour notre invitée, papa. »

…

…

M. Roland fut confus et s'excusa :

« Je vous demande pardon, madame Rosémilly, je suis comme ça. J'invite des dames parce que j'aime me trouver avec elles, et puis, dès que je sens de l'eau sous moi, je ne pense plus qu'au poisson. »

Mme Roland s'était tout à fait réveillée et regardait d'un air attendri le large horizon de falaises et de mer. Elle murmura :

« Vous avez cependant fait une belle pêche. »

Mais son mari remuait la tête pour dire non, tout en jetant un coup d'œil bienveillant sur le panier où le poisson capturé par les trois hommes palpitait vaguement encore, avec un bruit doux d'écailles gluantes et de nageoires soulevées, d'efforts impuissants et mous, et de bâillements dans l'air mortel.

Le père Roland saisit la manne entre ses genoux, la pencha, fit couler jusqu'au bord le flot d'argent des bêtes pour voir celles du fond, et leur palpitation d'agonie s'accentua, et l'odeur forte de leur corps, une saine puanteur de marée, monta du ventre plein de la corbeille.

Guy de Maupassant, *Pierre et Jean*, 1888.

2 Observez ces deux tableaux qui traitent un thème similaire. Lequel vous semble le plus proche de l'esthétique réaliste, lequel vous paraît chercher davantage à « embellir » la réalité paysanne ? Justifiez votre réponse par une analyse comparée d'éléments précis.

Jean-François Millet, *Les Glaneuses*, 1857, huile sur toile (83,5 x 110 cm), Paris, musée d'Orsay.

Jules Breton, *Le Rappel des glaneuses*, 1859, Paris, musée d'Orsay.

21 Le naturalisme

SAVOIR

Un nouveau réalisme scientifique

▸ Durant le dernier tiers du XIXe siècle, **Émile Zola**, chef de file d'un groupe de romanciers (dont Maupassant, Huysmans et les frères Goncourt), crée le naturalisme : ce mouvement littéraire, qui concerne essentiellement le genre romanesque, radicalise les principes du réalisme en assignant au roman une vocation scientifique.

▸ Les naturalistes sont influencés par les **doctrines scientifiques** de l'époque : le positivisme d'Auguste Comte qui affirme la toute-puissance de la science, la méthode expérimentale prônée par le médecin Claude Bernard, les recherches sur l'hérédité, la théorie du déterminisme selon laquelle le destin d'un individu est conditionné par son hérédité et son milieu social.

▸ Le romancier naturaliste se considère comme **un savant qui observe la société** pour en exposer les lois. Le roman est perçu comme une sorte de laboratoire où l'auteur, à travers ses personnages fictifs, expérimente la **double influence du milieu social et de l'hérédité familiale**.

▸ Émile Zola développe cette conception dans son ouvrage théorique *Le Roman expérimental* (1880) et l'illustre dans un cycle de vingt romans réunis sous le titre général *Les Rougon-Macquart, histoire naturelle et sociale d'une famille sous le Second Empire* (1871-1893). Reprenant à Balzac le principe du retour des personnages, Zola a aussi l'ambition de décrire la société française contemporaine. Ses personnages, issus de deux branches d'une famille marquée par la folie de l'aïeule, évoluent durant plusieurs générations dans les milieux sociaux les plus divers. Les personnages de *L'Assommoir* (1877) sont des ouvriers et petits commerçants parisiens, *Germinal* (1885) décrit les dures conditions de travail des mineurs du Nord, *L'Argent* (1891) nous fait entrer dans l'univers de la Bourse.

Contestations et limites du naturalisme

▸ À leur époque, les romans de Zola ont connu un succès de scandale : une partie du lectorat bourgeois et de la critique conservatrice lui reproche son réalisme cru, l'accusant même de « pornographie » dès la parution de l'un de ses premiers romans, *Thérèse Raquin* (1867).

▸ En 1887, le roman de Zola *La Terre*, consacré aux paysans, est critiqué autant par de jeunes romanciers que par des écrivains du groupe naturaliste (Huysmans, Maupassant) qui se désolidarisent ainsi de leur maître.

▸ L'ensemble des romans naturalistes témoignent d'un écart entre la théorie et la pratique, écart qui sauve la littérature : le romancier n'est pas un savant, le roman ne saurait être une reproduction objective du réel, les personnages romanesques ne sont pas les cobayes d'expérimentations scientifiques. L'écriture de Zola lui-même, qui se voulait pourtant objective, est souvent métaphorique et traversée par une dimension mythique, fantastique ou visionnaire qui lui donne toute sa qualité littéraire.

SAVOIR FAIRE — Étudier un mouvement littéraire

Pour rédiger une fiche descriptive d'un mouvement littéraire, il faut rechercher les éléments suivants :

- Dans quel contexte historique, social et culturel apparaît le mouvement ?
- Que signifie le nom donné au mouvement, quel est son sens étymologique ?
- Qui en sont les principaux représentants, y a-t-il un chef de file ?
- Ce mouvement poursuit-il ou s'oppose-t-il à un mouvement antérieur ?
- Quelles sont les revendications et caractéristiques principales de ce mouvement ?
- Quelles en sont les œuvres les plus emblématiques ?
- Y a-t-il des différences entre la théorie revendiquée par ce mouvement et la pratique illustrée par les différentes œuvres ?
- Ce mouvement s'étend-il à d'autres arts que la littérature ?
- Comment ce mouvement a-t-il été accueilli par la critique et le public contemporains ?
- Ce mouvement a-t-il connu une postérité, exercé une influence sur des artistes ultérieurs ?

1 Après avoir lu le texte, répondez aux questions.

On commence, j'espère, à comprendre que mon but a été un but scientifique avant tout. Lorsque mes deux personnages, Thérèse et Laurent, ont été créés, je me suis plu à me poser et à résoudre certains problèmes : ainsi, j'ai tenté d'expliquer l'union étrange qui peut se produire entre deux tempéraments[1] différents, j'ai montré les troubles profonds d'une nature sanguine au contact d'une nature nerveuse. Qu'on lise le roman avec soin, on verra que chaque chapitre est l'étude d'un cas curieux de physiologie. En un mot, je n'ai eu qu'un désir : étant donné un homme puissant et une femme inassouvie, chercher en eux la bête, ne voir même que la bête, les jeter dans un drame violent, et noter scrupuleusement les sensations et les actes de ces êtres. J'ai simplement fait sur deux corps vivants le travail analytique que les chirurgiens font sur des cadavres.

Avouez qu'il est dur, quand on sort d'un pareil travail, tout entier encore aux graves jouissances de la recherche du vrai, d'entendre des gens vous accuser d'avoir eu pour unique but la peinture de tableaux obscènes. Je me suis trouvé dans le cas de ces peintres qui copient des nudités, sans qu'un seul désir les effleure, et qui restent profondément surpris lorsqu'un critique se déclare scandalisé par les chairs vivantes de leur œuvre. Tant que j'ai écrit *Thérèse Raquin*, j'ai oublié le monde, je me suis perdu dans la copie exacte et minutieuse de la vie, me donnant tout entier à l'analyse du mécanisme humain, et je vous assure que les amours cruelles de Thérèse et de Laurent n'avaient pour moi rien d'immoral, rien qui puisse pousser aux passions mauvaises. L'humanité des modèles disparaissait comme elle disparaît aux yeux de l'artiste qui a une femme nue vautrée devant lui, et qui songe uniquement à mettre cette femme sur sa toile dans la vérité de ses formes et de ses colorations.

Émile Zola, préface à la deuxième édition de *Thérèse Raquin*, 1868.

1. Allusion à la théorie des tempéraments en vigueur au XIXe siècle, consistant à expliquer les caractères humains en fonction de différents types physiologiques ; dans le roman de Zola, Thérèse incarne le tempérament « nerveux » et son amant Laurent représente le tempérament « sanguin ».

a. À quelles critiques Zola répond-il dans cette préface ?

b. Relevez les termes qui assimilent le travail du romancier à celui d'un savant.

c. À quelle autre pratique Zola compare-t-il le travail du romancier ? En quoi cette comparaison explicite-t-elle la démarche naturaliste ?

2 Lisez le texte, puis répondez aux questions.

Des bourgeois, cachés dans une ferme, observent l'émeute d'une foule de mineurs grévistes.

« Quels visages atroces ! » balbutia Mme Hennebeau[1].

Négrel[2] dit entre ses dents : « Le diable m'emporte si j'en reconnais un seul ! D'où sortent-ils donc, ces bandits-là ? »

Et, en effet, la colère, la faim, ces deux mois de souffrance et cette débandade enragée au travers des fosses, avaient allongé en mâchoires de bêtes fauves les faces placides des houilleurs[3] de Montsou. À ce moment, le soleil se couchait, les derniers rayons d'une pourpre sombre ensanglantaient la plaine. Alors, la route sembla charrier du sang, les femmes, les hommes continuaient à galoper, saignants comme des bouchers en pleine tuerie.

« Oh ! superbe ! » dirent à demi-voix Lucie et Jeanne[4], remuées dans leur goût d'artistes par cette belle horreur.

Elles s'effrayaient pourtant, elles reculèrent près de Mme Hennebeau, qui s'était appuyée sur une auge. L'idée qu'il suffisait d'un regard entre les planches de cette porte disjointe, pour qu'on les massacrât, la glaçait. Négrel se sentait blêmir, lui aussi, très brave d'ordinaire, saisi là d'une épouvante supérieure à sa volonté, une de ces épouvantes qui soufflent de l'inconnu. Dans le foin, Cécile[5] ne bougeait plus. Et les autres, malgré leur désir de détourner les yeux, ne le pouvaient pas, regardaient quand même.

C'était la vision rouge de la révolution qui les emporterait tous, fatalement, par une soirée sanglante de cette fin de siècle. Oui, un soir, le peuple lâché, débridé, galoperait ainsi sur les chemins ; et il ruissellerait du sang des bourgeois, il promènerait des têtes, il sèmerait l'or des coffres éventrés. Les femmes hurleraient, les hommes auraient ces mâchoires de loups, ouvertes pour mordre. Oui, ce seraient les mêmes guenilles, le même tonnerre de gros sabots, la même cohue effroyable, de peau sale, d'haleine empestée, balayant le vieux monde, sous leur poussée débordante de barbares. Des incendies flamberaient, on ne laisserait pas debout une pierre des villes, on retournerait à la vie sauvage dans les bois, après la grande ripaille, où les pauvres, en une nuit, videraient les caves des riches. Il n'y aurait plus rien, plus un sou des fortunes, plus un titre des situations acquises, jusqu'au jour où une nouvelle terre repousserait peut-être. Oui, c'étaient ces choses qui passaient sur la route, comme une force de la nature, et ils en recevaient le vent terrible au visage.

Émile Zola, *Germinal*, 1885.

1. épouse du directeur de la mine ; 2. ingénieur ; 3. travailleurs dans une mine de charbon ; 4. filles d'un autre propriétaire d'une mine ; 5. fille d'actionnaires de la Compagnie minière.

a. Quels éléments contribuent à une description naturaliste de la scène ?

b. Quels procédés d'écriture transforment cette approche réaliste en une vision fantastique et épique du peuple révolté ?

22 Narration et focalisation

SAVOIR

Définition

Le mode de narration d'un récit concerne le choix du narrateur, c'est-à-dire la **voix** qui raconte l'histoire. Déterminer le mode de narration consiste à se demander « qui raconte ? » en observant le choix du pronom personnel désignant le narrateur. La notion littéraire de **narrateur** est à distinguer de la personne réelle de l'**auteur**, l'écrivain.

La focalisation désigne le **point de vue** que le narrateur choisit pour raconter et décrire. Déterminer le mode de focalisation consiste à se demander « qui voit ? qui ressent ? » les situations évoquées.

Les différents modes de narration

Le narrateur présent dans l'histoire : le récit est mené à la **première personne** (*je* ou *nous*) par un narrateur qui peut être le personnage principal ou bien un personnage secondaire, un témoin des faits.

Le narrateur extérieur à l'histoire : le récit est mené à la **troisième personne** par un narrateur anonyme qui ne joue pas de rôle dans l'histoire. Certains indices (modalisateurs) peuvent témoigner de son jugement sur les personnages ou de son activité de narrateur.

Les différents modes de focalisation

Trois types de focalisation (ou points de vue) peuvent alterner dans un même récit.

Le point de vue omniscient : le narrateur a une vision surplombante de la situation qui lui permet de tout savoir et de tout voir. Il peut donner des informations sur le passé de ses personnages ou anticiper leur avenir, il connaît leurs sentiments et idées sur lesquels il porte parfois un jugement, décrire des scènes qui se déroulent en des endroits différents.

> À trois ou quatre portées de fusil du plateau désert que les chefs abandonnaient, il se passait une de ces scènes qui, pendant quelque temps encore, devinrent assez fréquentes sur les grandes routes.
>
> Balzac, *Les Chouans*, 1828.

Le point de vue interne : le narrateur raconte ou décrit en adoptant le point de vue particulier d'un personnage. La vision et la perception sont alors restreints au champ subjectif du personnage.

> Emma, dès le vestibule, sentit tomber sur ses épaules, comme un linge humide, le froid du plâtre.
>
> Flaubert, *Madame Bovary*, 1857.

Le point de vue externe : le narrateur raconte et décrit de manière neutre, comme s'il ne pouvait saisir que l'apparence extérieure. Il semble en savoir moins que les personnages dont il n'exprime pas l'intériorité.

> Deux hommes parurent. L'un venait de la Bastille, l'autre du Jardin des Plantes. Le plus grand, vêtu de toile, marchait le chapeau en arrière, le gilet déboutonné et sa cravate à la main.
>
> Flaubert, *Bouvard et Pécuchet*, 1874.

SAVOIR FAIRE — Identifier les différents points de vue

Observez ces trois extraits du roman d'Émile Zola, *Thérèse Raquin* (1867) raconté à la troisième personne, donc par un narrateur extérieur à l'histoire.

> Cet atelier était une sorte de grenier carré, long et large d'environ cinq ou six mètres ; le plafond s'inclinait brusquement, en pente raide, percé d'une large fenêtre [...].

Le lieu est décrit de manière objective, sans que soient mentionnés la perception particulière d'un personnage ou le jugement du narrateur. Il s'agit là d'un **point de vue externe.**

> Quand Thérèse entra dans la boutique où elle allait vivre désormais, il lui sembla qu'elle descendait dans la terre grasse d'une fosse. Une sorte d'écœurement la prit à la gorge, elle eut des frissons de peur.

Le lieu est décrit à travers le regard et les impressions négatives de Thérèse, personnage qui est le sujet de verbes de mouvement et de perception. Le narrateur adopte ici le **point de vue interne** de son héroïne.

> Les tendresses, les dévouements de sa mère lui avaient donné un égoïsme féroce ; il croyait aimer ceux qui le plaignaient et qui le caressaient, mais, en réalité, il vivait à part, au fond de lui, n'aimant que son bien-être.

Le caractère du personnage est expliqué par le narrateur qui, avec une sévère lucidité, révèle l'écart entre les sentiments que le personnage croit éprouver (*croyait aimer*) et l'égoïsme féroce qui le détermine *en réalité*. Le narrateur a ici un **point de vue omniscient**.

1 **Identifiez le mode de narration et de focalisation adopté dans chacun des extraits, en justifiant votre réponse par un relevé d'indices révélateurs.**

a. Lorsqu'il arriva place du Théâtre, il se sentit attiré par les lumières du café Tortoni, et il s'en vint lentement vers la façade illuminée ; mais au moment d'entrer, il songea qu'il allait trouver là des amis, des connaissances, des gens avec qui il faudrait causer ; et une répugnance brusque l'envahit pour cette banale camaraderie des demi-tasses et des petits verres. Alors, retournant sur ses pas, il revint prendre la rue principale qui le conduisait vers le port.

Il se demandait : « Où irais-je bien ? » cherchant un endroit qui lui plût, qui fût agréable à son état d'esprit. Il n'en trouvait pas, car il s'irritait d'être seul, et il n'aurait voulu rencontrer personne.

Guy de Maupassant, *Pierre et Jean*, 1888.

b. Tout nouveau venu qui entrait dans la gargote disait en voyant la Thénardier : Voilà le maître de la maison. Erreur. Elle n'était même pas la maîtresse. Le maître et la maîtresse, c'était le mari. Elle faisait, il créait. Il dirigeait tout par une sorte d'action magnétique invisible et continuelle. Un mot lui suffisait, quelquefois un signe ; le mastodonte obéissait. Le Thénardier était pour la Thénardier, sans qu'elle s'en rendît trop compte, une espèce d'être particulier et souverain. Elle avait les vertus de sa façon d'être ; jamais, eût-elle été en dissentiment sur un détail avec « M. Thénardier », hypothèse du reste inadmissible, elle n'eût donné publiquement tort à son mari, sur quoi que ce soit. Jamais elle n'eût commis « devant des étrangers » cette faute que font si souvent les femmes, et qu'on appelle, en langage parlementaire, découvrir la couronne. Quoique leur accord n'eût pour résultat que le mal, il y avait de la contemplation dans la soumission de la Thénardier à son mari. Cette montagne de bruit et de chair se mouvait sous le petit doigt de ce despote frêle. C'était, vu par son côté nain et grotesque, cette grande chose universelle : l'adoration de la matière pour l'esprit ; car de certaines laideurs ont leur raison d'être dans les profondeurs mêmes de la beauté éternelle. [...] Cette femme était une créature formidable qui n'aimait que ses enfants et ne craignait que son mari. Elle était mère parce qu'elle était mammifère. Du reste, sa maternité s'arrêtait à ses filles, et, comme on le verra, ne s'étendait pas jusqu'aux garçons.

Victor Hugo, Les Misérables, 1862.

c. La Russie asiatique ou Sibérie couvre une aire superficielle de cinq cent soixante mille lieues et compte environ deux millions d'habitants. Elle s'étend depuis les monts Ourals, qui la séparent de la Russie d'Europe, jusqu'au ... littoral de l'océan Pacifique. Au sud, c'est le Turkestan et l'empire chinois qui la délimitent suivant une frontière assez indéterminée ; au nord, c'est l'océan Glacial depuis la mer de Kara jusqu'au détroit de Behring. Elle est divisée en gouvernements ou provinces, qui sont ceux de Tobolsk, d'Yeniseisk, d'Irkoutsk, d'Omsk, de Iakoutsk ; elle comprend deux districts, ceux d'Okhotsk et de Kamtschatka, et possède deux pays, maintenant soumis à la domination moscovite, le pays des Kirghis et le pays des Tchouktches.

Jules Verne, *Michel Strogoff*, 1875.

2 **Distinguez les deux points de vue qui alternent dans cet extrait. Expliquez l'effet que produit cette alternance.**

Pour échapper à l'ennui de sa vie provinciale, en Normandie, Emma Bovary rêve de Paris qu'elle ne connaît qu'à travers ses lectures de romans et de journaux féminins.

Paris, plus vague que l'Océan, miroitait donc aux yeux d'Emma dans une atmosphère vermeille. La vie nombreuse qui s'agitait en ce tumulte y était cependant divisée par parties, classée en tableaux distincts. Emma n'en apercevait que deux ou trois qui lui cachaient tous les autres, et représentaient à eux seuls l'humanité complète. Le monde des ambassadeurs marchait sur des parquets luisants, dans des salons lambrissés de miroirs, autour de tables ovales couvertes d'un tapis de velours à crépines d'or. Il y avait là des robes à queue, de grands mystères, des angoisses dissimulées sous des sourires. Venait ensuite la société des duchesses ; on y était pâle ; on se levait à quatre heures ; les femmes, pauvres anges ! portaient du point d'Angleterre au bas de leur jupon, et les hommes, capacités méconnues sous des dehors futiles, crevaient leurs chevaux par partie de plaisir, allaient passer à Bade la saison d'été, et, vers la quarantaine enfin, épousaient des héritières.

Dans les cabinets de restaurant où l'on soupe après minuit riait, à la clarté des bougies, la foule bigarrée des gens de lettres et des actrices. Ils étaient, ceux-là, prodigues comme des rois, pleins d'ambitions idéales et de délires fantastiques. C'était une existence au-dessus des autres, entre ciel et terre, dans les orages, quelque chose de sublime. Quant au reste du monde, il était perdu, sans place précise, et comme n'existant pas. Plus les choses, d'ailleurs, étaient voisines, plus sa pensée s'en détournait. Tout ce qui l'entourait immédiatement, campagne ennuyeuse, petits-bourgeois imbéciles, médiocrité de l'existence, lui semblait une exception dans le monde, un hasard particulier où elle se trouvait prise, tandis qu'au-delà s'étendait à perte de vue l'immense pays des félicités et des passions. Elle confondait, dans son désir, les sensualités du luxe avec les joies du cœur, l'élégance des habitudes et les délicatesses du sentiment.

Gustave Flaubert, *Madame Bovary*, 1857.

23 Organisation et rythme du récit fictif

SAVOIR

La structure du récit

- L'enchaînement des actions qui constitue l'intrigue (= l'histoire racontée) dans un roman, une nouvelle ou un conte, est souvent organisé selon les étapes du **schéma narratif traditionnel** : une **situation initiale** est modifiée par un événement perturbateur entraînant une série de **péripéties (l'action)** dont la dernière, la **résolution**, rend possible le **dénouement ou situation finale.**
- Un récit court (nouvelle, conte) comporte généralement une **intrigue simple**, alors qu'un roman développe une **intrigue complexe** formée d'une succession de séquences au cours de laquelle s'enchaînent donc divers schémas narratifs.
- Toutefois, les étapes du schéma narratif ne se succèdent pas toujours selon l'ordre traditionnel : une intrigue peut commencer par le récit de l'événement perturbateur avant de présenter, de manière rétrospective, ce qu'était la situation initiale.

L'ordre du récit

- Si les événements sont racontés dans l'ordre où ils se sont déroulés, on dit que le récit est **linéaire**.
- Une **analepse** est le récit rétrospectif d'un événement passé par rapport au moment présent de l'histoire (c'est l'équivalent du *flash-back* au cinéma) : *Ils s'étaient rencontrés deux ans plus tôt, dans d'étranges circonstances. Ce jour-là…*
- Une **prolepse** est l'évocation par anticipation d'un événement à venir : *Il ne se doutait pas qu'il reviendrait dans cette ville dix ans plus tard…*

Le moment du récit

- La **narration ultérieure**, consistant à raconter l'histoire aux temps du passé, est le cas le plus fréquent.
- La **narration simultanée** peut intervenir au cours d'une narration ultérieure ou, plus rarement, être adoptée tout au long du récit. L'histoire est écrite au présent, pour donner l'illusion que le narrateur raconte les faits au moment même où ils se déroulent.

Le rythme du récit

Diverses techniques narratives permettent de varier le rapport entre le temps de la narration et la durée des événements fictifs :

- Une **scène** est le développement d'un épisode, qui donne au lecteur l'illusion de suivre les événements en temps réel, notamment grâce à l'insertion de dialogues.
- Une **pause** consiste à suspendre le cours du récit pour développer une description, un portrait ou une réflexion du narrateur.
- Un **résumé** ou un **sommaire** résume brièvement toute une période, condensant en quelques lignes ce qui s'est déroulé durant une période assez longue : *Ils vécurent heureux et eurent de nombreux enfants.*
- Une **ellipse** passe sous silence un événement, ou une période plus ou moins longue. Elle vise à accélérer le rythme du récit en évitant de relater des épisodes peu importants, ou au contraire à créer du suspens, du mystère en taisant un événement déterminant que le lecteur doit imaginer.

> Ici, nous demandons la permission de passer, sans en dire un seul mot, sur un espace de trois années.
>
> Stendhal, *La Chartreuse de Parme*, 1839.

SAVOIR FAIRE — Analyser le changement de rythme d'un récit au cours d'une page

À la fin du roman, M. de Nemours apprend que la Princesse de Clèves, qu'il aime passionnément, ne veut plus jamais le revoir.

M. de Nemours pensa expirer de douleur en présence de celle qui lui parlait. Il la pria vingt fois de retourner à Mme de Clèves, afin de faire en sorte qu'il la vît, mais cette personne lui dit que Mme de Clèves lui avait non seulement défendu de lui aller redire aucune chose de sa part, mais même de lui rendre compte de leur conversation. Il fallut enfin que ce prince repartît […]. Néanmoins, il ne se rebuta point encore, et il fit tout ce qu'il put imaginer de capable de la faire changer de dessein. Enfin, des années entières s'étant passées, le temps et l'absence ralentirent sa douleur et éteignirent sa passion.

Madame de Lafayette, *La Princesse de Clèves*, 1678.

• Les deux premières phrases correspondent à une **scène**, rapportant une conversation au style indirect.

• La quatrième phrase est un **sommaire**, mentionnant sans les détailler les vaines tentatives de M. de Nemours auprès de la Princesse.

• La cinquième phrase comporte une **ellipse** (*des années entières s'étant passées*) pour parvenir plus vite au dénouement marqué par la fin de la passion.

S'ENTRAÎNER

1 Lisez les textes, puis répondez aux questions.

Mes deux sœurs établies, je crus qu'on penserait à moi, et que je ne tarderai pas à sortir du couvent. J'avais alors seize ans et demi. On avait fait des dots considérables à mes sœurs ; je me promettais un sort égal au leur, et ma tête s'était remplie de projets séduisants, lorsqu'on me fit demander au parloir.

Denis Diderot, *La Religieuse*, 1796.

Mon père a un couteau à la main et taille un morceau de sapin : les copeaux tombent jaunes et soyeux comme des brins de rubans. Il me fait un chariot avec des languettes de bois frais. Les roues sont déjà taillées : ce sont des ronds de pommes de terre avec leur cercle de peau brune qui imite le fer... Le chariot va être fini ; j'attends tout ému et les yeux grands ouverts, quand mon père pousse un cri et lève sa main pleine de sang. Il s'est enfoncé le couteau dans le doigt.

Jules Vallès, *L'Enfant*, 1879.

a. Identifiez le temps du récit (narration ultérieure ou simultanée) en relevant les indices caractéristiques.

b. Expliquez l'effet produit par chacun de ces différents choix de temps de récit.

2 Après avoir lu les textes, répondez aux questions.

Je suis obligé de faire remonter mon lecteur au temps de ma vie où je rencontrai pour la première fois le chevalier Des Grieux. Ce fut environ six mois avant mon départ pour l'Espagne. Quoique je sortisse rarement de ma solitude, la complaisance que j'avais pour ma fille m'engageait quelquefois à divers petits voyages, que j'abrégeais autant qu'il était possible.

Abbé Prévost, *Manon Lescaut*, 1731.

Mon seul regret, en quittant Amiens, était d'y laisser un ami, avec lequel j'avais toujours été tendrement uni. [...] Il avait mille bonnes qualités. Vous le connaîtrez par les meilleures dans la suite de l'histoire, et surtout ...

... par un zèle et une générosité en amitié, qui surpassent les plus célèbres exemples de l'Antiquité. Si j'eusse alors suivi ses conseils, j'aurais toujours été sage et heureux. Si j'avais du moins profité de ses reproches dans le précipice où mes passions m'ont entraîné, j'aurais sauvé quelque chose du naufrage de ma fortune et de ma réputation.

Abbé Prévost, *Manon Lescaut*, 1731.

a. Relevez les phrases qui comportent des analepses ou des prolepses.

b. Comment contribuent-elles à dramatiser le récit ?

3 Identifiez les différents rythmes du récit (scène, sommaire, pause, ellipse) dans l'extrait suivant, en justifiant votre réponse par un relevé de quelques indices caractéristiques.

Par un après-midi du mois d'août, une légère voiture s'arrêta brusquement devant les deux chaumières, et une jeune femme, qui conduisait elle-même, dit au monsieur assis à côté d'elle :

– Oh ! regarde, Henri, ce tas d'enfants ! Sont-ils jolis, comme ça, à grouiller dans la poussière !

L'homme ne répondit rien, accoutumé à ces admirations qui étaient une douleur et presque un reproche pour lui.

La jeune femme reprit :

– Il faut que je les embrasse ! Oh ! comme je voudrais en avoir un, celui-là, le tout petit !

Et, sautant de la voiture, elle courut aux enfants, prit un des deux derniers, celui des Tuvache, et, l'enlevant dans ses bras, elle le baisa passionnément sur ses joues sales, sur ses cheveux blonds frisés et pommadés de terre, sur ses menottes qu'il agitait pour se débarrasser des caresses ennuyeuses.

Puis elle remonta dans sa voiture et partit au grand trot. Mais elle revint la semaine suivante, s'assit elle-même par terre, prit le moutard dans ses bras, le bourra de gâteaux, donna des bonbons à tous les autres ; et joua avec eux comme une gamine, tandis que son mari attendait patiemment dans sa frêle voiture.

Guy de Maupassant, « Aux champs », 1882.

24 Description et portrait dans les romans réalistes et naturalistes

SAVOIR

Définition

- La **description** consiste à présenter de manière détaillée un lieu ou un objet faisant partie du décor de l'action fictive.
- Le **portrait** est la description des traits physiques et / ou moraux d'un personnage.
- Descriptions et portraits constituent généralement des **pauses** dans le récit (voir chapitre 23) qui occupent une place importante dans les romans et nouvelles du XIXe siècle. Ils apportent des informations précises au lecteur et contribuent à la dimension réaliste du récit, en ancrant la fiction dans une réalité géographique, sociale ou historique.

Organisation et fonctions de la description

- La description peut être faite selon le **point de vue** omniscient du narrateur ou à travers le point de vue interne de l'un des personnages (voir chapitre 22).
- Elle est organisée selon une **logique spatiale ou temporelle**, en allant d'une vision d'ensemble à une approche des détails (ou inversement).
- Elle recourt au lexique des **perceptions**, à un vocabulaire **concret**, spécialisé, à des **jugements de valeur**.
- En plus de sa fonction **réaliste** (valeur documentaire), la description a une valeur **explicative** (la description des lieux où vivent les personnages permet de mieux comprendre le destin de ceux-ci) et **symbolique** (illustrant de manière figurée le caractère des personnages ou la vision du monde suggérée par le romancier). Au début de son roman *Le Père Goriot* (1835), Balzac décrit la pension Vauquer où habitent les personnages principaux ; il associe explicitement la description du lieu au portrait de sa propriétaire en écrivant « toute sa personne explique la pension comme la pension implique sa personne ».

Types et valeurs du portrait

- Le **portrait statique** décrit le personnage à l'arrêt, en dehors de circonstances particulières. Il détaille ses caractéristiques physiques, psychologiques ou sociales selon un ordre révélateur de l'importance donnée à ces différentes approches. Plusieurs romanciers du XIXe siècle (dont Balzac) s'appuient sur la pseudo-science de la **physiognomonie**, prétendant que les traits physiques révèlent le caractère d'un individu. Un romancier peut aussi s'inspirer de la technique d'un peintre ou d'un photographe (portrait en pied, en clair-obscur ou par petites touches impressionnistes).
- Le **portrait dynamique ou « en situation »** décrit le personnage placé dans une situation ou au cœur d'une action qui manifeste ses caractéristiques.
- Outre sa **fonction réaliste** (faire croire à l'authenticité du personnage), le portrait a une **valeur narrative** (annonçant la suite de l'action) et **emblématique** (le personnage incarnant un type psychologique ou social).
- Le portrait exploite **divers registres** littéraires : polémique ou satirique (dénonciation moqueuse d'un trait de caractère ou d'une classe sociale à travers un personnage caricatural), comique, tragique ou pathétique (cherchant à amuser ou à émouvoir le lecteur), lyrique (portrait idéalisé d'un personnage exaltant), fantastique (donnant au personnage une dimension inquiétante, surnaturelle ou prophétique)...

SAVOIR FAIRE Analyser une description ou un portrait romanesque

- Comment la description ou le portrait s'insèrent-ils dans le récit ? Sont-ils reliés à l'action ou au regard d'un personnage ?
- Qu'est-ce qui ou qui est décrit ? Le lieu, l'objet, le personnage décrits sont-ils importants ou secondaires dans l'action ? Quels liens ont-ils avec les personnages principaux ?
- Le narrateur adopte-t-il un point de vue omniscient, interne ou externe ? Exprime-t-il un jugement sur le lieu, la chose ou le personnage décrits ?
- Quel type d'organisation logique structure la description (ordre spatial ou temporel, vue d'ensemble puis détails, ou suivant le parcours d'un personnage ?) ou le portrait (est-il statique ou dynamique ? Dans quel ordre sont évoqués les traits physiques, psychologiques, sociaux ?) ?
- Quels sont les principaux champs lexicaux, temps verbaux et procédés stylistiques ?
- Quels détails visent à créer des « effets de réel » ?
- Quelles sont les valeurs symboliques ou emblématiques de la description ou du portrait ?

1 Lisez le texte et répondez aux questions.

Le roman s'ouvre sur une longue description de la pension Vauquer, à Paris, où résident en 1819 les personnages principaux. Voici l'évocation du salon et de la salle à manger.

Cette première pièce exhale une odeur sans nom dans la langue, et qu'il faudrait appeler l'*odeur de pension*. Elle sent le renfermé, le moisi, le rance ; elle donne froid, elle est humide au nez, elle pénètre les vêtements ; elle a le goût d'une salle où l'on a dîné ; elle pue le service, l'office, l'hospice. Peut-être pourrait-elle se décrire si l'on inventait un procédé pour évaluer les quantités élémentaires et nauséabondes qu'y jettent les atmosphères catarrhales et *sui generis* de chaque pensionnaire, jeune ou vieux. Eh bien ! malgré ces plates horreurs, si vous le compariez à la salle à manger, qui lui est contiguë, vous trouveriez ce salon élégant et parfumé comme doit l'être un boudoir. Cette salle, entièrement boisée, fut jadis peinte en une couleur indistincte aujourd'hui, qui forme un fond sur lequel la crasse a imprimé ses couches de manière à y dessiner des figures bizarres. Elle est plaquée de buffets gluants sur lesquels sont des carafes échancrées, ternies, des ronds de moiré métallique, des piles d'assiettes en porcelaine épaisse, à bords bleus, fabriquées à Tournai. Dans un angle est placée une boîte à cases numérotées qui sert à garder les serviettes, ou tachées ou vineuses, de chaque pensionnaire.

Honoré de Balzac, *Le Père Goriot*, 1835.

a. Comment est organisée la description ?

b. Relevez le lexique des perceptions et les détails visant à donner l'illusion du réel.

c. Quel rôle joue l'adresse directe du narrateur à son lecteur ?

d. Quelle image dominante cette description donne-t-elle de la pension Vauquer ?

2 Lisez le texte, puis répondez aux questions.

Et Mouret regardait toujours son peuple de femmes, au milieu de ces flamboiements. Les ombres noires s'enlevaient avec vigueur sur les fonds pâles. De longs remous brisaient la cohue, la fièvre de cette journée de grande vente passait comme un vertige, roulant la houle désordonnée des têtes. On commençait à sortir, le saccage des étoffes jonchait les comptoirs, l'or sonnait dans les caisses ; tandis que la clientèle, dépouillée, violée, s'en allait à moitié défaite, avec la volupté assouvie et la sourde honte d'un désir contenté au fond d'un hôtel louche. C'était lui qui les possédait de la sorte, qui les tenait à sa merci, par son entassement continu de marchandises, par sa baisse des prix et ses rendus, sa galanterie et sa réclame. Il avait conquis les mères elles-mêmes, il régnait sur toutes avec la brutalité d'un despote, dont le caprice ruinait des ménages. Sa création …

… apportait une religion nouvelle, les églises que désertait peu à peu la foi chancelante étaient remplacées par son bazar, dans les âmes inoccupées désormais. La femme venait passer chez lui les heures vides, les heures frissonnantes et inquiètes qu'elle vivait jadis au fond des chapelles : dépense nécessaire de passion nerveuse, lutte renaissante d'un dieu contre le mari, culte sans cesse renouvelé du corps, avec l'au-delà divin de la beauté. S'il avait fermé ses portes, il y aurait eu un soulèvement sur le pavé, le cri éperdu des dévotes auxquelles on supprimerait le confessionnal et l'autel. Dans leur luxe accru depuis dix ans, il les voyait, malgré l'heure, s'entêter au travers de l'énorme charpente métallique, le long des escaliers suspendus et des ponts volants.

Émile Zola, *Au Bonheur des dames*, 1883.

a. Selon quel point de vue la description est-elle faite ?

b. Relevez les principaux champs lexicaux et la métaphore filée qui décrivent le magasin et sa clientèle.

c. En caractérisant la vision donnée du grand magasin, vous définirez la fonction principale de cette description.

3 Appliquez au texte suivant le questionnaire proposé dans la rubrique « savoir faire » ci-contre.

L'extrait décrit la chambre de Félicité, une servante.

Cet endroit, où elle admettait peu de monde, avait l'air tout à la fois d'une chapelle et d'un bazar, tant il contenait d'objets religieux et de choses hétéroclites.

Une grande armoire gênait pour ouvrir la porte. En face de la fenêtre surplombant le jardin un œil-de-bœuf regardait la cour. Une table près du lit de sangle, supportait un pot à l'eau, deux peignes, et un cube de savon bleu dans une assiette ébréchée. On voyait contre les murs : des chapelets, des médailles, plusieurs Bonnes Vierges, un bénitier en noix de coco ; sur la commode, couverte d'un drap comme un autel, la boîte en coquillages que lui avait donnée Victor[1] puis un arrosoir et un ballon, des cahiers d'écriture, la géographie en estampes, une paire de bottines, et au clou du miroir, accroché par ses rubans, le petit chapeau de peluche. Félicité poussait même ce genre de respect si loin qu'elle conservait une des redingotes de Monsieur ! Toutes les vieilleries dont ne voulait plus Mme Aubain[2], elle les prenait pour sa chambre. C'est ainsi qu'il y avait des fleurs artificielles au bord de la commode et le visage du comte d'Artois[3] dans l'enfoncement de la lucarne.

Gustave Flaubert, « Un Cœur simple », *Trois Contes*, 1877.

1. le neveu de Félicité, un marin mort très jeune ; 2. chez qui Félicité vit et travaille comme servante ; 3. le roi Charles X qui succéda à son frère Louis XVIII de 1824 à 1830 sous la Restauration.

25 Les formes et les genres poétiques

SAVOIR

Qu'est-ce que la poésie ?

La poésie est un genre littéraire difficile à définir. Un texte peut être qualifié de « poétique » sans qu'il soit nécessairement écrit en vers.

À partir de l'étymologie du mot grec *poïein* signifiant « fabriquer, créer », on peut dire qu'un texte poétique cherche à renouveler notre perception du monde en explorant toutes les **virtualités du langage**, tout le pouvoir de suggestion des mots à travers leur forme visuelle et sonore, leur rythme, leur polysémie. En ce sens, la poésie est autant un travail sur les mots qu'une certaine présence au monde, une attention particulière aux sensations et aux émotions.

En tant que **genre littéraire**, la poésie a connu une constante évolution au cours de son histoire et au gré des mouvements littéraires.

Les genres poétiques

Il existe trois principaux genres de poèmes qui se distinguent au premier abord par leur apparence typographique (présentation sur la page) et formelle.

Le poème versifié, à forme fixe ou régulière : vers rimés écrits selon diverses règles concernant la longueur du vers (= le mètre), le nombre de strophes et de vers par strophes, la disposition des rimes. Cette écriture à contraintes domine le genre poétique du Moyen Âge au XIXe siècle.

Le poème en vers libres : conserve l'apparence des vers (passages à la ligne, blancs entre groupements de vers, majuscules en début de vers) en les libérant des règles de versification classique. L'irrégularité est exploitée dans la longueur variable des vers (pas de mètre régulier), l'absence ou la rareté des rimes, souvent remplacées par des assonances, la disposition typographique et les groupements de vers, très aléatoires. Apparu à la fin du XIXe siècle chez les poètes symbolistes (voir chapitre 28), le poème en vers libres domine dans la poésie contemporaine.

Le poème en prose : sans vers ni rimes ni strophes, il se présente comme un texte bref en prose, dont le caractère poétique est affirmé par le travail sur le rythme, la musicalité des mots et les procédés de style. Véritable révolution du genre poétique, le poème en prose est né au XIXe siècle, dans le sillage de la poésie romantique (voir chapitre 27). *Gaspard de la nuit*, publié en 1842 par Aloysius Bertrand est le premier recueil de poèmes en prose, genre développé par Baudelaire (*Le Spleen de Paris, Petits Poèmes en prose*, 1862), puis Rimbaud (*Illuminations*, 1886) et toujours prisé aujourd'hui.

SAVOIR FAIRE Reconnaître diverses formes poétiques

Forme et époque	Caractéristiques	Exemple
Sonnet – forme fixe apparue au XVIe et reprise à partir du XIXe.	14 vers de mètre identique, répartis en 2 quatrains et 2 tercets, dont les rimes suivent habituellement le schéma abba abba ccd ede / ou ccd eed.	Verlaine, « Mon rêve familier ».
Ode et hymne – formes régulières inspirées de la poésie antique.	Poème versifié célébrant de manière lyrique et solennelle quelqu'un ou quelque chose.	Ronsard, *Odes* ; Baudelaire, « Hymne à la beauté ».
Blason – forme régulière en vogue au XVIe, reprise aux XIXe-XXe s.	Poème versifié, assez court, faisant l'éloge lyrique ou satirique d'une personne ou d'un objet, et notamment de parties du corps féminin.	Scève, *Blasons*.
Poème en prose – XIXe-XXIe siècles.	Texte en prose, assez bref, constitué d'un seul bloc ou de paragraphes, accompagné d'un titre et jouant sur des effets rythmiques et stylistiques.	Baudelaire, « Le Joujou du pauvre » ; Ponge, « Le Pain ».
Poème en vers libres – XIXe-XXIe siècles.	Vers de longueur variable, sans rimes ni strophes régulières.	Prévert, « Le Cancre ».
Calligramme – XXe-XXIe siècles.	La répartition des vers sur la page dessine la forme de ce dont parle le poème.	Apollinaire, *Calligrammes*, 1918.

1 Observez ces différentes définitions de la poésie et du rôle du poète : laquelle préférez-vous ? Lesquelles pourriez-vous illustrer par des poèmes que vous connaissez ? Complétez ces citations en formulant brièvement votre propre conception de la poésie et des poètes, par une phrase commençant par « La poésie, c'est… » ou « Est poète celui qui… ».

a. La poésie, c'est tout ce qu'il y a d'intime en tout.

Victor Hugo, *Odes et Ballades*, préface de 1822.

b. Le poète en des jours impies
Vient préparer des jours meilleurs,
Il est l'homme des utopies,
Les pieds ici, les yeux ailleurs.

Victor Hugo, *Les Rayons et les ombres*, préface, 1840.

c. Le Poète se fait *voyant*[1] par un long, immense et raisonné *dérèglement de tous les sens*. Toutes les formes d'amour, de souffrance, de folie ; il cherche lui-même, il épuise en lui tous les poisons, pour n'en garder que les quintessences. [...] Donc, le poète est vraiment voleur de feu[2]. Il est chargé de l'humanité, des animaux même ; il devra faire sentir, palper, écouter ses inventions ; si ce qu'il apporte de *là-bas* a forme, il donne forme ; si c'est informe, il donne l'informe. Trouver une langue.

Arthur Rimbaud, *Lettre à Paul Demeny*, 15 mai 1871.

1. Au sens où le poète cherche à voir l'invisible, à révéler l'inconnu, en allant au-delà des apparences. 2. Allusion au mythe grec de Prométhée qui a volé le feu aux dieux, c'est-à-dire la connaissance, pour le donner aux hommes.

d. Les grands poètes et les grands artistes ont pour fonction sociale de renouveler sans cesse l'apparence que revêt la nature aux yeux des hommes.

Guillaume Apollinaire, *Les Peintres cubistes*, 1913.

e. [La poésie] dévoile, dans toute la force du terme. Elle montre nues, sous une lumière qui secoue la torpeur, les choses surprenantes qui nous environnent et que nos sens enregistraient machinalement.

Jean Cocteau, *Le Secret professionnel*, 1922.

f. La poésie est à la vie ce qu'est le feu au bois. Elle en émane et le transforme.

Paul Valéry, *Le Livre de mon bord*, 1948.

g. Poète est celui-là qui rompt avec l'accoutumance.

Saint-John Perse.

h. Les hommes se servent des mots ; le poète les sert.

Octavio Paz, *L'Art et la Lyre*, 1956.

2 Identifiez la forme de chacun des poèmes suivants.

a.

Aube

J'ai embrassé l'aube d'été.

Rien ne bougeait encore au front des palais. L'eau était morte. Les camps d'ombres ne quittaient pas la route du bois. J'ai marché, réveillant les haleines vives et tièdes, et les pierreries regardèrent, et les ailes se levèrent sans bruit.

La première entreprise fut, dans le sentier déjà empli de frais et blêmes éclats, une fleur qui me dit son nom.

Je ris au wasserfall blond qui s'échevela à travers les sapins : à la cime argentée je reconnus la déesse.

Alors je levai un à un les voiles. Dans l'allée, en agitant les bras. Par la plaine, où je l'ai dénoncée au coq. À la grand-ville elle fuyait parmi les clochers et les dômes, et courant comme un mendiant sur les quais de marbre, je la chassais.

En haut de la route, près d'un bois de lauriers, je l'ai entourée avec ses voiles amassés, et j'ai senti un peu son immense corps. L'aube et l'enfant tombèrent au bas du bois.

Au réveil il était midi.

Arthur Rimbaud, *Illuminations*, 1886.

b.

Qu'est-ce que le regard ?
Un dard plus aigu que la langue
la course d'un excès à l'autre
du plus profond au plus lointain
du plus sombre au plus pur
un rapace

Philippe Jaccottet, *Airs*, © Éd. Gallimard, 1967.

c.

À une passante

La rue assourdissante autour de moi hurlait.
Longue, mince, en grand deuil, douleur majestueuse,
Une femme passa, d'une main fastueuse
Soulevant, balançant le feston et l'ourlet ;

Agile et noble, avec sa jambe de statue.
Moi, je buvais, crispé comme un extravagant,
Dans son œil, ciel livide où germe l'ouragan,
La douceur qui fascine et le plaisir qui tue.

Un éclair… puis la nuit ! – Fugitive beauté
Dont le regard m'a fait soudainement renaître,
Ne te verrai-je plus que dans l'éternité ?

Ailleurs, bien loin d'ici ! trop tard ! *jamais* peut-être !
Car j'ignore où tu fuis, tu ne sais où je vais,
Ô toi que j'eusse aimée, ô toi qui le savais !

Charles Baudelaire, *Les Fleurs du mal*, 2e édition, 1863.

26 La versification

SAVOIR

L'étude de la versification concerne les règles d'écriture de la poésie en vers : mesure du vers et de la strophe, effets sonores et rythmiques.

La mesure du vers

La longueur du vers, déterminée par son nombre de syllabes, s'appelle le **mètre**.

- Parmi les **vers pairs**, les plus courants sont l'octosyllabe (8 syllabes), le décasyllabe (10 syllabes), l'alexandrin (12 syllabes) ; il existe également le tétrasyllabe (4 syllabes) et l'hexasyllabe (6 syllabes).
- Les **vers impairs** sont le trisyllabe (3 syllabes), le pentasyllabe (5 syllabes), l'heptasyllabe (7 syllabes).

La strophe

Groupement de vers réunis par un système de rimes, une strophe peut comporter 2 vers (distique), 3 (tercet), 4 (quatrain), 5 (quintil), 6 (sizain), 7 (septain), 8 (huitain), 9 (neuvain), 10 (dizain).

Les rimes et autres jeux de sonorités

- La **rime** est la reprise d'un même son qui ponctue la fin de chaque vers en formant des échos entre deux ou plusieurs vers. Les rimes sont définies par :
  - leur **genre** : rimes féminines (terminées par une syllabe comportant un -e muet) alternent avec les rimes masculines (toutes les autres) ;
  - leur **qualité** : rimes pauvres (un seul son identique), suffisantes (deux sons identiques), riches (trois sons identiques) ;
  - leur **disposition** : rimes plates ou suivies (aa, bb), croisées (abab), embrassées (abba).
- L'**allitération** est la répétition d'une même consonne, l'**assonance** est la répétition d'une même voyelle : le vers de Verlaine « Je fais souvent ce rêve étrange et pénétrant » est scandé par des allitérations en [s] et en [tr] et une assonance en [an]. On parle d'**harmonie imitative** quand les jeux sur le son des mots visent à imiter le bruit de ce dont on parle, comme dans le vers célèbre d'*Andromaque*, tragédie de Racine : « Pour qui sont ces serpents qui sifflent sur vos têtes ? »

Le rythme

- Le vers est rythmé par des pauses plus ou moins marquées dans la diction, qui découpent chaque vers en plusieurs **mesures**, c'est-à-dire en groupes de syllabes terminés par une syllabe accentuée.
- La **césure** (qu'on distingue par le signe //) est la coupe principale, placée au milieu d'un vers d'au moins huit syllabes. Elle le divise en deux **hémistiches** de longueur égale (6//6 dans un alexandrin) ou inégale (4//6 dans un décasyllabe).
- La **coupe** (représentée par le signe /) introduit une brève pause supplémentaire, qui met en valeur un mot ou un groupe de mots.

> Elle était déchaussée, // elle était décoiffée,
> Assise, / les pieds nus, // parmi les joncs penchants ;
>
> Victor Hugo, *Les Contemplations*, 1856.

- Le rythme est également créé par des phénomènes de décalage entre la structure du vers et la construction syntaxique de la phrase :

• Il y a un **enjambement** quand une phrase commencée dans un vers se poursuit dans le ou les vers suivants :

> Elle me regarda de ce regard suprême
> Qui reste à la beauté quand nous en triomphons
>
> Victor Hugo, *Les Contemplations*, 1856.

• Le **rejet** est un enjambement limité à un ou deux mots rejetés dans le vers suivant :

> Le spectacle fini, la charmante inconnue
> **Se leva**. Le beau cou, l'épaule à demi-nue,
> **Se voilèrent** ; la main glissa dans le manchon ;
>
> Alfred de Musset, *Poésies nouvelles*, 1850.

• Le **contre-rejet** consiste à commencer une phrase ou une proposition en toute fin de vers pour la poursuivre dans le vers suivant :

> Ces fainéants barbus, mal peignés, **il les a**
> Plus en horreur que son éternel coryza
>
> Paul Verlaine, *Poèmes saturniens*, 1856.

SAVOIR FAIRE

Comment compter les syllabes dans un vers ?

Pour identifier le mètre d'un vers en comptant le nombre de syllabes, et pour le lire correctement, il faut faire attention à deux éléments.

- **Le « e » muet :**

– ne se prononce que devant un mot commençant par une consonne ;

– ne se prononce pas lorsqu'il est suivi d'une voyelle ou en fin de vers.

Du temps que la Natur(e) en sa verve puissant(e) (12 syllabes)

Charles Baudelaire, *Les Fleurs du mal*, 1857.

- **La diérèse et la synérèse :**

– la **diérèse** consiste à prononcer en deux syllabes deux voyelles voisines : *majestu/eux* ;

– la **synérèse** consiste à prononcer en une seule syllabe deux voyelles voisines : *lion*.

S'ENTRAÎNER

1 Décrivez le type de strophes et le mètre utilisé dans chacune d'elles en soulignant les « e » à prononcer et en mettant entre parenthèses les « e » élidés (= non prononcés). Entraînez-vous à lire les deux strophes à voix haute.

Les Djinns

Murs, ville,
Et port,
Asile
De mort,
Mer grise,
Où brise
La brise
Tout dort.

Dans la plaine
Naît un bruit.
C'est l'haleine
De la nuit.
Elle brame
Comme une âme
Qu'une flamme
Toujours suit !
[...]

Victor Hugo, *Les Orientales*, 1829.

2 Lisez ce poème et répondez aux questions.

Recueillement

Sois sage, ô ma Douleur, et tiens-toi plus tranquille.
Tu réclamais le Soir ; il descend ; le voici :
Une atmosphère obscure enveloppe la ville,
Aux uns portant la paix, aux autres le souci.

Pendant que des mortels la multitude vile,
Sous le fouet du Plaisir, ce bourreau sans merci,
Va cueillir des remords dans la fête servile,
Ma Douleur, donne-moi la main ; viens par ici,

Loin d'eux. Vois se pencher les défuntes Années,
Sur les balcons du ciel, en robes surannées ;
Surgir du fond des eaux le Regret souriant ;

...

...

Le Soleil moribond s'endormir sous une arche,
Et, comme un long linceul traînant à l'Orient,
Entends, ma chère, entends la douce Nuit qui marche.

Charles Baudelaire, poème repris dans *Les Fleurs du mal*, édition posthume 1868.

a. Identifiez le type des strophes, le genre du poème, le mètre, la qualité et la disposition des rimes.

b. Repérez un rejet et expliquez l'effet qu'il produit.

c. Dans la dernière strophe, repérez une diérèse et une allitération.

3 Lisez ce poème et répondez aux questions.

Mon rêve familier

Je fais souvent ce rêve étrange et pénétrant
D'une femme inconnue, et que j'aime et qui m'aime
Et qui n'est, chaque fois, ni tout à fait la même
Ni tout à fait une autre, et m'aime et me comprend.

Car elle me comprend, et mon cœur, transparent
Pour elle seule, hélas ! cesse d'être un problème
Pour elle seule, et les moiteurs de mon front blême,
Elle seule les sait rafraîchir, en pleurant.

Est-elle brune, blonde ou rousse ? – Je l'ignore.
Son nom ? Je me souviens qu'il est doux et sonore
Comme ceux des aimés que la Vie exila.

Son regard est pareil au regard des statues,
Et, pour sa voix, lointaine, et calme, et grave, elle a
L'inflexion des voix chères qui se sont tues.

Paul Verlaine, *Poèmes saturniens*, 1866.

a. Soulignez les « e » à prononcer et mettez entre parenthèses les « e » élidés.

b. Repérez une diérèse.

c. Repérez les enjambements, rejets et contre-rejets.

d. Étudiez les jeux sur les sonorités (allitérations et assonances) en expliquant comment elles contribuent au sens du poème.

27 La poésie romantique

SAVOIR

Le mouvement romantique

Le romantisme est un mouvement littéraire et artistique qui se développe durant la première moitié du XIXe siècle en France et en Europe (notamment en Angleterre et en Allemagne).

Il a pour précurseurs des écrivains de la fin du XVIIIe siècle (Rousseau, Diderot) qui exaltent la sensibilité, les passions et le lien entre l'homme et la nature.

Les écrivains et artistes romantiques cultivent l'expression intime d'un « moi » tourmenté, solitaire, en proie au mal-être baptisé « mal du siècle », ou à un sentiment de mélancolie face au temps qui passe, aux blessures de la passion amoureuse ou aux bouleversements historiques. En quête d'harmonie ou d'exotisme, ils célèbrent la beauté de la nature et le goût d'un « ailleurs » spatial ou temporel.

Préparé au début du XIXe siècle par Chateaubriand, Germaine de Staël ou Benjamin Constant, le romantisme français connaît son apogée dans les années 1820-1840. Victor Hugo devient, après Charles Nodier, le chef d'un cercle d'écrivains romantiques appelé le « Cénacle ». À l'ombre des poètes célèbres (Alphonse de Lamartine, Victor Hugo, Alfred de Vigny, Alfred de Musset) se développe la « bohème » romantique regroupant des auteurs à la vie plus précaire, qui ont le goût du mystère ou de l'occultisme (Gérard de Nerval, Aloysius Bertrand, Petrus Borel, Xavier Forneret).

Les caractéristiques de la poésie romantique

Si le romantisme s'illustre au théâtre, en peinture ou en musique, il s'impose surtout dans la poésie, moyen privilégié du **lyrisme** de la génération romantique.

Quatre **thèmes** dominent la poésie romantique :
- l'expression à la **première personne** des sentiments intimes, notamment de la **mélancolie** liée à la conscience de la fuite du temps ;
- l'exaltation de la **passion amoureuse**, l'idéalisation de la femme vue comme une « muse » inspiratrice ;
- le **culte de la nature** perçue comme un refuge consolateur ou un reflet des états d'âme ;
- l'**indignation** envers l'injustice et les violences sociales.

Le rôle du poète romantique

Chantre de l'émotion personnelle autant que collective : en explorant la complexité de sa propre sensibilité, le poète se fait l'écho du « cœur » universel et de l'âme humaine.

Poète engagé, il se veut investi d'une mission sacrée auprès du peuple : Victor Hugo cultivera la figure du poète-prophète ou mage, guide politique et spirituel du peuple opprimé. Comme Lamartine, devenu ministre en 1848, Hugo s'engagera dans le combat politique en s'opposant au Second Empire de Napoléon III.

Si les générations ultérieures ont critiqué les outrances lyriques des romantiques, ceux-ci ont néanmoins exercé une influence durable et ouvert la voie de la poésie moderne :

– revendiquant la liberté en art, ils ont expérimenté de nouvelles formes poétiques (ex. : le poème en prose) ;

– en conférant au langage poétique un pouvoir sacré, ils annoncent le symbolisme (voir chapitre 28) ;

– l'intérêt que portent certains romantiques au rêve, au fantastique ou aux sciences occultes sera développé par les surréalistes (voir chapitre 29).

SAVOIR FAIRE — Analyser les procédés du lyrisme romantique

Le registre lyrique, visant l'expression exaltée des sentiments personnels, se reconnaît à divers procédés.

- La **présence d'un *je*** qui s'adresse souvent à un destinataire (*tu*) qui peut être un double de l'auteur, un être aimé, le lecteur, la nature, le temps, Dieu…
- Le **champ lexical des sentiments**, sensations, émotions, liés aux thèmes de prédilection du romantisme (rappelés ci-dessus). La plainte lyrique s'appelle une **élégie**.
- La **ponctuation expressive** (exclamations et interrogations) accompagnée d'interjections soulignant l'expression de la plainte, du regret ou de l'enthousiasme (*Ô !, Ah !, Hélas !…).*
- Les **figures d'insistance** : hyperboles, accumulations, gradations, parallélismes.

- Les **figures d'analogie et d'opposition** : comparaisons, métaphores, antithèses, oxymores.
- Le **rythme cadencé** et les effets de **musicalité** : rythmes binaires ou ternaires, allitérations et assonances.

S'ENTRAÎNER

1 Lisez le poème, puis répondez aux questions.

Lamartine se retrouve seul sur les rives du lac du Bourget en Savoie, où il avait aimé une jeune femme, Julie Charles, morte de maladie en 1817.

Un soir, t'en souvient-il ? nous voguions en silence ;
On n'entendait au loin, sur l'onde et sous les cieux,
Que le bruit des rameurs qui frappaient en cadence
Tes flots harmonieux.

Tout à coup des accents inconnus à la terre
Du rivage charmé frappèrent les échos ;
Le flot fut attentif, et la voix[1] qui m'est chère
Laissa tomber ces mots :

« Ô temps, suspends ton vol ! et vous, heures propices,
Suspendez votre cours !
Laissez-nous savourer les rapides délices
Des plus beaux de nos jours ! »

Alphonse de Lamartine, « Le Lac » (extrait), *Méditations poétiques*, 1820.

1. Voix de la jeune femme disparue que Lamartine nomme « Elvire » dans ses *Méditations*.

a. Nommez le type de strophes et de mètres utilisés.

b. À qui s'adresse le poète dans la première strophe ? Qui parle et à qui dans la troisième strophe ?

c. Quels thèmes et registres caractéristiques du romantisme retrouvez-vous dans ce poème ? Quels procédés d'écriture les mettent en valeur ?

2 Après avoir lu le poème, répondez aux questions.

J'ai perdu ma force et ma vie.
Et mes amis et ma gaîté ;
J'ai perdu jusqu'à la fierté
Qui faisait croire à mon génie.

Quand j'ai connu la Vérité,
J'ai cru que c'était une amie ;
Quand je l'ai comprise et sentie,
J'en étais déjà dégoûté.

...

...

Et pourtant elle est éternelle,
Et ceux qui se sont passés d'elle
Ici-bas ont tout ignoré.

Dieu parle, il faut qu'on lui réponde.
Le seul bien qui me reste au monde
Est d'avoir quelquefois pleuré.

Alfred de Musset, *Poésies*, 1840.

a. Comment Musset utilise-t-il la structure du sonnet pour exprimer deux sentiments opposés ?

b. Quelle caractéristique du poète romantique les deux derniers vers formulent-ils ?

3 Lisez le poème et répondez aux questions.

Tant qu'il[1] se vautrera, broyant dans ses mâchoires
Le serment, la vertu, l'honneur religieux,
Ivre, affreux, vomissant sa honte sur nos gloires ;
Tant qu'on verra cela sous le soleil des cieux ;

Quand même grandirait l'abjection publique
À ce point d'adorer l'exécrable trompeur ;
Quand même l'Angleterre et même l'Amérique
Diraient à l'exilé : – Va-t'en, nous avons peur !

Quand même nous serions comme la feuille morte ;
Quand, pour plaire à César[1], on nous renierait tous ;
Quand le proscrit devrait s'enfuir de porte en porte,
Aux hommes déchiré comme un haillon aux clous ;

Quand le désert, où Dieu contre l'homme proteste,
Bannirait les bannis, chasserait les chassés ;
Quand même, infâme aussi, lâche comme le reste,
Le tombeau jetterait dehors les trépassés ;

Je ne fléchirai pas ! Sans plainte dans la bouche,
Calme, le deuil au cœur, dédaignant le troupeau,
Je vous embrasserai dans mon exil farouche,
Patrie, ô mon autel ! Liberté, mon drapeau !

Mes nobles compagnons, je garde votre culte ;
Bannis, la république est là qui nous unit.
J'attacherai la gloire à tout ce qu'on insulte ;
Je jetterai l'opprobre à tout ce qu'on bénit !

Victor Hugo, « Ultima verba » (extrait), *Les Châtiments*, 1853.

1. Désigne l'empereur Napoléon III, qui a pris le pouvoir à la suite d'un coup d'État le 2 décembre 1851.

a. Sur quelle antithèse ce poème est-il construit ?

b. Quels registres littéraires mobilise-t-il ? Quels sentiments veut-il susciter ?

c. Quelle mission se donne ici le poète romantique ?

28 La poésie symboliste

SAVOIR

Un art de la suggestion

- Le symbolisme est un mouvement littéraire et artistique de la seconde moitié du XIXe siècle.
- Le mouvement en tant que tel n'est théorisé qu'en 1886 (à partir d'un *Manifeste* publié par Jean Moréas), mais le mot *symbolisme* est souvent appliqué à des poètes antérieurs qui font figure de précurseurs ou de véritables maîtres : Baudelaire, Verlaine, Rimbaud, Mallarmé.
- **Le symbole est un signe représentant de manière sensible une idée abstraite**. Par exemple, le lion est souvent utilisé comme un symbole du pouvoir royal.
- Les poètes symbolistes prônent une écriture de la suggestion qui évoque les liens mystérieux entre le monde visible et un monde caché, inconnu, que le poème cherche à révéler.
- Le symbolisme se constitue en réaction contre le Parnasse (un groupe de poètes qui recherchent la perfection formelle) et le naturalisme qui fait de la littérature un mode de représentation et d'explication scientifique du réel.
- Attachés à la **suggestion** plus qu'à la représentation, les symbolistes ont travaillé la musicalité du vers et inventé le **poème en vers libres**.
- À la fin du XIXe siècle, le mouvement symboliste s'illustre aussi au théâtre (Maeterlinck, Claudel), en peinture (Redon, Moreau) et en musique (Debussy, Ravel, Fauré).

Baudelaire, le précurseur

- Avec son recueil de poésie versifiée *Les Fleurs du mal* (1857) qui lui vaut un procès pour « immoralité », puis *Le Spleen de Paris*, recueil de poèmes en prose (1862-69), Charles Baudelaire (1821-1867) fonde la poésie moderne.
- Le titre du recueil *Les Fleurs du mal* est un oxymore annonçant une nouvelle esthétique : au lieu d'associer traditionnellement la beauté à la vertu et à la bonté, le poète doit extraire la beauté du mal, transmuer le malheur et la laideur en objets de création artistique : « Tu m'as donné ta boue et j'en ai fait de l'or », déclare Baudelaire à propos de Paris.
- Nombre de ses poèmes expriment le tiraillement entre le « spleen », état de mal-être angoissé, et l'« idéal », rêve d'harmonie et de plénitude.
- Baudelaire fonde aussi son art poétique sur la notion des « **correspondances** » : à l'aide des correspondances entre les sensations (= synesthésies) et l'usage de symboles, le poète cherche à relier le sensible à l'invisible, pour donner un sens et une unité au monde.

La première génération symboliste : Mallarmé, Verlaine, Rimbaud

- **Stéphane Mallarmé** (1842-1898), héritier de Baudelaire, aspire à une poésie « pure », absolue, en rupture avec le langage courant. Loin de toute représentation réaliste, il cherche à suggérer un Idéal abstrait, au moyen de mots rares, de symboles et de jeux sur les sonorités.
- **Paul Verlaine** (1844-1896) voue la poésie à la suggestion d'impressions et d'émotions au moyen d'un travail sur la musicalité des mots et du mètre impair. Il invente également l'expression de « poète maudit » renvoyant à l'image mythique du poète incompris et en marge de la société.
- **Arthur Rimbaud** (1854-1891) assigne à la poésie la vocation révolutionnaire de « changer la vie » et d'inventer un langage nouveau pour rendre compte de l'expérience des limites d'un poète « voyant » dans ses poésies en vers (« Le bateau ivre »), dans les poèmes en prose des *Illuminations* ou encore dans son récit poétique *Une saison en enfer*.
- Bien qu'aucun de ces trois poètes ne se soit déclaré « symboliste », ils seront considérés comme des maîtres par la génération des années 1880.

SAVOIR FAIRE — Écouter ce que suggère un poème symboliste

- Certains poèmes symbolistes peuvent paraître difficiles à comprendre. Il faut moins chercher à expliquer le sens des vers qu'à entendre ce qu'ils suggèrent à travers leurs images, le son et le rythme des mots.
- L'image du **cygne**, par exemple, symbolise à la fois un idéal de pureté et une figure du poète maudit, pour Baudelaire comme pour Mallarmé qui joue sur l'homonymie *cygne / signe*.

• Mallarmé écrit un « sonnet en yx » à partir de rimes en *or / ix* et de jeux sur les allitérations et assonances, par exemple dans le vers « Aboli bibelot d'inanité sonore » qui pourrait désigner avec un certain humour le poème lui-même.

S'ENTRAÎNER

1 Lisez ce poème, puis répondez aux questions.

Correspondances

La Nature est un temple où de vivants piliers
Laissent parfois sortir de confuses paroles ;
L'homme y passe à travers des forêts de symboles
Qui l'observent avec des regards familiers.

Comme de longs échos qui de loin se confondent
Dans une ténébreuse et profonde unité,
Vaste comme la nuit et comme la clarté,
Les parfums, les couleurs et les sons se répondent.

Il est des parfums frais comme des chairs d'enfants,
Doux comme les hautbois, verts comme les prairies,
– Et d'autres, corrompus, riches et triomphants,

Ayant l'expansion des choses infinies,
Comme l'ambre, le musc, le benjoin et l'encens,
Qui chantent les transports de l'esprit et des sens.

Charles Baudelaire, *Les Fleurs du mal*, 1857.

a. Quel vers résume la théorie des « correspondances » sensorielles, c'est-à-dire des combinaisons entre les différents sens ?

b. Par quels exemples concrets et quelles figures de style ces correspondances sont-elles illustrées ?

c. Que signifie la comparaison de la Nature à un « temple » ?

2 Après avoir lu ce poème, répondez aux questions.

Toute l'âme résumée
Quand lente nous l'expirons
Dans plusieurs ronds de fumée
Abolis en autres ronds

Atteste quelque cigare
Brûlant savamment pour peu
Que la cendre se sépare
De son clair baiser de feu

Ainsi le chœur des romances
À la lèvre vole-t-il
Exclus-en si tu commences
Le réel parce que vil

Le sens trop précis rature
Ta vague littérature.

Stéphane Mallarmé, *Poésies*, 1870-1898.

a. Quel mètre est utilisé dans ces vers ?

b. Quels mots permettent de développer l'analogie entre la fumée du cigare et l'écriture du poème ?

c. À qui s'adressent les quatre derniers vers ? Quelle conception de la poésie y est exprimée ?

3 Lisez ce poème, puis répondez aux questions.

Art poétique

De la musique avant toute chose,
Et pour cela préfère l'Impair
Plus vague et plus soluble dans l'air,
Sans rien en lui qui pèse ou qui pose.

Il faut aussi que tu n'ailles point
Choisir tes mots sans quelque méprise
Rien de plus cher que la chanson grise
Où l'Indécis au Précis se joint.

C'est des beaux yeux derrière des voiles
C'est le grand jour tremblant de midi,
C'est par un ciel d'automne attiédi
Le bleu fouillis des claires étoiles !

Car nous voulons la Nuance encor,
Pas la Couleur, rien que la nuance !
Oh ! la nuance seule fiance
Le rêve au rêve et la flûte au cor !

Fuis du plus loin la Pointe assassine,
L'Esprit cruel et le Rire impur,
Qui font pleurer les yeux de l'Azur
Et tout cet ail de basse cuisine !

Prends l'éloquence et tords-lui son cou !
Tu feras bien, en train d'énergie,
De rendre un peu la Rime assagie.
Si l'on n'y veille, elle ira jusqu'où ?

Ô qui dira les torts de la Rime ?
Quel enfant sourd ou quel nègre fou
Nous a forgé ce bijou d'un sou
Qui sonne creux et faux sous la lime ?

De la musique encore et toujours !
Que ton vers soit la chose envolée
Qu'on sent qui fuit d'une âme en allée
Vers d'autres cieux à d'autres amours.

Que ton vers soit la bonne aventure
Éparse au vent crispé du matin
Qui va fleurant la menthe et le thym...
Et tout le reste est littérature.

Paul Verlaine, *Jadis et Naguère*, 1884.

a. Au moyen d'un tableau en deux colonnes, récapitulez ce que Verlaine refuse et ce qu'il conseille en matière d'écriture poétique.

b. De quelle manière cet « art poétique » met-il en œuvre les principes qu'il recommande ?

29 La poésie surréaliste

SAVOIR

La naissance du surréalisme

- Le surréalisme est un mouvement littéraire et artistique exprimant un désir de rupture et de révolte en réaction aux massacres de la guerre de 1914-18. Il se constitue dans le sillage du **dadaïsme**, mouvement de subversion radicale créé dès 1916 par le poète d'origine roumaine Tristan Tzara qui prône l'anarchie et la provocation pour renverser l'ordre établi.

- En 1924, **André Breton** rompt avec les dadaïstes pour mener une action plus concertée : il publie le *Manifeste du surréalisme*, et devient le chef de file d'un mouvement qui réunit des poètes (Philippe Soupault, Louis Aragon, Paul Éluard, Robert Desnos parmi les plus connus) et des artistes, peintres et photographes notamment (Francis Picabia, Marcel Duchamp, Salvador Dalí, Max Ernst, Man Ray) de diverses nationalités.

- Parmi leurs précurseurs, les surréalistes revendiquent l'influence des poètes novateurs de la fin du XIXe siècle (Arthur Rimbaud, Lautréamont) et de **Guillaume Apollinaire**, poète fondateur de « L'Esprit nouveau » au début du XXe siècle qui a le premier inventé le mot *surréaliste* pour qualifier sa pièce de théâtre *Les Mamelles de Tirésias* (1917).

- Très actif durant les années 1920-30 malgré des dissensions internes, le groupe surréaliste peine à se reconstituer après la Seconde Guerre mondiale. S'il est officiellement dissous en 1969, à la suite de la mort d'André Breton en 1966, le mouvement surréaliste a révolutionné l'art et la culture du XXe siècle en essaimant à travers le monde.

Les principes du surréalisme

- **Libérer l'imagination et l'inconscient** : le surréalisme est très influencé par la théorie psychanalytique de Sigmund Freud (1856-1939), médecin viennois qui découvre la puissance de l'inconscient et des désirs refoulés, à travers l'exploration des rêves et du langage. Les surréalistes prônent ainsi la force créatrice de l'imagination qu'ils veulent soustraire à l'emprise de la logique rationnelle, et se donnent pour objectif la « résolution future de ces deux états, en apparence si contradictoires, que sont le rêve et la réalité » selon André Breton (*Manifeste du surréalisme*, 1924).

- **« Transformer le monde » et « Changer la vie »** : les surréalistes reprennent ces deux mots d'ordre de Karl Marx (fondateur du communisme) et d'Arthur Rimbaud pour faire de la poésie et de l'art une expérience vitale, chargée d'une visée révolutionnaire. Jusqu'en 1935, le groupe surréaliste a été proche du parti communiste.

- **Exalter le désir et l'amour** : passionnés par l'érotisme, les surréalistes célèbrent « l'amour fou » pour des femmes inspiratrices.

- **S'en remettre au hasard pour trouver le merveilleux dans le quotidien :** poètes de la ville et des rencontres, ils cultivent l'esthétique de la surprise, le choc du hasard pour faire surgir la magie du « surréel » au cœur de la vie quotidienne.

SAVOIR FAIRE Reconnaître les techniques d'écriture surréaliste

- **L'écriture automatique** : il s'agit d'écrire spontanément tout ce qui vient à l'écrit, sans se soucier du sens des phrases. Par cette pratique initiée dès le recueil des *Champs magnétiques* écrit par André Breton et Philippe Soupault en 1920, les surréalistes cherchent à faire surgir l'inconscient, en libérant l'écriture du contrôle de la raison et de l'esprit critique.
- **Les récits de rêves** : influencés par la psychanalyse freudienne, les écrivains surréalistes écrivent et analysent des rêves ou des hallucinations obtenues par l'hypnose.
- **Les jeux d'écriture collectifs**, fondés sur le hasard : le plus célèbre est le « cadavre exquis » où un groupe de personnes écrit un texte sur un papier plié par addition successive de mots ou de fragments de phrase sans connaître les apports des différents participants. La première phrase écrite ainsi fut « Le cadavre exquis boira le vin nouveau », d'où le nom donné au jeu.
- **La recherche de la surprise par des juxtapositions insolites** : à la manière de Lautréamont qui célébrait la beauté de la « rencontre fortuite sur une table de dissection d'une machine à coudre et d'un parapluie », les surréalistes pratiquent des « collages » surprenants de mots ou d'images à l'aide de comparaisons, métaphores ou oxymores énigmatiques : « Sur le pont la rosée à tête de chat se berçait » (André Breton).

S'ENTRAÎNER

1 Lisez le poème, puis répondez aux questions.

Ma femme à la chevelure de feu de bois
Aux pensées d'éclairs de chaleur
À la taille de sablier
Ma femme à la taille de loutre entre les dents du tigre
Ma femme à la bouche de cocarde et de bouquet
[d'étoiles de dernière grandeur
Aux dents d'empreintes de souris blanche sur la terre
[blanche
À la langue d'ambre et de verre frottés
Ma femme à la langue d'hostie poignardée
À la langue de poupée qui ouvre et ferme les yeux
À la langue de pierre incroyable
Ma femme aux cils de bâtons d'écriture d'enfant
Aux sourcils de bord de nid d'hirondelle
Ma femme aux tempes d'ardoise de toit de serre
Et de buée aux vitres
Ma femme aux épaules de champagne
Et de fontaine à têtes de dauphins sous la glace
Ma femme aux poignets d'allumettes
Ma femme aux doigts de hasard et d'as de cœur
Aux doigts de foin coupé
[...]

André Breton, *L'Union libre*, © Éd. Gallimard, 1931.

a. Comment justifiez-vous le titre « L'Union libre » donné à ce poème ?

b. En vous référant au chapitre 25, identifiez la forme poétique traditionnelle dont s'inspire « L'Union libre ».

c. Quel lien est suggéré entre la femme et l'univers ?

2 Identifiez les différentes figures d'analogie (comparaison, métaphore, personnification) en expliquant en quoi elles sont caractéristiques de l'esthétique surréaliste.

La terre est bleue comme une orange
Jamais une erreur les mots ne mentent pas
Ils ne vous donnent plus à chanter
Au tour des baisers de s'entendre
Les fous et les amours
Elle sa bouche d'alliance
Tous les secrets tous les sourires
Et quels vêtements d'indulgence
À la croire toute nue.

Les guêpes fleurissent vert
L'aube se passe autour du cou
Un collier de fenêtres
Des ailes couvrent les feuilles
Tu as toutes les joies solaires
Tout le soleil sur la terre
Sur les chemins de ta beauté.

Paul Éluard, *L'amour, la poésie*, © Éd. Gallimard, 1929.

3 Après avoir lu le poème, répondez aux questions.

Un jour qu'il faisait nuit

Il s'envola au fond de la rivière.
Les pierres en bois d'ébène les fils de fer en or et la croix
[sans branche.
Tout rien.
Je la hais d'amour comme tout chacun.
Le mort respirait des grandes bouffées de vide.
Le compas traçait des carrés et des triangles à cinq côtés.
Après cela il descendit au grenier.
Les étoiles de midi resplendissaient.
Le chasseur revenait carnassière pleine de poissons sur
[la rive au milieu de la Seine.
Un ver de terre marque le centre du cercle sur la
[circonférence.
En silence mes yeux prononcèrent un bruyant discours.
Alors nous avancions dans une allée déserte où se
[pressait la foule.
Quand la marche nous eut bien reposé nous eûmes
le courage de nous asseoir puis au réveil nos yeux se
fermèrent et l'aube versa sur nous les réservoirs de la
nuit.

La pluie nous sécha.

Robert Desnos, *Corps et Biens*, © Éd. Gallimard, 1930.

a. Sur quelles figures de style ce poème est-il construit ?

b. Quelle vision du monde suggère-t-il ?

4 Quels principes et thèmes de l'art surréaliste sont mis en œuvre dans cette photographie ?

Photographie de Dora Maar, 1934, Paris, Musée national d'art moderne.

30 Les questions sur un corpus de textes

SAVOIR

Description de l'épreuve

La première partie de l'épreuve écrite du bac de français consiste en **une ou parfois deux questions posées sur un groupement de textes** qu'on appelle un *corpus*. Ce corpus comprend deux, trois ou quatre textes, éventuellement accompagnés d'un document iconographique, en rapport avec l'un des objets d'étude au programme. Les textes peuvent être d'auteurs, de genres et d'époques différents ou bien être écrits par un même auteur ou extraits d'une seule œuvre. Parfois, le corpus n'est composé que d'un seul texte, d'une longueur de deux à trois pages (par exemple une nouvelle ou un conte, ou une scène entière de théâtre).

Les questions visent à une approche comparative du corpus pour souligner ce qui fait sa cohérence (un thème commun ou une forme similaire) tout en dégageant les points communs et les différences entre les textes.

Il faut donc mettre en œuvre des compétences d'analyse littéraire des textes, d'abord considérés individuellement, puis de confrontation entre eux et enfin d'élaboration d'une réponse synthétique, clairement organisée et entièrement rédigée, comportant des citations commentées des différents textes.

SAVOIR FAIRE

Étapes d'élaboration des réponses

- Lors des premières lectures du corpus, **on dégage le thème ou la forme** qui unit les différents textes et on repère les principales caractéristiques de chacun d'eux : auteur, époque, genre, appartenance éventuelle à un mouvement littéraire, sujet principal, registres ou procédés stylistiques dominants. Il faut tenir compte des indications fournies par le **paratexte** (titre, date de publication et présentation des œuvres, références au contexte historique et culturel, notes éventuelles).
- **On analyse ensuite l'énoncé** de la ou des questions pour bien cerner ce qui est demandé et rapprocher la question des connaissances acquises sur l'objet d'étude concerné. Par exemple, la question « En quoi ces trois textes s'inscrivent dans le genre de la fable ? » conduit à recenser les caractéristiques de la fable dans les textes proposés ; la question « Quels procédés d'écriture soutiennent la visée persuasive des textes ? » impose de rappeler ce qu'est la « persuasion » puis d'identifier dans les textes les procédés de style qui visent à persuader le destinataire.
- On recherche dans chaque texte les éléments de réponse à la question, qu'on relève sur un brouillon.
- En s'aidant éventuellement d'un tableau comparatif, au brouillon, **on dégage les points communs et les différences entre les textes** en les considérant uniquement sous l'angle de la question posée, sans chercher à faire une étude exhaustive de chacun d'eux.
- **On construit le plan** de la réponse en dégageant deux ou trois axes de confrontation entre les textes.
- **On rédige intégralement la réponse**, en plusieurs paragraphes :
  – un paragraphe d'introduction présente brièvement le corpus, en soulignant ce qui en fait l'unité, et énonce la question posée ;
  – deux ou trois paragraphes – un par argument, illustré par des citations des textes insérées entre guillemets – développent l'analyse comparative des textes, en réponse à la question ;
  – une ou deux phrases de conclusion font la synthèse de la réponse apportée, en reprenant les termes de la question, et soulignent l'intérêt du corpus par rapport à l'objet d'étude.
- **Attention !**
  – Il ne s'agit pas de juxtaposer des analyses de chaque texte considéré individuellement, mais d'établir des relations entre les divers textes du corpus.
  – La réponse doit être entièrement rédigée, sans titres ni phrases nominales, sans numérotation des diverses étapes, sans abréviations.
  – On se réfère aux différents textes en nommant leur auteur (ex. : *le texte de Flaubert*) ou le titre de l'œuvre dont ils proviennent (*l'extrait de* Madame Bovary) et non par la mention « le texte 1 », « le texte A ».
  – La réponse doit être précise mais concise, synthétique, d'une longueur d'une à deux pages au maximum.

1 Associez chacune des questions à l'outil d'analyse que vous devez mobiliser pour y répondre.

Questions :

a. En quoi ces extraits sont-ils caractéristiques du roman naturaliste ?

b. Quelles sont les manifestations du lyrisme dans ces poèmes ?

c. Quels effets produisent les antithèses employées dans ces textes ?

d. Quel type de relations y a-t-il entre le maître et le valet dans ces quatre scènes de théâtre ?

e. Quelles différentes conceptions du sentiment amoureux se dégagent de ces textes ?

Outils d'analyse :

1. Analyse de personnages-types
2. Connaissance d'un mouvement littéraire
3. Étude d'un thème
4. Analyse d'une figure de style
5. Caractérisation d'un registre littéraire

2 Relisez les textes proposés pour répondre aux questions.

a. Identifiez l'objet d'étude du programme auquel se réfère chaque corpus.

b. Formulez une question qui pourrait être posée sur chacun des corpus.

Corpus 1 :
La Fontaine, « La Grenouille qui se veut faire aussi grosse que le bœuf », chapitre 8
Molière, *Le Misanthrope,* chapitre 13

Corpus 2 :
Chamfort, *Caractères et anecdotes*, chapitre 7
La Bruyère, « Des femmes », chapitre 17

Corpus 3 :
Louise Labé, « Tant que mes yeux... », *Sonnets*, chapitre 9
Baudelaire, « À une passante », chapitre 25
Musset, « J'ai perdu ma force... », *Poésies*, chapitre 27

3 Complétez le tableau à l'aide d'éléments et de citations puisés dans les textes indiqués.

Corpus :
Texte 1 : Balzac, extrait de *Le Père Goriot*, chapitre 24
Texte 2 : Flaubert, extrait d'*Un Cœur simple*, chapitre 24

Question : Quelles caractéristiques du mouvement réaliste apparaissent dans ces textes ?

	Texte 1	Texte 2
a. Ancrage dans un milieu social modeste		
b. Effets de réel : références à des noms de lieux réels et à des détails concrets		
c. Mode de focalisation (= point de vue narratif et descriptif)		

4 Comparez les formes et stratégies argumentatives mises en œuvre dans ces deux textes. Votre réponse sera intégralement rédigée et illustrée par des citations des textes.

Texte 1

Ce qu'on nomme communément envie est un vice qui consiste en une perversité de nature qui fait que certaines gens se fâchent du bien qu'ils voient arriver aux autres hommes. Mais je me sers ici de ce mot pour signifier une passion qui n'est pas toujours vicieuse. L'envie donc, en tant qu'elle est une passion, est une espèce de tristesse mêlée de haine qui vient de ce qu'on voit arriver du bien à ceux qu'on pense en être indignes : ce qu'on ne peut penser avec raison que des biens de fortune ; car pour ceux de l'âme ou même du corps, en tant qu'on les a de naissance, c'est assez en être digne que de les avoir reçus de Dieu avant qu'on fût capable de commettre aucun mal.

René Descartes, *Les Passions de l'âme*, art. 182 « De l'envie », 1649.

Texte 2

Le paon se plaignant à Junon[1]

Le paon se plaignait à Junon.
« Déesse, disait-il, ce n'est pas sans raison
Que je me plains, que je murmure :
Le chant dont vous m'avez fait don
Déplaît à toute la nature ;
Au lieu qu'un rossignol, chétive créature,
Forme des sons aussi doux qu'éclatants,
Est lui seul l'honneur du printemps. »
Junon répondit en colère :
« Oiseau jaloux, et qui devrais te taire,
Est-ce à toi d'envier la voix du rossignol,
Toi que l'on voit porter à l'entour de ton col
Un arc-en-ciel nué de cent sortes de soies,
Qui te panades[2], qui déploies
Une si riche queue, et qui semble à nos yeux
La boutique d'un lapidaire[3] ?
Est-il quelque oiseau sous les cieux
Plus que toi capable de plaire ?
Tout animal n'a pas toutes propriétés.
Nous vous avons donné diverses qualités :
Les uns ont la grandeur et la force en partage ;
Le faucon est léger, l'aigle plein de courage ;
Le corbeau sert pour le présage ;
La corneille avertit des malheurs à venir ;
Tous sont contents de leur ramage.
Cesse donc de te plaindre ; ou bien, pour te punir,
Je t'ôterai ton plumage. »

Jean de La Fontaine, *Fables*, livre II, 17, 1678.

1. déesse romaine, épouse de Jupiter ; 2. faire le paon, marcher avec superbe ; 3. qui taille et vend des pierres précieuses.

31 Le commentaire de texte

SAVOIR

Description de l'épreuve

Le commentaire de l'un des textes du corpus est l'un des trois travaux d'écriture (avec la dissertation et le sujet d'écriture d'invention) proposés, au choix, dans la seconde partie de l'épreuve écrite du baccalauréat.

Commenter un texte littéraire consiste à dégager ses significations à partir de l'analyse et de l'interprétation de ses procédés d'écriture. Il s'agit d'expliciter ce que dit le texte en étudiant comment et pourquoi l'auteur l'écrit ainsi.

Le commentaire doit être entièrement rédigé et clairement organisé en différentes étapes : introduction, développement en deux ou trois grandes parties, conclusion.

Le plan du commentaire se construit en fonction d'une problématique, c'est-à-dire une question directrice, une piste de recherche à déterminer à l'aide d'une analyse préalable. Elle porte généralement sur les visées du texte, sur ses enjeux par rapport au thème évoqué, au contexte historique, ou aux conventions du genre, du registre ou du mouvement auquel il se rattache. On se demandera, par exemple, comment l'incipit d'un roman cherche à susciter l'intérêt du lecteur ou à manifester les principes d'un mouvement littéraire.

SAVOIR FAIRE Préparer un commentaire de texte

• **Première étape : cerner les caractéristiques du texte**

Lisez deux ou trois fois le texte pour identifier :
– son appartenance à un genre littéraire (roman, théâtre, poésie, argumentation directe ou indirecte...), sa forme dominante (récit, description, portrait, dialogue, analyse ou réflexion dans le cas d'un extrait de roman ; dialogue, tirade, monologue s'il s'agit d'un texte théâtral ; poème versifié, en prose ou en vers libres...), son thème principal (en vous aidant du repérage des champs lexicaux) ;
– son mode d'énonciation (1re ou 3e personne), et dans le cas d'un récit, son ou ses choix de focalisation dominante ;
– son ou ses registres principaux (comique, tragique, lyrique, épique, polémique, ironique...), les impressions et émotions que suscite sa lecture ;
– sa composition en plusieurs étapes, en vous fondant éventuellement sur la disposition en paragraphes ou en strophes, et sur l'emploi de connecteurs logiques.

• **Deuxième étape : affiner l'analyse pour dégager les enjeux et finalités du texte**

– Lors de relectures successives, élucidez le sens de certains passages ou mots compliqués, en vous aidant du contexte et des notes éventuelles.
– Identifiez les figures de style, commentez leurs significations, montrez comment elles contribuent aux registres et effets produits par le texte.
– Interrogez-vous sur les connotations et sens symboliques des mots et des images : dans les fables de La Fontaine, le loup peut représenter la brutale loi du plus fort mais aussi la liberté ; la mer, chez les écrivains romantiques ou symbolistes, est la métaphore d'un désir d'évasion, d'infini, ou de la puissance de la nature.
– Mobilisez vos connaissances sur l'objet d'étude du programme auquel se rattache le texte, son contexte historique et culturel, le titre de l'œuvre, l'auteur et le mouvement littéraire auquel celui-ci peut éventuellement appartenir ; cherchez à retrouver dans le texte des échos ou au contraire des écarts par rapport à ces éléments. Demandez-vous, par exemple, si un extrait d'une comédie de Molière respecte ou non les règles du théâtre classique, si un passage d'un roman naturaliste de Zola propose ou non une approche réaliste et une explication scientifique de la société.

• **Troisième étape : élaborer la problématique et le plan du commentaire**

– Relisez l'ensemble de vos repérages et analyses pour en dégager la problématique d'ensemble de votre commentaire, associant le sens, la forme et la visée du texte. Formulez-la à l'aide d'une question directe commençant par un mot interrogatif (quel..., comment, pourquoi, en quoi, dans quelle mesure, de quelle manière...).
– Construisez le plan du commentaire en deux ou trois axes d'étude qui permettront de répondre à la problématique.

• **Exemple** : sonnet de Baudelaire, « À Une passante » (voir chapitre 25)

Problématique : Comment le poète utilise-t-il les ressources du sonnet pour exalter une rencontre troublante ?

Plan du commentaire : I. L'évocation d'une inconnue fugitive et fascinante
II. La déploration lyrique de la rencontre impossible
III. La représentation allégorique de la Beauté moderne

S'ENTRAÎNER

1 Préparez le commentaire de ce texte en suivant les trois étapes de la méthode proposée ci-contre. Formulez à partir de cette analyse une problématique et deux ou trois axes d'un plan de commentaire.

Cet extrait du premier chapitre décrit l'apparition de Nana, jeune comédienne débutante, sur la scène du Théâtre des Variétés dans une opérette mythologique intitulée La Blonde Vénus.

À ce moment, les nuées, au fond, s'écartèrent, et Vénus parut. Nana, très grande, très forte pour ses dix-huit ans, dans sa tunique blanche de déesse, ses longs cheveux blonds simplement dénoués sur les épaules, descendit vers la rampe avec un aplomb tranquille, en riant au public. Et elle entama son grand air :

Lorsque Vénus rôde le soir...

Dès le second vers, on se regardait dans la salle. Était-ce une plaisanterie, quelque gageure de Bordenave[1] ? Jamais on n'avait entendu une voix aussi fausse, menée avec moins de méthode. Son directeur la jugeait bien, elle chantait comme une seringue[2]. Et elle ne savait même pas se tenir en scène, elle jetait les mains en avant, dans un balancement de tout son corps, qu'on trouva peu convenable et disgracieux. Des oh ! oh ! s'élevaient déjà du parterre et des petites places, on sifflotait, lorsqu'une voix de jeune coq en train de muer, aux fauteuils d'orchestre, lança avec conviction :

« Très chic ! »

Toute la salle regarda. C'était le chérubin, l'échappé de collège, ses beaux yeux écarquillés, sa face blonde enflammée par la vue de Nana. Quand il vit le monde se tourner vers lui, il devint très rouge d'avoir ainsi parlé haut, sans le vouloir. [...] le public riait, comme désarmé et ne songeant plus à siffler [...].

Nana, cependant, en voyant rire la salle, s'était mise à rire. La gaieté redoubla. Elle était drôle tout de même, cette belle fille. Son rire lui creusait un amour de petit trou dans le menton. Elle attendait, pas gênée, familière, entrant tout de suite de plain-pied avec le public, ayant l'air de dire elle-même d'un clignement d'yeux qu'elle n'avait pas de talent pour deux liards, mais que ça ne faisait rien, qu'elle avait autre chose. [...] elle commença le second couplet :

À minuit, c'est Vénus qui passe...

C'était toujours la même voix vinaigrée, mais à présent elle grattait si bien le public au bon endroit, qu'elle lui ... tirait par moments un léger frisson. Nana avait gardé son rire, qui éclairait sa petite bouche rouge et luisait dans ses grands yeux, d'un bleu très clair. À certains vers un peu vifs, une friandise retroussait son nez dont les ailes roses battaient, pendant qu'une flamme passait sur ses joues. Elle continuait à se balancer, ne sachant faire que ça. Et on ne trouvait plus ça vilain du tout, au contraire ; les hommes braquaient leurs jumelles. Comme elle terminait le couplet, la voix lui manqua complètement, elle comprit qu'elle n'irait jamais au bout. Alors, sans s'inquiéter, elle donna un coup de hanche qui dessina une rondeur sous la mince tunique, tandis que, la taille pliée, la gorge renversée, elle tendait les bras. Des applaudissements éclatèrent. Tout de suite, elle s'était tournée, remontant, faisant voir sa nuque où des cheveux roux mettaient comme une toison de bête ; et les applaudissements devinrent furieux.

Émile Zola, *Nana*, 1880.

1. Bordenave, directeur du Théâtre des Variétés, a décidé de lancer Nana qu'il vient de rencontrer. 2. Allusion à un propos de Bordenave qui a déclaré quelques pages auparavant que Nana chantait « comme une seringue ».

2 Inspirez-vous du titre du poème pour proposer un plan de commentaire en deux axes. Développez chacun de ces axes en deux ou trois sous-parties, proposant des éléments d'analyse accompagnés d'un relevé de citations et de procédés d'écriture du poème.

Ma bohème (Fantaisie)

Je m'en allais, les poings dans mes poches crevées ;
Mon paletot aussi devenait idéal ;
J'allais sous le ciel, Muse ! et j'étais ton féal ;
Oh ! là ! là ! que d'amours splendides j'ai rêvées !

Mon unique culotte avait un large trou.
– Petit-Poucet rêveur, j'égrenais dans ma course
Des rimes. Mon auberge était à la Grande Ourse.
– Mes étoiles au ciel avaient un doux frou-frou

Et je les écoutais, assis au bord des routes,
Ces bons soirs de septembre où je sentais des gouttes
De rosée à mon front, comme un vin de vigueur ;

Où, rimant au milieu des ombres fantastiques,
Comme des lyres, je tirais les élastiques
De mes souliers blessés, un pied près de mon cœur !

Arthur Rimbaud, *Poésies*, 1870-71.

32 La dissertation littéraire

SAVOIR

Description de l'épreuve

La dissertation est un travail d'argumentation consistant à organiser une réflexion sur l'un des objets d'étude du programme, à partir d'une question ou d'une citation à justifier ou à discuter, en illustrant les arguments par des exemples littéraires extraits du corpus et de divers textes et œuvres en rapport avec la question, à chercher parmi les lectures faites en classe et les lectures personnelles.

La dissertation doit être entièrement rédigée et comporter une introduction, un développement en deux ou trois parties, une conclusion.

Les différents types de sujets et de plans de dissertation

La démarche argumentative et le type de plan à adopter dépendent de la formulation de la question.

Une question « fermée », c'est-à-dire impliquant une réponse par *oui* ou par *non* (ex. : *Partagez-vous le point de vue d'Émile Zola qui compare le travail du romancier à celui d'un savant ?*) ou bien une question présentant deux idées contraires (*La poésie nous rapproche-t-elle ou nous éloigne-t-elle de la vie quotidienne ?*) invite à **confronter des points de vue opposés** au moyen d'une démarche dite **dialectique**.

Le plan sera construit en trois parties :

• **Une première partie examine l'opinion proposée** dans la formulation du sujet ou l'une des deux opinions énoncées, celle avec laquelle on est le moins d'accord. (Par exemple, on soulignera dans les textes du corpus ou dans certains romans réalistes et naturalistes la démarche d'observation du réel, la recherche de représentation réaliste et d'explication d'ordre scientifique.)

• **Une deuxième partie cherche à nuancer ou à réfuter la première thèse** en en montrant les limites, ou en lui opposant un avis contraire. (On montrera ainsi que le travail du romancier se différencie de celui du savant car il recrée et transfigure, par l'écriture, la réalité qu'il représente à partir de sa vision subjective.)

• **Une troisième partie cherche à dépasser l'opposition** en conciliant les deux avis opposés ou en envisageant la question sous un autre angle. (On pourra dire que les romans réalistes et naturalistes apportent encore aujourd'hui un témoignage précieux sur la société du XIXe siècle mais valent surtout par leur dimension mythique.)

Une question « ouverte », appelant une réponse autre que *oui / non*, invite à **examiner diverses réponses** possibles, non contradictoires entre elles, ou à expliquer une notion, au moyen d'une démarche dite **analytique ou thématique** (ex. : *À quoi sert la poésie ?, En quoi la comédie classique cherche-t-elle à faire réfléchir autant qu'à faire rire son public ?*).

Le plan est organisé en deux ou trois parties, dont chacune développe un élément de réponse, selon une progression logique allant du plus évident au plus subtil, ou bien du plus général au plus précis.

SAVOIR FAIRE — Comprendre un sujet de dissertation

Pour construire un plan pertinent de dissertation, il faut bien comprendre la question posée en analysant l'énoncé du sujet.

• **Identifier l'objet d'étude et l'angle d'approche concernés** : les arguments et exemples proposés dans la dissertation devront concerner exclusivement le genre littéraire au programme, auquel renvoient le corpus et l'énoncé du sujet. Il faut aussi cerner l'angle sous lequel est abordé cet objet d'étude (ex. : la conception naturaliste du travail du romancier, la fonction à la fois divertissante et critique de la comédie).

• **Identifier le type de question** (ouverte ou fermée), appelant une démarche dialectique ou analytique.

• **Élucider le sens de la citation et de la question** : définir les significations explicites et implicites des mots-clés, chercher leurs antonymes, identifier les éventuelles figures de style, expliciter la relation (d'opposition, de cause à effet, ou d'équivalence) entre les différents termes de l'énoncé.

(La comparaison du romancier à un savant est paradoxale car on a habituellement tendance à opposer ces deux pratiques, l'une reposant sur l'imagination créatrice, l'autre sur l'observation et l'explication du réel.)

• **Dégager la problématique** : reformuler la question posée en plusieurs sous-questions qui explicitent la perspective et le sens implicite du sujet, et orientent la construction du plan.

(Pourquoi le chef de file du naturalisme assigne-t-il au travail du romancier une vocation scientifique ? Quelles caractéristiques de l'écriture des romans naturalistes justifient cette comparaison ? Qu'est-ce qui éloigne cependant ces romans d'écrits scientifiques ?)

S'ENTRAÎNER

1 Identifiez pour chacun de ces sujets :

a. l'objet d'étude concerné,

b. le type de question (ouverte ou fermée),

c. l'angle d'approche.

Sujet 1 : Charles Perrault écrit dans la « moralité » placée à la fin de son conte « Riquet à la Houppe » :

Ce que l'on voit dans cet écrit,
Est moins un conte en l'air que la vérité même.

À partir de cette citation, vous vous demanderez pourquoi certains écrivains et artistes recourent à la fiction du conte ou de la fable pour transmettre certaines « vérités » ou réflexions.

Sujet 2 : « Les plus désespérés sont les chants les plus beaux / Et j'en sais d'immortels qui sont de purs sanglots », écrit Alfred de Musset dans son poème « Nuit de Mai ». Partagez-vous cette conception de la poésie ?

Sujet 3 : Pourquoi le spectateur d'une comédie ou d'une tragédie classique prend-il plaisir à voir représenter sur scène des actions qui seraient pénibles ou terribles à vivre dans la réalité ?

2 Analysez l'énoncé des deux sujets de dissertation en suivant la méthode conseillée ci-contre.

Sujet 1 : « C'est une grande atteinte aux vices que de les exposer à la risée de tout le monde », écrit Molière dans la préface de *Tartuffe* (1669). À quoi tient, selon vous, le pouvoir subversif de la comédie ?

Sujet 2 : « Les hommes se servent des mots ; le poète les sert », déclare le poète mexicain Octavio Paz dans *L'Art et la Lyre* (1956). Expliquez et discutez cette définition du poète.

3 Suivez les consignes sur le sujet proposé.

a. Analysez le sujet de la dissertation et reformulez sa problématique.

b. Classez les arguments proposés selon qu'ils soutiennent ou réfutent la thèse proposée dans le sujet de dissertation.

c. Cherchez dans les tragédies classiques que vous connaissez des exemples permettant d'illustrer chacun de ces arguments.

Sujet : Dans sa *Lettre à d'Alembert sur les spectacles* (1758), Jean-Jacques Rousseau écrit : « La tragédie est si loin de nous, elle nous présente des êtres si gigantesques, si boursouflés, si chimériques que l'exemple de leurs vices n'est plus guère contagieux que celui de leurs vertus n'est utile. »

Arguments :

1. La tragédie classique emprunte ses personnages et le sujet de ses intrigues à la mythologie ou à l'histoire antiques, éloignées du contexte des spectateurs.

2. Les personnages de la tragédie sont d'un rang élevé, appartenant le plus souvent à la sphère du pouvoir (rois, princes, princesses).

3. La tragédie classique ne peut être un miroir réaliste de la société ni de la vie ordinaire, car elle est écrite selon des règles strictes et des contraintes.

4. La tragédie classique est écrite en alexandrins, dans un langage soutenu qui n'admet pas de références aux réalités quotidiennes.

5. Les héros de la tragédie classique se caractérisent souvent par leur démesure, le caractère extrême, exceptionnel de leurs passions et de leurs destins.

6. Selon le philosophe grec Aristote, c'est en inspirant au spectateur un sentiment de terreur et de compassion envers les personnages que la tragédie peut exercer sa fonction de « catharsis », de « purgation » des passions extrêmes.

7. La tragédie, comme l'ensemble des pièces de théâtre, n'a pas pour seule visée l'utilité morale, ne se réduit pas à donner des exemples de vices et de vertus.

8. Certains choix de mise en scène contribuent à actualiser les tragédies classiques, pour les rendre plus proches du contexte du public.

9. La tragédie nous aide à réfléchir sur la condition humaine à travers des personnages chargés de valeurs symboliques, représentant des archétypes.

4 Voici un plan de dissertation :

I. Certes, la poésie est un moyen privilégié d'expression des sentiments intimes.

II. Toutefois, la poésie peut être employée à d'autres fins que l'expression lyrique du « moi ».

III. Quels que soient son contenu et sa visée, la poésie passe avant tout par un travail créatif sur le langage.

a. À partir des axes indiqués, identifiez le type de plan de dissertation adopté (dialectique ou analytique) et formulez l'énoncé de la question auquel le plan répond.

b. Référez-vous aux poèmes proposés dans les chapitres 25 à 29 pour trouver des exemples illustrant les trois axes.

c. À l'aide de ces exemples, détaillez chacun des trois axes en deux ou trois sous-parties.

33 Le sujet d'invention

SAVOIR

Description de l'épreuve

Le sujet d'invention est un exercice d'écriture à contraintes qui demande à la fois des qualités créatrices et stylistiques.

Il s'agit d'écrire un texte inspiré de la forme ou du thème d'un ou des textes du corpus, en liaison avec l'objet d'étude concerné.

S'il existe une grande diversité de formes de texte possibles, l'écriture d'invention demandée à l'épreuve du baccalauréat est le plus souvent de nature argumentative. En classe de seconde, les sujets sont plus variés, visant souvent à apprendre à écrire « à la manière de... » pour développer d'autres compétences d'écriture que celles du commentaire de texte et de la dissertation.

Types de sujets possibles

Amplification d'un des textes du corpus :
- écrire la suite ou la fin d'un texte narratif (roman, nouvelle, conte) ou théâtral ;
- écrire un épisode, un dialogue, un portrait ou une description à partir des données du texte-support.

Transposition d'un des textes :
- transformer un texte narratif en scène de théâtre, un poème en lettre, des paroles rapportées au style indirect en dialogue ou monologue rapporté au style direct ;
- changer le mode de narration (de la première à la troisième personne) ou de focalisation (raconter une scène selon le point de vue interne d'un personnage) ;
- transposer une situation et des personnages à une autre époque, le plus souvent en les actualisant.

Imitation d'un style, d'un registre ou d'une forme littéraire :
- écrire un texte lyrique, ironique, épique, fantastique... sur un sujet donné ;
- écrire un portrait ou une description réaliste, une parodie...

Argumentation : sous forme d'un dialogue d'idées contradictoires, d'une lettre, d'un article de presse, d'un discours, d'une préface, il s'agit de construire une argumentation sur un thème en rapport avec le corpus ou l'objet d'étude concernés, en mobilisant différents moyens de convaincre et de persuader, et des exemples témoignant d'une culture littéraire et générale.

SAVOIR FAIRE — Élaborer un « cahier des charges » du sujet d'invention

Pour s'assurer que l'on respecte bien les consignes d'écriture du sujet d'invention, il convient d'établir un cahier des charges à partir de l'énoncé, c'est-à-dire une liste des contraintes à respecter.

- À quel type correspond le sujet (amplification, transposition, imitation ou argumentation) ?
- Quel genre littéraire (roman, conte, fable, théâtre, poésie, essai, dialogue d'idées, article de presse...), quelle forme de discours (narratif, descriptif, explicatif, argumentatif) ou quel type de texte (article de presse, discours devant une assemblée...) la consigne demande-t-elle ? Quelles conventions spécifiques cela impose-t-il ?
- Quelle est la situation d'énonciation demandée ? Qui parle à qui ? Faut-il rédiger à la première ou à la troisième personne ?
- Quel niveau de langue correspond à cette situation d'énonciation ?
- La consigne impose-t-elle l'emploi d'un registre littéraire, de figures de style particulières ?
- Le thème du texte est-il libre ? S'il est imposé, quel rapport entretient-il avec le thème du corpus et l'objet d'étude au programme ?
- Comment structurer, organiser, et mettre en page le texte à produire ? Comment, par exemple, ouvrir et clore un dialogue, une lettre, un discours ?

- Quels éléments, quelle aide peut-on trouver dans le ou les textes du corpus ? Le sujet demande-t-il de faire des références précises à ces textes ?
- Comment les œuvres lues durant l'année et les connaissances sur l'objet d'étude peuvent-elles enrichir le texte à produire ?

Les réponses à ces différentes questions guident la rédaction et la relecture finale du sujet d'invention. Il faut également apporter une grande vigilance à la correction de l'orthographe, de la syntaxe et du style.

S'ENTRAÎNER

1 Classez les sujets d'invention selon qu'ils demandent une amplification, une transposition, une imitation ou une argumentation à partir d'un texte-support.

Sujet 1 : Rédigez un dialogue entre deux amis dont l'un apprécie les romans qui se terminent mal tandis que l'autre préfère d'heureux dénouements.

Sujet 2 : À la manière du portrait de M. Sacrement fait par Maupassant (voir l'extrait de la nouvelle « Décoré ! » chapitre 19 exercice 3), faites le portrait d'un personnage obsédé depuis l'enfance par une idée fixe ou un unique désir.

Sujet 3 : Imaginez la faute qu'a pu commettre Rousseau enfant et qui lui a valu des remords tenaces (voir l'extrait des *Confessions* chapitre 10 exercice 2). Vous écrirez cette confession à la première personne.

Sujet 4 : En vous inspirant de la description du Paris rêvé par Emma Bovary (voir l'extrait de *Madame Bovary* de Flaubert, chapitre 22 exercice 2), rédigez la vision idyllique qu'un jeune homme ou une jeune fille d'aujourd'hui pourrait se faire d'une ville et d'une vie éloignées de son quotidien.

2 En vous aidant de la méthode ci-contre, dressez le cahier des charges qu'impliquent les deux consignes.

Sujet 1 : Racontez du point de vue de la passante, écrivant son journal intime, la scène de rencontre évoquée par Baudelaire dans son sonnet « À une passante » (chapitre 25 exercice 2).

Sujet 2 : À la manière de La Fontaine (chapitre 30 exercice 4), écrivez une fable, en vers ou en prose, illustrant un défaut humain.

3 Dressez le cahier des charges impliqué par la consigne. Proposez cinq arguments illustrés chacun par un exemple approprié.

Dans une bibliothèque ou une salle de spectacle, un conteur cherche à convaincre son auditoire, composé de personnes de différents âges, que les contes merveilleux ne sont pas exclusivement destinés aux enfants mais s'adressent à tous. Vous écrirez son discours.

4 Dressez le cahier des charges impliqué par la consigne, puis rédigez le sujet d'invention proposé.

Sujet : À la manière de La Bruyère, rédigez le portrait satirique d'un personnage de notre époque qui serait comparable à Arrias.

Arrias a tout lu, a tout vu, il veut le persuader ainsi ; c'est un homme universel, et il se donne pour tel : il aime mieux mentir que de se taire ou de paraître ignorer quelque chose. On parle à la table d'un grand d'une cour du Nord : il prend la parole, et l'ôte à ceux qui allaient dire ce qu'ils en savent ; il s'oriente dans cette région lointaine comme s'il en était originaire ; il discourt des mœurs de cette cour, des femmes du pays, de ses lois et de ses coutumes ; il récite des historiettes qui y sont arrivées ; il les trouve plaisantes, et il en rit le premier jusqu'à éclater. Quelqu'un se hasarde de le contredire, et lui prouve nettement qu'il dit des choses qui ne sont pas vraies. Arrias ne se trouble point, prend feu au contraire contre l'interrupteur : « Je n'avance, lui dit-il, je raconte rien que je ne sache d'original : je l'ai appris de Sethon, ambassadeur de France dans cette cour, revenu à Paris depuis quelques jours, que je connais familièrement, que j'ai fort interrogé, et qui ne m'a caché aucune circonstance. » Il reprenait le fil de sa narration avec plus de confiance qu'il ne l'avait commencée, lorsque l'un des conviés lui dit : « C'est Sethon à qui vous parlez, lui-même, et qui arrive de son ambassade. »

Jean de La Bruyère, *Les Caractères*, 1688.

34 L'épreuve orale

SAVOIR

Description de l'épreuve

L'oral de français comporte deux exercices, notés chacun sur 10 points :

- **La lecture analytique d'un des textes** étudiés durant l'année, en rapport avec l'un des objets d'étude du programme et en réponse à une question (une problématique) posée par l'examinateur. L'élève prépare au brouillon pendant 30 minutes, sans autre document que le texte, cette lecture analytique qu'il présente ensuite oralement, en parlant seul face à l'examinateur durant 10 minutes.
- **L'entretien** : durant les 10 minutes suivantes, le candidat répond aux questions de l'examinateur sur l'objet d'étude auquel se rapporte le texte proposé. L'entretien est mené à partir du descriptif des lectures et activités faites en cours de français.

Les types de questions

- **La problématique proposée pour guider la lecture analytique** ne demande pas une étude exhaustive du texte, mais porte sur l'un de ses aspects majeurs, en cherchant à associer l'analyse des procédés d'écriture à l'interprétation du sens.

La question peut ainsi porter sur :
- la visée du texte et les moyens mis en œuvre (ex. : Quels sont les procédés et les cibles de la critique ?) ;
- les registres et figures de style (Quels sont les ressorts du comique dans cette scène ? Sur quelle antithèse ce poème est-il construit ?) ;
- la fonction du texte par rapport à l'ensemble de l'œuvre (Quels aspects du roman sont annoncés dans cet incipit ? En quoi cet extrait éclaire-t-il le sens du titre de l'œuvre ?) ;
- l'appartenance à un mouvement littéraire (Cette scène respecte-t-elle les règles du théâtre classique ?).

- **Les questions posées lors de l'entretien** sont très diverses : partant du texte étudié sans pour autant revenir sur la lecture analytique de celui-ci, elles visent à élargir la réflexion vers l'œuvre dont il est extrait ou les autres textes du groupement auquel il appartient, les connaissances sur l'objet d'étude, les œuvres lues en lecture cursive, les relations éventuelles avec l'histoire des arts.

La construction de la lecture analytique

Cette première partie de l'épreuve doit être structurée en trois étapes.

- Une **introduction** présente brièvement l'auteur, le contexte culturel et l'œuvre d'où provient l'extrait.

Elle caractérise le texte (situation dans l'œuvre, type, thème), procède à une lecture expressive d'une partie de celui-ci.

Enfin, elle reprend la question posée et annonce le plan de la lecture analytique.

- Un **développement** de la lecture analytique en 2 ou 3 parties qui répondent à la question posée en s'appuyant sur des citations commentées du texte.
- Une **conclusion** qui récapitule en une ou deux phrases la réponse à la question et propose une ouverture vers un autre aspect de l'œuvre, de l'objet d'étude, ou d'un autre texte comparable.

SAVOIR FAIRE

Valoriser les qualités d'expression orale

Quatre compétences principales sont évaluées :
- la correction et l'aisance de l'expression orale,
- les qualités d'analyse littéraire,
- les connaissances acquises,
- l'aptitude à la réflexion personnelle et au dialogue.

- **Ne rédigez pas intégralement la préparation** de la lecture analytique, mais **construisez un plan détaillé** sous forme de prise de notes, très aérée ; utilisez des crayons de différentes couleurs pour faire les repérages appropriés dans le texte, à partir d'une version photocopiée de celui-ci.

- **Lors de l'exposé de la lecture analytique**, jetez régulièrement un œil sur vos notes sans lire celles-ci tête penchée, et cherchez le plus possible à croiser le regard de l'examinateur.
- **Soulignez la construction** de l'exposé et des réponses à l'entretien au moyen de **connecteurs logiques** (*D'abord, ensuite, enfin, d'une part, d'autre part...*, sans dire *Dans ma première partie...*).
- **Durant l'entretien**, évitez les réponses trop vagues ou sommaires, mais proposez une réponse très précise à la question posée pour ensuite approfondir ou élargir celle-ci vers d'autres références, afin de vous montrer capable de mettre en relation les textes et d'ouvrir des perspectives.
- **Adoptez un niveau de langue correct**, sans mots familiers ni abréviations, ni « euh » et « quoi » à la fin des phrases.

S'ENTRAÎNER

1 Formulez la question de lecture analytique qui pourrait vous être posée sur chacun des textes suivants.

Texte 1 : Alfred de Vigny, « La Mort du Loup » (chapitre 1 exercice 6).

Texte 2 : Choderlos de Laclos, « Des femmes et de leur éducation » (chapitre 4 exercice 2).

Texte 3 : Jean Racine, *Iphigénie* (chapitre 14 exercice 1).

2 Reformulez l'énoncé des problématiques proposées pour en expliciter les attentes. Cherchez dans les chapitres consacrés à la poésie des éléments de réponse aux questions d'entretien.

Questions de lecture analytique :

Problématique 1 : Quel art de vivre et d'écrire ce poème propose-t-il ?

Problématique 2 : Quelles fonctions du poète ce texte illustre-t-il ?

Questions d'entretien :

a. Pourquoi Baudelaire est-il considéré comme le fondateur de la poésie moderne ?

b. Que signifie le mot « spleen » ?

c. Connaissez-vous un poème de Baudelaire qui célèbre, comme dans « Les Foules », « l'imprévu qui se montre, l'inconnu qui passe » ?

d. Connaissez-vous d'autres poètes modernes pour qui les grandes villes sont un sujet d'inspiration ?

Les Foules

Il n'est pas donné à chacun de prendre un bain de multitude : jouir de la foule est un art ; et celui-là seul peut faire, aux dépens du genre humain, une ribote de vitalité, à qui une fée a insufflé dans son berceau le goût du travestissement et du masque, la haine du domicile et la passion du voyage.

...

...

Multitude, solitude : termes égaux et convertibles pour le poète actif et fécond. Qui ne sait pas peupler sa solitude, ne sait pas non plus être seul dans une foule affairée.

Le poète jouit de cet incomparable privilège, qu'il peut à sa guise être lui-même et autrui. Comme ces âmes errantes qui cherchent un corps, il entre, quand il veut, dans le personnage de chacun. Pour lui seul, tout est vacant ; et si de certaines places paraissent lui être fermées, c'est qu'à ses yeux elles ne valent pas la peine d'être visitées.

Le promeneur solitaire et pensif tire une singulière ivresse de cette universelle communion. Celui-là qui épouse facilement la foule connaît des jouissances fiévreuses, dont seront éternellement privés l'égoïste, fermé comme un coffre, et le paresseux, interné comme un mollusque. Il adopte comme siennes toutes les professions, toutes les joies et toutes les misères que la circonstance lui présente.

Ce que les hommes nomment amour est bien petit, bien restreint et bien faible, comparé à cette ineffable orgie, à cette sainte prostitution de l'âme qui se donne tout entière, poésie et charité, à l'imprévu qui se montre, à l'inconnu qui passe.

Il est bon d'apprendre quelquefois aux heureux de ce monde, ne fût-ce que pour humilier un instant leur sot orgueil, qu'il est des bonheurs supérieurs au leur, plus vastes et plus raffinés. Les fondateurs de colonies, les pasteurs de peuples, les prêtres missionnaires exilés au bout du monde, connaissent sans doute quelque chose de ces mystérieuses ivresses ; et, au sein de la vaste famille que leur génie s'est faite, ils doivent rire quelquefois de ceux qui les plaignent pour leur fortune si agitée et pour leur vie si chaste.

Charles Baudelaire, « Le Spleen de Paris »,
Petits Poèmes en prose, 1869.

NOTATIONS

1 Nombres : ensembles et intervalles

SAVOIR

- On note ℕ l'ensemble des entiers **positifs** (aussi appelés entiers **naturels**).
- On note ℤ l'ensemble des entiers **relatifs** (positifs ou négatifs).
- On note ℚ l'ensemble des entiers **rationnels** (quotients de deux entiers relatifs).
- On note ℝ l'ensemble des nombres **réels** (tous ceux qui sont une abscisse d'un axe gradué).
- On appelle **intervalle** une partie de ℝ comprise entre deux nombres, ou bien délimitée par un nombre.

Ensemble des nombres x	$a \leqslant x \leqslant b$	$a < x < b$	$x \geqslant a$	$x \leqslant a$	$x < a$
Notation d'intervalle	$[a ; b]$	$]a ; b[$	$[a ; +\infty[$	$]-\infty ; a]$	$]-\infty ; a[$
Représentation					

- **Remarques :**

– On déduit du tableau ci-dessus, en changeant le sens d'un crochet, les trois autres types d'intervalle. Ils correspondent aux ensembles des nombres x vérifiant :

$$x > a, \quad a \leqslant x < b, \quad a < x \leqslant b$$

– ℝ se note aussi $]-\infty ; +\infty[$.

– Les ensembles de nombres ℕ, ℤ, ℚ et ℝ sont inclus (symbole ⊂), tels que :

$$\mathbb{N} \subset \mathbb{Z} \subset \mathbb{Q} \subset \mathbb{R}$$

Astuce : en simplifiant lorsque c'est possible, on peut souvent situer les nombres réels dans un ensemble de nombres plus petit.

SAVOIR FAIRE Utiliser les notions d'ensemble de nombres et d'intervalle

- **Trouver l'ensemble de nombres auquel appartient un nombre.**

Soit $A = \frac{\sqrt{81}}{3}$. Quel est le plus petit ensemble de nombres contenant A ?

1. On a $81 > 0$. $\sqrt{81}$ existe donc et A aussi. On a ainsi $A \in \mathbb{R}$.
2. Ensuite, $\sqrt{81} = 9$. On a donc $A = \frac{9}{3}$, soit $A \in \mathbb{Q}$.
3. Enfin, comme $\frac{9}{3} = 3$, A est un entier donc $A \in \mathbb{Z}$. Et puisque $3 > 0$, on a $A \in \mathbb{N}$.

- **Utiliser la notion d'intervalle**

L'expression $\frac{1}{x}$ existe-t-elle pour tout nombre x de $[0 ; +\infty[$?

1. Pour pouvoir diviser par x, x doit être non nul, sinon la division n'a pas de sens.
2. Dire que $x \in [0 ; +\infty[$, c'est dire que $x \geqslant 0$ et donc accepter que x puisse être nul. Or l'expression $\frac{1}{x}$ n'existe pas si $x = 0$. La réponse est donc non.
3. En revanche, $\frac{1}{x}$ existe si l'on a $x > 0$, donc pour tout nombre x de $]0 ; +\infty[$.

1 Entourez les deux intrus de la liste suivante, afin qu'elle ne contienne que des éléments de $\mathbb{N}$.

2^4 ; $\frac{6}{2}$; $1{,}5 \times 4$; $\sqrt{(3)^3}$; $(-1)^3$; $\sqrt{2}$

2 Entourez les deux intrus de la liste suivante, afin qu'elle ne contienne que des éléments de $\mathbb{Z}$.

-5 ; $\frac{-9}{3}$; $(\sqrt{2})^4$; $(\sqrt{3})^3$; $\frac{-12}{-4}$; $\frac{12}{-8}$

3 Rendez irréductibles les nombres suivants, puis indiquez si ces éléments de $\mathbb{Q}$ sont dans $\mathbb{Z}$.

$A = \frac{7}{5} \times \frac{5}{3} - \frac{1}{3}$ $B = \frac{2^6 \times 3^4}{3^2 \times 2^7}$

= .... = ...

= .... = ...

= .... = ...

Conclusion : ....

4 Cochez la bonne case.

	Vrai	Faux
$3 \in [2 ; 6]$		
$-8 \in [-7 ; -5[$		
$6 \in]5 ; +\infty[$		
$-2 \in]-\infty ; -3]$		
$4 \in]-4 ; 4[$		
$-1 \in]-\infty ; 1]$		

5 Reliez les phrases synonymes.

- $x > 2$
- $x \leqslant 2$
- $-2 \geqslant x$
- $2 \leqslant x$
- $2 > x$
- $x < -2$

- $x \in]-\infty ; 2]$
- $x \in [2 ; +\infty[$
- $x \in]2 ; +\infty[$
- $x \in]-\infty ; -2[$
- $x \in]-\infty ; -2]$
- $x \in]-\infty ; 2[$

6 Pour chaque intervalle représenté en couleur, indiquez l'intervalle comme sur l'exemple.

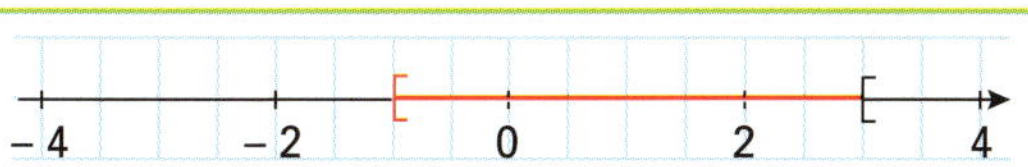

Exemple : $-1 \leqslant x < 3$

a.

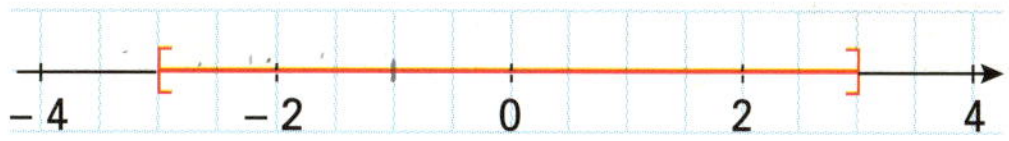

b.

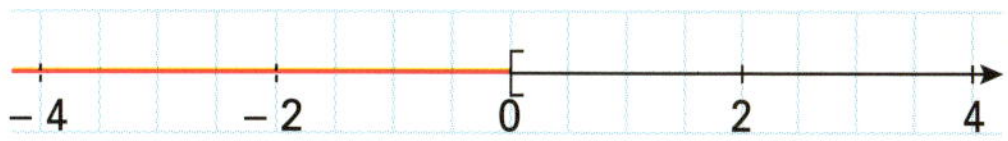

c.

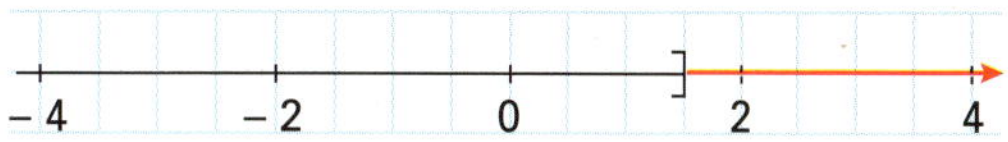

d.

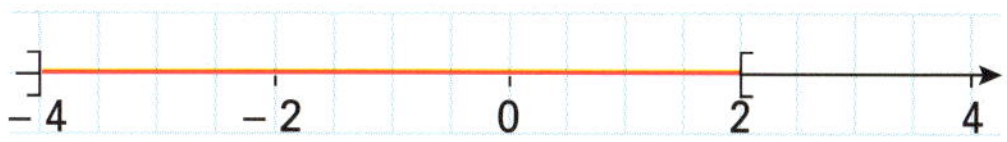

7 Sur le graphique ci-dessous, plusieurs segments sont dessinés.

Complétez le tableau en écrivant l'intervalle auquel appartiennent les abscisses x des points de chaque segment.

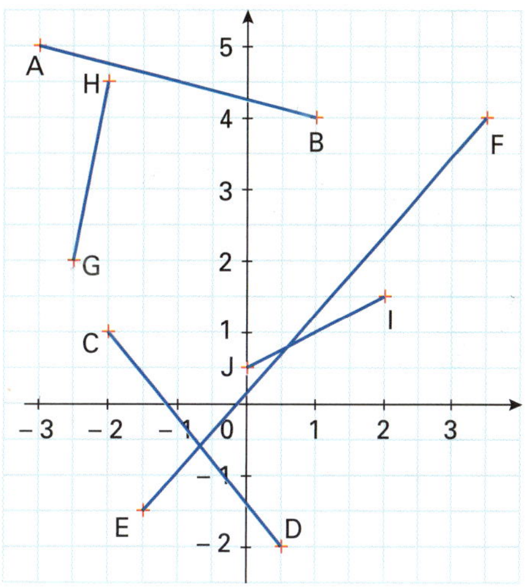

Segment	[AB]	[CD]	[EF]	[GH]	[IJ]
Intervalle					

8 Soit $n \in \mathbb{N}$.

Indiquez, pour les valeurs de n proposées, si l'on a $\frac{2n+4}{3} \in \mathbb{N}$.

n	0	1	2	3	4	11	15	71
$\frac{2n+4}{3}$								

FONCTIONS

2 Fonctions : généralités

SAVOIR

Soit D un ensemble de nombres, et la variable x un nombre appartenant à D.

▶ Une fonction f définie sur D associe au nombre x, le plus souvent via un calcul, un nombre **unique** appelé l'**image** du nombre x par f.

▶ On note cette image $f(x)$ et D est appelé l'**ensemble de définition** de la fonction f : chacun de ses éléments possède une image par f.

Un « antécédent » a une image unique, alors qu'une « image » peut avoir plusieurs antécédents.

▶ Inversement, soit b un nombre. S'il existe un nombre a **dans D** tel qu'on puisse écrire $b = f(a)$, alors b est **l'image de a par f**, et on dit que a est **un antécédent de b par f**.

▶ Une fonction peut être définie par :

• **une formule**

Soit g la fonction définie sur $\mathbb{R}$, telle que :

$$g(x) = \frac{(x-1)^3}{2}$$

• **un tableau de valeurs**

x	−1	0	1	2	3
$g(x)$	−4	−0,5	0	0,5	4

• **un graphique**

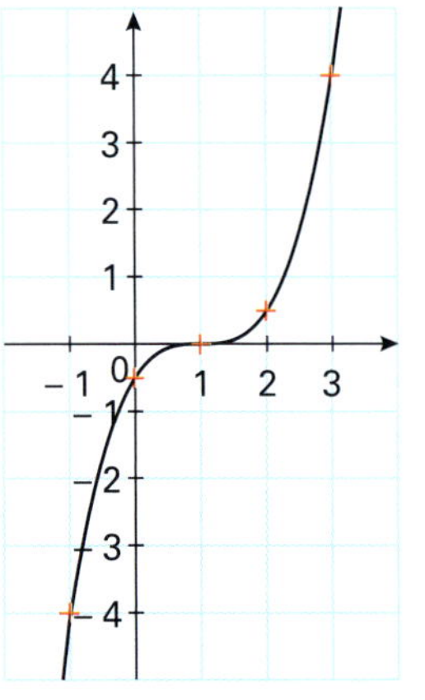

... mais aussi par un programme de calcul, etc.

▶ Pour résoudre un problème, on est amené à utiliser la **courbe représentative** (ou **représentation graphique**) d'une fonction f définie sur D.
C'est l'ensemble des points de coordonnées $(x\,;f(x))$, lorsque x parcourt l'ensemble D.

SAVOIR FAIRE — Déterminer une image, un antécédent

• **Calculer l'image de 2 par la fonction f avec $f(x) = (x+3)^3$**

$f(2) = (2+3)^3$
$= 5^3 = 125$

1. Remplacer x par 2 dans toute l'égalité.
2. Conclure que 2 a pour image 125 par la fonction f.

• **Déterminer le(s) antécédent(s) de 7 par la fonction g, définie sur $\mathbb{R}$ par $g(x) = x^2 - 2$.**

Soit x tel que $g(x) = 7$

1. Si 7 a pour antécédent x, alors x a pour image 7. On cherche donc **une** des solutions de l'équation $g(x) = 7$.

Alors $x^2 - 2 = 7$, d'où $x^2 = 9$
ainsi $x = -3$ ou bien $x = 3$

2. On trouve deux solutions à $g(x) = 7$. Il y a donc deux antécédents possibles pour 7 : −3 et 3.

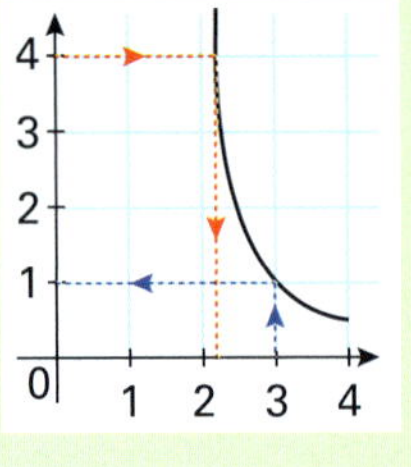

• **Trouver en utilisant la courbe de la fonction h, l'image de 3 par h, et un antécédent de 4 par h.**

1. Placer l'antécédent 3 en abscisse et rejoindre verticalement la courbe.
2. Lire l'ordonnée de ce point : 3 a pour image 1 par la fonction h.
3. Placer l'image 4 en ordonnée et rejoindre horizontalement la courbe.
4. Lire l'abscisse de ce point : 4 a pour antécédent environ 2,2 par la fonction h.

S'ENTRAÎNER

1 Soit k la fonction donnée par le tableau de valeurs suivant.

x	−3	−1	0	1	2	4
$k(x)$	2	4	2	−1	2	0

Donnez les éléments suivants.

a. Le résultat de $k(-1)$.
b. L'antécédent de 0 par la fonction k.
c. L'image de 0 par la fonction k.
d. Les antécédents de 2 par la fonction k.

2 Soit f la fonction définie sur $\mathbb{R}$ par $f(x) = \sqrt{x+1}$.

a. **Calculez $f(0)$ et $f(15)$.**
b. **Calculez l'image de 5 par f.**
c. **De quel nombre 3 est-il l'antécédent par f ?**

3 Soit g la fonction définie sur $[2 ; 6]$ par $g(x) = 2x - 5$.

a. **Calculez l'image de 3 par g.**
b. **Calculez l'antécédent de 3 par g.**
c. **De quel nombre 7 est-il l'image par g ?**
d. **Peut-on dire que −3 est l'image de 1 par g ?**

4 Soit h la fonction définie sur $[-2 ; 4]$ par le graphique ci-dessous.

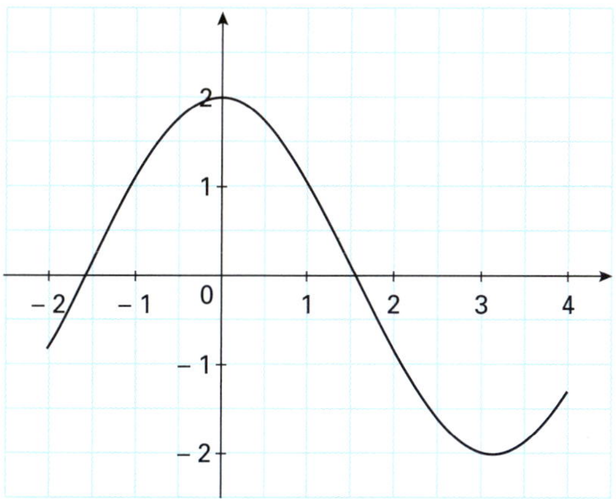

a. **Quelle est l'image de 1 par h ?**
b. **Trouvez $h(-2)$.**
c. **Quel est l'antécédent de −1,5 par h ?**
d. **Donnez tous les antécédents de 1,5 par h.**

5 Soit f la fonction définie sur $[-3 ; 2]$ par $f(x) = \dfrac{x^2 - 4}{2}$.

a. **Complétez le tableau de valeurs suivant.**

x	−3	−2	−1	0	1	2
$f(x)$	2,5					

b. **Donnez les coordonnées des six points de la courbe représentative de f, que l'on peut déduire de la question** a..

c. **Placez ces points dans le repère ci-dessous :**

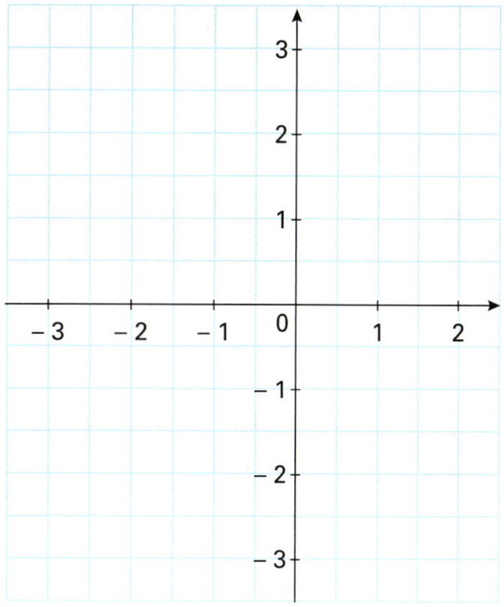

6 Les fonctions h et k sont représentées ci-dessous.

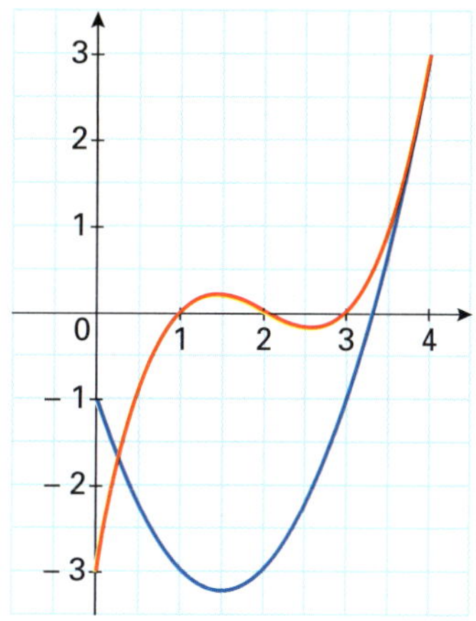

a. **Indiquez leur domaine de définition.**

On sait que $h(4) = 3$, que $k(0{,}25) = -1{,}75$ et que −2 possède deux antécédents par la fonction k.

b. **Quelle est la courbe de fonction k ?**

7 Soit g la fonction définie sur $\mathbb{R}$ par le programme de calcul suivant.

> **1.** Choisir un nombre.
> **2.** Prendre son triple.
> **3.** Enlever 1.
> **4.** Élever au carré.
> **5.** Ajouter 2.

a. **Vérifiez que $g(1) = 6$.**
b. **Calculez l'image de 0 par g.**
c. **Choisissez la lettre x à l'étape 1 et déterminez l'expression algébrique de $g(x)$.**

FONCTIONS

3 Fonctions : variations

SAVOIR

Dans ce qui suit, f désigne une **fonction** définie sur un intervalle I.

- Si f est **croissante sur I**, alors pour tous nombres réels a et b de I, avec $a \leqslant b$:

$$f(a) \leqslant f(b)$$

On dit que f **conserve l'ordre** (a et b sont dans le même ordre que leurs images par f).
Graphiquement, la courbe de f va « monter » entre les points d'abscisse a et d'abscisse b.

- Si f est **décroissante sur I**, alors pour tous nombres réels a et b de I, avec $a \leqslant b$:

$$f(a) \geqslant f(b)$$

On dit que f **ne conserve pas l'ordre** (a et b ne sont pas dans le même ordre que leurs images par f).
Graphiquement, la courbe de f va «descendre» entre les points d'abscisse a et d'abscisse b.

- Un **extremum** de f sur un intervalle J est :
– soit un minimum de f sur J ;
– soit un maximum de f sur J.

- Le **maximum de f sur I** est le nombre $f(a)$, avec $a \in$ I, tel que pour tout réel x de I :

$$f(x) \leqslant f(a)$$

- Le **minimum de f sur I** est le nombre $f(a)$, avec $a \in$ I, tel que pour tout réel x de I :

$$f(x) \geqslant f(a)$$

- On résume les variations de f dans un **tableau de variation.**

x	a		b		c		d
$f(x)$	$f(a)$	↗	$f(b)$	↘	$f(c)$	↗	$f(d)$

– ici, f est croissante sur $[a;b]$ et $[c;d]$, et décroissante sur $[b;c]$;
– $f(b)$ est le **maximum** de f sur $[a;c]$ (il est atteint en b) ;
– $f(c)$ est le **minimum** de f sur $[b;d]$ (il est atteint en c).

SAVOIR FAIRE Étudier un tableau de variation

• Dresser le tableau de variation d'après sa courbe représentative

Décrire les variations d'une fonction f définie par la courbe ci-dessous sur [– 1 ; 4].

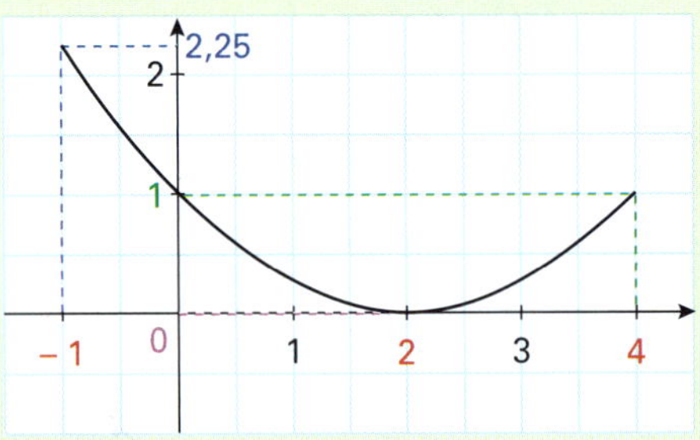

x	– 1		2		4
$f(x)$	2,25	↘	0	↗	1

• Dessiner une courbe compatible avec un tableau de variation

Tracer une courbe possible pour une fonction g d'après son tableau de variation.

x	0		3		4
$g(x)$	–2	↗	1	↘	0,6

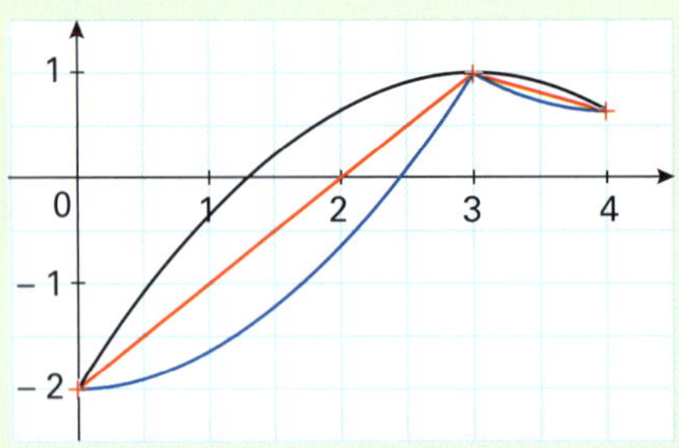

Les trois courbes en couleur sont des exemples possibles, dans l'attente d'autres informations sur g.

• Comparer deux images lorsque c'est possible

En reprenant la fonction g précédente, peut-on comparer $g(1)$ et $g(2)$? $g(1)$ et $g(3{,}5)$?

La fonction g est croissante sur $[1 ; 2]$.
Comme $1 \leqslant 2$, on a donc $g(1) \leqslant g(2)$.

On ne peut pas comparer $g(1)$ et $g(3{,}5)$, car g change de sens de variation sur $[1 ; 3{,}5]$ en 3.

1. La fonction g ne change pas de sens de variation sur $[1 ; 2]$ et conserve l'ordre.

2. Pour pouvoir comparer deux images, la fonction ne doit pas changer de sens de variation sur l'intervalle formé par les deux antécédents.

S'ENTRAÎNER

1 Soit f une fonction croissante sur $\mathbb{R}$.

Rayez la (ou les) affirmation(s) fausse(s).

a. $f(5) \leqslant f(6)$ b. $f(-2) \leqslant f(-3)$

c. $f(7) \geqslant f(-1)$ d. $f(-6) \leqslant f(-5{,}5)$

2 Soit g la fonction définie par la courbe ci-contre.

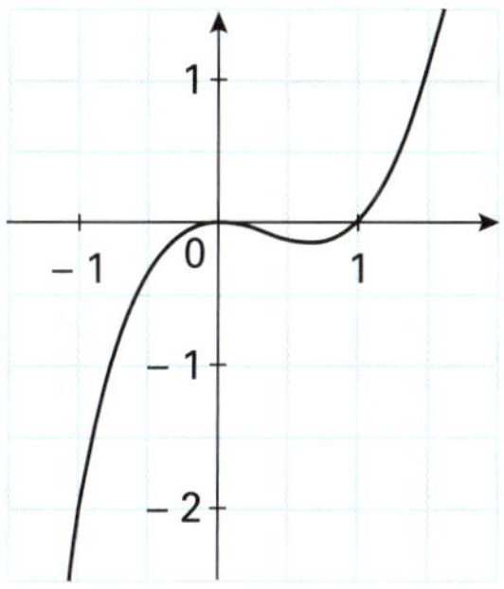

Donnez les éléments suivants.

a. Le maximum de g sur $[-1 ; 1]$.

b. Le minimum de g sur $[-1 ; 1]$.

c. Le sens de variation de g sur $[-1 ; 0]$.

d. Le sens de variation de g sur $\left[0 ; \frac{1}{2}\right]$.

3 La fonction h est définie telle que :
– si $x \in [-1 ; 2]$, alors $h(x) = -2x + 2$;
– si $x \in [2 ; 5]$, alors $h(x) = x - 4$.

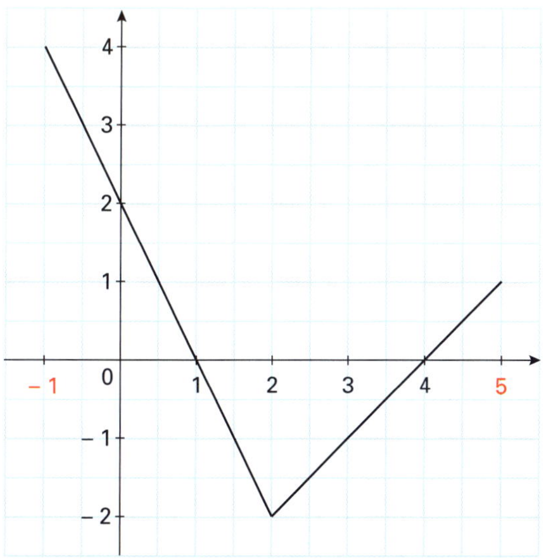

Complétez le tableau de variation de la fonction h.

x	–1	5
$h(x)$		

4 Voici le tableau de variation d'une fonction k.

x	–4		–2		2		4
$k(x)$	8	↘	3	↗	5	↘	1

a. **Complétez par $\leqslant$, $\geqslant$ ou par « Impossible ».**

$k(-4)$ … $k(-3)$ $k(2)$ … $k(-2)$

$k(-3)$ … $k(1)$ $k(4)$ … $k(-4)$

b. **Tracez une courbe susceptible de représenter la fonction k.**

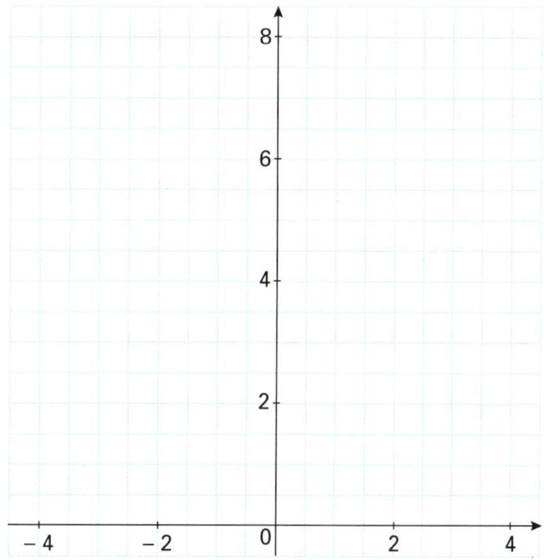

5 Soit ABC un triangle d'aire 15 cm² avec AB = 6 cm. Soit H sur [AB] avec AH = 4 cm et $\widehat{AHC} = 90°$.

M est un point mobile de [AB] avec AM = x, N est un point de [AC] ou de [CB], tel que (MN) ⊥ (AB). Soit f la fonction définie par $f(x) = \text{MN}$.

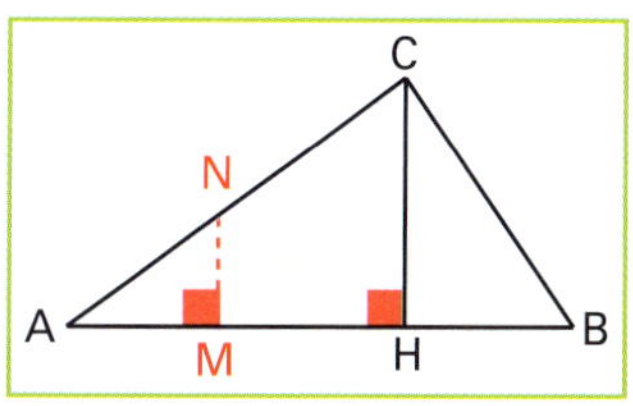

a. **Justifiez que HC = 5 cm.**

b. **Observez la figure et complétez le tableau de variation de f.**

x	0	…	6
$f(x)$			

FONCTIONS

4 Algèbre : développer, factoriser

SAVOIR

- **Développer** un produit consiste à le transformer en somme.
- **Factoriser** une somme consiste à la transformer en produit.
- On dispose pour cela des égalités suivantes :

Développer →

$k(a+b) = ka + kb$ $k(a-b) = ka - kb$	**Distributivité**
$(a+b)(c+d) = ac + ad + bc + bd$	**Double distributivité**
$(a+b)^2 = a^2 + 2ab + b^2$ $(a-b)^2 = a^2 - 2ab + b^2$ $(a+b)(a-b) = a^2 - b^2$	**Identités remarquables**

← Factoriser

- **Réduire** une expression algébrique consiste à ajouter entre eux tous les termes **de même puissance** de l'expression, de sorte qu'il ne reste qu'un terme de chaque puissance.

Exemple :

$$x^3 + x^2 - 4 + 2x^2 + 4x^3 = 5x^3 + 3x^2 - 4$$

- **Remarques :**

– Pour factoriser, on cherche un **facteur commun** à chaque terme. Si l'expression à factoriser contient des carrés, on pensera à utiliser une identité.

Astuce : penser à écrire un entier sous la forme d'un carré.
$x^2 - 16 = x^2 - 4^2$
$x^2 - 7 = x^2 - (\sqrt{7})^2$

– Pour développer, attention aux produits « cachés » :

$$2x \times 3x = 2 \times x \times 3 \times x = 6x^2$$

SAVOIR FAIRE — Transformer une expression algébrique

• Factoriser sans identité remarquable

Factoriser l'expression $A = (x-2)(3+4x) - (x+1)(x-2)$.

→ $A = (x-2)(3+4x) - (x+1)(x-2)$
$= (x-2)[(3+4x) - (x+1)]$
$= (x-2)[3 + 4x - x - 1]$
$= (x-2)(3x+2)$

1. Observer que $(x-2)$ est un facteur commun.
2. Recopier dans le crochet tout sauf $(x-2)$.
3. Dans le crochet, ôter les parenthèses en suivant les règles, puis réduire.

• Factoriser avec une identité remarquable

Factoriser l'expression $B = x^2 - 10x + 25$.

→ $B = x^2 - 10x + 25$
$= (x^2) - 10x + (5)^2$
$= (x^2) - 2 \times 5 \times x + (5)^2$
$= (x-5)^2$

1. Identifier les deux carrés nécessaires.
2. Vérifier que le terme en x est bien le double du produit des deux nombres identifiés au 1.
3. Regarder le signe du terme en x pour choisir la bonne identité.

• Développer et réduire un produit de plusieurs facteurs

Développer $C = x(x-1)(x-3)$.

→ $C = x(x \times x + x \times (-3) + (-1) \times x + (-1) \times (-3))$
$= x(x^2 - 3x - x + 3)$
$= x(x^2 - 4x + 3)$
$= x^3 - 4x^2 + 3x$

1. Ne développer que deux facteurs en même temps (ici les deux derniers).
2. Considérer chaque nombre avec le signe +/– qui le précède.
3. Penser à réduire puis développer l'éventuel produit restant.

S'ENTRAÎNER

1 Complétez les développements suivants.

a. $x(x + 1) = ... \times x + ... \times 1 = ... + ...$

b. $(x + 1)(x - 2)$
$= x \times x + x \times (-2) + ... \times ... + 1 \times (-2)$
$= ... - 2x + ... - ...$
$= ... - ... - ...$

c. $(2x - 1)(x + 6)$
$= 2x \times x + 2x \times 6 + ...$
$= ....$
$= ....$

d. $(x + 3)^2 = (...)^2 + 2 \times ... \times ... + (...)^2$
$= ....$

e. $(x + 5)(x - 5) - (x - 2)^2$
$= (...)^2 - (...)^2 - [(...)^2 - 2 \times ... \times ... + (...)^2]$
$= ... - ... - [... - ... + ...]$
$= ... - ... - ... + ... - ...$
$= ...... - ......$

2 Complétez les factorisations suivantes.

a. $(x + 7)(3 - x) + (2x + 3)(x + 7)$
$= (.........)[(3 - x) + (2x + 3)]$
$= (.........)(.........)$

b. $x^2 - 6x + 9$
$= (...)^2 - 2 \times ... \times ... + (...)^2$
$= (... - ...)^2$

c. $4x^2 - 25 + (2x - 5)(x + 6)$
$= (...)^2 - (...)^2 + (2x - 5)(x + 6)$
$= (... + ...)(... - ...) + (2x - 5)(x + 6)$
$= (.........)[(.........) + (x + 6)]$
$= (.........)(.........)$

3 Reliez, lorsque c'est possible, chaque expression à sa forme factorisée (il y a des intrus).

$3x^2 - 12x + 4$ •	• $(2x + 3)(3x - 2)$
$6x^2 - 5x - 6$ •	• $(3x - 2)^2$
$9x^2 - 12x + 4$ •	• $(3x + 2)^2$
$6x^2 - 4$ •	• $(2x - 3)(3x + 2)$
$9x^2 - 4$ •	• $(3x + 2)(3x - 2)$
$-6x^2 + 13x - 6$ •	• $(2x - 3)(2x + 3)$
$4x^2 - 9$ •	• $(3 - 2x)(3x - 2)$

4 Développez les expressions suivantes.

a. $(3x - 1)^2$

b. $5 - (x + 2)^2$

c. $(x + 2)^2 - (x - 1)^2$

5 On ôte, aux quatre coins d'un carré de côté $4x + 1$ un carré de côté $x - 1$.

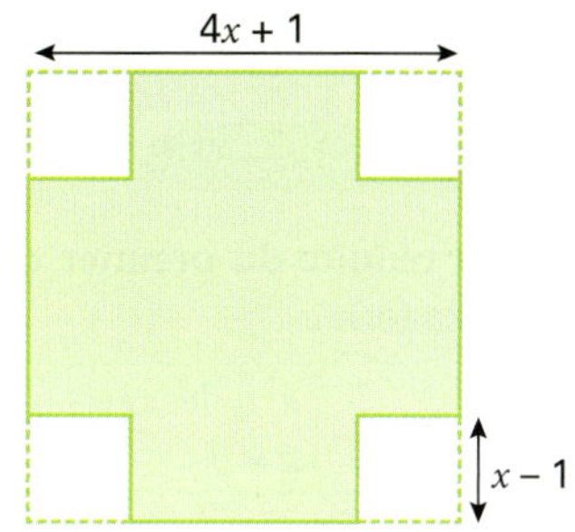

a. **Montrez que l'aire coloriée A vérifie $A = (4x + 1)^2 - 4(x - 1)^2$.**

b. **Développez et réduisez A pour obtenir $A = 12x^2 + 16x - 3$.**

c. **Peut-on factoriser A tel que $A = (2x + 3)(6x - 1)$?**

6 Prouvez l'égalité :

$(x + 1)^4 = x^4 + 4x^3 + 6x^2 + 4x + 1.$

7 Complétez les égalités suivantes par des expressions développées et réduites.

- $\dfrac{1}{x - 1} + \dfrac{1}{x + 1} = \dfrac{.........}{x^2 - 1}$
- $\dfrac{1}{x - 1} - \dfrac{1}{x + 1} = \dfrac{.........}{.........}$
- $\dfrac{1}{2x + 3} - \dfrac{1}{x + 2} = \dfrac{.........}{.........}$

8 À la banque, un placement offre x % d'intérêt chaque année. Pour calculer chaque année le nouveau capital, on multiplie le précédent par $\left(1 + \dfrac{x}{100}\right)$. Soit C la somme placée au départ.

a. **Montrez qu'au bout d'un an, cette somme vaut $C + \dfrac{Cx}{100}$.**

b. **Est-il vrai qu'au bout de deux ans, cette somme est $C\left(1 + \dfrac{x}{50} + \dfrac{x^2}{10\,000}\right)$?**

c. **Calculez la formule développée de la somme au bout de trois ans, qui est $C\left(1 + \dfrac{x}{100}\right)^3$.**

FONCTIONS

5 Équations : résoudre algébriquement

SAVOIR

▶ Une **équation réduite du premier degré** et d'inconnue x est de la forme :

$\boldsymbol{ax + b = 0}$	a, b des réels fixés $a \neq 0$

Elle admet une **solution** unique $\dfrac{-b}{a}$.

▶ Une **équation réduite du second degré** est de la forme :

$\boldsymbol{ax^2 + bx + c = 0}$	a, b, c des réels fixés $a \neq 0$

Cette équation admet 0, 1 ou 2 solutions.

▶ On ne peut résoudre l'équation qu'en **factorisant** le membre de gauche, ce qui permet d'utiliser la règle du **produit nul** :

« Lorsqu'un produit est nul, alors au moins l'un des facteurs est nul ».

Cette règle permet de ramener le problème du second degré à la résolution de deux équations du premier degré.

▶ Pour résoudre une équation dont les deux membres sont non nuls (ce n'est alors plus une équation réduite) :

– on fait d'abord **apparaître un 0** à la place d'un des membres grâce à des soustractions ou des additions membre à membre ;

– puis on factorise le membre non nul.

▶ Le tableau de variation permet aussi de localiser une solution à $f(x) = 0$. **Si f ne change pas de sens de variation** sur $[a ; b]$ et que $f(a)$ et $f(b)$ ne sont pas du même signe, alors il existe un réel c, avec $a \leqslant c \leqslant b$ et tel que $f(c) = 0$.

▶ On peut affiner l'encadrement de c avec la **méthode de dichotomie** : on choisit le réel z avec $a \leqslant z \leqslant b$, puis on calcule $f(z)$.

– Si $f(z)$ est du même signe que $f(a)$, alors $z \leqslant c \leqslant b$.

– Si $f(z)$ est du même signe que $f(b)$, alors $a \leqslant c \leqslant z$.

Astuce : on prend généralement $c = \dfrac{a+b}{2}$ pour « couper en deux » l'intervalle de recherche.

SAVOIR FAIRE Résoudre algébriquement une équation

• **Faire apparaître 0 à la place d'un des membres**

Résoudre l'équation $4 + (x-2)(x+4) = 2x - x^2$.

$4 + (x-2)(x+4) = 2x - x^2$

$4 + (x-2)(x+4) - 2x = -x^2$

1. Soustraire $2x$ dans les deux membres, pour chasser le $2x$ du membre de droite. D'où le $-2x$ qui apparaît à gauche.

$4 + (x-2)(x+4) - 2x + x^2 = 0$

2. Ajouter x^2 dans chaque membre.

$x^2 - 2x + 4 + (x-2)(x+4) = 0$

$(x-2)^2 + (x-2)(x+4) = 0$

3. Noter la présence d'une identité remarquable : $x^2 - 2x + 4 = (x-2)^2$.

• **Résoudre algébriquement une équation du second degré**

Résoudre l'équation $(x-2)^2 + (x-2)(x+4) = 0$.

$(x-2)^2 + (x-2)(x+4)$

$= (x-2)[(x-2) + (x+4)]$

$= (x-2)(2x+2)$

1. Factoriser le membre de gauche avec le facteur commun $(x-2)$.

donc $(x-2)(2x+2) = 0$

2. Appliquer la règle du produit nul.

d'où $x - 2 = 0$ ou $2x + 2 = 0$

$x = 2$ ou $x = \dfrac{-2}{2} = -1$.

3. Chacune des deux équations du premier degré donne une des deux solutions de l'équation du second degré.

Les solutions cherchées sont -1 et 2.

- **Raisonner par dichotomie pour approcher une solution**

Grâce au tableau ci-dessous, résoudre $f(x) = 0$ à 0,5 près, avec $f(x) = x^3 - 3x + 3$.

x	-3	a	-1	1
$f(x)$	-15 ↗	$f(a)$	5 ↘	1

1. Constater que f s'annule sur $[-3\,;-1]$ et qu'elle y est croissante.
2. Soit le réel a tel que $f(a) = 0$, on a $-3 \leqslant a \leqslant -1$. Puis $f(-2) = (-2)^3 - 3 \times (-2) + 3 = 1$ et $1 > 0$, d'où $-3 < a < -2$.
3. Affiner en calculant $f(-2{,}5) = -5{,}125$. Comme $-5{,}125 < 0$, on conclut que $-2{,}5 < a < -2$.

S'ENTRAÎNER

1 Soit l'équation $x^2 - 2x + 1 = 25$.

Indiquez si chacune des phrases est vraie ou fausse.

a. C'est une équation de degré 1.

b. 4 est solution de l'équation.

c. -4 est solution de l'équation.

d. Cette équation est sous une forme réduite.

e. 2 n'est pas solution de l'équation.

f. 6 n'est pas solution de l'équation.

2 **Résolvez les équations suivantes.**

a. $2x - 1 = -x + 3$

b. $(2x + 1)(-x + 3) = 0$

c. $(2x - 3)^2 = 0$

d. $x(x - 1)(x + 1) = 0$

3 Soit h définie sur $[-1\,;\,2]$ par $h(x) = x^2 - x - 1$.

On donne le tableau de variation de h sur $[0\,;\,2]$.

x	0	$0{,}5$	2
$h(x)$	-1 ↘	$-1{,}25$ ↗	1

a. Justifiez que l'équation $h(x) = 0$ admet une solution sur $[0\,;\,2]$.

b. Calculez $h(1)$.

Soit z la solution de $h(x) = 0$ sur $[0{,}5\,;\,2]$.

c. Encadrez z par deux entiers :

...... $< z <$ ......

d. Complétez le tableau.

x	1,5	1,6	1,7	1,8
$h(x)$				

e. Déduisez-en un encadrement de z à 0,1 près.

f. En raisonnant par dichotomie, situez z dans un intervalle d'amplitude 0,05.

4 $\dfrac{\sqrt{5} - 1}{2}$ **est-il solution de** $\dfrac{1}{x} = x + 1$ **?**

5 **Résolvez les équations suivantes.**

a. $9 + (x - 3)(2x + 1) = 6x - x^2$

b. $x^2 = -5$

6 **Soit $E = (x - 3)^2 - 16$.**

a. Vérifiez que $E = x^2 - 6x - 7$.

a. Vérifiez que $E = x^2 - 6x - 7 = (x - 7)(x + 1)$.

c. Complétez le tableau suivant.

Équation	Expression adaptée de E	Solutions
$E = 0$		
$E = -7$		
$E = -16$		

7 Soit ABCD un carré de côté 4 cm et M un point de [AB] tel que $AM = x$.

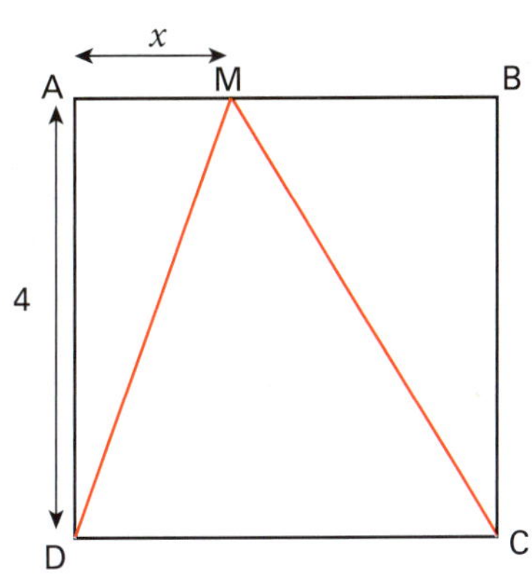

Montrez les égalités suivantes.

a. $DM = \sqrt{x^2 + 16}$

b. $MC = \sqrt{x^2 - 8x + 32}$

8 Le fût d'un canon forme un angle de 45° avec le sol et culmine à 13,125 m de hauteur. Un boulet expédié à 50 m·s^{-1} par ce canon suit une courbe parabolique, on note $(x\,;\,h)$ les coordonnées du boulet dans le plan de la trajectoire.

On a $h = -0{,}004\,x^2 + x + 13{,}125$.

On cherche à quelle distance du canon le boulet retombe au sol (au sol, $h = 0$).

a. Développez $-0{,}004(x + 12{,}5)(x - 262{,}5)$.

b. Déduisez-en la portée du canon.

6 Équations : résoudre graphiquement

SAVOIR

Soient f et g deux fonctions. C_f et C_g sont leurs courbes représentatives dans un repère, et k est un réel.

- **Graphiquement**, l'équation $f(x) = 0$ possède une solution lorsque sa courbe représentative C_f coupe l'axe des **abscisses**. L'**abscisse** de ce point d'**intersection** est alors **une** solution de $f(x) = 0$.
- L'**équation $f(x) = 0$** admet autant de solutions sur un intervalle I donné que la courbe C_f coupe la partie correspondant à I sur l'axe des abscisses.
- L'**équation $f(x) = k$** possède une solution lorsque la courbe C_f coupe la droite horizontale d'équation $y = k$.
L'**abscisse** de ce point d'**intersection** est alors **une** solution de $f(x) = k$.

Si $k = 0$ on retrouve la règle générale, la droite d'équation $y = 0$ étant l'axe des abscisses.

- L'**équation $f(x) = g(x)$** possède une solution lorsque les courbes C_f et C_g se coupent. L'abscisse de ce point d'intersection est alors **une** solution de $f(x) = g(x)$.

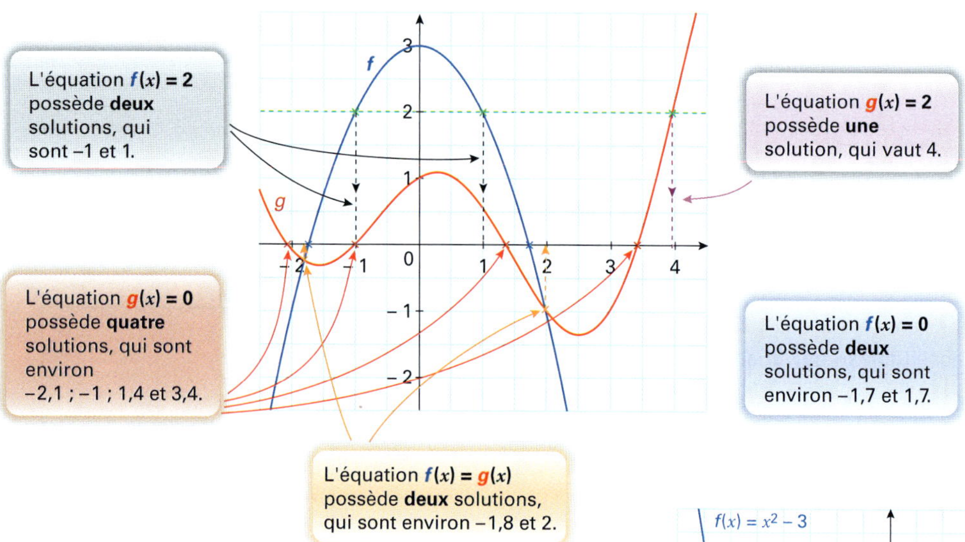

SAVOIR FAIRE — Lire graphiquement les solutions de l'équation

Résoudre l'équation $x^2 - 3 = -2x$.

1. Définir deux fonctions f et g, telles que : $f(x) = x^2 - 3$ et $g(x) = -2x$.
2. Tracer leurs courbes dans un même repère.
3. Constater que leurs courbes se coupent en deux points. Les abscisses de ceux-ci sont -3 et 1, qui sont donc à priori les solutions de l'équation $f(x) = g(x)$.
4. Vérifier par le calcul, en remplaçant x par 3, puis par 1 dans chaque membre de l'équation.

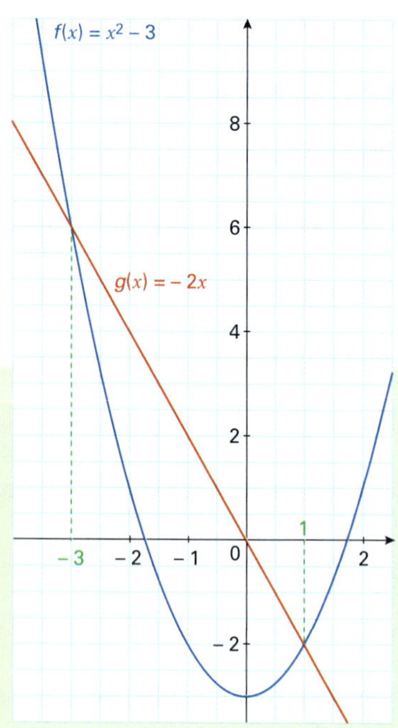

S'ENTRAÎNER

1 Voici le tableau de variation d'une fonction f définie sur $[-4 ; 5]$.

x	-4		0		3		5
$f(x)$	-4	↗	2	↘	-3	↗	0

Complétez le tableau suivant.

Équation	Nombre de solutions	Intervalle(s) où sont les solutions
$f(x) = 0$		
$f(x) = -3{,}5$		
$f(x) = 1$		
$f(x) = 2{,}1$		

2 On a tracé les fonctions f et g, définies par $f(x) = x^2$ et $g(x) = x + 1$ sur $[-2 ; 2]$ sur ce graphique.

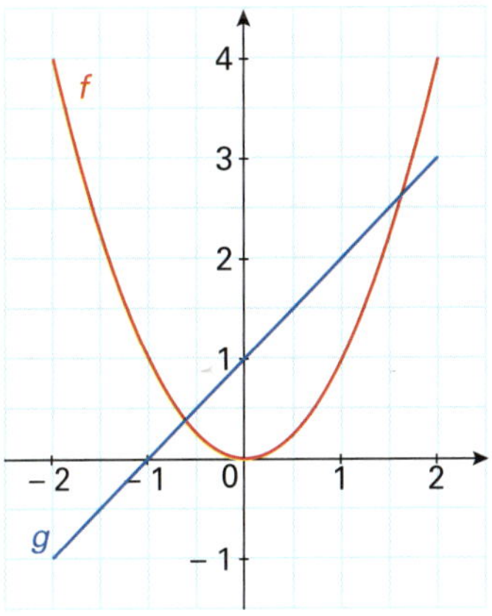

a. **Combien de solutions l'équation $x^2 = x + 1$ possède-t-elle, d'après le graphique ?**

b. **Par lecture graphique, donnez les valeurs de ces solutions à 0,1 près.**

c. **Montrez que résoudre $x^2 = x + 1$ revient à résoudre $x^2 - x - 1 = 0$.**

3 On a tracé la fonction h, où $h(x) = x^2 - 2x - 1$ sur $[-1 ; 3]$.

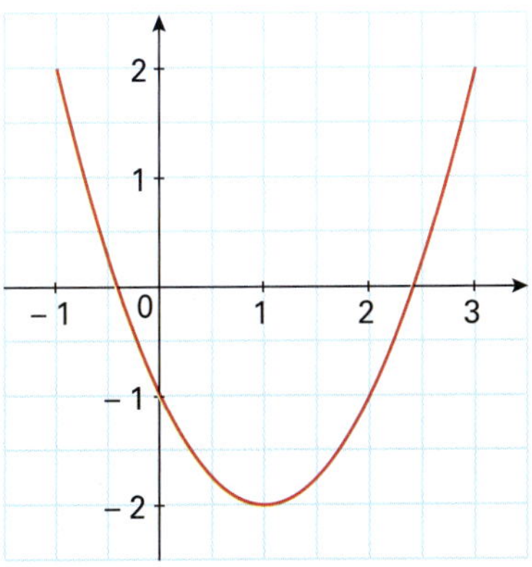

a. Soit z la solution de $h(x) = 0$ avec $z > 0$. **Encadrez z par deux entiers : ... $< z <$ ...**

b. **Complétez le tableau en calculant.**

x	2,2	2,3	2,4	2,5
$h(x)$				

c. **Déduisez-en un encadrement de z à 0,1 près.**

4 On a représenté ci-dessous les évolutions durant six mois des bénéfices de trois entreprises A, B et C. On sait que :
– A et B ont le même bénéfice au mois 1 ;
– A et C ont le même bénéfice au mois 3 ;
– C a réalisé quatre fois un bénéfice de 2 au cours de ces six mois.

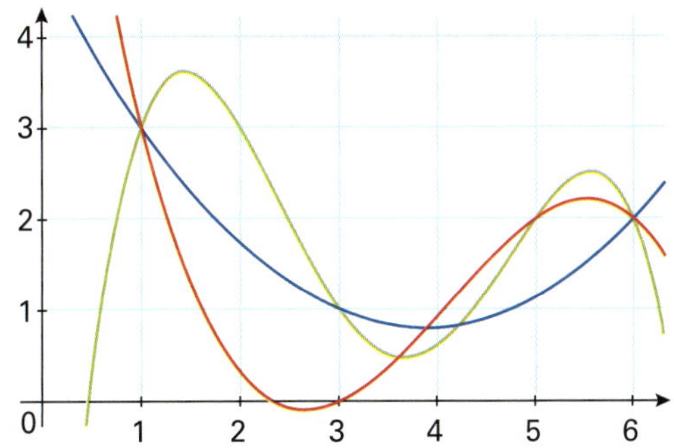

Retrouvez la courbe de A, B et C.

5 Soit l'équation $x^2 = \frac{1}{x}$.
En traçant à la calculatrice les fonctions adaptées, indiquez le nombre de solutions de l'équation sur :

a. $[-3 ; 0]$ **b.** $[0 ; 3]$

6 **Par lecture graphique, donnez le nombre de solutions des équations suivantes, et donnez une valeur de celles-ci à 0,1 près.**

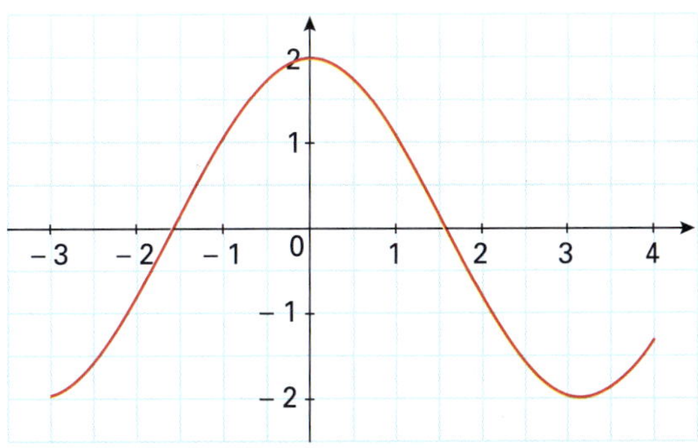

Équation	Nombre de solutions	Valeurs approchées
$f(x) = 0$		
$f(x) = -1{,}5$		
$f(x) = 1$		
$f(x) = 2{,}1$		

FONCTIONS

7 Fonctions : affine et linéaire

SAVOIR

- Une **fonction affine** est définie sur l'ensemble $\mathbb{R}$ des nombres réels et a pour expression algébrique $f(x) = ax + b$ pour tout nombre x.
- Le nombre a désigne le **coefficient directeur**, et le nombre b désigne l'**ordonnée à l'origine**.
- Une fonction affine est toujours représentée par **une droite oblique** (non verticale) d'équation $y = ax + b$, et réciproquement, toute droite oblique représente une fonction affine.

Les fonctions constantes (ou linéaires) sont des **cas particuliers** de fonctions affines.

- Lorsque $a = 0$, on parle de **fonction constante** : la droite est horizontale.
- Lorsque $b = 0$, on parle de **fonction linéaire** : la droite passe par l'origine (0 ; 0) du repère.
- Une fonction affine caractérise une situation de **proportionnalité des accroissements** :
Pour tous réels x et y, et avec la fonction f affine $f(x) = ax + b$, on a le coefficient directeur :

$$a = \frac{f(x) - f(y)}{x - y}$$

- Une fonction linéaire caractérise une situation de **proportionnalité.**
- **Sens de variation :**
– si $a > 0$, la fonction affine est **croissante sur $\mathbb{R}$**, et $f(x) \geqslant 0$ si $x \geqslant \frac{-b}{a}$;
– si $a < 0$, la fonction affine est **décroissante sur $\mathbb{R}$**, et $f(x) \leqslant 0$ si $x \geqslant \frac{-b}{a}$.

SAVOIR FAIRE — Manipuler une fonction affine

• Identifier une fonction affine d'après deux nombres et leurs images

Trouver l'expression de la fonction affine f sachant que $f(1) = 2$ et $f(3) = 8$.

1. Calculer d'abord le coefficient directeur a.
$a = \frac{f(3) - f(1)}{3 - 1} = \frac{8 - 2}{3 - 1} = \frac{6}{2} = 3$. On sait ainsi que $f(x) = 3x + b$.
2. Calculer l'ordonnée à l'origine b, en utilisant $f(1) = 2$.
$f(1) = 3 \times 1 + b = 3 + b = 2$ d'où $b = -1$. Ainsi $f(x) = 3x - 1$.
3. Vérifier en calculant $f(3)$: $3 \times 3 - 1$ est bien égal à 8.

• Tableau de variation d'une fonction affine

Donner le tableau de variation de la fonction affine g, avec $g(x) = -2x + 6$.

1. Calculer $\frac{-b}{a}$. Ici $a = -2$ et $b = 6$, donc $\frac{-b}{a} = \frac{-6}{-2} = 3$.
2. Vérifier que $g(3) = 0$.
3. Comme $a = -2$ et que $-2 < 0$, g est décroissante sur $\mathbb{R}$ et s'annule en 3.

x	$-\infty$	3	$+\infty$
$g(x)$	↘	0	↘

• Représenter une fonction affine

Tracer les courbes C_f et C_g de f et g, définies par :
$f(x) = 2x - 3$ et $g(x) = \frac{-1}{3}x + 1$.

Pour C_f :
1. Placer A (0 ; –3). En effet, –3 est l'ordonnée à l'origine.
2. Se décaler de + 1 en abscisse depuis A et monter de + 2 (le coefficient directeur) en ordonnée. On tombe sur B, autre point de C_f.

Pour C_g :
1. Placer C (0 ; +1). En effet, + 1 est l'ordonnée à l'origine.
2. Constater que le décalage de $\left(+1 ; \frac{-1}{3}\right)$ ne donne pas de point du quadrillage à cause du dénominateur 3.
3. Tripler alors ce décalage : + 3 en abscisse, –1 en ordonnée. On obtient D, autre point de C_g.

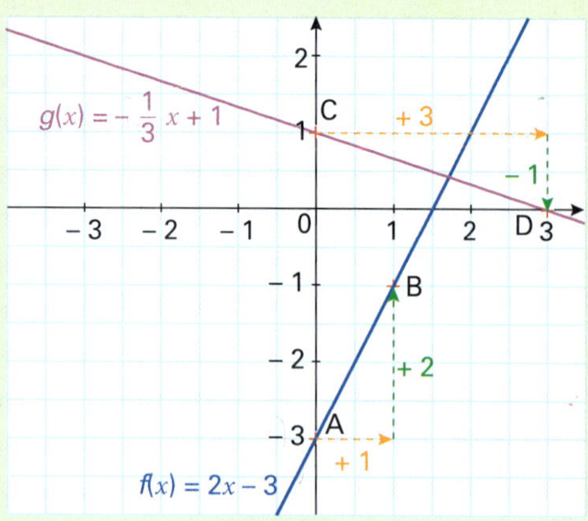

1 Voici les expressions algébriques de plusieurs fonctions.

Indiquez si elles sont affines (voire linéaires ou constantes) ou non.

a. $x \mapsto 2x + 1$ d. $x \mapsto -x + 1$ g. $x \mapsto -2x$

b. $x \mapsto \frac{2}{x} + 1$ e. $x \mapsto 2x^2$ h. $x \mapsto -2$

c. $x \mapsto 2$ f. $x \mapsto \sqrt{2x+1}$

2 Soit g une fonction affine, avec $g(2) = 4$ et $g(4) = 8$.

a. **Déterminez l'expression de g.**

b. **A-t-on $g(7) = 12$? Justifiez.**

3 Soient f et g les fonctions affines représentées sur le graphique ci-dessous.

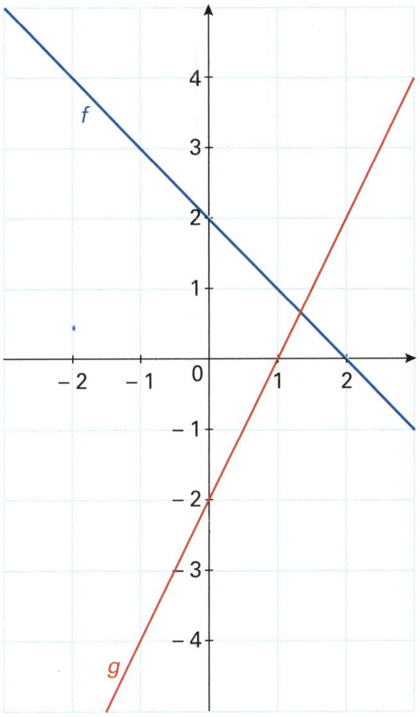

a. **Déterminez $f(x)$ et $g(x)$ à l'aide du graphique.**

b. **Déduisez-en par le calcul les coordonnées du point commun aux deux droites (vérifiez le résultat avec le graphique).**

4 Indiquez si les fonctions affines suivantes sont croissantes ou décroissantes sur ℝ et justifiez.

a. $f(x) = -3x + 1$ c. $h(x) = 3x + 2$

b. $g(x) = x - 3$ d. $k(x) = -2$

5 Soient f et g des fonctions affines avec $f(x) = 5x - 2$ et $g(x) = \frac{-2}{3}x + 4$.

Donnez la solution des équations suivantes.

a. $f(x) = 0$ c. $f(x) = 6$

b. $g(x) = 0$ d. $f(x) = g(x)$

6 Reprenez les fonctions f et g de l'exercice 5 et représentez-les dans le repère ci-dessous.

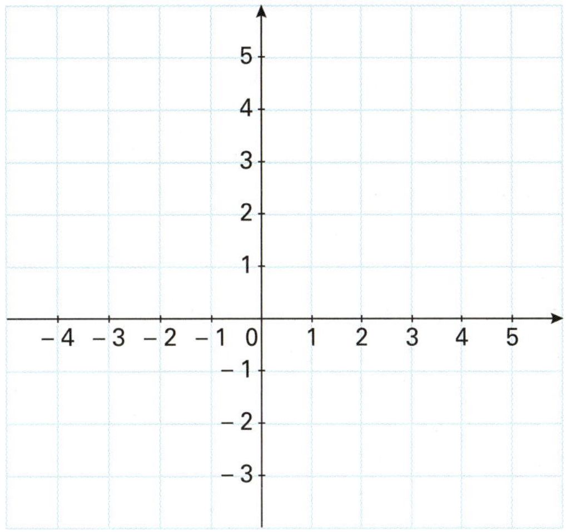

7 Soit h la fonction affine définie par morceaux sur $[-3 ; 4]$ par :

– si $x \leqslant 2$: $h(x) = x + 1$;

– si $x \geqslant 2$: $h(x) = -2x + 7$;

a. **Complétez le tableau de variation de h.**

x	...	2	...
$h(x)$			

b. **Représentez h sur le graphique suivant.**

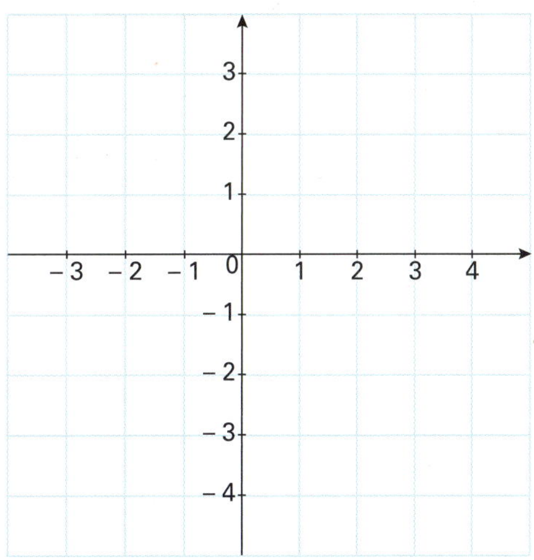

8 Indiquez sur quel intervalle de ℝ les fonctions affines suivantes sont positives.

Fonction	Intervalle
$x \mapsto 2x + 1$	
$x \mapsto -3x - 4$	
$x \mapsto \frac{1}{2}x - 2$	
$x \mapsto 7$	

FONCTIONS

8 Fonction carré

SAVOIR

- La **fonction carré** est la fonction f définie sur $\mathbb{R}$ qui, à tout réel x, associe son carré x^2, telle que $\boldsymbol{f(x) = x^2}$.
- **Sens de variation** :
  – f est **décroissante** sur $]-\infty ; 0]$ (si $\boldsymbol{a < b < 0}$ alors $\boldsymbol{a^2 > b^2 > 0}$) ;
  – f est **croissante** sur $[0 ; +\infty[$ (si $\boldsymbol{0 < a < b}$ alors $\boldsymbol{0 < a^2 < b^2}$).

x	$-\infty$	0	$+\infty$
$f(x)$	↘	0	↗

– La fonction carré admet un minimum en 0 sur $\mathbb{R}$, qui vaut 0.

- **Représentation graphique** :
  – La fonction carré se représente dans un repère orthogonal par une courbe appelée **parabole**.
  – Cette parabole de sommet O (0 ; 0) est symétrique par rapport à l'axe des ordonnées.
- **Remarque :** bien que 0 ait pour image 0 ($f(0) = 0^2 = 0$), et que la courbe de la fonction carré passe par l'origine du repère, la fonction carré **n'est pas une fonction linéaire** (une parabole n'est pas une droite).

SAVOIR FAIRE Utiliser la fonction carré

- **Comparer deux carrés sans calculatrice**

Comparer $1{,}61^2$ et $1{,}62^2$ puis $(-3{,}55)^2$ et $(-3{,}56)^2$.

1. On a $0 < 1{,}61 < 1{,}62$ et la fonction carré est **croissante** sur $]0 ; +\infty[$, donc $1{,}61^2$ et $1{,}62^2$ **sont rangés dans le même ordre** que 1,61 et 1,62, d'où $1{,}61^2 < 1{,}62^2$.

2. On a $-3{,}56 < -3{,}55 < 0$ et la fonction carré est **décroissante** sur $]-\infty ; 0[$, donc $(-3{,}56)^2$ et $(-3{,}55)^2$ **ne sont pas dans le même ordre** que $-3{,}56$ et $-3{,}55$, d'où $(-3{,}56)^2 > (-3{,}55)^2$.

- **Résoudre une inéquation d'après les variations de la fonction carré**

Résoudre l'inéquation $x^2 \leqslant 5$.

x	$-\infty$	$-\sqrt{5}$	0	$\sqrt{5}$	$+\infty$
x^2	↘	5	0	5	↗

1. Chercher d'abord les antécédents de 5 par la fonction carré : $-\sqrt{5}$ et $\sqrt{5}$.

2. Produire alors le tableau de variation de la fonction carré enrichi de ces informations.

3. Conclure d'après ce tableau que pour avoir $x^2 \leqslant 5$, il faut avoir $x \in [-\sqrt{5} ; \sqrt{5}]$.

On aurait pu déduire le même résultat de la parabole qui représente la fonction carré.

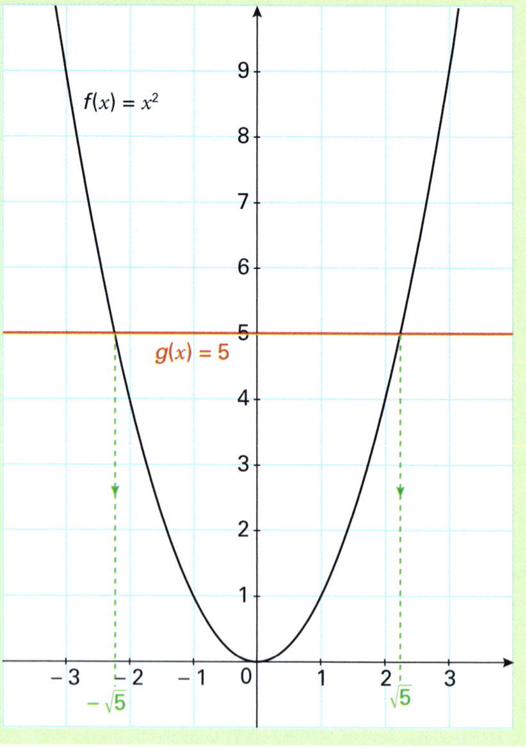

S'ENTRAÎNER

1 Soit f la fonction carré.

Complétez le tableau par les images manquantes.

x	−5	−1	0	10	50
$f(x)$					

2 Soit f la fonction carré.

Complétez le tableau par les antécédents manquants :

x	−…	−…	+…	+…	+…
$f(x)$	4	2,25	$\frac{1}{9}$	144	400

3 Soit f la fonction carré.

Calculez.

a. $f(\sqrt{3})$ c. $f(2\sqrt{6})$

b. $f(-5\sqrt{5})$ d. $f(\sqrt{2}+\sqrt{3})$

4 Donnez les éléments suivants.

a. L'antécédent de 0 par la fonction carré.

b. Les deux antécédents par la fonction carré de 9.

c. La raison pour laquelle −4 n'a pas d'antécédent par la fonction carré.

5 Comparez les nombres suivants (… < … ou … > …) sans les calculer, en justifiant grâce au sens de variation de la fonction carré.

a. $(-89)^2$ et $(-88)^2$ b. $(3+\sqrt{2})^2$ et $(4+\sqrt{2})^2$

c. $(\pi - 1)^2$ et $(2,14)^2$

6 Utilisez la courbe ci-dessous de la fonction carré pour compléter, lorsque c'est possible, les inégalités proposées.

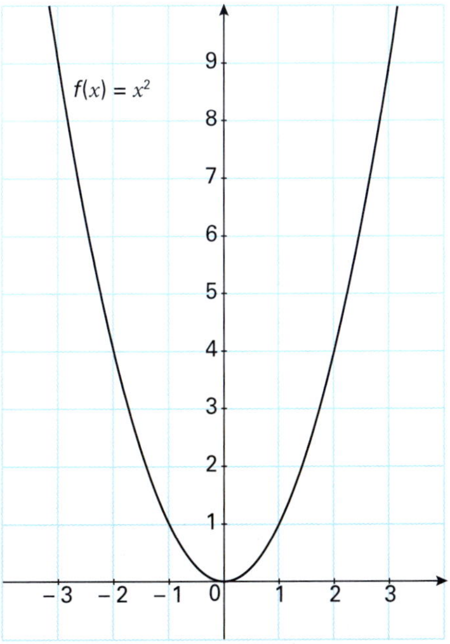

a. Si $x^2 \leqslant 4$ alors … $\leqslant x \leqslant$ … .

b. Si $-1 \leqslant x \leqslant 3$ alors … $\leqslant x^2 \leqslant$ … .

c. Si $x^2 \geqslant 2$ alors ....

d. Si $x^2 \geqslant -1$ alors ....

e. Si $x^2 < -2$ alors ....

7 On veut résoudre l'équation $x^2 = \frac{5}{2}x - 1$.

Soit f la fonction carré et g telle que $g(x) = \frac{5}{2}x - 1$.

a. **Représentez ci-dessous les fonctions f et g pour $x \in [-1\ ;3]$.**

b. **Déduisez-en graphiquement les solutions approchées de l'équation.**

c. **Vérifiez par le calcul la réponse à la question précédente.**

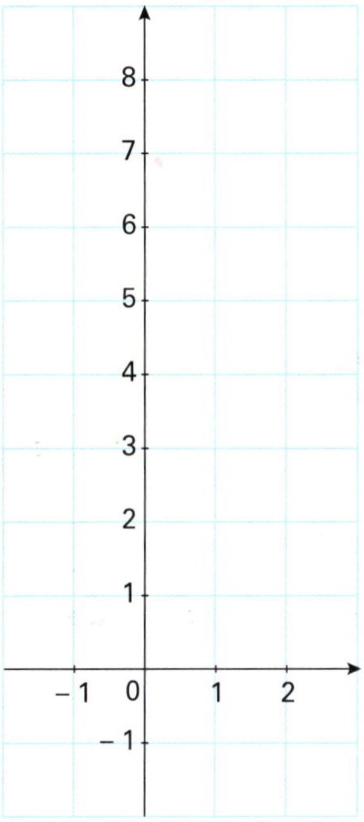

8 a. **Montrez que $\sqrt{7+2\sqrt{10}}$ et $\sqrt{2}+\sqrt{5}$ ont la même image par la fonction carré.**

b. **Sachant que les deux antécédents distincts d'un nombre par la fonction carré sont des réels opposés, que peut-on en déduire pour ces deux nombres ?**

9 On veut comparer $(2\sqrt{5}+5)^2$ et $\left(\frac{14}{3}\right)^2$ sans calculatrice, mais en utilisant la fonction $f : x \mapsto 2x+3$.

Complétez le raisonnement suivant.

On donne $\sqrt{5}+1 < \frac{10}{3}$. Puisque $2 > 0$, alors la fonction f est .... sur $\mathbb{R}$.

Ainsi $f(\sqrt{5}+1)$ … $f\left(\frac{10}{3}\right)$. Or $f(\sqrt{5}+1) = 2\sqrt{5}+5$ et $f\left(\frac{10}{3}\right) = \frac{14}{3}$, on en déduit que $2\sqrt{5}+5$ … $\frac{14}{3}$. Ensuite, la fonction carré est .... sur................., donc $(2\sqrt{5}+5)^2$ …. $\left(\frac{14}{3}\right)^2$.

MATHS

9 Fonction inverse

SAVOIR

▸ La **fonction inverse** est la fonction f définie sur $]-\infty\,;0[\cup]0\,;+\infty[$ qui, à tout réel x, associe son inverse $\frac{1}{x}$, telle que $f(x)=\frac{1}{x}$.

▸ **Sens de variation** :
– f est **décroissante** sur $]-\infty\,;0[$ (si $\boldsymbol{a<b<0}$, alors $\boldsymbol{\frac{1}{a}>\frac{1}{b}}$) ;
– f est **décroissante** sur $]0\,;+\infty[$ (si $\boldsymbol{0<a<b}$, alors $\boldsymbol{\frac{1}{a}>\frac{1}{b}}$) ;

x	$-\infty$	0	$+\infty$
$f(x)$	↘	‖	↘

La double barre indique que f n'est pas définie en 0.

– La fonction inverse est **négative** si $\boldsymbol{x<0}$, **positive** si $\boldsymbol{x>0}$.

▸ **Représentation graphique** : la fonction inverse se représente dans un repère orthogonal par une courbe appelée **hyperbole**, qui est symétrique par rapport à l'origine du repère.

▸ **Remarque :** la fonction inverse **n'est pas une fonction linéaire** (elle n'est pas définie sur $\mathbb{R}$ et ne passe pas par l'origine du repère).

SAVOIR FAIRE — Utiliser la fonction inverse

• **Comparer deux inverses sans calculatrice**

Comparer $\frac{1}{\pi+1}$ et $\frac{1}{4}$, puis $\frac{1}{1-\pi}$ et $\frac{-1}{2}$.

1. Voir que $0<4<\pi+1$. La fonction inverse est décroissante sur $]0\,;+\infty[$, donc $\frac{1}{4}$ et $\frac{1}{\pi+1}$ ne sont pas rangés dans le même ordre que 4 et $\pi+1$. D'où $\frac{1}{4}>\frac{1}{\pi+1}$.

2. Voir que $1-\pi<-2<0$. La fonction inverse est décroissante sur $]-\infty\,;0[$, donc $\frac{1}{1-\pi}$ et $\frac{-1}{2}$ ne sont pas dans le même ordre que $1-\pi$ et -2. D'où $\frac{1}{1-\pi}>\frac{-1}{2}$.

• **Résoudre une inéquation d'après les variations de la fonction inverse**

Résoudre l'inéquation $\frac{1}{x}\leqslant 3$.

1. Chercher d'abord les antécédents de 3 par la fonction inverse : il n'y a que $\frac{1}{3}$.

2. Produire alors le tableau de variation de la fonction inverse enrichi de cette information.

3. Conclure d'après ce tableau que pour avoir $\frac{1}{x}\leqslant 3$, il faut avoir $x\in\left]-\infty\,;0\right[\cup\left[\frac{1}{3}\,;+\infty\right[$.

x	$-\infty$	0	$\frac{1}{3}$	$+\infty$
$\frac{1}{x}$	↘	‖	↘ 3	↘

On aurait pu déduire le même résultat de l'hyperbole qui représente la fonction inverse.

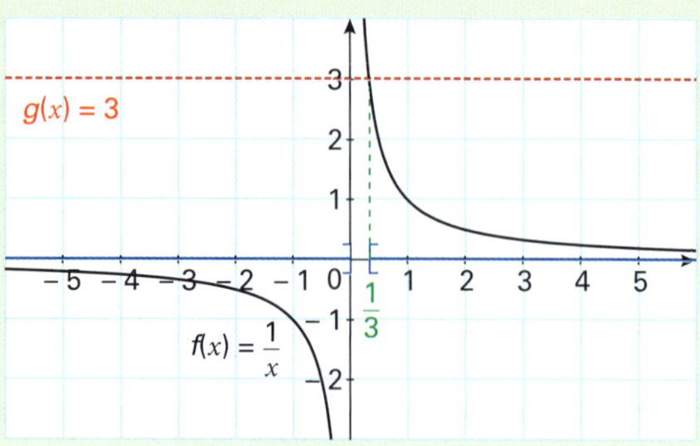

1 Soit f la fonction inverse.

Complétez le tableau par les images manquantes, lorsque c'est possible.

x	-5	-1	0	$0{,}5$	$\frac{7}{3}$
$f(x)$					

2 Soit f la fonction inverse.

Complétez le tableau par les antécédents manquants, lorsque c'est possible.

x					
$f(x)$	-4	$-0{,}25$	$-\frac{1}{9}$	0	$\sqrt{2}$

3 Soit f la fonction inverse.

Calculez les éléments suivants.

a. $f(10^{-3})$

b. $f(-1)$

c. $f\left(\frac{-5}{6}\right)$

d. $f\left(\frac{6}{5}\right)$

4 **Donnez les éléments suivants.**

a. L'antécédent de 1 par la fonction inverse.

b. L'image de l'antécédent $-0{,}1$ par la fonction inverse.

c. La raison pour laquelle 0 n'a pas d'antécédent par la fonction inverse.

5 **Utilisez la courbe ci-dessous de la fonction inverse pour compléter, lorsque c'est possible, les inégalités proposées.**

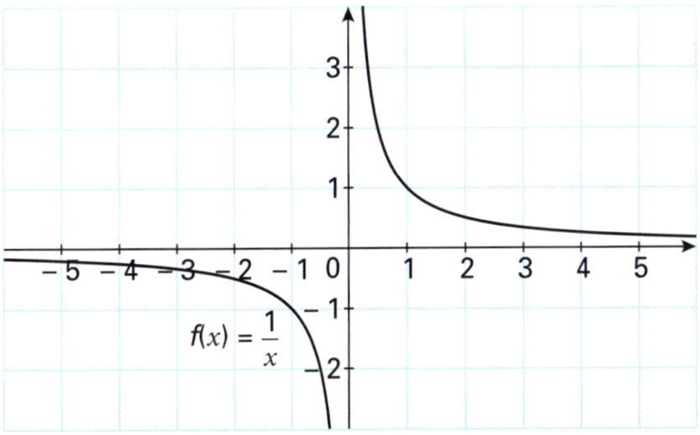

a. Si $2 \leqslant \frac{1}{x} \leqslant 4$ alors ... $\leqslant x \leqslant$ ....

b. Si $-1 \leqslant x \leqslant \frac{-1}{2}$ alors ... $\leqslant \frac{1}{x} \leqslant$ ....

c. Si $\frac{1}{x} \geqslant 4$ alors ....

d. Si $\frac{1}{x} \leqslant -1$ alors ....

e. Si $-2 < \frac{1}{x} < 2$ alors ....

6 **Comparez les nombres suivants (... < ... ou ... >...) sans les calculer, en justifiant grâce au sens de variation de la fonction inverse.**

a. $\frac{-1}{19}$ et $\frac{-1}{18}$

b. $\frac{1}{3+\sqrt{2}}$ et $\frac{1}{4+\sqrt{2}}$

7 On veut résoudre l'équation $\frac{1}{x} = x - 1$.
Soit f la fonction inverse et g telle que $g(x) = x - 1$.

a. **Représentez ci-dessous f et g pour $x \in [-4 ; 4]$ (avec $x \neq 0$ pour f).**

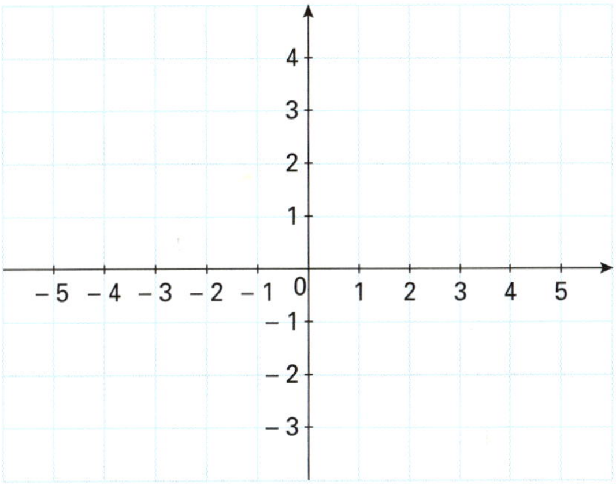

b. **Déduisez-en graphiquement les solutions approchées de l'équation $\frac{1}{x} = x - 1$.**

c. **Vérifiez par le calcul que $\frac{\sqrt{5}+1}{2}$ est l'une des solutions.**

8 On veut comparer $\frac{1}{2\sqrt{5}+5}$ et $\frac{3}{14}$ sans calculatrice, mais en utilisant la fonction $f : x \mapsto 2x + 3$.

Complétez le raisonnement suivant.

On donne $\sqrt{5} + 1 < \frac{10}{3}$.

Comme $2 > 0$, la fonction affine f est .... sur $\mathbb{R}$.

Ainsi, $f(\sqrt{5}+1)$ ... $f\left(\frac{10}{3}\right)$. Or $f(\sqrt{5}+1) = 2\sqrt{5} + 5$ et $f\left(\frac{10}{3}\right) = \frac{14}{3}$.

On en déduit que $2\sqrt{5} + 5$ ... $\frac{14}{3}$.

Ensuite, la fonction inverse est .... sur.................., donc $\frac{1}{2\sqrt{5}+5}$ ... $\frac{3}{14}$.

10 Fonctions du second degré

SAVOIR

▸ La **fonction polynôme du second degré** est la fonction f définie sur $\mathbb{R}$ qui, pour a, b, c réels et $a \neq 0$, associe à tout réel x :

$$f(x) = ax^2 + bx + c$$

C'est la **forme développée** de $f(x)$.

▸ S'il existe deux réels d et e tels que $f(d) = f(e) = 0$, alors on peut écrire f ainsi :

$$f(x) = a(x - d)(x - e)$$

C'est la **forme factorisée** de $f(x)$. On peut avoir $d = e$.

▸ Il existe toujours deux réels α et β tels que :

$$f(x) = a(x - \alpha)^2 + \beta$$

C'est la **forme canonique** de $f(x)$.

▸ Les fonctions polynômes du second degré ont des propriétés (variations, graphique) qui se **déduisent** de celles de la **fonction carré**.

▸ **Représentation graphique** :

– la courbe représentant une fonction polynôme du second degré est une **parabole**, dont le sommet a pour coordonnées $(\alpha\,;\beta)$ et qui, lorsque d et e existent, coupe l'axe des abscisses aux points de coordonnées $(d\,;0)$ et $(e\,;0)$;

– cette courbe admet pour **axe de symétrie** l'axe parallèle à l'axe des ordonnées passant par le point $(\alpha\,;0)$.

si $a > 0$:

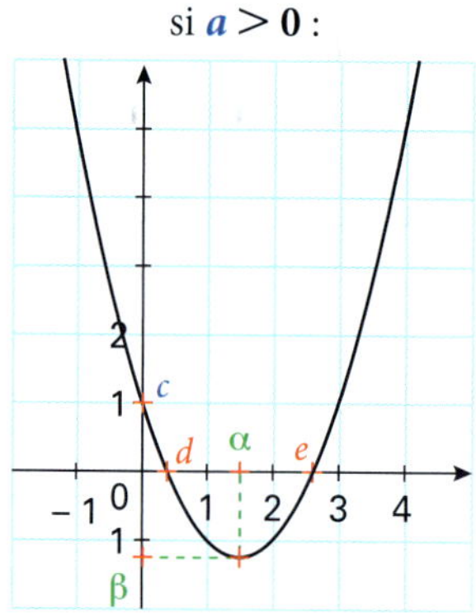

si $a < 0$:

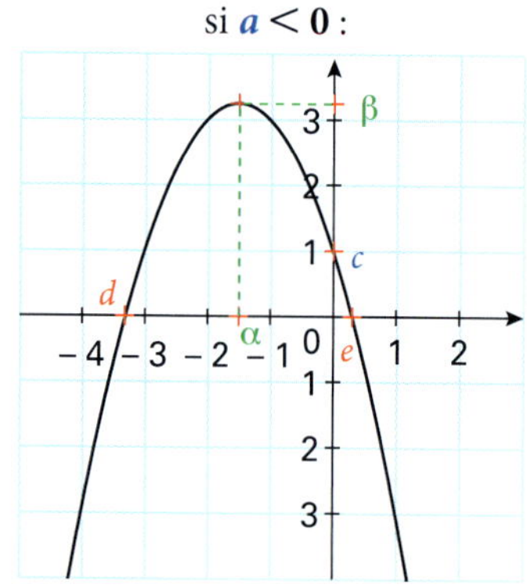

SAVOIR FAIRE — Étudier une fonction du second degré

Soit la fonction g définie sur $\mathbb{R}$ par $g(x) = 4(x-2)^2 - 9$. On admet que $g(x) = 4\left(x - \frac{7}{2}\right)\left(x - \frac{1}{2}\right)$ et que $g(x) = 4x^2 - 16x + 7$.

Donner le tableau de variation de g, son extremum, les antécédents de 0, de 7, de –9 par g.

1. Utiliser la **forme développée** $g(x) = 4x^2 - 16x + 7$. On voit que $a = 4$ et $4 > 0$. g est donc décroissante puis croissante.

x	$-\infty$	2	$+\infty$
$g(x)$	↘	–9	↗

2. Utiliser la **forme canonique** $g(x) = 4(x-2)^2 - 9$. On voit que le changement de sens se fait pour $x = \alpha = 2$ et que le minimum de g sur $\mathbb{R}$ vaut $\beta = -9$ et est atteint pour $x = \alpha = 2$.

3. Chercher l'antécédent de 0 par g, c'est résoudre l'équation $g(x) = 0$.
La **forme factorisée** de $g(x)$ est la plus adaptée (produit nul) : trouver que $x = \frac{7}{2}$ ou $x = \frac{1}{2}$.
0 a donc deux antécédents par g : $\frac{1}{2}$ et $\frac{7}{2}$.

4. Voir que, pour $g(x) = 7$, la forme développée est la plus adaptée puisque $4x^2 - 16x + \mathbf{7} = \mathbf{7}$ devient $4x^2 - 16x = 0$. Factoriser par x et résoudre $4x(x-4) = 0$ (produit nul). 7 a deux antécédents : 0 et 4.

5. Voir que, pour $g(x) = -9$, c'est la forme canonique qui convient car $4(x-2)^2 - 9 = -9$ devient $4(x-2)^2 = 0$ (produit nul). Ainsi, $x = 2$ et –9 a un seul antécédent, qui est 2.

1 Soit f la fonction définie sur $\mathbb{R}$ par $f(x) = 2x^2 - 3x - 1$.

Calculez les éléments suivants.

a. $f(3)$
b. $f(-2)$
c. $f(\sqrt{3})$
d. $f\left(\frac{2}{3}\right)$

2 Voici trois expressions d'une fonction f :

- $f_1(x) = 2(x-1)(x-4)$;
- $f_2(x) = 2x^2 - 10x + 8$;
- $f_3(x) = 2\left(x - \frac{5}{2}\right)^2 - \frac{9}{2}$.

a. **Déterminez quelle est la forme de f des fonctions $f_1(x)$, $f_2(x)$ et $f_3(x)$.**

b. **Choisissez la forme la plus adaptée pour :**

- calculer $f(4)$.
- calculer $f\left(\frac{5}{2}\right)$.
- calculer $f(0)$.

3 Voici trois expressions d'une fonction g :

- $g_1(x) = -(x-1)^2 + 4$;
- $g_2(x) = -(x-3)(x+1)$;
- $g_3(x) = -x^2 + 2x + 3$.

a. **Déterminez quelle est la forme de g des fonctions $g_1(x)$, $g_2(x)$ et $g_3(x)$.**

b. **Choisissez la forme la plus adaptée pour :**
– calculer l'antécédent de 4 par g.
– calculer l'antécédent de 0 par g.
– calculer $g(0)$.

4 Complétez les tableaux de variation suivants.

a.

x	$-\infty$	...	$+\infty$
$-2(x-4)^2$			

b.

x	$-\infty$	...	$+\infty$
$3(x-1)^2 + 6$			

c.

x	$-\infty$	...	$+\infty$
$x^2 - 7$			

d.

x	$-\infty$	...	$+\infty$
$-5x^2 - 8$			

5 Une fonction f du second degré est représentée ci-dessous.

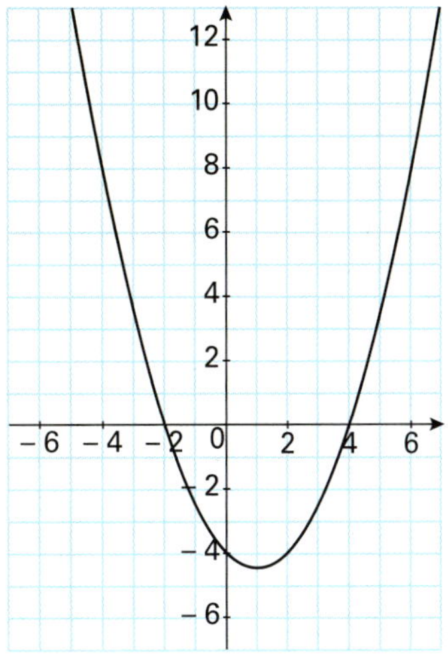

f se factorise sous la forme $a(x-d)(x-e)$.

a. **Déterminez graphiquement d et e, puis a en calculant $f(0)$.**

b. **Complétez la forme factorisée de f.**
$f(x) = \ldots\ (x \ldots)(x \ldots)$

c. **Complétez de même la forme canonique de f.**
$f(x) = \ldots\ (x - \ldots)^2 - \ldots$

d. **En déduire la forme développée de f.**
$f(x) = \ldots\ x^2 - x - \ldots\ldots$.

6 On considère l'algorithme de calcul suivant, qui correspond à une fonction f.

> **1.** Choisir un nombre.
> **2.** Tripler ce nombre.
> **3.** Ajouter 1.
> **4.** Élever au carré.
> **5.** Retrancher 9.

a. **Calculez $f(2)$.**
b. **Déterminez $f(x)$.**
c. **Factorisez $f(x)$ à l'aide d'une identité remarquable.**
d. **Déduisez-en les deux réels pour lesquels l'algorithme donne 0.**
e. **Représentez graphiquement la fonction f.**

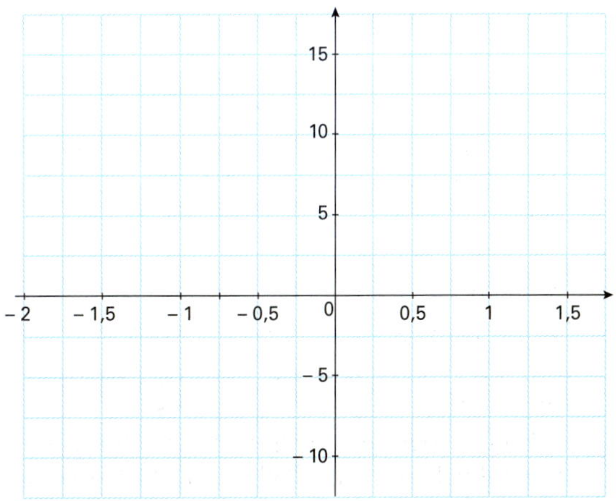

FONCTIONS

11 Fonction homographique

SAVOIR

▸ Une **fonction homographique** est une fonction qui peut s'écrire comme un quotient de fonctions affines, du type :

$x \mapsto \dfrac{ax+b}{cx+d}$	a, b, c, d réels ($c \neq 0$)

L'expression est définie sur $\left]-\infty\,;-\frac{d}{c}\right[\cup \left]-\frac{d}{c}\,;+\infty\right[$ (car $cx+d \neq 0$).

▸ Cette fonction peut aussi s'écrire sous une **forme réduite**, du type :

$$x \mapsto \alpha + \frac{\beta}{x-\gamma}$$

L'expression est définie sur $]-\infty\,;\gamma[\cup]\gamma\,;+\infty[$.

▸ **Représentation graphique** : une fonction homographique est une fonction issue de la fonction inverse (comme le montre la forme réduite) qui a une courbe de même allure que l'hyperbole de la fonction inverse, avec deux branches de part et d'autre de l'abscisse γ, et qui possède également une « double barre » dans son tableau de variation en γ.

Exemple : la courbe de $x \mapsto \dfrac{2x+1}{3x-2}$ est définie sur $\left]-\infty\,;\frac{2}{3}\right[\cup \left]\frac{2}{3}\,;+\infty\right[$ et est de forme réduite :

$$x \mapsto \frac{2}{3} + \frac{\frac{7}{9}}{x-\frac{2}{3}}.$$

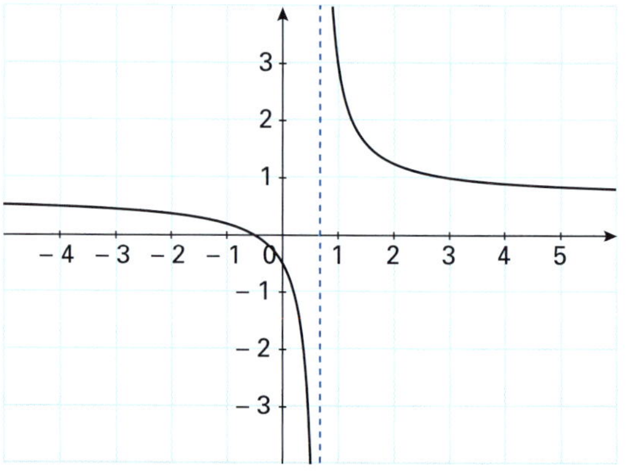

SAVOIR FAIRE — Manipuler une fonction homographique

• Trouver un ensemble de définition

Déterminer l'ensemble de définition de la fonction $f : x \mapsto 2 + \dfrac{5}{x+3}$.

1. f est définie pour tout x n'annulant pas le dénominateur de $f(x)$.
2. Il faut donc avoir $x+3 \neq 0$, donc $x \neq -3$. f est donc définie sur $]-\infty\,;-3[\cup]-3\,;+\infty[$.

• Prouver qu'une fonction est homographique

Démontrer que la fonction $g : x \mapsto -1 + \dfrac{2}{x-1}$ est homographique.

1. Écrire $g(x)$ comme un quotient de deux expressions affines.
2. Pour cela, réduire -1 et $\dfrac{2}{x-1}$ au même dénominateur :

$$g(x) = \frac{-1}{1} + \frac{2}{x-1} = \frac{-(x-1)}{(x-1)} + \frac{2}{x-1} = \frac{-(x-1)+2}{x-1} = \frac{-x+3}{x-1}.$$

3. Conclure que g est du type $x \mapsto \dfrac{ax+b}{cx+d}$, donc la fonction g est homographique. Pour la fonction g, on a : $a=-1$, $b=3$, $c=1$ et $d=-1$.

• Identifier un enchaînement de fonctions

Décomposer la fonction $h : x \mapsto 4 + \dfrac{2}{2x-1}$ à l'aide des fonctions de référence.

Procéder dans le même ordre que les étapes que l'on effectuerait pour calculer mentalement l'image d'un réel, par exemple $h(1)$.

$$x \overset{①}{\mapsto} 2x-1 \overset{②}{\mapsto} \frac{1}{2x-1} \overset{③}{\mapsto} \frac{2}{2x-1} \overset{④}{\mapsto} 4 + \frac{2}{2x-1}$$

① fonction affine $x \mapsto 2x-1$

② fonction inverse $x \mapsto \dfrac{1}{x}$

③ fonction linéaire $x \mapsto 2x$

④ fonction affine $x \mapsto x+4$

1 Soit f la fonction $x \mapsto \frac{2x+1}{3x-2}$.

Complétez le tableau par les images manquantes, lorsque c'est possible.

x	$-\frac{2}{3}$	-1	0	$\frac{2}{3}$	2
$f(x)$					

2 Soit g la fonction $x \mapsto \frac{2x-3}{x+4}$.

a. **Donnez le domaine de définition de g.**

b. **Donnez l'antécédent de 0 par g.**

c. **Montrez que pour trouver l'antécédent de 1 par g, il faut résoudre l'équation $2x-3 = x+4$.**

d. **Trouvez l'antécédent de 1 par g.**

3 Indiquez le domaine de définition des fonctions homographiques suivantes.

a. $f : x \mapsto \frac{x+3}{2x-1}$

b. $g : x \mapsto \frac{3x+5}{1+3x}$

c. $h : x \mapsto \frac{4x+1}{-3x-2}$

4 Montrez que $x \mapsto 1 + \frac{2}{2x-3}$ est la forme réduite de la fonction $x \mapsto \frac{2x-1}{2x-3}$.

5 Vrai ou faux ?

Sur le graphique suivant, les courbes f, g, h et p représentent des fonctions homographiques.

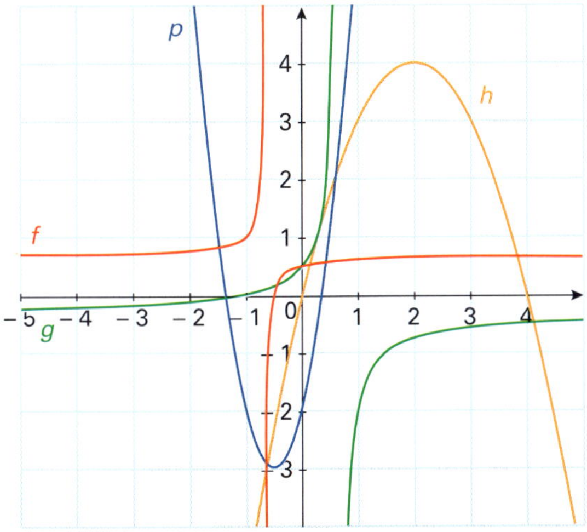

6 **$x \mapsto 2 + \frac{1}{-2x+5}$ est-elle la forme réduite de la fonction homographique $h : x \mapsto \frac{4x-9}{-2x+5}$? Justifiez.**

7 a. **Vérifiez que la fonction $f : x \mapsto 3 + \frac{1}{2x-1}$ est associée à l'enchaînement de fonctions suivant.**

> $x \mapsto$ .... $\overset{①}{\mapsto}$ .... $\overset{②}{\mapsto}$ .... $\overset{③}{\mapsto}$ ....
>
> ① fonction affine $x \mapsto 2x-1$
>
> ② fonction inverse
>
> ③ fonction affine $x \mapsto x+3$

b. **Déterminez la fonction homographique g définie par l'enchaînement de fonctions suivant.**

> $x \mapsto$ .... $\overset{①}{\mapsto}$ .... $\overset{②}{\mapsto}$ .... $\overset{③}{\mapsto}$ ....
>
> ① fonction affine $x \mapsto 3x+2$
>
> ② fonction inverse
>
> ③ fonction affine $x \mapsto 2x+3$

8 On donne :

(BD) // (EC) ;

AB = 3 cm ;

BC = 2 cm ;

DE = 1 cm ;

AD = x cm.

On pose $f(x) = \frac{AD}{AE}$.

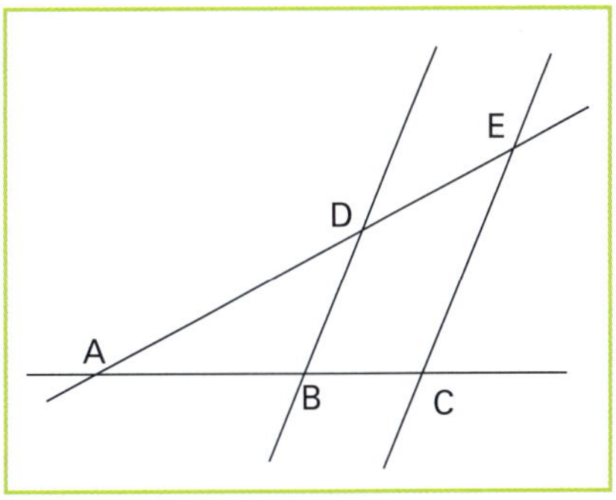

a. **Montrez que f est une fonction homographique.**

Afin de réaliser une figure en vraie grandeur, on veut trouver l'antécédent de $\frac{3}{5}$ par f.

b. **Montrez qu'il s'agit de $\frac{3}{2}$.**

FONCTIONS

12 Inéquations : résolutions algébrique et graphique

SAVOIR

- Lors de la résolution algébrique d'une inéquation, on peut, sans changer l'ensemble des solutions :
– ajouter ou soustraire n'importe quel nombre dans chaque membre de l'inéquation ;
– multiplier ou diviser chaque membre par un nombre **positif** ;
– multiplier ou diviser chaque membre par un nombre **négatif,** à condition de **changer le sens de l'inéquation**.

- **Cas particulier fondamental** : l'inéquation de degré un « $ax + b > 0$ ».

	Si $a < 0$	Si $a > 0$
Ensemble des solutions	$\left]-\infty ; -\frac{b}{a}\right[$	$\left]-\frac{b}{a} ; +\infty\right[$

- **Résolution graphique :** soient deux fonctions f et g, de courbes représentatives respectives C_f et C_g, et k un réel.
– Les solutions de l'inéquation $f(x) < k$ sont les abscisses de tous les points de C_f situés en-dessous de la droite d'équation $y = k$.
– Les solutions de l'inéquation $f(x) < g(x)$ sont les abscisses de tous les points de C_f situés en-dessous d'un point de C_g de même abscisse.

SAVOIR FAIRE — Résoudre une inéquation de degré un, algébriquement ou graphiquement

- **Résoudre algébriquement une inéquation de degré un**

Résoudre algébriquement l'inéquation $x^2 - 3 - 2(x + 1) > (x + 2)^2$.

1. Développer et réduire chaque membre de l'inéquation.
Ainsi $x^2 - 3 - 2x - 2 > x^2 + 4x + 4$, soit $x^2 - 2x - 5 > x^2 + 4x + 4$.

2. Soustraire x^2 de chaque côté, d'où $-2x - 5 > 4x + 4$, puis soustraire $4x$ de chaque côté, d'où $-6x - 5 > 4$ et enfin ajouter 5 dans chaque membre, pour avoir $-6x > 9$.

3. Diviser par -6 de chaque côté tout en changeant le sens de l'inégalité car $-6 < 0$. On obtient $x < \frac{9}{-6}$, soit $x < \frac{-3}{2}$. L'ensemble des solutions est donc l'intervalle $\left]-\infty ; -\frac{3}{2}\right[$.

- **Résoudre graphiquement une inéquation de degré un**

Résoudre graphiquement les inéquations $f(x) > g(x)$ et $g(x) < 2$, avec f et g deux fonctions définies sur $[-3 ; 2]$.

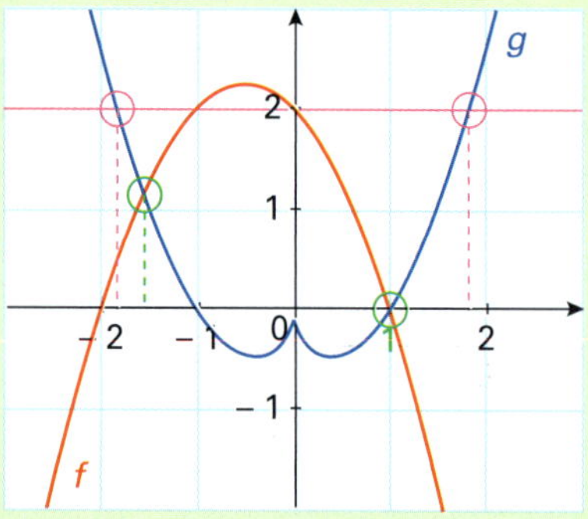

Pour $f(x) > g(x)$:

1. Entourer en vert les deux points d'intersection des deux courbes : l'un d'abscisse $-1,6$, l'autre d'abscisse 1.

2. Entre ces deux points, la courbe de f est au-dessus de celle de g. On a donc $f(x) > g(x)$ pour toute abscisse comprise entre $-1,6$ et 1.

3. L'ensemble des solutions est donc l'intervalle $]-1,6 ; 1[$.

Pour $g(x) < 2$:

1. Tracer la fonction constante égale à 2 en rose, puis entourer en rose les deux points d'intersection entre cette droite et la courbe de g d'abscisses $-1,9$ et $1,9$.

2. Entre ces deux points, la courbe de g est au-dessous de celle de la fonction constante égale à 2. On a donc $g(x) < 2$ pour toute abscisse x entre $-1,9$ et $1,9$.

3. L'ensemble des solutions est donc l'intervalle $]-1,9 ; 1,9[$.

1 Indiquez si les deux inéquations proposées ont les mêmes solutions.

a. $x^2 < 2 - x$ et $x^2 + 3 < 5 - x$

b. $x^2 < 2 - x$ et $-3x^2 < -6 + 3x$

c. $x^2 \leqslant 2 - x$ et $x^2 - 1 \geqslant 1 - x$

d. $x^2 < 2 - x$ et $x^2 + 5x < 2 + 4x$

e. $x^2 < 2 - x$ et $\dfrac{x^2}{-4} > \dfrac{2-x}{-4}$

2 Résolvez l'inéquation

$3(5 - x) + 2 > (x + 1)^2 - x^2$.

3 Soit f la fonction représentée ci-contre, définie sur $[-3 ; 3]$.

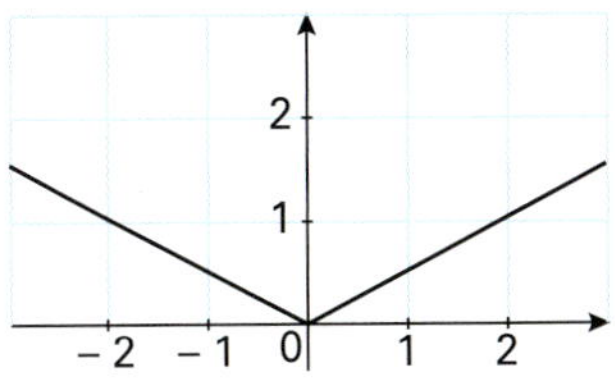

Indiquez, par lecture graphique, les intervalles de solutions des inéquations suivantes.

a. $f(x) < 1$ b. $f(x) \geqslant 0$ c. $f(x) < -1$

4 Résolvez graphiquement l'inéquation $f(x) \leqslant g(x)$, avec f et g définies sur $\mathbb{R}$, en donnant l'ensemble des solutions.

a.

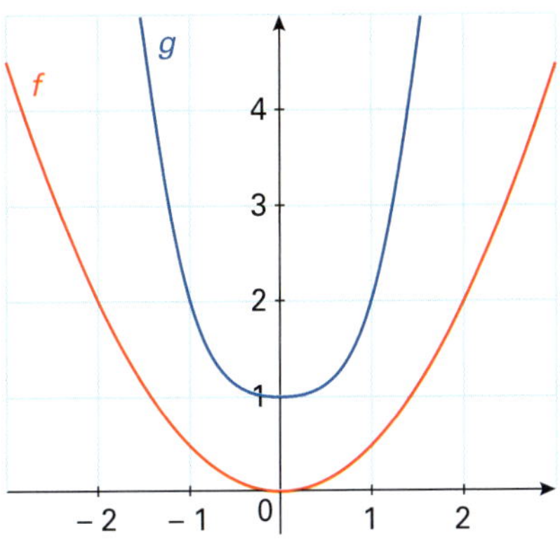

b.

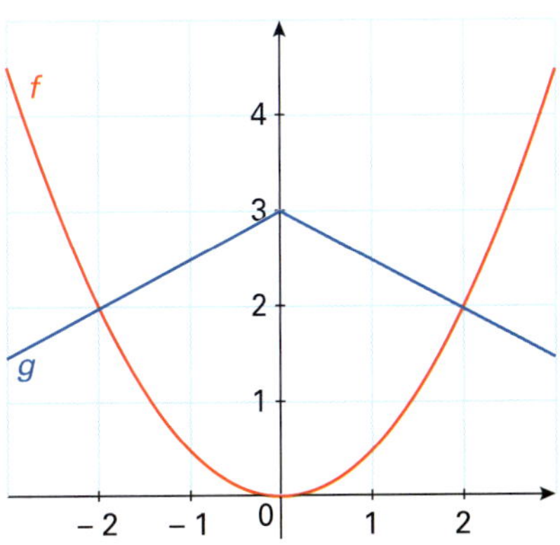

5 Sur un graphique illustrant le bilan d'une entreprise, la fonction f représente le coût de production de x milliers d'objets, et la fonction g le bénéfice lié à la vente de ces x milliers d'objets, exprimés en millions d'euros.

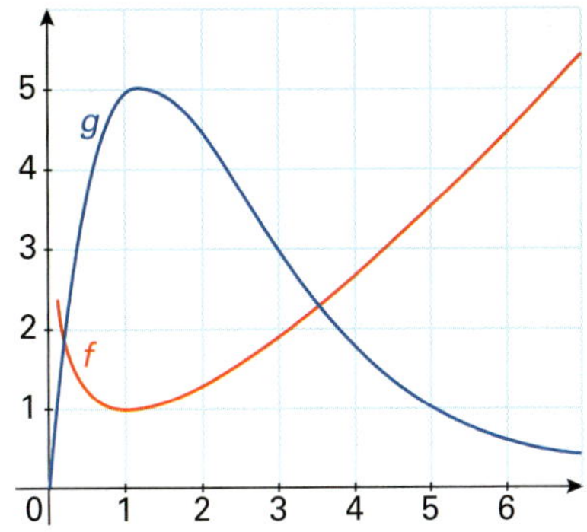

Utilisez ce graphique pour répondre aux questions suivantes, en donnant un intervalle.

a. À partir de combien d'objets fabriqués le coût de production dépasse-t-il 3 millions d'euros ?

b. Pour quelle quantité d'objets le bénéfice réalisé est-il supérieur au coût de production ?

6 Sur un terrain carré de 40 m de côté, on recouvre de béton des carrés de côté x m aux quatre coins du terrain. On veut savoir pour quelles valeurs de x l'aire de la partie bétonnée sera supérieure à la moitié de l'aire du reste du terrain.

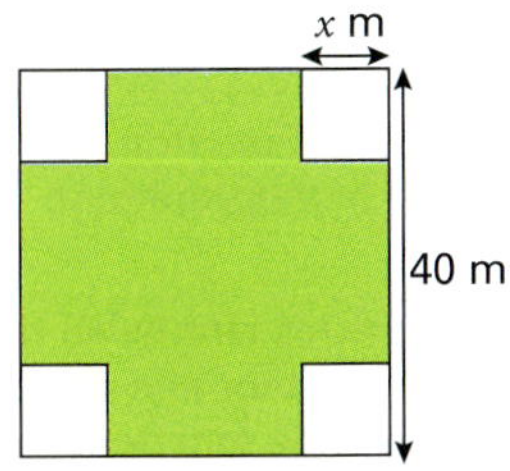

a. Montrez que cela revient à résoudre l'inéquation $4x^2 \geqslant \dfrac{1\,600 - 4x^2}{2}$.

On a représenté ci-dessous $f : x \mapsto 4x^2$ et $g : x \mapsto \dfrac{1\,600 - 4x^2}{2}$.

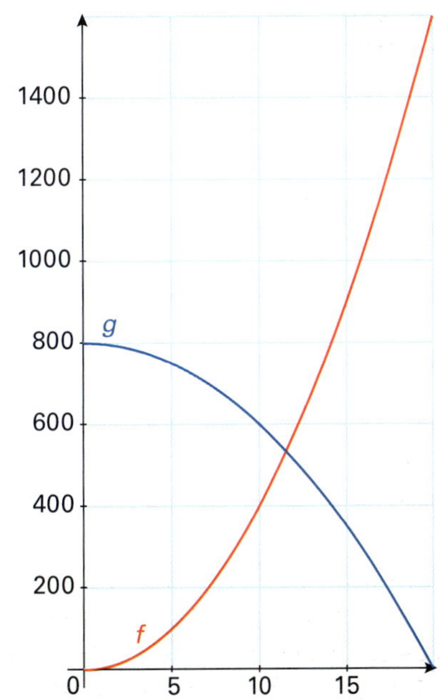

b. Utilisez ce graphique pour répondre au problème.

FONCTIONS

13 Inéquations : signes d'un produit et d'un quotient

SAVOIR

Règle des signes : le produit ou le quotient de deux nombres de même signe est positif, le produit ou le quotient de nombres de signes opposés est négatif.

Produit	Signe
⊕ × ⊕	⊕
⊖ × ⊖	⊕
⊕ × ⊖	⊖
⊖ × ⊕	⊖

Pour résoudre algébriquement une inéquation autre que du premier degré, et particulièrement une inéquation impliquant une fonction polynôme du second degré ou une fonction homographique, il faut avant tout ramener le **membre de droite à 0**.

L'étape suivante dépend de la nature du membre de gauche.

Fonction homographique	Fonction polynôme du second degré
▼	▼
Réduire les termes au même dénominateur afin d'avoir un quotient de fonctions affines	Mettre la fonction sous sa forme factorisée
▼	▼

Dresser un tableau de signes

Tout tableau de signes est basé sur le signe de $x \mapsto ax + b$ lorsque x décrit $\mathbb{R}$.

Il contient :

– une première ligne qui décrit les valeurs de x annulant $ax + b$;

– une ligne par expression $ax + b$ qui présente dans le membre de gauche de l'inéquation, et qu'on remplit de + et de – en fonction du signe du coefficient directeur a ;

– une dernière ligne qui indique le signe du membre de gauche. On l'obtient en appliquant la **règle des signes** à chaque **intervalle** défini par les valeurs remarquables de x.

Remarque : dans le tableau de signes d'une fonction homographique, aucun dénominateur ne pouvant être égal à 0, on met une double barre pour indiquer la **valeur interdite** dans la **dernière ligne**.

SAVOIR FAIRE Résoudre une inéquation par l'étude du signe

• Résoudre une inéquation-produit

Résoudre l'inéquation $(x-3)(2x-5) < 0$.

1. Le membre de droite est déjà égal à 0, celui de gauche est déjà factorisé : dresser le tableau de signes ainsi.

2. Les valeurs annulant les facteurs de gauche sont 3 et $\frac{5}{2}$. Les ordonner avant de placer sur la première ligne : l'étude se fera sur les intervalles $\left]-\infty\,;\frac{5}{2}\right]$, $\left[\frac{5}{2}\,;3\right]$ et $[3\,;+\infty[$.

3. Placer les signes :
$x-3>0$ si $x>3$, d'où « –, –, + » en ligne 2 ;
$2x-5>0$ si $x>\frac{5}{2}$, d'où « –, +, + » en ligne 3.

4. Appliquer la règle des signes, colonne par colonne.

L'ensemble des solutions est donc $\left]\frac{5}{2}\,;3\right[$ (le produit doit être strictement négatif).

x	$-\infty$		$\frac{5}{2}$		3		$+\infty$
$x-3$		–		–	0	+	
$2x-5$		–	0	+		+	
$(x-3)(2x-5)$		+	0	–	0	+	

– par – donne +

+ par + donne +

• Résoudre une inéquation-quotient

Résoudre l'inéquation $\frac{2x-1}{x-3} \leqslant 3$.

1. Se ramener à $\frac{2x-1}{x-3} - 3 \leqslant 0$, puis à $\frac{-x+8}{x-3} \leqslant 0$.

2. Remplir le tableau comme dans l'exemple précédent.
L'ensemble des solutions est donc $]-\infty\,;3[\,\cup\,[8\,;+\infty]$.

x	$-\infty$		3		8		$-\infty$
$x-3$		–	0	+		+	
$-x+8$		+		+	0	–	
$\frac{-x+8}{x-3}$		–	‖	+	0	–	

La double barre indique que 3 est une « valeur interdite ».

1 **Complétez les tableaux suivants.**

a.

x	$-\infty$		$\frac{2}{3}$		5		$+\infty$
$x-5$			|		0		
$-3x+2$			0		|		
$(x-5)(-3x+2)$			0		0		

b.

x	$-\infty$		-1		$\frac{5}{3}$		$+\infty$
			0		|		
			|		0		
			0		0		

c.

x	$-\infty$		-2		1		$+\infty$
			|		|		
			|		|		
			||		0		

d.

x	$-\infty$						$+\infty$
x			|		|		
$2x+7$			|		|		
$\frac{2x+7}{x}$			0		||		

2 **Vrai ou faux ?**

Pour ramener le membre de droite de l'inéquation $(3x-1)^2 \geqslant 4x^2$ à 0, il faut de chaque côté :

a. ôter 4.

b. diviser par 4.

c. ôter x^2.

d. diviser par x^2.

e. ôter $4x^2$.

f. diviser par $4x^2$.

3 Soit l'inéquation $(3x-1)^2 \geqslant 4x^2$.

a. Montrez que cette inéquation se ramène à $(x-1)(5x-1) \geqslant 0$.

b. Dressez un tableau de signes et résolvez.

4 Soit l'inéquation $\frac{x}{x-4} \leqslant 2$.

a. Montrez que cette inéquation se ramène à $\frac{-x+8}{x-4} \leqslant 0$.

b. Complétez un tableau de signes et résolvez cette inéquation.

x	

5 Éric, pour résoudre l'inéquation $\frac{x}{x-4} \leqslant 2$, raisonne ainsi :
« Je multiplie chaque membre par $(x-4)$ et j'obtiens l'inéquation $x \leqslant 2(x-4)$, d'où $x \leqslant 2x-8$. Puis je soustrais x dans chaque membre, d'où l'inéquation $0 \leqslant x-8$ et enfin $8 \leqslant x$, d'où l'ensemble des solutions $[8\,;+\infty[$ ».

Expliquez à quelle étape Éric se trompe et ne trouve pas le bon ensemble de solutions.

6 On veut résoudre l'inéquation

$$\frac{(2x-4)(3-x)}{(x+1)(x+5)} > 0.$$

a. Complétez le tableau de signes suivant, sans oublier les doubles-barres.

x					
$2x-4$					
$3-x$					
$x+1$					
$x+5$					
$\frac{(2x-4)(3-x)}{(x+1)(x+5)}$					

b. Indiquez l'ensemble des solutions.

7 On ôte comme ci-dessous d'un carré de côté 4 m deux bandes de largeur x. Pour quelles valeurs de x le carré bleu ainsi obtenu a-t-il une aire supérieure à la moitié de celle du carré initial ?

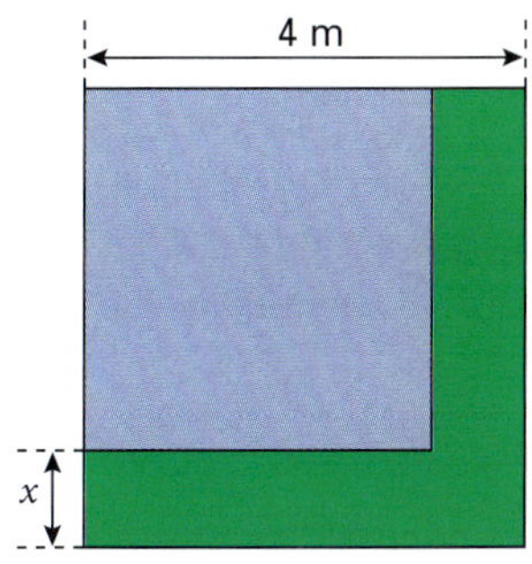

a. Montrez que ce problème se ramène à l'inéquation $(4-x)^2 \geqslant 8$.

b. En observant que $8 = (\sqrt{8})^2$, montrez que ce problème se ramène à résoudre l'inéquation $(4-\sqrt{8}-x)(4+\sqrt{8}-x) \geqslant 0$.

c. Réalisez un tableau de signes et indiquez l'ensemble des valeurs de x répondant au problème.

GÉOMÉTRIE

14 Cercle trigonométrique

SAVOIR

- Les angles étudiés au collège sont inférieurs à 360° (l'angle total autour d'un point) et sont souvent des fractions de 360° :

$180° = \frac{360°}{2}$, $90° = \frac{360°}{4}$, $60° = \frac{360°}{6}$, etc.

- On redéfinit les angles en les considérant comme la même fraction, mais de 2π (la longueur d'un cercle de rayon 1 autour d'un point) :

$360° \to 2\pi$, $180° \to \frac{2\pi}{2} = \pi$, $90° \to \frac{2\pi}{4} = \frac{\pi}{2}$,
$60° \to \frac{2\pi}{6} = \frac{\pi}{3}$, etc.

- On ne parle plus des angles en degré, mais en radian : 60 degrés deviennent $\frac{\pi}{3}$ radians.
- Le **cercle trigonométrique** est un cercle de rayon 1, orienté dans le sens direct (sens inverse des aiguilles d'une montre).
- On représente $\mathbb{R}$ par une droite graduée, **tangente en son origine O à ce cercle**. On « enroule » cette droite autour de ce cercle ; chaque point de la droite (donc chaque réel x) est ainsi associé à un point unique M_x du cercle. On écrit alors $\widehat{OIM_x} = x$ (en radian).
- **Propriété :** x et $x + (k \times 2\pi)$ sont associés au même point M_x, avec $k \in \mathbb{Z}$.

Exemple : 3π et π sont associés au point B ci-dessous, car $3\pi = \pi + 2\pi$ (ici, on a donc $k = 1$).

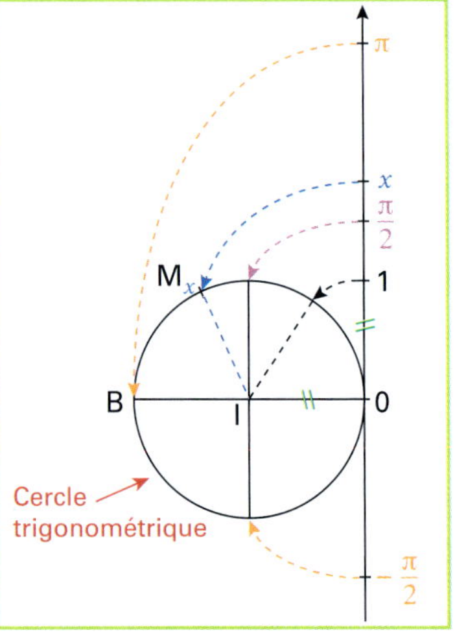

SAVOIR FAIRE Exploiter le cercle trigonométrique

- **Montrer que deux réels ont la même image sur le cercle trigonométrique**

Prouver que $\frac{-2\pi}{9}$ et $\frac{34\pi}{9}$ sont représentés par le même point du cercle unité.

1. Calculer la différence entre les deux nombres et vérifier qu'on a un multiple de 2π :

$\frac{34\pi}{9} - \frac{-2\pi}{9} = \frac{34\pi - (-2\pi)}{9} = \frac{36\pi}{9} = 4\pi = 2 \times 2\pi$.

2. Ainsi, ces deux nombres sont bien représentés par le même point, à 2 tours de cercle près.

- **Savoir trouver l'équivalent en radian d'un angle en degré, et réciproquement**

Quel est l'équivalent en radian de 48° ?

1. Poser x, l'équivalent en radian de 48°. 48 est ainsi à 360 ce que x est à 2π.

Par produit en croix, on a $x = \frac{48 \times 2\pi}{360}$.

2. Simplifier $\frac{48 \times 2}{360}$ pour trouver le coefficient de π.

$\frac{48 \times 2}{360} = \frac{4}{15}$, donc 48° correspondent à $\frac{4}{15}\pi$ radians.

Degrés	Radians
48	x
360	2π

Quel est l'équivalent en degré de $\frac{5\pi}{12}$ radians ?

1. Poser z, l'équivalent en degré de $\frac{5\pi}{12}$ radians. $\frac{5\pi}{12}$ est ainsi à 2π ce que z est à 360.

Par produit en croix, on a $z = \frac{360 \times \frac{5\pi}{12}}{2\pi}$.

2. Simplifier $\frac{360 \times \frac{5}{12}}{2} = 75$, donc $\frac{5\pi}{12}$ radians correspondent à 75 degrés.

Degrés	Radians
z	$\frac{5\pi}{12}$
360	2π

1 **Placez sur le cercle trigonométrique ci-dessous les points suivants, qui marquent les angles indiqués.**

A	B	C	D	E
$\frac{\pi}{12}$	$\frac{3\pi}{4}$	$\frac{5\pi}{8}$	$\frac{\pi}{6}$	$\frac{5\pi}{6}$

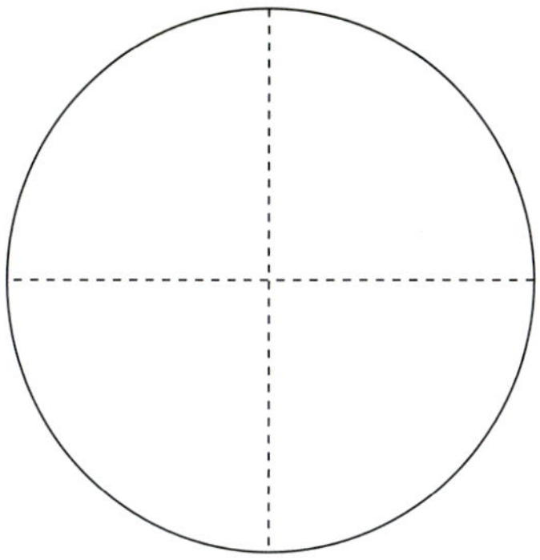

2 Soit ABCDEF un hexagone régulier inscrit dans le cercle trigonométrique.

Indiquez les valeurs (en radian) de $\widehat{EOM}$.

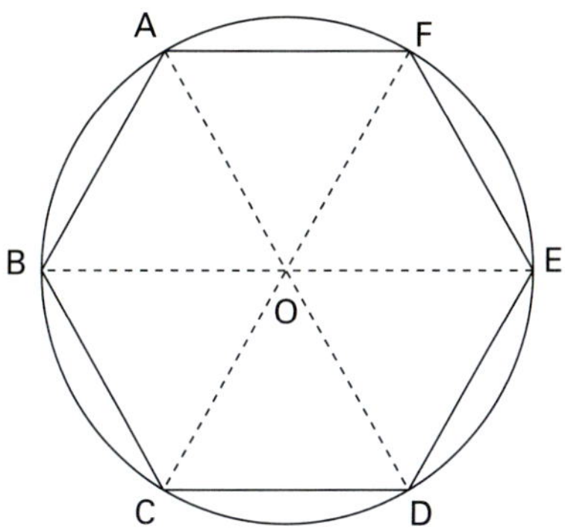

M est confondu avec	A	B	C	D	E	F
$\widehat{EOM}$						

3 **Montrez que les deux angles proposés sont marqués par le même point. Précisez le nombre de tours de cercle qui les séparent.**

a. $\frac{\pi}{2}$ et $\frac{5\pi}{2}$

b. $\frac{\pi}{6}$ et $\frac{13\pi}{6}$

c. $\frac{5\pi}{4}$ et $\frac{29\pi}{4}$

4 **Complétez le tableau ci-dessous.**

Degrés	45		120	
Radians		$\frac{\pi}{6}$		$\frac{11\pi}{15}$

5 On considère un triangle RST inscrit dans le cercle trigonométrique, avec R associé à l'angle $\frac{\pi}{7}$, S associé à $\frac{17\pi}{21}$ et T associé à $\frac{31\pi}{21}$.

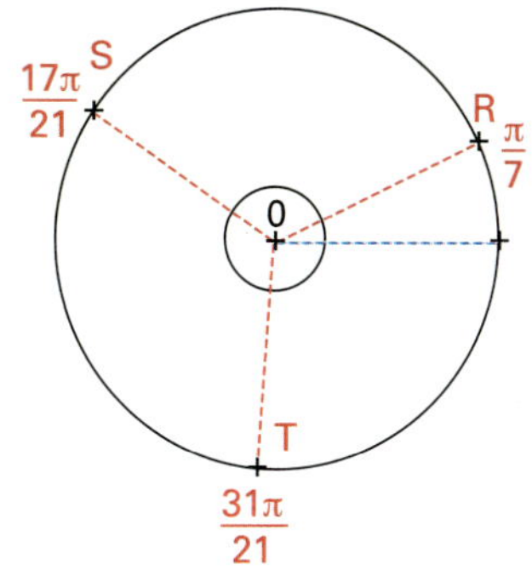

Prouvez que RST est un triangle équilatéral.
(Comment sont les angles au centre d'un triangle équilatéral ?)

6 Soit W le point du cercle trigonométrique qui représente l'angle $\frac{25\pi}{4}$.

Indiquez, pour chacun des intervalles ci-dessous, quel angle est représenté par W.

> *Exemple* : sur $[0\,;2\pi]$: $\frac{\pi}{4}$ car $\frac{\pi}{4} \in [0\,;2\pi]$
> et $\frac{25\pi}{4} = \frac{\pi}{4} + \frac{24\pi}{4} = \frac{\pi}{4} + 2\pi \times 3$.

a. $[\pi\,;3\pi]$.

b. $\left[-\frac{5\pi}{2}\,;-\frac{\pi}{2}\right]$

7 Soit f la fonction définie sur $\mathbb{R}$ par $f(x) = \frac{1}{3}x - \frac{\pi}{6}$.

Placez sur le cercle trigonométrique ci-dessous les points A, B, C et D qui représentent les images par *f* des angles précisés entre parenthèses.

$A(\pi)$; $B\left(\frac{3\pi}{2}\right)$; $C\left(\frac{5\pi}{4}\right)$; $D(2\pi)$

> *Exemple* : pour placer le point $A(\pi)$, il faut calculer $f(\pi)$.

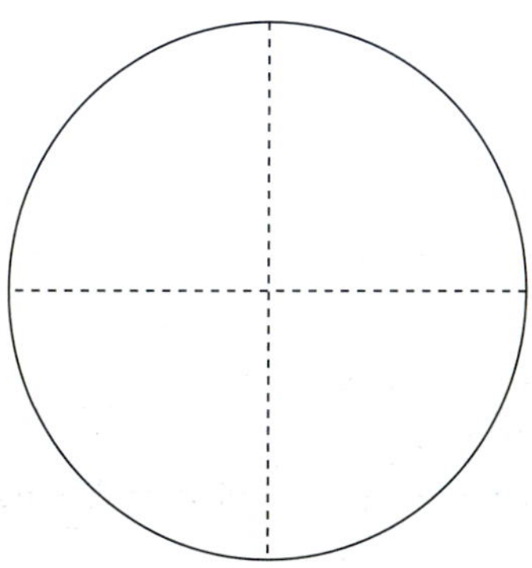

GÉOMÉTRIE

15 Cosinus et sinus d'un nombre réel

SAVOIR

▶ Soit (O ; I, J) un repère orthonormé (OI = OJ et $\widehat{IOJ} = 90°$) et $\mathscr{C}$ le cercle trigonométrique centré en O. On note M_x le point de $\mathscr{C}$ associé au réel x.

▶ **Pour $x \in \mathbb{R}$**, on définit $\cos x$ et $\sin x$ comme l'abscisse et l'ordonnée de M_x.

▶ **Remarque :** Si $x \in \left[0 ; \frac{\pi}{2}\right]$, autrement dit si x est un angle aigu d'un triangle rectangle d'hypoténuse 1, on a :

$$\cos \widehat{IOM_x} = \frac{\cos x}{OM_x} = \cos x$$

▶ **Propriétés :** pour tout $x \in \mathbb{R}$, on a :

$$-1 \leqslant \cos x \leqslant 1 \text{ et } -1 \leqslant \sin x \leqslant 1$$

$$(\cos x)^2 + (\sin x)^2 = 1$$

$$\cos(-x) = \cos x \text{ et } \sin(-x) = -\sin x$$

$$\cos(x + k \times 2\pi) = \cos x \text{ et } \sin(x + k \times 2\pi) = \sin x$$

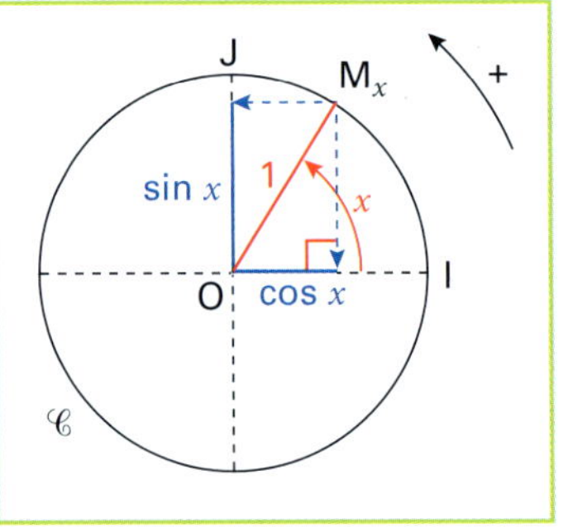

▶ **Remarque :** Pour tout $x \in \mathbb{R}$ tel que $\cos x \neq 0$, on a toujours $\tan x = \frac{\sin x}{\cos x}$.

▶ **Valeurs remarquables :**

x en degré	0	30	45	60	90	180
x en radian	0	$\frac{\pi}{6}$	$\frac{\pi}{4}$	$\frac{\pi}{3}$	$\frac{\pi}{2}$	π
$\cos x$	1	$\frac{\sqrt{3}}{2}$	$\frac{\sqrt{2}}{2}$	$\frac{1}{2}$	0	-1
$\sin x$	0	$\frac{1}{2}$	$\frac{\sqrt{2}}{2}$	$\frac{\sqrt{3}}{2}$	1	0

SAVOIR FAIRE — Calculer un sinus et un cosinus

• **Calculer en se ramenant à une valeur remarquable**

Calculer $\cos\left(\frac{-\pi}{4}\right)$ et $\sin\left(\frac{9\pi}{4}\right)$.

1. Écrire que $\cos(-x) = \cos x$, donc $\cos\left(\frac{-\pi}{4}\right) = \cos\left(\frac{\pi}{4}\right)$, d'où $\cos\left(\frac{-\pi}{4}\right) = \frac{\sqrt{2}}{2}$.

2. Écrire que $\frac{9\pi}{4} = \frac{8\pi}{4} + \frac{\pi}{4} = 2\pi + \frac{\pi}{4}$, donc $\sin\left(\frac{9\pi}{4}\right) = \sin\left(2\pi + \frac{\pi}{4}\right) = \sin\left(\frac{\pi}{4}\right) = \frac{\sqrt{2}}{2}$.

• **Utiliser la formule des carrés pour calculer un sinus**

Déterminer $\sin x$, tel que $\cos x = \frac{2}{3}$, avec $x \in [\pi ; 2\pi]$.

1. Écrire que $(\cos x)^2 + (\sin x)^2 = 1$, donc $\left(\frac{2}{3}\right)^2 + (\sin x)^2 = 1$ soit $\frac{4}{9} + (\sin x)^2 = 1$, d'où $(\sin x)^2 = 1 - \frac{4}{9}$ et $(\sin x)^2 = \frac{5}{9}$. Ainsi $\sin x = \frac{\sqrt{5}}{3}$, ou bien $\sin x = \frac{-\sqrt{5}}{3}$.

2. Comme $x \in [\pi ; 2\pi]$, on a $\sin x < 0$ donc $\sin x = \frac{-\sqrt{5}}{3}$.

• **Identifier un réel connaissant son sinus**

Trouver un réel $x \in]-\pi ; \pi]$, tel que $\sin x = -0{,}5$.

1. Écrire que $\sin\left(\frac{\pi}{3}\right) = 0{,}5$ et que $\sin(-x) = -\sin x$.

2. En déduire que $\sin\left(\frac{-\pi}{3}\right) = -0{,}5$ et que $\frac{-\pi}{3}$ est bien dans $]-\pi ; \pi]$.

3. Par symétrie par rapport à (OJ), trouver également que $\sin\left(\frac{-2\pi}{3}\right) = -0{,}5$.

$\frac{-2\pi}{3}$ et $\frac{-\pi}{3}$ conviennent donc dans l'intervalle indiqué.

S'ENTRAÎNER

1 En vous aidant du cercle trigonométrique, calculez les éléments suivants.

a. $\cos\left(\frac{7\pi}{3}\right)$

b. $\sin\left(\frac{-7\pi}{2}\right)$

2 Soit x un angle tel que $\cos x = \frac{5}{13}$.

Calculez $\sin x$ et $\tan x$.

a. si $x \in [0 ; \pi]$

b. si $x \in [\pi ; 2\pi]$

c. si $x \in [0 ; 2\pi]$

3 Placez sur le cercle ci-dessous les points :

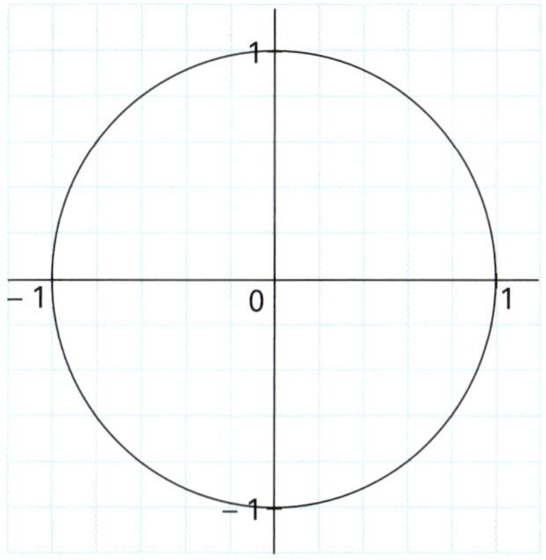

a. N_1 et N_2 qui marquent les angles x, tels que $\sin x = -0{,}2$.

b. N_3 et N_4 qui marquent les angles y, tels que $\cos y = -0{,}8$.

4 On a tracé ci-dessous les fonctions f et g définies sur $\mathbb{R}$ par $f(x) = x^2$ et $g(x) = \cos x$.

Résolvez graphiquement l'équation $x^2 = \cos x$.

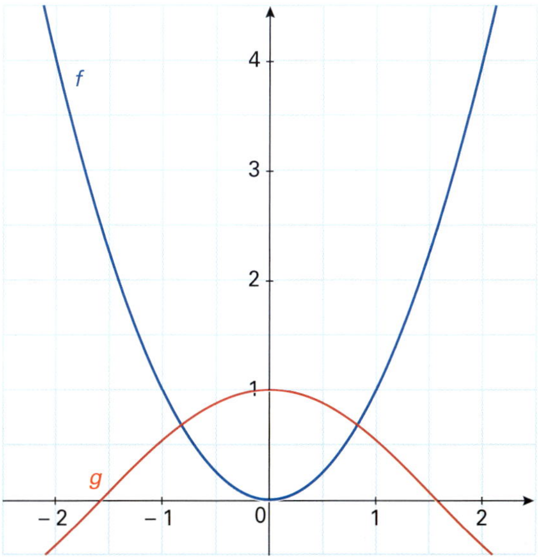

5 Calculez les expressions suivantes.

$A = \cos\frac{\pi}{4} + \cos\frac{\pi}{3} + \cos\frac{\pi}{2}$.

$B = \dfrac{\sin\frac{3\pi}{4}\cos\frac{2\pi}{3}}{\sin\frac{-\pi}{3}\cos\frac{\pi}{4}}$.

6 On a représenté ci-dessous les fonctions $x \mapsto \cos x$ et $x \mapsto \sin x$.

a. **Identifiez chaque courbe en vous aidant de valeurs remarquables.**

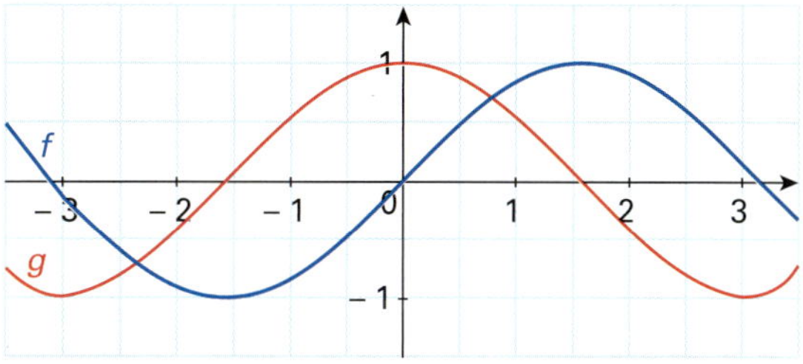

b. **Utilisez ce graphique pour résoudre l'équation $\sin x = \cos x$, pour $x \in [-3 ; 3]$.**

7 Soit M un point du cercle trigonométrique marquant l'angle x, et H le point commun à (OI) et à la tangente à $\mathscr{C}$ en M.

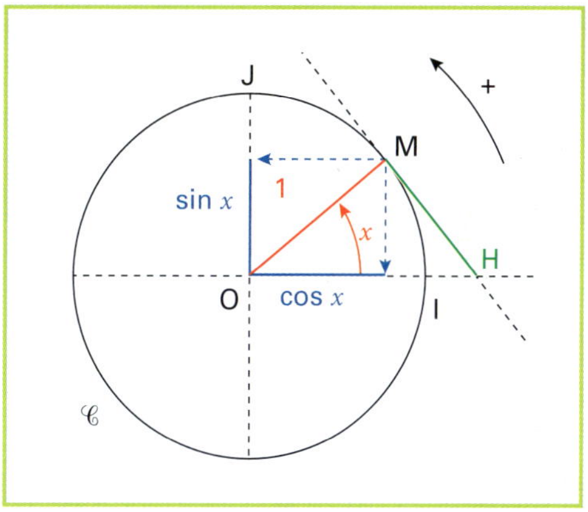

a. **Prouvez que $\widehat{OMH} = 90°$.**

b. **En utilisant le triangle rectangle OMH, prouvez que MH = $\tan x$.**

GÉOMÉTRIE

16 Géométrie analytique : le départ

SAVOIR

▸ Un **repère du plan** est défini par trois points **non** alignés.

▸ Le plus souvent, on note ces points O, I et J.
– I définit l'unité sur l'**axe des abscisses** (OI) ;
– J définit l'unité sur l'**axe des ordonnées** (OJ) ;
– O est l'**origine** du repère (O ; I, J).

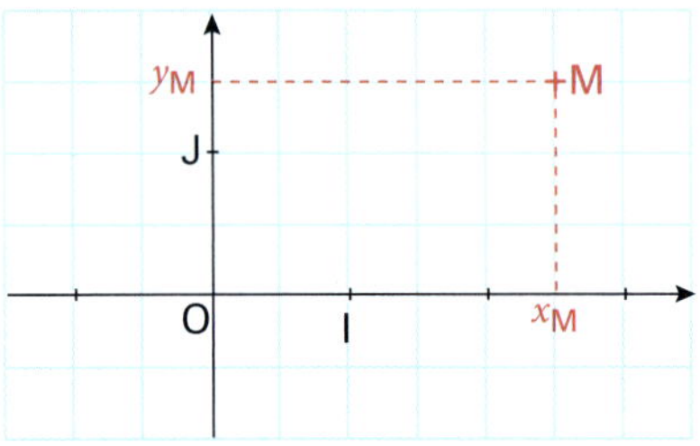

▸ Si OI = OJ et $\widehat{IOJ} = 90°$, on dit que (O ; I, J) est un repère **orthonormé**.

▸ Tout point M du plan est repéré par un **couple unique de coordonnées (x_M ; y_M)**, où x_M est l'abscisse de M, et y_M est l'ordonnée de M.

▸ Soient A (x_A ; y_A) et B (x_B ; y_B) deux points du plan dans un repère orthonormé :
le **milieu** Z de [AB] a pour coordonnées (x_Z ; x_Z), qu'on obtient avec les formules :

$$x_Z = \frac{x_A + x_B}{2} \quad \text{et} \quad y_Z = \frac{y_A + y_B}{2}$$

▸ On calcule la **distance AB** avec la formule :

$$AB = \sqrt{(x_B - x_A)^2 + (y_B - y_A)^2}$$

AB s'exprime dans l'unité définie par OI et OJ.

SAVOIR FAIRE Manipuler des coordonnées

• **Calculer une longueur dans un repère**

Soient A(4 ; 3), B(–2 ; 7) et C(1 ; –4) dans un repère (O ; I, J). Calculer les longueurs AB et AC, puis les comparer.

1. $AB = \sqrt{(x_B - x_A)^2 + (y_B - y_A)^2}$
$= \sqrt{(-2-4)^2 + (7-3)^2}$
$= \sqrt{(-6)^2 + 4^2} = \sqrt{52}$.

2. $AC = \sqrt{(x_C - x_A)^2 + (y_C - y_A)^2}$
$= \sqrt{(1-4)^2 + (-4-3)^2}$
$= \sqrt{(-3)^2 + (-7^2)} = \sqrt{58}$.

3. Conclure que AB < AC.

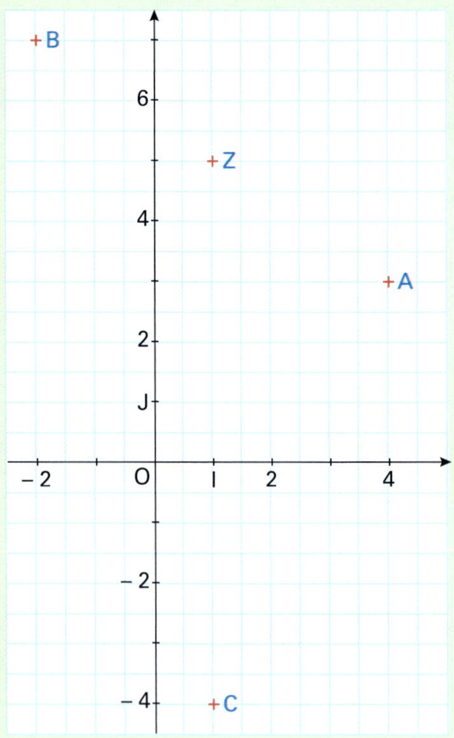

• **Prouver qu'un point est le milieu d'un segment**

Soit Z(1 ; 5). Déterminer si Z est le milieu du segment [AB].

1. Déterminer les coordonnées du milieu de [AB] :

$\frac{x_A + x_B}{2}$ et $\frac{y_A + y_B}{2}$

$= \frac{4 + (-2)}{2}$ $= \frac{3 + 7}{2}$

$= \frac{2}{2} = 1$ $= \frac{10}{2} = 5$

2. Conclure que ce sont bien les coordonnées de Z, qui est donc le milieu de [AB].

S'ENTRAÎNER

Dans les exercices suivants, le repère (O ; I, J) considéré est orthonormé.

1 **Lisez les coordonnées des points placés sur le graphique et complétez le tableau suivant.**

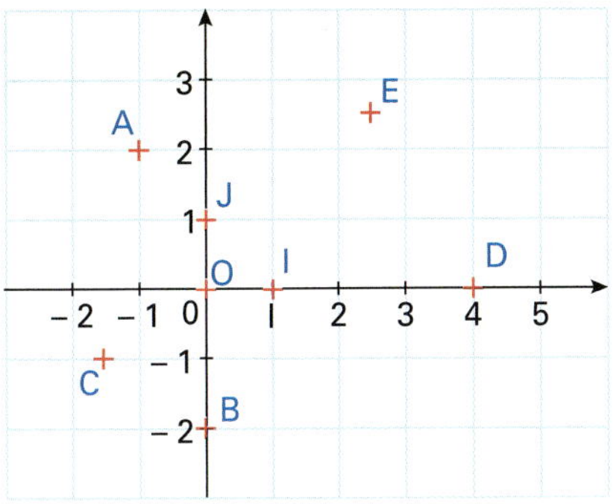

Point	A	B	C	D	E
Coordonnées					

2 a. **Placez dans le repère ci-dessous les points A′, B′, C′ et D′, symétriques respectifs par rapport à l'axe des ordonnées des points A, B, C et D.**

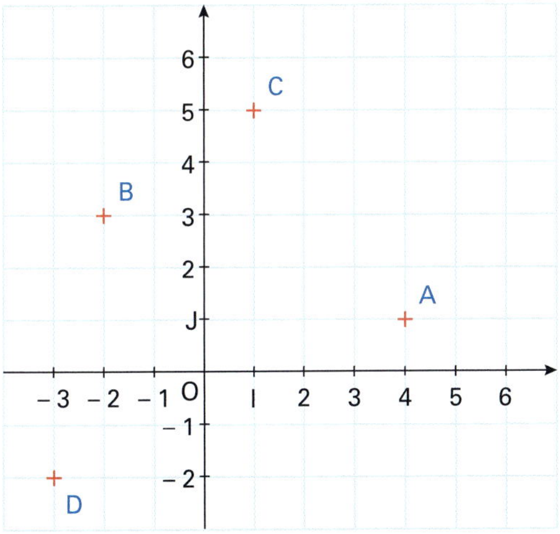

b. **Indiquez les coordonnées de ces points dans le tableau suivant.**

Point	A′	B′	C′	D′
Coordonnées				

3 **Placez dans le repère suivant les points R(–2 ; 2), S(3 ; –1), T(1 ; –2) et U(–2,5 ; 1).**

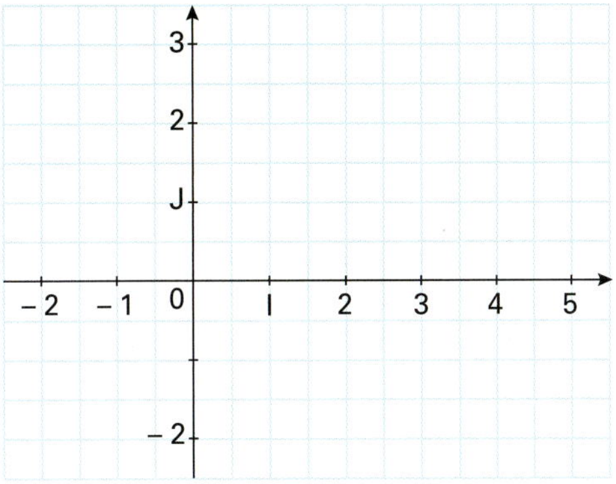

4 Soient les points R, S, T, U de l'exercice 3.
Calculez les longueurs suivantes.

a. RS

b. ST

c. TU

d. UR

5 Soient les points R, S, T, U de l'exercice 3.

a. **Déterminez les coordonnées de K, le milieu de [RS], et L celui de [TU].**

b. **RTSU est-il un parallélogramme ?**

6 Soient les points G(3 ; –4) et H(–2 ; 2).
Calculez les coordonnées du point K tel que H soit le milieu de [GK].

7 Soient les points L(–3 ; –3), M(2 ; –2), N(4 ; 2) et P(–1 ; 1).

a. **Montrez que LMNP est un parallélogramme.**

b. **LMNP est-il un losange ? Justifiez.**

8 Soient les points X(–1 ; 3), Y(5 ; –1), Z(4 ; 4) et S(2 ; 1).
Prouvez que X, Y et Z appartiennent au même cercle de centre S.

MATHS

GÉOMÉTRIE

17 Géométrie analytique : les calculs

SAVOIR

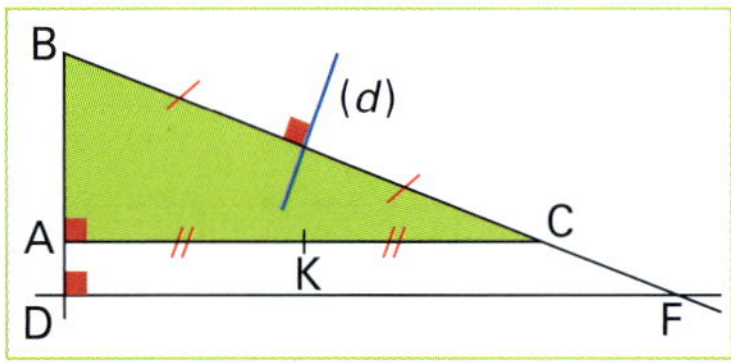

- **Propriété de Pythagore :** soit ABC un triangle rectangle en A, alors on a :

$$BC^2 = BA^2 + AC^2$$

- Réciproquement, si dans un triangle ABC les grandeurs BC^2 et $BA^2 + AC^2$ sont égales, alors ABC est rectangle en A.
- Si ABC est un triangle rectangle en A, alors :

$$\cos \widehat{ABC} = \frac{AB}{BC}, \sin \widehat{ABC} = \frac{AC}{BC} \text{ et } \tan \widehat{ABC} = \frac{AC}{AB}$$

- Les points B et C sont symétriques par rapport à la droite (*d*) lorsque (*d*) coupe [BC] perpendiculairement en son milieu.
- Les points A et C sont symétriques par rapport à K lorsque K est le milieu de [AC].
- **Propriété de Thalès :** si les points B, A, D et B, C, F sont alignés, et si (AC) // (DF), alors on a :

$$\frac{BA}{BD} = \frac{BC}{BF} = \frac{AC}{DF}$$

- Réciproquement, si les points B, A, D sont alignés et dans cet ordre, si les points B, C, F sont également alignés et dans cet ordre, et si on a $\frac{BA}{BD} = \frac{BC}{BF}$, alors on a (AC) // (DF).

SAVOIR FAIRE Utiliser les propriétés géométriques

• Identifier un angle droit

Soient les points A(4 ; 1), B(–2 ; 3) et C(1 ; 5) dans un repère (O ; I, J). ABC possède-t-il un angle droit ?

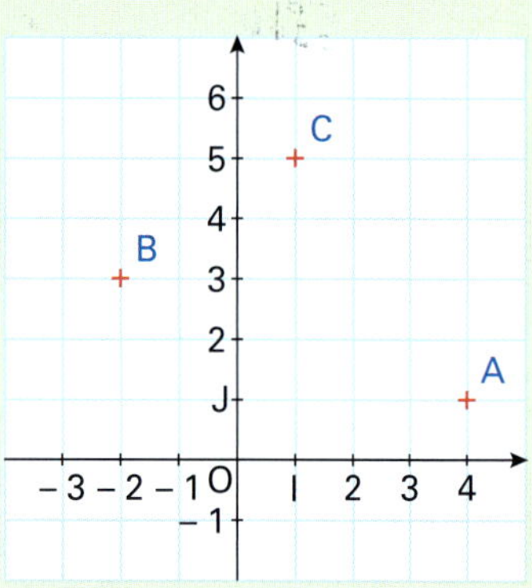

1. Il faut déterminer si ABC est un triangle rectangle ou non.

– Calculer la longueur AB :

$$AB = \sqrt{(x_B - x_A)^2 + (y_B - y_A)^2} = \sqrt{(-2-4)^2 + (3-1)^2}$$
$$= \sqrt{(-6)^2 + 2^2} = \sqrt{40}, \text{ d'où } AB^2 = 40.$$

– Calculer AC^2 et BC^2 :

$$AC^2 = \left(\sqrt{(x_C - x_A)^2 + (y_C - y_A)^2}\right)^2 = (x_C - x_A)^2 + (y_C - y_A)^2$$
$$= (1-4)^2 + (5-1)^2 = (-3)^2 + 4^2 = 25 ;$$
$$BC^2 = \left(\sqrt{(x_C - x_B)^2 + (y_C - y_B)^2}\right)^2 = (x_C - x_B)^2 + (y_C - y_B)^2$$
$$= (1-(-2))^2 + (5-3)^2 = 3^2 + 2^2 = 13.$$

2. Constater que le plus grand côté est [AB]. On calcule donc d'une part $AC^2 + CB^2 = 25 + 13 = 38$ et d'autre part $AB^2 = 40$. On a ainsi $AC^2 + CB^2 \neq AB^2$, donc ABC n'est pas un triangle rectangle.

• Prouver un parallélisme

Soient les points A(4 ; 1), B(–2 ; 3), C(1 ; 5), F(–0,5 ; 7) et G(–5 ; 4) dans un repère (O ; I, J).
A-t-on (BC) // (FG) ?

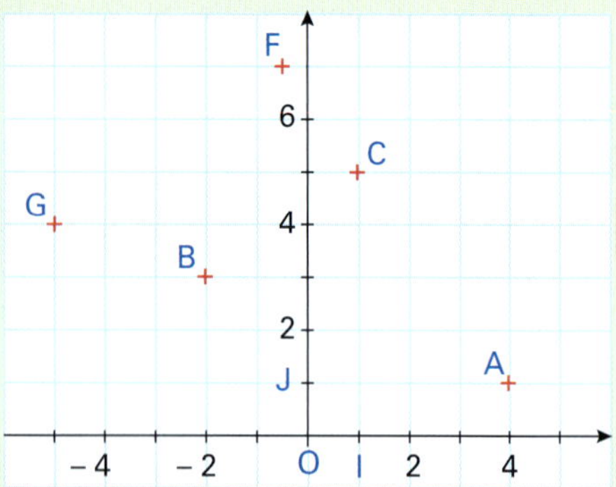

1. Il faut déterminer si (BC) // (FG), en utilisant la propriété de Thalès. Calculer $\frac{AC}{AF}$ et $\frac{AB}{AG}$ puisque les points A, C, F et A, B, G sont respectivement alignés et dans cet ordre.

– D'une part :

$$\frac{AC}{AF} = \frac{\sqrt{(1-4)^2 + (5-1)^2}}{\sqrt{(-0{,}5-4)^2 + (7-1)^2}} = \frac{\sqrt{25}}{\sqrt{56{,}25}}$$
$$= \frac{5}{7{,}5} = \frac{2}{3} ;$$

– D'autre part :

$$\frac{AB}{AG} = \frac{\sqrt{(-2-4)^2+(3-1)^2}}{\sqrt{((-5)-4)^2+(4-1)^2}} = \frac{\sqrt{40}}{\sqrt{90}} = \frac{2}{3}.$$

2. Conclure que d'après la réciproque du théorème de Thalès, on a bien (BC) // (FG).

S'ENTRAÎNER

Dans les exercices suivants, le repère (O ; I, J) considéré est orthonormé.

1 Soient les points B(–2 ; 2), F(2 ; 7) et G(–5 ; 4).

Le triangle BFG est-il rectangle en B ?

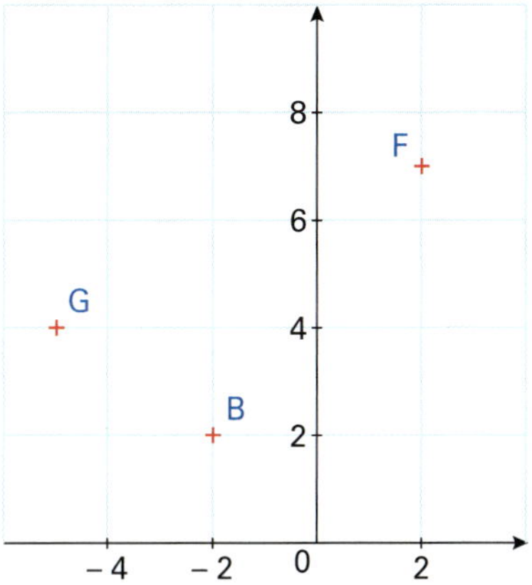

2 Soit un triangle rectangle en C, avec A(2 ; 8), B(4 ; –2) et C(–2 ; 4).

Calculez à 10^{-2} près les angles $\widehat{ABC}$ et $\widehat{BAC}$.

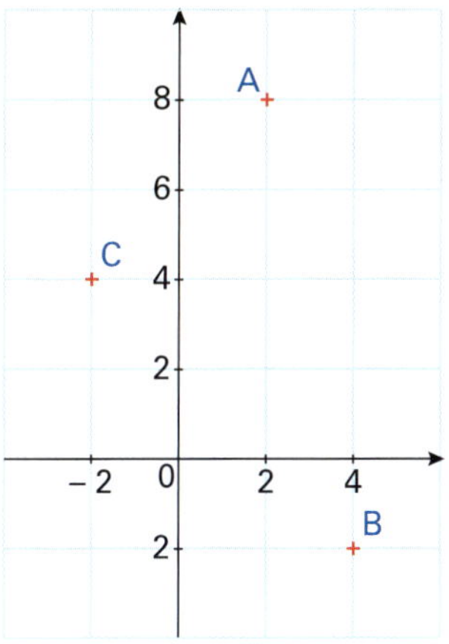

3 Soient les points R(3,5 ; 1), S(5 ; 0), T(2 ; –1) et V(–4 ; –3), avec S, T, V alignés. (SR) et la parallèle à (RT) passant par V se coupent en U.

Calculez la longueur SU.

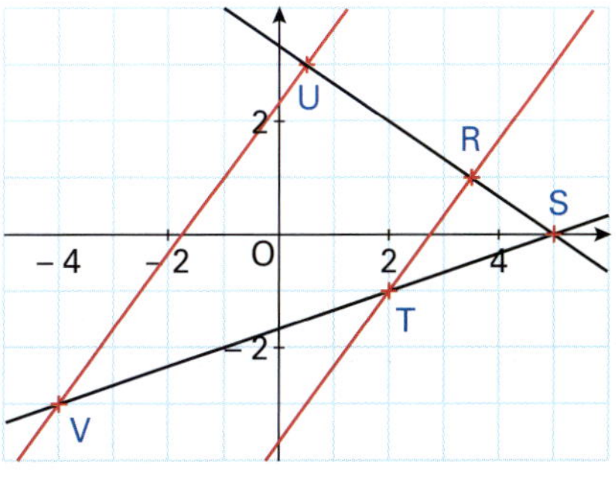

4 Soient les points R(3,5 ; 1), S(5 ; 0) et T(2 ; –1).

En utilisant les diagonales de RSTU, trouvez par le calcul les coordonnées de U telles que RSTU soit un parallélogramme.

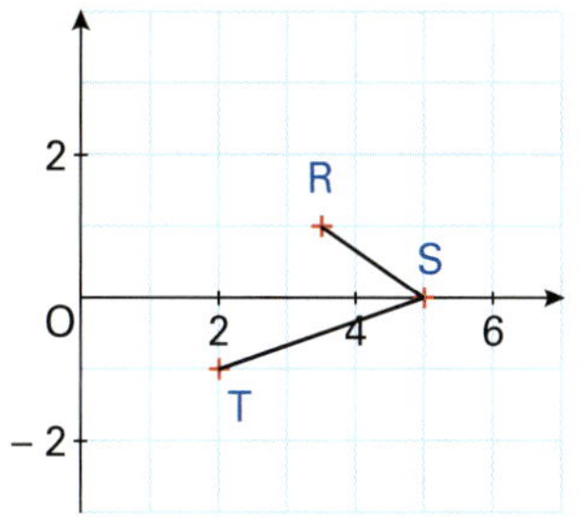

5 Soient les points R(–1 ; 1), T(6 ; 0) et E(3 ; 4).

a. **Montrez que (TE) est tangente en E au cercle de centre R passant par E (réfléchir à la nature du triangle RET...).**

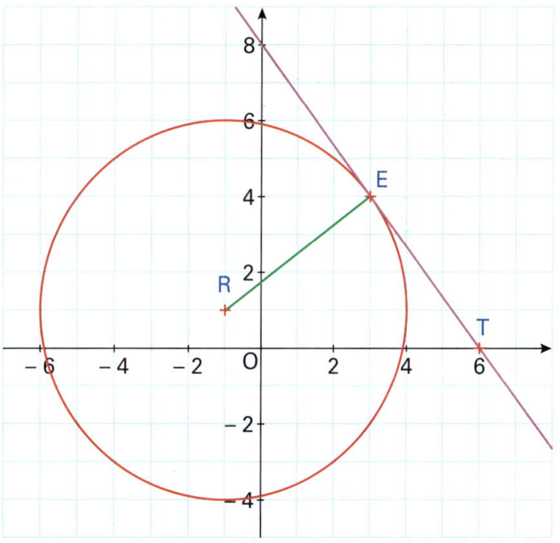

Soit le point S(7 ; 7).

b. **Montrez que les points S et R sont symétriques par rapport à (ET).**

6 **Soit A(3 ; 2) et M(a ; a) un point du plan.**

a. **Montrez que si M est sur le cercle de centre A et de rayon $\sqrt{5}$, alors $AM^2 = 5$ et déduisez-en que $a^2 - 5a + 4 = 0$.**

b. **Développez $(a-4)(a-1)$ et déduisez-en les coordonnées possibles pour M de la question a.**

MATHS

GÉOMÉTRIE

18 Droites dans un repère

SAVOIR

On se place dans un repère (O ; I, J) du plan.

▸ Tous les points $M(x ; y)$ alignés sur une droite ***d* oblique** ont leurs coordonnées liées par une égalité du type :

$$ax + b = y$$

Cette égalité s'appelle l'**équation réduite** de la droite *d*.

▸ **Si la droite *d* n'est pas oblique**, elle est **verticale** et ses points ont leurs coordonnées qui vérifient alors la relation :

$$x = c$$

Cette relation est alors appelée l'**équation** de la droite *d*.

▸ Pour une droite *d* d'équation $y = ax + b$:
– a est le **coefficient directeur** de *d* ;
– b est l'**ordonnée à l'origine** de *d*.

d représente alors la **fonction affine** f définie par $f(x) = ax + b$.

▸ « a » représente la **pente** de la droite :
– si $a > 0$, la droite *d* « monte » ;
– si $a = 0$, la droite *d* est horizontale ;
– si $a < 0$, la droite *d* « descend ».

▸ « b » représente l'ordonnée du point de *d* situé à l'intersection de *d* et de l'axe des ordonnées, celui qui est « à la verticale » de l'origine du repère.

▸ Soient $M_1(x_1 ; y_1)$ et $M_2(x_2 ; y_2)$ deux points de la droite *d* d'équation $y = ax + b$, on a alors la relation :

$$a = \frac{y_2 - y_1}{x_2 - x_1}$$

SAVOIR FAIRE Déterminer et exploiter une équation de droite

• Tracer une droite d'équation donnée en créant des points

Représenter d_1 d'équation $y = 2x - 3$.

1. Choisir librement trois valeurs d'abscisse, par exemple 0, 1 et 3.
2. Calculer grâce à l'équation les trois valeurs d'ordonnée correspondantes : $2 \times 0 - 3 = -3$, $2 \times 1 - 3 = -1$, $2 \times 3 - 3 = 3$.
3. Placer alors les trois points obtenus : (0 ; –3) (1 ; –1) et (3 ; 3).
4. Tracer la droite (deux points suffiraient pour tracer la droite, mais le troisième permet de déceler une éventuelle erreur de calcul).

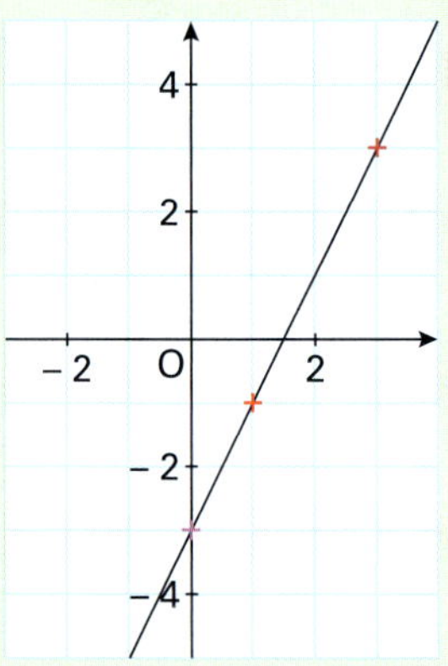

• Tracer une droite d'équation donnée en utilisant le coefficient directeur

Représenter d_2 d'équation $y = -3x + 1$.

1. Puisque $b = +1$, placer le point de coordonnées (0 ; +1) sur le graphique. d_2 passera par ce point.
2. À partir de ce point de d_2, se décaler **toujours horizontalement et vers la droite** de 1 unité.
3. Se décaler **verticalement** d'autant d'unités que le coefficient directeur : vers le haut s'il est positif, vers le bas sinon (donc ici, se décaler de 3 unités vers le bas car $a = -3$).
4. Ce dernier point obtenu est alors lui aussi un point de d_2, qu'on peut tracer. Pour plus de précision, réitérer ce décalage avant de tracer d_2.

Représenter d_3 d'équation $x = 3$.

Tracer l'unique droite verticale passant par l'abscisse 3, puisque son équation est $x = 3$.

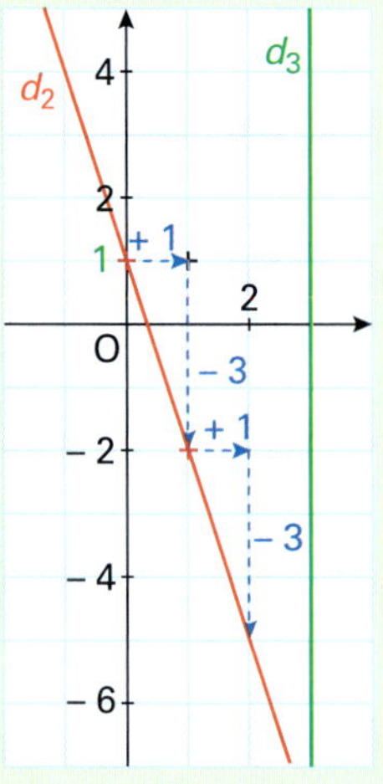

- **Déterminer l'équation d'une droite en utilisant les coordonnées de deux points.**

Trouver l'équation de (AB) avec A(3 ; 5) et B(2 ; 6).

1. Noter que $x_A \neq x_B$. (AB) est donc oblique et son équation est du type $y = ax + b$.
2. Calculer le coefficient directeur : $a = \dfrac{y_B - y_A}{x_B - x_A} = \dfrac{6-5}{2-3} = \dfrac{1}{-1} = -1$. L'équation de (AB) est donc du type $y = -x + b$.
3. Utiliser le point A ∈ (AB). On a $y_A = -x_A + b$, d'où $5 = -3 + b$ et $b = 8$. Ainsi (AB) a pour équation $y = -x + 8$.
4. Vérifier que les coordonnées de B vérifient bien cette équation. On a bien $-2 + 8 = 6$.

S'ENTRAÎNER

1 Soient A(1 ; 3), B(4 ; –1) et C(–2 ; –2).
Déterminez le coefficient directeur des droites (AB), (BC) et (AC).

2 **Tracez les droites (d_1), (d_2), (d_3) et (d_4), d'équations données dans le tableau suivant.**

(d_1)	$y = 2x - 3$
(d_2)	$y = 2$

(d_3)	$y = -2x + 4$
(d_4)	$x = 2$

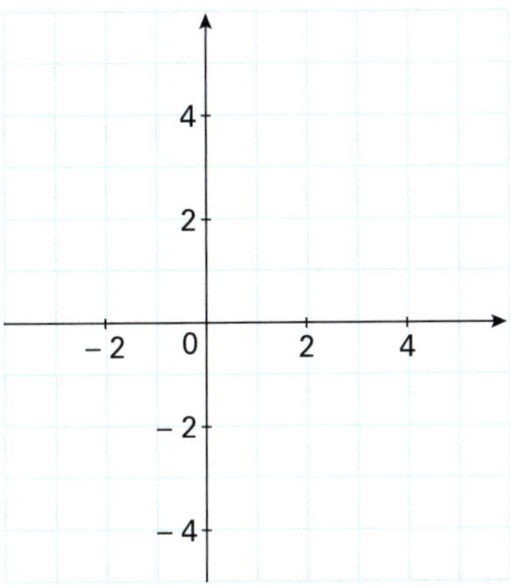

3 Soit EFG un triangle rectangle en E, avec F(3 ; –3), E(–1 ; –1) et G(2 ; 5).
Déterminez les équations de (EF) et (EG).

4 **Reliez chacune des droites à son équation.**

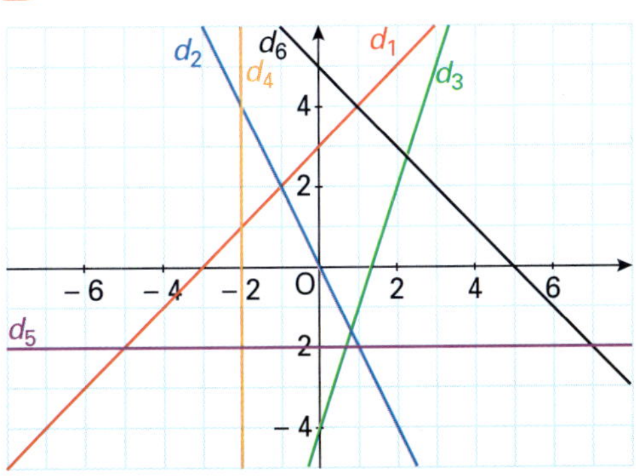

a. $y = -2$
b. $y = x + 3$
c. $y = 3x - 4$
d. $x = -2$
e. $y = -x + 5$
f. $y = -2x$

5 **Déterminez les équations des droites (d_1), (d_2), (d_3) et (d_4) tracées ci-dessous.**

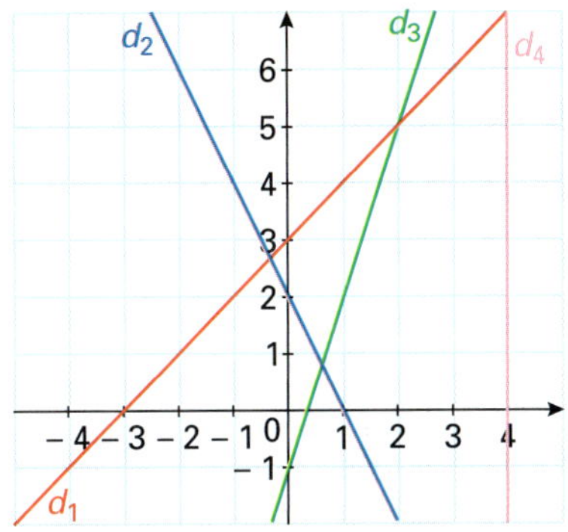

6 Soit ABCD un parallélogramme avec A(–2 ; –3), B(–1 ; 0), C(4 ; 2) et D(3 ; –1).

a. **Déterminez les équations de (AB) et de (CD).**

b. **Comparez les équations de (AB) et de (DC). Est-ce en accord avec la nature de ABCD ?**

7 Soient M(–6 ; –4) et N(–1 ; –2) deux points du plan.

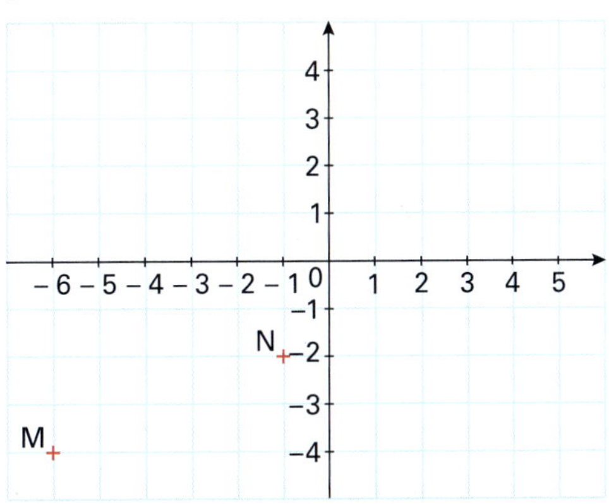

a. **Déterminez l'équation de (MN).**

b. **Placez ci-dessus les points P et Q, symétriques respectifs de M et N par rapport à l'axe des abscisses.**

c. **Déterminez l'équation de (QP). Que constate-t-on pour les coefficients directeurs de (MN) et (QP) ?**

GÉOMÉTRIE

19 Droites parallèles ou sécantes

SAVOIR

- Si un point appartient à une droite, alors ses coordonnées vérifient l'équation de cette droite.
- Si les coordonnées d'un point vérifient l'équation d'une droite, alors ce point appartient à la droite.
- Deux droites d'équation $x = b$ et $x = c$ sont parallèles (puisque parallèles à l'axe des ordonnées).
- Une droite d'équation $x = c$ et une droite oblique sont sécantes.
- Deux droites obliques de coefficients directeurs différents sont sécantes.
- Deux droites obliques de même coefficient directeur sont parallèles.
- Deux droites obliques parallèles ont le même coefficient directeur.
- Trois points A, B, C sont alignés si et seulement si (AB) et (AC) ont le même coefficient directeur (en effet, deux parallèles ayant un point commun sont confondues).

SAVOIR FAIRE Exploiter les propriétés d'une droite

• Prouver qu'un point appartient à une droite

Déterminer si A(2 ; 5) et B(6 ; 11) sont des points de la droite (d) d'équation $y = 2x + 1$.

1. Calculer $2x_A + 1$: $2x_A + 1 = 2 \times 2 + 1 = 5$, or $y_A = 5$. On a $y_A = 2x_A + 1$, donc $A \in (d)$.
2. Calculer $2x_B + 1$: $2x_B + 1 = 2 \times 6 + 1 = 13$, or $y_B = 11$. Ici $y_B \neq 2x_B + 1$, donc $B \notin (d)$.

• Étudier le parallélisme éventuel de deux droites du plan

Étudier les positions relatives des droites (d) d'équation $y = \frac{1}{3}x + 2$, (d') d'équation $y = \frac{1}{3}x - 4$ et (d'') d'équation $y = 2x$.

1. Comparer les coefficients directeurs. (d) et (d') ont le même coefficient directeur $\frac{1}{3}$ et sont donc parallèles.
2. Constater que (d'') n'a pas le même coefficient directeur que (d) ni que (d') car $2 \neq \frac{1}{3}$. (d'') et (d) seront donc sécantes, tout comme (d'') et (d').

• Déterminer les coordonnées d'un point d'intersection de deux droites

Soient (d) la droite d'équation $y = 3x - 2$ et (d') d'équation $y = -x + 6$. Déterminer les coordonnées de leur point d'intersection.

1. Constater que (d) et (d') sont bien sécantes puisque $3 \neq -1$.
2. Nommer $M(x_M ; y_M)$ leur point commun. Les coordonnées de M vérifient donc les deux équations, d'où $3x_M - 2 = -x_M + 6$, qui donne $4x_M = 8$ et $x_M = 2$.
3. Utiliser l'équation de l'une des deux droites auxquelles M appartient. On a $y_M = 3 \times 2 - 2 = 4$ (ou bien $y_M = -2 + 6 = 4$), d'où les coordonnées de M : M(2 ; 4).
4. Le tracé des droites ci-contre permet de confirmer par lecture graphique ce résultat.

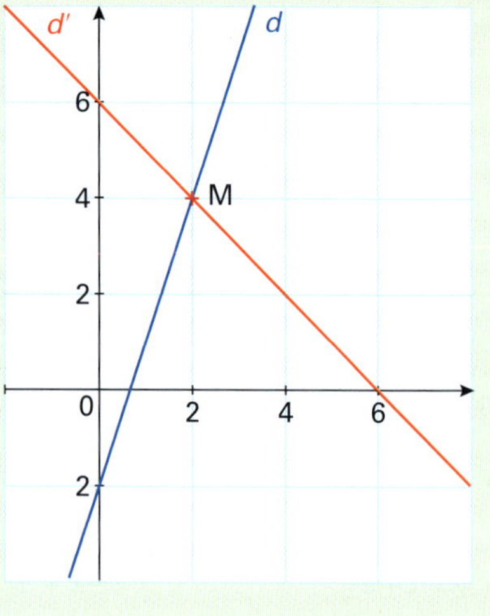

• Étudier l'alignement éventuel des trois points du plan

A(7 ; 5), B(3 ; 3) et C(–1 ; 2) sont-ils alignés ? Justifier.

1. Déterminer les coefficients directeurs de (AB) et (AC).
$\frac{y_B - y_A}{x_B - x_A} = \frac{3-5}{3-7} = \frac{-2}{-4} = \frac{1}{2}$ et $\frac{y_C - y_A}{x_C - x_A} = \frac{2-5}{-1-7} = \frac{-3}{-8} = \frac{3}{8}$ or $\frac{1}{2} \neq \frac{3}{8}$.
2. Conclure que les points A, B, C ne sont pas alignés.

1 Soit (d) une droite d'équation $y = 3x + 4$.

a. **Le point $A\left(-\frac{3}{2} ; -\frac{1}{2}\right)$ est-il sur (d) ?**

b. **Le point $B\left(\frac{7}{3} ; 6\right)$ est-il sur (d) ?**

2 Soient les points $D(-2 ; 5)$, $E(3 ; 1)$ et $F\left(5 ; -\frac{26}{5}\right)$.

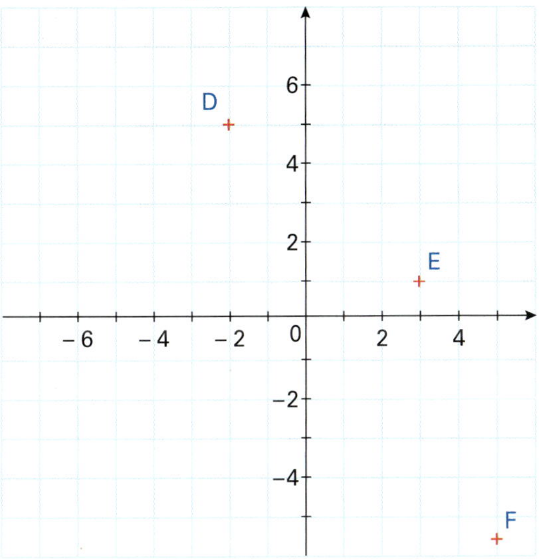

a. **Déterminez l'équation de (ED).**

b. **Indiquez si l'on a $F \in (ED)$.**

3 Soient $A(-2 ; 2)$, $B(-5 ; 4)$ et (d) la droite d'équation $y = \frac{-2}{3}x + 1$.

a. **Déterminez l'équation de (AB).**

b. **Indiquez si l'on a $(d) // (AB)$.**

4 Soient les points $C(6 ; 1)$, $D(2 ; 4)$ et $F(-2 ; 7)$.

Démontrez que ces trois points sont alignés.

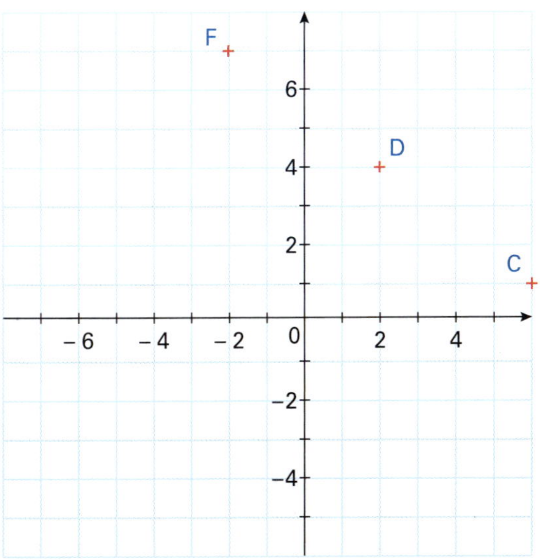

5 Soient la droite (d) d'équation $y = 2x + 1$ et la droite (d') d'équation $y = -2x - 2$.

Indiquez si (d) et (d') sont sécantes, puis déterminez par le calcul les coordonnées de leur point d'intersection.

6 On donne les points $M(2 ; 4)$, $N(-6 ; 2)$, $P(-4 ; -4)$ et $R(4 ; -2)$.

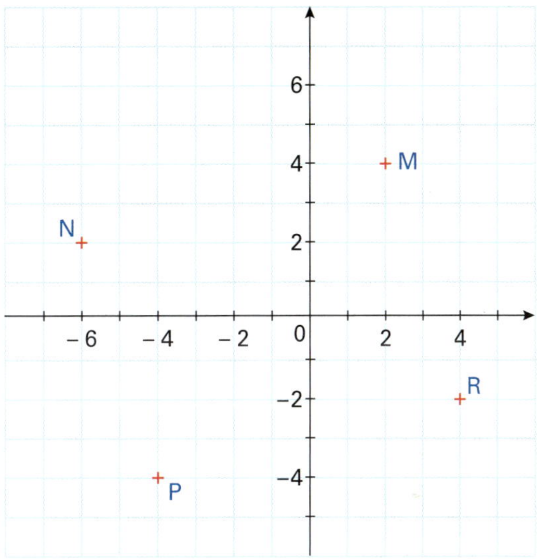

a. **Calculez les coefficients directeurs des droites : (MN) ; (NP) ; (PR) ; (MR).**

b. **MNPR est-il un parallélogramme? Justifiez.**

7 Soient les points $A(7 ; 5)$, $B(6 ; 1)$, $C(7 ; -3)$ et $D(2 ; 1)$.

A-t-on (AC) // (BD) ? Justifiez.

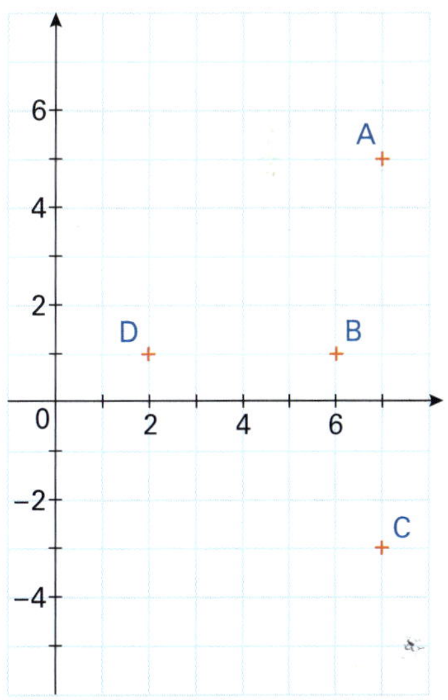

8 Soit $M(6 ; -1)$ et (d) d'équation $y = -x + 7$.

Déterminez l'équation de la droite parallèle à (d) passant par M.

9 Soient les points $A(3 ; 0)$, $B(5 ; 7)$ et $C(6 ; a)$.

Pour quelle(s) valeur(s) de a les points A, B, C sont-ils alignés ?

GÉOMÉTRIE

20 Vecteurs : généralités

SAVOIR

Soient M, N et P trois points du plan. Il existe un unique point R du plan tel que les segments [MR] et [PN] aient le **même milieu** (R est tel que MNRP est un parallélogramme).

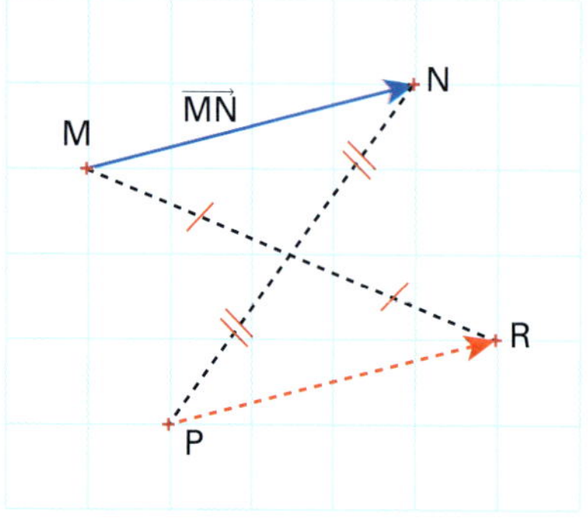

La transformation du plan qui transforme M en N est appelée **translation de vecteur** $\overrightarrow{MN}$.

La translation de vecteur $\overrightarrow{MN}$ associe à P l'unique point R tel que MNRP est un parallélogramme.
(on peut dire que cette translation « envoie » M sur N et P sur R)

Remarques :
– si les points M, N et P sont alignés, R existe bien, et MNRP est un parallélogramme aplati (les points M, N, R et P sont alignés dans cet ordre).
– Le vecteur $\overrightarrow{MN}$ se représente graphiquement par une flèche d'origine M et d'extrémité N.
– On note souvent un vecteur par une seule lettre : $\vec{u}$, par exemple.
– Le vecteur $\overrightarrow{MM}$ existe et s'appelle le **vecteur nul**, on le note aussi : $\vec{0}$.

Égalité de deux vecteurs :
– Deux vecteurs $\overrightarrow{MM}$ et $\overrightarrow{PR}$ sont égaux si et seulement si la translation qui transforme M en N transforme aussi P en R, donc si et seulement si le quadrilatère MNRP est un parallélogramme (même aplati). On dit alors que $\overrightarrow{MN}$ et $\overrightarrow{PR}$ sont deux **représentants** différents du même vecteur (celui de la translation transformant M en N).
– Le vecteur opposé à $\overrightarrow{MN}$ est celui de la translation qui retransforme N en M, tel que :

$$\overrightarrow{NM} = -\overrightarrow{MN}$$

SAVOIR FAIRE Manipuler graphiquement un vecteur

• Construire au compas le représentant d'un vecteur donné

Construire B tel que $\vec{u} = \overrightarrow{AB}$, avec A un point du plan donné, $\vec{u}$ un vecteur non nul donné.

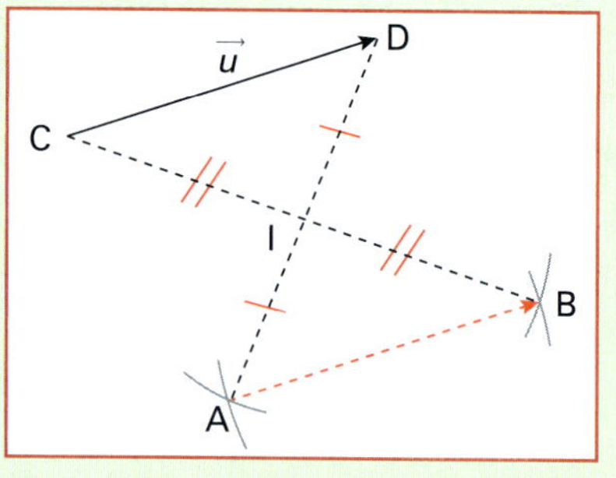

Solution 1

1. Construire I milieu de [DA].
2. Construire B tel que I est le milieu de [CB].

Solution 2

1. Noter C l'origine de $\vec{u}$ et D son extrémité. Il faut que ABDC soit un parallélogramme.
2. Tracer l'intersection entre l'arc de cercle de centre A, de rayon CD et l'arc de cercle de centre D, de rayon AC : le point d'intersection obtenu est B.
3. Tracer la flèche d'origine A et d'extrémité B pour obtenir le représentant $\overrightarrow{AB}$ de $\vec{u}$.

• Utiliser l'égalité de deux vecteurs

Soient ABDC et DCEF deux parallélogrammes. Prouver que ABFE est un parallélogramme.

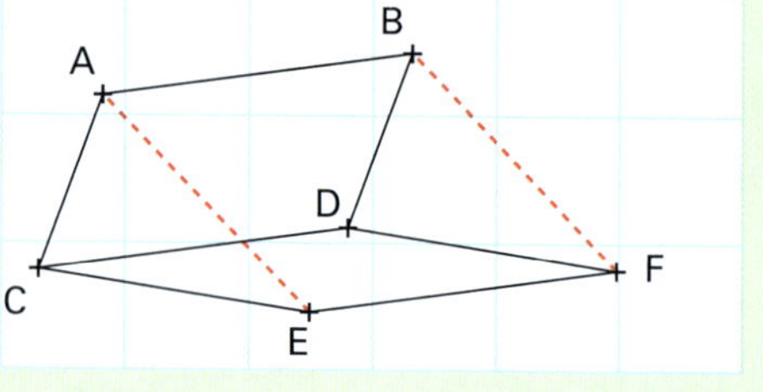

1. Écrire que ABDC est un parallélogramme. Donc $\overrightarrow{BA} = \overrightarrow{DC}$.
2. Écrire que DCEF est un parallélogramme. Donc $\overrightarrow{DC} = \overrightarrow{FE}$.
3. En déduire que $\overrightarrow{BA} = \overrightarrow{FE}$. Or ces deux vecteurs sont égaux si et seulement si ABFE est un parallélogramme.
4. Conclure que ABFE est un parallélogramme.

S'ENTRAÎNER

1 Soit $\vec{u}$ un vecteur donné.

Construisez ci-dessous les représentants de $\vec{u}$ d'origines respectives A, B et C.

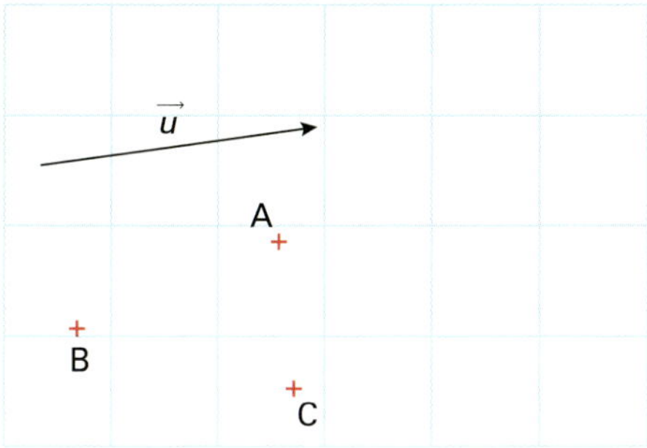

2 Relevez sur la figure ci-dessous tous les vecteurs qui sont des représentants de $\overrightarrow{AB}$ et tous ceux qui sont des représentants de $\overrightarrow{ED}$:

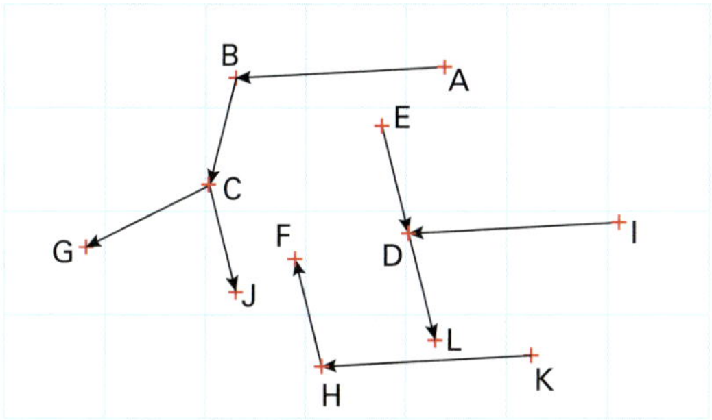

3 ABC est un triangle équilatéral.

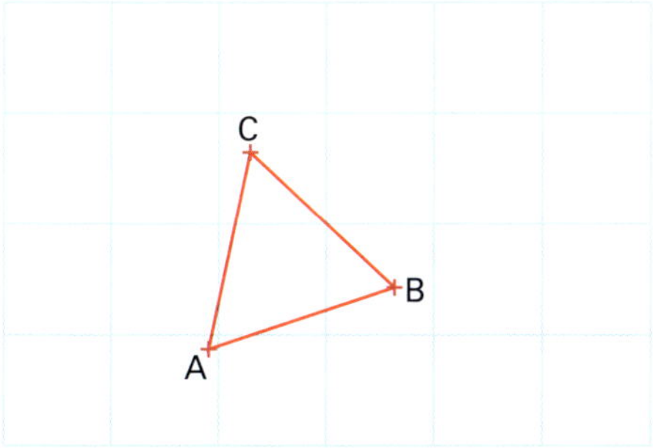

a. **Construisez ci-dessous les points suivants :**
– E tel que la translation qui transforme B en A transforme C en E ;
– D tel que $\overrightarrow{AB} = \overrightarrow{CD}$;
– F tel que $\overrightarrow{AF} = \overrightarrow{EA}$.

b. **Quelle est la nature des quadrilatères ABCE et ACBF ?**

4 Soit RSTU un parallélogramme et le point V tel que $\overrightarrow{SV} = \overrightarrow{UT}$. Sur la figure ci-dessous :

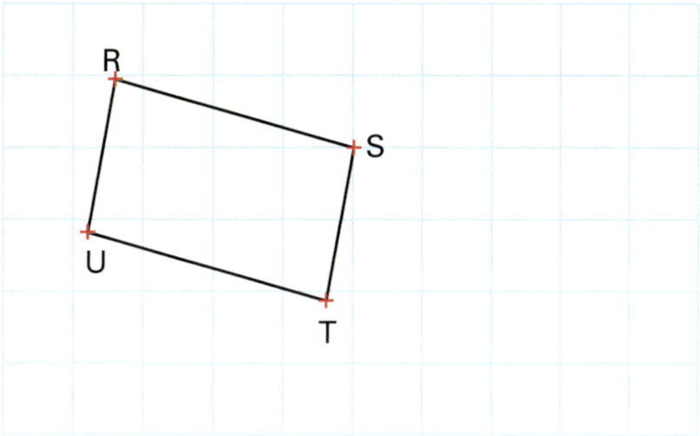

a. **Construisez V.**

b. **Construisez W tel que $\overrightarrow{VW} = -\overrightarrow{ST}$.**

5 Soit la figure ci-dessous, où sont juxtaposés quatre parallélogrammes avec B milieu de [AD].

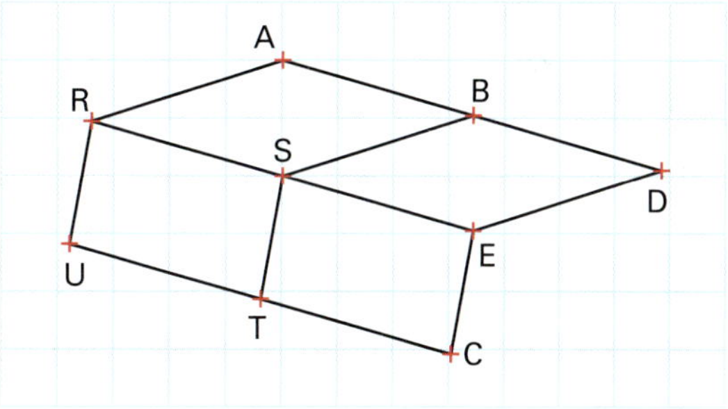

a. **Prouvez que ABCT est un parallélogramme.**

b. **Prouvez que (UB) // (TD).**

6 Construisez l'image du polygone ABCDE par la translation qui transforme E en F.

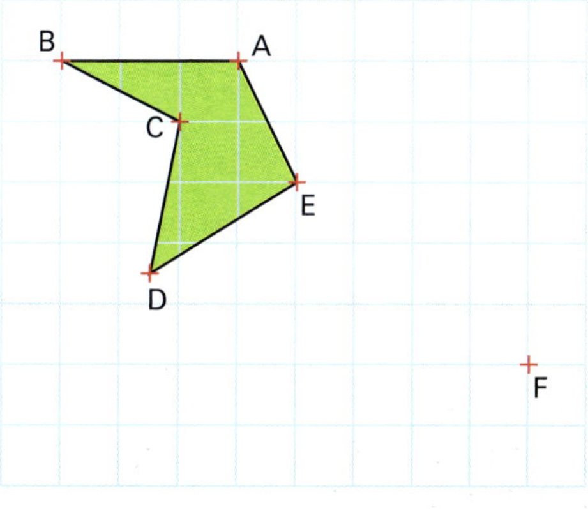

GÉOMÉTRIE

21 Vecteurs : coordonnées

SAVOIR

- Soit (O ; I, J) un **repère du plan** et $\vec{u}$ un vecteur de ce plan.
Soit M(x ; y) le point du plan tel que $\overrightarrow{OM} = \vec{u}$ (M est simplement l'image de O par la translation de vecteur $\vec{u}$) : on dit que $\vec{u}$ a pour coordonnées (x ; y) dans (O ; I, J).

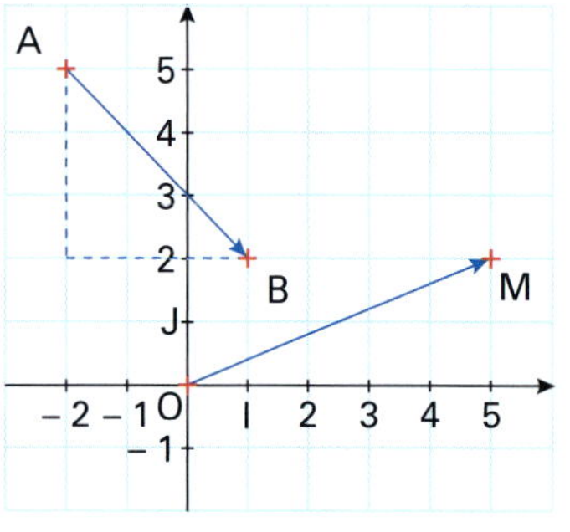

- **Égalité de deux vecteurs** : deux vecteurs sont égaux si et seulement si ils ont les mêmes coordonnées.
- Soit $\vec{u}$ un vecteur donné et soient A(x_A ; y_A) et B(x_B ; y_B) tels que $\vec{u} = \overrightarrow{AB}$.
$\vec{u}$ et $\overrightarrow{AB}$ ont pour coordonnées ($x_B - x_A$; $y_B - y_A$).
- $\vec{0}$ a pour coordonnées (0 ; 0).
- Deux vecteurs opposés ont leurs coordonnées opposées.
- Le repère (O ; I, J) est souvent noté (O ; $\vec{i}$, $\vec{j}$) avec :
$\vec{i} = \overrightarrow{OI}$;
$\vec{j} = \overrightarrow{OJ}$.

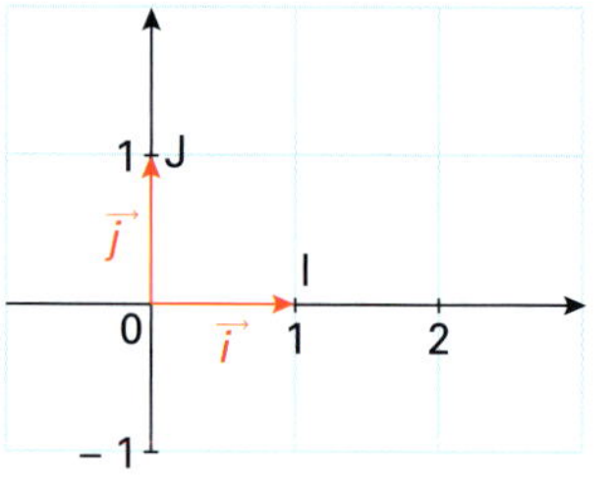

SAVOIR FAIRE — Manipuler les coordonnées d'un vecteur

- **Calculer les coordonnées d'un vecteur**

Calculer les coordonnées du vecteur $\overrightarrow{RT}$, avec R(5 ; 8) et T(6 ; 2).

1. Appliquer la formule en veillant à commencer par prendre la coordonnée de l'extrémité du vecteur, à qui l'on soustrait la coordonnée de l'origine du vecteur :
$x_T - x_R = 6 - 5 = 1$ et $y_T - y_R = 2 - 8 = -6$.

2. Conclure que $\overrightarrow{RT}$ a pour coordonnées (1 ; –6).

- **Calculer les coordonnées d'un point défini par une égalité de vecteurs**

Soit A(3 ; 4) et $\vec{u}$ (2 ; –5), déterminer les coordonnées de E tel que $\overrightarrow{AE} = \vec{u}$.

1. Noter (x_E ; y_E) les coordonnées de E. Traduire l'égalité vectorielle par le système d'équations suivant :
$x_E - x_A = x_{\vec{u}}$ et $y_E - y_A = y_{\vec{u}}$.
D'où $x_E - 3 = 2$ et $y_E - 4 = -5$
$x_E = 5$ et $y_E = -1$.
E a donc pour coordonnées (5 ; –1).

2. Vérifier graphiquement ce résultat en plaçant A, E et $\vec{u}$ dans un repère du plan.

- **Démontrer qu'un quadrilatère est un parallélogramme**

Soit D(3 ; 6), E(–1 ; 7), F(6 ; 8) et G(10 ; 7). Prouver que DEFG est un parallélogramme.

1. DEFG est un parallélogramme si et seulement si $\overrightarrow{DE} = \overrightarrow{GF}$, donc si et seulement si $\overrightarrow{DE}$ et $\overrightarrow{GF}$ ont les mêmes coordonnées.
Or $x_E - x_D = -1 - 3 = -4$ et $x_F - x_G = 6 - 10 = -4$.
D'autre part $y_E - y_D = 7 - 6 = 1$ et $y_F - y_G = 8 - 7 = 1$.

2. Voir que $\overrightarrow{DE} = \overrightarrow{GF}$, donc que DEFG est un parallélogramme.

S'ENTRAÎNER

1 Complétez le tableau ci-dessous en lisant les coordonnées des vecteurs suivants.

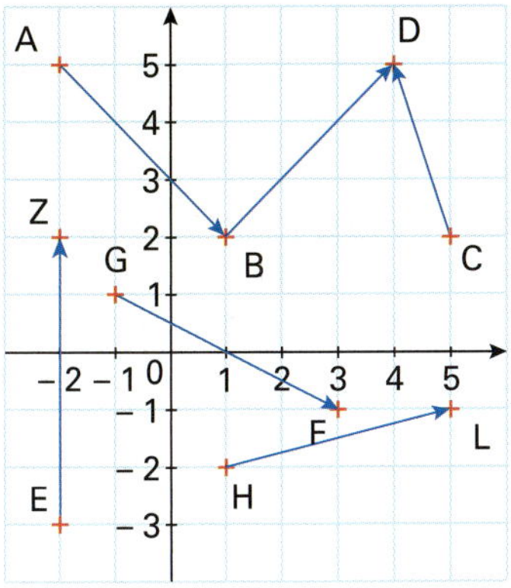

Vecteur	$\overrightarrow{AB}$	$\overrightarrow{GF}$	$\overrightarrow{BD}$	$\overrightarrow{EZ}$	$\overrightarrow{CD}$	$\overrightarrow{HL}$
Coordonnées $(x ; y)$						

2 Soient les points A(–2 ; 7), B(5 ; 5) et C(1 ; 3).

Déterminez les coordonnées des points suivants.

a. T tel que $\overrightarrow{CT} = \overrightarrow{AB}$.

b. R tel que $\overrightarrow{RA} = \overrightarrow{CB}$.

3 Soit la figure suivante.

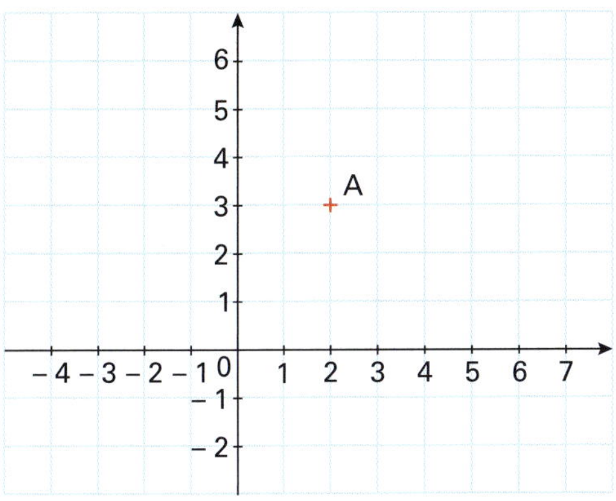

a. **Par lecture graphique, indiquez les coordonnées de A.**

Soients les vecteurs $\vec{u}$ (2 ; –2) , $\vec{v}$ (–3 ; 1), $\vec{w}$ (4 ; 1) et $\vec{x}$ (–4 ; –2).

b. **Déterminez par le calcul les coordonnées des points M, N, P et Q tels que $\overrightarrow{AM} = \vec{u}$, $\overrightarrow{AN} = \vec{v}$, $\overrightarrow{AP} = \vec{w}$ et $\overrightarrow{AQ} = \vec{x}$.**

c. **Placez les points M, N, P et Q dans le repère ci-dessus.**

4 Soient A(1 ; 2), M(x ; y) et N(y ; x).

a. **Déterminez les coordonnées de M sachant que $\overrightarrow{AM}$ a pour coordonnées (4 ; 4).**

b. **Déduisez-en les coordonnées de $\overrightarrow{AN}$.**

5 Soient les points A(4 ; –2), B(1 ; 3) et C(–3 ; 0).

a. **Calculez les coordonnées de D telles que ABCD est un parallélogramme.**

b. **Vérifiez graphiquement en construisant le parallélogramme ABCD.**

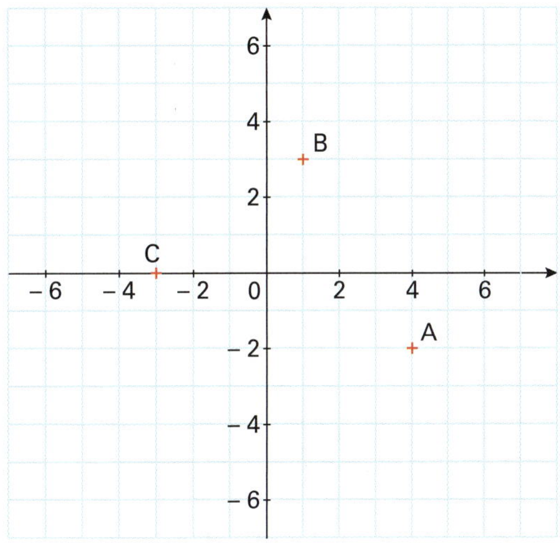

6 Soient A(5 ; 2) et B(–3 ; –3).

a. **Calculez les coordonnées de leur milieu I.**

b. **Prouvez que $\overrightarrow{IA}$ et $\overrightarrow{IB}$ sont deux vecteurs opposés.**

7 On donne les points M(5 ; –2), N(9 ; 0), P(11 ; 4) et Q(7 ; 2).

a. **MNPQ est-il un parallélogramme ? Justifiez.**

b. **Calculez MN et NP. MNPQ est-il un losange ? Justifiez.**

GÉOMÉTRIE

22 Vecteurs : somme et relation de Chasles

SAVOIR

▸ Soient $\vec{u}$ et $\vec{v}$ deux vecteurs et M un point du plan. La **translation** de vecteur $\vec{u}$ transforme M en un point N, puis la translation de vecteur $\vec{v}$ transforme N en un point P.
On note $\vec{u} + \vec{v}$ le vecteur de la translation qui transforme directement M en P.

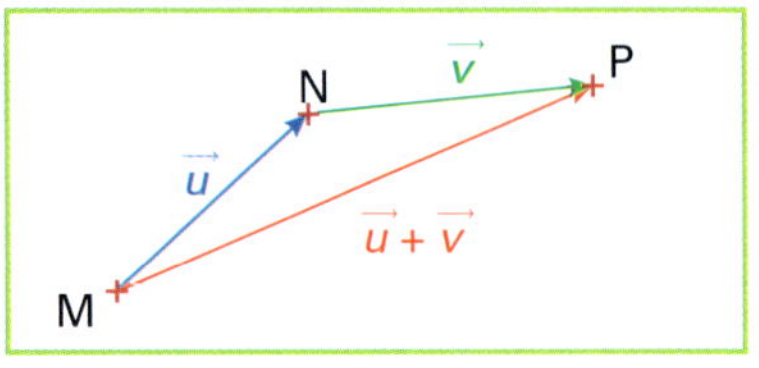

▸ $\vec{u} + \vec{v}$ est appelé le **vecteur-somme** de $\vec{u}$ et de $\vec{v}$.

▸ On a :

$$\vec{u}+\vec{v}=\vec{v}+\vec{u} \quad \text{et} \quad \vec{u}+\vec{0}=\vec{u}=\vec{0}+\vec{u}$$

Dans un repère, si $\vec{u}$ a pour coordonnées $(x_{\vec{u}} ; y_{\vec{u}})$ et $\vec{v}$ a pour coordonnées $(x_{\vec{v}} ; y_{\vec{v}})$, alors $\vec{u} + \vec{v}$ a pour coordonnées :

$$(x_{\vec{u}}+x_{\vec{v}} ; y_{\vec{u}}+y_{\vec{v}})$$

▸ **Relation de Chasles** : pour tous points M, N et P, si on dispose « bout à bout » les vecteurs $\overrightarrow{MN}$ et $\overrightarrow{NP}$, on obtient le vecteur $\overrightarrow{MP}$ tel que $\overrightarrow{MN} + \overrightarrow{NP} = \overrightarrow{MP}$.
Cette relation permet la simplification de sommes vectorielles, lorsque l'extrémité du premier vecteur est également l'origine du second vecteur (et seulement dans ce cas).

▸ **Règle du parallélogramme** : soient A, B, C trois points du plan. La somme des deux vecteurs (de même origine) $\overrightarrow{AB}$ et $\overrightarrow{AC}$ est le vecteur $\overrightarrow{AD}$, où D est tel que ABDC est un parallélogramme. On écrit alors $\overrightarrow{AB} + \overrightarrow{AC} = \overrightarrow{AD}$.

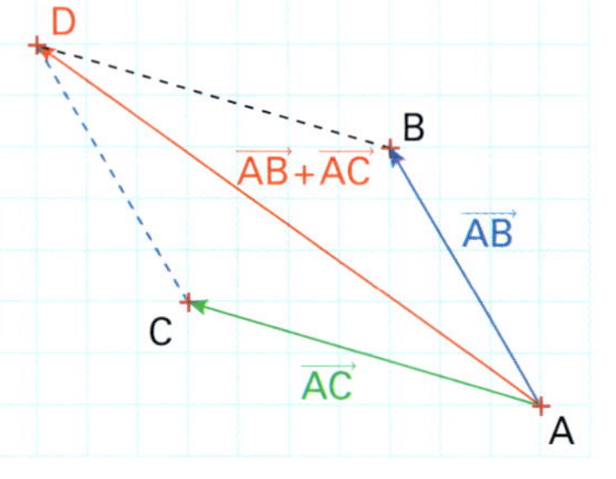

SAVOIR FAIRE — Manipuler une somme de vecteurs

• **Construire un point à l'aide d'une somme de vecteurs**

Construire le point E tel que $\overrightarrow{AE} = \overrightarrow{CO} + \overrightarrow{DO}$, avec ABCD carré de centre O.

① Construire un représentant de $\overrightarrow{DO}$ (le second vecteur) d'origine O (l'extrémité du premier vecteur), de sorte à avoir les deux vecteurs de la somme « à la suite ».

② Tracer le représentant de $\overrightarrow{CO} + \overrightarrow{DO}$ obtenu qui a pour origine C.

③ Tracer le représentant de ce vecteur qui a pour origine A, l'extrémité obtenue sera le point E cherché.

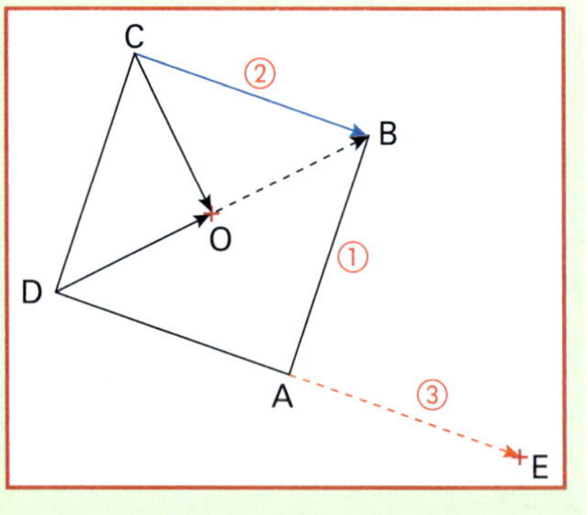

• **Simplifier l'écriture d'une somme de vecteurs**

Utiliser la relation de Chasles pour simplifier l'écriture de $\vec{u} = \overrightarrow{DB} + \overrightarrow{DE} + \overrightarrow{BO} + \overrightarrow{OC}$ avec B, C, D, E, O cinq points du plan.

1. D'après la relation de Chasles, $\overrightarrow{BO} + \overrightarrow{OC} = \overrightarrow{BC}$, d'où $\vec{u} = \overrightarrow{DB} + \overrightarrow{DE} + \overrightarrow{BC}$.
2. Intervertir dans $\vec{u}$ l'ordre des vecteurs de sorte à avoir $\vec{u} = \overrightarrow{DE} + \overrightarrow{DB} + \overrightarrow{BC}$.
3. Appliquer à nouveau la relation de Chasles avec $\overrightarrow{DB} + \overrightarrow{BC} = \overrightarrow{DC}$, ce qui donne $\vec{u} = \overrightarrow{DE} + \overrightarrow{DC}$.
4. Voir que sur cette dernière écriture, les deux vecteurs $\overrightarrow{DE}$ et $\overrightarrow{DC}$ ont la même origine, on ne peut donc pas utiliser davantage la relation de Chasles.

S'ENTRAÎNER

1 **Tracez dans la figure ci-dessous un représentant des vecteurs suivants, ayant pour origine le point E.**

a. $\overrightarrow{CD} + \overrightarrow{AB}$

b. $\overrightarrow{CD} + \overrightarrow{CF}$

c. $\overrightarrow{AB} + \overrightarrow{CF}$

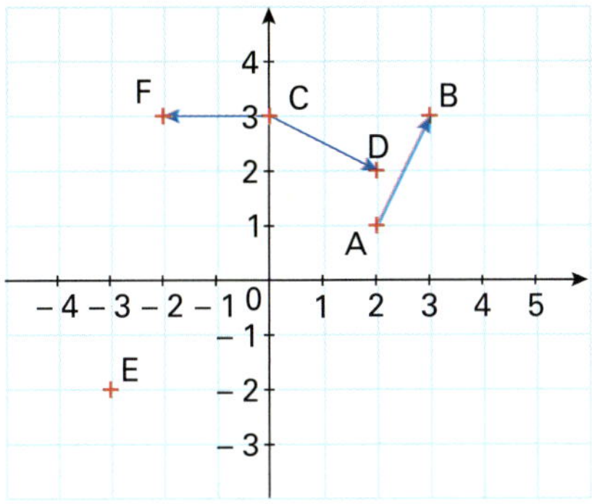

2 Soient A, B, C et D quatre points du plan.
En utilisant la relation de Chasles, simplifiez le plus possible l'écriture des vecteurs $\vec{a}$, $\vec{b}$, $\vec{c}$ et $\vec{d}$.

a. $\vec{a} = \overrightarrow{AB} + \overrightarrow{BC} + \overrightarrow{AD}$

b. $\vec{b} = \overrightarrow{AB} + \overrightarrow{CA} + \overrightarrow{AC}$

c. $\vec{c} = \overrightarrow{AB} + \overrightarrow{BC} + \overrightarrow{CA}$

d. $\vec{d} = \overrightarrow{AB} + \overrightarrow{CA} + \overrightarrow{BD}$

3 Soient deux points A et B, de milieu I.

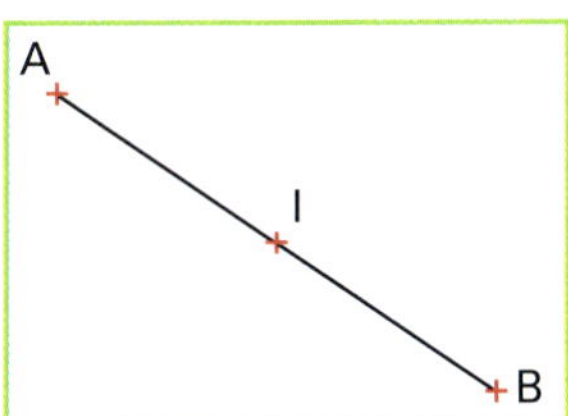

a. **Construisez le point S tel que $\overrightarrow{IS} = \overrightarrow{IA} + \overrightarrow{IB}$.**

b. **Que constatez-vous?**

c. **Peut-on écrire $\overrightarrow{IA} + \overrightarrow{IB} = \vec{0}$? Justifiez.**

4 **En utilisant la relation de Chasles, complétez les égalités suivantes.**

a. $\overrightarrow{R...} + \overrightarrow{ST} = \overrightarrow{RT}$

b. $\overrightarrow{R...} + \overrightarrow{ST} = \overrightarrow{ST}$

c. $\overrightarrow{...D} + \overrightarrow{EF} + \overrightarrow{DA} = \overrightarrow{EF}$

5 Soient A(2 ; 3), B(5 ; –1) et C(5 ; 5) tels que placés ci-dessous.

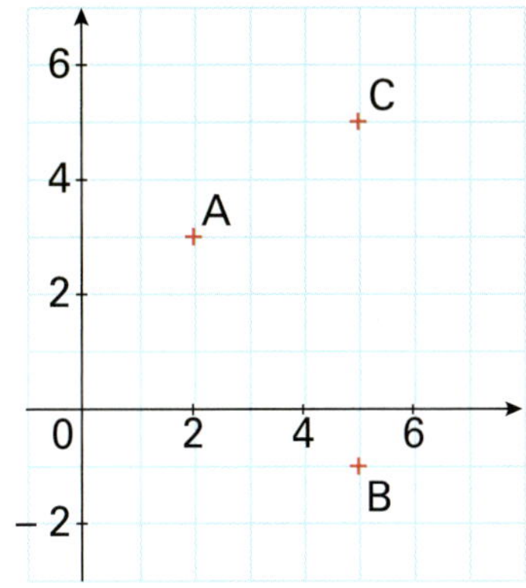

a. **Déterminez les coordonnées de $\overrightarrow{AB}$ et de $\overrightarrow{AC}$.**

Soit le point D tel que $\overrightarrow{AD} = \overrightarrow{AB} + \overrightarrow{AC}$.

b. **Déterminez par le calcul les coordonnées de D, et vérifiez graphiquement.**

6 Soient A, B, C trois points du plan.
Soit le point D tel que $\overrightarrow{AD} = \overrightarrow{AB} + \overrightarrow{AC}$ et le point E tel que $\overrightarrow{AE} = \overrightarrow{AD} + \overrightarrow{AB}$.

a. **Montrez qu'on a $\overrightarrow{AB} = \overrightarrow{CD}$.**

b. **Montrez qu'on a $\overrightarrow{AB} = \overrightarrow{DE}$.**

c. **Déduisez-en qu'on a $\overrightarrow{CD} = \overrightarrow{DE}$, puis que D est le milieu de [CE].**

7 Soit la figure suivante.

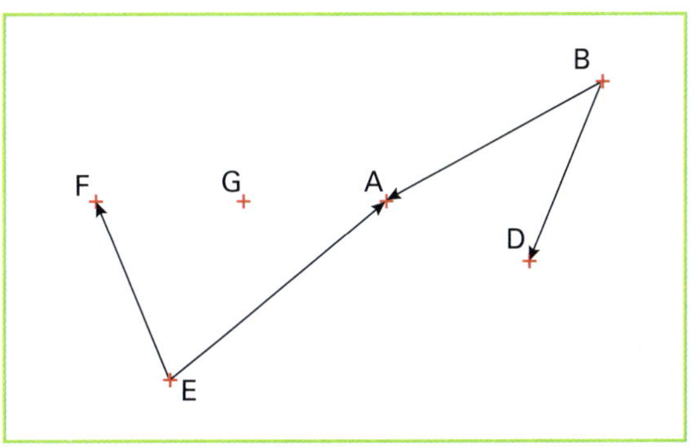

a. **Construisez au compas $\overrightarrow{BK}$ tel que $\overrightarrow{BK} = \overrightarrow{BA} + \overrightarrow{BD}$.**

b. **Construisez au compas $\overrightarrow{EH}$ tel que $\overrightarrow{EH} = \overrightarrow{EA} + \overrightarrow{EF}$ en utilisant le milieu G de [AF].**

GÉOMÉTRIE

23 Vecteurs : produit d'un vecteur par un réel, colinéarité de deux vecteurs

SAVOIR

- Soit $k \in \mathbb{R}$ et $\vec{u}\,(x\,;y)$ un vecteur dans un repère donné. On note « $k\vec{u}$ » le vecteur de coordonnées $(kx\,;ky)$ dans ce repère.
- Si $\overrightarrow{AB}$ est un représentant de $\vec{u}$, il existe alors un point M unique tel que $\overrightarrow{AM} = k\vec{u}$.

On a alors $M \in (AB)$ avec :

– si $k > 0$, $AM = k\,AB$ et $M \in [AB]$;

– si $k < 0$, $AM = -k\,AB$ et $M \notin [AB]$.

• $k > 0$: $M \in [AB]$ et $AM = k\,AB$

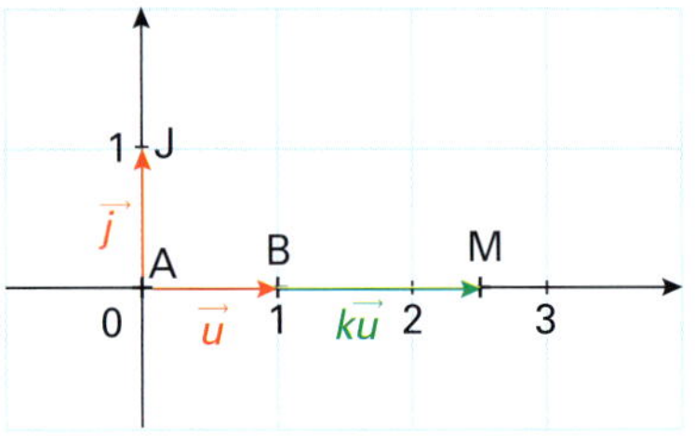

• $k < 0$: $M \in (AB)$, $M \notin [AB]$ et $AM = k\,AB$

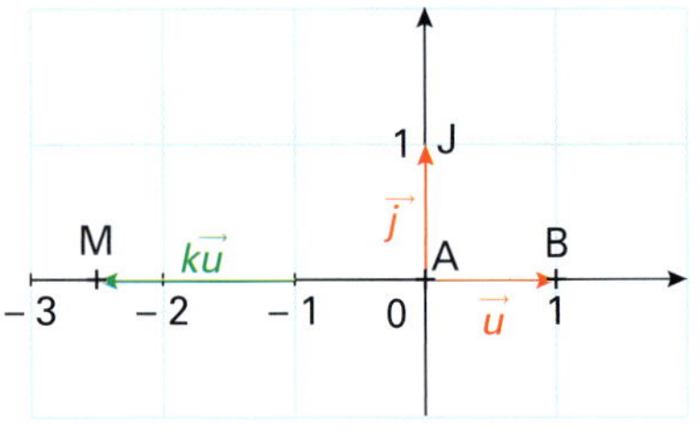

- On dit que $\vec{u}$ et $\vec{v}$ sont **colinéaires** lorsqu'il existe $k \in \mathbb{R}$ tel que :

$$\vec{u} = k\vec{v} \text{ (on a alors } \vec{v} = \frac{1}{k}\vec{u}\text{)}$$

- si $k = -1$ on a $\vec{u} = -\vec{v}$ et $\vec{u}$ et $\vec{v}$ sont deux vecteurs **opposés**.
- Ainsi, on peut définir la soustraction de deux vecteurs en notant $\vec{u} - \vec{v}$ le vecteur $\vec{u} + (-\vec{v})$.
- Soient k et k' deux réels, $\vec{u}$ et $\vec{v}$ deux vecteurs, on a :

$$(k + k')\vec{u} = k\vec{u} + k'\vec{u}$$

$$k(\vec{u} + \vec{v}) = k\vec{u} + k\vec{v}$$

$$k\,(k'\vec{u}) = kk'\vec{u} = k'(k\vec{u})$$

- Les points A, B, C sont alignés si et seulement si $\overrightarrow{AB}$ et $\overrightarrow{AC}$ sont colinéaires.
- Les droites (AB) et (CD) sont parallèles si et seulement si $\overrightarrow{AB}$ et $\overrightarrow{CD}$ sont colinéaires.

SAVOIR FAIRE Exploiter la colinéarité de deux vecteurs

• Construire un point à l'aide d'une égalité de vecteurs

Construire le point E défini par l'égalité de vecteurs $\overrightarrow{CE} = 3\overrightarrow{AB}$, avec ABC un triangle équilatéral.

1. Construire le vecteur $3\overrightarrow{AB}$ en mettant trois fois bout à bout le vecteur $\overrightarrow{AB}$ en partant de A. Obtenir ainsi D.
2. Construire un représentant de $\overrightarrow{AD}$ d'origine C en construisant E tel que ACED soit un parallélogramme.

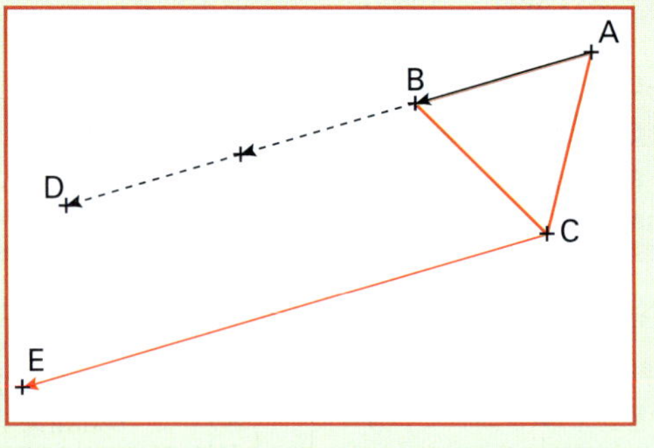

• Déterminer si trois points sont alignées

Déterminer si le point L appartient à la droite (CD), avec L(5 ; 6), C(1 ; 1) et D(13 ; 16).

1. Calculer les coordonnées de $\overrightarrow{LC}$ et $\overrightarrow{LD}$: $\overrightarrow{LC}\,(-4\,;-5)$ et $\overrightarrow{LD}\,(8\,;10)$.
2. Voir que $8 = -4 \times (-2)$ et $10 = -5 \times (-2)$, d'où $\overrightarrow{LD} = -2\overrightarrow{LC}$. $\overrightarrow{LD}$ et $\overrightarrow{LC}$ sont donc colinéaires, et $L \in (CD)$.

• Prouver que deux droites sont parallèles

Prouver que les droites (EF) et (GH) sont parallèles, avec E(–4 ; –7), F(6 ; 3), G(–1 ; 5) et H(1 ; 7).

1. Calculer les coordonnées de $\overrightarrow{EF}$ et $\overrightarrow{GH}$: $\overrightarrow{EF}\,(10\,;10)$ et $\overrightarrow{GH}\,(2\,;2)$.
2. En déduire que $\overrightarrow{EF} = 5\,\overrightarrow{GH}$. $\overrightarrow{EF}$ et $\overrightarrow{GH}$ sont donc colinéaires, et (EF) et (GH) sont bien parallèles.

• **Travailler une écriture vectorielle avec la relation de Chasles**

Montrer, avec la relation de Chasles, que $\overrightarrow{AE} = 3\overrightarrow{CD}$ avec A, B, C, D, E tels que : $\overrightarrow{AB} = \overrightarrow{AC} + 2\overrightarrow{AD}$ et $\overrightarrow{BE} = \overrightarrow{CD} - 3\overrightarrow{AC}$.

1. Calculer : $\overrightarrow{AB} + \overrightarrow{BE} = \overrightarrow{AC} + 2\overrightarrow{AD} + \overrightarrow{CD} - 3\overrightarrow{AC}$.

2. Utiliser la relation de Chasles :

$$\underbrace{\overrightarrow{AB} + \overrightarrow{BE}}_{} = \overrightarrow{AC} + 2\overrightarrow{AD} + \overrightarrow{CD} - 3\overrightarrow{AC}$$
$$\overrightarrow{AE} = \underbrace{\overrightarrow{AD} + 2\overrightarrow{AD}}_{} - 3\overrightarrow{AC}$$
$$\overrightarrow{AE} = 3\overrightarrow{AD} - 3\overrightarrow{AC}$$

3. Enfin comme $\overrightarrow{AD} = \overrightarrow{AC} + \overrightarrow{CD}$, on a $\overrightarrow{AE} = 3(\overrightarrow{AC} + \overrightarrow{CD}) - 3\overrightarrow{AC} = 3\overrightarrow{AC} + 3\overrightarrow{CD} - 3\overrightarrow{AC} = 3\overrightarrow{CD}$.

S'ENTRAÎNER

1 **Sur la figure ci-dessous, construisez les points D, E, F, G définis par les égalités suivantes.**

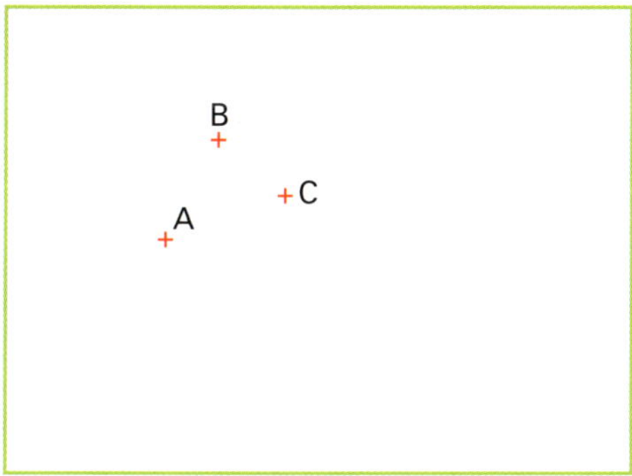

$\overrightarrow{AE} = 3\overrightarrow{AC}$; $\overrightarrow{BD} = -2\overrightarrow{BC}$;
$\overrightarrow{CF} = \overrightarrow{CB} + \overrightarrow{CA}$; $\overrightarrow{AG} = \frac{-1}{3}\overrightarrow{AC}$

2 **Complétez les égalités proposées en utilisant la figure codée ci-dessous.**

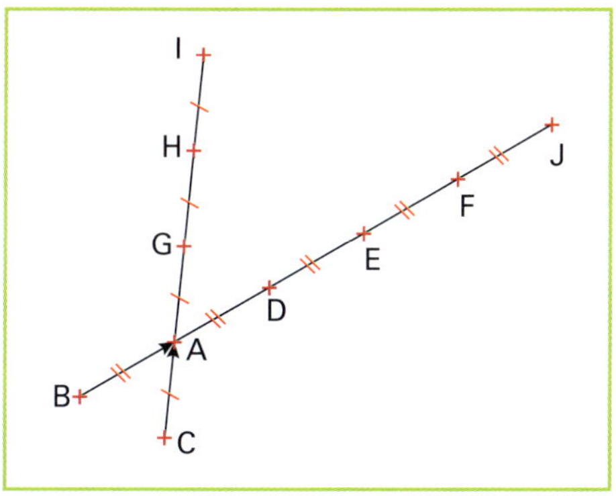

a. $\overrightarrow{AJ} = \ldots\overrightarrow{BA}$
b. $\overrightarrow{IH} = \ldots\overrightarrow{GC}$
c. $\overrightarrow{DA} = \ldots\overrightarrow{JB}$
d. $\overrightarrow{CH} = \ldots\overrightarrow{AH}$
e. $\overrightarrow{AE} = \ldots\overrightarrow{FD}$
f. $\overrightarrow{CI} = \ldots\overrightarrow{IH}$

3 **Dans la liste suivante, quels vecteurs sont colinéaires ? Justifiez.**

$\vec{u}\,(2\,;-1)$; $\vec{v}\,(3\,;4)$; $\vec{w}\left(-1\,;\frac{-4}{3}\right)$;
$\vec{y}\,(8\,;4)$; $\vec{z}\left(-\sqrt{2}\,;\frac{1}{\sqrt{2}}\right)$

4 On donne R(5 ; 3), S(3 ; 1), T(9 ; 7), U(–4 ; –6).

a. **Les points R, S et U sont-ils alignés ? Justifiez.**

b. **Complétez.**
$\overrightarrow{RT} = \ldots\overrightarrow{US}$; $\overrightarrow{RT} = \ldots\overrightarrow{TU}$; $\overrightarrow{UR} = \ldots\overrightarrow{TS}$

5 Soit M(4 ; 2), N(–1 ; –5) et P(3 ; –1).

Déterminez les coordonnées du point R(x ; y) telles que $\overrightarrow{PR} = 3\overrightarrow{MN}$.

6 Soit ABCD un parallélogramme de centre O et E le symétrique de C par rapport à A.

Utilisez la relation de Chasles pour répondre aux questions suivantes.

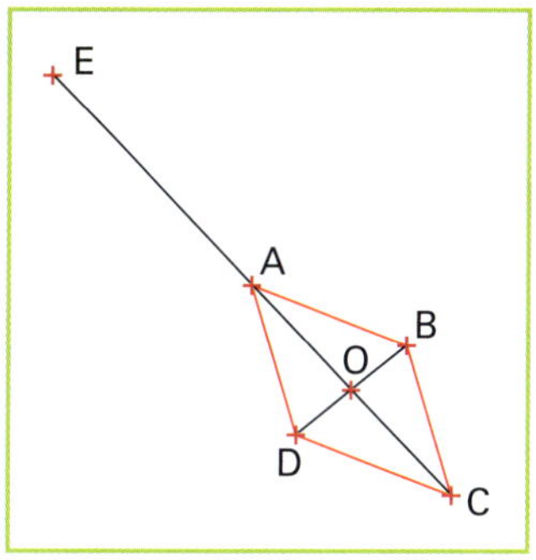

a. **Montrez que $\overrightarrow{CA} = 2\overrightarrow{CO}$.**
b. **Déduisez-en que $\overrightarrow{CE} = 4\overrightarrow{CO}$.**
c. **Prouvez que $\overrightarrow{CB} + \overrightarrow{BA} + \overrightarrow{CE} = 6\overrightarrow{CO}$.**

7 On donne T(12 ; –8), U$\left(1\,;\frac{3}{5}\right)$, V(–15 ; 10) et W$\left(\frac{3}{2}\,;\frac{9}{10}\right)$.

A-t-on (UT) // (WV) ?

8 Soit ABC un triangle. On note J le milieu de [AB] et K celui de [AC].

a. **Montrez que $\overrightarrow{JA} = \frac{1}{2}\overrightarrow{BA}$, $\overrightarrow{AK} = \frac{1}{2}\overrightarrow{AC}$ puis que $\overrightarrow{JK} = \frac{1}{2}\overrightarrow{BC}$.**

b. **Calculez $2\overrightarrow{BJ} + 2\overrightarrow{AK} + \overrightarrow{CB}$.**

GÉOMÉTRIE

24 Espace : calculs variés sur les solides usuels

SAVOIR

Aires usuelles

Disque :
πR^2
où R est le rayon du disque.

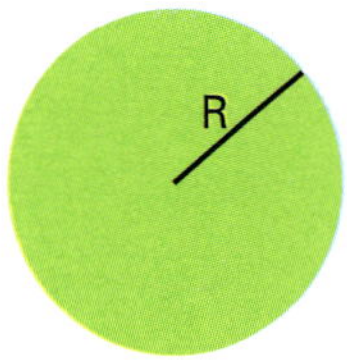

Aire latérale d'une sphère :
$4\pi R^2$
où R est le rayon de la sphère.

Rectangle :
$L \times l$
où L est la longueur
et l est la largeur du rectangle.

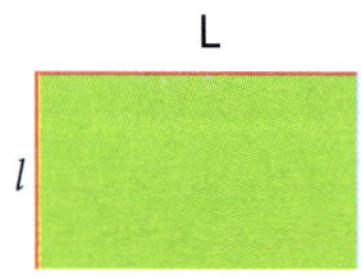

Triangle :
$\dfrac{B \times h}{2}$
où B est la longueur
d'une base
et h est sa hauteur associée.

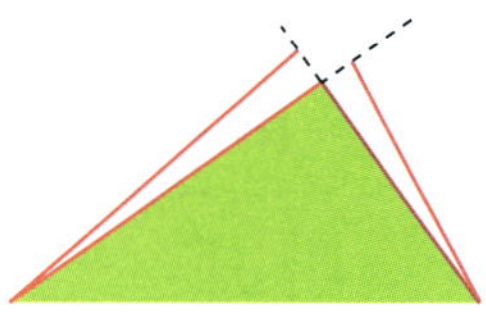

Volumes usuels

Cylindre de révolution :
$\pi R^2 h$
où R est le rayon
du disque de base
et h est la hauteur du cylindre.

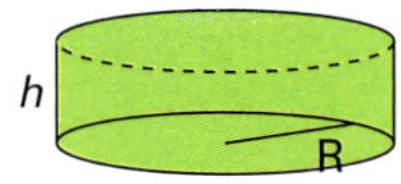

Sphère :
$\dfrac{4}{3}\pi R^3$
où R est le rayon de la sphère.

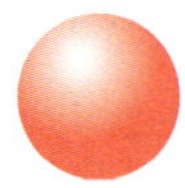

Pavé droit :
$L \times l \times h$
où L est la longueur,
l est la largeur
et h est la hauteur du pavé.

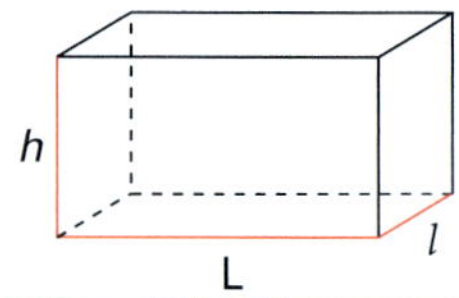

Cône de révolution :
$\dfrac{\pi R^2 h}{3}$
où R est le rayon du disque de base
et h la hauteur du cône.

Pyramide :
$\dfrac{A_B \times h}{3}$
où A_B est l'aire d'une base
de la pyramide
et h est la hauteur associée de la pyramide.

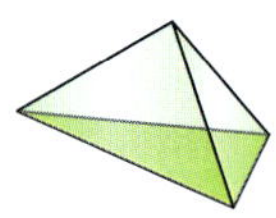

Effet sur les aires et sur les volumes d'une réduction ou d'un agrandissement :

– lorsqu'on multiplie toutes les dimensions d'un solide S **par un même nombre k réel** pour obtenir un solide S′, celui-ci est une **réduction** (si $0 < k < 1$) ou un **agrandissement** (si $k > 1$) du solide S ;

– lors d'une réduction ou d'un agrandissement de coefficient k :
- les aires sont multipliées par k^2
- les volumes sont multipliés par k^3.

SAVOIR FAIRE — Calculer dans l'espace

Calculer le volume d'un cube ABCDEFGH inscrit dans une sphère de centre O et de rayon 6 cm (la sphère passe par les huit sommets du cube).

1. Calculer l'arête HE du cube avec l'égalité de Pythagore qui donne dans GHE rectangle en H : $EG^2 = GH^2 + HE^2 = 2HE^2$ car GH = HE.
Puis CGE est rectangle en G et de même on a $CE^2 = CG^2 + EG^2$, or CG = HE et $EG^2 = 2HE^2$, donc $CE^2 = HE^2 + 2HE^2 = 3HE^2$.
2. Voir que CE = 12 cm (diamètre de la sphère), d'où $3HE^2 = 12^2 = 144$, donc $HE^2 = 48$ et $HE = \sqrt{48} = 4\sqrt{3}$ cm.
3. Conclure que le volume du cube est $HE^3 = (4\sqrt{3})^3 = 192\sqrt{3}$ cm³.

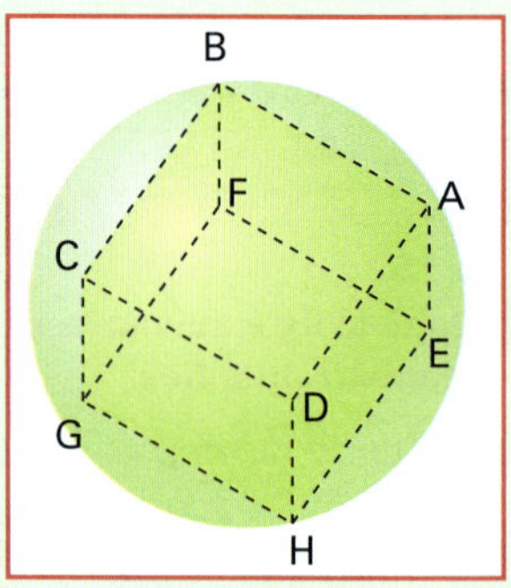

1 DCEHABFG et DCEHI sont un cube et une pyramide de même base DCEH. DHCN est un tétraèdre de base DHC.

Repassez en trait plein les traits ci-dessous que l'on doit avoir en vision directe.

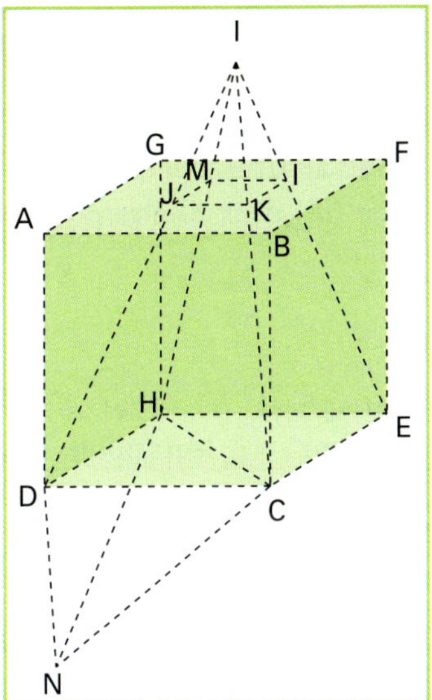

2 ABCD est un tétraèdre de hauteur 6 cm, avec ABC rectangle en A, AB = 2 cm et AC = 3 cm.
F est le point de [DC] tel que $\overrightarrow{DF} = \frac{1}{3}\overrightarrow{DC}$, E est sur [DA] et G sur [DB] tels que (FE) // (AC) et (EG) // (AB).

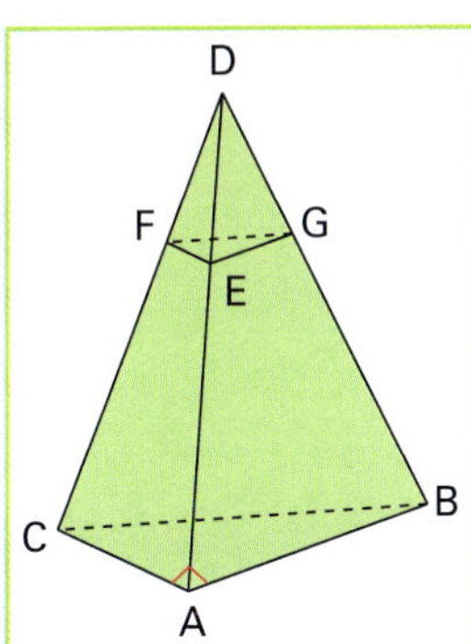

a. **Calculez l'aire du triangle ABC.**

b. **Calculez le volume du tétraèdre ABCD.**

c. **Déduisez-en l'aire de FEG et le volume du tétraèdre DFEG.**

3 On jette deux glaçons cubiques d'arête 3 cm dans un verre cylindrique de rayon 3 cm et de hauteur 13 cm.

a. **Calculez le volume occupé par les deux glaçons.**

b. **Calculez le volume du verre vide.**

c. **Peut-on, en plus des glaçons, verser 33 cL d'eau dans le verre sans qu'il ne déborde ? Justifiez.**

4 La salle d'une discothèque est constituée de deux hémisphères, l'un de rayon 10 m et l'autre de rayon 30 m. On désire peindre en orange le petit hémisphère et en jaune le grand.

a. **Déterminez au cm^2 près l'aire à peindre en orange.**

b. **Déterminez au cm^2 près l'aire à peindre en jaune.**

5 Soit ABCDEFGH un cube d'arête 4 cm. On considère huit sphères de rayon 2 cm centrées en chaque sommet de ce cube.

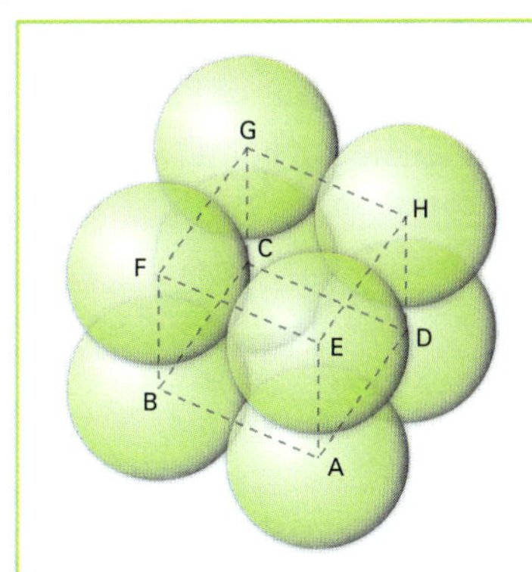

a. **Calculez le volume du cube.**

b. **Calculez le volume d'une sphère (valeur exacte).**

c. **Calculez le volume rempli par les sphères à l'intérieur du cube (valeur exacte).**

d. **En déduire le pourcentage d'espace rempli par les sphères à l'intérieur du cube.**

GÉOMÉTRIE

25 Espace : positions relatives de droites et de plans

SAVOIR

Règles d'incidence

- Deux points distincts A et B de l'espace définissent une droite unique (AB).
- Trois points distincts et non alignés A, B et C de l'espace définissent un plan unique (ABC).
- Tout plan contenant deux points A et B de l'espace contient la droite (AB).

Positions relatives de deux droites

- Deux droites sont **coplanaires** si et seulement si tous leurs points appartiennent à un même plan $\mathcal{P}$.
- Soient (d) et (d') deux droites de l'espace. On a quatre possibilités :

(d) et (d') n'ont aucun point commun		**(d) et (d') ont un seul point commun**	**(d) et (d') ont tous leurs points en commun**
(d) et (d') ne sont pas coplanaires		(d) et (d') sont coplanaires	
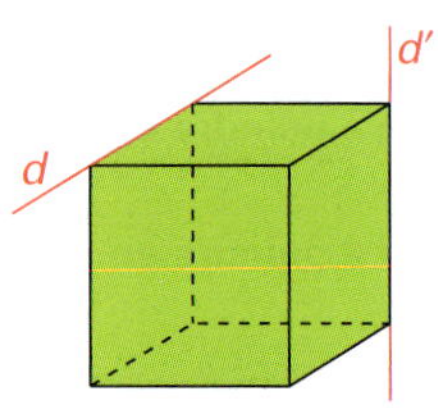	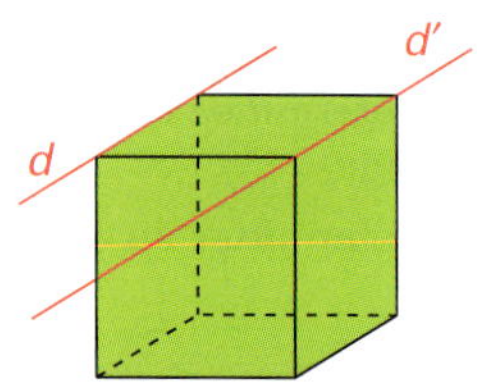	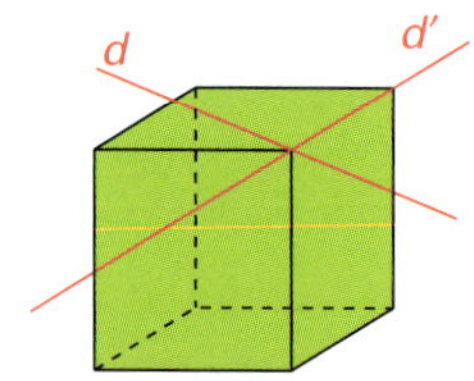	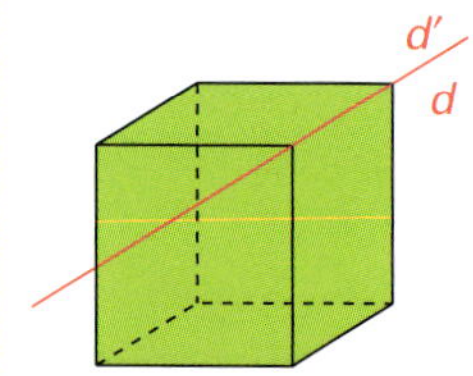
(d) et (d') ne sont pas parallèles	(d) et (d') sont parallèles	(d) et (d') sont sécantes	(d) et (d') sont confondues

Positions relatives de deux plans

- Soient $\mathcal{P}$ et $\mathcal{P}'$ deux plans de l'espace. On a trois possibilités :

$\mathcal{P}$ et $\mathcal{P}'$ n'ont aucun point commun	**$\mathcal{P}$ et $\mathcal{P}'$ ont une seule droite en commun**	**$\mathcal{P}$ et $\mathcal{P}'$ ont tous leurs points en commun**
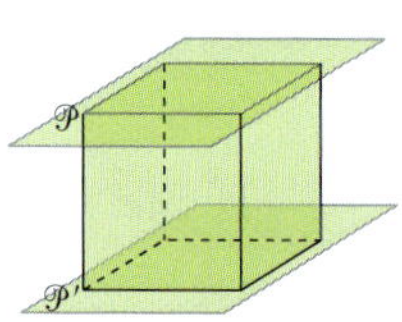	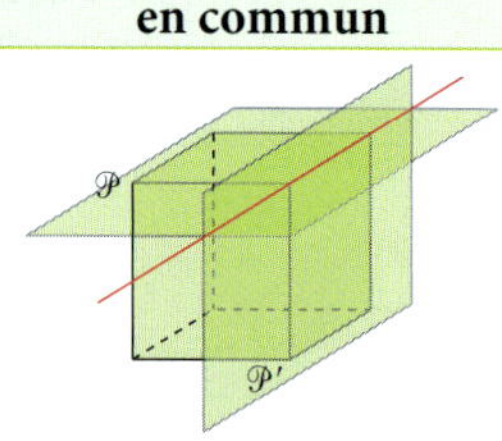	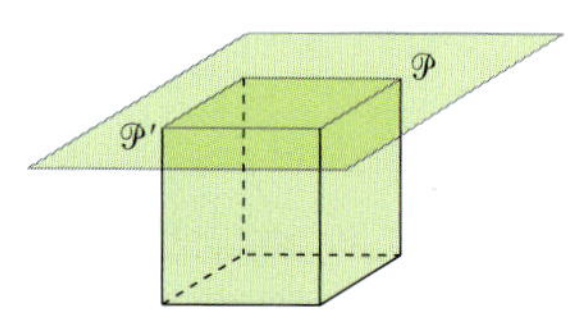
$\mathcal{P}$ et $\mathcal{P}'$ sont parallèles	$\mathcal{P}$ et $\mathcal{P}'$ sont sécants	$\mathcal{P}$ et $\mathcal{P}'$ sont confondus

Positions relatives d'une droite et d'un plan

- Soit (d) une droite de l'espace et $\mathcal{P}$ un plan de l'espace. On a trois possibilités :

(d) et $\mathcal{P}$ n'ont aucun point commun	**(d) et $\mathcal{P}$ ont un seul point commun**	**(d) a tous ses points dans $\mathcal{P}$**
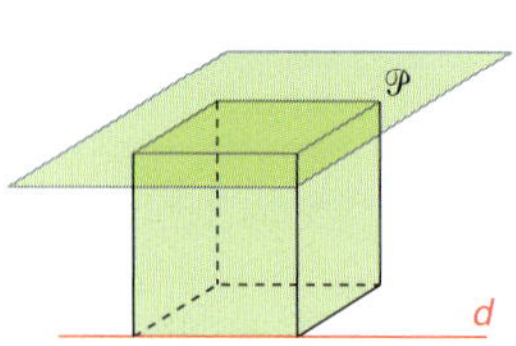	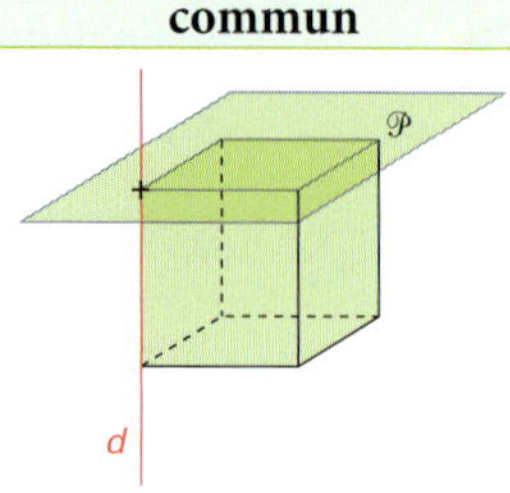	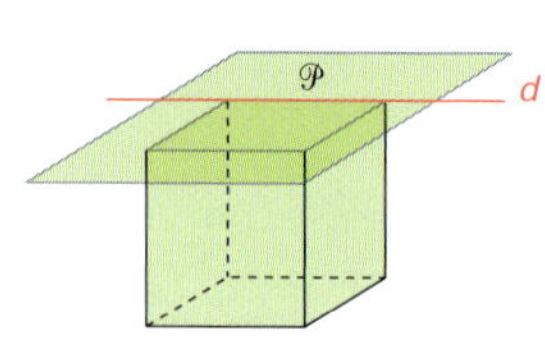
(d) et $\mathcal{P}$ sont parallèles	(d) et $\mathcal{P}$ sont sécants	(d) est incluse dans $\mathcal{P}$

SAVOIR FAIRE Déterminer l'intersection de deux plans

Déterminer l'intersection de deux plans (DHI) et (AEF) dans le cube ABCDEFGH, avec I milieu de [EF] et J milieu de [AB].

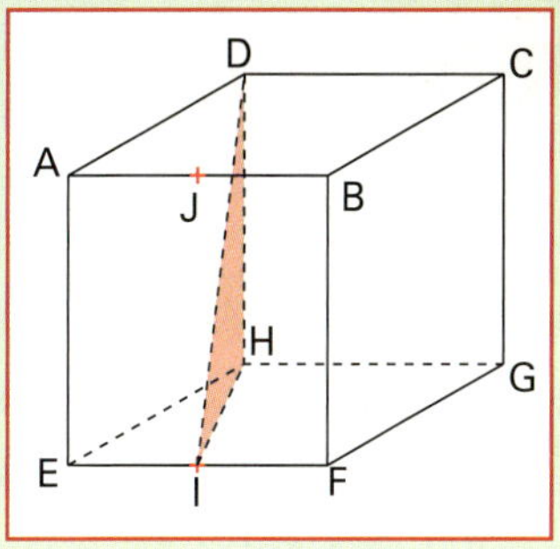

1. Chercher d'autres points du plan que ceux contenus dans son « nom » : le plan (AEF) recouvre la face avant du cube, donc I, J et B en font aussi partie.
2. Voir que I appartient à (AEF) et à (DHI) (qui passe par I).
3. Voir que le plan (DHI) recouvre le parallélogramme DHIJ, donc que $J \in (DHI)$.
4. Conclure que (IJ) est dans les deux plans, qui ne sont pas confondus puisque $D \notin (AEF)$. (IJ) est donc l'intersection cherchée.

S'ENTRAÎNER

1 Soit ABCDEFGH un cube.

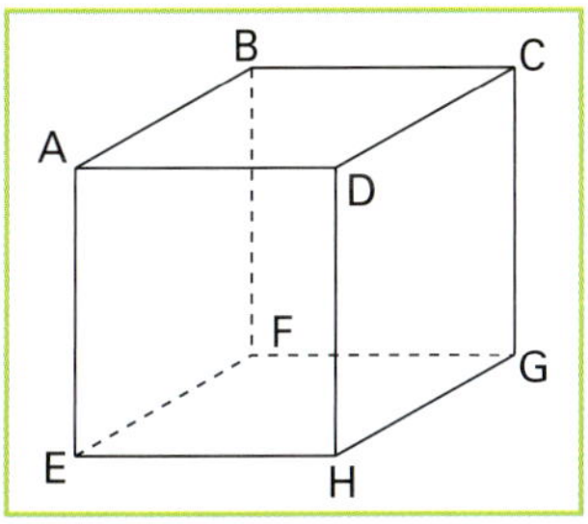

Répondez par vrai ou faux.

a. (AB) et (BH) sont coplanaires et sécantes.
b. (BC) et (GH) ne sont pas coplanaires.
c. (AE) et (DF) sont parallèles.
d. (EF) et (CG) sont coplanaires et sécantes.
e. (DC) et (HG) ne sont pas coplanaires.

2 Dans le cube de l'exercice **1.**, indiquez les positions relatives de la droite et du plan proposé dans chaque cas. Précisez le nom du point d'intersection éventuel.

a. (AB) et (EFG) c. (AF) et (BCD) e. (EC) et (GEA)
b. (AC) et (BCG) d. (BC) et (EHB)

3 Dans le cube de l'exercice **1.**, indiquez les positions relatives des plans proposés dans chaque cas. Précisez le nom de la droite d'intersection éventuelle.

a. (ABC) et (EFG) d. (ADH) et (BFG)
b. (HEF) et (BCG) e. (EBC) et (DHF)
c. (ABE) et (BCD)

4 Soit ABCDEFGHIJ un prisme à base pentagonale.

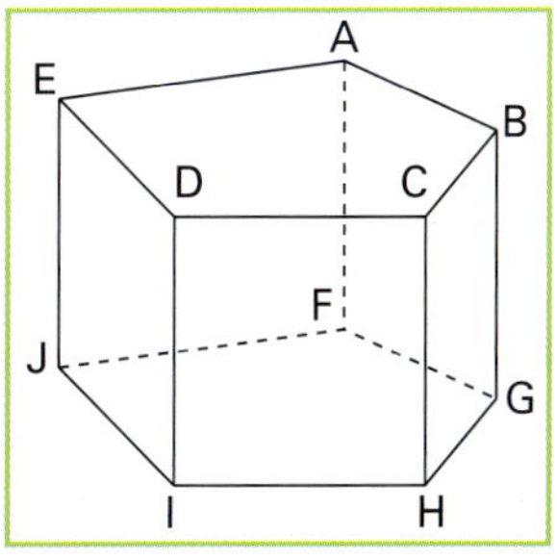

a. **Tracez l'intersection des plans (EAG) et (DBI).**
b. **Tracez l'intersection des plans (DAI) et (EBJ).**

5 Soient R, S, T, U quatre points non coplanaires formant un tétraèdre RSTU. On note I le milieu de [ST].

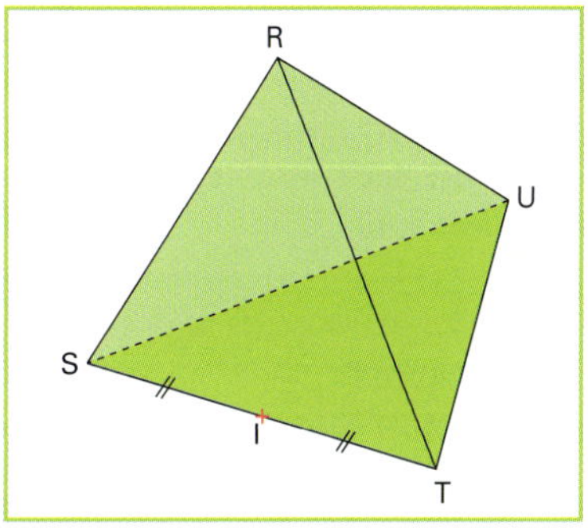

Justifiez brièvement vos réponses.

a. **I appartient-il au plan (RSU) ? Justifiez.**
b. **Les droites (SI) et (RT) sont-elles coplanaires ? Justifiez.**
c. **Déterminez l'intersection des plans (RIU) et (UST).**
d. **Déterminez l'intersection des plans (RTU) et (SUR), puis construisez cette intersection sur le tétraèdre.**

6 Soit RSTU un tétraèdre, I le milieu de [ST], J le milieu de [TU] et K tel que $\overrightarrow{RK} = \frac{1}{3}\overrightarrow{RT}$.

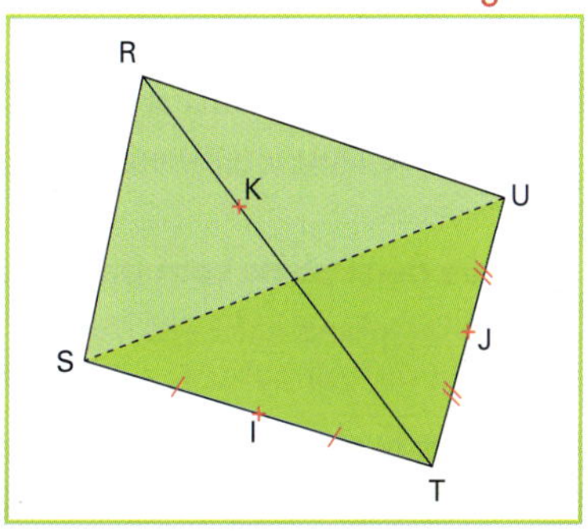

a. **Les droites (JK) et (RU) sont-elles coplanaires? Justifiez.**
b. **Les droites (JK) et (RU) sont-elles parallèles ? Justifiez.**
c. **Représentez sur la figure les intersections de (IKJ) et (RST), puis de (IKJ) et (SUT).**

GÉOMÉTRIE

26 Espace : parallélisme

SAVOIR

Soient (d), (d'), (d'') trois droites de l'espace, et $(\mathcal{P})$, $(\mathcal{P}')$, $(\mathcal{P}'')$ trois plans de l'espace.

Parallélisme entre des droites

- Deux droites parallèles dans un plan sont parallèles dans l'espace.
- Si $(d) // (d'')$ et $(d') // (d'')$, alors on a : $(d) // (d')$.
- Si $(\mathcal{P})$ et $(\mathcal{P}')$ sont parallèles, tout plan $(\mathcal{P}'')$ qui coupe $(\mathcal{P})$ coupe aussi $(\mathcal{P}')$, et les deux droites d'intersection ainsi formées sont parallèles.

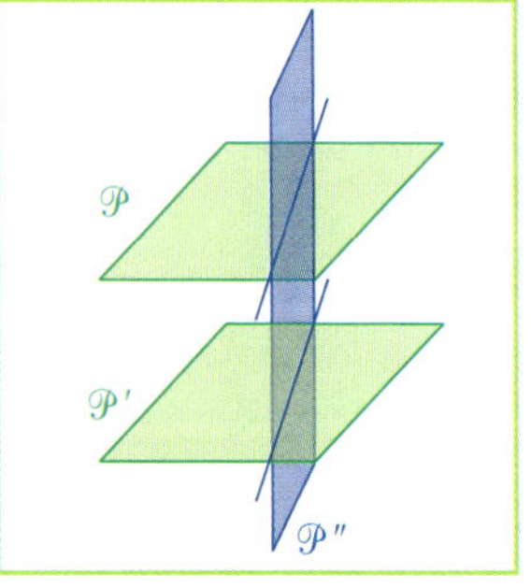

- Si $(d) // (d')$ avec (d) dans $(\mathcal{P})$ et (d') dans $(\mathcal{P}')$, et que $(\mathcal{P})$ et $(\mathcal{P}')$ se coupent suivant (d''), alors on a $(d) // (d'')$ et $(d') // (d'')$.

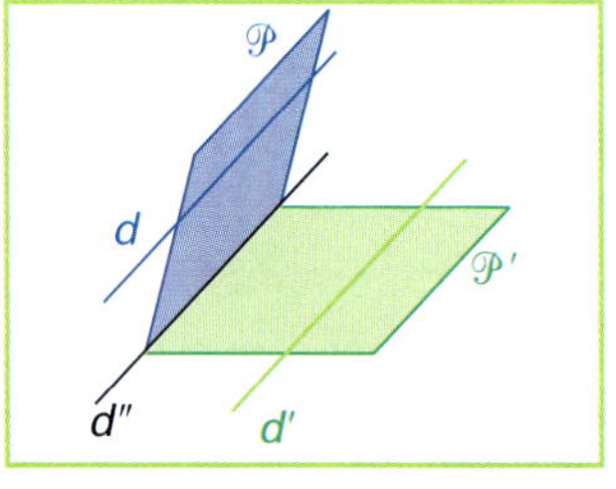

Parallélisme entre des plans

- Si $(\mathcal{P}) // (\mathcal{P}'')$ et $(\mathcal{P}') // (\mathcal{P}'')$ alors on a $(\mathcal{P}) // (\mathcal{P}')$.
- Si $(\mathcal{P})$ contient deux droites sécantes, elles-mêmes parallèles à deux droites sécantes de $(\mathcal{P}')$, alors les plans $(\mathcal{P})$ et $(\mathcal{P}')$ sont parallèles.

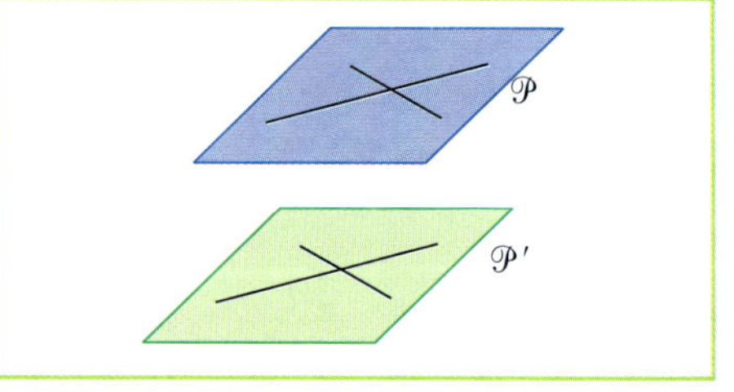

Parallélisme entre une droite et un plan

- Si (d) et (d') sont parallèles, (d') est parallèle à tout plan $(\mathcal{P})$ contenant (d).
- Si $(\mathcal{P})$ et $(\mathcal{P}')$ sont parallèles, et que l'on a $(d) // (\mathcal{P})$, alors on a $(d) // (\mathcal{P}')$.

SAVOIR FAIRE — Prouver un parallélisme

• Prouver que deux droites sont parallèles

Prouver que (QR) // (AB), avec SABCD une pyramide à base carrée, I, J, Q, R, T les milieux respectifs de [DA], [BC], [SD], [SC] et [SB].

1. Appliquer le théorème des milieux au triangle SDC, d'où (QR) // (DC) .
2. Observer que ABCD est un carré, d'où (AB) // (DC).
3. En déduire que (AB) // (QR) car elles sont toutes les deux parallèles à (DC).

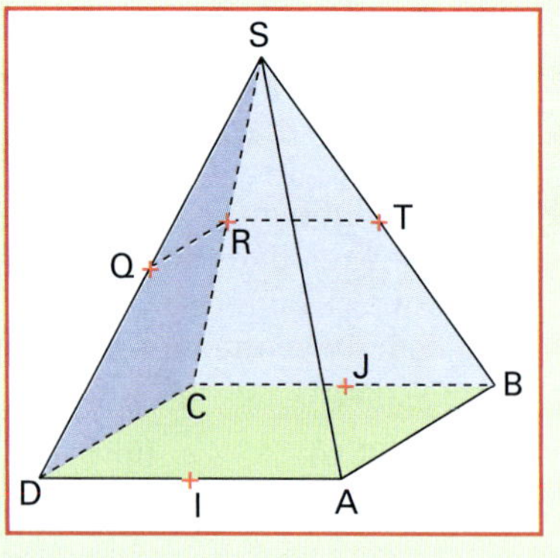

• Prouver que deux plans sont parallèles

Prouver que les plans (QRT) et (ABC) sont parallèles, en considérant la pyramide ci-contre.

1. Observer que le plan (QRT) contient notamment les droites (QR) et (TR).
2. Observer que le plan (ABC) contient notamment les droites (DC) et (BC).
3. Appliquer le théorème des milieux dans le triangle SBC, qui donne (RT) // (BC).
4. Opérer de même dans le triangle SDC : on a (QR) // (DC).
5. En déduire que (QRT) contient donc deux droites sécantes, (QR) et (RT), parallèles respectivement à (DC) et (BC) qui sont deux droites sécantes du plan (ABC).
6. Conclure que les plans (QRT) et (ABC) sont parallèles.

1 Répondez par vrai ou faux.

a. Dans l'espace, deux droites perpendiculaires à une même troisième droite sont parallèles entre elles.

b. Dans l'espace, lorsque deux droites sont perpendiculaires, toute droite parallèle à l'une est parallèle à l'autre.

2 Soit ABCDHGFE un pavé droit.

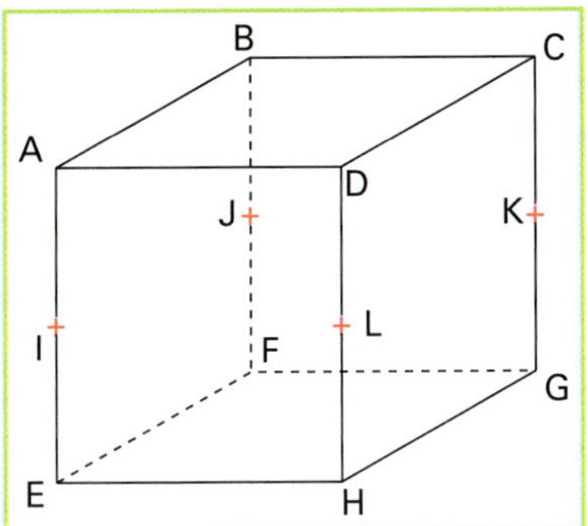

Répondez par vrai ou faux.

a. (AB) // (DC)

b. (EF) // (DC)

c. (AEF) // (DCG)

d. (AC) // (EFG)

3 On reprend le pavé ci-dessus, en notant I le milieu de [AE], J celui de [BF], K celui de [CG] et L celui de [DH].

a. **Citez trois droites passant par A et parallèles au plan (BKF).**

b. **Citez deux plans distincts parallèles au plan (EFG).**

c. **Citez trois droites parallèles à la droite (AL).**

d. **En utilisant les points A, B, C, D, E, F, G, H, I, J, K et L, indiquez combien de droites distinctes passent par I sans être coplanaires à (DF) ?**

4 Soit SABCD une pyramide, avec I, J, Q milieux respectifs de [AD], [BC] et [DS].

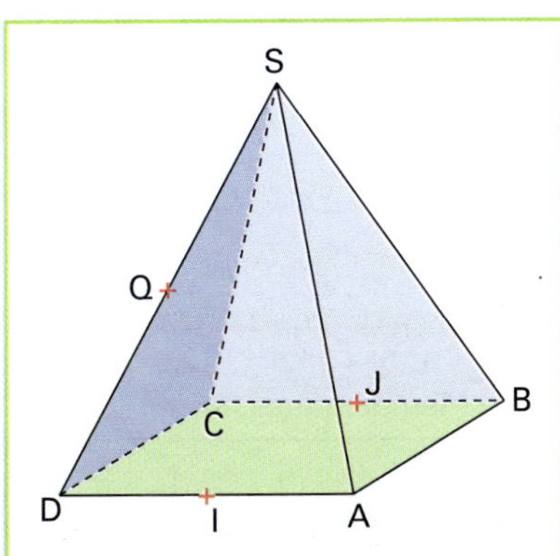

Construisez ci-dessus la section du tétraèdre par le plan (IJQ).

5 On considère le cône de révolution ci-dessous de sommet B, avec pour base le disque de centre A de rayon AC = 2 cm. Soit D un point de [AB] et E un point du cône tels que $\widehat{BDE} = 90°$, tel que les points A, D, C, E sont coplanaires.

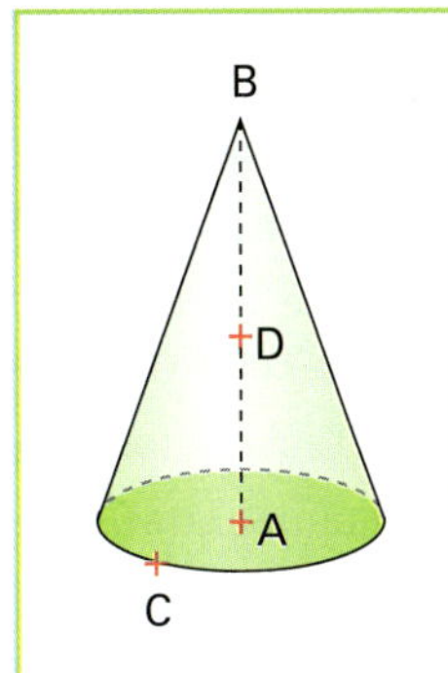

a. **Prouvez que l'on a, dans le plan (ABC), (DE) // (AC).**

b. **Déduisez-en que (ED) est parallèle au plan $\mathcal{P}$ qui contient le disque de base du cône.**

6 Tracez l'intersection de la pyramide ci-dessous et du plan parallèle à (ABC) passant par F.

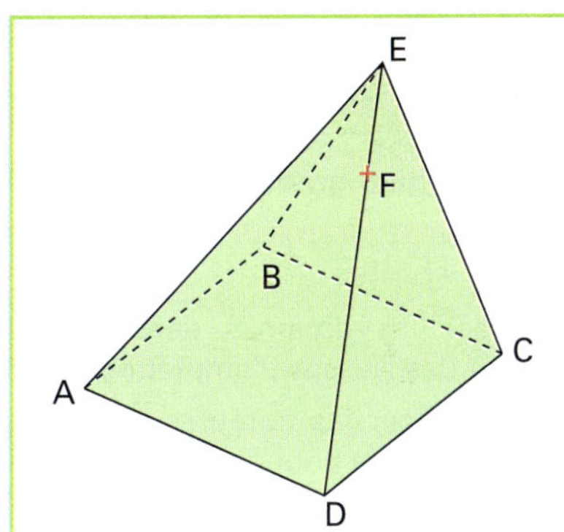

7 Soient :

– deux plans $\mathcal{P}_1$ et $\mathcal{P}_2$ sécants suivant une droite (d) ;

– $\mathcal{P}_3$ est un plan sécant à $\mathcal{P}_1$ et $\mathcal{P}_2$, et parallèle à (d) ;

– $\mathcal{P}_3$ coupe $\mathcal{P}_1$ et $\mathcal{P}_2$ suivant deux droites (d_1) et (d_2).

Prouvez que l'on a (d_1) // (d_2).

STATISTIQUES ET PROBABILITÉS

27 Statistiques : fréquences

SAVOIR

▸ L'ensemble constitué de n valeurs $x_1, x_2, ..., x_n$ s'appelle une **série** statistique d'**effectif** n, avec $n \in \mathbb{N}$. On note x_i une valeur de la série (avec $i \in \mathbb{N}$ et $1 \leqslant i \leqslant n$).

▸ La **fréquence** f_i d'une valeur x_i est son effectif n_i (le nombre de fois où cette valeur apparaît dans la série), divisé par n (l'effectif total), telle que $f_i = \frac{n_i}{n}$. C'est un nombre compris entre 0 et 1, souvent donné en pourcentage (une fréquence de 0,64 est une fréquence de 64 %).

▸ Les fréquences permettent un **calcul direct de la moyenne** M d'une série d'effectif n :

$$M = x_1 \times f_1 + x_2 \times f_2 + ... + x_n \times f_n$$

▸ En ordonnant les valeurs de la série dans le **sens croissant** ($x_1 \leqslant x_2 \leqslant ... \leqslant x_n$), on peut définir :
– L'**effectif cumulé croissant** (E.C.C.) (respectivement **décroissant** ou E.C.D.) d'une valeur x_i : c'est la somme des effectifs des valeurs inférieures (respectivement supérieures) ou égales à x_i.
– La **fréquence cumulée croissante** (F.C.C.) (respectivement **décroissante** ou F.C.D.) d'une valeur x_i : c'est la somme des fréquences des valeurs inférieures (respectivement supérieures) ou égales à x_i.

▸ **Représentation graphique** d'une série statistique :
– Si n n'est pas très grand, on peut représenter la série via un **nuage de points** ou via un **diagramme en bâtons**.
– Si n est grand, on peut regrouper les valeurs en intervalles de même taille (des **classes** de même amplitude) qu'on placera en abscisse dans un **histogramme**. En ordonnée, on peut placer les effectifs, ou bien les fréquences de ces classes.
– Une **courbe des fréquences cumulées croissantes** peut aussi représenter la série, si on dispose de ces fréquences cumulées croissantes.

SAVOIR FAIRE Manipuler une série statistique

• Réaliser un histogramme

Réaliser un histogramme à partir du tableau de données ci-contre.

Température annuelle moyenne en France.

1982	12,1	1988	12	1994	12,8	2000	12,8	2006	12,8
1983	11,8	1989	12,4	1995	12,4	2001	12,3	2007	12,5
1984	11,2	1990	12,6	1996	11,3	2002	12,8	2008	12,2
1985	10,7	1991	11,5	1997	12,6	2003	12,9	2009	12,6
1986	11,1	1992	11,9	1998	12,1	2004	12,1	2010	11,6
1987	11	1993	11,6	1999	12,7	2005	12,1	2011	13,2

1. Regrouper les données dans un tableau en constituant des classes d'amplitude 0,5 °C.

2. Veiller à placer les nombres situés aux bornes des classes dans la bonne classe : 11 appartient par exemple à l'intervalle [11 ; 11,5[et non à [10,5 ; 11[:

Températures (en °C)	[10,5 ; 11[	[11 ; 11,5[	[11,5 ; 12[
Effectif	1	4	5
Températures (en °C)	[12 ; 12,5[	[12,5 ; 13[	[13 ; 13,5[
Effectif	9	10	1

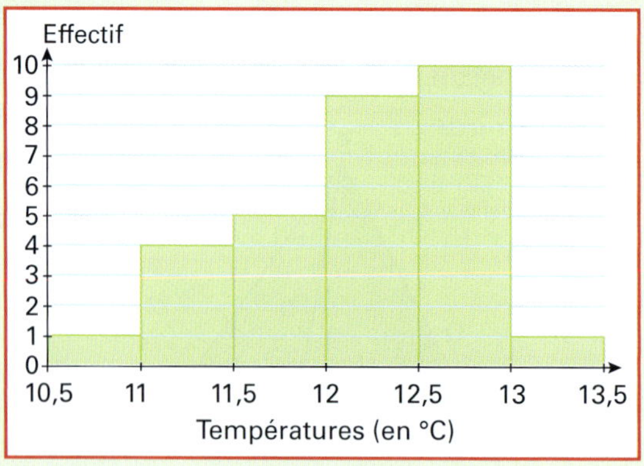

• Déterminer une fréquence

Déterminer la fréquence associée à l'intervalle [11 ; 12[.

1. Calculer l'effectif de cet intervalle, qui est la réunion de [11 ; 11,5[et [11,5 ; 12[: 4 + 5 = 9.

2. Calculer l'effectif total : 1 + 4 + 5 + 9 + 10 + 1 = 30.

3. En déduire la fréquence $f = \frac{9}{30} = 0,3$ soit 30 %.

4. Conclure que dans 30 % des cas, depuis 1982, la température annuelle moyenne en France a été comprise entre 11 °C et 12 °C.

S'ENTRAÎNER

1 Voici les valeurs d'indice de clôture du CAC 40 du 08/10/2012 au 02/11/2012.

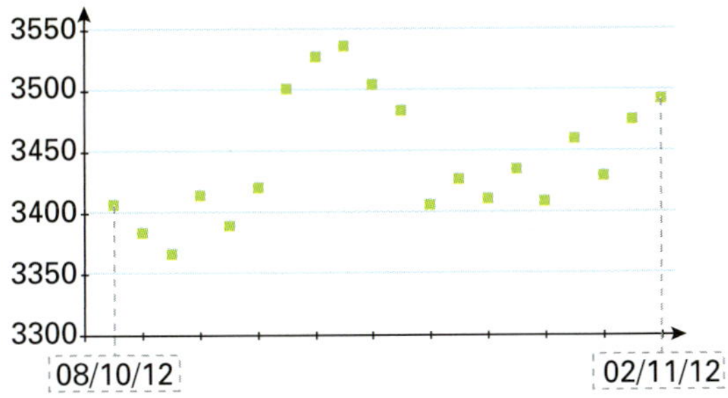

a. **Complétez le tableau suivant.**

Indice	[3350 ; 3400[	[3400 ; 3450[	[3450 ; 3500[	[3500 ; 3550[
Effectif				
Fréquence				

b. **En remplaçant chaque classe par son centre (le centre de [3350 ; 3400[est 3375), calculez la valeur moyenne de clôture du CAC40 sur ces 20 séances.**

2 On a mesuré la distance domicile-lycée de 20 élèves choisis au hasard, exprimée en km :

0,45 – 0,8 – 21 – 0,65 – 2,7 – 2,1 – 0,6 – 32 – 4,6 – 0,7 – 0,15 – 3,5 – 0,3 – 2,8 – 0,95 – 0,2 – 18 – 0,6 – 8 – 18,3

a. **Complétez le tableau suivant.**

Distance	[0 ; 1[	[1 ; 5[	[5 ; +∞[
Effectif			
Fréquence			

b. **Calculez la distance moyenne domicile-lycée en prenant 20 pour centre de la classe [5 ; +∞[.**

3 Le diagramme suivant représente le nombre de buts marqués lors des 40 matchs disputés par une équipe de football.

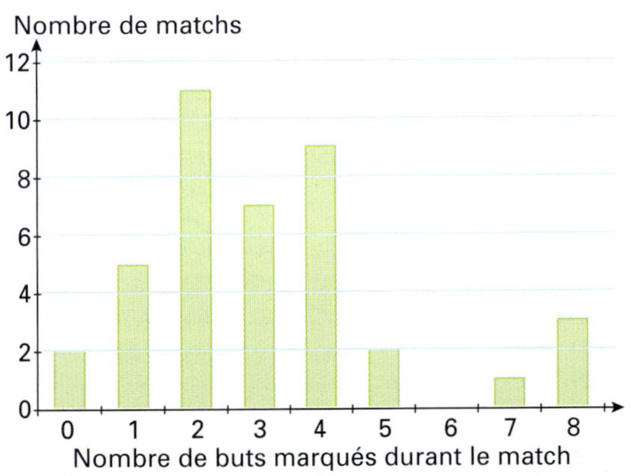

a. **Complétez ce tableau en commençant par la ligne des effectifs d'après le diagramme.**

Valeur	0	1	2	3	4	5	6	7	8
Effectif									
Fréquence									
FCC									

b. **Utilisez le tableau ci-dessus pour calculer le nombre moyen de buts marqués lors de ces 40 matchs.**

c. **Déduisez-en la courbe des fréquences cumulées croissantes.**

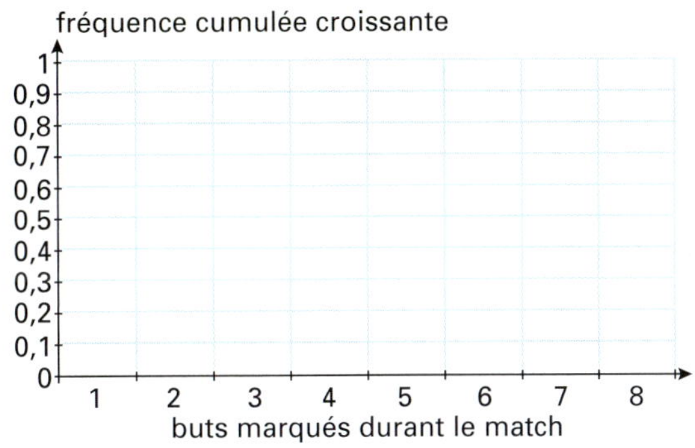

4 **Complétez le tableau ci-dessous, qui indique les fréquences cumulées croissantes de l'âge des 250 participants à une course d'orientation.**

Age (ans)	13	14	15	16	17	18	19	20
FCC (%)	1,6	6,4	26,4	62,4	74,4	84	91,6	100
Fréquence (%)								
Effectif								

5 **Complétez le tableau suivant.**

Valeur	10	12	14	16	18	20	22
Effectif		5			15		7
ECC	2		12			43	
Fréquence	0,04						0,14
FCC				0,44			

6 Fred a eu 9/20 à 55 % de ses contrôles et 12/20 à 30 % d'entre eux. Il veut finir l'année avec 11/20 de moyenne.

a. **Quel est le pourcentage de contrôles restants d'ici la fin de l'année ?**

b. **Quelle sera sa moyenne s'il a 11/20 aux contrôles restants ?**

c. **Combien doit-il avoir aux contrôles restants pour avoir 11/20 de moyenne ?**

28 Statistiques : indicateurs

SAVOIR

Il est nécessaire d'ordonner les valeurs de la série dans le **sens croissant** pour pouvoir utiliser les indicateurs suivants ; on considère donc à présent que :
$x_1 \leqslant x_2 \leqslant \ldots \leqslant x_n$.

- L'**étendue** d'une série statistique est l'écart entre sa valeur minimum et sa valeur maximum.
- Le **mode** d'une série statistique est la valeur de la série qui a le plus grand effectif.
- Le **premier quartile** Q_1 de la série est la **plus petite** valeur x_j telle qu'au moins 25 % des valeurs soient inférieures ou égales à Q_1.
- Le **troisième quartile** Q_3 de la série est la **plus petite** valeur x_l telle qu'au moins 75 % des valeurs soient inférieures ou égales à Q_3.
- La **médiane** de la série est la **plus petite** valeur x_k telle qu'au moins 50 % des valeurs soient inférieures ou égales à x_k.
- L'**intervalle interquartile** est l'intervalle $[Q_1 ; Q_3]$, il contient les 50 % des valeurs de la série centrées autour de la médiane ; l'**écart interquartile** est le nombre $Q_3 - Q_1$.
- La médiane d'une série d'effectif **impair** du type $2k + 1$ est la valeur x_{k+1}.
- La médiane d'une série d'effectif **pair** du type $2k$ est toute valeur comprise entre la valeur x_k et la valeur x_{k+1}. On prend souvent la moyenne de ces deux valeurs.
- Si on dispose d'une **courbe des fréquences cumulées croissantes** (FCC), la médiane correspond à la valeur de la série qui réalise la fréquence cumulée croissante **0,5 (ou 50 %)**.

SAVOIR FAIRE Étudier une série statistique

Le tableau ci-contre regroupe les températures moyennes annuelles en France entre 1989 et 2011, exprimées en degré °C.

Température annuelle moyenne en France.

1989	12,4	1993	11,6	1997	12,6	2001	12,3	2005	12,1	2009	12,6
1990	12,6	1994	12,8	1998	12,1	2002	12,8	2006	12,8	2010	11,6
1991	11,5	1995	12,4	1999	12,7	2003	12,9	2007	12,5	2011	13,2
1992	11,9	1996	11,3	2000	12,8	2004	12,1	2008	12,2		

- **Déterminer les quartiles, la médiane de la série ci-dessous, donner leur interprétation.**

1. Mettre dans l'ordre croissant les températures, puis déterminer les quartiles et la médiane de la série.

50 % des données ← → 50 % des données

11,3	11,5	11,6	11,6	11,9	12,1	12,1	12,1	12,2	12,3	12,4	12,4	12,5	12,6	12,6	12,6	12,7	12,8	12,8	12,8	12,8	12,9	13,2

25 % des données ↑ Q_1 — ↑ Médiane — ↑ Q_3 25 % des données

2. En conclure les différents éléments : Q_1 = 12,1 °C, Q_3 = 12,8 °C , et la médiane vaut 12,4 °C .
3. Interpréter les résultats : lors de ces 23 années, la température moyenne a été inférieure à 12,1 °C (Q_1) au moins une année sur quatre, mais elle a été supérieure à 12,8 °C (Q_3) au moins une année sur quatre également. Il a, en moyenne, fait plus de 12,4 °C (médiane) au moins une année sur deux.

- **Retrouver la médiane à l'aide d'une courbe des FCC.**

1. Représenter la courbe des fréquences cumulées croissantes correspondant au tableau ci-dessus.
2. Vérifier les résultats trouvés précédemment. La médiane, en rouge, qui est associée à la FCC de 0,5 se lit bien au niveau de 12,4 °C.

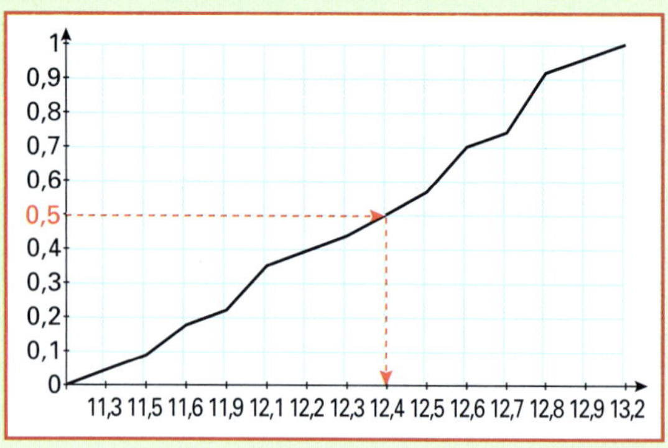

S'ENTRAÎNER

1 Déterminez pour la série ci-dessous les éléments suivants.

26 – 21 – 37 – 28 – 26 – 22 – 34 – 41 – 29 – 35 – 39 – 23 – 28 – 25 – 21 – 53 – 24 – 28 – 25 – 58 – 23

a. Son mode.

b. Son étendue.

c. Sa moyenne.

d. Sa médiane.

e. Son premier quartile.

f. Son troisième quartile.

g. Son écart interquartile.

h. Expliquez l'écart obtenu entre la moyenne et la médiane.

2 Le tableau suivant indique la répartition des salaires en euro de deux entreprises A et B de 20 employés chacune.

Salaire	1 100	1 300	1 500	1 700	2 100	2 900
A	5	8	3	1	1	2
B	6	6	2	2	3	1

Complétez par « Vrai » ou « Faux » en justifiant.

a. Le salaire moyen est le même chez A et B.

b. Le salaire médian est le même chez A et B.

c. L'écart interquartile est le même chez A et B.

3 Le tableau ci-dessous indique les fréquences cumulées croissantes de l'âge des 250 participants à une course d'orientation.

Age (ans)	13	14	15	16	17	18	19	20
FCC (%)	1,6	6,4	26,4	62,4	74,4	84	91,6	100

a. Dressez la courbe des fréquences cumulées croissantes et déterminez graphiquement la médiane de cette série.

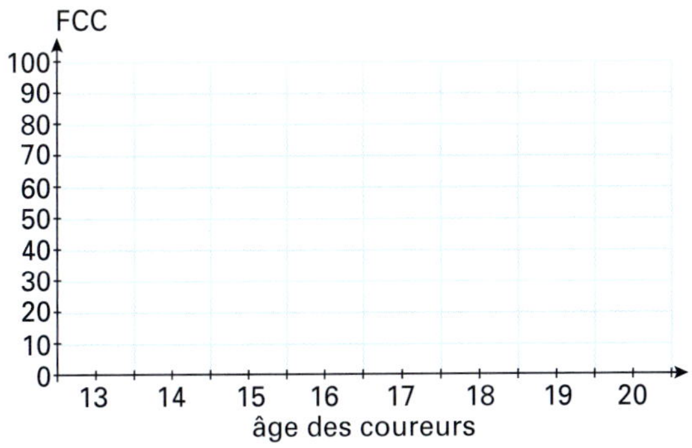

b. Pouvez-vous trouver graphiquement Q_1 et Q_3 ? Expliquez.

4 Soit une série de sept valeurs toutes distinctes, telle que $Q_1 = 500$, $Q_3 = 900$ et que la médiane est 650. On doit compléter la série par deux valeurs, sans modifier les indicateurs ci-dessus.

Indiquez dans chaque cas si les deux valeurs proposées conviennent, en justifiant.

a. 200 et 400

b. 901 et 910

c. 500 et 1 000

d. 635 et 653

5 Voici les notes sur 20 d'Ali et de Bob lors de cinq contrôles :

– Ali a eu 8 – 8 – 8 – 13 – 14 ;

– Bob a eu 9 – 9 – 11 – 11 – 11.

Complétez par « Vrai » ou « Faux » en justifiant.

a. « Ali et Bob sont de même niveau, d'après leur moyenne ».

b. « Ali est meilleur que Bob, d'après leur Q_3 ».

c. « Bob est meilleur qu'Ali, ça se voit à leur médiane et à leur Q_1 ».

6 53 lycéens ont été interrogés sur l'âge de leur scooter. Leurs réponses sont présentées ci-dessous.

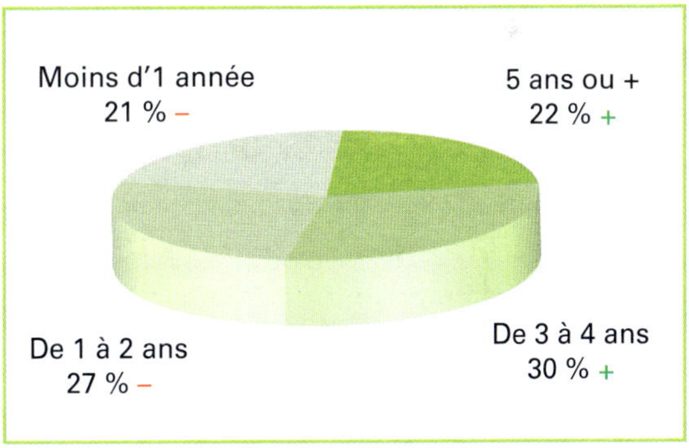

a. Combien de personnes possèdent un scooter de 5 ans ou plus (arrondir à l'unité) ?

b. Dans quelles tranches se situent Q_1, Q_3 et la médiane ?

STATISTIQUES ET PROBABILITÉS

29 Échantillonnage et simulation

SAVOIR

▸ Lorsqu'on étudie une **alternative** (expérience ayant deux issues possibles) sur une population, on dit qu'on utilise un modèle de Bernoulli.

▸ Pour connaître la **proportion p** d'**une** de ces deux issues sur une **population** de taille N (avec N trop grand ou inconnu), on « prélève » dans cette population un **échantillon** de n personnes (il s'agit de la technique du **sondage,** avec $n < N$) et on calcule sur cet échantillon la **fréquence** f de cette issue.

▸ Si on prend un autre échantillon de même taille n, il se peut que la fréquence f calculée varie : ce phénomène s'appelle la **fluctuation d'échantillonnage**.

Cette fluctuation est néanmoins maîtrisée : en effet, pour **95 %** des échantillons de taille n qu'on peut prélever, la fréquence f calculée se situe dans l'intervalle $\left[p - \frac{1}{\sqrt{n}}\,;\, p + \frac{1}{\sqrt{n}}\right]$, aux deux seules conditions d'avoir $n > 25$ et $0{,}2 \leqslant p \leqslant 0{,}8$.

On appelle cet intervalle l'**intervalle de fluctuation au seuil de 95 %**.

Remarque : si on connaît la proportion p et qu'on trouve la fréquence f hors de l'intervalle de fluctuation, on peut considérer que l'échantillon choisi n'est pas représentatif de la population.

▸ De manière équivalente, on sait que la proportion p inconnue se situe dans l'intervalle :

$$\left[f - \frac{1}{\sqrt{n}}\,;\, f + \frac{1}{\sqrt{n}}\right]$$

Cet intervalle est déterminé grâce à l'échantillon de taille n dans 95 % des cas.

On appelle cet intervalle l'**intervalle de confiance au niveau 95 %**.

Remarque : plus on prendra n grand, moins il y aura de fluctuations et plus la fréquence f calculée sur l'échantillon sera proche de la proportion p réelle de la population.

▸ **Simuler** l'étude d'une alternative sur une **population** de taille N, c'est **remplacer** cette étude par une expérience aléatoire à deux issues, répétée n fois de manière indépendante, dont les résultats constituent l'échantillon de taille n sur lequel on va travailler, ce qui évite d'avoir un sondage à réaliser.

SAVOIR FAIRE — Manipuler des proportions

• Estimer une proportion inconnue à l'aide de l'intervalle de confiance au niveau 95 %

Un constructeur constate que sur 253 voitures issues d'une même chaîne, 79 présentent le même défaut. Des travaux sur la chaîne de production seront envisagés si plus de 40 % des voitures fabriquées ont ce défaut. Doit-on envisager ces travaux ?

1. Déterminer l'intervalle de confiance au niveau 95 % : $f = \frac{79}{253} \approx 0{,}3123$ puis $n = 253$ et $\frac{1}{\sqrt{n}} = \frac{1}{\sqrt{253}} \approx 0{,}0629$, d'où l'intervalle : $[0{,}3123 - 0{,}0629\,;\, 0{,}3123 + 0{,}0629]$ ou $[0{,}2494\,;\, 0{,}3752]$.

2. D'après cet échantillon, on est sûr à 95 % que le taux maximum de voitures défectueuses est de 37,52 % : il est inutile pour l'instant d'engager des travaux.

• Évaluer, avec une proportion connue, la fiabilité d'un échantillon

Dans un gouvernement de 50 ministres il y a 22 femmes, alors que dans une assemblée de 500 députés il y a 225 femmes. Laquelle des deux structures respecte le plus la parité homme/femme à hauteur de la proportion idéale de 50 % ($p = 0{,}5$), si on prélevait au hasard dans la population ?

1. Une première réponse incite à désigner l'assemblée : 45 % de femmes $\left(\frac{225}{500}\right)$ contre 44 % $\left(\frac{22}{50}\right)$.

2. En y regardant de plus près, déterminer les intervalles de fluctuation pour $p = 0{,}5$:
– pour le gouvernement, on a $n = 50$ d'où l'intervalle $[0{,}3586\,;\, 0{,}6414]$: la fréquence 0,44 s'y situe ;
– pour l'assemblée, on a $n = 500$ d'où l'intervalle $[0{,}4553\,;\, 0{,}5447]$: la fréquence 0,45 est en-dehors.

3. Cela signifie que cette proportion de 45 % se retrouve dans moins de 5 % des échantillons de taille $n = 500$ qu'on constituerait au hasard au sein de la population. On peut donc rejeter l'idée que l'assemblée respecte plus la parité que le gouvernement.

S'ENTRAÎNER

1 Entourez la bonne réponse.

Si on mesure une fréquence de 0,56 dans un échantillon de taille 225, alors la proportion réelle, pour l'ensemble de la population, est :

a. 0,56

b. entre et 0,5 et 0,56 environ

c. 0,63

d. entre 0,5 et 0,63 environ

2 L'intervalle de fluctuation au seuil de 95 % d'une fréquence, lors d'un sondage, est d'amplitude 0,02.

Combien de personnes ont-elles été interrogées ?

3 En utilisant deux fois la touche « Random » (Ran# ou RND ou RAND) de sa calculatrice, Zoé a obtenu (au hasard) les deux décimaux suivants :

0,906 641 900 539 398 et 0,789 572 469 043 732

a. **Seules les décimales étant significatives, vérifiez que l'échantillon d'entiers entre 0 et 9 obtenu a pour taille $n = 30$.**

b. **Quelle est la fréquence des 9 ?**

c. **Quelle est la fréquence des entiers impairs ?**

d. **Quelle est la proportion théorique d'entiers impairs ?**

e. **Déterminez l'intervalle de fluctuation au seuil de 95 % de la proportion d'entiers impairs pour cet échantillon.**

f. **Cet échantillon est-il représentatif ?**

4 Pour vérifier qu'une pièce de monnaie est bien équilibrée, on la lance 25 fois : on obtient 7 « Pile ».

a. **Déterminez la fréquence des « Pile » puis l'intervalle de fluctuation au seuil de 95 %.**

b. **Peut-on conclure que la pièce n'est pas équilibrée d'après cette expérience ?**

5 Une résidence de 800 appartements possédés par 800 personnes différentes est la cible d'un investisseur immobilier.
Il se renseigne auprès de 36 propriétaires : 21 sont prêts à vendre.

a. **Déterminez l'intervalle de confiance au seuil de 95 % dans lequel se situe la proportion p des résidents qui sont prêts à vendre.**

L'investisseur se lancera dans l'opération s'il est sûr à 95 % de pouvoir acheter au moins 50 % des logements.

b. **Va-t-il se lancer ?**

6 Un taxi constate qu'il a dû refuser la course sept fois lors de ses 20 derniers jours de travail car il ne peut embarquer que quatre passagers. On a effectué une simulation, sur 2 000 jours, de la fréquence à laquelle ce phénomène se produit, représentée par le graphique ci-après.

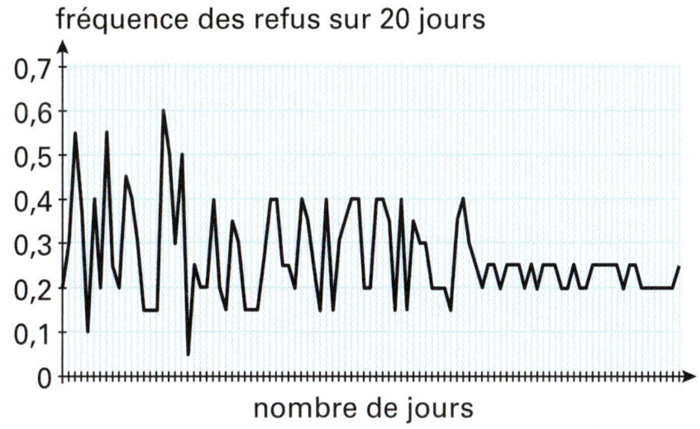

a. **Les fréquences simulées semblent-elles se stabiliser autour d'un nombre ?**

b. **Déterminez l'intervalle de confiance au niveau 95 %.**

Le taxi décidera d'investir dans une voiture de plus grande capacité si ce type de situation se produit plus d'une fois par semaine (il travaille cinq jours par semaine).

c. **Doit-il changer de véhicule ?**

7 On lance une pièce de monnaie 50 fois et on obtient 43 « Face ».

Combien de fois doit-on encore la lancer pour être certain à 95 % d'avoir une pièce équilibrée ?

MATHS

30 Probabilités sur un ensemble fini

SAVOIR

- Une **expérience** est **aléatoire** lorsqu'elle a plusieurs **issues** possibles (ou résultats) dont on ne peut prévoir laquelle sera réalisée.
- Dans le cadre de cette expérience, on appelle **événement** un résultat qu'on peut attendre de l'expérience, donc un ensemble constitué d'**une ou plusieurs** issues de celle-ci.
- Dans une expérience aléatoire à n issues, la **probabilité p_i d'une issue x_i** avec $1 \leqslant i \leqslant n$ est un nombre compris **entre 0 et 1**, qui correspond à la **fréquence** à laquelle se réalise l'issue x_i lorsqu'on renouvelle un **très grand** nombre de fois l'expérience aléatoire.
- Pour toute expérience aléatoire, on a ainsi :

$$p_1 + p_2 + \dots + p_n = 1$$

- La **probabilité d'un événement E** est **la somme** des probabilités des issues qui composent E : on la note $p(\text{E})$.

– Si l'événement E est **impossible**, $p(\text{E}) = 0$;
– si l'événement est **certain**, alors $p(\text{E}) = 1$;
– pour tout événement, on a toujours $0 \leqslant p(\text{E}) \leqslant 1$.

- Si l'on est en situation d'**équirépartition** (le lancer d'un dé non truqué par exemple), la probabilité d'**une** des n issues est simplement $p = \frac{1}{n}$ (on a, a priori, une « chance » sur n que l'issue se réalise).

Dans ce cas, on en déduit la probabilité $p(\text{E})$ d'un événement E tel que :

$$p(\text{E}) = \frac{\textbf{nombre d'issues favorables}}{\textbf{nombre d'issues possibles}}$$

SAVOIR FAIRE Déterminer des probabilités

• Calculer la probabilité d'un événement

Suite à une erreur de fabrication, un dé à six faces est numéroté de 1 à 3, et possède un 6 sur les trois autres faces. On lance une fois le dé et on considère les événements suivants :
A : « obtenir un 2 », B : « obtenir un 6 », C : « obtenir un nombre pair ».
Déterminer $p(\text{A})$, $p(\text{B})$ et $p(\text{C})$.

1. Identifier les quatre issues de l'expérience : obtenir « 1 », obtenir « 2 », obtenir « 3 » et obtenir « 6 ».

2. Utiliser la règle d'équiprobabilité : le dé s'arrêtera aléatoirement en proposant l'une de ses six faces.

– Comme une seule face permet d'obtenir un « 2 », on a $p(\text{A}) = \frac{1}{6}$.

– Comme trois faces permettent d'obtenir un « 6 », on a $p(\text{B}) = \frac{3}{6} = \frac{1}{2}$.

– Enfin $p(\text{C}) = p(\text{A}) + p(\text{B})$, puisque les issues offrant un nombre pair sont « obtenir 2 » et « obtenir 6 ».

Ainsi $p(\text{C}) = \frac{1}{6} + \frac{1}{2} = \frac{1}{6} + \frac{3}{6} = \frac{4}{6} = \frac{2}{3}$.

• Utiliser un arbre dans le cadre d'expériences successives

Un joueur de football marque un penalty (événement M) dans 70 % des cas où il a réussi le précédent. Mais lorsqu'il rate un penalty (événement R), il ne marque le suivant que dans 40 % des cas. Ce joueur vient de marquer un penalty. Quelle est la probabilité qu'il marque deux fois lors de ses trois prochains tirs ?

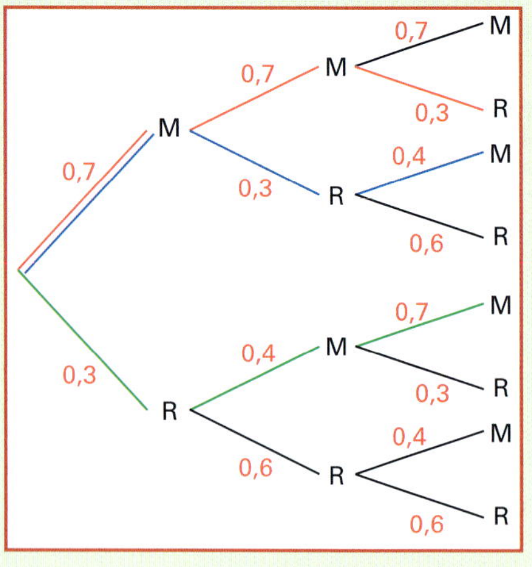

1. Dresser un arbre pour modéliser la succession des trois tirs.

2. Inscrire sur chaque branche sa probabilité.

3. Identifier les chemins correspondant à l'événement « le joueur marque deux de ses trois prochains tirs » :
MMR, MRM et RMM.

4. Multiplier les probabilités des branches empruntées pour chacun des chemins :
– $p(\text{MMR}) = 0{,}7 \times 0{,}7 \times 0{,}3 = 0{,}147$
– $p(\text{MRM}) = 0{,}7 \times 0{,}3 \times 0{,}4 = 0{,}084$
– $p(\text{RMM}) = 0{,}3 \times 0{,}4 \times 0{,}7 = 0{,}084$

5. Additionner ces probabilités élémentaires pour trouver celle de l'événement :
$p(\text{MMR}) + p(\text{MRM}) + p(\text{RMM}) = 0{,}147 + 0{,}084 + 0{,}084 = 0{,}315$.
Un joueur qui marque un penalty a donc 31,5 % de chances de marquer deux des trois penaltys suivants qu'il tentera.

S'ENTRAÎNER

1 On dispose d'un sac de 26 jetons sur lesquels est inscrite une lettre de l'alphabet, chaque fois différente. On tire au hasard un jeton.

Calculez les probabilités des événements suivants.

a. « obtenir une voyelle »

b. « obtenir une consonne »

c. « obtenir une lettre située strictement entre G et P »

d. « obtenir l'une des lettres du mot PROBABILITE »

2 Le schéma ci-dessous représente une planche de Galton à 10 « clous » : on lâche une balle depuis le haut, elle passe à droite de chaque clou rencontré avec une probabilité de 0,5.

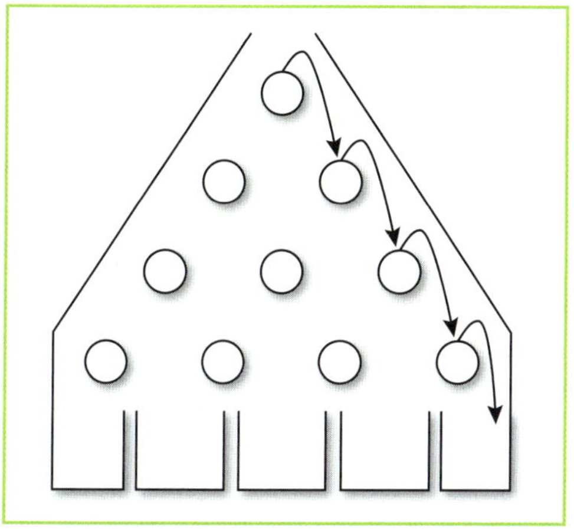

Calculez les probabilités des événements suivants.

a. « la balle termine sa course dans la case de droite »

b. « la balle termine sa course dans la seconde case à partir de la gauche »

3 On tire au hasard une carte dans un jeu de 52 cartes.

Calculez les probabilités suivantes.

a. « obtenir un trèfle »

b. « obtenir deux trèfles »

c. « obtenir un valet »

d. « obtenir une carte complétant la suite 6 – 7 – 8 »

e. « obtenir une carte dont le numéro est un diviseur de 120 »

4 Une roulette de casino est composée de 37 cases, numérotées de 0 à 36, réparties comme ci-après. Le croupier lance la partie.

Calculez les probabilités des événements suivants.

a. « obtenir 8 »

b. « obtenir un nombre pair »

c. « obtenir un nombre rouge »

5 Une urne contient cinq boules numérotées de 1 à 5. On tire au hasard une boule de l'urne, on la replace, puis on tire une autre boule.

a. **Complétez le tableau suivant qui décrit toutes les sommes des deux numéros tirés possibles avec cette expérience.**

	1	2	3	4	5
1	2				
2		4			
3					8
4			7		
5				9	

b. **Calculez la probabilité de l'événement « la somme des deux numéros vaut 10 ».**

c. **Calculez la probabilité de l'événement « la somme des deux numéros vaut 6 ».**

6 Un dé à six faces est truqué de sorte que le « 1 » apparaisse avec une probabilité de $\frac{1}{3}$. Les autres faces sortent de manière équiprobable.

a. **Calculez la probabilité d'obtenir le « 5 ».**

b. **Calculez la probabilité d'obtenir moins de « 3 ».**

c. **Cette fois le dé est truqué pour que le « 1 » sorte avec une probabilité p. Pour quelle valeur de p a-t-on p(« obtenir moins de 2 ») = 0,5 ?**

STATISTIQUES ET PROBABILITÉS

31 Probabilités et ensembles

SAVOIR

▸ L'événement contraire de E (noté $\overline{E}$) est l'événement composé de toutes les issues de l'expérience **sauf celles qui constituent E**, tel que :

$$p(E) + p(\overline{E}) = 1$$

▸ Soient E et F deux événements d'une même expérience aléatoire :
– On note $E \cap F$ (lire « E inter F ») l'**intersection** des événements E et F, c'est-à-dire l'ensemble des issues appartenant **à la fois à E et à F**.
– On note $E \cup F$ (lire « E union F ») la **réunion** des événements E et F, c'est-à-dire l'ensemble des issues appartenant **à E ou à F** (une issue appartenant à E et à F n'est comptée qu'une fois dans $E \cup F$).

▸ E et F sont dits **incompatibles** lorsque $E \cap F = \varnothing$.

▸ Pour tous les événements E et F, on a toujours :

$$p(E \cup F) = p(E) + p(F) - p(E \cap F)$$

▸ Pour tous les événements E et F, on a toujours :

$$p(E \cap F) = p(E) + p(F) - p(E \cup F)$$

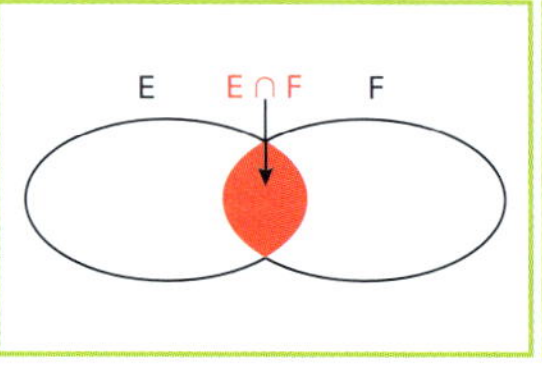

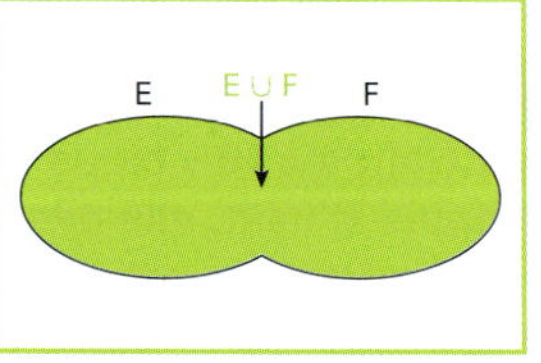

SAVOIR FAIRE Calculer $p(E \cup F)$ ou $p(E \cap F)$: deux méthodes

• Méthode directe

On lance un dé à douze faces numérotées de 1 à 12. Soit E l'événement « obtenir un nombre impair » et F l'événement « obtenir un diviseur de 12 ».
Calculer $p(E \cup F)$ et $p(E \cap F)$.

1. Lister les issues favorables :
– à E : {1, 3, 5, 7, 9, 11} ;
– à F : {1, 2, 3, 4, 6, 12}.

2. Relever les issues favorables à E, à F, ou aux deux : {1, 2, 3, 4, 5, 6, 7, 9, 11, 12}, d'où $p(E \cup F) = \frac{10}{12} = \frac{5}{6}$.

3. Relever les issues favorables à la fois à E et à F : {1, 3}, d'où $p(E \cap F) = \frac{2}{12} = \frac{1}{6}$.

• Méthode utilisant la formule reliant $p(E \cup F)$ et $p(E \cap F)$

Dans une classe de 32 élèves, 18 élèves ont la moyenne en LV1, 15 élèves ont la moyenne en LV2, et 8 élèves n'ont la moyenne ni en LV1 ni en LV2.
Quelle est la probabilité qu'un élève choisi au hasard ait la moyenne dans au moins l'une des deux matières ? Dans les deux matières ?

1. Noter E l'événement « l'élève a la moyenne en LV1 » et F : « l'élève a la moyenne en LV2 ». $E \cup F$ est donc l'événement « l'élève a la moyenne dans au moins l'une des deux matières » et $E \cap F$ est « l'élève a la moyenne dans les deux matières ».

2. Utiliser l'événement contraire de $E \cup F$, qui est : « l'élève n'a la moyenne dans aucune des deux matières ». 8 élèves sont dans ce cas, donc cet événement contraire se réalise avec une probabilité de $\frac{8}{32}$ soit $\frac{1}{4}$. On a ainsi $p(E \cup F) = 1 - p(\overline{E \cup F}) = 1 - \frac{1}{4} = \frac{3}{4}$.

3. D'après l'énoncé, on a $p(E) = \frac{18}{32} = \frac{9}{16}$ et $p(F) = \frac{15}{32}$.

On en déduit $p(E \cap F) = p(E) + p(F) - p(E \cup F) = \frac{18}{32} + \frac{15}{32} - \frac{3}{4} = \frac{9}{32}$.

4. Conclure : la probabilité que l'élève ait la moyenne dans au moins l'une des deux matières est de $\frac{3}{4}$ et la probabilité qu'il ait la moyenne dans les deux matières est de $\frac{9}{32}$.

1 On lance un dé à huit faces, numéroté de 1 à 8. Soit A l'événement « obtenir 4 ou moins », B l'événement « obtenir un nombre pair », C l'événement « obtenir 6 ou plus ».

Répondez par « Vrai » ou « Faux » aux affirmations suivantes.

a. $p(A) = \frac{4}{8}$

b. $A \cap B = \{4\}$

c. $A \cap C = \varnothing$

d. $p(A \cup B) = \frac{5}{8}$

e. $B \cup C = \{6, 8\}$

f. $p(A \cup C) = 1$

g. $p(\overline{C}) = \frac{5}{8}$

2 Le tableau ci-dessous est extrait d'une étude de l'INSEE sur le diplôme maximal obtenu par les français ayant entre 25 et 34 ans en 2010.

	25-34 ans	
	Femmes	Hommes
Aucun diplôme ou CEP	9,7	11,4
BEPC seul	5,4	6,0
CAP, BEP ou équivalent	14,6	20,9
Baccalauréat ou brevet professionnel	23,0	23,4
Baccalauréat + 2 ans	20,1	16,0
Diplôme supérieur	27,1	22,3
Ensemble	**100,0**	**100,0**
Part de bacheliers ou plus	**70,2**	**61,7**

a. **Quelle est la probabilité qu'une femme, choisie au hasard dans cette classe d'âge, ait au moins le baccalauréat ?**

b. **Quelle est la probabilité qu'un homme, choisi au hasard dans cette classe d'âge, ait au plus un diplôme BAC + 2 ?**

3 On effectue un tirage avec la roue ci-dessous :
On considère les événements suivants :
– A : « obtenir la couleur orange » ;
– B : « obtenir un numéro écrit en noir » ;
– C : « obtenir un numéro pair ».

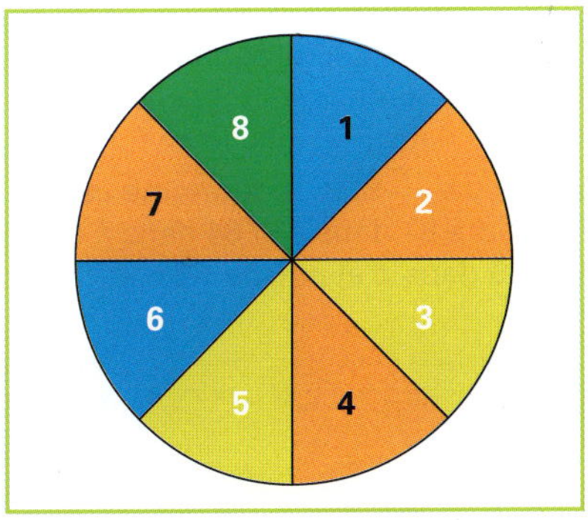

a. **Déterminez les éléments suivants :**
– $p(A)$;
– $p(B)$;
– $p(C)$.

b. **Déterminez les éléments suivants :**
– $p(A \cap B)$;
– $p(A \cap C)$;
– $p(B \cap C)$.

c. **Déterminez les éléments suivants :**
– $p(A \cup B)$;
– $p(A \cup C)$;
– $p(B \cup C)$.

4 Un élève répond au hasard à trois questions à un QCM de type « Vrai ou Faux ».
Soit :
– P l'événement « obtenir au moins deux bonnes réponses » ;
– F l'événement « obtenir au moins une mauvaise réponse ».

a. **A-t-on $F = \overline{P}$? Justifiez.**

b. **Déterminez $p(\overline{F})$.**

c. **Déterminez $p(F \cup P)$.**

d. **Déterminez $p(F \cap P)$.**

5 Les 62 clients d'un restaurant ont tous passé leur commande. Parmi ceux-ci :
– 27 prendront un dessert ;
– 42 prendront un café ;
– 11 ne prendront ni l'un ni l'autre.
On choisit au hasard un client dans la salle.

Quelle est la probabilité que ce client ait commandé :

a. un dessert ?

b. un café ?

c. au moins un dessert ou un café ?

d. un dessert et un café ?

6 Deux employés Z et Y d'une entreprise s'occupent de l'accueil téléphonique. Lors d'un appel, on a la même probabilité d'être pris en charge par Z que par Y. Lorsqu'on appelle cette entreprise, la probabilité qu'au moins un des deux employés soit déjà en ligne est de 0,85. La probabilité que les deux employés soient déjà en ligne est de 0,35.
Soient A l'événement « Z est disponible » et B l'événement « Y est disponible ».

a. **Calculez la probabilité, lors d'un appel, de l'événement $A \cap B$.**

b. **Calculez la probabilité, lors d'un appel, de l'événement $A \cup B$.**

c. **En observant que $p(A) = p(B)$, déduisez des questions a. et b. la probabilité $p(A)$.**

ALGORITHMIQUE

32 Algorithmique : premiers pas

SAVOIR

- Un **algorithme** est une **suite finie de règles** à appliquer, dans un **ordre déterminé**, à un nombre fini de données pour arriver, en un **nombre fini d'étapes**, à un certain résultat et cela **indépendamment** des données.
- Un algorithme peut se programmer dans **différents langages**, suivant la calculatrice ou le logiciel de programmation utilisé (Scratch, Algobox, Python, Scilab, Xcas...)
- Voici les différentes étapes d'un algorithme simple :

1. Permettre la **saisie** des valeurs (« **Saisir** ») que l'on veut soumettre à l'algorithme : on définit dans celui-ci des **variables** qui vont accueillir ces valeurs saisies (« **Prend la valeur** »).

2. Permettre le **traitement** des variables accueillant les valeurs saisies. Souvent, on **teste si une condition est réalisée** par cette variable (« **Si... Alors... Sinon** »), et en fonction de cela on passe à l'étape suivante.

3. Publier ce qu'a fait l'algorithme, avec :
– soit l'**affichage** (« **Afficher** ») du résultat d'un calcul mené avec la variable ;
– soit l'**affichage** d'un message qui est lié au premier test ;
– soit l'**affichage** d'un nouveau **test de condition.**

4. On peut rajouter une instruction de **répétition** (**« Pour *i* variant de 1 à N » ou « Répète... Jusqu'à »**) qui fera effectuer à l'algorithme le même traitement à la variable, pour **toutes les valeurs** définies par l'instruction de répétition. Une instruction de durée (« **Tant que...** ») peut aussi servir dans ce cas.

5. L'algorithme doit toujours posséder une **instruction de fin** (« **Fin** »).

SAVOIR FAIRE Comprendre un algorithme, identifier ses éléments

Décrire l'algorithme suivant, qui propose de déterminer, parmi deux nombres, celui qui a le plus grand carré et de l'afficher. Que produit cet algorithme pour $a = -6$ et $b = 3$? pour $a = 9$ et $b = -8$?

```
« Variables : »
   a, b : nombres à tester
   c, d, e, f : valeurs courantes
   p résultat
« Initialisation : »
   Saisir a et b, les nombres dont on veut
   comparer les carrés
« Traitement : »
   c prend la valeur a
   d prend la valeur b
   e prend la valeur c²
   f prend la valeur d²
   Si e < f
      p prend la valeur d
   Sinon
      p prend la valeur c
   FinSi
« Sortie : »
   Afficher « Le nombre qui a le plus grand
   carré est : »
   Afficher p
Fin
```

1. L'utilisateur saisit deux nombres *a* et *b*, que le programme stocke et copie respectivement dans *c* et *d*.

2. Le programme utilise les variables *e* et *f* pour calculer les carrés des nombres saisis.

3. Le programme compare les carrés dans la boucle « Si... Sinon », puis, en fonction du test, décide de stocker dans la variable *p* dédiée au résultat celui des deux nombres initiaux *a* ou *b* qui a le plus grand carré.

4. On précise avec l'instruction « FinSi » la fin de l'étude de la condition « Si... Sinon ».

5. La sortie se fait en affichant la réponse qui a été placée dans la variable *p*.

6. Pour $a = -6$ et $b = 3$, le programme calcule $(-6)^2$ et 3^2 puis stocke 36 dans *e* et 9 dans *f*. Il les compare, stocke -6 dans *p* et affiche « -6 ».

7. Pour $a = 9$ et $b = -8$, le programme calcule 9^2 et $(-8)^2$ puis stocke 81 dans *e* et 64 dans *f*. Il les compare, stocke 9 dans *p* et affiche « 9 ».

1 On veut écrire le traitement d'un algorithme qui calcule $\frac{2}{x} - 3$ pour un nombre x choisi.

Remettez dans le bon ordre les trois étapes du traitement.

Étape n° 1 •	• Multiplier par 2
Étape n° 2 •	• Retrancher 3
Étape n° 3 •	• Prendre l'inverse

2 Complétez le cadre suivant, qui permet d'effectuer la division euclidienne de *a* par *b*.

« .... : »
a, *b* : les deux entiers à diviser
q, *r* : les résultats
« .... : »
Saisir ... et ...
« Traitement : »
q prend la valeur « partie entière » de *a*/*b*
r prend la valeur $a - q \times b$
« Sortie : »
Afficher « Quotient » = ...
Afficher « Reste » = ...
......

3 L'algorithme suivant permet de calculer l'image d'un nombre x par la fonction g telle que $g(x) = (x + 3)^2 - 5$.

« Variables : »
m : valeur courante du nombre à tester
p : résultat
« Initialisation : »
Saisir *m*
« Traitement : »
m prend la valeur $m + 3$
m prend la valeur $(m + 3)^2$
m prend la valeur $(m + 3)^2 - 5$
p prend la valeur *m*
« Sortie : »
Afficher *p*
Fin

On saisit 4 dans l'algorithme pour calculer $g(4)$.

a. Indiquez les quatre valeurs successives prises par *m* dans l'algorithme, dans l'étape « Traitement ».

b. Reprenez la question a. si on veut calculer $g(-3)$.

On remplace la dernière étape du traitement (« Sortie : » Afficher *p*) par la suivante pour calculer $\sqrt{g(x)}$.

Si $m < 0$
| *p* prend la valeur : « impossible »
Sinon
└ *p* prend la valeur $\sqrt{m}$
FinSi

c. Expliquez pourquoi ce test est nécessaire.

4 Un site de téléchargement légal de musique propose les tarifs suivants :
– les 20 premiers morceaux : 2 € l'un ;
– les 30 suivants : 1,50 € l'un ;
– ensuite, de 51 à 80 : 0,80 € l'un ;
– au-delà de 80 : 0,50 € l'un.

L'algorithme suivant décrit le prix à payer pour l'achat simultané de *m* morceaux de musique.

« Variables : »
m : valeur courante du nombre de morceaux achetés
p : prix à payer
« Initialisation : »
Saisir *m*
« Traitement : »
Si $m \leqslant 20$
| *p* prend la valeur $m \times 2$
Sinon
└ **Si** $21 \leqslant m \leqslant 50$
| *p* prend la valeur $(m - 20) \times 1,5 + 40$
Sinon
└ **Si** $51 \leqslant m \leqslant 80$
| *p* prend la valeur $(m - 50) \times 0,8 + 85$
Sinon
└ *p* prend la valeur $(m - 80) \times 0,5 + 109$
FinSi
« Sortie : »
Afficher *p*
Fin

a. Expliquez pour quoi *p* prend la valeur $m \times 2$ si $m \leqslant 20$.

b. Expliquez le calcul $(m - 20) \times 1,5 + 40$ si $21 \leqslant m \leqslant 50$.

c. À quoi correspond le nombre 109 dans le dernier calcul de *p* ?

1 La place des Européens dans le peuplement de la Terre

SAVOIR

L'Europe, un foyer de peuplement majeur

Depuis l'Afrique, berceau de l'Humanité, il y a environ 2 millions d'années, les êtres humains ont progressivement peuplé les autres régions du monde. Cependant, depuis l'Antiquité, **la répartition du peuplement est très inégale** : de vastes régions sont quasiment vides d'hommes alors que d'autres, comme l'Europe, sont très densément peuplées. Ainsi se sont constitués **trois grands foyers de peuplement**, de vastes espaces très densément peuplés depuis des millénaires : la Chine, l'Inde et l'Europe.

Avec 730 millions d'habitants, l'Europe se situe de nos jours très loin derrière l'Asie (3,8 milliards). Mais cette situation est récente. Au XIXe siècle, l'Europe, qui connaît un essor démographique plus important que la Chine et l'Inde, est pour l'unique fois de son histoire, le premier foyer de peuplement de la planète.

L'essor de la population européenne

L'Europe réunit les facteurs favorables au fort peuplement : des **conditions climatiques** qui favorisent dès le néolithique l'agriculture et les échanges, des **États puissants et stables** comme les Empires romain ou carolingien qui assurent une relative sécurité aux populations. Cela s'accompagne d'une tendance ancienne à l'urbanisation qui s'accentue au XIXe siècle avec l'**industrialisation**.

Jusqu'au XVIIIe siècle, la croissance démographique reste limitée. Des phases de lente progression alternent avec des périodes de crise démographique causée par guerres, famines et épidémies. Ainsi, la Peste noire décime l'Europe de 1347 à 1352 : elle tue entre 25 et 50 % de la population selon les régions. Même lors des périodes favorables, la mortalité reste très forte en raison du manque d'hygiène et d'une médecine inefficace. Seule une très forte natalité compense cette mortalité très élevée.

À partir du XVIIIe siècle, les **progrès de l'agriculture** font disparaître progressivement les famines. À la fin du XIXe siècle, l'**hygiénisme**, politique visant à développer l'hygiène privée et collective (égouts, adductions d'eau potable...), ainsi que la **révolution pastorienne**, qui met en évidence la transmission des maladies par des germes et permet l'élaboration des premiers vaccins, fait reculer la mort. La population s'accroît alors très fortement. Puis la natalité s'adapte et diminue : c'est la **transition démographique**.

La France entre plus tôt que ses voisins européens dans le processus de transition démographique (influence faiblissante de l'Église, progrès de l'instruction...), si bien que sa population stagne et vieillit dès la fin du XIXe siècle. Du coup, contrairement aux autres pays européens, la France devient une **terre d'accueil des migrants**.

L'émigration européenne au XIXe siècle

Transition démographique : passage d'un régime démographique stable (taux de mortalité fort, taux de natalité fort et accroissement naturel faible) à un autre régime démographique stable (taux de mortalité faible, taux de natalité faible et accroissement naturel faible).

Misère et surpeuplement dû à la transition démographique alimentent les flux migratoires. Beaucoup de paysans migrent vers les villes pour trouver un emploi dans l'industrie : c'est l'**exode rural**. D'autres migrants vont vers des pays proches, Italiens en France par exemple. Certains sont des **réfugiés** qui fuient les persécutions, Juifs d'Europe de l'Est fuyant les pogroms.

Mais de nombreux migrants traversent les océans, attirés vers les « pays neufs », États-Unis, Argentine, Canada, Australie... Ces **déplacements transcontinentaux** sont facilités par la révolution des transports. Plus de 60 millions d'Européens ont ainsi quitté le continent.

Le port de Manhattan à New York en 1908

SAVOIR FAIRE Comprendre la transition démographique

La transition démographique

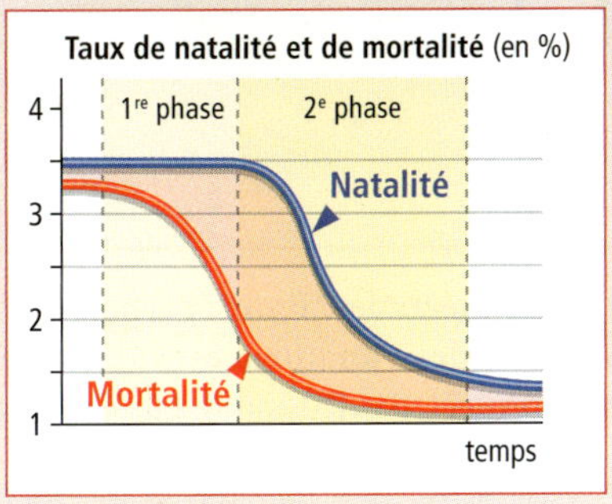

1. Identifier le document. Ce schéma théorique montre les grandes phases de la transition démographique et son impact sur l'accroissement naturel.

2. Sélectionner les informations. Dans la première phase, ce sont les nouveau-nés qui bénéficient le plus de la baisse de la mortalité. On assiste donc à un rajeunissement de la population. Durant la deuxième phase, la baisse de la natalité est lente puisqu'elle est atténuée par l'augmentation des couples en âge de procréer.

S'ENTRAÎNER

1 Analyser une carte

L'émigration des Européens sur d'autres continents au XIXe siècle

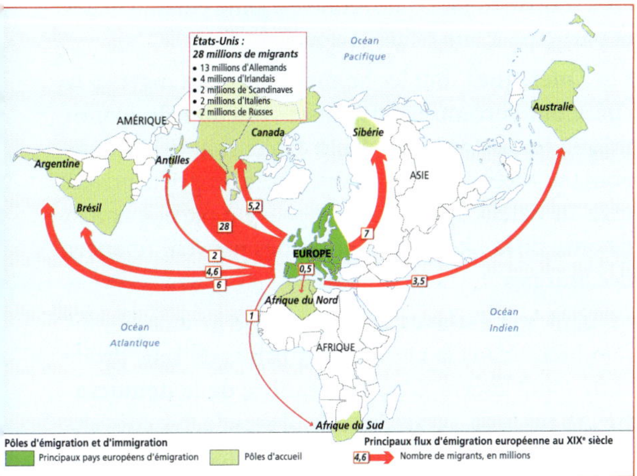

a. Présentez la carte.

b. Relevez les pôles d'accueil des migrants européens.

c. Quels sont les quatre flux les plus importants ? Comment les expliquez-vous ?

2 Étudier un texte

Les migrants irlandais

Depuis la maladie de la pomme de terre[1], l'Irlandais est dégagé de son amour pour le sol. Il a peur de ne pouvoir vivre dans son pays ; il songe à faire fortune et espère trouver le bonheur sur une autre terre. [...]

Cependant, l'expatriation n'aurait pas eu les proportions colossales qu'elle a atteintes, elle ne s'accroîtrait pas sur une échelle chaque jour plus large, si l'émigration ne fournissait elle-même aux dépenses de l'émigration.

...

...

Un des traits les plus honorables de la population irlandaise, c'est le dévouement des fils pour leurs pères, c'est l'esprit de charité qui anime tous ces malheureux : ils se secourent les uns les autres et partagent le repas de la misère.

Dès qu'un Irlandais est débarqué en Amérique, il s'efforce de réunir la somme nécessaire pour payer le voyage d'un de ses parents et soutenir les autres en attendant. Le nouveau venu imite la conduite de celui qui l'a précédé, et en deux ou trois ans, la famille entière est de l'autre côté de l'eau.

Plus il y a de gens partis, plus il arrive d'argent pour en faire partir d'autres, car l'ouvrier irlandais trouve aux États-Unis un salaire élevé en même temps que des vivres à bon marché.

Dans toutes les lettres écrites aux parents, qui circulent de main en main parmi les habitants de la paroisse, on retrouve toujours cette phrase : « Je gagne un dollar par jour, je mange du pain et de la viande, j'économise pour le passage d'un tel ou d'une telle. Si je n'ai pas écrit plus tôt c'est que je n'ai pas voulu envoyer une lettre vide à mes parents. »

Jules de Lasteyrie, *L'Irlande depuis la dernière famine*, 1853.

1. La pomme de terre est à l'époque l'aliment de base des paysans irlandais. Elle est frappée par une maladie, le mildiou, en 1845. Il s'ensuit une terrible famine qui tue 1 million de personnes et en pousse 2 millions à l'exil.

a. D'après le texte, vers quel pays se dirigent les migrants irlandais ? Pourquoi ?

b. Quels sont les facteurs qui poussent les Irlandais à migrer ?

c. Quels avantages apporte l'émigration à l'Irlande ?

2 Citoyenneté et démocratie à Athènes (V^{e}-IVe siècles avant J.-C.)

SAVOIR

La naissance de la démocratie athénienne

- Au VIIe siècle avant J.-C., Athènes est une **cité-État** qui connaît alors un **régime monarchique** puis aristocratique dirigé par des nobles qui siègent à l'Aréopage.
- Au VIe siècle avant J.-C., deux réformateurs établissent les bases de la démocratie. **Solon** répartit les citoyens en quatre classes selon leur richesse : aux plus riches, les fonctions de commandement, mais les citoyens pauvres bénéficient désormais de droits politiques. Ils peuvent voter à l'assemblée du peuple ou ***Ecclésia***. Les citoyens sont désormais égaux devant la loi qui est rendue publique. **Clisthène** crée un nouveau conseil, la ***Boulè***, formé de 500 citoyens tirés au sort chaque année. Il crée **dix tribus** comprenant chacune une circonscription administrative (ou **dème**) de la ville, de la côte et de l'intérieur afin de faire représenter tous les citoyens.
- Lors des guerres médiques, au Ve siècle avant J.-C., Athènes parvient à **l'apogée de sa puissance**. Après la victoire de Thémistocle à Salamine en – 480, Athènes, devenue une grande puissance navale, établit un véritable **empire**. Ses alliés de la **ligue de Délos** sont contraints de se mettre au service de la cité. La démocratie se consolide pour les Athéniens avec, par exemple, la procédure de l'**ostracisme** qui permet d'exiler les citoyens qui menacent la démocratie.
- **Périclès**, qui domine la vie politique dans la deuxième moitié du Ve siècle, met en place une indemnité journalière, le ***misthos***, versée aux membres du tribunal de l'**Héliée**. Plus tard, elle est étendue à l'***Ecclésia***. De grands travaux sont engagés sur l'**Acropole** et Athènes connaît un grand **rayonnement intellectuel**. On parle du « **siècle de Périclès** » comme un âge d'or.

Citoyens et non-citoyens

- **Les citoyens ont un statut privilégié** puisqu'ils jouissent de droits politiques et peuvent posséder des terres, mais ils ont aussi de nombreux devoirs. **Athènes est une démocratie directe**, aussi les citoyens doivent-ils tous siéger à l'*Ecclésia* et participer à la *Boulè* et au tribunal de l'Héliée, assurer les différentes magistratures lorsqu'ils sont tirés au sort ou élus selon les cas. Ils sont aussi astreints au **service militaire** (**éphébie**) entre 18 et 20 ans et doivent défendre la cité. Les plus riches doivent prendre une **liturgie**, c'est-à-dire financer l'équipement d'un navire de guerre ou des représentations théâtrales. Enfin, participer aux cultes comme **la fête des Panathénées** en l'honneur d'Athéna divinité protectrice d'Athènes, fait partie des devoirs civiques.
- À l'époque de Périclès, pour **être citoyen**, il faut être né libre, fils de citoyen et d'une femme fille de citoyen, c'est pourquoi les citoyens sont une **infime minorité de la population d'Athènes**.
- **Les femmes** libres ont des droits limités puisqu'elles sont le plus souvent confinées dans le **gynécée**, et cantonnées à des tâches domestiques. Elles appartiennent toutefois au corps civique dans le sens où elles transmettent la citoyenneté à leurs enfants mâles et participent aux cultes civiques.
- Les **métèques** sont les hommes libres étrangers à la cité. Commerçants ou artisans, ils ont un **rôle économique important** mais leurs droits sont limités : ils n'ont pas accès à la vie politique ni à la propriété privée, mais ils paient des impôts. Ils peuvent participer à la défense de la cité, et les plus riches peuvent financer des liturgies.
- Quant aux **esclaves** qui forment le groupe le plus nombreux dans la cité, ils sont privés de tous droits et de toute liberté. C'est le **paradoxe de la démocratie athénienne** : grâce au travail servile, les citoyens peuvent trouver le temps de se consacrer à leurs devoirs civiques.

Un système politique fragile qui finit par disparaître

- À la suite de la guerre du Péloponnèse (431-404 avant J.-C.) où Athènes est vaincue par sa grande rivale Sparte, la **démocratie athénienne connaît une grave crise**. Les critiques assimilent les démocrates aux **démagogues**, c'est-à-dire ceux qui flattent le peuple pour obtenir ses suffrages.
- Des réformes renforcent alors la démocratie : la procédure de l'***eisangelie***, par exemple, permet de poursuivre un magistrat accusé d'atteinte à la démocratie. Le visage politique change car l'élite politique est constituée de brillants orateurs.
- Mais à la fin du IVe siècle avant J.-C., Athènes, qui s'était libérée de la tutelle de Sparte, doit cette fois affronter la Macédoine. Une nouvelle fois vaincue, Athènes perd alors son indépendance et la démocratie prend fin.

SAVOIR FAIRE Lire un organigramme

Le fonctionnement de la démocratie athénienne

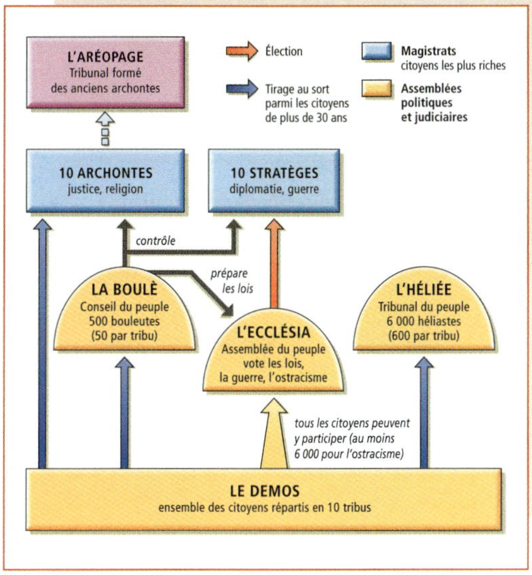

1. Présenter le document. Il s'agit d'un schéma montrant le fonctionnement du régime politique athénien.

2. Relever les informations. L'*Ecclésia* regroupe tous les citoyens athéniens. Il n'y a donc pas de délégation de pouvoir. Elle est compétente dans de multiples domaines tant en politique intérieure qu'extérieure. Elle vote les textes de loi mis à l'ordre du jour et préparés par la *Boulè*, élit aux magistratures militaires. Elle peut frapper d'ostracisme un citoyen jugé dangereux pour la démocratie.

3. Faire une analyse critique. La démocratie athénienne est donc une démocratie directe : le régime démocratique donne à tous les citoyens, quel que soit leur rang, le droit de prendre la parole, de donner leur avis. Cependant, les magistratures les plus importantes (stratèges) sont occupées par les citoyens les plus riches et/ou les plus éloquents.

S'ENTRAÎNER

1 Étudier un document iconographique : le citoyen-soldat

Les hoplites, des guerriers grecs

Vase Chigi, vers 640 avant J.-C., Musée national de la villa Giulia, Rome.

a. Présentez le document.

b. Décrivez la méthode de combat des hoplites.

c. Expliquez en quoi le combat hoplitique renforce la solidarité et l'égalité.

2 Étudier un discours de Périclès : l'éloge de la démocratie

Périclès prend la parole lors de funérailles de soldats morts lors de la guerre du Péloponnèse en – 431.

Notre régime politique ne se propose pas pour modèle les lois d'autrui, et nous sommes nous-mêmes des exemples plutôt que des imitateurs. Pour le nom, comme les choses dépendent non pas du petit nombre mais de la majorité, c'est une démocratie. S'agit-il de ce qui revient à chacun ? La loi, elle, fait à tous pour leurs différends privés, la part égale, tandis que pour les titres, si l'on se distingue en quelque domaine, ce n'est pas par l'appartenance à une catégorie, mais le mérite, qui vous fait accéder aux honneurs ; inversement, la pauvreté n'a pas pour effet qu'un homme pourtant capable de rendre service à l'État, en soit empêché par l'obscurité de sa situation. [...] Dans le domaine public, la crainte nous retient avant tout de rien faire d'illégal, car nous prêtons attention aux magistrats qui se succèdent et aux lois – surtout à celles qui fournissent un appui aux victimes de l'injustice ou qui, sans être lois écrites, comportent pour sanction une honte indiscutée. En résumé, j'ose le dire : notre cité, dans son ensemble, est pour la Grèce une vivante leçon.

Thucydide, *Histoire de la guerre du Péloponnèse*, II, 36-43. Trad. J. de Romilly, Éditions Robert Laffont, 1990.

a. Sur quoi se fonde la démocratie selon Périclès ?

b. Comment fonctionne-t-elle ?

3 Citoyenneté et empire à Rome (Ier–IIIe siècles)

SAVOIR

Un immense empire organisé en provinces

▸ Rome comme Athènes a d'abord été une **cité-État**. Mais les immenses conquêtes réalisées ont déstabilisé les institutions de la **République**. Les chefs militaires ou ***imperatores*** jouissent d'un grand prestige et remettent en cause la domination du Sénat et de l'aristocratie.

▸ Après l'assassinat de César, la guerre civile marque la fin de la République qui s'achève avec le **principat d'Auguste en 27 avant J.-C.** Le nouveau régime instaure un pouvoir héréditaire, le successeur est choisi dans la famille impériale et est officiellement adopté par l'Empereur mais respecte les institutions républicaines. Les anciennes magistratures sont maintenues mais l'essentiel du pouvoir est attribué au ***princeps*** ou empereur.

▸ L'Empire romain est organisé en **provinces sénatoriales**, qui sont sous la responsabilité du sénat lorsqu'elles sont anciennes et pacifiées depuis longtemps, et en **provinces impériales** sous la responsabilité directe de l'empereur qui y nomme alors des gouverneurs. La ***pax romana*** ou « paix romaine » est maintenue par les légions, environ 150 000 hommes en tout.

▸ L'Empire comprend une grande diversité de cités classées en fonction de leur statut juridique : cités romaines, colonies et municipes. Les droits sont différents d'une cité à l'autre, mais les peuples soumis ont pu conserver leurs propres coutumes. Ainsi les cités de l'Orient grec ont gardé leurs institutions et leurs magistrats. Les **pérégrins**, hommes libres non-citoyens romains, doivent s'acquitter d'un tribut à Rome.

▸ La civilisation romaine se diffuse progressivement chez les peuples conquis : les villes de province adoptent un urbanisme typiquement romain, l'usage du latin se répand ; on assiste à un syncrétisme religieux : la religion romaine fusionne avec les cultes locaux. C'est la **romanisation**.

Une société hiérarchisée et inégalitaire

Seuls les membres des deux ordres, sénateurs ou chevaliers, peuvent gravir les échelons du ***cursus honorum*** et faire une carrière politique. Ainsi l'empereur Auguste a-t-il renforcé la domination sociale des plus riches.

La pyramide sociale sous l'Empire romain

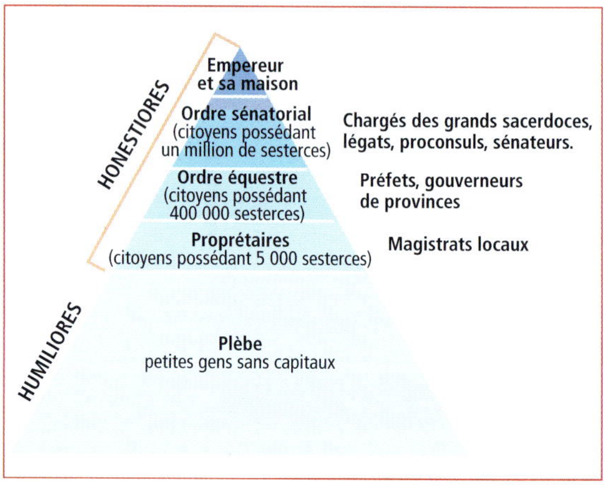

Une conception ouverte de la citoyenneté

▸ La citoyenneté s'acquiert par la naissance mais aussi par décision de l'empereur. Aussi les citoyens sont-ils très nombreux dès le début de l'Empire, au moins un million. Cependant seuls les membres des élites sociales participent activement à la vie politique. À la différence d'Athènes, le peuple n'a qu'un rôle de figuration dans les différentes assemblées.

▸ La citoyenneté confère des **droits civils** : contracter un mariage légal, vendre ou acheter des terres ; mais aussi une **protection juridique** : faire appel au jugement de l'empereur. Elle accorde des **privilèges** comme de ne pas payer d'impôt direct, de profiter des richesses de l'Empire par des distributions gratuites de blé ou l'organisation de jeux coûteux. C'est ainsi que les empereurs achètent la paix civile.

▸ Les **femmes** sont écartées de la vie politique mais elles ne sont pas confinées dans un gynécée et possèdent des droits civils. L'économie repose sur le travail de très nombreux **esclaves** mais les affranchis peuvent accéder à la citoyenneté romaine.

▸ La **citoyenneté romaine** est d'abord largement concédée aux **notables provinciaux** afin de se les concilier. L'empereur Claude en 48 accorde même l'admission au sénat de notables des trois Gaules. Mais **l'édit de l'empereur Caracalla en 212** constitue un tournant dans l'histoire romaine puisqu'il octroie la citoyenneté romaine à tous les habitants libres de l'Empire. Il achève la romanisation politique des provinces.

SAVOIR FAIRE — Histoire des arts : analyser un monument

Il faut faire une petite recherche complémentaire pour situer l'œuvre à étudier. Vous pouvez aussi la comparer à d'autres monuments gallo-romains. Ce travail nécessite l'utilisation et donc la connaissance du vocabulaire architectural de base.

La Maison carrée de Nîmes

1. **Présenter le document.** Il s'agit d'une photographie d'un monument de la ville de Nîmes, datant de l'époque de l'Empire romain.
2. **Situer le monument dans son contexte géo-historique.** Il s'agit ici d'un temple romain datant du Ier siècle. Il est dédié aux petits-fils d'Auguste qui devaient initialement lui succéder. Il est appelé la « Maison carrée » depuis le XVIe siècle en raison de sa forme géométrique quadrangulaire. Il se trouve à Nîmes ou Nemausus à l'époque romaine, ancienne capitale du peuple gaulois des Volques Arécomiques qui devint l'une des principales colonies romaines de la Gaule narbonnaise à la fin de la République. C'est l'œuvre d'un architecte local qui a pris modèle sur un temple de Rome.
3. **Observer le monument.** Il s'agit ici de décrire le monument et son style architectural : corinthien (voir le chapiteau), hexastyle (6 colonnes en façade), périptère (les colonnes font tout le tour).
4. **Interpréter.** Ce monument témoigne de la diffusion du culte impérial et de la volonté des élites gauloises de montrer leur attachement et leur intégration à l'Empire.

S'ENTRAÎNER

1 Étudier un ensemble de témoignages

Document 1

Pline le Jeune, gouverneur de la province de Bithynie, écrit à l'empereur Trajan.

Seigneur, mis en danger de mort l'an passé par une maladie très grave, j'ai eu recours à un médecin ; ce n'est que par un bienfait de ta bienveillance que je peux le remercier de ta sollicitude et de son zèle. Je te prie donc de lui donner la cité romaine. Il est en effet de condition pérégrine, ayant été affranchi par une pérégrine. Il a pour nom Harpocras, il eut pour patronne Thermutis, femme de Théon, qui est morte depuis longtemps. Je te prie par la même occasion d'accorder le droit de citoyenneté aux affranchies d'Antonia Maximillla, femme très distinguée : Hédia et Antonia Harmérides. C'est à la demande de leur patronne que je t'en prie.

Pline le Jeune, *Correspondance*, X, 6-8, début du IIe siècle.

Document 2

L'empereur Claude justifie sa décision d'accorder la citoyenneté complète aux notables de la Gaule chevelue, ce qui leur permet d'intégrer le Sénat.

Qu'est-ce qui a causé la perte des Spartiates et des Athéniens, malgré leur valeur militaire, sinon leur habitude d'écarter les vaincus comme des étrangers ? [Depuis la victoire de César contre les Gaulois], la paix a ... été continue et confiante. Désormais mêlés aux nôtres par les mœurs, les métiers, les alliances, qu'ils nous infusent leur or et leurs richesses au lieu de les posséder séparément ! Sénateurs, tout usage qui est aujourd'hui considéré comme remontant à la plus haute antiquité a été nouveau un jour : les plébéiens sont devenus magistrats après les patriciens, les Latins après les plébéiens, les autres peuples d'Italie après les Latins. [...] Ce que nous défendons à présent par des exemples servira d'exemple à son tour.

Tacite, *Annales*, XI, 23, début du IIe siècle, traduction Henri Bornecque, Flammarion, 1991.

Document 3

L'édit de Caracalla (212)

Je donne donc à tous les pérégrins le droit de cité romaine, en sauvegardant le droit des cités, à l'exclusion des déditices[1]. Car il est légitime que la multitude soit non seulement astreinte aux charges qui pèsent sur tous mais aussi associée à ma victoire. Et le présent édit augmentera la majesté du peuple romain : il est conforme à celle-ci que d'autres puissent être admis à cette même dignité que celle dont les Romains bénéficient depuis toujours.

1. vaincus résidant dans l'Empire.

a. Expliquez les mots ou expressions soulignés.

b. Complétez le tableau suivant.

	Texte 1	Texte 2	Texte 3
Auteur et date			
Comment et à qui la citoyenneté romaine est-elle donnée ?			
Arguments			

4 La chrétienté médiévale (XIe–XIIIe siècles)

SAVOIR

La puissance de l'Église médiévale

La chrétienté médiévale se définit comme étant l'ensemble des royaumes de l'Europe occidentale qui reconnaissent l'autorité du pape. L'Église désigne à la fois la communauté des fidèles et l'institution hiérarchisée composée de clercs au service de cette communauté. L'organisation de l'Église est fondée sur la distinction entre **clergé séculier et régulier**.

Vers l'an mil, l'Église catholique connaît une crise : l'autorité du pape reste limitée, évêques et abbés sont nommés par des seigneurs laïcs, ils vivent eux-mêmes comme de grands seigneurs. Les charges ecclésiastiques sont vendues. Dans les monastères, la règle n'est plus respectée. Le monde féodal menace d'absorber l'Église. Mais du XIe au XIIIe siècle, **les papes imposent leur autorité**. Après le **schisme** avec l'Église byzantine qui ne reconnaît plus l'autorité du pape de Rome en **1054**, l'Église catholique romaine se réorganise. Le pape est élu par les **cardinaux** et contrôle le clergé grâce à ses envoyés, les **légats**. Il fait connaître ses décisions par des lettres, les **bulles**. Il convoque les évêques à des assemblées, les **conciles**. Avec la **réforme grégorienne**, le pape **Grégoire VII** affirme sa suprématie sur tous les princes.

L'organisation de l'Église à la fin du XIIIe siècle

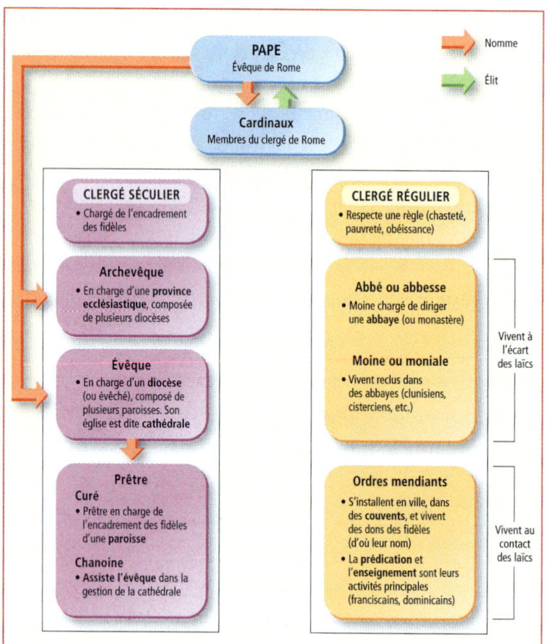

Les **ordres religieux** se développent et soutiennent l'action des papes. Les **moines de Cluny**, vêtus de noir, donnent à la prière une place importante. Les **moines de Cîteaux**, vêtus de blanc, rétablissent la règle de saint Benoît : prière, vie austère, travail manuel. Au début du XIIIe siècle apparaissent les **ordres mendiants, franciscains** et **dominicains.** Prenant pour modèle la vie du Christ, ils ne s'isolent pas dans des monastères mais parcourent le monde, prêchant parmi les laïcs et vivant de la charité.

L'Église a dès lors un poids moral et politique considérable. Mais sa puissance s'appuie sur une immense richesse. L'Église possède de nombreuses terres dont le nombre et l'étendue s'accroissent grâce aux dons et legs des fidèles. En outre, l'Église perçoit un impôt, la **dîme**, 1/20 à 1/10 des récoltes selon les régions.

Église et vie quotidienne

L'Église règle la vie de tous les hommes. La communauté villageoise trouve sa cohésion autour de la paroisse où le curé encadre et rythme la vie des fidèles par les **sacrements** : il baptise, célèbre le mariage chrétien imposé par la réforme grégorienne, entend les fidèles en **confession**, les rassemble et leur annonce les nouvelles à la messe le dimanche et les jours de fête.

Le chrétien doit faire son salut. Au Moyen Âge, les chrétiens croient au **Jugement dernier** et craignent d'aller en enfer, très représenté dans la sculpture et la peinture. Ils peuvent prier pour demander l'**intercession** d'un saint, demander des messes ou des prières moyennant un don pour s'éviter le **purgatoire**, notion qui apparaît au XIIe siècle, et surtout doivent obéir aux prêtres dont le pouvoir a été renforcé par la réforme grégorienne. Depuis le concile de Latran IV, en 1215, ils doivent communier au moins une fois par an après s'être confessés. Lors de la **communion**, lorsque le prêtre a consacré le pain et le vin, ils deviennent le corps et le sang du Christ, selon la doctrine de la **présence réelle**. Les **pèlerinages** sont aussi un moyen de gagner son salut.

L'Église aide et instruit. Elle organise la charité, héberge les pèlerins, les pauvres, les malades. Toute église ou monastère est un lieu d'asile. Elle s'occupe de l'enseignement. Parfois le curé instruit les enfants, mais c'est surtout dans les monastères que le savoir se transmet. À partir du XIIe siècle, les évêques créent des écoles dans les villes, les premières universités apparaissent.

▸ **L'Église tente de canaliser la violence.** La paix de Dieu interdit aux chevaliers d'attaquer les personnes sans défense ; la trêve de Dieu interdit les combats du mercredi soir au lundi matin et les jours de fête. Papes et évêques peuvent **excommunier**, c'est-à-dire exclure de la communauté des chrétiens ceux qui n'obéissent pas à l'Église.

Une chrétienté conquérante et intolérante

▸ L'Église a donc précisé la doctrine notamment lors de la réforme grégorienne. Mais du coup, elle n'accepte pas les divergences et devient de plus en plus intolérante.

▸ Elle lutte contre les **hérésies** qui se sont développées au XIIe siècle. Les **cathares** mettent en place une autre Église basée sur des dogmes différents. Les **vaudois** veulent revenir à la pauvreté du Christ et dénoncent l'enrichissement du clergé. L'**Inquisition** est créée en 1231.

▸ À l'égard des autres religions, l'**intolérance** est tout aussi forte. Les Juifs subissent de multiples persécutions. Le concile de Latran IV en 1215 leur impose de porter un signe distinctif. Partout en Europe, les souverains chrétiens cherchent à conquérir les régions sous domination musulmane, c'est la *Reconquista* en Espagne.

▸ En 1095, le pape Urbain II lance l'appel à la guerre sainte contre les Turcs qui contrôlent Jérusalem. Les **croisés**, du nom de la croix cousue sur leurs vêtements, conquièrent la Ville sainte et fondent les États latins d'Orient. Du XIIe au XIIIe siècle, les chevaliers d'Occident doivent leur venir en aide lors des sept croisades suivantes qui sont des expéditions de secours. Des ordres nouveaux sont créés à cette fin : Chevaliers Teutoniques, Templiers, Hospitaliers. Mais les États latins finissent quand même par disparaître à la fin du XIIIe siècle.

SAVOIR FAIRE Lire une carte historique

1. Présenter la carte. Le titre de la carte est important : il indique le sujet et la période considérée.

2. Analyser la carte. Trois ensembles religieux cohabitent en Europe : l'islam, le christianisme orthodoxe et le catholicisme. La foi catholique s'exprime par les pèlerinages (Jérusalem, Saint-Jacques-de-Compostelle) mais aussi par la conquête armée. Comme le montrent les flèches, du XIe au XIIIe siècle, l'évangélisation est menée par les catholiques qui étendent leur foi sur les rivages de la Baltique, dans la péninsule ibérique (*Reconquista*) et jusqu'au Proche-Orient avec les croisades.

3. Interpréter. Malgré les divisions politiques, la religion est le ciment de l'unité de l'Occident chrétien. Il s'agit d'une chrétienté offensive, qui se répand violemment, où l'idée de tolérance est exclue et où colonisation et évangélisation vont de pair.

Le christianisme en Occident (XIe-XIIIe siècles)

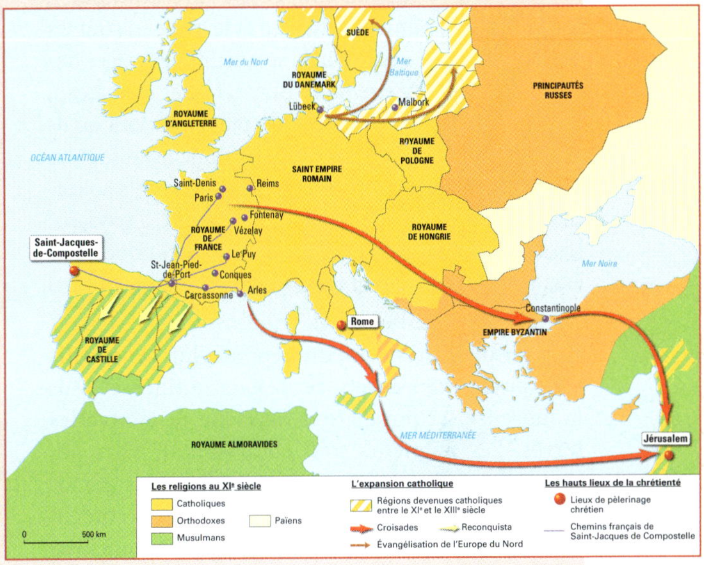

S'ENTRAÎNER

1 L'art roman, témoin des représentations religieuses

Le tympan de l'abbatiale romane de Conques à Sainte-Foy de Conques

a. Faites une recherche pour présenter le monument dans son contexte.

b. Analysez la scène représentée.

c. Expliquez la fonction d'une telle représentation.

5 Sociétés et cultures rurales (XIe–XIIIe siècles)

SAVOIR

La seigneurie rurale

▸ Certaines terres sans seigneur, appelées **alleux**, appartiennent aux paysans qui les travaillent, mais la plus grande partie du sol est divisée en vastes domaines appelés **seigneuries**. Celles-ci sont divisées en deux parties : la **réserve**, exploitée directement par le seigneur, et les **tenures** concédées aux paysans moyennant **corvées** et **redevances**, le plus souvent en nature.

▸ Durant les Xe et XIe siècles, avec l'effacement du pouvoir royal, les seigneurs ont imposé, souvent par la force, le **pouvoir de ban**, c'est-à-dire d'ordonner, contraindre et punir. Le château et le gibet en sont les symboles. Avec ce pouvoir, le seigneur peut exiger des paysans qu'ils entretiennent ponts, routes et château, qu'ils hébergent les hommes d'armes et surtout qu'ils s'acquittent d'amendes, payent un impôt, la taille et les banalités, des taxes sur l'usage des équipements collectifs tels que le four ou le moulin. Parmi les paysans, les **serfs** sont privés de personnalité juridique : par exemple, ils ne peuvent témoigner devant un tribunal ou quitter la seigneurie.

▸ Toutefois, à partir du XIIe siècle, **la condition paysanne s'améliore**. Mieux outillée et plus nombreuse, la population **défriche de nouvelles terres**. Les seigneurs sont contraints de faire des concessions. Pour attirer les paysans vers les grands espaces forestiers qu'ils possèdent, ils leur accordent des avantages énumérés dans des chartes de **franchise**. De nouveaux villages, souvent appelés « Villeneuve » apparaissent. Les redevances sont moins lourdes. Le servage tend à disparaître.

La vie des paysans

▸ Les neuf dixièmes de la population vivent à la campagne dans de petits villages au centre desquels se dresse l'église. Ses habitants ont le sentiment d'appartenir à une même communauté ayant sa vie collective et ses formes de sociabilité.

▸ Progressivement, du XIe au XIIIe siècle, des **progrès techniques**, conjugués à l'amélioration du climat, vont augmenter considérablement la **productivité agricole** : la charrue qui peut retourner les terres les plus lourdes grâce à son versoir, les moulins à eau plus nombreux, l'apparition des moulins à vent, la traction animale avec le collier d'épaule. Les famines reculent. La population mieux nourrie est plus résistante. En Europe, elle dépasse les 60 millions.

L'ordre féodal

▸ Selon **la société d'ordre**, les paysans doivent nourrir ceux qui prient et ceux qui combattent. Dans l'Empire carolingien, il existait des familles d'aristocrates proches de l'empereur, possédant d'immenses domaines. Au Xe siècle, les Grands sont parvenus à rendre héréditaires leurs titres et leurs biens. Au XIe siècle, l'autorité des Grands, lointaine, s'affaiblit au profit de celle des châtelains locaux.

▸ Les **liens d'homme à homme** se généralisent alors entre seigneurs et vassaux. La vassalité s'appuie sur un ensemble de rites et de devoirs réciproques. Lors de la cérémonie de l'**hommage**, le vassal s'engage à donner aide militaire et conseil à son seigneur dont il reçoit en échange la protection. En contrepartie de ses services, le **vassal** reçoit un **fief** sous forme de terres, droits, charges ou revenus. L'hérédité du fief s'impose rapidement.

▸ À partir du XIIe siècle, les rois utilisent les liens féodaux pour renforcer leur autorité. Ils se placent au sommet de la **pyramide féodale**.

Chevalerie et noblesse

▸ À partir du Xe siècle, la guerre concerne surtout un groupe restreint de combattants à cheval au service des seigneurs, qui forme **la chevalerie**. Celle-ci s'intègre progressivement à **la noblesse**. Ses valeurs sont la loyauté, l'honneur et le courage, mais la chevalerie demeure un groupe social très brutal. En dehors de la guerre, elle s'adonne à la chasse et aux tournois. C'est pourquoi l'Église cherche à encadrer et à canaliser cette violence (paix de Dieu, ordres militaires).

▸ La **littérature chevaleresque** idéalise ce mode de vie. L'amour courtois chanté par les troubadours vante la maîtrise de soi et le service de la dame aimée.

Cérémonie de l'hommage : les mains jointes du vassal dans celles de son seigneur symbolisent le lien féodal.

Miniature du XIIIe siècle.

SAVOIR FAIRE Analyser une reconstitution

1. **Présenter le document.** Il ne s'agit pas d'un document source, c'est-à-dire un document historique authentique, mais le résultat de travaux d'historiens et d'ethnologues à partir de sources d'époque et de témoignages. C'est donc une sorte de représentation type de la seigneurie rurale, pratique parce qu'elle permet d'en repérer les différents éléments, mais qui peut connaître de nombreuses variantes dans la réalité.

2. **Identifier les différents éléments qui composent la seigneurie rurale** en faisant correspondre aux numéros les mots suivants : église (4), château seigneurial (3), tenure (2), moulin banal (6), bois seigneuriaux (7), gibet (1), four banal (5). Le gibet et le château sont les symboles les plus forts du pouvoir seigneurial, qui va jusqu'à rendre justice et donner la mort.

3. **Expliquer l'organisation de la seigneurie** en identifiant les trois parties qui la composent :

– la réserve, ici autour du château, délimitée par une ligne rouge, représente les terres exploitées par les paysans sous forme de corvée et dont les revenus vont directement et totalement au seigneur ;

– les tenures qui sont concédées aux paysans moyennant un cens, dont ils peuvent conserver les productions ; après s'être acquittés de toutes leurs redevances, ils peuvent parfois, les années de bonnes récoltes, vendre ou échanger les surplus sur le marché local ; les paysans sont regroupés en hameaux ;

– les bois seigneuriaux dont le gibier est réservé au seigneur ; la chasse n'est pas qu'une activité de loisir : elle permet aux nobles de conserver leur forme physique durant les périodes où ils ne combattent pas et assure l'alimentation carnée de leur table. Les paysans ne peuvent qu'y ramasser le bois mort qui sert de bois de chauffage et y emmener paître les cochons (glandée).

Reconstitution du territoire d'une seigneurie au XVe siècle

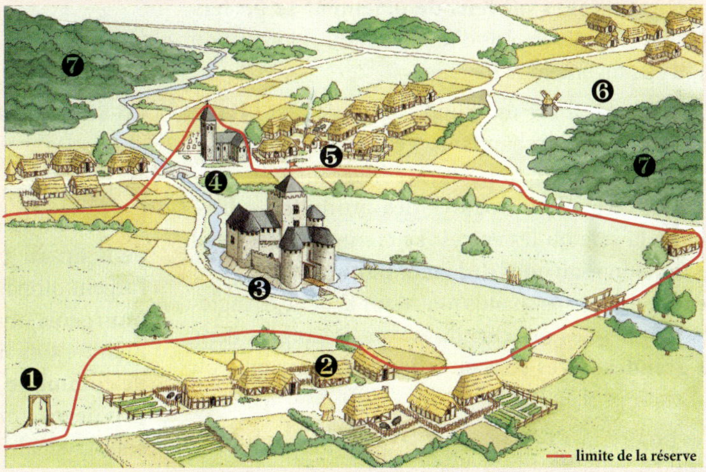

S'ENTRAÎNER

1 Comparer deux cartes

Les grands défrichements

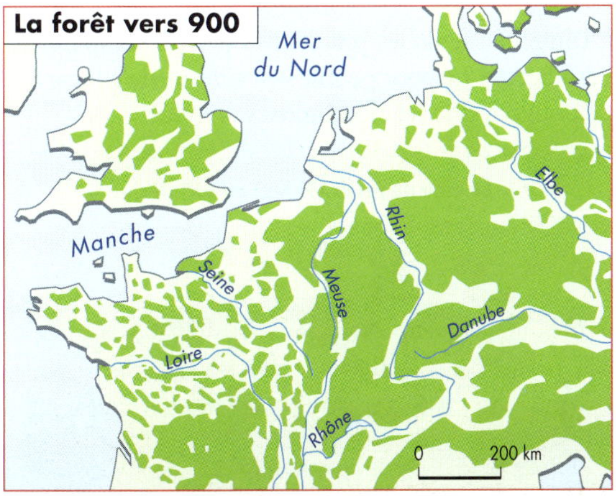

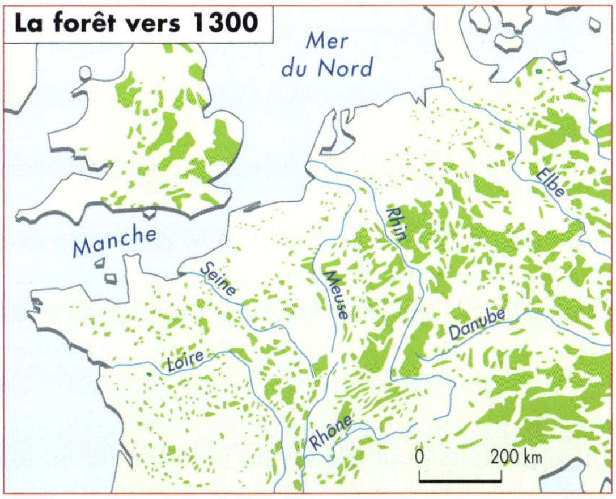

a. Présentez les documents.

b. Comparez ces deux cartes.

c. Expliquez cette évolution.

d. Quelles en sont les conséquences sociales ?

6 Sociétés et cultures urbaines (XIe–XIIIe siècles)

SAVOIR

L'essor urbain

- À partir du XIe siècle, l'Europe ne subit plus d'invasion. Les routes sont plus sûres. Les marchands s'associent en **guildes** ou **hanses** pour leur sécurité. Les seigneurs les protègent, puis à partir du XIIe siècle, les rois font régner l'ordre. Les transports s'améliorent, grâce au gouvernail d'étambot et à la boussole pour la navigation. Les **moyens de paiement** se perfectionnent : les marchands d'Italie font du change et du crédit ; ils inventent la banque.
- Le principal foyer du grand commerce est l'**Italie du Nord**. Les marchands de Venise, Gênes et Pise commercent dans toute la Méditerranée et vont jusqu'en Orient se procurer des produits de luxe comme la soie ou les épices. Le commerce est aussi très développé au **bord de la mer Baltique** ainsi qu'en **Flandre** où les marchands font venir la laine d'Angleterre. Toutes ces marchandises sont échangées dans des **grandes foires** comme celles de Champagne ou du Lendit près de Paris.
- Les progrès des échanges ont favorisé le **développement des villes** : les marchands et de nombreux artisans s'y installent. Les **métiers urbains** sont très variés et d'inégale dignité : certains sont jugés dégradants, comme le métier de boucher, d'autres sont prestigieux comme celui de l'orfèvre. Ces métiers sont organisés en **confréries** d'entraide ou **guildes** qui contrôlent et réglementent le travail. L'artisanat textile est très lucratif, il est à l'origine de la richesse des **villes drapantes**. Le drapier achète la laine et la fait travailler par différents artisans à chaque étape de sa transformation : filage, foulage…

Des centres de savoir et de pouvoir

- La ville est un lieu d'échange où se développe une plus grande **liberté d'esprit**. Au XIIe siècle, il existe des écoles placées sous l'autorité des évêques. Au XIIIe siècle, maîtres et étudiants s'organisent pour créer les **premières universités** indépendantes de l'évêque, placées directement sous l'autorité du pape. On y enseigne le **savoir savant en latin** durant un long cursus dont le premier grade est le baccalauréat. Les étudiants, souvent indisciplinés, sont logés dans des collèges.
- Parallèlement, les marchands ont besoin de **connaissances techniques,** c'est pourquoi sont créées dans les grandes villes marchandes des écoles indépendantes des clercs où l'on apprend l'écriture, le calcul et les langues vivantes. C'est pour ce public que sont écrits, en langage populaire, les **fabliaux** qui n'hésitent pas à critiquer la société. Le ***Roman de Renart,*** par exemple, se moque des usages de la chevalerie.
- La ville est aussi le lieu de spectacles de rue, de représentations de scènes religieuses, les mystères. Ils sont joués dans des grandes fêtes à l'occasion du carnaval entre autres.

La société urbaine

- Les villes, comme les campagnes, sont d'abord sous la domination de seigneurs qui y prélèvent des taxes et rendent la justice. Mais progressivement à partir de la fin du XIe siècle, elles s'émancipent. Contre de l'argent ou parfois à la suite de révoltes violentes, les **bourgeois** obtiennent le droit de s'administrer eux-mêmes. Ces libertés sont inscrites dans des **chartes de commune** pour les villes libres ou des **chartes de privilèges pour les villes franches** restées en partie sous la tutelle d'un seigneur.
- La **commune** est placée sous l'autorité d'un **maire** ou **bourgmestre** et dirigée par un **conseil de magistrats**, appelés échevins dans le nord, consuls ou capitouls dans le sud. Ils ont le pouvoir de rendre la justice. La commune a un sceau et le beffroi, dont la cloche sert à rythmer le travail et à donner l'alerte, témoigne de sa puissance.
- Toutefois, seuls les plus riches ont pu s'emparer de ces libertés. Le petit peuple des villes reste à l'écart de ce pouvoir, d'où les nombreuses révoltes.

La ville de Feurs (Forez) au XIIIe siècle

Miniature, XIIIe siècle. BNF, Paris.

SAVOIR FAIRE — Confronter deux documents : un plan de ville et un document iconographique

Doc. 1 : Paris sous Philippe Auguste (1180-1223)

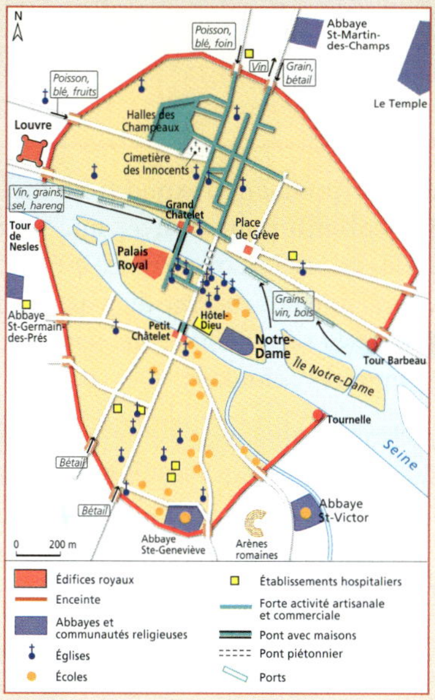

Doc. 2 : un pont de Paris

Détail d'une enluminure de *Vie et martyre de saint Denis*, début du XIVe siècle, Bibliothèque nationale de France, Paris.

1. Présenter les documents. Le document 1 est un plan de la ville de Paris sous le règne de Philippe Auguste (XIIIe siècle). Le document 2 est une enluminure représentant un pont de Paris au début du XIVe siècle.

2. Observer et décrire.

• Sur le **plan**, on peut d'abord repérer les différentes fonctions de la ville de Paris :

– les édifices royaux rappellent la fonction politique et administrative, Paris a été choisie comme capitale par Philippe Auguste qui a fortifié la ville et fait construire la grosse tour du Louvre ;

– la fonction économique repérable par la présence des artisans et commerçants au nord de la Seine (rive droite), particulièrement vers les halles des Champeaux construites sous les ordres de Philippe Auguste ; il faut souligner au passage l'importance de la Seine dans cette activité : beaucoup de marchandises circulaient par la voie fluviale, il faut se souvenir de la proximité des grandes foires de Champagne et d'un riche terroir ;

– Paris est aussi un grand centre religieux (Notre-Dame, abbayes) et universitaire (rive gauche), le « Quartier latin », ainsi appelé parce que le latin était la langue du savoir savant.

On peut aussi, grâce à l'échelle graphique, mesurer les dimensions de la ville, plutôt modestes au regard de sa taille actuelle. Et pourtant, avec ses 200 000 habitants, Paris était au XIIIe siècle la ville la plus peuplée de l'Occident chrétien.

• **L'enluminure** nous permet d'insister sur la fonction économique de Paris. Se sont installés là les métiers les plus prestigieux : drapiers, orfèvres, changeurs.

3. Mettre en relation. En revenant au plan, on peut localiser le pont : il s'agit du « pont avec maisons » indiqué sur le plan au débouché d'une des artères les plus commerçantes de Paris. Appelé tout d'abord Grand-Pont, il devient rapidement le Pont-au-Change en raison de la présence de nombreuses boutiques de changeurs.

S'ENTRAÎNER

1 Lire une carte historique : les routes de commerce au XIIIe siècle

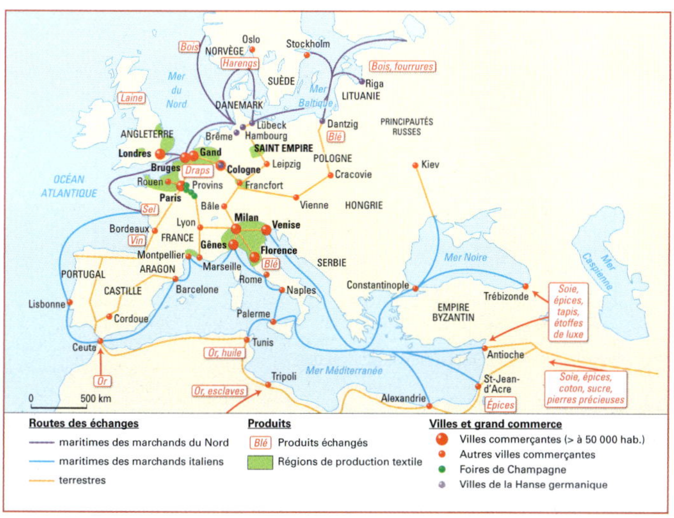

a. Quelles sont les grandes routes commerciales ?

b. Relevez les régions productrices de textile.

c. Quels sont les principaux produits échangés ?

d. Citez les principales foires.

7 L'élargissement du monde (XVe–XVIe siècles)

SAVOIR

Les grandes civilisations du monde vers 1450

Au milieu du XVe siècle, les grandes civilisations du monde vivent relativement repliées sur elles-mêmes. L'**Europe chrétienne** forme un ensemble homogène malgré ses divisions politiques. Elle est confrontée à l'expansion des **Turcs ottomans** qui conquièrent Constantinople en 1453. Les Européens ignorent ou connaissent très mal le reste du monde où règnent parfois des dynasties puissantes comme celle des **Ming en Chine**.

Les Européens à la découverte du monde

▸ Les **Grandes Découvertes** répondent à un triple objectif : **économique**, trouver de nouvelles routes commerciales vers l'or et les épices ; **religieux et politique**, contourner les territoires dominés par les Turcs ottomans islamisés, accroître la puissance des souverains européens et convertir de nouveaux peuples au christianisme.

▸ Elles ont été possibles grâce à des **progrès techniques et scientifiques**. La **caravelle** et le **gouvernail d'étambot** rendent possible la navigation en haute mer. La **cartographie** progresse aussi à partir de la redécouverte des travaux du grec Ptolémée (IIe siècle).

▸ Les royaumes ibériques sont les premiers à se lancer à la découverte du monde. Les **Portugais** explorent l'Atlantique sud et les côtes de l'Afrique tandis que les **Espagnols** financent l'expédition du Génois **Christophe Colomb** pour trouver une route occidentale vers les Indes. La concurrence est telle que les deux États demandent l'arbitrage du pape : le **traité de Tordesillas en 1494** fixe la ligne de partage entre les deux futurs empires coloniaux.

▸ Les Européens prennent peu à peu conscience de l'**existence d'un nouveau continent**, l'Amérique, puis découvrent le Pacifique. En 1519, le Portugais **Magellan**, au service de la couronne d'Espagne, dirige la première expédition à faire le tour du monde.

Les Européens et le monde

▸ Aussitôt débarqués, les Européens conquièrent et colonisent les nouveaux territoires découverts. **Les Amérindiens sont décimés** en raison de l'avance technique des Européens, mais surtout du choc bactérien causé par les microbes dont sont porteurs les Européens et contre lesquels les Amérindiens ne sont pas immunisés.

▸ Au XVIe siècle, débute une première **mondialisation**. Plantes et animaux connaissent une diffusion mondiale : la pomme de terre et le maïs viennent d'Amérique alors que le blé et le cheval y sont implantés par les Européens. La colonisation ainsi que la **traite négrière** entraînent des transferts considérables de populations. Les peuples se métissent.

Les Grandes Découvertes

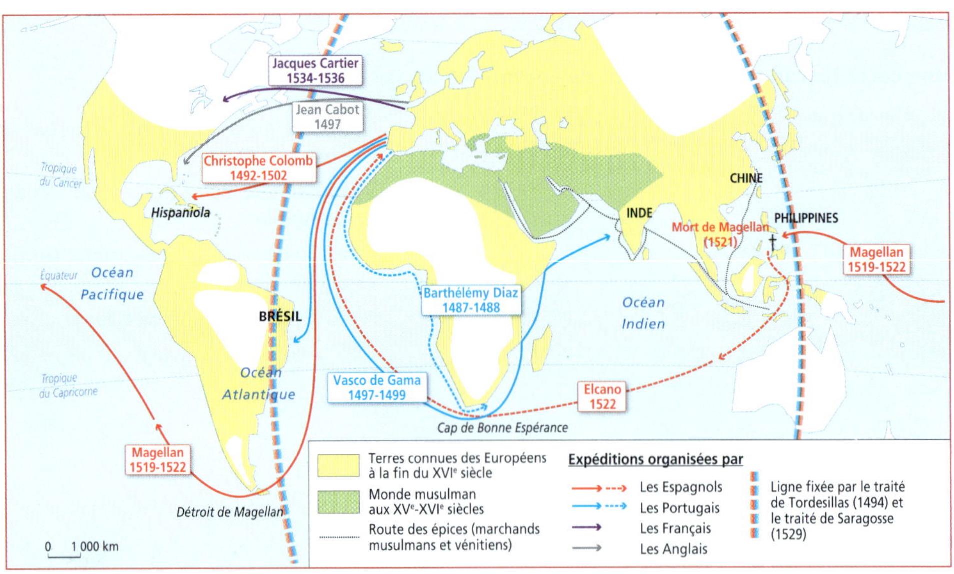

SAVOIR FAIRE Commenter la reconstitution d'une caravelle

Reconstitution d'une caravelle

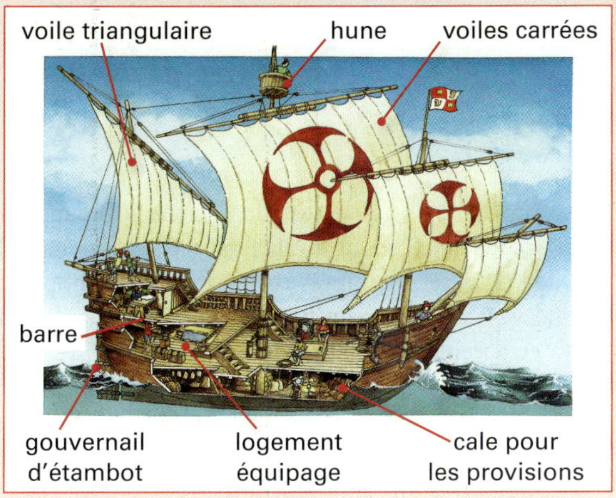

Parmi les innovations dont bénéficient les navigateurs pour se lancer à la découverte du monde, la plus importante est la caravelle. C'est un **voilier en bois** très maniable mis au point par les Portugais au XVᵉ siècle. Son faible tirant d'eau en fait un très bon outil d'exploration car elle peut s'approcher des côtes sans risquer de s'échouer. Ses deux **voiles carrées** lui permettent de filer par vent arrière tandis que la **voile triangulaire**, empruntée aux navigateurs méditerranéens, permet des manœuvres plus rapides et s'adapte aux changements de vent. Son **gouvernail d'étambot**, gouvernail mobile sur des charnières, facilite les manœuvres délicates.

S'ENTRAÎNER

1 Comparer deux cartes anciennes

Le monde connu avant le voyage de Vasco de Gama

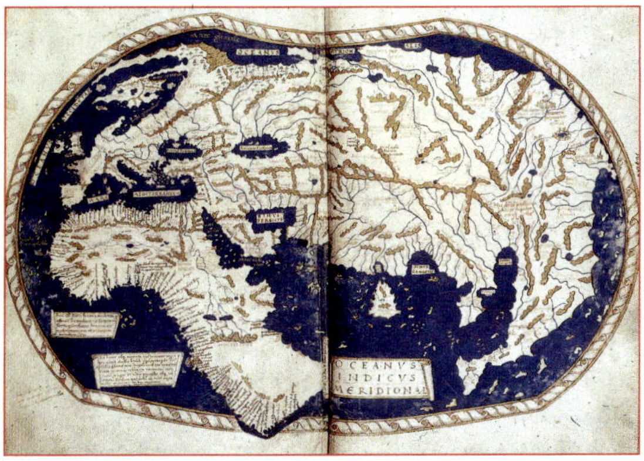

Planisphère d'Henricus Martellus, 1489, British Library, Londres.

Itinéraire de l'équipage de Magellan

En noir : la route de Magellan et d'Elcano.
Carte de Battista Agnese, « Atlas nautique », Venise, 1543, Royal Geography Society, Londres.

a. Comparez ces deux cartes. Relevez les similitudes et les différences.

b. Comment pouvez-vous les expliquer ?

c. Quels sont les lignes géographiques indiquées sur le deuxième planisphère ? Pourquoi ?

d. Quel est l'itinéraire suivi par l'expédition de Magellan ? Quel lieu porte aujourd'hui son nom ?

2 Étudier une carte de l'Empire ottoman

L'Empire ottoman, XIVᵉ-XVIIᵉ siècles

a. Relevez les étapes de l'expansion ottomane.

b. Quels sont les territoires européens sous domination ottomane ?

c. Quels sont ceux directement en contact ?

8 Les hommes de la Renaissance (XVe–XVIe siècles)

SAVOIR

Humanisme

- Sans abandonner leur foi chrétienne, les **humanistes** soutiennent l'idée que l'homme doit penser librement. Ils répandent le **goût de l'observation** et la **passion du savoir**. Ils redécouvrent les œuvres des auteurs de l'**Antiquité** grecs et latins qu'ils considèrent comme des maîtres à penser et les traduisent en langue vulgaire. Mais ils méprisent l'époque obscure qui a suivi l'Antiquité qu'ils baptisent du nom de « **Moyen Âge** » et remettent en question les Anciens et l'Église.
- La plupart d'entre eux n'appartiennent pas aux universités : **Érasme** est un clerc des Pays-Bas, **Rabelais** est un médecin de Touraine, **Machiavel** est un diplomate de Florence. Ils ont une nouvelle façon de considérer l'homme et le monde.
- La diffusion du savoir est facilitée par l'usage courant du **papier** qui remplace le parchemin et **l'invention des caractères mobiles d'imprimerie** par Gutenberg vers 1450.

Renaissance

- En rupture avec le Moyen Âge et sous l'influence de l'humanisme, l'Europe connaît un **renouveau artistique**. Grâce au **mécénat,** l'Italie du Nord mais aussi l'Europe du Nord deviennent des foyers majeurs de la Renaissance.
- Florence avec le mécénat des Médicis domine le XVe siècle tandis que la Renaissance s'épanouit à **Rome au XVIe siècle** avec les chantiers pontificaux. Les artistes voyagent d'une cour princière à l'autre : **Léonard de Vinci** en France, l'Allemand **Hans Holbein le Jeune** à Londres. L'artiste s'affirme : il a son style propre, signe ses œuvres et peut devenir célèbre.
- Des **techniques nouvelles** accompagnent ce renouveau. Les peintres utilisent de plus en plus la toile. Leurs couleurs sont diluées dans l'huile. Ils construisent l'espace selon les règles de la perspective. Aux sujets religieux s'ajoutent des thèmes profanes.

La Réforme

- **Au XVIe siècle, l'Église est en crise**. De nombreux chrétiens, désireux d'imiter le modèle du Christ, reprochent à l'Église ses abus : la vie scandaleuse de certains membres du haut clergé, la richesse excessive de l'Église et les impôts très lourds qu'elle impose, la faible instruction du bas clergé. Les princes, quant à eux, veulent limiter le pouvoir du pape. En outre, la connaissance du grec et pour certains érudits de l'hébreu permet de revenir aux textes originaux de la Bible sans passer par sa traduction latine, la Vulgate, et d'en avoir une approche directe.
- **En 1517**, le pape Léon X, qui a besoin d'argent pour faire reconstruire la basilique Saint-Pierre de Rome, fait vendre des **indulgences**, c'est-à-dire des promesses de pardon des péchés. Le moine allemand, **Martin Luther**, qui soutient que l'homme ne doit son salut que par sa foi en Dieu, affiche alors publiquement ses « 95 thèses » qui dénoncent les abus de l'Église. En s'opposant à la papauté, Martin Luther provoque **le schisme protestant** et déclenche la **Réforme**.
- Mais le protestantisme n'est pas uni. D'autres réformateurs, le Suisse **Zwingli** et le Français **Jean Calvin** créent l'**Église réformée**. Pour Calvin, la grâce divine est accordée à certains élus avant leur naissance : c'est la thèse de la prédestination. Il crée à Genève la cité de Dieu dirigée par une assemblée de pasteurs élus et d'anciens. **Le roi d'Angleterre Henri VIII** refuse de se soumettre à l'autorité du pape et rompt avec l'Église catholique **en 1534**. Il devient le chef de **l'Église anglicane**, indépendante de Rome. Après bien des hésitations, celle-ci devient une Église protestante sous **Elizabeth Ire** en 1559, tout en conservant une liturgie catholique.
- La chrétienté est alors déchirée. Les ambitions et les rivalités des princes pèsent pour beaucoup dans leurs choix. En Allemagne, après des années de guerre, l'empereur Charles Quint reconnaît aux princes le choix d'être soit catholique, soit protestant lors de **la paix d'Augsbourg en 1555**. La France, après la mort d'Henri II en 1559, sombre dans **la guerre civile** jusqu'à ce que le roi Henri IV reconnaisse **en 1598** par **l'édit de Nantes** la liberté de culte.
- L'essor du protestantisme oblige l'Église catholique à réagir. **La Contre-Réforme** combat les protestants. Les **tribunaux de l'Inquisition** pourchassent ceux qui sont suspects d'hérésie.

SAVOIR FAIRE Étudier un tableau de la Renaissance

Le mariage de la Vierge de Raphaël, 1504

Peinture sur bois, 114 sur 169 cm, Milan.

1. **Présenter le tableau.** Il faut faire une rapide recherche sur Internet ou dans une encyclopédie sur le peintre et cette œuvre. Raphaël est né en Italie en 1483 et a travaillé à Florence puis à Rome où il est mort en 1520. La légende raconte : « Les prétendants à la main de Marie étaient nombreux. Chacun devait rapporter un rameau. Celui dont le rameau fleurirait serait choisi. Seul fleurit le rameau de Joseph qui épousa donc Marie. Les autres prétendants furent très déçus. » Identifiez sur l'œuvre les différents éléments de cette légende.

2. **Étudier le tableau plan par plan :**

- Le premier plan rassemble les trois moments du mariage de la Vierge selon la légende. Le traitement humaniste des personnages individualise leurs expressions : dépit, douceur... Les regards convergent vers l'anneau nuptial, les mains unies et le grand prêtre.
- Le centre est le lieu du mariage proprement dit. Il est organisé par les lignes de dallage.
- À l'arrière-plan, le temple, construit en position dominante, s'inspire du Tiempietto de San Pietro in Montorio à Rome construit par Bramante. L'influence antique est visible : colonnes ioniques, arcs de plein cintre, coupole, mais il y a des innovations : plan polygonal, lanterne de la coupole.

3. **Pour étudier plus précisément la composition du tableau,** faites un schéma à l'aide d'un calque où vous tracerez les contours des différents éléments de l'œuvre. Tracez l'axe de symétrie vertical du tableau et repérez les différents éléments qui s'y trouvent : l'anneau, la porte du temple ; ainsi le premier et le troisième plan sont reliés. La partie supérieure du tableau est en demi-cercle : tracez son diamètre D-E, terminez ce cercle à l'aide d'un compas. L'anneau se trouve en H. Tracez la figure D-A-F, le segment F-G ; comparez B-D et B-F. Remarquez la précision et la géométrie de la composition.

Pour étudier la perspective : tracez sur le calque les lignes formées par le dessin du dallage et trouvez le point de fuite (le point où elles se rejoignent).

Concluez en soulignant ce qui est typique d'une œuvre de la Renaissance.

S'ENTRAÎNER

1 Étudier une gravure

La vraie et la fausse Église

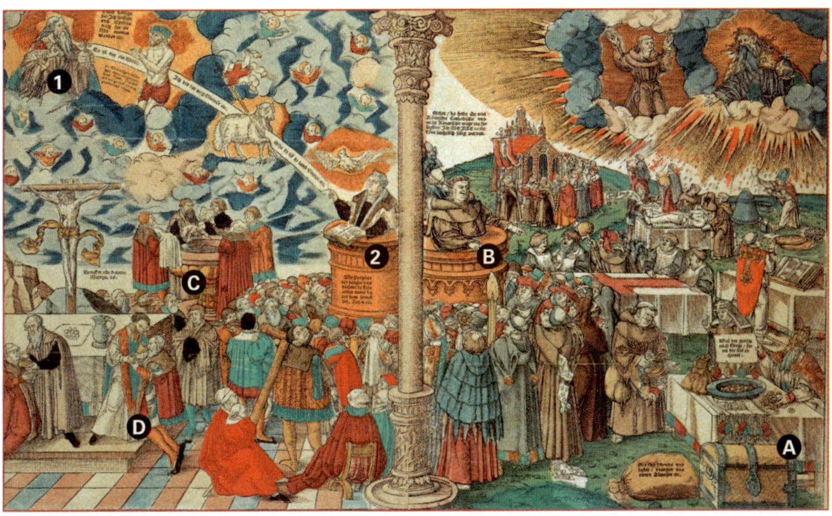

a. Présentez le document.

b. Identifiez le personnage 1. Son attitude est-elle la même dans les deux cas ?

c. Qui est le personnage 2 ? À qui est-il relié ?

d. À quelle Église appartient Lucas Cranach ? Justifiez votre réponse.

e. Expliquez les parties de la gravure marquées par les lettres A-B-C-D.

À gauche sont représentés les protestants, à droite, les catholiques.

Gravure sur bois de Lucas Cranach, 1546 (58,5 sur 35,1 cm)

9 Un nouvel esprit scientifique et technique (XVIe-XVIIIe siècles)

SAVOIR

Le rôle fondamental des humanistes

À partir du XVIe siècle, l'Europe devient un foyer scientifique majeur. Les Grandes Découvertes attisent l'**esprit scientifique** : par exemple, il s'agit d'**inventorier** les espèces animales et végétales des nouveaux mondes. La **Renaissance** rompt avec la scolastique médiévale qui se contentait de la lecture et du commentaire des textes anciens. Avec l'**humanisme**, raison, observation et **expérimentation** sont à la base d'une nouvelle démarche scientifique.

La **médecine** était jusque-là fondée sur les théories du médecin grec Galien (IIe siècle). Le chirurgien **Ambroise Paré** rejette les leçons de Galien pour traiter des amputations. **Vésale**, en pratiquant des dissections, fait de nombreuses **découvertes anatomiques** qui bouleversent les connaissances médicales. En **astronomie**, les anciens, à la suite du grec Ptolémée, pensaient que la Terre se trouvait au centre de l'univers (géocentrisme). **Copernic** démontre que le Soleil se trouve au centre de l'univers (héliocentrisme) en 1543. Au début du XVIIe siècle, **Galilée** tente d'imposer la théorie copernicienne mais il se heurte à l'interdiction de l'Église catholique car cette théorie remet en cause ses dogmes.

La révolution scientifique de l'Europe moderne

La nouvelle approche de la Renaissance prépare la mise en place d'une démarche scientifique rigoureuse fondée sur la précision des observations grâce à de nouveaux instruments comme la **lunette astronomique** utilisée par Galilée.

Au XVIIe siècle, les savants s'organisent, ils se regroupent en **académies**. Ils énoncent des **lois universelles**. C'est **la physique** qui avance le plus. Blaise Pascal démontre l'existence du vide et de la pression atmosphérique. **Newton** énonce la théorie de la gravitation universelle publiée en 1687.

Au XVIIIe siècle, ce sont les **sciences du vivant** qui progressent le plus. **Buffon** publie à partir de 1749 une *Histoire naturelle.* Une autre question importante est soulevée à l'occasion de la découverte de fossiles d'espèces disparues dans des strates géologiques. **Lamarck** envisage la possibilité d'une **évolution des espèces vivantes.**

La diffusion des savoirs et les progrès techniques

Toutes ces découvertes qui bouleversent les conceptions traditionnelles intéressent un public de plus en plus large. La **philosophie des Lumières** contribue à la diffusion des savoirs et des techniques, notamment grâce à l'***Encyclopédie*** éditée entre 1751 et 1772 sous la direction de **Diderot et d'Alembert.**

La recherche scientifique s'applique à l'industrie. La **machine à vapeur** qui permet de transformer la chaleur en mouvement est mise au point par l'ingénieur écossais **James Watt** qui en dépose le brevet en 1769.

Les ingénieurs ont dès lors un rôle fondamental. En France, ils sont formés dans des écoles spécialisées comme les Ponts et Chaussées créés en 1747, les Mines, en 1783, l'École centrale des travaux publics (Polytechnique) en 1794. À la fin du XVIIIe siècle, les éléments de l'**industrialisation** de l'Europe sont en place.

SAVOIR FAIRE Réaliser un schéma de synthèse

- **Chronologie :**

1687 : le Français Denis Papin décrit le principe du piston animé par la vapeur.
1698 : le mécanicien anglais Thomas Savery crée la première pompe à vapeur pour assécher les mines.
1712 : Newcomen, également mécanicien anglais, améliore la machine de Savery et la transforme en véritable machine à vapeur. La machine de Newcomen est utilisée dans les mines pour évacuer l'eau.
1769 : l'ingénieur écossais James Watt multiplie les brevets d'amélioration de la machine à vapeur.
1771 : l'ingénieur français Cugnot tente de construire un véhicule à vapeur (un « fardier », chariot pour transporter les canons).
1779 : le métier à filer dit « mule Jenny » de Crompton, d'abord hydraulique, utilise ensuite la vapeur.
1783 : utilisation de pompes à feu (actionnées par une machine à vapeur) pour élever les eaux de la Seine.
...

1784 : James Watt dépose un brevet pour une locomotive à vapeur.
1785 : métier à tisser de Cartwright.
1807 : ouverture de la première ligne commerciale de bateaux à vapeur entre New York et Albany sur l'Hudson River.

• La machine à vapeur bouleverse les procédés de production et les modes de vie des Européens. Elle est au cœur de la révolution industrielle et de la révolution des transports en permettant de créer des machines qui remplacent la force animale par la force mécanique. On peut résumer cela dans le schéma suivant :

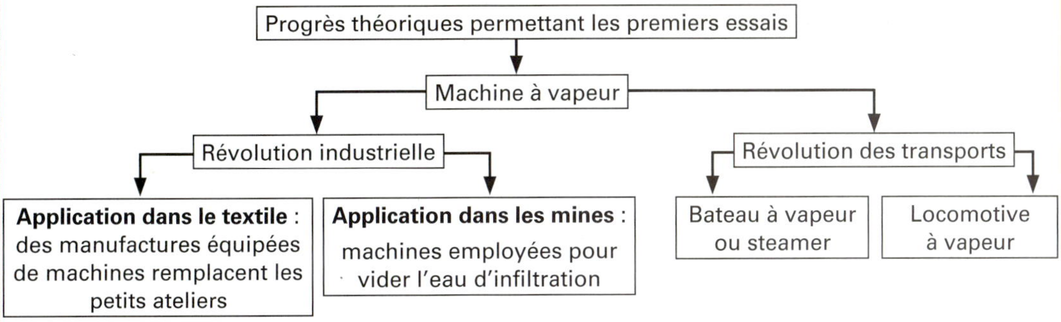

S'ENTRAÎNER

1 Comparer deux théories scientifiques

Le système de Ptolémée

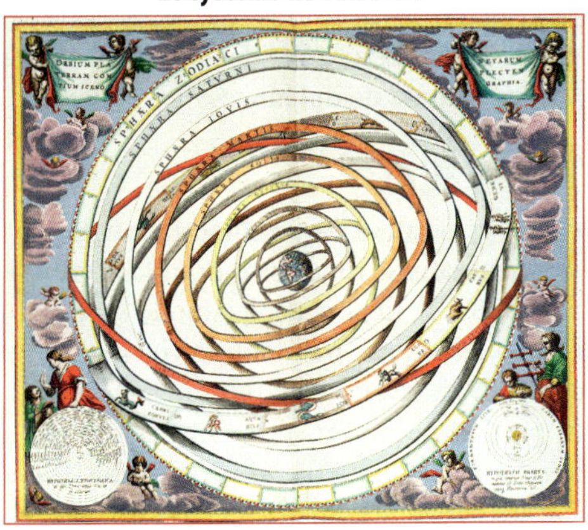

Planche 18 de l'*Atlas céleste* de J. Janssonius, 1660, gravure en couleurs, coll. part.

Le système de Copernic

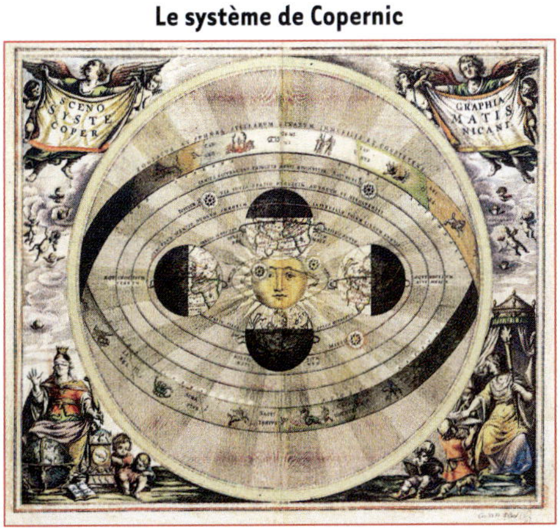

Atlas d'A. Cellarius, 1661, BNF, Paris.

a. Quelle est la représentation de l'univers de Ptolémée ?

b. Quelles sont les différences entre le système de Copernic et celui de Ptolémée ?

c. Comment nomme-t-on ces deux théories ?

d. Laquelle est juste scientifiquement ?

e. Laquelle avait la faveur de l'Église ? Pourquoi ?

2 Étudier un tableau

« La leçon d'anatomie du docteur Nicolaes Tulp » de Rembrandt

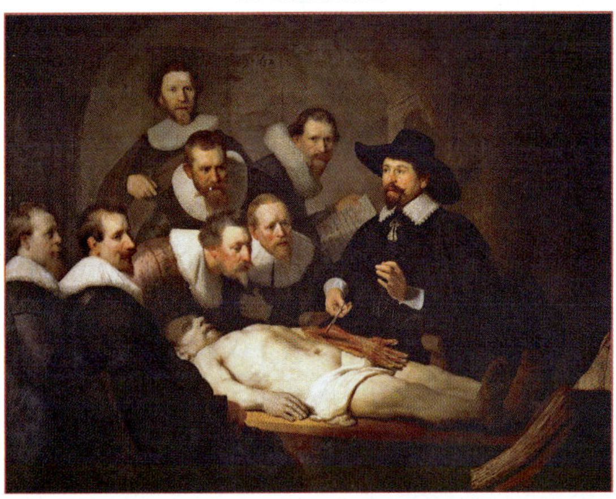

Peinture à l'huile, 1,69 sur 2,16 m, 1632, Mauritshuis, La Haye.

a. Faites une recherche sur Rembrandt et sur ce tableau, puis résumez l'essentiel en quelques lignes.

b. Décrivez l'œuvre, notamment la technique utilisée.

c. Analysez l'œuvre en expliquant notamment le choix du sujet. En quoi est-ce une œuvre représentative du nouvel esprit scientifique ?

10 La montée des idées de liberté et le déclenchement de la Révolution française

SAVOIR

La contestation de l'absolutisme

La société d'ordres et l'Ancien Régime. Au XVIIIe siècle, les États européens sont presque tous des monarchies absolues où le souverain détient tous les pouvoirs. **L'absolutisme français** se base sur le **caractère sacré du roi**. La société d'Ancien Régime est **une société d'ordres** fondée sur l'inégalité devant la loi, où le **tiers état** qui rassemble les non-privilégiés représente 98 % de la population. Les tensions sociales sont de plus en plus fortes. 75 % des Français sont des paysans accablés d'impôts, soumis aux droits seigneuriaux. Les bourgeois, instruits, enrichis par leur travail, artisanat, commerce, médecine, finance, droit…, aspirent à plus de responsabilités politiques.

En Angleterre de 1649 à 1689, la Grande Rébellion et la Glorieuse Révolution imposent des textes fondamentaux (l'***Habeas Corpus*** et le ***Bill of Rights***) qui fondent la monarchie parlementaire.

En Amérique, les colons des treize colonies fondées par l'Angleterre se révoltent. Le 4 juillet 1776, les colons insurgés ou *insurgents* proclament leur indépendance. À la fin de la guerre, le chef des *insurgents*, George Washington devient le premier président des États-Unis, devenus **une République fédérale** dotée d'une **Constitution**.

Un nouveau courant de pensée : les Lumières. Le régime parlementaire anglais et la république américaine sont deux modèles politiques qui ont la faveur des **philosophes des Lumières** qui fondent toute connaissance sur la raison. Le philosophe anglais **John Locke** rejette le droit divin et légitime la révolte contre les tyrans. En France, **Voltaire** défend la tolérance. **Montesquieu** affirme que seule la séparation des pouvoirs, exécutif, législatif et judiciaire peut garantir la démocratie. Rousseau critique les inégalités sociales. **L'*Encyclopédie* de Diderot et d'Alembert** contribue à la diffusion de ces idées nouvelles.

L'impossible réforme de la monarchie absolue en France

Une crise économique et sociale. La fin des années 1780 est marquée par une grave crise de subsistance : les intempéries ont ruiné une partie des récoltes, les prix augmentent. Cette baisse généralisée du pouvoir d'achat se répercute sur l'artisanat, ce qui provoque baisse des salaires et chômage.

Une crise politique. Le coût de la guerre en Amérique et le recours systématique à l'emprunt ont creusé un déficit budgétaire énorme. En 1788, la moitié des ressources de l'État part dans le remboursement de la dette publique. Le gouvernement essaie de mettre en place un impôt payable par tous, mais tous les projets sont rejetés par les ordres privilégiés. Les Parlements, dirigés par la noblesse de robe, usent de leur droit de remontrance, c'est-à-dire de refuser d'enregistrer une décision royale, pour empêcher que l'on touche à leurs privilèges fiscaux. Des incidents violents éclatent ici et là comme à Grenoble en 1788.

Afin de résoudre cette triple crise, le roi décide, en août 1788, de convoquer les **États généraux**. Cette assemblée composée de représentants des trois ordres peut enregistrer les décisions royales. Afin de préparer cette réunion, Louis XVI demande à ses sujets de rédiger des **cahiers de doléances**.

La rupture de 1789

Des États généraux à l'Assemblée nationale. Lorsque les États généraux se réunissent pour la première fois le 5 mai 1789, le tiers état réclame le vote par tête. Mais la noblesse veut maintenir le vote par ordre. Le **17 juin 1789**, jugeant qu'ils représentent la majorité de la population, le tiers état, rejoint par quelques députés, se proclame **Assemblée nationale**. C'est le premier acte révolutionnaire. Le **20 juin**, ces mêmes députés jurent de ne pas se séparer avant d'avoir rédigé une Constitution : c'est le **serment du Jeu de paume**. L'Assemblée nationale devient constituante.

La flambée révolutionnaire. À Paris, le peuple s'agite car le roi a fait venir à Versailles 25 000 soldats. Le **14 juillet,** le peuple pille les armureries et s'empare de **la Bastille**. Dans les campagnes, des rumeurs sur des pillages de récoltes provoquent la **Grande Peur** : les paysans s'attaquent à leurs seigneurs.

Pour apaiser la révolte, les **privilèges sont abolis** lors de la nuit du 4 août 1789. De nouveaux principes sont adoptés dans la Déclaration des droits de l'homme et du citoyen : égalité en droits, libertés individuelles sont reconnues.

SAVOIR FAIRE Analyser une caricature

« Il faut espérer que ce jeu finira bientôt »

Gravure en couleurs, XVIIIe siècle, musée Carnavalet, Paris.

1. **Présenter le document.** Il s'agit d'une caricature, un dessin satirique qui apporte un jugement critique sous forme humoristique. C'est par excellence l'arme du combat politique, notamment des opposants à un régime politique. Elle date de l'époque de la Révolution française.

2. **Comprendre le sens général.** Ici, il s'agit d'une critique de la société d'ordres qui fait peser sur le tiers état, en l'occurrence la paysannerie, l'essentiel des charges fiscales.

3. **Observer et expliciter les détails.**

- Chaque personnage représente un des trois ordres. On les reconnaît grâce à leurs vêtements et à leurs attributs : la nonne vêtue de noir avec son voile représente le clergé, la dame au vêtement riche et chamarré, au chapeau haut et décoré, représente la noblesse, la paysanne courbée, portant des sabots représente le tiers état.
- Le décor de la scène est plutôt rural, la terre semble assez aride et peu fertile, référence faite à la crise de subsistance qui sévit les années précédant la Révolution.
- Cette caricature met en scène l'injustice et l'inégalité devant la loi et l'impôt, elle dénonce les privilèges.

S'ENTRAÎNER

1 Étudier des systèmes politiques à partir d'organigrammes

Doc. 1 : Les institutions anglaises à la fin du XVIIIe siècle

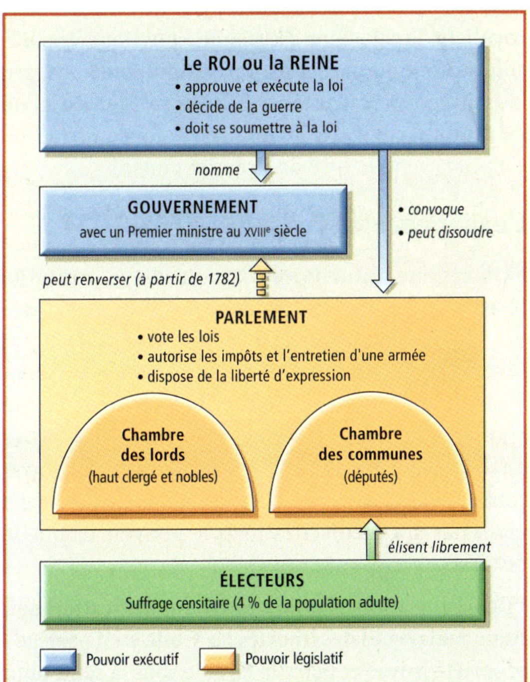

Doc. 2 : Le régime présidentiel américain

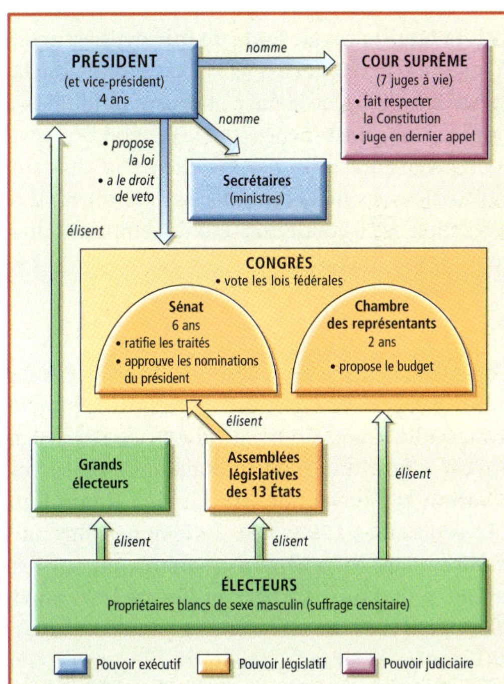

a. Doc. 1 : quels sont les pouvoirs du Parlement ? Que pouvez-vous en conclure ?

b. Doc. 2 : quel est le mode d'élection choisi pour désigner le président ? Pourquoi ?

c. En quoi ces deux modèles de gouvernement sont-ils le reflet des idées des Lumières ?

d. Pourquoi malgré tout ni le Royaume-Uni ni les États-Unis ne sont encore de véritables démocraties à la fin du XVIIIe siècle ?

11 La Révolution française, l'affirmation d'un nouvel univers politique

SAVOIR

L'échec de la monarchie constitutionnelle, 1789-1792

Des libertés nouvelles mais des pouvoirs politiques limités : la **liberté d'expression** permet le foisonnement des idées et le **débat politique**. La prolifération des journaux permet de diffuser les débats qui ont lieu dans les **clubs** ou à l'Assemblée. Les titres de noblesse sont abolis et les citoyens sont désormais égaux face à la justice, mais la **Constitution de 1791** retreint le droit de vote. Les députés sont élus au **suffrage censitaire**, basé sur l'impôt et le roi dispose d'un **droit de veto**.

La fin de la monarchie : la fête de la Fédération le 14 juillet 1790 célèbre l'union entre la nation et le roi. Les députés ont nationalisé les biens du clergé et ont fait des prêtres des sortes de fonctionnaires appointés par l'État. Cette loi, condamnée par le pape, divise le clergé et des révoltes éclatent notamment en Vendée. **En juin 1791, la famille royale tente de fuir** mais est arrêtée à Varennes. **Le 20 avril 1792, l'Assemblée déclare la guerre** à l'Autriche alliée à la Prusse. En juillet, les troupes prussiennes menées par le général Brunswick pénètrent en France. Brunswick adresse un ultimatum aux Parisiens les menaçant s'ils s'en prennent au roi. En réaction, le 10 août 1792, ceux-ci s'emparent du roi et pillent les Tuileries.

La Ire République, 1792-1799

La patrie en danger : l'Assemblée nationale emprisonne le roi puis décide l'élection au **suffrage universel masculin** d'une **Convention** afin de rédiger une nouvelle Constitution. Deux jours après la victoire de Valmy, la Convention proclame la **République, le 22 septembre 1792**. Mais les députés Girondins s'opposent aux Montagnards, notamment sur l'exécution du roi. **Louis XVI est guillotiné le 21 janvier 1793,** ce qui provoque l'entrée en guerre de nouveaux États contre la France. En outre, la guerre civile éclate dans l'Ouest. La Convention crée alors un **Comité de salut public** chargé d'appliquer rapidement ses décisions et **un tribunal révolutionnaire** qui juge les ennemis présumés de la Révolution. À partir de juin 1793, la Convention est dirigée par les **Montagnards**, avec à leur tête **Robespierre.**

La Terreur : la Constitution démocratique élaborée par la Convention montagnarde n'est jamais appliquée en raison de l'état de guerre intérieure et extérieure. En septembre 1793, la Convention établit au contraire un gouvernement provisoire jusqu'à la paix, la **Terreur**. Le calendrier révolutionnaire est adopté afin de poursuivre la **déchristianisation** du pays. Les libertés fondamentales sont suspendues. Robespierre renforce son pouvoir en éliminant les Montagnards qu'il juge trop modérés. Une fois l'invasion étrangère stoppée et la rébellion intérieure réprimée, les députés modérés font arrêter et **exécuter Robespierre le 10 Thermidor de l'an II** (27 juillet 1794).

La République conservatrice : les Thermidoriens mettent en avant la prééminence de **la propriété** sur l'égalité et rétablissent **le suffrage censitaire**. Ils adoptent une nouvelle constitution qui partage le pouvoir législatif en deux assemblées et le pouvoir exécutif entre cinq directeurs. **Le Directoire** doit affronter **la « conjuration des Égaux »** qui réclame l'égalité sociale mais aussi la **reprise de l'insurrection royaliste**. Finalement, l'instabilité politique, les difficultés économiques et les revers militaires poussent la bourgeoisie à **soutenir le coup d'État du général Bonaparte le 18 brumaire** (9 novembre 1799). Celui-ci prend le titre de **Premier consul**.

L'expérience du Consulat, 1799-1804

Un régime autoritaire : la nouvelle Constitution réserve l'essentiel du pouvoir au Premier consul qui nomme des **préfets** dans les départements. Le pouvoir législatif reste partagé entre deux assemblées. D'apparence démocratique, le Consulat est un régime de notables. Le suffrage universel masculin est rétabli mais c'est un **suffrage indirect**. Les citoyens sont appelés à approuver les décisions du gouvernement par des **plébiscites** mais le pouvoir truque les résultats.

Réorganisation administrative et pacification politique mais recul des libertés : le **Code civil** protège la propriété privée et place la famille sous la seule autorité du père de famille. La **Banque de France** assure la stabilité monétaire. **En 1801, un Concordat** est signé avec le pape. Bonaparte permet aux nobles émigrés de rentrer en France. Mais le **livret d'ouvrier** soumet les ouvriers au contrôle des patrons, la censure et la surveillance policière interdisent toute liberté d'expression, l'esclavage est rétabli. En **1804, Bonaparte devient Napoléon et établit le Premier Empire**.

SAVOIR FAIRE — Étudier un événement historique en confrontant deux documents

Doc 1 : La prise des Tuileries et la chute de la monarchie le 10 août 1792

Huile sur toile de J.-J. Bertaux, 1793, Musée national du château de Versailles.

Doc 2 : L'ultimatum du général prussien Brunswick ou manifeste de Brunswick (25 juillet 1792)

La ville de Paris et tous ses habitants sans distinction seront tenus de se soumettre sur-le-champ et sans délai au roi, de ce prince en pleine et entière liberté. [...] Déclarant en outre, leurs dites majestés, sur leur foi et parole d'empereur et de roi, que si le château des Tuileries est forcé ou insulté, que s'il est fait la moindre violence, le moindre outrage à leurs majestés, le roi, la reine et la famille royale, s'il n'est pas pourvu immédiatement à leur sûreté, à leur conservation et à leur liberté, elles en tireront une vengeance exemplaire et à jamais mémorable, en livrant la ville de Paris à une exécution militaire et à une subversion totale, et les révoltés coupables d'attentats aux supplices qu'ils auront mérités.

1. **Déterminer les causes** de l'insurrection du 10 août : depuis 1789, Louis XVI a une attitude ambiguë, acceptant d'abord les réformes puis les rejetant, usant pour cela du droit de veto que lui a octroyé la Constitution de 1791. En juin 1791, le roi, avec la famille royale, a vainement tenté de fuir à l'étranger. Ramené à Paris, il est dès lors objet de suspicion. En avril 1792, l'Assemblée déclare la guerre à l'Autriche qui s'allie à la Prusse ; les députés espèrent une victoire française qui confortera le nouveau régime. Le roi est lui aussi favorable à la guerre, espérant secrètement une victoire de son beau-frère Léopold d'Autriche. De fait, la France qui essuie d'abord des revers militaires est menacée d'invasion. L'ultimatum lancé par Brunswick met le feu aux poudres : la menace imminente conduit les Parisiens à l'insurrection.

2. **Décrire l'événement lui-même** : le tableau représente la cour du Carrousel. Les sans-culottes (nom donné aux révolutionnaires parisiens parce qu'ils portent le pantalon et non la culotte, vêtement des bourgeois et des nobles) ainsi que les fédérés (soldats recrutés dans les provinces et amenés à Paris pour protéger la capitale) combattent les gardes royaux (en rouge). Le combat est acharné. Après la victoire, les gardes royaux survivants sont massacrés et les Tuileries pillées.

3. **En mesurer la portée** : arrestation et destitution du roi ; élection de la Convention ; nouvelle Constitution et proclamation de la République ; procès puis exécution du roi. Le 10 août 1792 aboutit à une rupture fondamentale avec la déchéance du roi et à terme la proclamation de la Ire République.

S'ENTRAÎNER

1 Étudier un corpus documentaire : L'Église catholique et la Révolution

Doc. 1 : La Constitution civile du clergé 12 juillet 1790

Titre II. Art I. À compter du jour de la publication du présent décret, on ne connaîtra qu'une seule manière de pourvoir aux évêchés et aux cures, c'est à savoir la forme des élections.

Art. 21. L'élu prêtera en présence des officiers municipaux, du peuple et du clergé, le serment solennel de veiller avec soin sur les fidèles [...], d'être fidèle à la nation, à la loi et au roi, et de maintenir de tout son pouvoir la Constitution décrétée par l'Assemblée nationale et acceptée par le roi.

Titre III. Art 1. Les ministres de la religion seront rétribués par la nation.

Doc. 2 : Le calendrier révolutionnaire, entré en vigueur en octobre 1793, Musée Carnavalet, Paris.

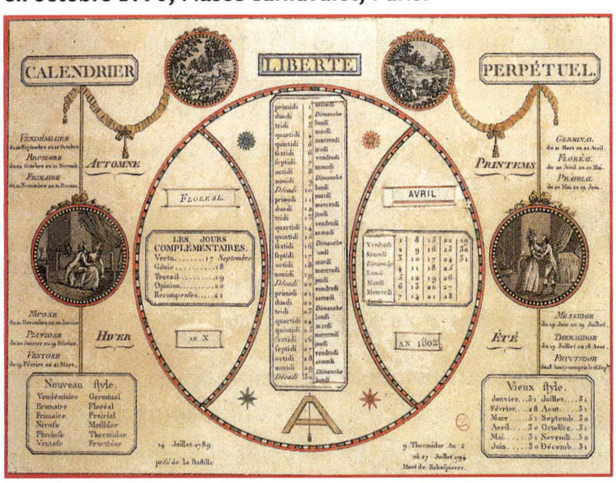

a. Comment les membres du clergé sont-ils choisis à partir de 1790 ? Comment sont-ils rétribués ?

b. Quel serment doivent-ils prêter ?

c. En quoi le calendrier révolutionnaire est-il le reflet de la volonté de déchristianisation ?

12 Libertés et nations en France et en Europe dans la première moitié du XIXe siècle

SAVOIR

L'Europe du congrès de Vienne confrontée aux idées libérales

▸ **Après la défaite napoléonienne en 1814-1815**, le congrès de Vienne restaure les anciennes dynasties. Ainsi en France, le règne de Louis XVIII marque le **retour de la dynastie des Bourbons**, sans revenir à l'absolutisme. Il est contraint d'accorder aux Français **une charte** qui reconnaît une partie des acquis de la Révolution. Pour lutter contre les idées révolutionnaires, les souverains russe, prussien et autrichien signent **le traité de la Sainte-Alliance** où ils affirment l'origine divine du pouvoir et le devoir d'obéissance des peuples.

▸ Mais **les idées révolutionnaires** diffusées par la France entre 1789 et 1815 inspirent **les libéraux**. Pour diffuser ces idées libérales, **des sociétés secrètes** sont créées telles que les *carbonari* en Italie.

▸ La Révolution a proclamé **le droit des peuples à disposer d'eux-mêmes** qui légitime le combat des nationalités. **Le sentiment national** se définit par la référence à une langue, une histoire ou une religion commune, un passé commun.

▸ **Ainsi l'Europe connaît les premières atteintes à l'ordre des princes. En 1821, les Grecs** se soulèvent contre l'Empire ottoman et proclament leur indépendance. **En 1830, Charles X**, frère et successeur de Louis XVIII, tente de gouverner en s'appuyant sur les partisans d'un retour à l'Ancien Régime. Il est détrôné par **la révolution des Trois Glorieuses** (27, 28, 29 juillet) et remplacé par le duc d'Orléans, **Louis-Philippe**, qui instaure **un régime libéral, la monarchie de Juillet. Les Belges** se soulèvent contre les Pays-Bas et se proclament indépendants. Mais les Autrichiens répriment **les mouvements révolutionnaires en Italie et en Allemagne. Le soulèvement polonais** est écrasé par l'armée russe à Varsovie en 1831.

Le « printemps des peuples », apogée du mouvement des nationalités

▸ **Les aspirations des peuples,** touchés par la crise économique qui frappe l'Europe depuis 1846, sont aussi **sociales**. En France, les républicains réclament le rétablissement du suffrage universel et des mesures sociales. **La monarchie de Juillet est renversée par la révolution de février 1848.**

▸ **La IIe République est proclamée.** Un climat d'euphorie règne durant quelques semaines autour de l'idée de **fraternité**. Le gouvernement qui rétablit **le suffrage universel masculin** entend régler la question sociale en créant **les ateliers nationaux** (chantiers de travaux publics à Paris destinés à donner du travail aux chômeurs qui sont alors payés par l'État).

▸ Mais cette mesure est financée par une hausse des impôts qui mécontente les paysans. À la fermeture des ateliers nationaux, les quartiers populaires de l'Est parisien se soulèvent alors du 23 au 26 juin 1848. L'insurrection est sauvagement réprimée par le général Cavaignac. **La République devient alors conservatrice** : la liberté d'expression est limitée, les républicains de gauche sont pourchassés. **Les élections présidentielles de décembre 1848** portent au pouvoir le neveu de Napoléon Ier, **Louis Napoléon Bonaparte,** qui rétablit **l'empire en 1852.**

▸ **La vague révolutionnaire** née à Paris en février 1848 s'étend à toute l'Europe, surtout là où se pose la question des nationalités, dans l'Empire d'Autriche, en Italie, en Prusse. Partout les souverains doivent faire des concessions, accorder des constitutions. Les conservateurs reprennent rapidement le pouvoir et écrasent les insurrections. Mais le « **printemps des peuples** » représente un espoir car partout en Europe le peuple a pris la parole et a expérimenté le suffrage universel. Certains, comme **Karl Marx et Friedrich Engels**, pensent que seule la lutte des classes pourra modifier l'ordre politique et social.

▸ Les idées libérales sont aussi à l'origine de **l'abolition de l'esclavage**. Influencés par les idées des Lumières et aussi, dans les pays anglo-saxons, par le christianisme protestant, les **abolitionnistes** sont de plus en plus nombreux dans les opinions européenne et américaine, mais se heurtent aux intérêts des colons. L'esclavage recule donc lentement : il est aboli en 1833 au Royaume-Uni, **en 1848 en France**. Aux États-Unis, le refus des États du Sud conduit à la guerre civile (1861-1865). Même si l'esclavage est alors aboli, les Noirs américains subissent encore la ségrégation durant un siècle. Parfois, l'abolition est encore plus tardive comme au Brésil ou à Cuba.

SAVOIR FAIRE Rédiger une composition

Sujet : Les Européens et les libertés, 1815-1851

Vous devez toujours partir de l'intitulé du sujet qui donne le thème et les limites chronologiques du sujet. Le « et » ne sépare pas, il met en relation les deux termes du sujet.

1. Analyser le sujet

- Les limites chronologiques : de la fin du Premier Empire au coup d'État qui met fin à la IIe République en France.
- Le sujet invite à parler de tous les Européens, mais la France joue alors un rôle déterminant en Europe.
- Déterminer la problématique ou la question posée par le sujet : les Européens ont-ils acquis, conservé ou perdu des libertés entre 1815 et 1851 ?

2. Élaborer un plan

- Étant donné la longueur de la période mais aussi le fait que les différents mouvements des peuples européens suivent globalement la même chronologie, le plan chronologique s'impose.
- Les césures chronologiques s'imposent :
– 1815-1830 : L'Europe entre ordre des princes et aspirations à la liberté nées de la Révolution.
– 1830-1848 : Les espérances de 1830 sont déçues d'où la nouvelle montée des mouvements de contestation qui mènent au « printemps des peuples ».
– Le « printemps des peuples » affirme et entérine des droits et libertés : suffrage universel, abolition de l'esclavage... mais certains acquis sont vite perdus en raison d'un retour de gouvernements conservateurs.

3. La rédaction

- Il faut ensuite s'interroger sur les connaissances qui entrent dans chacune de ces parties afin d'établir un plan détaillé qui guidera la rédaction.
- L'introduction présente le sujet, en définit les termes si nécessaire et explicite les bornes chronologiques, énonce la problématique, puis les grandes lignes du plan.
- Pour le développement, un paragraphe correspond à une idée générale développée et soutenue par un ou deux exemples précis. À chaque paragraphe, on va à la ligne.
- On saute des lignes entre chaque grande partie et l'on rédige un paragraphe de transition.
- La conclusion répond brièvement à la question posée par le sujet et élargit la perspective définie par le sujet : on annonce par exemple quelle sera l'évolution ultérieure du sujet.

S'ENTRAÎNER

1 Confronter deux cartes historiques

L'Europe entre révolution et répression (1820-1831)

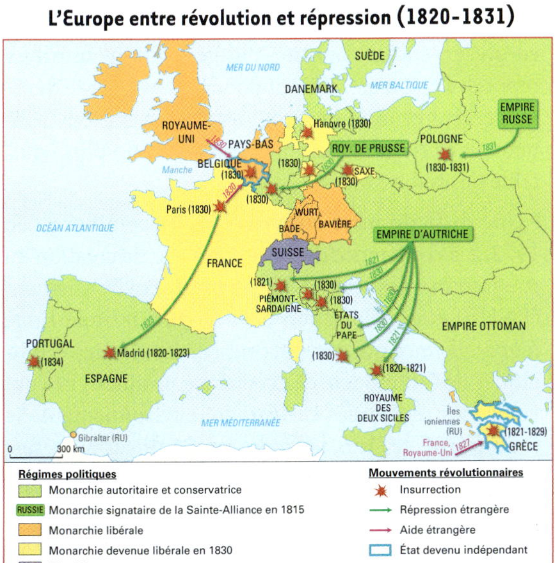

Le « printemps des peuples » (1848-1849)

a. Quel régime politique domine l'Europe en 1820 ?

b. Que se passe-t-il en 1830 ? Quels en sont les effets ?

c. Relevez les pays touchés par la vague révolutionnaire de 1848. D'où part-elle ?

d. Quels en sont les résultats ?

13 Du développement au développement durable

SAVOIR

Un développement inégal et déséquilibré

Le **développement** se distingue de la **croissance économique** qui génère de la richesse mais n'est pas forcément porteuse d'améliorations sociales.

▸ **Le déséquilibre Nord/Sud** : le Nord ne compte que 17 % des habitants de la planète alors qu'il produit près des 3/4 des richesses mondiales. Cette avance s'explique par l'ancienneté de son essor agricole et de son industrialisation. En effet, la première **révolution industrielle** a commencé en Europe à la fin du XVIIIe siècle, puis l'essor économique s'est diffusé en Amérique du Nord, au Japon, en Australie et en Nouvelle-Zélande. **De nos jours, le Nord domine toujours** grâce à son agriculture très performante, ses grandes entreprises, son poids financier et son avance technologique basée sur la recherche. En revanche, **les pays du Sud**, qui sont en majorité d'anciennes colonies, connaissent des **retards de développement** et pâtissent d'un **essor démographique** qui a multiplié la population mondiale par 3,5 depuis 1950. Ainsi 51 % de la population des pays du Sud vit avec moins de deux dollars par jour. 2 milliards de ces pauvres sont des ruraux qui veulent quitter les campagnes. C'est pourquoi **l'exode rural** est massif.

> L'**IDH** (indicateur de développement humain) est calculé à partir du revenu par habitant, de l'espérance de vie, du taux d'alphabétisation des adultes et du taux de scolarisation des jeunes. C'est un des indicateurs statistiques pour mesurer le développement.
> Le **PIB** (global ou par habitant) est un indicateur statistique pour mesurer la richesse économique.

▸ **Des inégalités à tous les niveaux** : les disparités de richesse et de développement se lisent à toutes les échelles. Certains pays du Sud comme la Chine ou le Brésil ont connu récemment un développement rapide qui leur permet de rivaliser avec le Nord. Mais de forts contrastes de développement s'observent entre les différentes régions. À l'échelle des villes, les quartiers aisés jouxtent les bidonvilles. Au Nord, on constate des écarts similaires mais ils sont moins marqués : 14 % de la population y est considérée comme pauvre.

De nouveaux besoins en 2050

▸ **Un essor démographique inégalé** : en 2050, la population mondiale sera proche de 9,5 milliards. Après 2050, la population mondiale devrait stagner puis diminuer lentement en raison de la forte baisse de la natalité et du vieillissement généralisé. C'est le résultat de la **transition démographique**. Débutée en Europe vers 1750, elle ne s'est diffusée dans les pays du Sud que dans le courant du XXe siècle. Elle est due à une forte réduction de la mortalité liée aux progrès alimentaires et sanitaires.

▸ **Des situations contrastées** : les pays du Nord ont connu une forte baisse de la fécondité et un allongement considérable de l'espérance de vie. Certains **pays émergents** comme la Chine connaissent une évolution similaire, bien que plus tardive, en raison de l'adoption de politiques très strictes de réduction des naissances et d'une élévation du niveau de vie moyen.

▸ **De plus en plus d'urbains** : la répartition de la population est inégale, la mondialisation privilégie les **littoraux** et accentue les **disparités de peuplement**. Elle a accéléré l'exode rural dans les pays en développement. Plus d'un milliard de citadins habitent dans les bidonvilles des mégapoles du Sud. Actuellement, 51 % de la population mondiale vit en ville mais les démographes prévoient 70 % de citadins en 2050. Toutefois, la pauvreté est loin d'être un problème démographique. Elle est essentiellement une question de répartition des richesses mondiales et de répartition des fruits de la croissance économique.

Des modes durables de développement

▸ **Qu'est-ce que le développement durable ?** Défini en 1987, il vise à répondre aux besoins actuels tout en préservant les capacités des générations futures à répondre aux leurs. Il s'agit donc de favoriser le développement économique tout en préservant l'environnement et en garantissant une répartition plus équitable des richesses.

▸ **Une difficile mise en œuvre** : tout commence en 1972, à la conférence de Stockholm avec la création du programme des Nations unies pour l'environnement (PNUE) et la publication d'un rapport intitulé *Halte à la croissance* qui met l'accent sur les risques écologiques liés au modèle de croissance productiviste qui épuise les ressources et dégrade l'environnement. Se multiplient dès lors les mesures destinées à préserver l'environnement : parcs nationaux, agriculture raisonnée… Les sommets de la Terre de Rio (1992) et Kyoto (1997) ont popularisé le concept de développement durable. Mais **ce concept est né dans les pays riches** qui ont achevé leur transition démographique. Or, ces pays ont assuré leur développement industriel et agricole sur la base du **modèle productiviste** dont ils dénoncent maintenant les excès. Pour beaucoup de pays en développement, la priorité est à la croissance économique et à la satisfaction des besoins vitaux. Le développement durable reste pour eux un luxe. D'autre part, la population aisée de la planète n'est pas prête à renoncer à un confort de vie inégalé dans l'histoire de l'humanité. Quant aux pauvres, ils aimeraient bien justement pouvoir eux aussi accéder à ce niveau de vie et de consommation.

SAVOIR FAIRE Lire et exploiter une carte par anamorphose

La population mondiale en 2010 : 6,9 milliards d'habitants

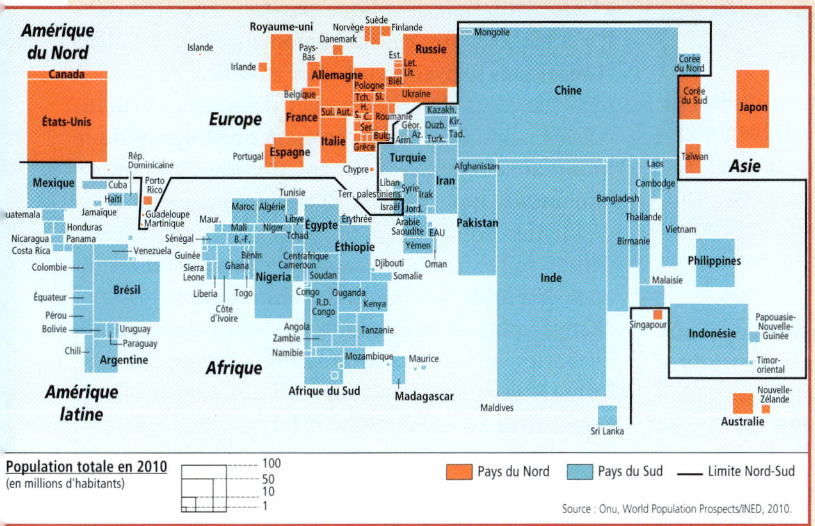

Source : Onu, World Population Prospects/INED, 2010.

Une carte par anamorphose est une représentation graphique dans laquelle les contours des États ont été remplacés par des formes géométriques simples, proportionnelles à la valeur représentée (ici, la population en millions d'habitants).

1. **Observer et relever des informations.** La carte montre l'état actuel de la population. L'énorme masse de l'Asie apparaît très nettement. À elle seule, elle rassemble plus de la moitié de la population mondiale. La deuxième grosse masse est celle de l'Afrique, largement moindre toutefois, 1 milliard d'habitants au total. La limite Nord/Sud y est tracée. Les pays du Sud, c'est-à-dire l'ensemble des pays en développement, représentent l'immense majorité de la population mondiale (83 %).

2. **Mettre en relation ce relevé avec les connaissances.** L'Asie et l'Afrique assurent 88 % de la croissance démographique mondiale alors que la population du Nord restera stable d'ici 2050. C'est donc en Afrique et en Asie que la nécessité d'avoir une croissance économique soutenue pour répondre aux besoins de la population se fera sentir avec tous ses effets pervers notamment environnementaux. Alors que dans les pays du Nord la décroissance des besoins permettra l'application des principes du développement durable.

S'ENTRAÎNER

1 Lire et interpréter des données statistiques

Les besoins de l'Inde en 2050

Alimentation

	2010	2050
Ration alimentaire (en kcal/hab/jour)	2 500	3 000
Consommation de céréales (en millions de tonnes)	200	380
Part des céréales dans l'alimentation	92 %	84 %

FAO/Statistiques indiennes/PNUD Banque mondiale, 2009.

Eau

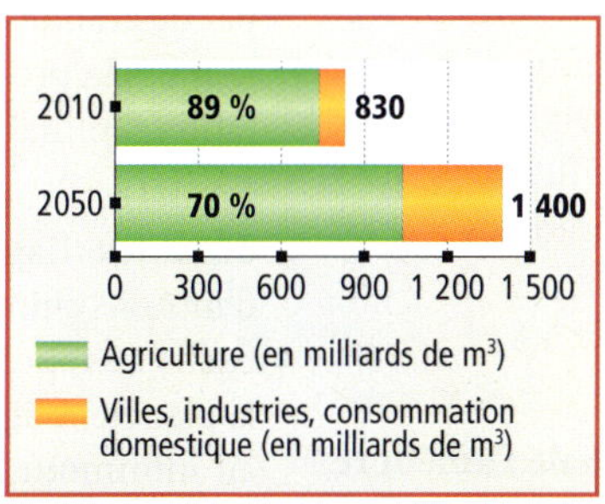

Énergie

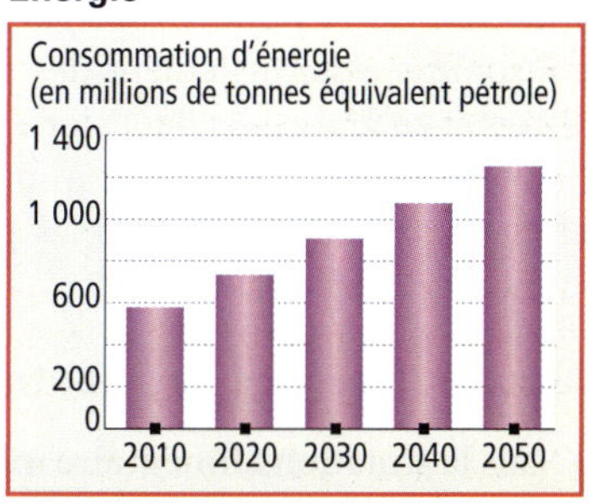

L'Inde sera le pays le plus peuplé du monde.

a. Pourquoi la ration alimentaire moyenne va-t-elle augmenter ?

b. Pourquoi la part des céréales dans l'alimentation va-t-elle diminuer ?

c. Comment expliquez-vous l'évolution de la répartition des besoins en eau ?

d. Comment va évoluer la consommation d'énergie ? Pourquoi ?

14 Nourrir les hommes

SAVOIR

Croissance des populations, croissance des productions

La population mondiale a doublé en moins de 50 ans et pourtant elle n'a jamais été aussi bien nourrie. La **sous-alimentation**, le fait qu'un individu ne dispose pas d'au moins 2 400 calories par jour, a donc reculé parce que la croissance de la production agricole a été plus rapide que la croissance démographique.

L'augmentation rapide de la production s'explique essentiellement par l'essor de **l'agriculture productiviste** qui recherche des rendements élevés grâce à la mécanisation, l'usage des pesticides, herbicides et d'engrais, la sélection des espèces végétales ou animales, le recours de plus en plus fréquent aux OGM, les élevages hors-sol, les cultures sous serre, le recours à l'irrigation. D'abord appliquées dans les pays du Nord, ces méthodes se sont diffusées au Sud avec la **révolution verte**, largement appliquée en Asie. Parallèlement, des terres nouvelles ont été mises en culture : c'est le développement des **fronts pionniers** (Amazonie, Afrique équatoriale, Indonésie...). Ces méthodes de production ont permis d'éliminer les grandes famines. Si des crises alimentaires subsistent encore, elles sont dues essentiellement à des causes politiques et économiques.

Partout **la transition alimentaire** est en cours. Il s'agit du passage d'une situation où la population qui se nourrit essentiellement de produits végétaux, est majoritairement sous-alimentée, à la situation où la population, parfois suralimentée, consomme essentiellement des produits riches en sucres et en graisses et des calories d'origine animale (viandes, laitages). L'uniformisation des pratiques alimentaires entraîne certaines pathologies liées à la montée de l'obésité.

Assurer la sécurité alimentaire

Mais **la situation alimentaire mondiale s'améliore moins vite depuis 20 ans**. La sécurité alimentaire, qui se définit par l'accès permanent d'une population à une alimentation suffisante et variée, n'est toujours pas assurée pour tous. Plus d'un milliard de personnes souffrent actuellement de la faim. Depuis 2005, la hausse des prix alimentaires empêche les plus pauvres de se nourrir suffisamment.

Cette situation s'explique par plusieurs facteurs. Il y a bien sûr des causes conjoncturelles : les **aléas climatiques** peuvent provoquer ici et là de mauvaises récoltes. Mais il existe surtout des causes structurelles. En premier lieu, **la croissance démographique mondiale** conjuguée à **l'augmentation de la ration alimentaire moyenne** liée à l'accroissement du niveau de vie des populations des pays émergents (Brésil, Chine, Inde surtout) a entraîné une **augmentation de la demande**. Les **habitudes alimentaires** aussi ont changé : plus de calories d'origine animale, or il faut 7 calories végétales pour produire 1 calorie animale. Enfin, **l'agriculture vivrière** a reculé au profit de **l'agriculture commerciale**, notamment des surfaces consacrées aux biocarburants qui ne servent donc pas à l'alimentation.

Développer des agricultures durables

C'est donc **l'agriculture productiviste** qui nourrit la planète. Elle est au cœur du **secteur agroalimentaire** ou *agribusiness* dominé par de grandes firmes. Les puissances agricoles, États-Unis, Union européenne, Brésil, Canada, Argentine, Australie, dominent le marché mondial.

Mais le modèle productiviste est lourd de **conséquences environnementales** : pollution des eaux et des sols liée à l'emploi massif de produits chimiques (engrais, pesticides...), ravinement et salinisation dus à l'irrigation et aux défrichements mal conduits, érosion des sols et tassements entraînés par la mécanisation. Sur le plan social, la concentration des terres par de grandes exploitations commerciales appliquant le modèle productiviste marginalise la petite exploitation familiale.

Aussi est-il nécessaire de développer les **agricultures durables**. L'**agriculture biologique** s'interdit l'usage d'intrants chimiques, mais ses rendements sont faibles et elle ne représente que 1 % des surfaces cultivées de la planète. L'**agriculture raisonnée,** qui vise à réduire au minimum l'usage d'intrants sans les rejeter totalement, semble une meilleure alternative. L'usage d'organismes génétiquement modifiés ou OGM peut paraître prometteur car il permet par exemple les semis sans labours mais les dangers sanitaires et environnementaux ne sont pas encore bien cernés et les agriculteurs se trouvent alors dépendants de puissants groupes semenciers qui détiennent les brevets.

SAVOIR FAIRE — Commenter une photographie

Déforestation pour la culture du soja au Brésil

1. Décrire la photographie plan par plan. Au premier plan, la forêt tropicale est extrêmement riche par la variété de ses espèces animales et végétales ou biodiversité. Au second plan, on effectue le brûlis des chaumes de soja à la fin de la moisson afin que les cendres fertilisent le sol pour le semis suivant. L'opération a déjà été réalisée sur la parcelle à l'arrière-plan.

2. Mettre en relation les observations avec les connaissances. Il s'agit de défrichements dans le bassin amazonien sur ce que l'on appelle le front pionnier. 31 000 km^2 ont ainsi été défrichés chaque année entre 1990 et 2010, pour l'essentiel par de grandes exploitations exportatrices. La forêt tropicale disparaît ici au profit d'une seule espèce, le soja qui sert essentiellement à nourrir les animaux d'élevage. Le soja est la première culture du Brésil et représente 20 % de la valeur de ses exportations. Ici encore, un bon exemple de la difficulté de concilier croissance économique et développement durable.

S'ENTRAÎNER

1 Comprendre et commenter un dessin de presse

Caricature de Chappatte parue dans le *Courrier international*, 11 avril 2008.

Le personnage dit : « Désolé, je sauve la planète. »
Sur le panneau : « Bio éthanol. Pur maïs »
Sur la voiture : « Roulons vert »

a. Avec quoi sont fabriqués les biocarburants ?

b. Que symbolise chacun des personnages ?

c. Quelle est la critique formulée par ce dessin de presse ?

2 Comparer deux photographies

Quel type d'agriculture est pratiqué sur chacune de ces photographies ? Justifiez votre réponse.

Doc 1 : Récolte de soja dans le Mato Grosso (Brésil)

Doc 2 : Riziculture en Thaïlande

15 L'eau, ressource essentielle

SAVOIR

Inégalité de répartition et d'accès à l'eau

L'hydrosphère, c'est-à-dire la totalité de l'eau de la planète, est composée à 97,4 % de l'eau salée des espaces maritimes, inutilisable sans traitement coûteux. 2 % de l'eau douce se trouve emprisonnée dans les glaciers. **L'eau douce disponible ne représente donc que 0,6 % des ressources en eau de la planète.**

Elle est en outre **très inégalement répartie** dans l'**espace** : 6 pays contrôlent 50 % de l'eau douce alors qu'une « ceinture de la pénurie » se dessine du Maroc au Pakistan ; mais aussi dans le **temps** : la répartition saisonnière peut être très irrégulière, par exemple autour du bassin méditerranéen.

Or **la consommation mondiale d'eau a doublé depuis 1970** en raison de la **croissance démographique** mais aussi en raison de **nouveaux besoins** : augmentation des usages domestiques liée au confort de vie, extension des surfaces agricoles irriguées. **Les campagnes utilisent 67 % de l'eau consommée pour 49 % de la population mondiale.**

Maîtrise de l'eau et transformation des espaces

Depuis que l'homme s'est sédentarisé, **la maîtrise de l'eau façonne les paysages** : puits, réservoirs, canaux. À partir du xxe siècle, **des aménagements de grande hydraulique** ont permis de maîtriser l'eau sur des territoires plus vastes grâce à d'importants barrages (barrage d'Assouan en Égypte, barrage des Trois-Gorges en Chine par exemple).

Mais ces aménagements portent atteinte à l'environnement et créent de nouveaux risques. Ils retiennent les boues fertilisantes. Les maladies liées aux eaux stagnantes prolifèrent surtout dans les régions tropicales. L'irrigation provoque la salinisation des sols dans les régions arides.

Gérer une ressource convoitée et parfois menacée

L'eau, longtemps considérée comme une ressource abondante et gratuite, est devenue, avec l'augmentation de la demande, **une marchandise**. Il faut la capter, la purifier et la distribuer, ce qui demande des **aménagements coûteux**. **La gestion de l'eau** est de plus en plus confiée à des entreprises privées même si elle reste encore à 85 % publique. Il existe des **multinationales de l'eau**, avec en tête des groupes français (GDF-Suez et Veolia).

L'usage de l'eau provoque **des tensions géopolitiques** lorsque par exemple cette ressource est partagée entre plusieurs États. Il existe aussi **des conflits d'usage** au sein d'un même État ou d'une même région.

L'eau est devenue une ressource surexploitée qui nécessite une **gestion durable**. Beaucoup d'États ont mis en place une politique de l'eau afin de réduire les gaspillages (nouvelles techniques de micro-irrigation par exemple), réduire la consommation, retraiter les eaux usées, lutter contre les pollutions. Le dessalement de l'eau de mer est en essor rapide même s'il ne fournit pour l'instant que 1 % de l'eau consommée.

Bilan mondial de l'eau

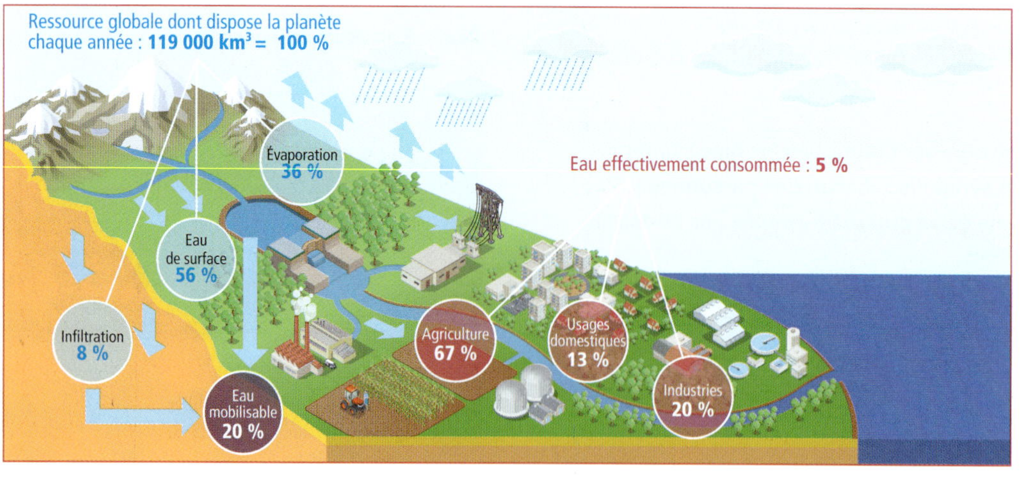

Lire et exploiter une carte thématique

L'eau, pénuries et tensions dans le monde

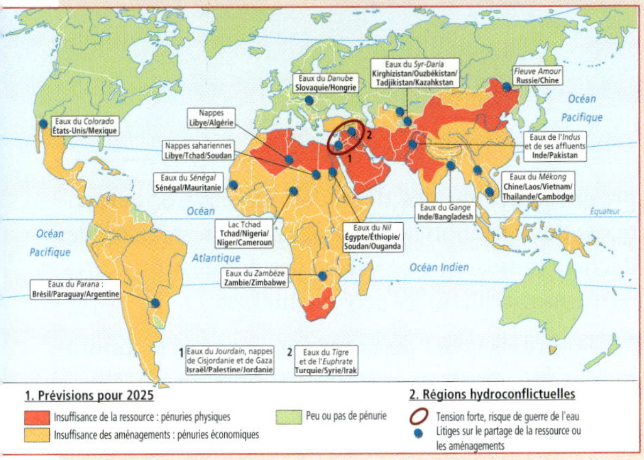

1. Comprendre : le titre et les éléments de la légende. Les pénuries physiques concernent les pays dont les ressources sont insuffisantes pour des raisons naturelles, aridité par exemple. Les pénuries économiques désignent les pays dont les ressources en eau peuvent être abondantes mais dont les aménagements sont insuffisants pour approvisionner en eau potable toute leur population. Le prix de l'eau y est élevé. Les régions hydroconflictuelles sont les régions du monde où des conflits à propos de l'usage de l'eau peuvent survenir, entre États, entre différentes populations ou différents acteurs économiques.

2. Relever les informations essentielles. Il s'agit de repérer les États les plus concernés par les pénuries (l'Afrique du Nord, le Proche et le Moyen-Orient, l'Asie centrale, une partie du sous-continent indien et le nord de la Chine) et les moins concernés (Amérique du Nord, Europe, Russie, Japon, Australie, Nouvelle-Zélande).

3. Expliquer. La différence entre les pays à pénurie et les pays sans pénurie est essentiellement économique. Les pays développés ont les moyens de mettre en place des politiques de gestion de l'eau quelles que soient leurs ressources. Les pays en développement manquent de moyens et subissent souvent une forte pression démographique.

S'ENTRAÎNER

1 Étudier un dossier documentaire et confronter des documents

Doc 1 : Le plus grand barrage au monde : le barrage des Trois-Gorges, sur le Yangzi, en Chine

Doc 2 : Les fonctions du barrage des Trois-Gorges

Approuvée en 1992, sa construction fut achevée en 2009, l'ouvrage est haut de 185 mètres et long de 2 309 mètres avec un réservoir en amont de 39,3 km^3, long de 663 km. […] Sa première fonction est de réguler le débit du Yangzi afin de limiter les risques d'inondation en aval. […] Une centrale hydroélectrique d'une puissance de 18 200 MW permet d'approvisionner en énergie les provinces tant intérieures que littorales jusqu'à Shanghai. Le troisième objectif est de renforcer la navigabilité du fleuve et de mieux relier Chongqing et la province de Sichuan aux pôles dynamiques du littoral grâce à deux séries de cinq écluses et un ascenseur à bateaux, le plus grand du monde.

Thierry Sanjuan, « Le défi chinois », *Documentation photographique* n° 8064, La Documentation française, 2008

Doc 3 : Le barrage des Trois-Gorges et l'environnement

Les modifications écologiques pourraient exacerber des problèmes de santé publique en changeant les conditions de transmission de maladies parasitaires comme la bilharziose. […] La montée du niveau des eaux risque de développer l'érosion des sols, déjà accélérée par la destruction de la végétation. […] La construction du barrage-réservoir est susceptible de favoriser les glissements de terrain. […] La charge sédimentaire apportée par le Yangzi en amont de Chongqing […] s'accumule dans le réservoir. […] Dans le réservoir, les proliférations d'algues par eutrophisation deviennent plus fréquentes. Dans l'estuaire, le barrage a provoqué un nouveau déclin soudain des apports sédimentaires : c'est pourquoi le delta du Yangzi connaîtra une érosion pendant les cinquante prochaines années. La région de Shanghai devra faire face au problème de la défense des terres contre la mer.

E. Comby, Y.-F. Le Lay, L. Merchez et S. Tabarly, « Visages médiatiques du barrage des Trois-Gorges », geoconfluences.ens-lsh.fr, janvier 2010.

a. À partir des documents, reproduisez puis complétez le tableau suivant.

Avantages	Impact humain	Impact environnemental

b. Rédigez une courte synthèse argumentée sur le thème : grands barrages et développement durable.

16 L'enjeu énergétique

SAVOIR

Besoin en énergie et gestion des ressources

- Depuis la fin du XVIIIe siècle et les débuts de l'ère industrielle, **la consommation mondiale en énergie n'a cessé d'augmenter**. Depuis 1950, la consommation en énergie a été multipliée par 6 en raison de l'essor démographique, de la mobilité croissante des populations, de l'essor économique des pays du Sud et de l'élévation du confort de vie.
- Actuellement, les trois sources d'énergie fossile, **charbon, pétrole et gaz naturel, couvrent 80 % des besoins.** Le pétrole s'est imposé grâce à son coût relativement bas et son fort pouvoir calorifique malgré les **trois chocs pétroliers** (1973, 1979 et 2008). Cependant, une part croissante de l'énergie est consommée sous forme d'**électricité**, d'origine hydroélectrique mais surtout thermique et nucléaire. C'est pourquoi les **firmes énergétiques** font partie des multinationales les plus puissantes au monde : Shell, ExxonMobil, BP, Total, Gazprom…
- Là encore, il y a **inégalité de la répartition des ressources mais aussi de la consommation**. Les sociétés urbaines et développées sont les plus consommatrices d'énergie. Les pays en développement ne consomment que la moitié de l'énergie mondiale pour 80 % de la population. Toutefois, leurs besoins énergétiques s'accroissent rapidement en raison de leur industrialisation rapide. La répartition des ressources énergétiques dépend des conditions naturelles en particulier géologiques, ainsi **les plus grosses réserves de pétrole au monde se trouvent au Moyen-Orient** tandis que **la Russie détient les plus importantes réserves de gaz naturel.**

Impacts environnementaux et tensions géopolitiques

- La consommation d'énergie a un impact majeur sur l'environnement, surtout les énergies fossiles qui sont très polluantes. Elles dégagent du **dioxyde de carbone** (**CO_2**) responsable de **l'effet de serre** et du **réchauffement climatique**. Mais toute énergie, même la plus propre, entraîne des dégradations environnementales : déforestation liée à l'usage du bois, stockage des déchets radioactifs, recyclage des panneaux solaires, barrages modifiant les écosystèmes, etc.
- En outre, il existe de nombreux **risques technologiques** : accidents, marées noires, fuites radioactives. **L'énergie nucléaire** suscite le plus d'inquiétudes. **La catastrophe nucléaire de Tchernobyl en 1986** a fait des milliers de victimes. Le nuage radioactif s'est répandu en Europe, entraînant de nombreuses pathologies, des cancers notamment.
- Dans nos **sociétés très consommatrices d'énergie**, produire suffisamment ou s'assurer des approvisionnements réguliers est une question vitale d'indépendance nationale. D'où les nombreuses tensions internationales. Ainsi **les États-Unis et la Chine** qui sont les **deux plus gros consommateurs d'énergie** mondiaux (et aussi **les plus grands pollueurs**) s'affrontent dans une lutte d'influence mondiale pour le contrôle des zones de production.

Quels choix énergétiques pour l'avenir ?

- **La prise de conscience planétaire est très récente.** Mais les réunions internationales, Kyoto en 1997 et Copenhague en 2009, n'ont été que peu efficaces en raison des réticences des États-Unis et de la Chine en particulier.
- **Les énergies fossiles ne sont pas renouvelables** et tendent à s'épuiser rapidement, c'est pourquoi les États ont cherché à **diversifier leurs approvisionnements,** en achetant à différents pays producteurs et à diversifier leurs sources d'énergie (nucléaire, biocarburants, énergie solaire, éolienne, géothermie…).
- **Mais les énergies renouvelables ne remplacent pas encore les énergies fossiles.** Aussi a-t-il fallu prendre des mesures pour **réduire la consommation et économiser l'énergie**. Mais ce sont souvent **des mesures coûteuses** inaccessibles à beaucoup de pays pauvres qui par ailleurs sont de plus en plus consommateurs (industrialisation, élévation du niveau de vie).

SAVOIR FAIRE Lire et exploiter des graphiques

L'évolution du bilan énergétique mondial

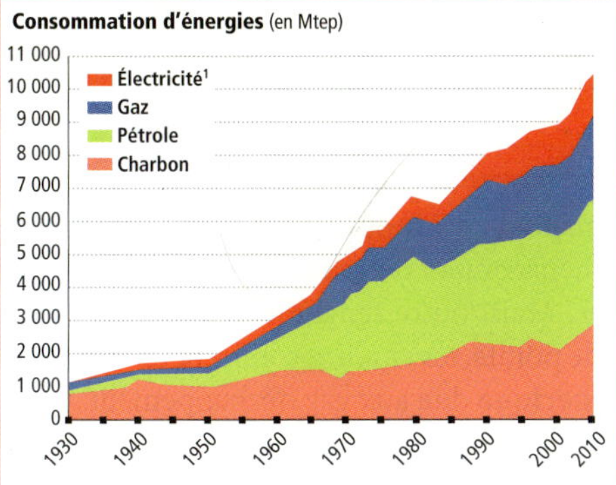

1. Électricité d'origine hydraulique et nucléaire.

Le mix énergétique de l'Union européenne

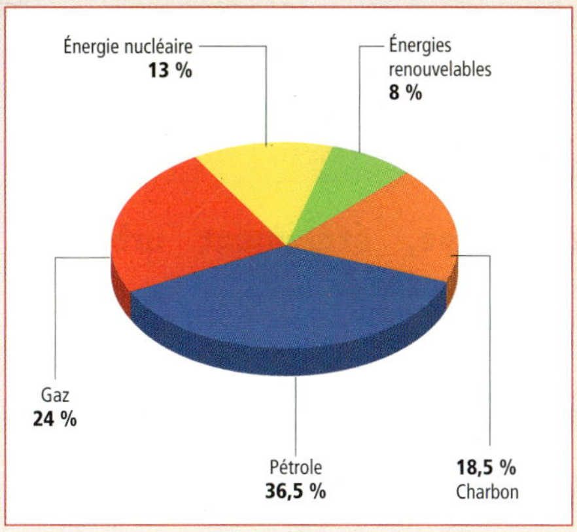

1. Les graphiques visualisent les informations. Le premier est de type évolutif : plusieurs lignes joignent des points correspondant aux valeurs de l'information représentée en fonction de la date. Le second est un graphique circulaire : c'est un cercle divisé en secteurs dont la surface est proportionnelle à la valeur représentée. Les informations peuvent être indiquées en valeurs absolues (voir alors l'unité utilisée) ou en valeurs relatives (pourcentages).

2. Comprendre ce qui est représenté. Le bilan énergétique comptabilise chacune des sources d'énergie utilisées. Le mix énergétique est la part des différentes sources d'énergie dans le bilan énergétique.

3. Expliquer. L'essor économique ainsi que l'élévation générale du confort et du niveau de vie, et l'usage généralisé de moyens de transport rapides, ont entraîné une augmentation considérable de la consommation mondiale d'énergie (doc. 1). Les documents font apparaître la domination écrasante des énergies fossiles (charbon, pétrole, gaz naturel). Malgré tout, l'UE a diversifié ses sources d'énergie et joue un rôle moteur dans la production d'énergies renouvelables, même si leur part est encore modeste.

S'ENTRAÎNER

1 Confronter des documents : les choix énergétiques de la France

Une électricité d'origine hydraulique et nucléaire

Le bilan énergétique de la France

En Mtep[1]	Charbon	Pétrole	Gaz	Électricité[2]	Énergie renouvelable thermique	Total
Production	0	1	1	121	14	137
Importations	14	116	40	1	0	171

1. Tonne équivalent pétrole : unité d'énergie qui correspond au pouvoir calorifique d'une tonne de pétrole.

2. La France exporte de l'électricité (5 Mtep en moyenne annuelle).

Ministère de l'Écologie, de l'Énergie, du Développement durable et de la Mer, Commissariat général au développement durable, *Chiffres clés de l'énergie*, décembre 2009.

a. D'après la carte, combien y a-t-il de centrales nucléaires actuellement en France ?

b. Où sont-elles installées ?

c. Quels sont les risques potentiels ?

d. Quelles sont les énergies importées par la France et celles qu'elle produit ?

e. D'après son bilan énergétique, pourquoi la France a-t-elle malgré tout fait le choix du nucléaire ?

GÉOGRAPHIE

17 Villes et développement durable

SAVOIR

Croissance urbaine, étalement urbain, inégalités socio-spatiales

De nos jours, **la population urbaine** représente **51 % de la population mondiale** alors qu'elle n'était que de 10 % en 1900. La croissance urbaine se poursuit très rapidement en raison de la **transition urbaine.** Toutefois, les rythmes sont différents entre pays développés, où la transition urbaine est achevée, et pays en développement où la transition urbaine se poursuit à un rythme soutenu, entraînant **un exode rural massif**.

Transition urbaine : processus au cours duquel la population, initialement rurale, devient majoritairement urbaine.

Du coup se sont constituées de gigantesques agglomérations appelées **mégapoles** dont beaucoup se trouvent dans les pays en développement. Autour d'un **centre-ville** se trouvent des **banlieues** et des **espaces périurbains**. Ainsi **les villes s'étalent** de plus en plus, notamment en raison de l'aspiration répandue à un logement individuel.

Les inégalités socio-spatiales se lisent dans les paysages urbains. Plus **d'un milliard d'êtres humains**, soit environ un tiers des urbains, vivent encore dans des **bidonvilles** ou des quartiers insalubres. Les classes moyennes et aisées s'enferment de plus en plus dans des quartiers résidentiels souvent sécurisés. Dans les pays développés, la **mixité sociale** est cependant plus importante tandis que les contrastes sont plus forts dans les PED.

Transports et mobilités

En raison de l'étalement urbain de plus en plus important, les citadins, dont le nombre augmente, sont souvent contraints de se déplacer sur de grandes distances. **La mobilité et les transports urbains constituent donc un problème majeur de la gestion des villes.** Les centres, lieux de travail, de résidence, de loisir et de commerce, sont particulièrement saturés.

Le transport automobile a longtemps été privilégié avec l'aménagement de grands axes, de rocades autoroutières. Mais, outre l'engorgement de ces axes aux heures de pointe, les citadins souffrent de **la pollution atmosphérique** due aux gaz d'échappement.

Les pouvoirs publics essaient de limiter le trafic automobile dans les centres urbains en instaurant des péages comme à Londres ou Singapour. Ils encouragent aussi l'utilisation de **modes de transport durable** (vélos, véhicules électriques). Mais le développement des **transports collectifs** semble être la meilleure alternative. En France, on privilégie actuellement le **tramway**, ailleurs les lignes de **métro** se multiplient. Là encore, tout dépend de la volonté politique mais aussi des moyens disponibles. Dans les villes du Sud se sont développés les **transports informels** comme les taxis collectifs ou les taxis motos.

Aménager des villes durables

Les citadins sont confrontés à de nombreuses nuisances et pollutions qui ont des **conséquences sanitaires** : maladies respiratoires liées à la qualité de l'air, maladies infectieuses dues à la mauvaise qualité de l'eau ou à une collecte des ordures ménagères insuffisante. Aussi faut-il améliorer la qualité de vie dans les villes en pensant aussi au bien-être des générations futures, d'où le **concept de ville durable**.

Dans les pays développés se multiplient les **éco-quartiers**. Ils visent à intégrer les **objectifs du développement durable** : des habitations économes en énergie, utilisant des énergies renouvelables, réduction et recyclage des déchets, transports durables et en commun privilégiés, qualité de l'eau et récupération des eaux de pluie, espaces verts nombreux (absorbant du CO_2). Là encore, de tels changements sont plus difficiles dans les villes du Sud qui croissent beaucoup plus vite et cumulent les handicaps.

SAVOIR FAIRE

Réaliser un schéma de synthèse à partir du plan d'une métropole et d'un texte

- Il s'agit de réaliser une représentation cartographique simplifiée qui ne montre que les informations essentielles.
- Il faut donc sélectionner les informations sur le plan et dans le texte. Il est pratique de le faire avec un ou plusieurs surligneurs.
- Il faut ensuite classer ces informations en deux ou trois rubriques afin d'élaborer une légende en utilisant les figurés conformes au langage cartographique.

Doc 1 : Urbanisation et périurbanisation

La périurbanisation est d'abord un processus d'exurbanisation résidentielle par lequel les ménages appartenant aux classes moyennes, principalement des familles, quittent le centre ou la proche banlieue pour accéder à la propriété en maison individuelle dans des communes rurales ou des petites villes situées dans un rayon plus ou moins proche. En France, ce mouvement débute au milieu des années 1960, connaît une très forte intensité entre 1975 et 1990, et ralentit ensuite. [...] Dans le temps, cette croissance a pris une forme aréolaire et ondulatoire et s'est reportée toujours plus loin de la ville-mère pour atteindre aujourd'hui 10 à 25 km pour les villes moyennes, 40 à 60 km pour les métropoles régionales, plus de 100 km pour Paris dont la périurbanisation gagne les confins de l'Île-de-France et déborde sur les départements limitrophes (Loiret, Eure-et-Loir, Oise, Yonne). Cette dynamique centrifuge de la croissance démographique traduit un desserrement résidentiel, c'est-à-dire une redistribution du centre vers la périphérie.

Laurent Cailly et Martin Vanier (dir.), « La question périurbaine revisitée », in *La France : une géographie urbaine*, Armand Colin, 2010.

Doc 2 : L'aire métropolitaine de Mumbai, Inde

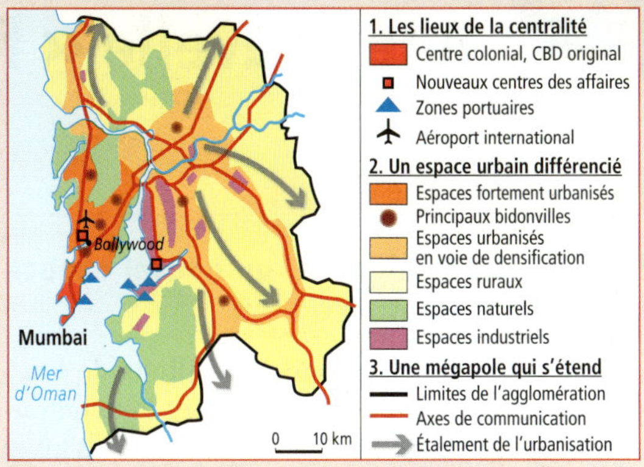

L'organisation spatiale de l'espace urbain

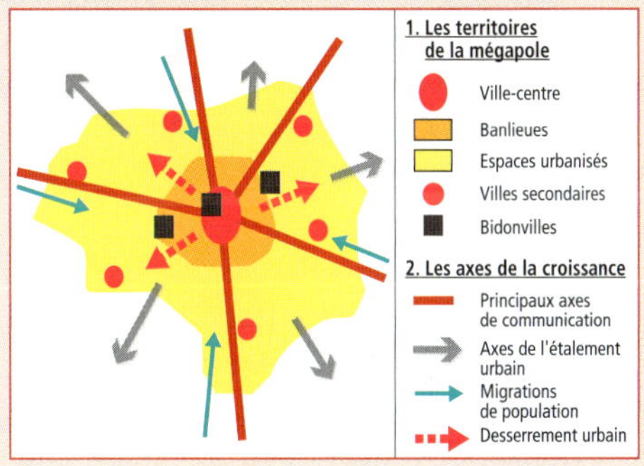

S'ENTRAÎNER

1 Réaliser un schéma de synthèse à partir d'une carte

L'urbanisation du monde

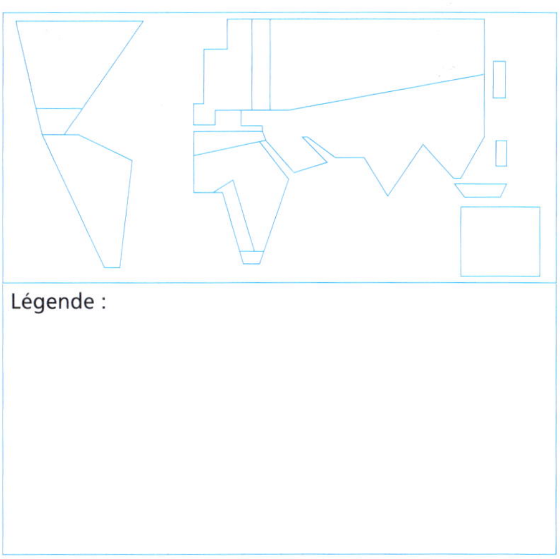

a. Qu'est-ce que la transition urbaine ?

b. Quels sont les territoires qui n'ont pas achevé la transition urbaine ?

c. Sur le schéma suivant, relevez les trois niveaux d'urbanisation, puis indiquez les 20 premières mégapoles.

d. Faites une légende.

18 Les mondes arctiques, une nouvelle « frontière »

SAVOIR

Un milieu contraignant, un nouvel espace en voie d'intégration

L'Arctique, qui s'étend sur **25 millions de km²**, appartient à **la zone polaire**, un milieu très contraignant. Le froid y est intense : 6 à 10 mois d'hiver aux températures extrêmes pouvant aller jusqu'à – 50° C accentuées par la nuit polaire ; des étés courts et frais où les températures ne dépassent pas 10° C. La **banquise** recouvre l'océan Glacial Arctique. Les terres sont en partie recouvertes de **glaciers continentaux ou inlandsis**.

La végétation y est rare, essentiellement de la **toundra**. L'agriculture y est impossible. Pour survivre, **les peuples autochtones** pratiquent traditionnellement la chasse, la pêche et l'élevage du renne. Mais ils ne représentent que **10 % des 3,1 millions d'habitants** de l'Arctique. Les autres viennent d'autres régions, militaires, fonctionnaires des **5 États qui se partagent l'Arctique** (Russie, Norvège, Danemark, Canada, États-Unis), ou encore salariés des entreprises qui travaillent dans l'exploitation des ressources minières et énergétiques, du commerce ou des services.

Avec l'effondrement du modèle soviétique et **la fin de la guerre froide en 1991**, l'Arctique est une région plus ouverte d'autant que **la fonte des glaces** liée au **réchauffement climatique** a libéré d'immenses étendues maritimes, permettant d'utiliser de **nouvelles routes de navigation**. Ces nouvelles possibilités de circulation sont favorables à la mise en valeur des ressources de l'Arctique dans lesquelles les États investissent de plus en plus. La récente **autonomie politique des peuples autochtones** leur permettra d'en tirer profit.

Des ressources convoitées, des tensions entre États

Les estimations évaluant le **potentiel minier et énergétique** de l'Arctique font de cette région un nouvel eldorado. Outre de l'uranium, de l'or et des diamants, on y trouverait 30 % des réserves mondiales de gaz et 10 % de celles du pétrole. Ses ressources halieutiques (relevant de la pêche) sont encore sous-exploitées. Le tourisme, en particulier maritime, s'y développe aussi.

L'exploitation récente de ces ressources fait peser de nouvelles pressions sur des milieux déjà fragiles. L'exploitation des hydrocarbures s'est installée sur les littoraux, là où la **biodiversité** est la plus importante. Les mutations économiques modifient les modes de vie des sociétés autochtones au détriment des pratiques culturelles traditionnelles : l'**acculturation** menace les identités.

L'Arctique, un enjeu pour les équilibres mondiaux ?

Les abondantes ressources de l'Arctique provoquent de nombreuses **tensions géopolitiques** entre États, entre la Norvège et la Russie en mer de Barents, entre les États-Unis et le Canada en mer de Beaufort. Chaque État définit sa **ZEE** ; cependant la navigation internationale y reste libre. Mais les vastes espaces maritimes de l'Arctique laissés en eaux internationales sont convoités et il reste à définir un statut pour les nouvelles routes maritimes.

L'Arctique est un observatoire privilégié des **mutations climatiques**, **enjeu planétaire**. Dans la zone polaire arctique, le réchauffement climatique est plus important qu'ailleurs. L'Arctique a gagné en moyenne 2° C au cours du dernier siècle. La banquise a diminué de 25 % ces dix dernières années, de 40 % depuis 1970. Outre la **modification des écosystèmes** et à terme la disparition de certaines espèces, la fonte progressive des glaces polaires provoque **l'élévation du niveau des océans**, entraînant l'apparition des premiers **réfugiés climatiques** au début du XXIe siècle.

ZEE (zone économique exclusive) : ces zones existent depuis 1994 ; elles s'étendent jusqu'à 200 milles marins, environ 370 km, au-delà des côtes d'un État souverain, qui dispose alors des droits exclusifs d'exploration et d'exploitation des ressources du sol et du sous-sol des fonds marins, dans cette zone.

SAVOIR FAIRE Réaliser la légende d'un croquis de synthèse à partir de cartes thématiques

L'Arctique, une « nouvelle frontière »

Doc 1 : Les enjeux de l'Arctique au XXIe siècle

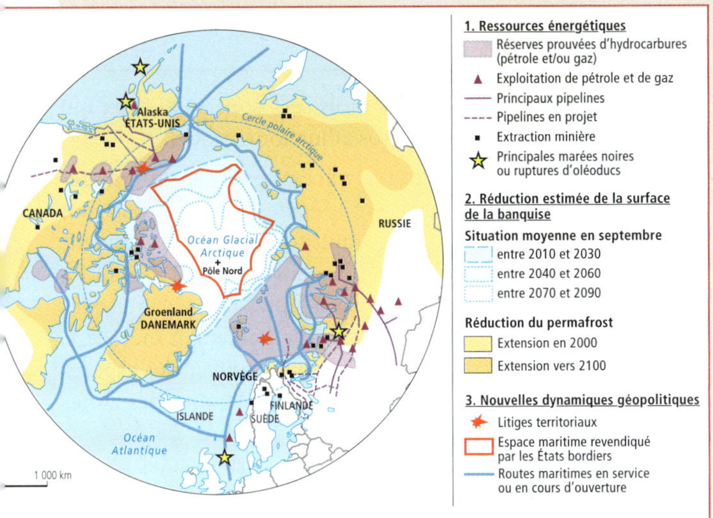

Doc 2 : Géopolitique de l'Arctique

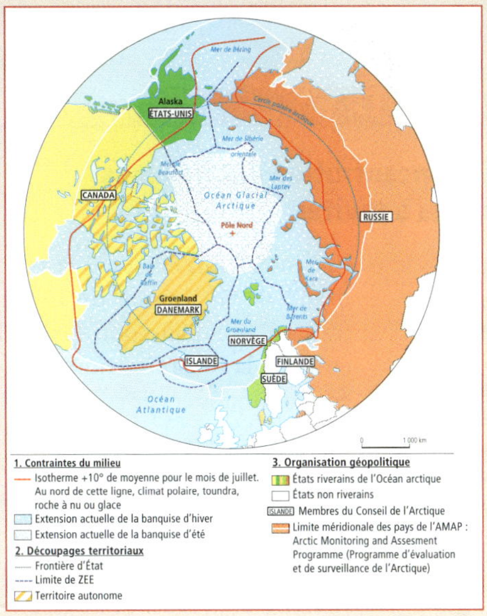

- À partir des cartes, il faut repérer les éléments essentiels. Utilisez trois surligneurs de couleurs différentes.
- Il est ensuite nécessaire de les classer en deux ou trois rubriques. Il faut pour cela s'appuyer sur ses connaissances. Les trois parties de la rubrique « savoir » conviennent pour organiser la légende d'un croquis de synthèse.
- Il peut être pratique de reporter les différents éléments relevés dans un tableau comme celui-ci :

Un milieu contraignant et fragile	Un milieu convoité	Des enjeux géopolitiques
Isotherme + 10 °C en juillet Extension actuelle de la banquise en hiver Extension actuelle de la banquise en été	Réserves d'hydrocarbures Exploitation de pétrole et de gaz Principaux pipelines Extraction minière Principales marées noires	États riverains Limite des ZEE Territoire inuit autonome Membres du conseil de l'Arctique Litiges territoriaux Espace maritime revendiqué par les États bordiers Routes maritimes en service ou en cours d'ouverture

S'ENTRAÎNER

1 Observez les deux affiches de films et répondez aux questions.

An Inconvenient Truth
réalisé par Al Gore, 2006

The Day After
réalisé par Roland Emmerich, 2004

a. Quel est le thème de ces deux films ?

b. Comment le sujet est-il traité dans chacun des deux cas ?

c. En quoi les médias jouent-ils un rôle dans la sensibilisation du public ?

19 Les littoraux, des espaces convoités

SAVOIR

La concentration des hommes et des activités

Le littoral est la zone de contact « ou interface » entre l'espace maritime et l'espace terrestre. Il est constitué d'un rivage, d'un avant-pays marin et d'un arrière-pays continental dont les aménagements et les activités sont en relation avec la proximité de la mer.

Aujourd'hui, 80 % de la population mondiale vit à moins de 100 km de la mer. La mondialisation des échanges a entraîné **la littoralisation des activités économiques** et par conséquent l'afflux des populations dans les zones littorales. Ce phénomène s'est accentué depuis le milieu du XXᵉ siècle. L'accélération du processus de mondialisation a provoqué l'**explosion des échanges internationaux** dont 80 % sont assurés par le transport maritime.

Les **ports** les plus actifs de la planète appartiennent aux trois façades maritimes majeures : le ***Northern Range*** ou Range nord-européen, la **façade de l'Asie orientale**, du Japon au détroit de Malacca, en passant par le littoral chinois, la **façade atlantique de l'Amérique du Nord.**

Les littoraux sont aussi des **espaces touristiques** majeurs : le tourisme balnéaire est la première forme de tourisme. Il s'est développé dès le XIXᵉ siècle sur les côtes nord-ouest de l'Europe. Dans les pays développés, le XXᵉ siècle a vu se démocratiser les loisirs : congés payés, élévation du niveau de vie moyen, abaissement du coût des transports. L'héliotropisme et la recherche de l'exotisme ont modifié les destinations.

La concurrence pour l'espace

La concentration sur les littoraux les plus peuplés des différentes activités humaines provoque des **conflits d'usage**. Les **enjeux environnementaux** sont contradictoires : l'exploitation pétrolière ou l'industrie s'apparentent mal avec le tourisme ou l'aquaculture. L'agriculture s'accommode mal du tourisme, gros consommateur d'eau et d'espace, surtout dans le milieu méditerranéen où les mois secs sont aussi ceux qui connaissent le plus gros afflux touristique.

Toutes ces activités nécessitent des **aménagements** qui artificialisent les côtes. Des marinas sont construites près des complexes hôteliers et résidentiels dédiés au tourisme. Les **ports** doivent s'agrandir, construire des **terminaux** adaptés aux gigantesques porte-conteneurs ou autres méthaniers, minéraliers, pétroliers, creuser des **chenaux**, trouver des espaces pour les activités industrielles et tertiaires des **zones industrialo-portuaires (ZIP)**, des aires de stockage pour les conteneurs et les hydrocarbures, les **plates-formes multimodales**. Il est souvent nécessaire de gagner des espaces sur la mer pour tous ces aménagements : **polders, terre-pleins, îlots artificiels.**

Quels aménagements durables pour les littoraux ?

Ces aménagements modifient les milieux littoraux considérés aujourd'hui comme un **patrimoine à préserver**. Les dynamiques naturelles, vagues, vents, courants, marées, qui façonnent les paysages naturels, sont contrariées par toutes les activités humaines. Les littoraux sont aussi soumis aux risques liés au réchauffement climatique et à l'élévation du niveau des océans.

La **gestion durable des littoraux** doit concilier le développement de l'activité économique avec la protection des ressources biologiques et des paysages. Les normes de construction évoluent en fonction des innovations technologiques, équipements souples et flottants, stations balnéaires mieux insérées dans le milieu naturel. À l'échelle de la planète, seuls 7 % des côtes sont protégés. La Convention de Ramsar (1971) a pour but l'utilisation durable des zones humides. En France, la loi *Littoral* (1986) et le Conservatoire du littoral s'occupent des questions environnementales : frein à l'urbanisation, création des parcs naturels, etc.

SAVOIR FAIRE Réaliser un croquis à partir d'une photographie

Benidorm (Espagne)

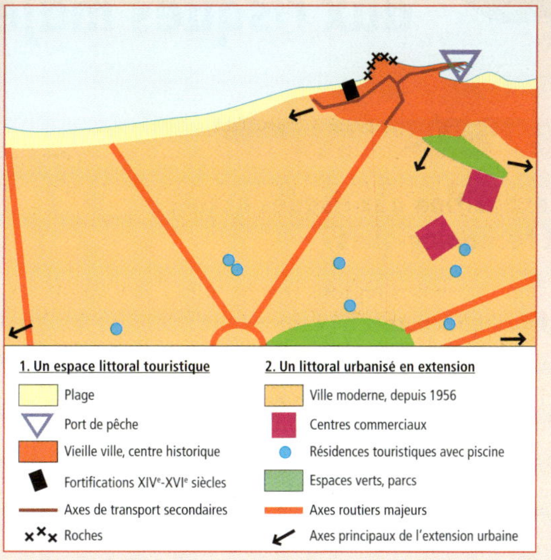

1. Situer la photographie à l'aide d'un atlas.
2. Repérer les différents types d'espaces : mer, plage, roches, vieille ville, fortifications, ville moderne, centres commerciaux, piscines, espaces verts, axes routiers.
3. À l'aide d'un calque posé sur la photographie, délimiter ces espaces.
4. Élaborer une légende en utilisant le vocabulaire cartographique approprié.
5. Reporter les figurés sur le schéma.

S'ENTRAÎNER

1 Commenter un plan et repérer les différentes installations portuaires

Le port de Rotterdam

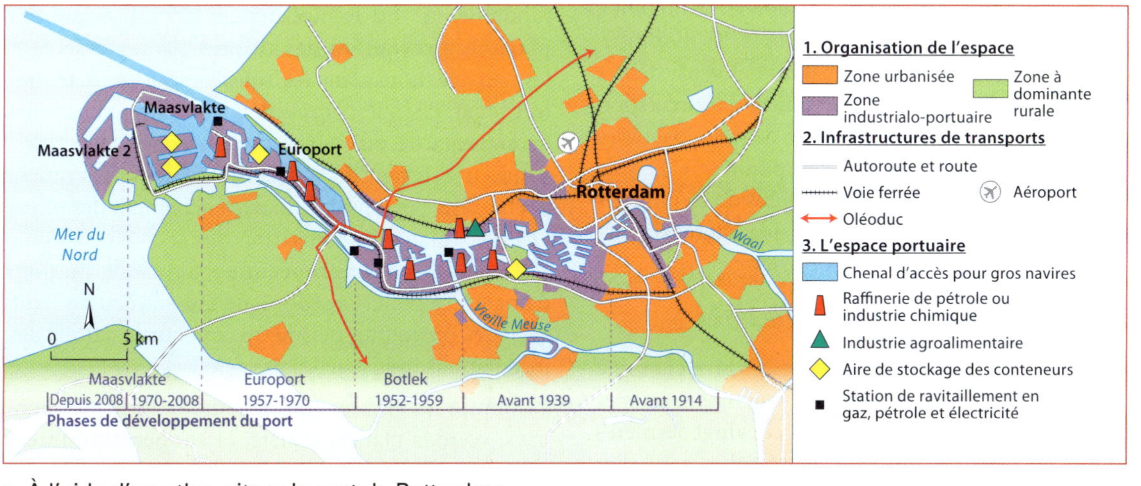

a. À l'aide d'un atlas, situez le port de Rotterdam.

b. Comment peut-on voir l'adaptation permanente du port de Rotterdam aux évolutions du trafic maritime mondial ?

c. Quelles sont les activités représentées dans la zone industrialo-portuaire ? Pourquoi ?

d. Montrez que l'on peut parler ici d'intermodalité des transports.

20 Les espaces exposés aux risques majeurs

SAVOIR

L'exposition aux risques naturels et technologiques

De nombreuses régions très peuplées sont soumises à des **risques naturels** causés par des aléas, ou facteurs physiques. Les mouvements de l'écorce terrestre expliquent les **séismes** et parfois les **tsunamis**. Les **éruptions volcaniques** sont fréquentes. Les risques sismiques ou volcaniques se situent à la limite des plaques tectoniques.

Les **variations climatiques** sont à l'origine de cyclones tropicaux, de violentes tempêtes, et d'inondations.

Certains **aménagements humains** et la **pression anthropique** accentuent les risques liés aux aléas naturels : déforestation, érosion liée à l'activité agricole...

Les risques liés aux activités humaines sont croissants. Les risques technologiques sont liés à la présence de substances dangereuses, notamment dans les locaux industriels. Les catastrophes sont provoquées par des accidents : marées noires comme au Mexique en 2010, explosion d'un entrepôt de produits chimiques comme celui de l'usine AZF à Toulouse en 2001. La production d'énergie nucléaire présente aussi de nombreux dangers : explosion et fuite radioactive comme à Three Mile Island aux États-Unis en 1979 et Tchernobyl (URSS) en 1986.

La modification des conditions de vie, la mobilité, les habitudes alimentaires par exemple, les modifications climatiques, la transformation des écosystèmes font aussi courir des **risques sanitaires**. La circulation importante de personnes porteuses de virus, bactéries et parasites multiple les risques de **pandémie**. Le sida apparu dans les années 1980 a tué plus de 25 millions de personnes. Les risques alimentaires s'intensifient : maladie de la vache folle, grippe aviaire.

L'inégale vulnérabilité des sociétés

La vulnérabilité est inégale selon la richesse à toutes les échelles. Les pays riches sont mieux équipés pour faire face aux risques. Durant ces vingt dernières années, 98 % des victimes de catastrophes naturelles vivaient dans des pays en développement.

Les conséquences économiques des catastrophes ne sont pas les mêmes partout. Le coût des dégâts provoqués par le séisme à Haïti en 2010 représente 8 milliards de dollars soit 120 % du PIB du pays alors que l'ouragan Katrina en Louisiane en 2005 a causé 125 milliards de dollars de dégâts, mais seulement 1 % du PIB des États-Unis.

À l'échelle locale, quel que soit le niveau de développement du pays, ce sont les plus pauvres qui sont les plus touchés par les catastrophes. Ce sont eux qui occupent les logements bâtis dans les zones à plus forts risques, zones inondables, versants peu stables. C'est dans les quartiers les plus défavorisés de la Nouvelle-Orléans que l'ouragan Katrina a fait le plus de victimes.

Quelles capacités d'adaptation, quelles politiques de prévention ?

La surveillance des risques permet de les prévoir et donc d'avertir les populations, éventuellement de les évacuer. L'**information,** l'éducation et la préparation des populations sont primordiales : affichage public, utilisation des médias, élaboration de plans de secours, exercices de simulation. Afin de minimiser les risques, notamment lorsqu'ils sont mal identifiés, il faut appliquer le **principe de précaution** qui vise à mettre en place des mesures pour prévenir un risque potentiel : restrictions, interdictions.

Le rôle des États et des pouvoirs publics est ici fondamental. En France depuis 1995, il existe des **plans de prévention** des risques qui réglementent les constructions dans les zones à risques. **À l'échelon local**, chaque commune a son plan communal de sauvegarde qui permet au maire de gérer une situation relevant de la sécurité civile tandis que **le préfet** reste responsable du déclenchement des **plans ORSEC** (plans d'organisation des secours). Depuis 1982, **la directive européenne « Seveso »**, du nom d'une grave pollution chimique qui eut lieu en Italie en 1976, prévoit un périmètre de sécurité autour des installations industrielles dangereuses.

Comme les risques impliquent souvent plusieurs pays, voire la planète entière, **la coopération internationale est indispensable**, tant pour prévoir des mesures globales – c'est le rôle des grandes conférences – que pour le secours aux régions sinistrées et l'aide aux victimes – c'est ici le rôle de l'ONU et des ONG.

SAVOIR FAIRE — Analyser un sujet de composition et élaborer un plan

Les États face aux risques

1. **Définir les termes du sujet** : qu'est-ce qu'un risque ? Voir ci-contre la rubrique SAVOIR.

Aléa + Enjeu humain (présence de populations, de biens, d'équipements) = Risque.

Un État est un territoire, délimité par des frontières et possédant son propre gouvernement et ses propres lois.

2. **Exposer la problématique du sujet** : la question est donc de savoir comment les gouvernements ou les pouvoirs publics gèrent les risques.

3. **Élaborer un plan** : d'après vos connaissances, relevez les idées qui vous semblent répondre à la question. Pour chacune de ces idées, trouvez un ou deux exemples précis. Puis classez-les de la façon la plus logique possible.

Pour vous entraîner, classez vos idées et les exemples précis dans le plan suivant :

I. Les territoires sont plus ou moins exposés aux risques naturels ou technologiques.

II. Pays développés et pays en développement sont-ils à égalité face aux risques ?

III. Au-delà des États, une nécessaire coopération internationale.

4. **Concluez** : y a-t-il une relation entre aléas et niveau de développement ?

S'ENTRAÎNER

1 Commenter un schéma

La gestion du risque industriel en milieu urbain

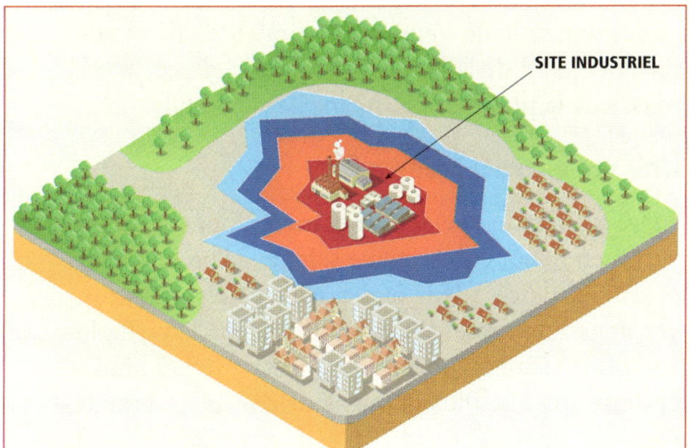

Zones réglementées	Mesures d'urbanisme et prescription sur le bâti futur	Situation des propriétaires d'habitations
	• Nouvelles constructions interdites	• Expropriation, délaissement[1]
	• Nouvelles constructions interdites, avec quelques aménagements	• Délaissement
	• Nouvelles constructions possibles moyennant des prescriptions d'usage ou de protection	
	• Nouvelles constructions possibles moyennant des prescriptions mineures	

1. Le propriétaire d'un bien de zone de délaissement a la possibilité de quitter sa maison et d'être indemnisé, ou de rester.

a. Quel moyen est mis en œuvre ici pour protéger les populations contre les risques d'accident industriel ?

b. Quel est le rôle des pouvoirs publics ?

c. Quels autres moyens peut-on mettre en œuvre ?

2 Commenter une photographie

Inondations dans un bidonville de Manille, septembre 2009

a. À l'aide d'un planisphère, localisez Manille. À quels aléas naturels le pays est-il soumis ?

b. Décrivez la photographie. Comment peut-on expliquer la vulnérabilité de la population ?

c. Pourquoi peut-on dire que ces catastrophes freinent le développement ?

1 La Terre, une planète habitable

SAVOIR

Une planète du système solaire

Étoile : corps céleste gazeux et chaud qui émet de la lumière.
Planète : corps céleste sphérique et non lumineux de diamètre supérieur à 800 Km.
Satellite : corps qui gravite autour d'une planète.
Orbite elliptique : trajectoire en forme d'ellipse d'une planète autour du Soleil.

- Le système solaire est composé d'une **étoile**, le Soleil, autour de laquelle gravitent différents objets célestes dont huit planètes dotées d'orbites elliptiques, des centaines de planètes naines (Pluton), des astéroïdes (corps rocheux de petite taille) et des comètes (boules de glace et de roche).
- Les quatre **planètes** les plus proches du Soleil (Mercure, Vénus, Mars et la Terre) sont des planètes rocheuses (**telluriques**) de petite taille. Les quatre autres planètes (Jupiter, Saturne, Uranus et Neptune) sont des planètes géantes constituées de gaz (hydrogène et hélium).
- Certaines planètes possèdent un ou plusieurs **satellites**. Ils peuvent être entièrement rocheux comme la Lune (satellite de la Terre) ou être recouverts d'une épaisse couche de glace comme Titan (satellite de Saturne).
- La **période de révolution** d'une planète est le temps mis pour accomplir un tour complet autour du Soleil (365 jours pour la Terre). Sa durée augmente avec la distance au Soleil. La période de révolution s'exprime en **unité astronomique** (1 UA = distance Terre/Soleil = 150 millions de km).

Une planète singulière

Biosphère : ensemble des êtres vivants.
Atmosphère : enveloppe gazeuse entourant une planète.
Hydrosphère : eau liquide.

- La Terre est la seule planète du système solaire connue pour abriter une **biosphère**. Cette particularité est rendue possible par l'existence d'eau liquide (ou **hydrosphère**) et la présence d'une **atmosphère** (d'une épaisseur de 500 km) compatible avec la vie.
- La présence **d'eau liquide** dépend des conditions de **pression** et de **température**.
- La **température** sur Terre (13 °C en moyenne) est liée à sa **distance au Soleil** et aux gaz à effet de serre (H_2O, CO_2 …) de l'atmosphère.
- La **pression atmosphérique** à la surface de la Terre, supérieure à celle de Mars, est en revanche moins élevée que celle de Vénus. Le maintien d'une atmosphère dépend de la **force d'attraction** exercée par la **masse de la planète**, elle-même liée à sa taille.

Une vie extraterrestre ?

- Des planètes, appelées **exoplanètes**, ont été découvertes en dehors du système solaire. Selon leur taille et leur distance à leur étoile, elles peuvent se trouver dans une **zone d'habitabilité**, dans laquelle les conditions sont favorables à la présence d'eau liquide et donc à la vie. Plus la masse de l'étoile est grande, plus elle émet d'énergie et plus la zone habitable en est éloignée.

SAVOIR FAIRE Situer une planète par rapport à une zone d'habitabilité

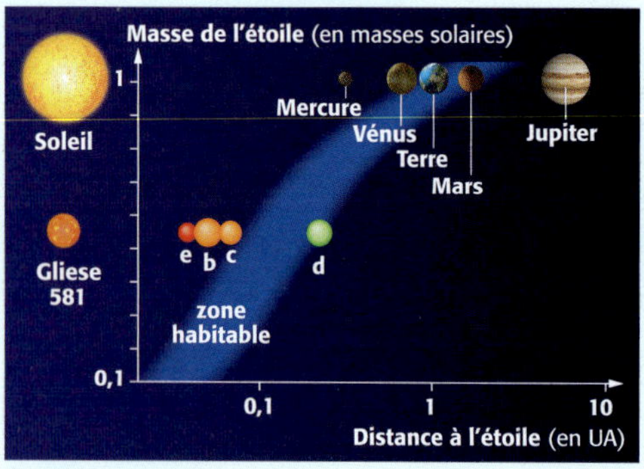

Des astrophysiciens ont mis en évidence un nouveau système extrasolaire dans lequel des planètes gravitent autour d'une étoile, Gliese 581.

1. **Repérer** quelles planètes se trouvent à l'intérieur de la zone d'habitabilité. Les planètes c et d se trouvent dans la zone d'habitabilité de leur étoile.

2. **Expliquer** pourquoi la zone d'habitabilité du système Gliese est plus proche de l'étoile que celle du système solaire. D'une masse inférieure à celle du Soleil, Gliese émet moins de chaleur. À une même distance de l'étoile, la température est donc plus faible dans le système Gliese que dans le système solaire.

S'ENTRAÎNER

1 Choisissez la (ou les) réponse(s) exacte(s) parmi les affirmations suivantes.

a. La présence d'eau liquide sur une planète dépend :
- avant tout de la température ;
- avant tout de la pression atmosphérique ;
- de la température et de la pression atmosphérique.

b. Les exoplanètes :
- sont situées à la limite du système solaire ;
- sont de plus grandes dimensions que les planètes géantes ;
- gravitent autour d'une étoile.

2 Une vie sur Mars ?

Le 7 août 1996, une équipe de chercheurs de la NASA annonçait avoir trouvé, dans une météorite d'origine martienne vieille de 4,5 milliards d'années, les traces d'une vie ancienne et rudimentaire.
On se propose d'évaluer la fiabilité de cette annonce.

1. Quelques caractéristiques.

	Terre	Mars
Distance au Soleil (en UA)	1	1,5
Rayon (en km)	6 378	3 397
Atmosphère	N_2 78 % O_2 21 %	CO_2 95 % N_2 5 %
Pression atmosphérique au sol (en Pa)	10^5	10^3
Température moyenne au sol (en °C)	13	– 50

2. États de l'eau en fonction de la température et de la pression.

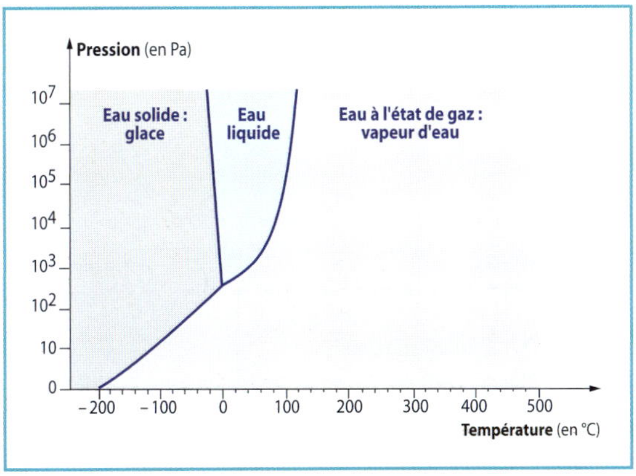

3. L'effet de serre.

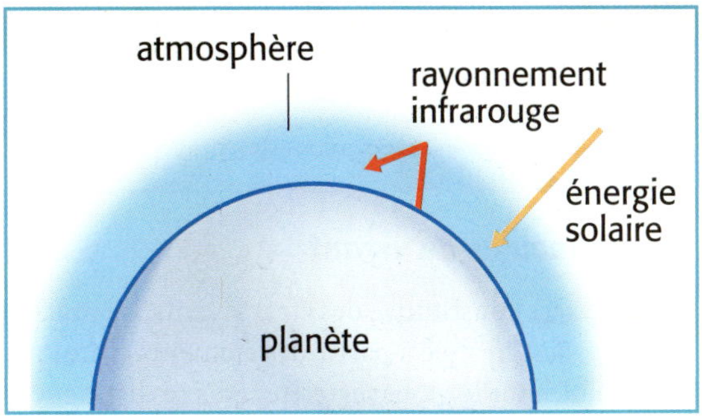

a. Convertissez les distances au Soleil en km (donnez l'écriture scientifique).

b. Utilisez les informations fournies par le document 1 pour déterminer l'état de l'eau sur Mars à partir du document 2.

c. La surface de Mars montre des traces interprétées comme celles d'anciens cours d'eau. Indiquez à partir du document 2 quelles sont les conditions nécessaires à la présence d'eau liquide.

d. En vous aidant du document 3, expliquez l'influence de l'atmosphère sur la température d'une planète.

e. En comparant les caractéristiques de la Terre et de Mars, expliquez pourquoi, à la différence de la Terre, Mars n'a pas pu conserver d'eau liquide. On précise qu'une atmosphère épaisse peut être responsable d'une température élevée.

3 Les planètes du système Gliese

Plusieurs exoplanètes ont été découvertes, dont celles du système Gliese. Le tableau suivant donne quelques-unes de leurs caractéristiques. On précise que la zone d'habitabilité est évaluée à une distance de l'étoile comprise entre 0,08 et 0,3 UA (voir graphique du savoir faire).

Planète	Masse par rapport à la Terre	Distance à l'étoile (en UA)
Gliese 581b	15,6	0,04
Gliese 581c	5,4	0,07
Gliese 581d	7,1	0,22
Gliese 581e	1,9	0,03

Discutez du caractère habitable de chacune de ces planètes.

2 La nature du vivant

SAVOIR

Les molécules du vivant

- La matière constitutive des êtres vivants, ou **matière vivante**, s'est formée à partir des éléments chimiques disponibles sur le globe terrestre mais se distingue de la **matière minérale** (monde inerte ou minéral) par sa composition. Elle est essentiellement constituée de **carbone, d'hydrogène, d'oxygène et d'azote** tandis qu'une roche comme le granite par exemple est riche en silicium et en oxygène.
- Ces éléments chimiques s'associent pour former des molécules. Les êtres vivants se caractérisent par la présence **de molécules organiques** : les **glucides** (sucres), les **lipides** (graisses) et les **protides** (protéines).
- **Les molécules organiques ont un squelette carboné**, un assemblage d'atomes de carbone, auquel sont fixés des atomes d'oxygène et d'hydrogène. Les **protides** se distinguent par la présence d'azote.
- **L'eau** est la molécule minérale la plus abondante chez les êtres vivants (65 à 95 % de leur masse totale). Les végétaux sont en général plus riches en eau que les animaux.
- **Tous les êtres vivants** sont constitués des mêmes molécules, ce qui témoigne de leur **parenté** : ils sont issus d'un ancêtre commun.

La cellule, unité structurale du monde vivant

- Tous les êtres vivants sont constitués de cellules, observables au microscope. Chaque cellule est limitée par une membrane plasmique qui définit un compartiment intracellulaire (l'intérieur de la cellule), appelé cytoplasme, et qui renferme du matériel génétique : l'**ADN**. On distingue deux types de cellules : les eucaryotes et les procaryotes.
- Dans les **cellules eucaryotes** (animaux, végétaux et champignons), le cytoplasme est **compartimenté** en unités différentes, les **organites**, qui assurent chacun une fonction particulière : le **noyau** (limité par une enveloppe nucléaire) renferme le matériel génétique, les **mitochondries** jouent un rôle dans la respiration.

Organite : compartiment cellulaire assurant une fonction précise.
Parenté : ressemblance due à une origine commune.
Électronographie : image obtenue avec un microscope électronique.

- Les **cellules procaryotes** (bactéries) sont **dépourvues de noyau et d'organites**. Le matériel génétique est **libre** dans le cytoplasme. Leur taille (2 à 3 μm) est très inférieure à celle des cellules eucaryotes (entre 10 et 300 μm).
- Les **cellules végétales** se distinguent des cellules animales par leur **paroi cellulosique** rigide et la présence d'organites particuliers, les **chloroplastes** (qui contiennent un pigment vert, la chlorophylle) dans les cellules chlorophylliennes, et la **vacuole** (une poche remplie de liquide et de solutés).
- Chez les organismes **pluricellulaires** (constitués de plusieurs cellules), les cellules sont assemblées en tissus, constitutifs des organes.
- À l'intérieur des différents organes, chaque cellule se distingue par une structure particulière qui lui permet d'effectuer une fonction qui lui est propre. La cellule est **différenciée**.
- Malgré leur diversité, les cellules présentent une **unité d'organisation**, ce qui témoigne d'une parenté entre les êtres vivants.

Trois grands types de cellules.

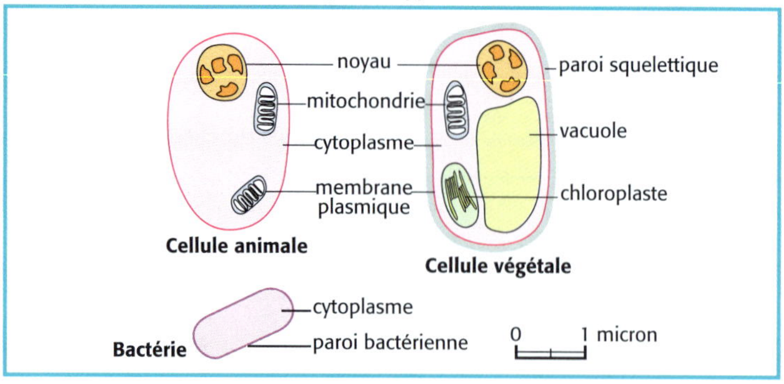

SAVOIR FAIRE Identifier une cellule

Électronographie d'une cellule de feuille (MET, × 600).

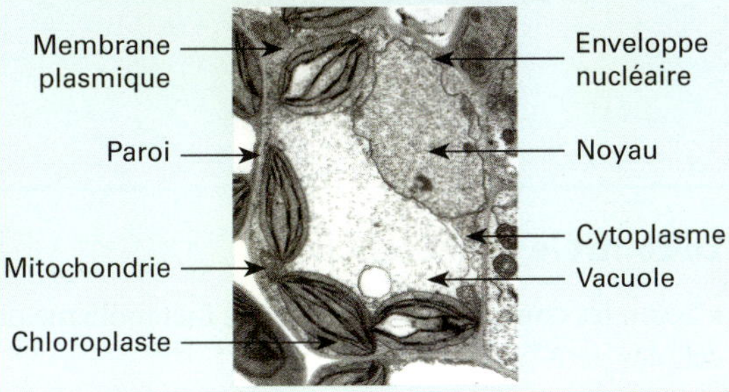

1. **Repérer** la présence de plusieurs structures à l'intérieur de la cellule.
Ce sont des organites présents dans une cellule eucaryote.

2. **Repérer** des organites qui renferment un empilement de lamelles.
Ce sont des chloroplastes.

3. **Noter** la présence d'un grand compartiment qui semble vide (il est rempli de liquide).
C'est une vacuole.

4. **Identifier** la paroi nettement visible qui entoure la cellule.

5. **Conclure**.
Avec des chloroplastes, une vacuole et une paroi, il s'agit d'une cellule végétale.

S'ENTRAÎNER

1 Choisissez la (ou les) réponse(s) exacte(s) parmi les affirmations suivantes.

a. Les molécules organiques :
- sont riches en eau ;
- sont des molécules carbonées ;
- se distinguent par la présence d'azote.

b. Les glucides :
- sont des graisses ;
- sont riches en carbone ;
- sont des molécules azotées.

2 Les cellules eucaryotes

Une plante possède des parties aériennes (feuilles) et des parties souterraines (racines) dont les cellules se distinguent. L'électronographie suivante montre un de ces types de cellules.

Électronographie d'une cellule de racine (MET).

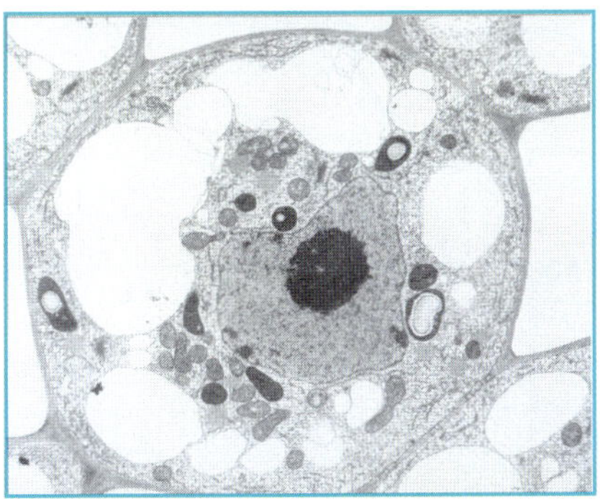

a. Justifiez que les végétaux ont des cellules eucaryotes.
b. Indiquez ce qui permet de l'identifier comme une cellule végétale.
c. Comparez cette cellule avec celle du savoir faire et expliquez pourquoi elles sont différenciées.

3 Constitution de la matière vivante

Le tableau suivant donne la composition chimique moyenne de différentes cellules.

Constituant (en % de la masse cellulaire totale)	Cellule bactérienne	Cellule de levure	Cellule de mammifère
Eau	70	82,5	70
Ions inorganiques (Ca^{2+}, Na^{+}, Cl^{-} ...)	1	0,5	1
Protides	15	6	18
Lipides	2	2	5
Glucides	2	2.5	2
Autres molécules	10	6,5	4

a. Exploitez ce document pour dégager les caractéristiques des êtres vivants.
b. On a par ailleurs représenté quelques molécules présentes dans ces cellules.

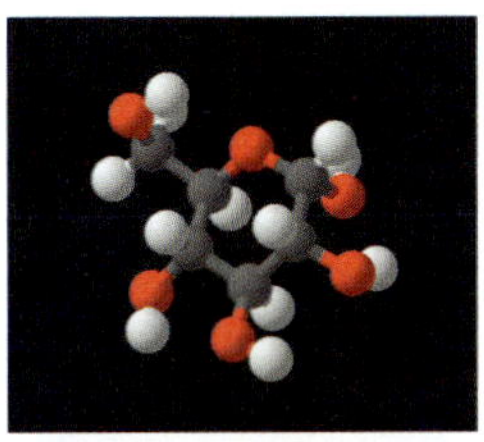

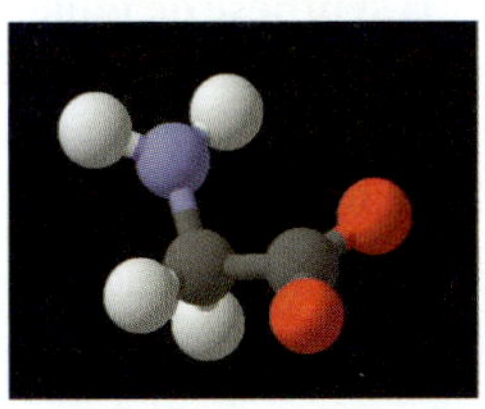

Gris = C (carbone)
Rouge = O (oxygène)
Blanc = H (hydrogène)
Bleu = N (azote)

Dégagez leurs particularités et indiquez à quelle catégorie de molécules elles appartiennent.

3 Le métabolisme

SAVOIR

Des réactions chimiques dans les cellules

Métabolisme : ensemble des réactions chimiques se produisant dans les cellules (synthèses ou dégradations de molécules).
La **respiration**, la **fermentation**, la **photosynthèse** sont chacune des ensembles de réactions qui font partie du métabolisme.

- Pour synthétiser ses constituants, assurer son fonctionnement ou se multiplier, la cellule **échange de la matière et de l'énergie** avec son environnement à travers **la membrane plasmique**. La cellule réalise de nombreuses **transformations chimiques** dans le cytoplasme, dont l'ensemble constitue le **métabolisme**.
- La **respiration** cellulaire est une série de réactions au cours desquelles la **dégradation de molécules organiques** s'accompagne d'une libération d'énergie. Elle nécessite la présence de **dioxygène** et se déroule dans des organites cellulaires spécifiques : les **mitochondries**.
- À l'issue de la respiration, les molécules organiques (le glucose) sont **entièrement dégradées** pour donner des molécules minérales (eau et CO_2) selon l'équation bilan :

$C_6H_{12}O_6$	+	$6\ O_2$	$\rightarrow$	$6\ CO_2$	+	$6\ H_2O$
glucose		dioxygène		dioxyde de carbone		eau

- En absence de dioxygène, la **fermentation** consiste en une dégradation partielle des molécules organiques, qui libère ainsi moins d'énergie que la respiration. À la suite de la **fermentation alcoolique**, la dégradation du glucose aboutit à la formation d'alcool (éthanol) et de dioxyde de carbone (CO_2).
- On distingue les **cellules hétérotrophes** qui doivent prélever les **molécules organiques** (glucose, acides aminés…) dans leur milieu et les **cellules autotrophes**, capables de les synthétiser elles-mêmes à partir de molécules minérales (CO_2, H_2O…).
- Les **cellules animales** sont **hétérotrophes** tandis que les **cellules chlorophylliennes** des végétaux sont **autotrophes**, puisqu'elles sont capables d'utiliser l'**énergie du Soleil** pour réaliser la **synthèse de molécules organiques** à partir de **molécules minérales**. Il s'agit de la **photosynthèse**, un ensemble de réactions qui se déroulent à l'intérieur des **chloroplastes**.
- L'**unité de fonctionnement** des cellules témoigne d'une **parenté** entre les êtres vivants.

Le contrôle du métabolisme

- Selon les **conditions du milieu**, le métabolisme des cellules peut subir des variations.
- Les levures qui pratiquent la respiration en présence de dioxygène s'orientent ainsi vers la fermentation quand le milieu est dépourvu de dioxygène.
- Le métabolisme dépend du **patrimoine génétique** des cellules. Il existe ainsi différentes formes de **levures** (champignons unicellulaires), capables de se nourrir de constituants différents selon leur patrimoine génétique.
- Des **mutations**, qui modifient le patrimoine génétique, peuvent transformer le métabolisme d'une cellule, avec parfois des conséquences directement observables.

Par exemple, dans une culture de levures qui forment des colonies rouges, l'apparition de colonies blanches s'explique par une mutation. Les levures mutées sont devenues incapables de fabriquer une molécule, intervenant dans la fabrication du pigment rouge.

Le métabolisme de la levure.

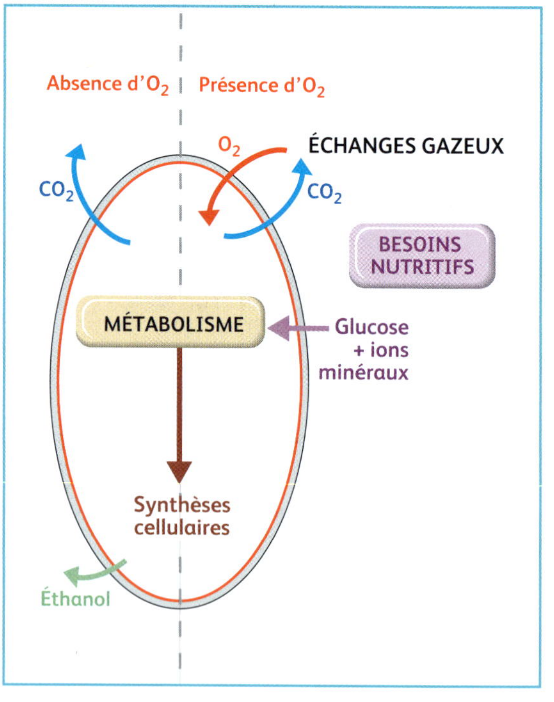

SAVOIR FAIRE — Exploiter des résultats EXAO

Une suspension de levures est placée dans une enceinte en présence de capteurs de CO_2, d'O_2 et d'éthanol. Du glucose est ajouté après deux minutes.
Le graphique traduit les mesures réalisées par ces capteurs.

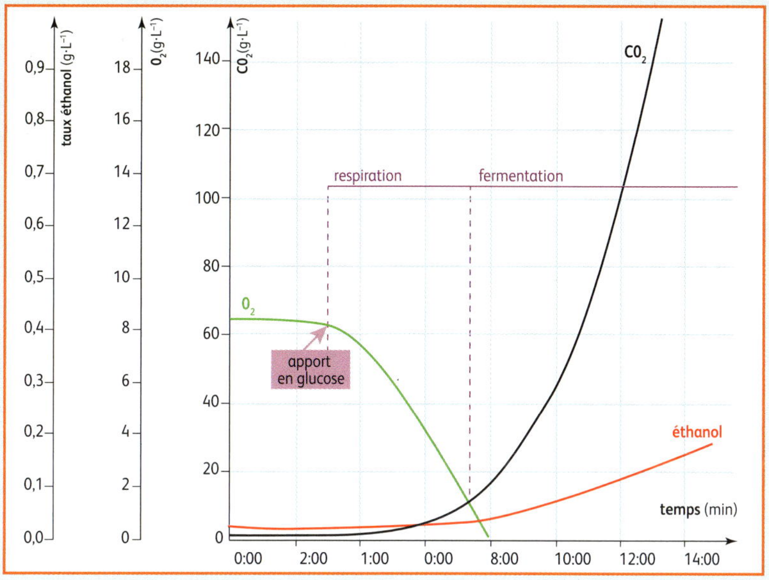

1. **Observer et noter** la baisse de la concentration en dioxygène à partir de l'apport en glucose.
2. **Interpréter** la diminution de la concentration en dioxygène. Les levures consomment du dioxygène en présence de glucose.
3. **Interpréter** la consommation de dioxygène et de glucose. Les levures respirent.
4. **Repérer et noter** le dégagement d'éthanol quand la concentration en dioxygène devient nulle. Les levures passent de la respiration à la fermentation.
5. **Observer et noter** l'augmentation de la teneur en CO_2 du milieu.
6. **Interpréter**. La respiration comme la fermentation se caractérisent par un dégagement de CO_2 lié à la dégradation du glucose.

S'ENTRAÎNER

1 Choisissez la (ou les) réponse(s) exacte(s) parmi les affirmations suivantes.

La respiration cellulaire :
- se déroule dans le cytoplasme ;
- se traduit par un dégagement de CO_2 ;
- nécessite de l'énergie.

2 Le métabolisme des euglènes

L'euglène est un organisme unicellulaire aquatique (formé d'une seule cellule). Des cultures d'euglènes sont réalisées dans différentes conditions.

1. Résultats de ces cultures d'euglènes dans différentes conditions.

	Milieu 1	Milieu 2
Conditions de culture	eau sels minéraux	eau glucose sels minéraux
Lumière	multiplication active	multiplication active
Obscurité	mort rapide	multiplication active

2. Structure de l'euglène :
– à l'obscurité ⓐ ;
– à la lumière ⓑ.

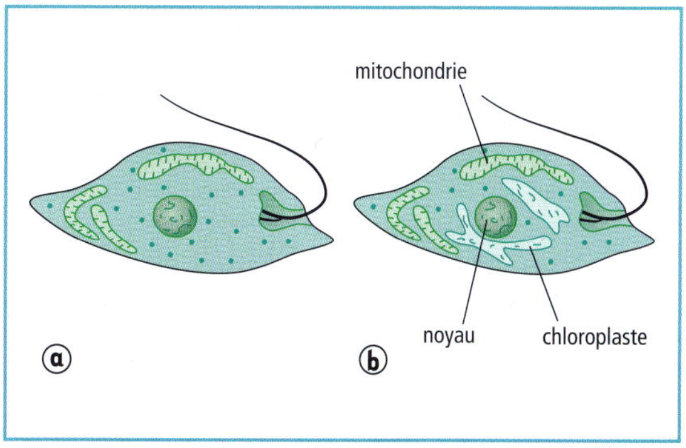

a. Comparez la composition des deux milieux et expliquez la multiplication des euglènes à l'obscurité dans le milieu 2.

b. Expliquez la multiplication des euglènes à la lumière dans le milieu 1.

c. À partir du document 2, montrez l'influence de l'environnement sur le métabolisme des euglènes.

4 L'ADN, support de l'information génétique

SAVOIR

L'universalité du rôle de l'ADN

Gène : fragment d'ADN contenant l'information nécessaire à la réalisation d'un caractère (un gène code pour la synthèse d'une protéine).

Dans les cellules, le matériel génétique est présent sous forme d'une ou plusieurs molécules filamenteuses d'ADN (Acide DésoxyriboNucléique). L'introduction d'un **fragment d'ADN** provenant d'une espèce dans une cellule d'une autre espèce peut faire apparaître chez cette dernière un **caractère nouveau**. En effet, le fragment d'ADN transféré contient un **gène** et l'espèce est alors génétiquement modifiée, ou **transgénique**.

Le transfert de gène, ou **transgenèse**, est possible entre espèces différentes car **l'information** contenue dans la molécule d'ADN est inscrite dans un **langage universel** utilisable par toutes les espèces. **L'universalité** de l'ADN témoigne d'une **parenté** entre tous les êtres vivants.

L'ADN, une molécule informative

La molécule d'ADN :
ⓐ représentation complète ;
ⓑ représentation simplifiée.

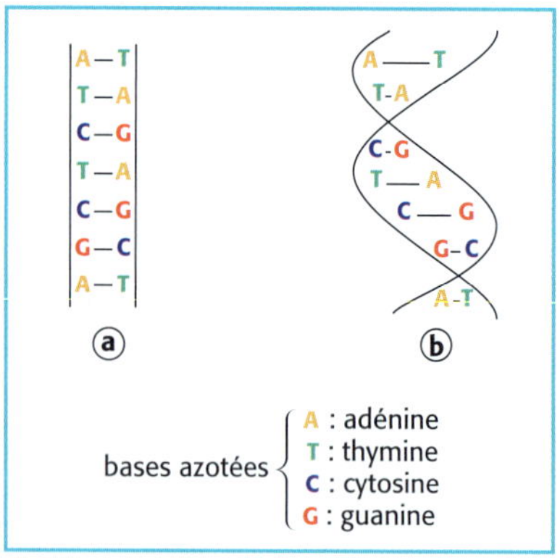

Une molécule d'ADN est formée de deux brins enroulés en double hélice.

Chaque brin est une longue chaîne constituée par la répétition de molécules simples, les **nucléotides**, composés chacun d'un sucre (le désoxyribose), d'un acide phosphorique et d'une base azotée.

Il existe **quatre types de nucléotides**, A, T, G et C, qui diffèrent par leur base azotée : l'adénine, la thymine, la guanine et la cytosine.

La **séquence** de l'ADN est l'ordre dans lequel sont disposés les nucléotides le long d'un brin.

Les deux brins d'une molécule d'ADN sont **appariés** l'un à l'autre par leurs nucléotides au niveau des bases azotées. Le nucléotide A est toujours relié à un nucléotide T, le nucléotide C au nucléotide G. On dit que la séquence des deux brins est **complémentaire**.

Une molécule d'ADN renferme **plusieurs gènes** qui se succèdent. **L'information** portée par un gène est contenue dans la **séquence** des nucléotides, qui diffère d'un gène à l'autre.

Remarque : chaque molécule d'ADN constitue un chromosome, visible au moment de la division cellulaire chez les eucaryotes.

La variabilité de l'ADN

Une **mutation** peut modifier la séquence de l'ADN et entraîner l'apparition d'une nouvelle forme d'un gène, appelée **allèle**.

Les **différents allèles** d'un même gène possèdent des séquences de nucléotides voisines mais codent pour des **versions différentes d'un même caractère** (allèles A, B, O des groupes sanguins). Les mutations sont ainsi responsables de la **diversité** des individus.

Une mutation peut également entraîner la formation d'une **version non fonctionnelle** d'une protéine et être responsable de maladies génétiques et de cancers.

Une mutation est un **événement rare** (1 nucléotide changé sur un million), qui **se produit au hasard**. Certains facteurs de **l'environnement** (les rayons ultraviolets ou des substances chimiques) augmentent la **fréquence** des mutations.

Chez un organisme unicellulaire (bactérie, levure), **la mutation se transmet de génération en génération** au cours de la division cellulaire. Chez un organisme pluricellulaire, seule une **mutation dans l'ADN des cellules reproductrices** d'un individu peut être transmise à sa descendance.

SAVOIR FAIRE Réaliser une analyse comparée de molécules d'ADN

Le tableau ci-dessous donne les proportions relatives des différents nucléotides de l'ADN chez différentes espèces. On a pris pour référence le nucléotide A, auquel on a donné arbitrairement la valeur 10.

	A	G	C	T
Homme : rate	10	7,2	7,0	10,1
Porc : thymus	10	6,8	6,9	9,6
Oursin : sperme	10	5,4	5,4	9,7
Blé : germe	10	8,9	8,7	10,2

1. **Comparer** successivement chez chaque espèce les proportions des différents nucléotides. On remarque que, chez chaque espèce, il y a autant de A que de T (environ 10) et autant de G que de C.

2. **Interpréter** cette observation. On en conclut que à chaque A sur un brin correspond un T sur l'autre brin. De même, G est associé à C. On dit que les deux brins sont complémentaires.

3. **Relever** une différence entre les espèces. D'une espèce à l'autre, la proportion de G (et de C) varie par rapport à celle de A (et de T).

4. **Expliquer** cette différence. La succession des nucléotides sur un brin (séquence de l'ADN) est variable d'une espèce à l'autre.

S'ENTRAÎNER

1 Choisissez la (ou les) réponse(s) exacte(s) parmi les affirmations suivantes.

a. Un gène :
- est une molécule d'ADN ;
- contient l'information nécessaire à la synthèse d'une protéine ;
- est une succession de nucléotides.

b. La transgenèse :
- montre l'universalité de l'ADN ;
- n'est possible qu'entres espèces proches ;
- est un transfert de chromosome.

2 Le message codé de l'ADN

On a représenté ci-dessous deux versions d'une portion du gène codant pour une protéine : la chaîne β de l'hémoglobine (une protéine présente dans les globules rouges).

ⓐ ATGGTGCACCTGACTCCTGAGGAGAAGTCTG

ⓑ ATGGTGCACCTGACTCCTGTGGAGAAGTCTG

a. Représentez le brin d'ADN complémentaire pour la version ⓐ.
b. Comparez les deux versions et indiquez la différence.
c. Comment appelle-t-on les deux versions d'un même gène ?
d. Indiquez l'origine de cette différence et précisez quelle en est la conséquence.

3 Des levures transformées

On dispose d'une souche de levures qui forment des colonies rouges. Mises en culture dans un milieu approprié, elles donnent naissance à de nouvelles colonies dont quelques-unes sont de couleur blanche.

a. Formulez une hypothèse pour expliquer l'apparition des colonies blanches.

Une analyse de l'ADN des cellules appartenant aux colonies blanches et rouges permet de les comparer.
Un extrait de la séquence de l'ADN est donné dans le tableau suivant.

Colonies rouges	Colonies blanches
ATTGCACTTGGGCAC	ATTGCACGTGGGCAC

b. Comparez la séquence de ces deux molécules et précisez l'origine des colonies blanches.

c. Lorsque l'on soumet la culture à un rayonnement ultraviolet, on observe davantage de colonies blanches.
Expliquez pourquoi.

4 Des bactéries productrices d'insuline humaine

Dans le pancréas des mammifères, certaines cellules sont spécialisées dans la fabrication d'une protéine : l'insuline. On extrait l'ADN de ces cellules et on injecte différents fragments de cet ADN à des bactéries que l'on met en culture. Certaines d'entre elles deviennent à leur tour capables de produire de l'insuline.

a. Précisez le nom de la technique utilisée et celui du fragment transféré lorsque la bactérie devient productrice d'insuline.

b. Indiquez deux propriétés de l'ADN mises en évidence par cette expérience.

c. Précisez la caractéristique structurale de l'ADN qui en fait une molécule informative.

5 Biodiversité et parenté

SAVOIR

Les divers aspects de la biodiversité

▸ La diversité des êtres vivants présents sur la planète, ou **biodiversité**, s'observe aux niveaux des espèces, des allèles et des écosystèmes.

▸ Une **espèce** regroupe des individus qui se **ressemblent** et sont **interféconds** : ils peuvent se reproduire entre eux sur plusieurs générations. On répertorie environ deux millions d'espèces différentes. 90 % sont des insectes et les vertébrés sont très minoritaires. De nombreuses espèces restent encore à découvrir (5 à 10 millions d'espèces existantes).

▸ Chaque espèce se caractérise également par la **diversité génétique** de ses individus, c'est-à-dire par la variété de leurs **allèles**.

▸ Un **écosystème** est constitué par un **milieu** et les **êtres vivants** qui l'habitent. La variété des écosystèmes (forêt, prairie, étang...) est un autre aspect de la biodiversité. Chaque milieu abrite un nombre d'espèces plus ou moins grand. En effet, la répartition des êtres vivants dépend des **facteurs environnementaux** : l'humidité, la nature du sol, la température...

La biodiversité actuelle, une étape de l'histoire du monde vivant

▸ Les **fossiles** trouvés dans les roches sont des restes ou des traces d'anciens êtres vivants. Ils montrent que de nombreux groupes (les dinosaures par exemple) et espèces d'êtres vivants, différents des actuels, se sont succédé au cours du temps. Ainsi, l'état actuel de la biodiversité correspond à une étape du monde vivant : les espèces actuelles correspondent à une infime partie des espèces (environ 1 %) ayant existé depuis les débuts de la vie.

▸ La **biodiversité se modifie** au cours du temps sous l'effet de facteurs environnementaux. À la limite crétacé - tertiaire, il y a 65 millions d'années, de nombreux groupes d'êtres vivants disparaissent (dont les dinosaures). Cette **crise biologique** s'explique par un bouleversement des conditions du milieu lié à la chute d'une grosse météorite et la répétition d'épisodes volcaniques.

▸ Parmi les espèces actuelles, certaines sont menacées d'**extinction** du fait des modifications du milieu, dues notamment à l'**activité humaine**. Elles doivent être d'autant plus protégées qu'elles sont rares. L'Homme peut contribuer à préserver la biodiversité, en protégeant les espèces menacées.

La parenté des êtres vivants

▸ Au sein de la biodiversité, des **groupes** d'êtres vivants se distinguent par le partage de **caractères exclusifs**, ce qui permet de les classer dans des groupes.

▸ Ainsi, tous les **vertébrés** possèdent un **squelette interne** osseux comprenant des vertèbres et sont construits selon un même **plan d'organisation**.

▸ Le long d'un **axe antéro-postérieur** matérialisé par la **colonne vertébrale**, leur corps est organisé en trois parties : tête, tronc, queue. Des ceintures (omoplates et bassin) relient deux paires de membres à la colonne vertébrale.

▸ Les organes sont disposés de la même façon par rapport à un **axe dorso-ventral** et un **plan de symétrie bilatérale** : la position du tube digestif est ventrale, comme pour le cœur et les poumons, tandis que le système nerveux central (encéphale et moelle épinière) est en position dorsale.

> **Plan d'organisation** : disposition des parties du corps et des organes.
> **Axes de polarité** :
> – **axe dorso-ventral** (du ventre au dos) ;
> – **axe antéro-postérieur** (de l'avant vers l'arrière).
> **Plan de symétrie bilatérale** : plan séparant une moitié droite et une moitié gauche semblables.

▸ Les espèces qui présentent un même caractère exclusif (la vertèbre par exemple) l'ont hérité d'un **ancêtre commun** chez qui il est apparu. La **parenté d'organisation** des vertébrés suggère qu'ils partagent un **ancêtre commun**.

Le plan d'organisation d'un vertébré.

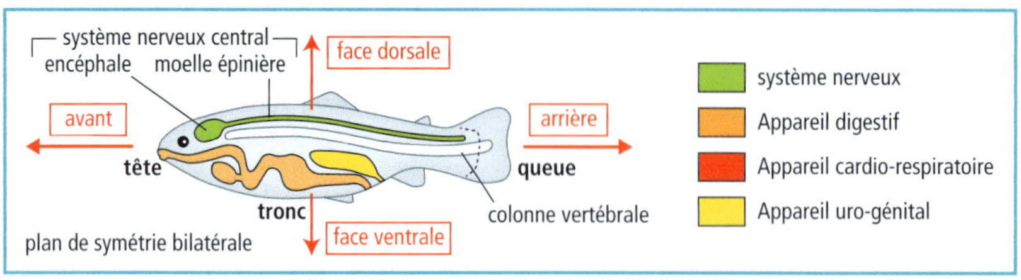

SAVOIR FAIRE — Identifier un vertébré à partir de son plan d'organisation

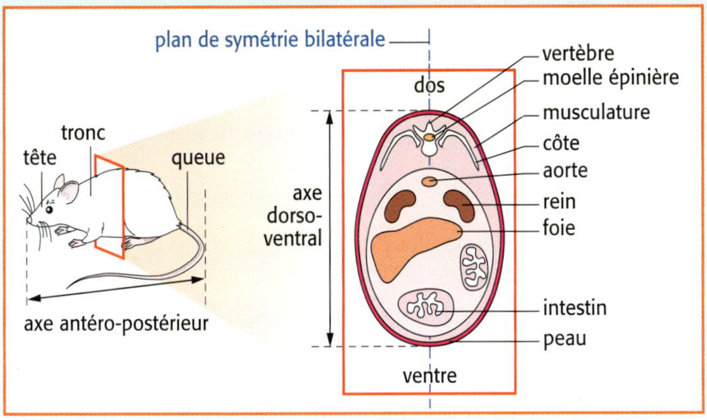

1. **Repérer** la présence de vertèbres.
2. **Repérer** l'axe dorso-ventral (le dos en haut et le ventre en bas) et **dresser la liste** des organes rencontrés suivant cet axe. Moelle épinière (système nerveux) dorsale et intestin ventral : cette disposition est caractéristique des vertébrés.
3. **Noter** la présence d'une paire de reins et de deux côtes. Cela met en évidence une symétrie bilatérale.
4. **Remarquer** que la coupe transversale ne permet pas de montrer la succession des organes et des parties du corps selon l'axe antéro-postérieur.

S'ENTRAÎNER

1 Choisissez la (ou les) réponse(s) exacte(s) parmi les affirmations suivantes.

a. Un écosystème :
- se définit comme un milieu ;
- comprend différentes espèces ;
- se modifie sous l'influence humaine.

b. Une espèce :
- regroupe des individus capables de se reproduire entre eux ;
- regroupe des individus génétiquement identiques ;
- se modifie sous l'effet des facteurs du milieu.

2 La biodiversité du passé

Les schistes de Burgess sont un célèbre dépôt de roches dans les montagnes Rocheuses au Canada. La roche, constituée de particules d'argile et de limon, renferme de nombreux fossiles (120 espèces identifiées) vieux d'environ 505 millions d'années.

On a reconstitué ce milieu, un fond marin côtier, sur le dessin en bas de page.

a. Indiquez pourquoi il est possible de parler de biodiversité pour ce milieu.

Parmi les groupes représentés, les trilobites peuvent être comparés aux crustacés actuels (voir le dessin ci-dessous).

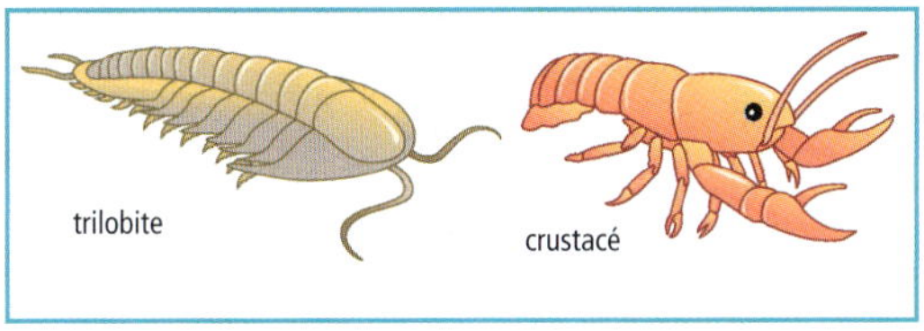

b. Retrouvez des caractères communs entre ces deux groupes.
c. Expliquez la ressemblance entre les deux groupes.
d. Que pouvez-vous conclure de la disparition des espèces présentes dans ces dépôts ?

Les schistes de Burgess.

6 Biodiversité et évolution

SAVOIR

La diversité des allèles

Allèles : différentes versions d'un même gène.
Population : ensemble d'individus appartenant à la même espèce et vivant dans un même milieu.

- Dans une **population,** les individus se différencient par leurs **caractères**.
- Plusieurs **allèles** existent pour un même gène et leur **fréquence** varie d'une population à l'autre. C'est la **biodiversité génétique**.
- La fréquence des allèles au sein d'une population peut varier au cours du temps : c'est le point de départ de l'évolution, qui se traduit par l'apparition et la disparition d'espèces.

La dérive génétique

- Lors de la reproduction sexuée, les allèles se transmettent d'une génération à la suivante. Dans une population à **petit effectif**, du fait du hasard, certains allèles sont transmis aux descendants, d'autres non. Un allèle peut même disparaître au cours d'une seule génération.
- La fréquence des allèles évolue ainsi au cours du temps et la diversité génétique se modifie de façon aléatoire, sans lien avec les conditions du milieu : c'est la **dérive génétique**.

La sélection naturelle

- Dans un **milieu donné**, certains allèles donnent un **avantage** aux individus qui les portent. Ceux-ci ont donc plus de chances de vivre et de se reproduire. Aussi, au fur et à mesure des générations, la **fréquence des allèles avantageux augmente** dans une population : c'est la **sélection naturelle positive**.
- À l'inverse, les allèles à l'origine de caractères défavorables sont moins transmis et sont progressivement éliminés : c'est la **sélection naturelle négative.**
- La **sélection naturelle** est une variation de la fréquence des allèles, produite non pas par le hasard mais par la pression exercée par le milieu sur les êtres vivants.

L'apparition de nouvelles espèces

- Avec la **dérive génétique,** la fréquence des allèles devient différente d'une population à l'autre. La dérive génétique contribue à **éloigner génétiquement** différentes populations d'une même espèce.
- La sélection naturelle contribue à **éloigner génétiquement** différentes populations d'une même espèce vivant dans des **environnements distincts**.
- Deux populations trop éloignées génétiquement finissent par ne plus pouvoir se reproduire entre elles et forment alors des espèces différentes.
- Dérive génétique et sélection naturelle participent à l'**évolution** des êtres vivants.

SAVOIR FAIRE Utiliser les résultats d'un logiciel de simulation

On considère un gène existant sous deux allèles *a* et *b*, avec chacun une fréquence initiale de 0,5 dans une population de 25 individus.
Pour 100 générations successives, le logiciel tire au sort les allèles de la génération suivante. Les résultats figurent sur le graphique ci-dessous pour 4 populations initialement identiques.

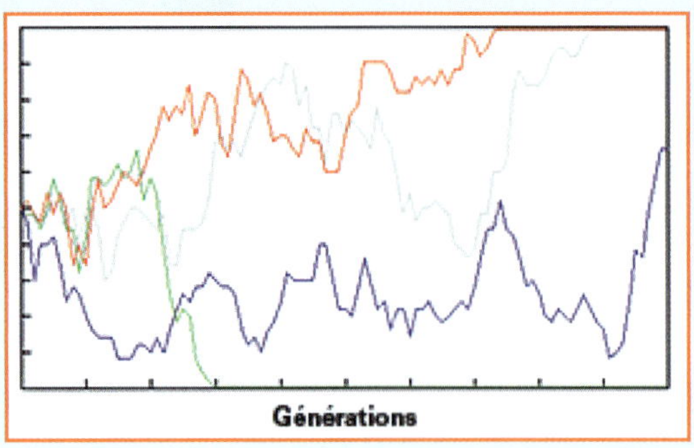

1. **Identifier** ce que représente l'axe horizontal.
Il s'agit de la succession des générations au cours du temps, une graduation correspond à 10 générations.

2. **Repérer** les données de l'axe vertical.
C'est la fréquence (notée p) d'un des allèles, de 0,5 au départ. Le gène existe sous deux allèles, de fréquences p et q (p + q = 1).

3. **Indiquer** ce que traduit le graphique.
Chaque courbe représente la variation de la fréquence d'un allèle (a) au cours du temps pour une population.

4. **Comparer** les résultats obtenus dans les 4 populations.
La fréquence de l'allèle considéré varie différemment selon les populations. Elle atteint 1 au bout de 70 générations dans une population (courbe rouge) : c'est donc le seul allèle restant.
Dans une autre population (courbe verte) il disparaît (fréquence = 0) au bout de 30 générations.

5. **Conclure.**
Ces variations de fréquence sont l'effet du hasard : c'est la dérive génétique.

S'ENTRAÎNER

1 Choisissez la (ou les) réponse(s) exacte(s) parmi les affirmations suivantes.

a. La sélection naturelle :
- modifie les allèles d'une population ;
- rend les individus plus aptes à survivre ;
- s'exerce dans un milieu donné.

b. La dérive génétique :
- dépend de l'effectif d'une population ;
- dépend du milieu ;
- peut faire apparaître de nouveaux allèles.

2 Les résultats d'un élevage de drosophiles

On élève des populations de drosophiles dans des cages. Certaines sont placées en présence d'un insecte prédateur (cages infectées), d'autres non (cages témoins).
L'allèle sépia donne aux mouches une coloration brun foncé de l'œil. Dans l'une des populations sa fréquence est égale à 0,1 ; dans l'autre elle est de 0,9.
On suit l'évolution de la fréquence de cet allèle au cours du temps (la durée de vie d'une drosophile est de l'ordre de deux à trois semaines après éclosion).

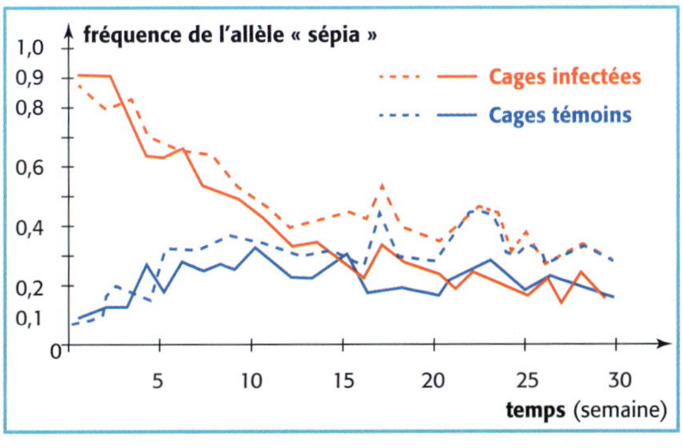

a. Comparez l'évolution de la fréquence de l'allèle sépia en présence et en absence du prédateur.

b. Expliquez cette évolution.

3 La variation de la coloration du corps chez un papillon

La phalène du bouleau, un papillon de nuit, existe sous deux formes, claire et sombre, dont l'importance relative a fluctué au cours du temps. Jusqu'en 1848 en Angleterre, les populations de phalènes étaient exclusivement des formes claires avant que n'apparaissent les formes sombres.
À partir de cette date, la proportion de ces dernières a augmenté pour devenir majoritaire.
Or, au milieu du XIXe siècle, la pollution engendrée par l'utilisation massive du charbon a noirci l'écorce des bouleaux. On précise par ailleurs que la phalène se protège de ses prédateurs en restant immobile sur les troncs de bouleaux, et que la couleur du corps est contrôlée par deux allèles : l'un clair, l'autre foncé.

a. Proposez une explication à l'augmentation des formes sombres.

Dans les années 1970, dans les régions où la pollution a diminué, les formes sombres de la phalène du bouleau sont devenues moins nombreuses.

b. Utilisez cette information pour confirmer ou infirmer la réponse à la question précédente.

SVT

7 Le Soleil, source d'énergie de la biosphère

SAVOIR

La photosynthèse

- Les végétaux sont capables d'utiliser **l'énergie lumineuse** du soleil pour synthétiser des **molécules organiques** à partir de molécules minérales : c'est la **photosynthèse** (qui ne peut pas avoir lieu à l'obscurité).
- Ils utilisent la **chlorophylle** contenue dans les chloroplastes des cellules des feuilles pour capter la lumière, et prélèvent des éléments minéraux dans leur environnement : eau et ions minéraux dans le sol, dioxyde de carbone dans l'air.
- Des **échanges gazeux** ont lieu au cours de la photosynthèse, qui sont inverses à ceux de la respiration : consommation de dioxyde de carbone (CO_2) et **dégagement de dioxygène** (O_2).
- Les molécules organiques ($C_6H_{12}O_6$) synthétisées dans les feuilles sont **distribuées** dans les parties non chlorophylliennes de la plante. Elles peuvent aussi être **stockées sous forme d'amidon** (glucide), dans les chloroplastes des feuilles ou dans des organes de réserves non chlorophylliens, les tubercules par exemple (pomme de terre).

L'importance de la photosynthèse pour la biosphère

- Au cours de la photosynthèse, le **carbone minéral** (CO_2) de l'atmosphère est utilisé pour fabriquer des **molécules organiques carbonées.** Il est incorporé dans la **biomasse** produite (masse de matière vivante). Ainsi, **l'énergie lumineuse** captée est convertie en **énergie chimique**.
- Les végétaux sont les premiers producteurs de matière organique ou **producteurs primaires** : ils constituent le point de départ des chaînes trophiques (chaînes alimentaires). Les animaux se nourrissent directement ou indirectement de la matière organique des végétaux : ce sont des **producteurs secondaires**.
- Dans un écosystème, un même être vivant appartient à plusieurs chaînes alimentaires. Ces chaînes sont interconnectées et forment un **réseau trophique**.
- La photosynthèse permet **l'entrée de matière minérale et d'énergie** dans la biosphère.
- La **productivité primaire brute** (PPB) d'un écosystème est la production totale de matière organique par la photosynthèse, par unité de surface et par unité de temps. L'énergie se transmet des producteurs primaires aux producteurs secondaires sous forme **chimique**, par l'intermédiaire des molécules organiques. Les chaînes trophiques sont le siège d'un **flux de matière et d'énergie**.

Le cycle de la matière

- Au cours de la **respiration**, les molécules organiques sont dégradées : leur carbone redevient du carbone minéral (CO_2). La respiration utilise le **dioxygène** dégagé au cours de la photosynthèse.
- Les **décomposeurs** dégradent la matière organique des êtres vivants après leur mort. Ils assurent la restitution des éléments minéraux dans le sol et le retour du dioxyde de carbone dans l'atmosphère.
- Photosynthèse et respiration participent au **cycle du carbone**. La photosynthèse fixe le carbone de l'atmosphère dans les molécules organiques des êtres vivants, tandis que la respiration (et la fermentation) le restituent à l'atmosphère sous forme de CO_2.

Photosynthèse végétale.

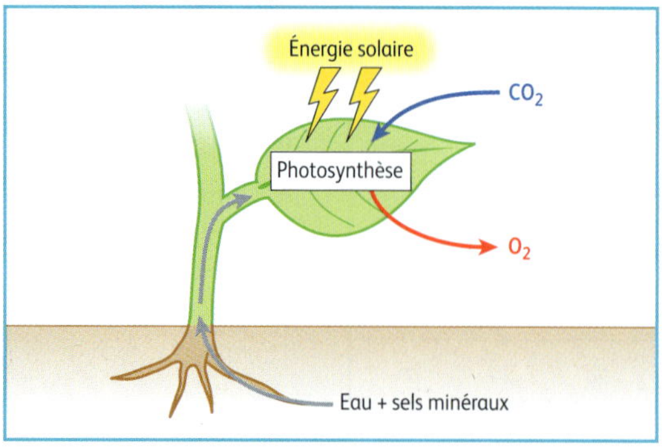

SAVOIR FAIRE — Analyser les résultats d'une expérience

On éclaire une plante verte (pélargonium) pendant douze heures. Certaines feuilles sont partiellement recouvertes d'un cache de papier noir. Les feuilles sont ensuite décolorées à l'alcool bouillant puis mises en présence d'eau iodée, un réactif qui colore en bleu noir l'amidon.

Feuilles avant et après traitement.

1. **Comparer les résultats** obtenus en présence ① et en absence ② de lumière : pas de coloration bleu noir dans la zone sous le cache, contrairement à la zone éclairée.
2. **Interpréter**. La coloration bleu noir traduit la synthèse d'amidon (matière organique).
3. **Conclure**. La lumière est indispensable à la synthèse d'amidon, c'est-à-dire de matière organique.
4. **Comparer les résultats** dans les parties contenant ③ ou non de la chlorophylle ④ : pas de coloration bleu noir, c'est-à-dire d'amidon, dans la zone dépourvue de chlorophylle.
5. **Conclure**. La chlorophylle est indispensable à la synthèse de matière organique dans les feuilles.

S'ENTRAÎNER

1 Choisissez la (ou les) réponse(s) exacte(s) parmi les affirmations suivantes.

a. Les producteurs primaires :
- utilisent l'énergie lumineuse ;
- se nourrissent de matière organique ;
- restituent le carbone à l'atmosphère.

b. L'énergie lumineuse :
- est convertie en énergie chimique par les animaux ;
- est captée par la chlorophylle ;
- entre dans la biosphère par l'intermédiaire des végétaux.

2 L'influence du milieu de culture

On sème trois lots de graines de radis, dans des conditions aussi identiques que possibles. Chaque lot est placé dans une enceinte transparente et est soumis aux mêmes conditions d'éclairement, de température et d'arrosage. Seul le taux de CO_2 dans l'air de l'enceinte est différent.
Au bout de 20 jours, chaque récolte est déshydratée puis pesée. Les résultats obtenus sont donnés dans le tableau suivant.

Numéro du lot	1	2	3
Taux de CO_2	0,03 %	0 %	3 %
Masse sèche récoltée	2,62 g	0,39 g	3,10 g

Remarque : le montage expérimental permet de placer les plantes dans une atmosphère très appauvrie en CO_2, sans l'éliminer totalement.

a. Comparez les résultats obtenus dans les trois cultures.

b. Expliquez les différences constatées.

8 Cycle du carbone et activités humaines

SAVOIR

La fossilisation de l'énergie solaire

- Les **combustibles fossiles** (gaz naturel, charbon, pétrole) sont des **ressources énergétiques** riches en carbone, présents dans le sous-sol. Ils se forment à partir d'une **biomasse**, comme l'atteste la présence de restes organiques fossiles (empreintes de végétaux dans le charbon, traces de chlorophylle dans le pétrole).

- Les **gisements** de combustibles fossiles sont localisés dans des **roches sédimentaires**. Leur formation nécessite une **haute productivité biologique** et l'enfouissement d'une partie de la biomasse à l'**abri de l'air**. En effet, en absence de dioxygène, la matière organique n'est pas entièrement dégradée par les **décomposeurs** et des bactéries capables de vivre sans oxygène (bactéries anaérobies) la transforment en **kérogène**.

- Au fur et à mesure de son accumulation dans les sédiments, la matière organique s'enfonce en profondeur et subit une **élévation de température et de pression**. Le kérogène se transforme alors en charbon, en pétrole ou en gaz. Le pétrole et les gaz sont des **hydrocarbures**, des fluides composés essentiellement de carbone et d'hydrogène.

- Les gisements de combustibles fossiles sont inégalement répartis à la surface de la Terre car ils se forment dans des conditions géologiques particulières : des bassins sédimentaires caractérisés par une forte **subsidence** (enfoncement du fond) avec constitution d'un **piège** à hydrocarbures.

- Les hydrocarbures fluides ont en effet tendance à quitter la **roche mère** dans laquelle ils se sont formés. Ils s'accumulent dans un piège constitué d'une **roche réservoir** poreuse et perméable (grès, calcaire), recouverte d'une couche imperméable (argile).

- La connaissance de ces conditions de formation permet de rechercher de nouveaux gisements et de les exploiter, de façon à limiter les coûts et l'impact sur l'environnement.

Bassin sédimentaire : dépression dans laquelle s'accumulent des sédiments.
Subsidence : enfoncement du fond d'un bassin sédimentaire.
Gisement (de pétrole) : lieu où le pétrole est présent en quantité.
Kérogène : matière organique contenue dans les sédiments.

L'utilisation des ressources énergétiques

- L'**utilisation des combustibles fossiles** libère du CO_2 dans l'atmosphère. Ce phénomène restitue rapidement du dioxyde de carbone prélevé lentement par les végétaux et piégé depuis longtemps dans la matière fossilisée. Brûler un combustible fossile revient donc à utiliser une énergie solaire du passé.

- Le carbone est présent dans plusieurs **réservoirs naturels** (atmosphère, hydrosphère, lithosphère, biosphère), sous forme minérale (dioxyde de carbone, carbonate de calcium) ou de molécules organiques chez les êtres vivants. Les échanges entre ces réservoirs constituent le **cycle du carbone**.

- Au cours des deux derniers siècles, l'utilisation massive des combustibles fossiles pour les activités humaines a entraîné une **élévation de la teneur en dioxyde de carbone atmosphérique**. L'Homme interfère ainsi dans le cycle naturel du carbone.

Migration d'un pétrole depuis sa roche mère vers sa roche réservoir.

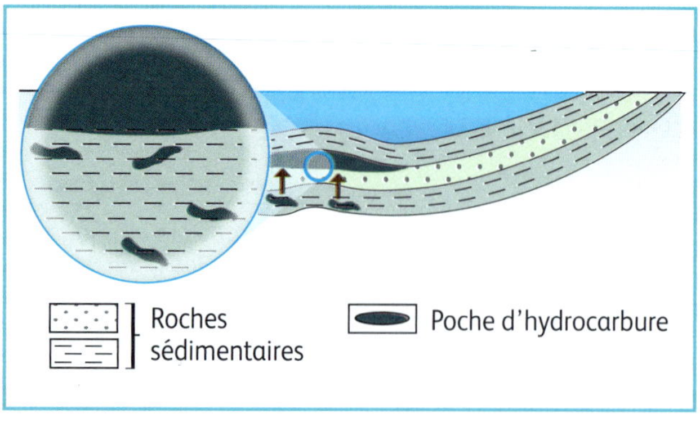

SAVOIR FAIRE Exploiter les informations d'un schéma

Le cycle naturel du carbone (flux en Gt/an).

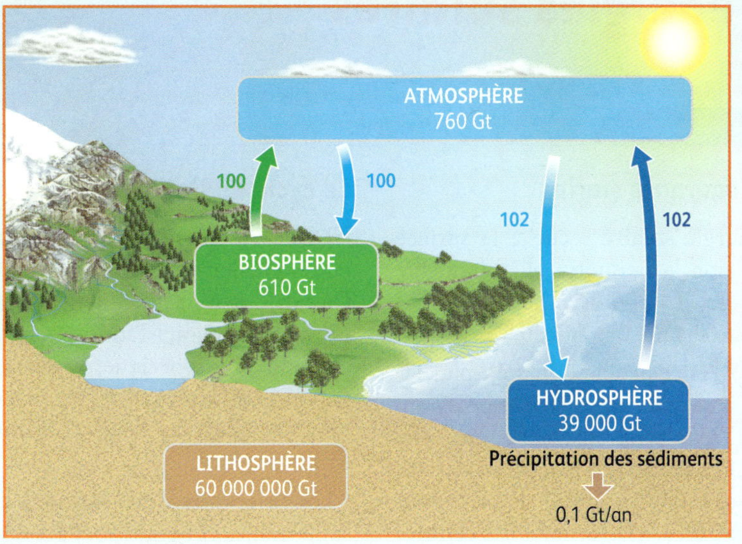

1. **Identifier** les réservoirs de carbone. Les réservoirs de carbone sont les roches (lithosphère), l'atmosphère, la biosphère et l'hydrosphère.

2. **Déterminer** la nature du carbone dans chacun de ces réservoirs. Le carbone est sous forme organique dans la biosphère et sous forme minérale dans les autres réservoirs.

3. **Comparer** la masse de ces réservoirs. La lithosphère est le plus important réservoir de carbone, avec une quantité de carbone 1 500 fois plus grande que dans l'hydrosphère. L'atmosphère et la biosphère renferment environ 50 fois moins de carbone que l'hydrosphère.

4. **Rechercher** comment se font les échanges entre réservoirs. Entre l'atmosphère et la biosphère, ainsi qu'entre l'atmosphère et la biosphère, les échanges sont à double sens. L'hydrosphère fournit en revanche du carbone à la lithosphère.

5. **Conclure**. Le carbone est immobilisé dans la lithosphère alors qu'il est au contraire activement échangé dans les autres réservoirs.

S'ENTRAÎNER

1 Choisissez la (ou les) réponse(s) exacte(s) parmi les affirmations suivantes.

a. Le pétrole se forme :
- dans les milieux oxygénés ;
- dans un bassin subsident ;
- indirectement à partir de la photosynthèse.

b. L'utilisation des combustibles fossiles :
- revient à utiliser une énergie solaire fossile ;
- libère du dioxygène dans l'atmosphère ;
- prélève du CO_2 dans l'atmosphère.

2 Les étapes de la formation des combustibles fossiles

Le document ci-contre présente les étapes de la formation des combustibles fossiles.

a. Indiquez comment se forme le kérogène.

b. Identifiez les facteurs responsables et expliquez la transformation du kérogène en hydrocarbure.

c. Précisez et expliquez la condition de formation du pétrole (huile).

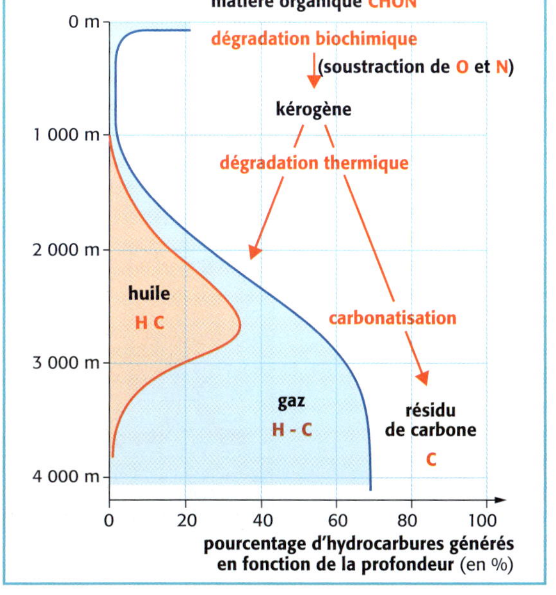

SVT

9 D'autres formes d'énergies solaires

SAVOIR

Les vents et les courants marins

- La **quantité d'énergie solaire reçue** à la surface de la Terre varie selon la latitude : elle augmente de l'équateur aux pôles. La photosynthèse en utilise moins de 1 %, le reste chauffe l'air et l'eau.
- L'air échauffé (par l'intermédiaire du sol), plus léger, s'élève, ce qui forme une **zone de basse pression**. Une fois refroidi, il redescend en créant une **zone de haute pression**. Les masses d'air se déplacent des zones de haute pression (anticyclones) vers les zones de basse pression (dépressions), formant des **cellules de convection**. L'air qui descend aux tropiques est ainsi entraîné vers l'équateur ou vers les régions tempérées.
- Ces mouvements horizontaux, à l'origine des vents, sont déviés par la **force de Coriolis** due à la rotation de la Terre (vers la droite dans l'hémisphère Nord et la gauche dans l'hémisphère Sud). Les alizés sont des vents dirigés des tropiques vers l'équateur soufflant d'est en ouest dans l'hémisphère Nord.
- L'inégale répartition de l'énergie solaire sur Terre est donc le **moteur de la circulation atmosphérique**. Celle-ci permet de répartir la chaleur de l'équateur vers les pôles.
- Sous l'action des vents, la mise en mouvement des eaux océaniques de surface forme des **courants océaniques superficiels**. Des courants océaniques profonds résultent des différences de température entre les eaux polaires et équatoriales.

Le cycle de l'eau

- L'eau sur Terre circule sous différentes formes, entre **plusieurs réservoirs**. À l'équateur, l'eau de **l'océan**, chauffée par l'énergie solaire, subit une **évaporation** et rejoint l'atmosphère. Au cours de la circulation atmosphérique, la vapeur d'eau se refroidit. Sa **condensation** est à l'origine de **précipitations**, pluies et neige. La neige s'accumule aux pôles sous forme de **glace**.
- Les **réservoirs d'eau liquide** (cours d'eau, nappes souterraines et océan) sont alimentés par les précipitations et la fonte des glaces. L'eau rejoint les océans par gravité.
- L'eau s'évapore grâce à l'énergie du soleil, circule horizontalement sous l'effet des courants aériens et océaniques, retombe par gravité. **L'énergie solaire est le moteur du cycle de l'eau.**

Des sources d'énergie renouvelables

- L'énergie des vents (éolienne), des courants marins et des barrages hydroélectriques permet la production d'électricité. L'utilisation de ces sources d'énergie revient à utiliser indirectement l'énergie solaire, qui est la seule énergie d'origine externe à chauffer la surface de la Terre.
- La quantité d'énergie solaire reçue par la Terre est très nettement supérieure aux besoins humains en énergie. Ces sources d'énergie sont donc considérées comme renouvelables et constituent de bonnes alternatives aux énergies fossiles.

Schéma de la cellule de convection équatoriale.

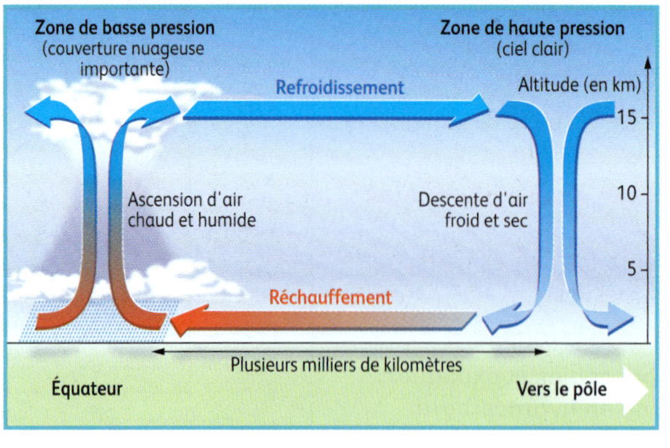

SAVOIR FAIRE Représenter le cycle de l'eau

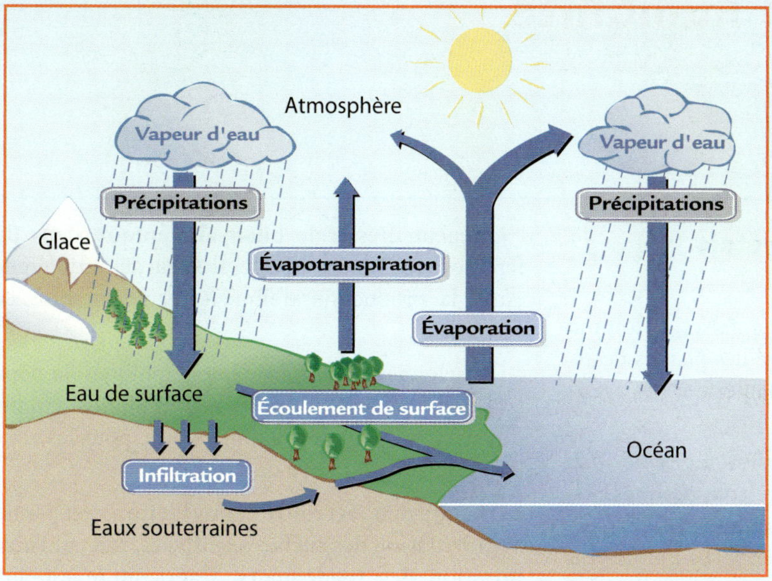

1. **Représenter** les principaux réservoirs d'eau sur Terre (ils peuvent être symbolisés par des rectangles légendés) : océan, atmosphère, eaux souterraines et de surface, glace.
2. **Représenter par des flèches** les échanges entre les réservoirs et **légender** : précipitations, évaporation, écoulement. (Vérifier qu'il s'agit bien d'un cycle : les échanges forment une boucle.)
3. **Représenter** le moteur de ce cycle : le Soleil.

S'ENTRAÎNER

1 Complétez les phrases suivantes en ajoutant les mots manquants.

a. Lorsque l'air .... s'élève, il se crée une zone de .... pression.

b. Les courants atmosphériques sont orientés des zones de .... pression vers les zones de .... pression.

c. L'énergie des vents est considérée comme une énergie .... car elle a pour origine l'énergie ....

d. Les .... proviennent de la condensation de la vapeur d'eau contenue dans ....

2 L'origine des courants océaniques

Pour expliquer les mécanismes de la circulation océanique, on utilise le modèle expérimental suivant. L'un des tubes (à droite) contenait au départ de l'eau à 4 °C colorée en bleu et l'autre (à gauche) de l'eau à 35 °C colorée en rouge. Lorsque l'on retire les deux pinces, les deux tubes ont été mis en communication et on observe le résultat suivant.

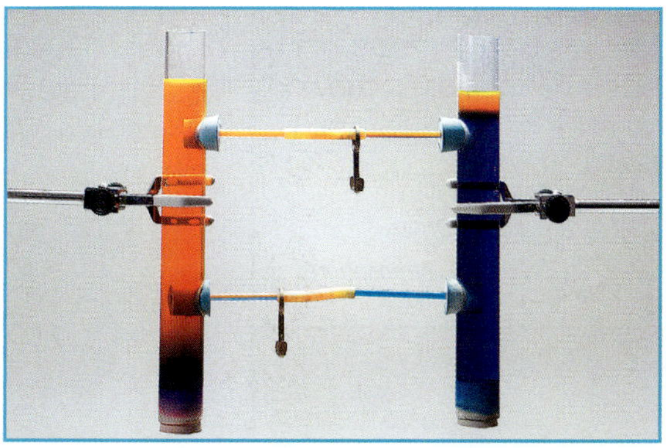

a. Indiquez les mouvements réalisés par l'eau chaude d'une part, par l'eau froide d'autre part.

b. Indiquez quelle est la cause de ces mouvements.

c. À partir de ce modèle, expliquez la formation des courants océaniques profonds.

d. Les courants superficiels ont une autre origine. Indiquez laquelle.

e. Dans tous les cas, précisez quel est le moteur de la circulation océanique.

3 La circulation atmosphérique

Les vents sont des mouvements horizontaux de l'atmosphère. Leur répartition figure sur le document suivant.

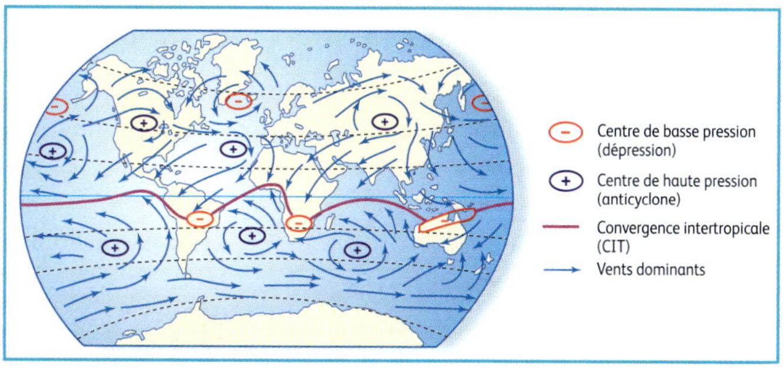

a. Indiquez le sens des courants aériens dans l'hémisphère Nord, entre les zones de basse et de haute pression.

b. Expliquez pourquoi les masses d'air convergent vers l'équateur.

c. Expliquez l'origine de la dépression à l'équateur.

d. Déduisez-en le moteur des courants atmosphériques.

SVT

10 Nourrir l'humanité

SAVOIR

Production de biomasse végétale dans les agrosystèmes

- Pour satisfaire ses besoins alimentaires, l'Homme utilise la **photosynthèse**. Il cultive des plantes destinées à l'alimentation humaine, à l'intérieur des **agrosystèmes**.
- Un **agrosystème** est un **écosystème créé par l'Homme** pour produire des végétaux, destinés notamment à l'alimentation. Le nombre d'espèces est **réduit à l'espèce cultivée** et les espèces inutiles ou nuisibles à la production sont éliminées par l'emploi de **pesticides**. La **biodiversité** y est donc **réduite**.
- La **productivité** (biomasse par unité de surface et pour une période donnée) est **élevée** car l'Homme favorise les rendements, notamment par l'**irrigation** et l'apport d'éléments nutritifs sous forme d'**engrais**.
- La biomasse produite y est **récoltée et non pas recyclée** dans le sol, contrairement à un écosystème naturel. L'agrosystème est donc en **déséquilibre** et doit recevoir des apports minéraux (engrais) pour compenser les pertes.
- L'**emploi d'engrais et de pesticides** pour l'entretien de l'agrosystème peut avoir des conséquences sur l'**environnement** (pollution des nappes d'eau souterraines).

Satisfaire les besoins de l'alimentation humaine

- La biomasse végétale produite par l'agriculture est une source de nourriture mais elle peut aussi servir à produire des combustibles, les **agrocarburants** (comme le bioéthanol). Ces deux productions entrent en concurrence.
- On peut dresser le **bilan alimentaire** dans différentes régions du monde. Il s'agit de la différence entre la production d'aliments et les besoins des Hommes.
- Or, selon les prévisions démographiques, la population humaine atteindra les neuf milliards d'individus d'ici 2050. Le déficit alimentaire, pour les zones les plus pauvres, risque de s'aggraver.
- Il faudra donc **accroître la production**, soit par une **augmentation des surfaces cultivées**, soit par l'**amélioration des rendements**. L'agriculture est ainsi confrontée au défi de pouvoir nourrir la population humaine, tout en limitant son impact sur l'environnement.

L'inégale répartition des ressources en eau et des sols cultivables

- Les **sols cultivables** et l'**eau** sont deux ressources naturelles essentielles à la pratique de l'agriculture.
- La distribution des ressources en eau est très inégale à la surface de la planète. Elle est déterminée par des **facteurs climatiques** (abondance des précipitations) et **géologiques**. La disponibilité en eau renouvelable varie aussi avec la densité de la population. L'irrigation permet de compenser le manque d'eau dans quelques régions seulement. Le développement de systèmes d'irrigation économe permettra d'améliorer cette situation.
- Les sols cultivés sont inégalement répartis dans le monde et leur surface diminue avec l'accroissement de la population. Ils sont de plus fragiles et facilement dégradés, notamment dans les régions déjà défavorisées pour la ressource hydrique.

Les mouvements de substances dans un champ.

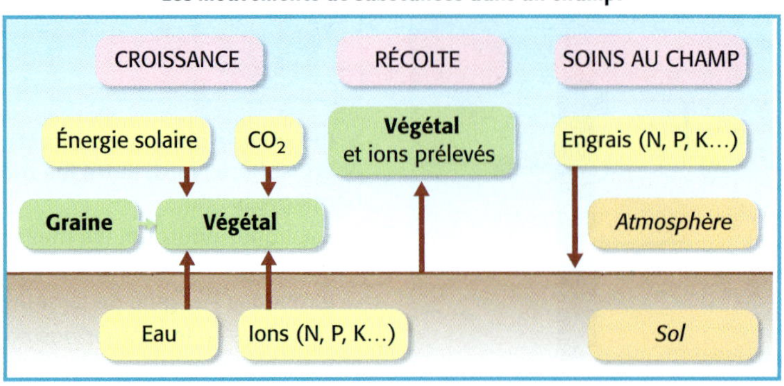

SAVOIR FAIRE Savoir exploiter les données d'une carte

Ressources en eau renouvelable par pays et par an.

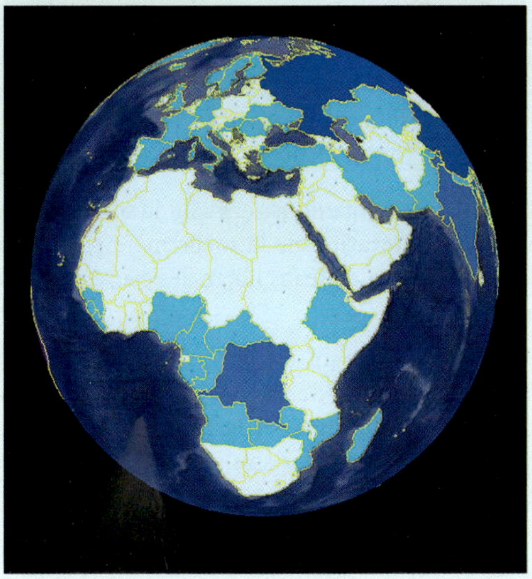

Ressource annuelle en eau renouvelable (2003)
- 0-100 km³
- 101-922 km³
- 1045-2132 km³
- 2829-4507 km³
- 8233 km³

1. **Expliquer** le titre du document.
« Renouvelable » signifie que ce qui est utilisé est compensé par de nouveaux apports.

2. **Expliquer** la légende.
On mesure ici les km³ d'eau renouvelée, c'est-à-dire les volumes par année. Les zones claires sont celles où le volume est le plus faible, donc où le renouvellement est le moins important.

3. **Repérer** les variations globales.
On distingue les régions dans lesquelles les ressources sont abondantes (Afrique centrale), de celles où elles sont insuffisantes (Afrique du Nord et Moyen-Orient).

S'ENTRAÎNER

1 Vrai ou faux ?

a. L'apport d'engrais entraîne un déséquilibre de l'agrosystème.
b. Un agrosystème présente une faible biodiversité.
c. Les agrocarburants sont une source d'énergie renouvelable.
d. L'eau est une ressource rare sur tout le continent africain.

2 Complétez les phrases suivantes en ajoutant le mot manquant.

a. Pour satisfaire ses besoins alimentaires, l'Homme utilise à son profit la ....
b. L'agriculture entre en concurrence avec la .... naturelle.
c. La biomasse végétale produite par l'agriculture est une source de nourriture et d' ....
d. L'agriculture a besoin de .... et d'............., deux ressources inégalement réparties à la surface de la planète.

3 L'utilisation du sol dans le monde

Utilisez le graphique ci-dessous pour répondre aux questions suivantes.
a. Évaluez la proportion des terres cultivables à l'échelle mondiale.
b. Indiquez dans quelles parties du monde les terres agricoles sont le plus limitées.
c. Expliquez pourquoi dans certaines régions, les sols sont incultivables.
d. Indiquez quels problèmes se posent dans les régions où la population excède les surfaces cultivables disponibles.
e. On entend dire parfois qu'il n'existe plus de terres cultivables. Discutez cette affirmation.

Utilisation du sol, en fonction de la surface totale des terres émergées.

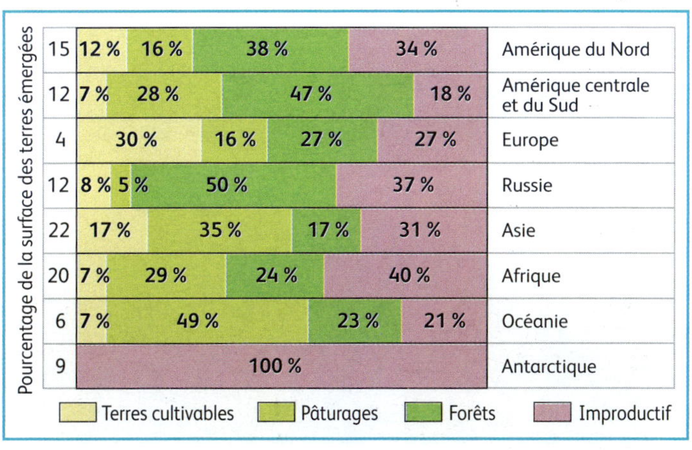

11 Le sol, un patrimoine durable ?

SAVOIR

Le sol, une double origine

▶ Le sol est une couche superficielle meuble qui repose sur la **roche mère** dont il est issu (sous-sol).

Composition moyenne d'un sol.

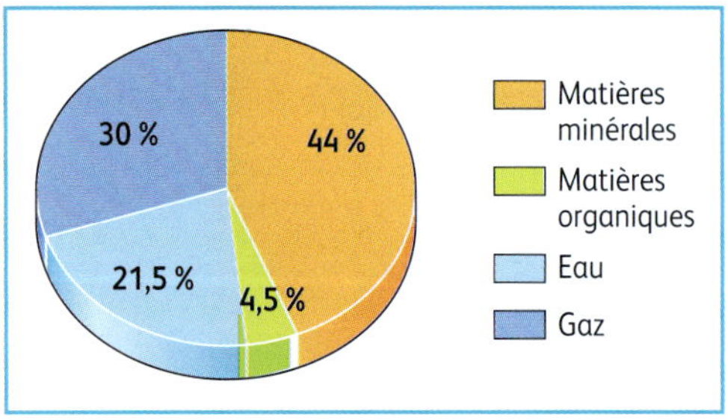

▶ Poreux, le sol renferme de **l'air et de l'eau**, ce qui lui permet d'abriter de nombreux êtres vivants. C'est le support des végétaux qui s'y fixent par leurs racines.

▶ Le sol est constitué de débris végétaux et animaux, de particules **minérales** et **d'humus** (de couleur noire) riches en matière organique.

▶ Il est structuré en différents **horizons** (humiques et d'altération), des couches d'épaisseur variable qui se distinguent par leur aspect et par leur composition. La **litière** est une couche de débris végétaux (et animaux) qui recouvre superficiellement le sol.

▶ Le sol résulte d'une interaction entre les roches et la biosphère : il provient de la **fragmentation de la roche mère** et de la **décomposition des êtres vivants** après leur mort. La transformation de leurs molécules organiques enrichit le sol en humus, tandis que l'**altération** de la roche mère par **hydrolyse** (sous l'action de l'eau) libère des éléments minéraux.

▶ La formation du sol est lente (plusieurs dizaines d'années pour 1 mm d'épaisseur). Elle est conditionnée par la **température et la présence d'eau**, d'où **l'inégale répartition** des sols à la surface de la planète.

Roche mère : roche dont la fragmentation et l'altération participent à la formation d'un sol.
Sous-sol : ensemble des roches non fragmentées ni altérées qui se trouvent sous le sol.
Humus : molécules organiques provenant de la décomposition des êtres vivants par les micro-organismes du sol.

La gestion des sols, un enjeu pour l'humanité

▶ Les sols sont fragiles et facilement dégradés, principalement par **l'érosion** qui réduit leur épaisseur. Les principaux facteurs d'érosion sont l'eau (par ruissellement) ou le vent. La **déforestation** accentue l'érosion, en faisant disparaître les végétaux dont les racines stabilisent le sol.

▶ L'érosion peut emporter 1 mm de sol par an. L'ampleur du phénomène dépasse largement la vitesse de formation. Le sol n'est **pas une ressource renouvelable**.

▶ D'autres facteurs contribuent à la fragilisation et à la dégradation des sols : surexploitation, pollution, urbanisation.

▶ La **protection des sols** représente un enjeu majeur, dont dépend l'alimentation de la population humaine. Des pratiques culturales, qui limitent la durée pendant laquelle le sol est exposé sans couverture végétale, permettent de réduire l'érosion.

L'irrigation en été du maïs, plante peu adaptée à notre climat, sec en été.

SAVOIR FAIRE — Exploiter une coupe de sol

Décrire et légender la photographie d'une coupe de sol. À partir de son exploitation, expliquer comment se forme un sol.

1. **Distinguer** le sol du sous-sol. Le sol est la couche superficielle dans laquelle les végétaux enfoncent leurs racines. Le sous-sol est constitué de roches non fragmentées, ni altérées.

2. **Distinguer** deux horizons différents dans le sol. Un horizon humique superficiel de couleur noire et donc riche en humus, et un horizon d'altération plus profond contenant de nombreux fragments de roche.

3. **Expliquer** l'origine du sol. L'humus provient de la décomposition des végétaux présents en surface après leur mort. Les fragments de roche proviennent de la fragmentation de la roche mère, due à l'action de l'eau et des êtres vivants (racines des végétaux).

4. **Conclure.** Le sol est le résultat d'une interaction entre les roches et les êtres vivants.

S'ENTRAÎNER

1 Choisissez la (ou les) réponse(s) exacte(s) parmi les affirmations suivantes.

a. La formation d'un sol :
– nécessite une année pour 1 mm d'épaisseur ;
– nécessite l'intervention de l'Homme ;
– fait intervenir des micro-organismes.

b. L'érosion des sols :
– est due à la pollution excessive ;
– est accentuée par la présence des végétaux ;
– dépend des facteurs climatiques.

2 La protection des sols

L'érosion est un véritable problème qui prive l'humanité d'une partie des ressources alimentaires dont elle a besoin. Afin de ralentir l'érosion, voire l'éviter, on a expérimenté différents traitements sur quatre parcelles de terre abritant une même culture, la vigne.
Le graphique suivant donne les résultats de l'expérimentation.

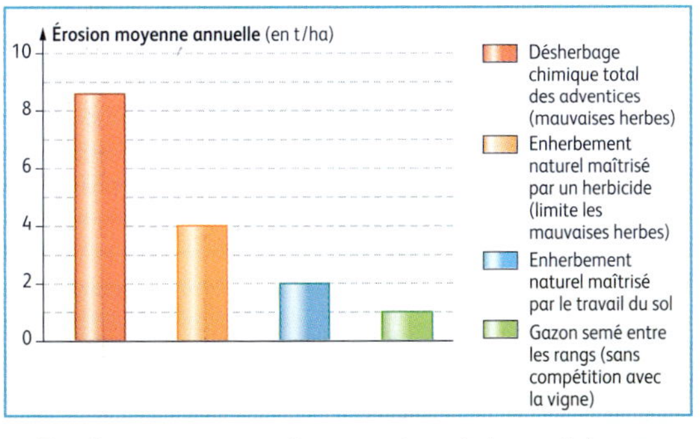

a. Expliquez pourquoi on pratiquait jusqu'alors un désherbage total entre les rangs de pieds de vigne.
b. Comparez l'érosion moyenne annuelle selon le traitement appliqué.
c. Expliquez pourquoi semer du gazon limite le plus fortement l'érosion.
d. Indiquez les inconvénients supposés de cette méthode.

3 La répartition des sols sur le globe terrestre

Les sols sont inégalement répartis à la surface de la planète car différents facteurs conditionnent leur formation.

Épaisseur moyenne du sol, précipitations annuelles moyennes et température moyenne en fonction de la latitude.

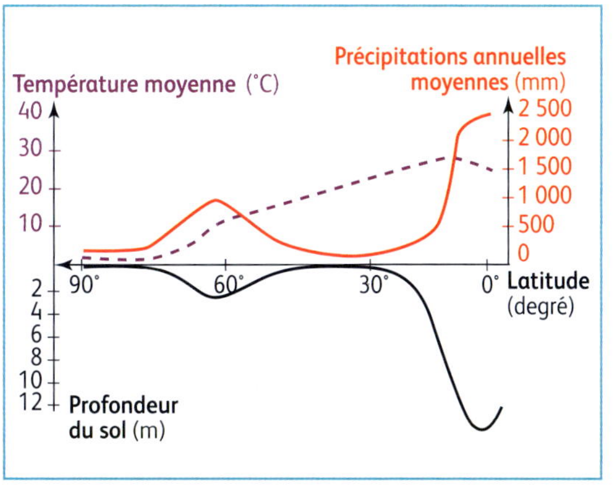

a. Indiquez comment varie l'épaisseur des sols en fonction de la latitude.
b. Indiquez quels facteurs conditionnent la répartition des sols.
c. Expliquez comment ces facteurs interviennent dans la formation du sol.

12 Effort physique et métabolisme énergétique

SAVOIR

La dépense énergétique

- Un effort physique implique un **travail musculaire**. Ce travail (exprimé en Joule) est une mesure de **l'énergie mécanique** dépensée au cours du mouvement. L'**intensité** de l'effort est quantifiée par sa **puissance** (exprimée en Watt), c'est-à-dire le travail musculaire par unité de temps.
- Lors d'un effort peu intense et/ou de longue durée, le muscle tire cette énergie de la **respiration**, c'est-à-dire de la dégradation de nutriments glucidiques et lipidiques en présence de dioxygène. L'effort physique se traduit donc par une consommation accrue de dioxygène et de nutriments.
- La dépense liée à l'exercice s'ajoute aux dépenses incompressibles de l'organisme, ou au **métabolisme de base**, qui varie selon des paramètres individuels (taille, âge, masse).
- Une partie de l'énergie libérée au cours de l'exercice est **dissipée** sous forme de **chaleur**.

Métabolisme de base : dépense d'énergie nécessaire au fonctionnement des organes (cœur, reins, muscles respiratoires...) au repos, à jeun et à 19 °C.

Consommation de dioxygène liée à l'effort

- Plus l'effort physique est intense, plus le muscle a besoin d'énergie : le volume de dioxygène consommé (VO_2) augmente.
- Toutefois, quand l'effort physique atteint une certaine intensité, l'organisme atteint sa **consommation maximale de dioxygène**, ou **VO_2 max**. Cette consommation (exprimée en $mL\cdot kg^{-1}\cdot min^{-1}$) traduit la **limite de l'effort physique** que peut fournir l'organisme.
- La VO_2 max varie d'une personne à l'autre, notamment selon le sexe, l'âge et l'entraînement. Elle constitue un indicateur de la capacité d'un individu à réaliser un effort physique d'endurance.

Exercice physique et lutte contre l'obésité

- L'effort physique **suppose une consommation de nutriments**. Ils sont utilisés au cours de la respiration pour libérer de l'énergie (1 g de glucose libère 17 kJ).
- Les glucides stockés dans le foie et les muscles sous forme de glycogène, et les graisses (lipides) du tissu adipeux sont des **réserves énergétiques** majeures pour l'organisme. Le type de nutriments consommés (lipides ou glucides) dépend de l'intensité de l'effort physique. Au cours d'un exercice d'endurance, la consommation de lipides est privilégiée.
- L'obésité correspond à un **IMC** supérieur à 30. Elle est souvent la conséquence d'un **bilan énergétique positif** : les apports énergétiques liés à l'alimentation sont supérieurs aux dépenses énergétiques de l'organisme.
- L'exercice physique, en augmentant les dépenses énergétiques, aide à lutter contre l'obésité. Néanmoins, il doit s'accompagner d'une réduction des apports énergétiques alimentaires.

IMC : l'Indice de Masse Corporelle d'une personne correspond à : $\frac{\text{poids (en kg)}}{\text{taille}^2\text{ (en m}^2\text{)}}$.

Consommation de dioxygène au repos et lors d'un effort physique.

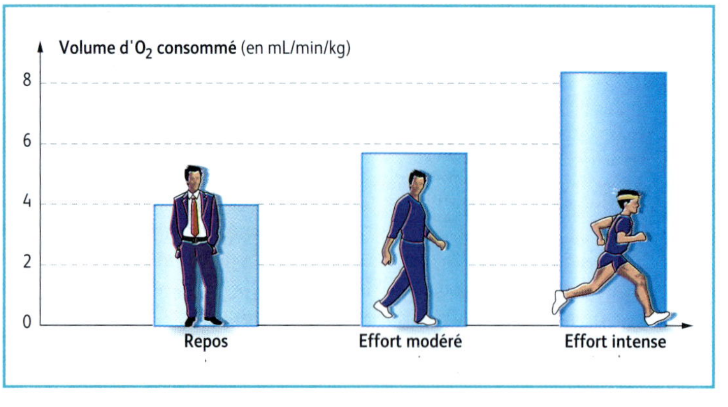

SAVOIR FAIRE — Analyser et interpréter les données d'un graphique

Évolution du VO_2 max des élèves en fonction du nombre d'heures d'activité physique et sportive effectuées par semaine (étude portant sur 200 collégiens, dont certains en surpoids).

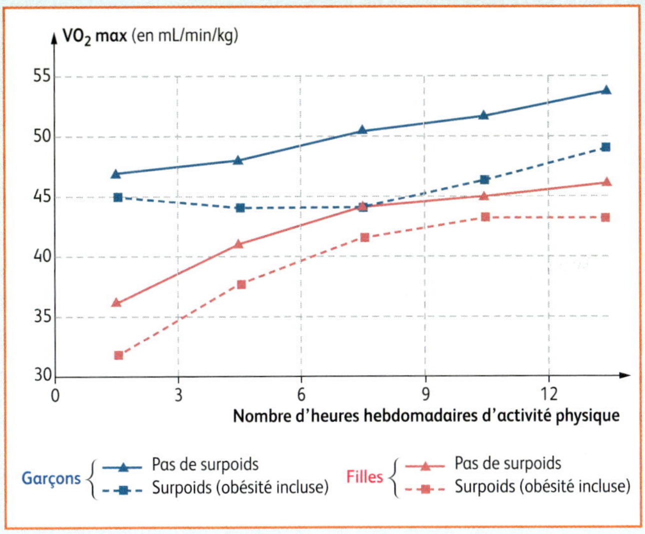

1. Comparer les résultats. Chez les garçons comme chez les filles, la VO_2 max des sujets en surpoids est moins élevée. La VO_2 max augmente cependant avec le nombre d'heures hebdomadaires d'activité physique, chez les sujets en surpoids ou non.

2. Interpréter. Le surpoids diminue la VO_2 max et donc la condition physique. Une activité physique régulière permet d'accroître l'endurance.

S'ENTRAÎNER

1 Vrai ou faux ?

a. La dépense énergétique dépend seulement de l'activité physique.

b. La température corporelle augmente au cours de l'effort.

c. L'exercice physique est le seul moyen de lutter contre l'obésité.

d. La consommation de lipides augmente lors d'un effort intense.

2 Consommation de nutriments au cours de l'effort

Consommation des nutriments par les muscles en fonction de la puissance du travail musculaire (exprimée en % du VO_2 max).

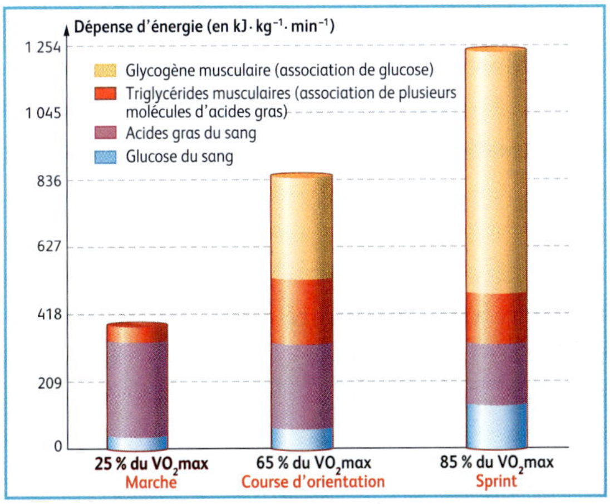

Pour ce graphique, on précise que les triglycérides sont des molécules complexes, constituées par l'association de plusieurs molécules d'acides gras.

a. Comparez les quantités et les types de molécules consommées pour une marche et pour une course d'orientation.

b. Déduisez-en comment le muscle satisfait ses besoins lorsque l'intensité de l'effort augmente.

c. Les mesures réalisées pendant le sprint confirment-elles cette conclusion ?

3 Consommation de dioxygène au cours de l'effort

Le tableau ci-dessous indique la consommation de dioxygène mesurée au cours d'une course de plus en plus rapide :

Vitesse de course (en $km \cdot h^{-1}$)	8	12	16	20	24	28	32
Consommation d'O_2 (en $mL \cdot kg^{-1} \cdot min^{-1}$)	20	31	47	55	54	56	55

a. Indiquez comment varie la VO_2 avec la vitesse de la course.

b. Expliquez ces variations.

SVT

13 Le couplage cardiorespiratoire

SAVOIR

Les modifications de l'activité cardiorespiratoire

Fréquence respiratoire : nombre de mouvements par min.

Volume courant : volume d'air entrant ou sortant des poumons à chaque mouvement.

Fréquence cardiaque : nombre de battements cardiaques par minute.

Volume d'éjection systolique : volume de sang expulsé par le cœur à chaque contraction.

- À chaque **inspiration**, l'air entre dans les poumons et parcourt les voies respiratoires pour arriver au niveau des alvéoles pulmonaires, où s'effectuent les échanges entre l'air et le sang. L'air appauvri en dioxygène est évacué des poumons au cours de **l'expiration**. La **ventilation** est l'alternance des mouvements respiratoires.
- Au cours de l'effort, le **débit ventilatoire augmente**.
- La **fréquence cardiaque** au repos augmente au cours de l'effort (elle peut être multipliée par trois) tout comme le **volume d'éjection systolique**.
- Par conséquent, le **débit cardiaque** (volume de sang propulsé par le cœur en une minute) augmente lors de l'effort.
- La VO_2 max est atteinte grâce à l'augmentation du débit cardiaque et du débit ventilatoire. Elle est limitée par la fréquence cardiaque maximale.

Le cœur et la circulation sanguine

- Le cœur est un muscle creux qui comporte **deux parties droite et gauche indépendantes**, chacune formée de deux cavités :
  - une **oreillette** ;
  - un **ventricule**.
- Le sang quitte le cœur par des **artères**. Elles se ramifient en **artérioles** qui irriguent les organes. Le dioxygène et les nutriments sont prélevés et les déchets évacués sont dans le sang. Ces échanges s'effectuent au niveau de vaisseaux de petit diamètre : les **capillaires**. Le sang retourne ensuite au cœur par les **veines**.
- Le cœur droit assure la **circulation pulmonaire** : l'oreillette droite puis le ventricule droit propulsent vers les poumons le sang pauvre en dioxygène provenant des organes. Le sang réoxygéné dans les poumons retourne à l'oreillette gauche par les veines pulmonaires.
- Le cœur gauche assure la **circulation générale** :
  – le sang quitte le ventricule gauche par l'**aorte** pour circuler jusqu'aux organes ;
  – il est ramené à l'oreillette droite par la **veine cave**.
- Les circulations générale et pulmonaire sont disposées **en série**. La circulation du sang **en sens unique** est imposée par les **valvules**, situées à l'entrée et à la sortie des ventricules.
En revanche, les vaisseaux assurant l'irrigation des organes sont disposés **en parallèle**.

Circulation en série : le sang passe successivement d'un organe à l'autre.

Circulation en parallèle : plusieurs organes sont irrigués en même temps.

L'approvisionnement des muscles en dioxygène

- Au cours de l'effort, le débit sanguin augmente dans les muscles, et cette augmentation est compensée par une diminution du débit dans d'autres organes (reins et intestin). Le débit reste constant dans le cerveau. Les variations de débit sont assurées par le relâchement (augmentation) ou la contraction (diminution) de muscles situés dans la paroi des artérioles. La pratique d'un exercice physique suppose ainsi un bon état cardiovasculaire.

Le calcul des débits cardiaque et ventilatoire

Débit cardiaque = rythme cardiaque × volume expulsé
(en $mL \cdot min^{-1}$) (en $B \cdot min^{-1}$) (en $mL \cdot B^{-1}$)

Débit ventilatoire = rythme respiratoire × volume inspiré
(en $mL \cdot min^{-1}$) (en $B \cdot min^{-1}$) (en $mL \cdot B^{-1}$)

SAVOIR FAIRE — Expliquer l'organisation de l'appareil circulatoire

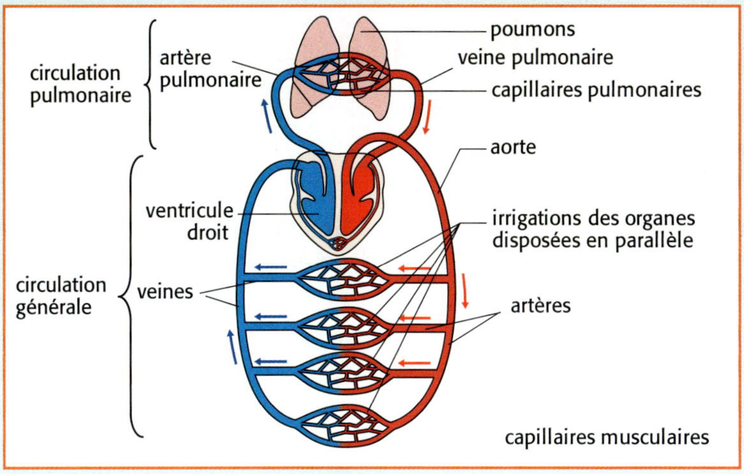

1. **Décrire** la double circulation.
Le sang passe successivement du cœur aux organes (circulation générale), et du cœur aux poumons (circulation pulmonaire).

2. **Expliquer** l'intérêt de cette disposition en série.
Le sang quitte les poumons à l'état oxygéné puis est propulsé vers les organes par le cœur gauche. Après son passage dans les organes, il est désoxygéné et retourne aux poumons, propulsé par le cœur droit. Tous les organes reçoivent ainsi un sang oxygéné.

3. **Expliquer** l'organisation de la circulation dans les organes.
Le sang circule en parallèle dans les organes, ainsi le débit sanguin peut être modulé selon les organes.

S'ENTRAÎNER

1 Choisissez la (ou les) réponse(s) exacte(s) parmi les affirmations suivantes.

a. Le débit ventilatoire :
- dépend de la fréquence cardiaque ;
- dépend du volume courant ;
- est limité par la VO_2 max.

b. La fréquence cardiaque :
- peut être multipliée par trois ;
- dépend du débit cardiaque ;
- limite la VO_2 max.

2 Variation de l'activité respiratoire au cours de l'effort

Il est possible de mesurer l'activité respiratoire à l'aide d'un dispositif EXAO. Voici ci-dessous les enregistrements obtenus par une élève au cours de séquences différentes : repos puis exercice modéré.

a. Indiquez comment l'activité respiratoire se modifie au cours de l'effort.

b. Calculez le débit ventilatoire au repos et au cours de l'effort.

c. Expliquez l'intérêt de cette variation du débit ventilatoire.

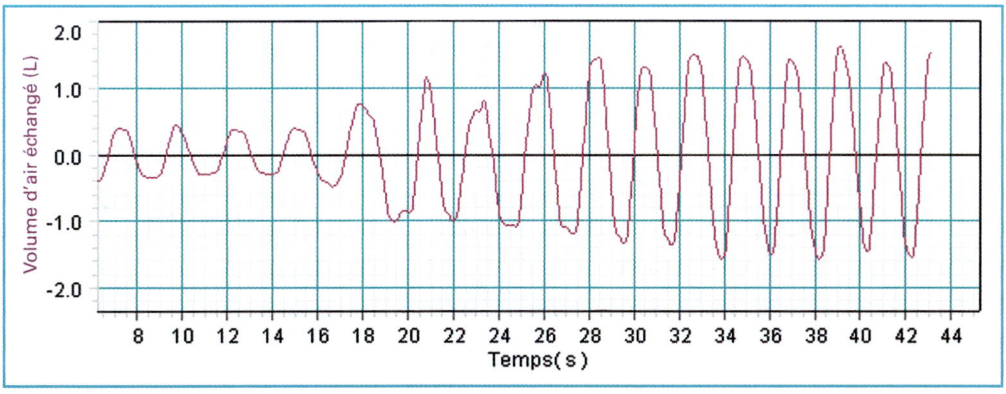

14 Régulation nerveuse de la pression artérielle

SAVOIR

La pression artérielle et ses variations

- La pression artérielle est la force exercée par le sang sur la paroi des artères, qu'on exprime généralement en centimètre ou en millimètre de mercure.
- On prend en compte deux valeurs :
  - la pression **systolique** P_{max} (125 mm de Hg) ;
  - la pression **diastolique** P_{min} (75 mm de Hg).
- Le cœur éjecte le sang dans l'aorte.
  - **Pendant sa contraction (systole)**, il entre plus de sang dans l'aorte qu'il n'en sort : **la pression artérielle augmente**.
  - **Pendant la diastole (repos)**, le sang quitte l'aorte : la **pression artérielle diminue**. Sa paroi élastique maintient néanmoins une pression élevée.
- Grâce à **l'élasticité des artères**, la circulation discontinue près du cœur est transformée en circulation continue.
- L'écoulement des fluides est régi par la loi :

$$\text{Q (débit)} = \frac{\Delta\text{P (variation de la pression)}}{\text{R (résistance à l'écoulement)}}$$

D'où $\Delta P = Q \times R$. La pression artérielle dépend donc du **débit cardiaque** et de la **résistance** des artérioles.

- Une **vasoconstriction** (diminution du diamètre des artérioles) entraîne une augmentation de la résistance en amont. À l'inverse, une **vasodilatation** entraîne une diminution de la résistance.

Un contrôle réflexe de la pression artérielle

- Le cœur est innervé par les nerfs **sympathique et pneumogastrique** (parasympathique). Le nerf parasympathique **modère** son activité (ralentissement du rythme et diminution de la force des contractions), tandis que le nerf **sympathique** a une action **stimulatrice**. La commande de ces nerfs se situe dans le **bulbe rachidien**.
- Les **artérioles** reçoivent des terminaisons du nerf **sympathique**, qui délivrent en permanence des messages à effet **vasoconstricteur**.
- Des **capteurs** dans la paroi de la **crosse aortique** (portion courbe de l'aorte) et du **sinus carotidien** (portion de la carotide, artère située dans le cou) sont sensibles à la valeur de la pression artérielle : ce sont des **barorécepteurs**.
- Ils transmettent leurs informations via des **nerfs sensitifs** au **centre bulbaire**, qui les **intègre** et module les messages nerveux en direction du cœur.
- Une **hausse** de la pression artérielle entraîne une **stimulation du nerf parasympathique** et une **inhibition du nerf sympathique** (ce qui permet de diminuer la pression en diminuant le débit cardiaque).
- Le cœur est donc un **organe effecteur**, puisque les variations de l'activité cardiaque corrigent en partie celles de la pression artérielle. Lorsque la pression artérielle varie, comme au cours de l'effort, la **boucle de régulation** contribue à la maintenir autour d'une certaine valeur.

La boucle de régulation nerveuse de la pression artérielle.

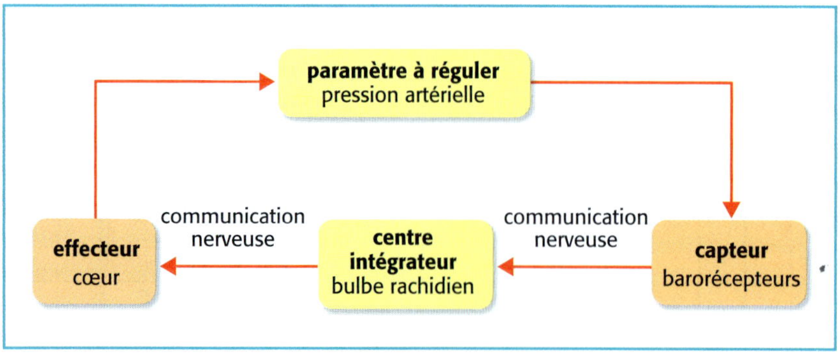

SAVOIR FAIRE Exploiter une expérience

Expliquer pourquoi le pincement effectué entraîne une accélération cardiaque.

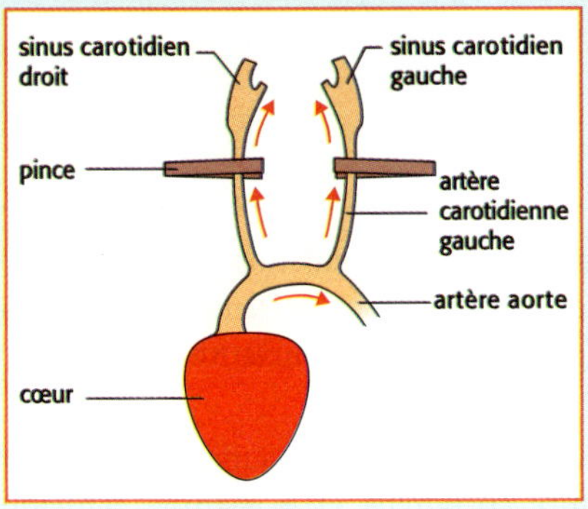

1. **Indiquer** la conséquence du pincement au niveau des sinus carotidiens. Il va produire un arrêt de la circulation sanguine au niveau des sinus et donc une baisse de la pression artérielle.
2. **Préciser** le rôle des sinus. Les sinus possèdent des barorécepteurs, capteurs sensibles à la pression, qui vont détecter la baisse de pression artérielle.
3. **Expliquer** comment l'information est transmise. L'activité des nerfs sensitifs, en relation avec les centres régulateurs du bulbe, va diminuer.
4. **Indiquer** la réaction des centres bulbaires. En conséquence, le bulbe stimule le nerf sympathique et inhibe le nerf parasympathique.
5. **Conclure**. La stimulation du nerf sympathique (et l'inhibition du nerf parasympathique) provoque une accélération cardiaque.

S'ENTRAÎNER

1 Choisissez la (ou les) réponse(s) exacte(s) parmi les affirmations suivantes.

a. Les barorécepteurs :
- se trouvent dans le centre bulbaire ;
- sont des effecteurs de la pression artérielle ;
- captent les variations de la pression artérielle.

b. Le nerf parasympathique :
- a une action modératrice sur le cœur ;
- est stimulé en cas de baisse de la pression artérielle ;
- transmet des informations aux barorécepteurs.

2 Cycle cardiaque et pression artérielle

Pour comprendre l'origine de la pression artérielle, on enregistre chez un individu sa valeur en continu en fonction de son activité cardiaque.

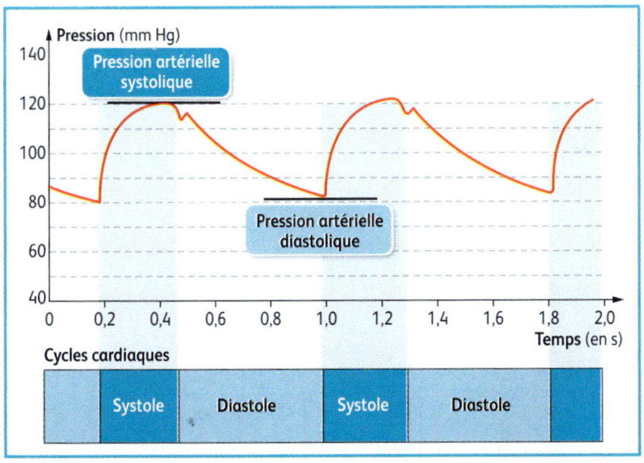

a. Décrivez les variations de la pression artérielle en relation avec les phases du rythme cardiaque.
b. Rappelez la définition de la pression artérielle.
c. Proposez alors une explication aux observations de la question a.

d. Expliquez pourquoi la pression artérielle commence à diminuer alors que le cœur est encore en systole.

3 Régulation nerveuse de la pression artérielle

Différentes expériences permettent de mettre en évidence les mécanismes de la régulation de la pression artérielle.

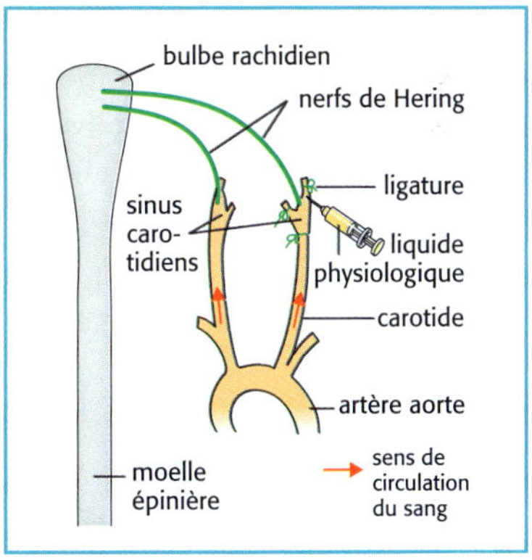

a. L'injection de liquide physiologique dans le sinus carotidien ligaturé est suivie d'un ralentissement du rythme cardiaque.
Déduisez-en le rôle du sinus.

b. Ce résultat n'est pas observé lorsque l'on sectionne le nerf de Hering du côté du sinus ligaturé.
Déduisez-en le rôle du nerf de Hering.

c. Une section des deux nerfs de Hering entraîne une forte augmentation du rythme cardiaque et de la pression artérielle.
Comment l'expliquer ?

15 Activité physique et santé

SAVOIR

Les organes du mouvement

Tendon : tissu fibreux assurant la fixation des muscles sur les os.
Ligament : tissu fibreux reliant les os au niveau d'une articulation.

▸ Les mouvements sont réalisés grâce aux **muscles squelettiques** (attachés au squelette). En se contractant, ils tirent sur les os par l'intermédiaire des **tendons** et font jouer les **articulations**, ce qui conduit au mouvement. Au niveau de celles-ci, les os, reliés par des **ligaments**, sont mobiles. Du **cartilage** lubrifié par un liquide (le liquide synovial) recouvre la zone de contact entre deux os et facilite leur glissement.

▸ Le **muscle strié squelettique** est constitué d'un ensemble de cellules contractiles allongées : les **fibres musculaires**. C'est le raccourcissement simultané de chacune de ces fibres qui provoque la contraction du muscle.

Un système fragile

▸ Le muscle strié squelettique et les articulations (**système musculo-articulaire**) constituent un système fragile qui doit être protégé.

▸ Un effort trop violent peut provoquer une détérioration plus ou moins grande des fibres musculaires : élongation, claquage ou rupture. Elle peut s'accompagner d'un hématome dû à la rupture de vaisseaux sanguins. Une sollicitation trop intense du tendon peut provoquer une tendinite (détérioration du tendon).

▸ Des accidents articulaires peuvent également se produire. Une entorse est une dissociation des deux os qui constituent une articulation. Elle est plus ou moins grave, provoquée par l'étirement ou la déchirure d'un ligament. En cas de luxation, l'articulation est déboitée.

▸ Avant un effort physique, l'échauffement augmente la température corporelle et le rythme cardiaque, ce qui améliore l'irrigation des muscles. Il assouplit également les articulations. Cela permet d'éviter les blessures et d'améliorer la performance.

Des pratiques sportives inadaptées

▸ **Un entraînement trop intensif** (surentraînement) peut accroître la fragilité du système musculo-articulaire et provoquer des micro- ou macro-traumatismes. Le surentraînement augmente aussi le risque d'accidents cardiaques.

▸ Pour améliorer leurs performances, des sportifs utilisent parfois des substances qu'ils détournent de leur usage thérapeutique : c'est le **dopage**. Les **stéroïdes androgènes** comme la testostérone (hormone sexuelle mâle) ont ainsi un effet **anabolisant** : ils permettent d'augmenter la masse musculaire. Ce sont aussi des **psychostimulants** qui diminuent la sensation de fatigue.

Anabolisant : substance qui stimule la production de tissu (comme les muscles).

▸ L'usage de ces produits, outre qu'il est interdit, n'est pas sans danger pour la santé. Ces produits augmentent en effet le risque de cancers ou d'accidents cardiovasculaires et peuvent entraîner la stérilité.

Schéma d'un muscle.

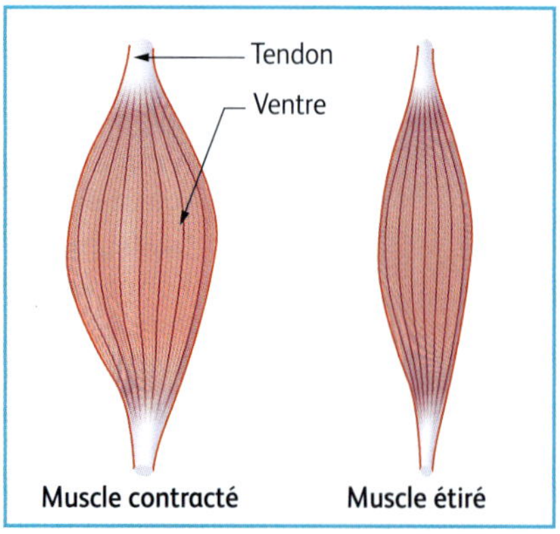

SAVOIR FAIRE Placer des légendes sur un schéma

Les relations entre les muscles et les os du membre supérieur (bras) chez l'Homme.

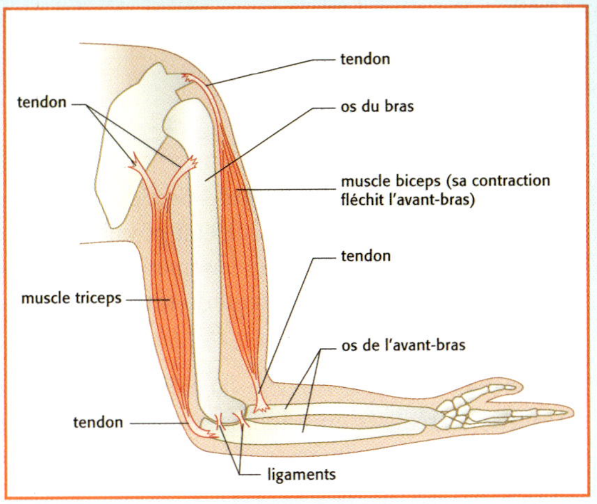

1. **Identifier** les muscles (constitués de fibres) et les os : l'os du bras, les os de l'avant-bras et les deux muscles.
2. **Repérer** les tendons. Ils attachent les muscles sur les os.
3. **Repérer** les ligaments. Ils attachent les deux os au niveau de l'articulation.
4. **Distinguer** les deux muscles. Le muscle fléchisseur rapproche les deux os (flexion) en se raccourcissant. Le muscle extenseur tire sur l'os de l'avant-bras, qui se tend, en se contractant.

SVT

S'ENTRAÎNER

1 Vrai ou faux ?

a. Un claquage est une déchirure musculaire.
b. Une fibre musculaire est formée de plusieurs cellules musculaires.
c. Les ligaments relient les muscles aux os.
d. Le tendon transmet la traction du muscle à l'os.

2 L'entraînement des sportifs

Des spécialistes ont réalisé une étude consistant à établir une relation entre la performance (temps en minute pour une course) et la charge d'entraînement (nombre de kilomètres parcourus par semaine).
Les résultats ont été reportés sous forme d'un graphique.
a. Quel est l'effet de l'entraînement sur la performance lorsque sa charge est inférieure à 140 km/semaine ? Lorsque sa charge est supérieure à 140 km/semaine ?
b. On parle dans le milieu sportif de « surentraînement ».
Expliquez ce terme en vous aidant du graphique.
c. Proposez une ou plusieurs hypothèses pour expliquer ce surentraînement.

Relation entre la performance et la charge d'entraînement.

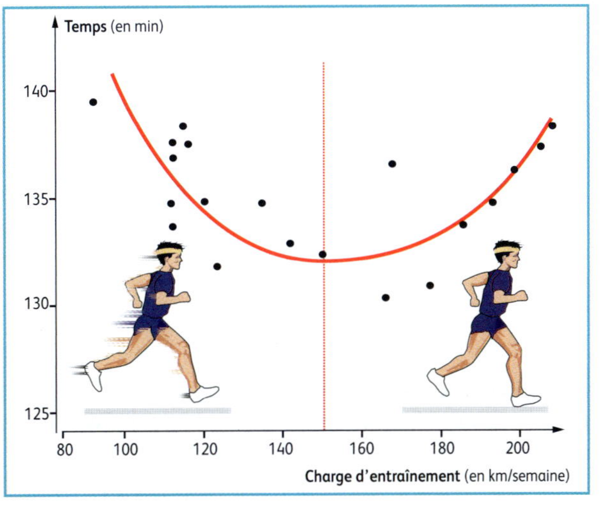

LA SANTÉ

1 Extraction et séparation d'espèces chimiques

SAVOIR

Les espèces chimiques

▸ Une **espèce chimique** est caractérisée par son **aspect** (état physique, couleur), par son **nom**, sa **formule chimique** et par des **grandeurs physiques** (solubilité, densité, masse volumique, etc.).

▸ Certaines espèces chimiques sont présentes dans la nature, elles sont nommées espèces chimiques **naturelles**. Les espèces chimiques **fabriquées** par l'homme sont des espèces chimiques **synthétiques**.
Exemple : l'acide salicylique est une espèce chimique naturelle, l'acide acétylsalicylique (aspirine) est une espèce chimique de synthèse.

▸ Une substance qui ne contient qu'**une seule** espèce chimique est un **corps pur**.

▸ Une substance qui contient **plusieurs** espèces chimiques est un **mélange.**

Les espèces chimiques en solution

▸ Une **solution** est un mélange liquide **homogène** (on dit aussi qu'il ne contient qu'une seule phase), obtenue par la dissolution dans un liquide d'une ou plusieurs espèces chimiques.

▸ Les espèces chimiques dissoutes sont les **solutés**. Le liquide dans lequel elles ont été dissoutes est le **solvant**. Si le solvant est **l'eau**, la solution obtenue est une **solution aqueuse**.

▸ Une solution contient des **molécules** ou des **ions**.
Exemples :
– Une solution d'eau salée contient des ions chlorure Cl^- et des ions sodium Na^+.
On les note $Cl^-_{(aq)}$ et $Na^+_{(aq)}$ pour préciser que ces ions sont en solution dans l'eau (aq signifie aqueuse).
– Une solution aqueuse de diiode contient des molécules de diiode dispersées dans l'eau ($I_{2(aq)}$).

▸ La **solubilité** d'une espèce chimique dans un solvant est égale à **la masse maximale** de cette espèce que l'on peut **dissoudre par litre de solution**. Elle s'exprime en gramme par litre, $\mathbf{g \cdot L^{-1}}$.

Extraction et séparation d'espèces chimiques

▸ L'objectif est d'**isoler une espèce chimique** présente dans un mélange. Il faut ainsi l'**extraire puis la séparer des autres espèces de ce mélange**.

▸ Lors d'une **extraction solide-liquide**, l'espèce à extraire n'est pas dans le même état physique que les autres espèces. L'extraction et la séparation sont alors immédiates : il suffit en général de **filtrer** pour récupérer l'espèce chimique.

▸ Une extraction par solvant, ou **extraction liquide-liquide**, est réalisée en solubilisant l'espèce chimique à extraire dans un solvant organique non miscible avec le solvant initial.

▸ Le **solvant extracteur** est choisi de telle sorte que l'espèce à extraire y soit la plus soluble possible.

▸ La **séparation** des deux phases obtenues est réalisée grâce à une **ampoule à décanter**. La phase la plus dense est toujours la phase inférieure.
Si une phase contient de l'eau, on la nomme la **phase aqueuse**. L'autre phase constitue la **phase organique**.

> Des solvants sont **miscibles** si le mélange de ces solvants n'est constitué que d'**une seule phase**.

Masse volumique et densité d'une espèce chimique

▸ La **masse volumique** d'une espèce chimique est le quotient de la masse m d'un échantillon de cette espèce chimique par son volume V :

> 1 kg = 1×10^3 g
> 1 m^3 = 1×10^3 L
> = 1×10^6 mL
> 1 L = 1 dm^3
> 1 mL = 1 cm^3

$\rho = \dfrac{m}{V}$	m en kilogramme (kg) V en mètre cube (m^3) ρ en kilogramme par mètre cube ($kg \cdot m^{-3}$)

Exemple : $\rho_{EAU} = 1{,}0\ kg \cdot L^{-1}$, $\rho_{ETHANOL} = 0{,}79\ kg \cdot L^{-1}$.

▸ Pour les solides et les liquides, la **densité** d d'une espèce chimique est le quotient de la masse volumique de cette espèce par la masse volumique de l'eau :

$$d = \frac{\rho}{\rho_{EAU}}$$

où ρ et ρ_{EAU} ont la même unité.

Exemple : la densité de l'eau est 1,0 et celle de l'éthanol est 0,79.

SAVOIR FAIRE Reconnaître un mode d'extraction

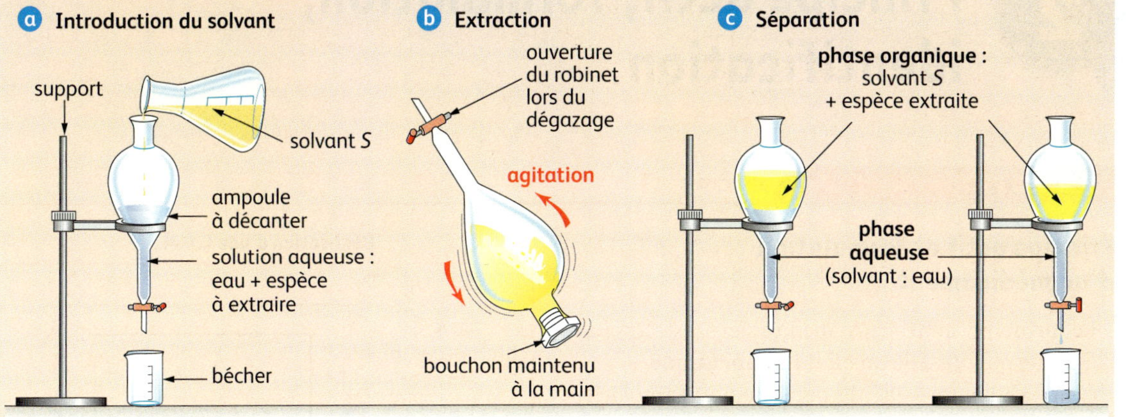

1. Identifier le document.
Ce document présente l'introduction du solvant lors d'une extraction liquide-liquide.

2. Décrire l'expérience. L'extraction liquide-liquide se déroule en trois étapes : l'introduction du solvant, l'extraction dans l'ampoule à décanter, la décantation.

S'ENTRAÎNER

1 Maîtrisez le vocabulaire scientifique.

Parmi les affirmations suivantes, choisissez la (ou les) réponse(s) correcte(s).

a. La densité d'une espèce chimique est caractéristique de cette espèce.

b. Une eau minérale est un corps pur.

c. Un café est une solution aqueuse.

d. Une solution ne peut pas contenir des solutés sous forme moléculaire.

e. Une ampoule à décanter sert à séparer différents solvants miscibles entre eux.

2 Solvant et sécurité alimentaire.

Les grains de café contiennent des arômes et un excitant, la caféine. Pour élaborer le café « décaféiné », on extrait la caféine par un solvant sélectif.

a. La caféine doit-être soluble dans ce solvant. Quelles espèces ce solvant ne doit-il pas dissoudre ?

b. Pourquoi le texte introductif évoque-t-il un « solvant sélectif » ?

c. Cherchez quel est le solvant le plus habituel des arômes de café.

3 Choisissez un solvant pour une extraction liquide-liquide.

Une pommade contient de la menthone, utilisée pour ses propriétés anti-inflammatoires. La menthone existe dans les essences de menthe, mais elle peut aussi être synthétisée.
Une synthèse de la menthone est réalisée dans un laboratoire. Après réaction, le mélange, qui contient entre autre la menthone et l'eau, est introduit dans une ampoule à décanter, puis on ajoute du toluène. Après agitation, on observe deux phases.

Données :

	Solubilité dans l'eau	Solubilité dans le toluène	Densité
Menthone	faible	forte	0,90
Toluène	très faible		0,87
Eau		très faible	1,0

a. Dans quel solvant se trouve la menthone ? Justifiez.

b. Expliquez comment l'expérimentateur pourrait récupérer la menthone.

4 Schématisez une ampoule à décanter après une extraction.

Extrêmement inflammable

L' eugénol est une espèce chimique présente dans l'essence de clou de girofle. Il est très utilisé pour ses propriétés analgésiques et antiseptiques. On extrait l'eugénol présent initialement dans une solution aqueuse.

	Eau	Éthanol	Éther
Solubilité dans l'eau	peu soluble	soluble	soluble
Densité	1,0	0,79	0,71
Miscibilité avec l'eau		miscible	non miscible

a. Choisissez, en justifiant la démarche, le solvant le plus approprié pour cette extraction.

b. Proposez un protocole expérimental pour cette extraction. Précisez notamment les précautions expérimentales qu'il convient de prendre lors de l'expérience.

c. Schématisez l'allure de l'ampoule à décanter lors de la séparation, en n'oubliant pas les légendes nécessaires.

2 Principe actif, formulation, identification

SAVOIR

Principe actif et formulation d'un médicament

▸ Le **principe actif** d'un médicament est l'espèce chimique qui possède un **effet thérapeutique**.
Exemples : l'ibuprofène, le paracétamol, l'amoxicilline.

▸ Les **excipients** sont les autres espèces chimiques présentes dans le médicament. La **notice** du médicament les répertorie.
Exemples : le saccharose, l'amidon, le lactose.

▸ Un même principe actif va pouvoir être absorbé **sous différentes formes** par l'organisme. La **formulation du principe actif** est choisie en vue d'une meilleure assimilation du médicament. Les excipients permettent cette mise en forme.

Identification d'espèces chimiques : à partir de caractéristiques physiques

▸ Lors de la **synthèse d'un principe actif**, il est important de pouvoir effectuer des **contrôles de qualité** afin d'identifier les espèces synthétisées et d'**évaluer leur pureté**.

▸ Il est possible d'**identifier un corps pur** à partir de caractéristiques physiques : les **températures de changement d'état** à une pression donnée, la **solubilité** dans un solvant donné, la **masse volumique**…

▸ La **température d'ébullition** d'une espèce chimique, notée $T_{éb}$, est la température à laquelle l'espèce **passe de l'état liquide à l'état gazeux** à une pression donnée.

▸ La **température de fusion** d'une espèce chimique, notée T_f, est la température à laquelle l'espèce passe de l'état solide à l'état liquide à une pression donnée.
Exemples : pour l'eau, $T_f = 0$ °C et $T_{éb} = 100$ °C pour une pression de $1{,}0 \times 10^5$ Pa.

Identification d'espèces chimiques : chromatographie sur couche mince

▸ La **chromatographie sur couche mince, C.C.M.**, est une technique de **séparation** et d'**identification**.
– Une petite quantité de la substance analysée est **déposée** en bas de la plaque que l'on plonge dans l'éluant.

Réalisation d'une C.C.M.

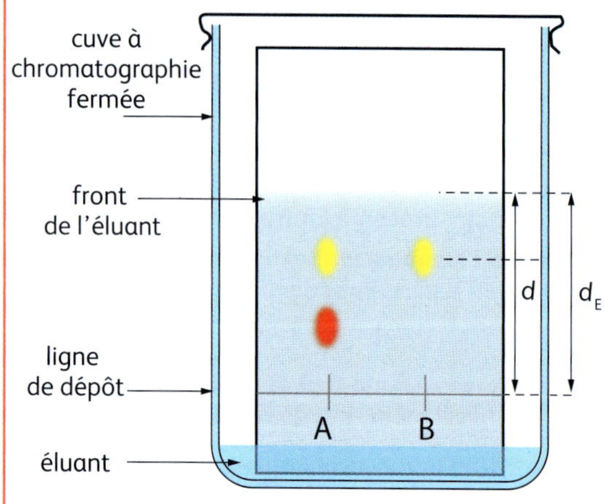

– L'éluant **migre sur la plaque** par capillarité. Les espèces les plus solubles dans cet éluant sont entraînées en premier.
– Si les espèces chimiques sont colorées, on obtient dès la fin de l'élution des **taches sur le chromatogramme**. Si on observe une seule tache à la verticale d'un dépôt, la substance déposée est une espèce chimique pure.
– Si on n'obtient pas de taches sur le chromatographe, il est nécessaire d'utiliser une **technique de révélation** pour faire apparaître les taches.
– La **hauteur d'une tache** dépend de plusieurs paramètres : la solubilité de l'espèce dans l'éluant, l'affinité de l'espèce avec la plaque…
– Le **rapport frontal**, noté R_F, est le rapport de la distance entre la ligne de dépôt et le centre de la tache d par la distance parcourue par l'éluant dans le même temps d_E :

> Pour mesurer un rapport frontal, choisir si possible le cm, unité plus adaptée aux chromatogrammes, et mesurer au centre des taches.

$$R_F = \frac{d}{d_E}$$

Le rapport frontal d'une tache, dans un éluant donné, est caractéristique d'une espèce chimique et permet de l'identifier.

SAVOIR FAIRE Analyser un chromatogramme

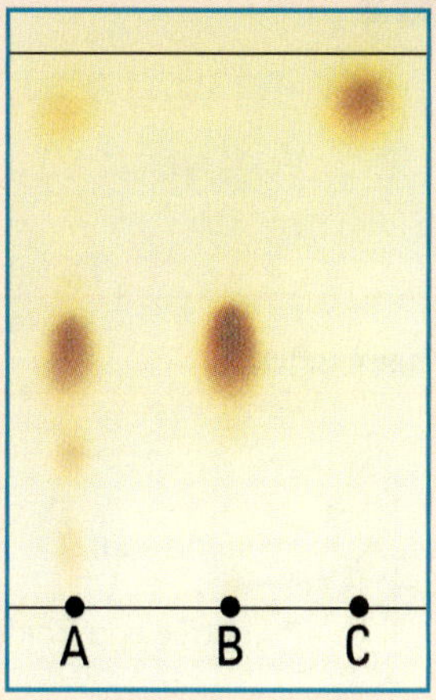

Chromatogramme d'une huile essentielle de lavande.

1. **Analyser le chromatogramme par colonne (séparation).**
On observe ici que les dépôts B et C conduisent à une seule tache : ces espèces chimiques sont pures.
Pour le dépôt A, on compte quatre taches : la substance déposée n'est pas pure. L'huile essentielle de lavande est un mélange d'espèces chimiques.

2. **Analyser le chromatogramme par ligne (identification).**
Deux taches situées à la même hauteur correspondent à la même espèce chimique. On observe que le dépôt A comporte une tache à la même hauteur que le dépôt B (l'huile essentielle de lavande contient du linalol) et à la même hauteur que le dépôt C (l'huile essentielle de lavande contient de l'acétate de linalyle).
Deux taches du dépôt A ne peuvent être identifiées faute de témoins adéquats.

S'ENTRAÎNER

1 Principe actif et formulation d'un médicament.

Le Zaditen est un médicament buvable, utilisé notamment comme antihistaminique (antiallergique, bloqueur de l'histamine).

> **Extrait d'une notice de Zaditen.**
>
> Zaditen® 1 mg / 5 mL.
>
> Solution buvable en flacon.
>
> Composition en substance active : kétotifène (fumarate de) 27,6 mg pour 100 mL de solution.
>
> Excipients ayant un effet notoire : saccharose, sorbitol, sels de parahydroxybenzoate.

a. À l'aide du document ci-dessus, donnez le nom du principe actif de ce médicament ainsi que ceux des principaux excipients.

b. Le kétotifène a pour formule brute $C_{19}H_{19}NOS$. À partir de vos connaissances de collège, déterminez si ce composé est un ion, un atome ou une molécule. Justifiez brièvement.

c. Le kétotifène est-il un soluté ou le solvant dans le Zaditen ? Justifiez en rappelant ce qu'est un solvant.

2 États physiques de corps purs.

Corps pur	Éther diéthylique	Menthol
T_f (en °C pour $P = 1$ bar)	– 116	38
$T_{éb}$ (en °C pour $P = 1$ bar)	34	234

a. Sous quel(s) état(s) physique(s) se trouvent les deux corps purs à 20 °C ?

b. Pourrait-on utiliser le solvant éther diéthylique pour une extraction si la température du laboratoire était de 40 °C ? Justifiez.

3 Chromatographie de l'anis étoilé.

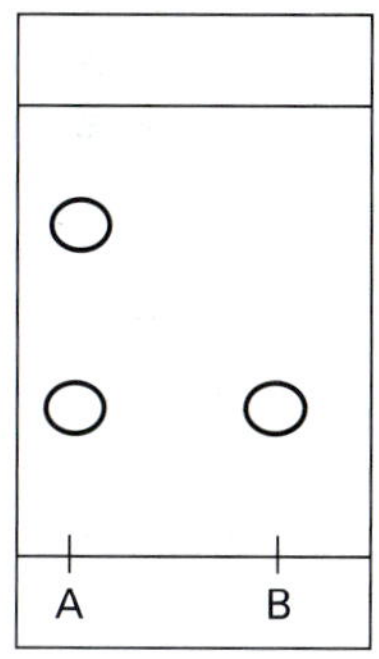

L'anis étoilé est extraite de la badiane, fruit d'un arbre originaire de Chine, le badianier. On souhaite identifier un principe actif présent dans l'anis étoilé, l'anéthole. Après extraction de l'anis étoilé, on obtient un mélange constitué d'un fin film huileux contenant l'huile essentielle d'anis étoilé qui s'étale à la surface d'une phase aqueuse.
L'huile essentielle est extraite par une extraction liquide – liquide, puis l'identification est réalisée lors d'une chromatographie sur couche mince.
Le dépôt A est l'extrait préparé à partir de l'huile essentielle ; le dépôt B est de l'anéthole pur.
Données :

	Cyclohexane	Eau	Éthanol
Anéthole	très soluble	peu soluble	très soluble
Cyclohexane	╳	non miscibles	non miscibles
Eau	non miscibles	╳	miscibles

a. Quel(s) solvant(s) proposez-vous d'utiliser pour cette extraction ? Justifiez.

b. Quel est le principe d'une chromatographie sur couche mince ?

c. On donne ci-dessus une reproduction schématique de la plaque de C.C.M. obtenue après révélation sous U.V. Annotez le schéma.

d. Déterminez les rapports frontaux des différentes taches obtenues.

e. Analysez le chromatogramme. Que pouvez-vous en conclure quant à l'huile essentielle extraite de l'anis étoilé ?

3 Synthèse d'espèces chimiques

SAVOIR

Le système chimique et la synthèse

- Le **système chimique** est constitué de l'ensemble des espèces chimiques présentes à un instant donné.
- Décrire l'**état du système chimique** à un instant donné, c'est préciser **ses paramètres physiques** (température, pression...) et **sa composition qui change** au cours de la réaction chimique.
- La synthèse d'une espèce chimique se déroule le plus souvent en trois étapes distinctes : la **transformation**, le **traitement** et l'**identification**.

Rôles de la chimie de synthèse

- Les **espèces chimiques naturelles** sont synthétisées pour des raisons **écologiques** et **économiques**.
Exemple : la synthèse de l'indigotine, molécule présente dans l'indigo, en 1882, permet de ne plus extraire cette espèce de l'indigotier (l'intérêt est écologique et économique).
- Les **espèces chimiques artificielles** inventées par l'homme peuvent permettre de **gommer les effets indésirables** d'une espèce chimique naturelle, tout en gardant un principe actif intéressant.
- La **structure des molécules synthétisées** comporte alors des **similitudes** avec celle des molécules naturelles.
Exemple : l'acide salicylique, extrait de l'écorce de saule, permet de soulager la douleur mais provoque des troubles gastriques. La synthèse de l'aspirine, acide acétylsalicylique, permet de conserver le principe actif de l'acide salicylique tout en diminuant ses effets secondaires.

La transformation

- C'est la **première étape** de la synthèse. Certaines transformations se font à **froid**, d'autres peuvent se dérouler à **température ambiante** ou à **chaud**.
- Le **chauffage à reflux** permet d'**accélérer** la transformation chimique. Le système chimique est maintenu à ébullition ; les vapeurs qui se forment sont condensées grâce au réfrigérant à eau, sans perte de matière.

L'eau entre toujours par le point le plus bas d'un réfrigérant pour ressortir par le point le plus haut.

Schématisation d'un chauffage à reflux.

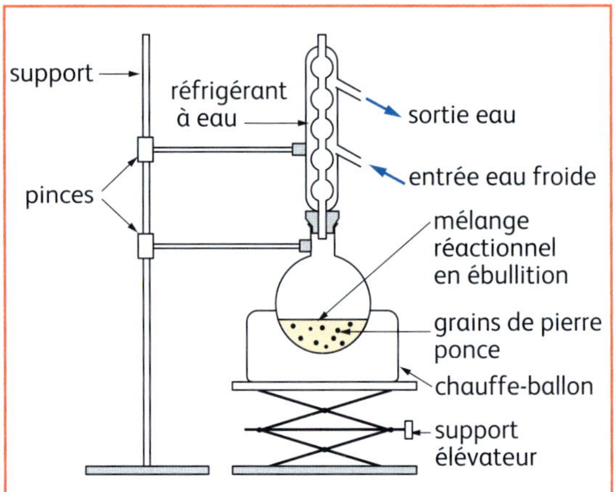

- Les **catalyseurs** sont des espèces chimiques qui **accélèrent** une synthèse **sans être consommés** par la transformation.

Secteur	Exemples
Chimie de base	Ammonium, méthanol, éthylène (ou éthène)
Chimie fine	Principes actifs des médicaments
Pharmacie	Médicaments
Chimie de spécialité	Peintures, détergents, colles...

Le traitement et l'identification

- L'objectif du traitement est d'**extraire** l'espèce synthétisée et parfois de la **purifier**.
Exemple : refroidissement du mélange après un chauffage à reflux pour diminuer la solubilité de l'espèce synthétisée dans le solvant.
- La **filtration sous vide** (filtration sous büchner) est une **technique de séparation** plus efficace que la filtration simple, qu'on utilise lorsque l'espèce chimique est **solide**.
- Après le traitement de l'espèce synthétisée, on utilise une ou plusieurs **techniques d'identification** pour vérifier **sa nature** et **sa pureté** (aspect, solubilité, température de fusion, densité...).

SAVOIR FAIRE — Analyser un procédé de traitement

Première étape du protocole de la synthèse du paracétamol.

Introduire successivement dans un ballon :
- 10 g de para-aminophénol ;
- quelques grains de pierre ponce ;
- 30 mL d'eau ;
- 12,0 mL d'anhydride éthanoïque.

Chauffer à reflux pendant 20 minutes. Refroidir le ballon dans un bain de glace : le paracétamol se cristallise.

1. Identifier le document.
Ce document présente le début du protocole expérimental de la synthèse du paracétamol.

2. Déterminer l'état physique de l'espèce en fin de synthèse.
Le chauffage à reflux se fait sous ébullition, la température est supérieure à 100 °C. Pour connaître l'état physique du paracétamol, repérer sa solubilité à chaud dans l'eau : 25 g dans 100 mL. Le paracétamol est en solution dans le mélange réactionnel.

3. Justifier le procédé d'extraction.
Chercher dans les données (tableau) la solubilité « à froid » du paracétamol dans l'eau. 1 g dans 100 mL d'eau à 0 °C représente une solubilité bien plus faible que la solubilité à 100 °C. Il est donc intéressant de refroidir le mélange pour diminuer la solubilité du paracétamol dans l'eau afin de le faire passer à l'état solide.

S'ENTRAÎNER

1 Les étapes d'une synthèse.

Complétez les phrases suivantes.

a. Préparer une espèce chimique, c'est effectuer sa ....

b. La transformation se caractérise par une modification de la .... du système chimique.

c. Pour effectuer un chauffage à ...., on utilise un .... à .... qui permet de condenser les .... afin d'éviter toute .... de matière.

d. Le traitement a pour objectif d'............. l'espèce synthétisée et parfois de la ....

e. La dernière étape d'une synthèse consiste à .... l'espèce synthétisée.

2 Synthèse de l'aspirine.

Protocole expérimental.

On introduit dans un ballon de l'acide salicylique, de l'anhydride acétique, quelques gouttes d'acide sulfurique et quelques grains de pierre ponce.
On chauffe le mélange à reflux pendant 20 minutes.
On laisse refroidir le mélange et on ajoute de l'eau froide dans le ballon. Un solide S_1 apparaît alors dans la solution. On récupère ce solide par filtration sous vide avant de le purifier par recristallisation dans l'éthanol.
On récupère les cristaux purifiés, notés S_2 par filtration.
On réalise une chromatographie sur couche mince avec trois dépôts :
– une solution A d'aspirine du commerce ;
– une solution B obtenue à partir des cristaux S_2 ;
– une solution C d'acide salicylique.
Après élution et révélation, chaque dépôt est caractérisé par une seule tache sur le chromatogramme. Les rapports frontaux mesurés sont respectivement :
– $R_F(A) = 0{,}4$ pour la tache du dépôt A ;
– $R_F(B) = 0{,}4$ pour la tache du dépôt B ;
– $R_F(C) = 0{,}7$ pour la tache du dépôt C.

a. Schématisez et annotez le dispositif de chauffage à reflux. Vous indiquerez notamment le sens de circulation de l'eau dans le réfrigérant.

b. L'acide sulfurique est un catalyseur pour cette synthèse. Expliquez en quoi le chauffage et l'utilisation de ce catalyseur sont intéressants.

c. Identifiez dans le protocole les trois étapes d'une synthèse.

d. Représentez l'allure du chromatogramme obtenu. Vous représenterez la plaque à chromatographie pour une distance $d_E = 5{,}0$ cm entre la ligne de dépôt et le front de l'éluant.

e. Que pouvez-vous conclure de l'analyse du chromatogramme ?

f. Qu'aurait-on vraisemblablement obtenu si on avait ajouté un dépôt d'une solution D obtenue à partir du solide S_1.

3 Le rôle de la chimie de synthèse.

a. Pourquoi des espèces chimiques naturelles sont-elles synthétisées ?

b. Pourquoi est-il nécessaire de synthétiser des espèces chimiques qui n'existent pas dans la nature ?

4 Signaux périodiques

SAVOIR

Phénomène périodique

- Un **phénomène périodique** est un phénomène qui **se reproduit identique à lui-même** à intervalles de temps égaux.
- Dans un signal périodique, on peut observer la répétition au cours du temps d'un **motif élémentaire**.
- Un phénomène périodique peut être caractérisé par sa période, par sa fréquence ainsi que par ses tensions maximale et minimale.

Période et fréquence d'un signal périodique

- La **période**, notée ***T***, est le **plus petit intervalle de temps** au bout duquel un phénomène périodique se répète. La période T s'exprime en seconde (s).
La période T d'un phénomène périodique peut aussi être définie comme la **durée d'un motif élémentaire**. Pour déterminer précisément une période T, on mesure plusieurs périodes et on divise le résultat par le nombre de périodes mesurées.

Mesure d'une période d'un signal périodique.

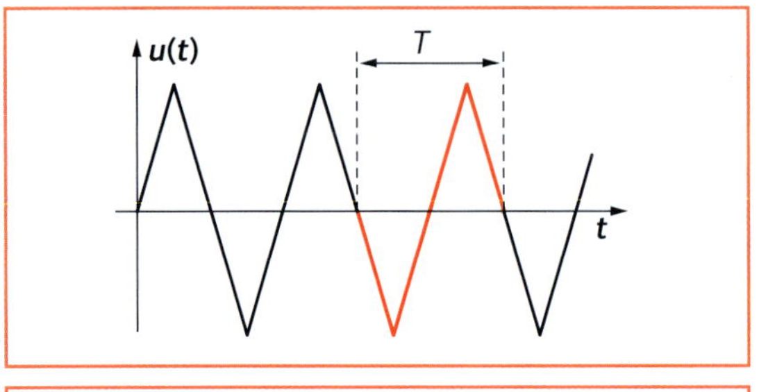

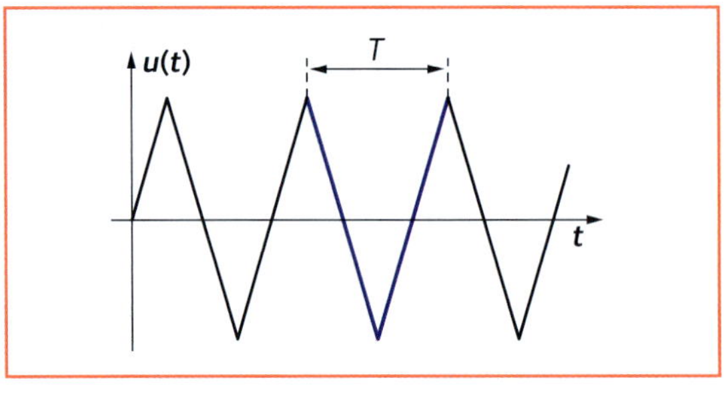

- La **fréquence**, notée ***f***, est le **nombre de répétitions d'un phénomène périodique par unité de temps**.
La fréquence f d'un phénomène périodique se calcule à partir de la période T de ce phénomène :

$f = \frac{1}{T}$	f la fréquence s'exprime en hertz (Hz) T la période s'exprime en seconde (s).

- Inversement, la période peut être calculée à partir de la fréquence :

Si une période T est mesurée en milliseconde (ms), pensez à la convertir en seconde (s) avant de calculer la fréquence f.

$T = \frac{1}{f}$	T la période s'exprime en seconde (s) f la fréquence s'exprime en hertz (Hz).

Tensions maximale et minimale d'un signal périodique

- Dans un signal périodique où $u(t)$ représente l'évolution d'une tension au cours du temps, la **tension maximale** U_{max} est la **valeur de la tension la plus grande** prise par $u(t)$ au cours du temps. La **tension minimale** U_{min} correspond à sa **valeur la plus faible**. Les tensions maximale et minimale s'expriment en volt (V).

Mesure des tensions minimale et maximale d'un signal périodique.

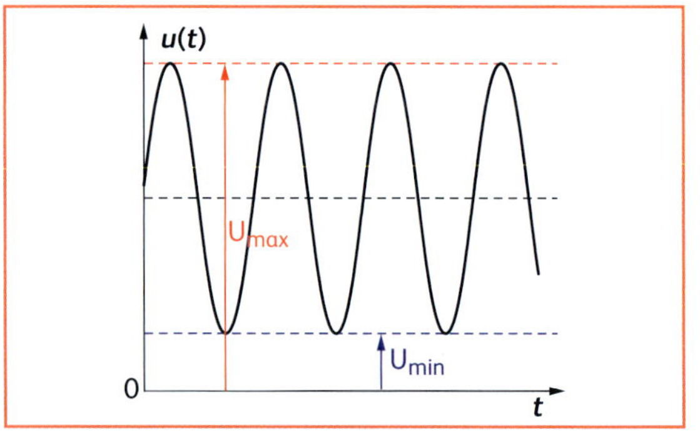

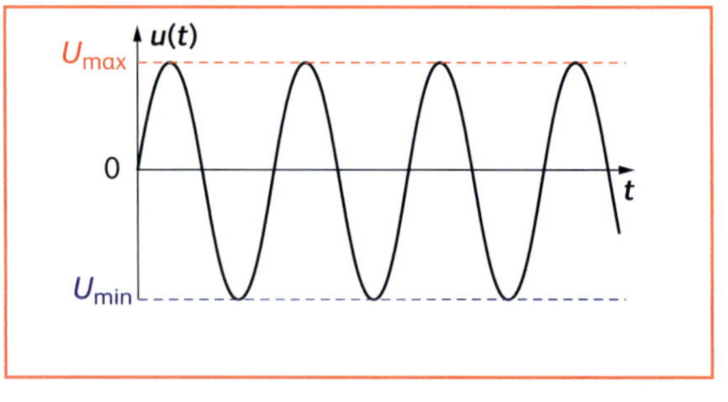

- Très souvent, $U_{max} = -U_{min}$: on dit alors que le signal, et donc que la tension, est symétrique.
- En Travaux Pratiques, on utilise souvent un **oscilloscope** pour étudier une tension périodique.

SAVOIR FAIRE Analyser un signal périodique

Oscillogramme d'une tension périodique.

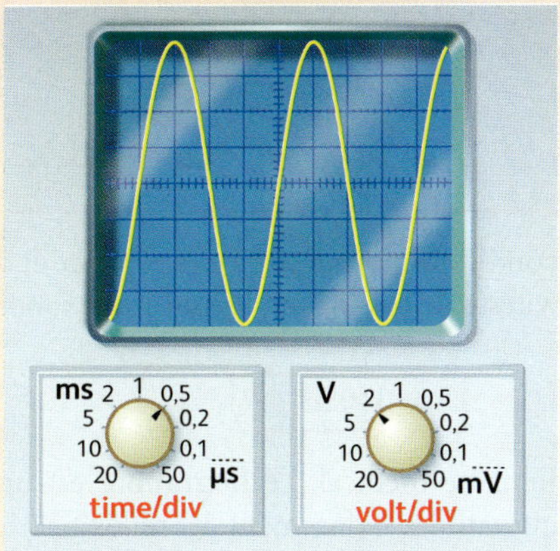

1. **Déterminer la période du signal.**
L'axe horizontal de l'oscillogramme correspond au temps. Pour connaître la valeur de la période, compter le nombre de divisions horizontales et le multiplier par la sensibilité horizontale de l'oscilloscope (time / div). La période de cette tension périodique est donc égale à 4 × 0,5 = 2 ms.

2. **Déterminer la tension du signal.**
L'axe vertical de l'oscillogramme correspond à la tension du signal. Pour connaître sa valeur, comptez le nombre de divisions verticales et le multiplier par la sensibilité verticale de l'oscilloscope (volt / div). La tension maximale de cette tension est donc égale à 4 × 2 = 8 V.

S'ENTRAÎNER

1 Analyser un électrocardiogramme.

Pour diagnostiquer d'éventuels troubles cardiaques chez un individu, les médecins effectuent un électrocardiogramme qui analyse le battement du cœur.

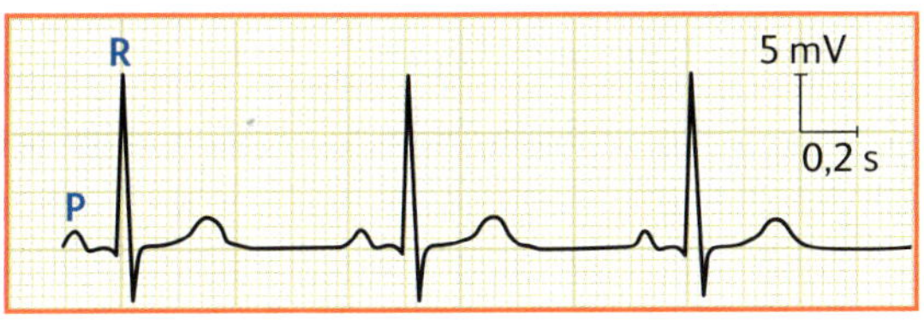

a. L'électrocardiogramme réalisé est-il périodique ? Pourquoi ?

b. Si cet électrocardiogramme est périodique, repérez le motif élémentaire commençant en P.

c. Déterminez la période des pulsations cardiaques.

2 Calculer des fréquences cardiaques.

Quelles sont les fréquences cardiaques (en hertz) des deux animaux suivants ?

a. 20 battements de cœur par seconde pour un oiseau-mouche.

b. 10 battements de cœur par minute pour un cheval.

3 Déterminer les caractéristiques d'une tension périodique.

a. Mesurez le plus précisément possible la période T de la tension périodique $u(t)$ du graphique de cet exercice.

b. Calculez la fréquence de cette tension périodique.

c. Mesurez les tensions minimale et maximale de cette tension périodique.

d. Cette tension périodique est-elle symétrique ?

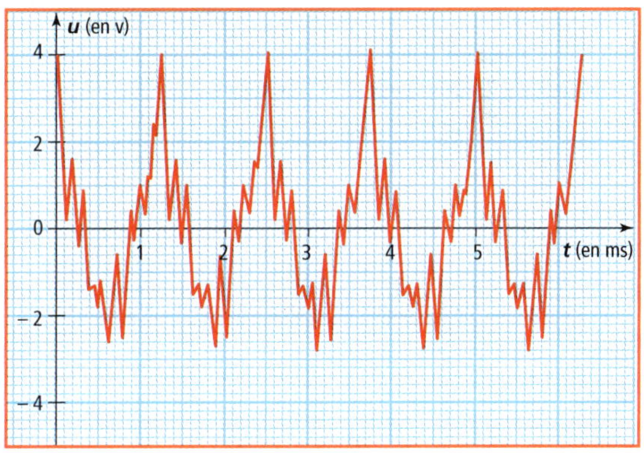

4 Étudier un oscillogramme.

Un générateur basse fréquence délivre une tension périodique triangulaire symétrique de période 25 µs et de tension maximale 12,5 V.
Sur l'oscilloscope relié à ce générateur, on observe l'oscillogramme suivant.

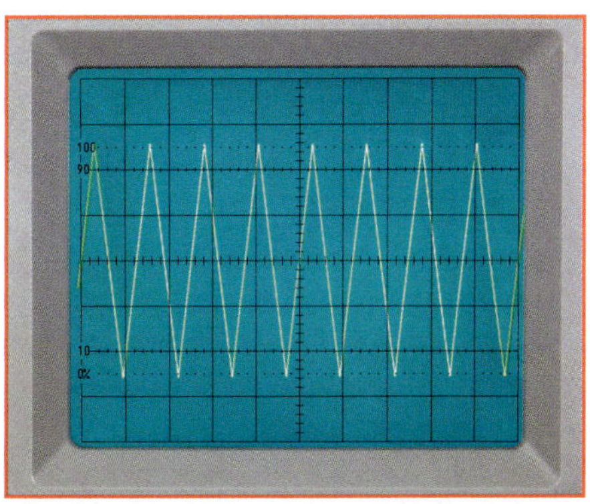

a. Quelle est la valeur de la sensibilité horizontale de l'oscilloscope ?

b. Quelle est la valeur de la sensibilité verticale de l'oscilloscope ?

5 Ondes et imagerie médicale

SAVOIR

Définition et propriétés d'une onde

- Une onde est un phénomène de **propagation d'une perturbation sans transport de matière**. Ces perturbations ont très souvent un caractère périodique.
- Lorsqu'une onde atteint une surface de séparation entre deux milieux de propagation différents, une partie de l'onde :
  – est renvoyée dans son milieu de propagation initial : c'est le phénomène de **réflexion** ;
  – peut être déviée : c'est le phénomène de **réfraction**.

Réfraction à la surface de l'eau.

- Suivant les milieux de propagation et la direction de l'onde, l'onde peut être uniquement réfléchie sans être réfractée : il y a alors **réflexion totale**. Ce phénomène est utilisé lors d'une fibroscopie ou d'une endoscopie, qui sont des techniques médicales permettant d'observer l'intérieur de l'organisme par vision directe.

Ondes sonores

- Une onde sonore se propage uniquement dans un milieu matériel (solide, liquide ou gazeux), elle ne se propage **pas dans le vide**.
- Dans des conditions normales de température et de pression, la vitesse de propagation d'une onde sonore dans l'air est :

$$v = 340 \text{ m} \cdot \text{s}^{-1}$$

- Dans le domaine médical, l'**échographie** est une technique qui utilise notamment la réflexion des ondes ultrasonores sur les surfaces de séparation de différents milieux de propagation du corps, comme par exemple les muscles, les tendons, des kystes...

Domaine de fréquences des différentes ondes sonores.

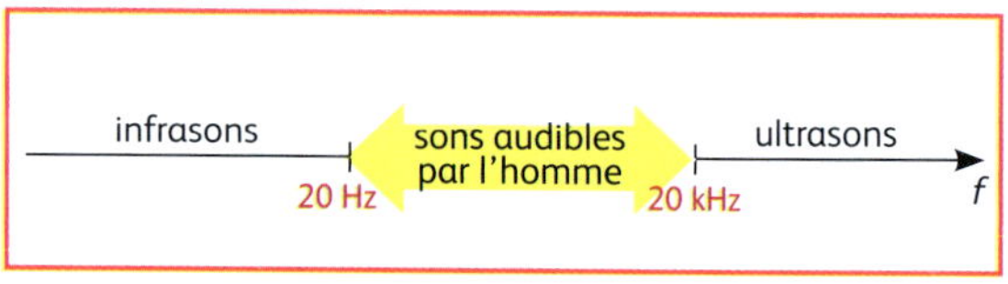

Ondes électromagnétiques

- Une onde électromagnétique peut se propager **dans le vide** ou dans un milieu matériel.
- Dans le vide ou dans l'air, la vitesse de propagation de la lumière ou de toute onde électromagnétique est :

$$c = 3{,}00 \times 10^8 \text{ m} \cdot \text{s}^{-1}$$

La lumière visible par un œil humain ne correspond qu'à une petite partie des ondes électromagnétiques, comprise entre les infrarouges (IR) et les ultraviolets (UV).

- Dans le domaine médical, **l'imagerie par résonance magnétique** (IRM) utilise des ondes radio, tandis que la **radiographie** ou le **scanner** utilisent des rayons X.

Domaine de fréquences des différentes ondes électromagnétiques.

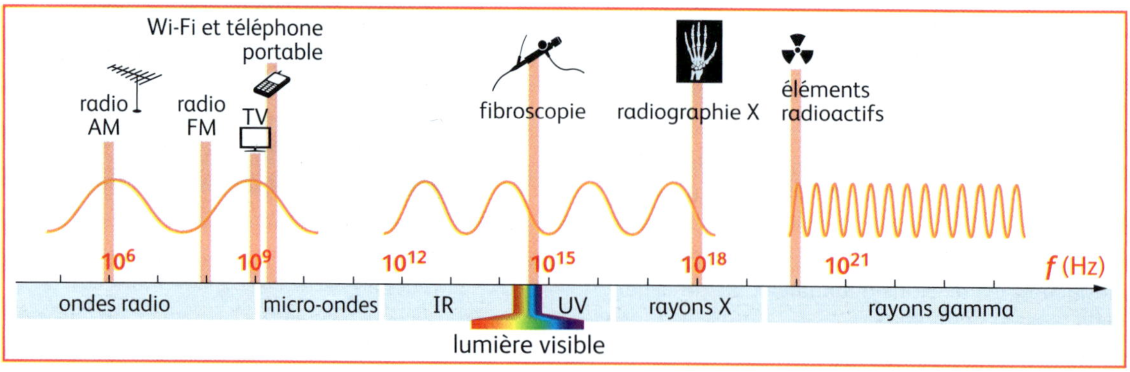

SAVOIR FAIRE Schématiser la réflexion totale d'une onde lumineuse

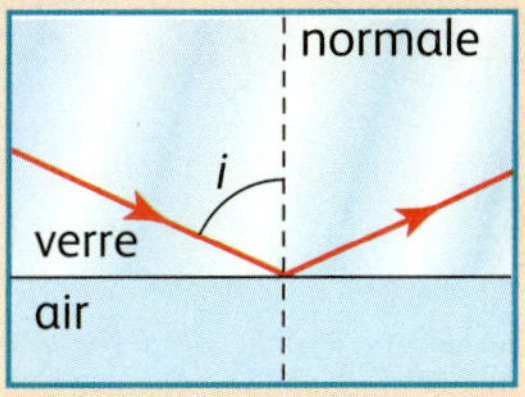

1. **Tracer** la surface de séparation entre les deux milieux transparents (le verre et l'air par exemple).
2. **Modéliser** l'onde lumineuse incidente jusqu'à la surface de séparation par un rayon lumineux, qui est lui-même schématisé par une droite orientée dans le sens de propagation de la lumière.
3. **Tracer** la normale à la surface de séparation au point d'intersection du rayon lumineux et de la surface de séparation.
4. **Représenter** l'angle *i* entre la direction de propagation de l'onde et la normale : cet angle *i* doit être suffisamment grand pour qu'il y ait réflexion totale.
5. **Tracer** la droite symétrique à la normale du rayon lumineux incident et orienter la droite dans le sens de propagation de la lumière : c'est le rayon lumineux modélisant l'onde lumineuse réfléchie.

S'ENTRAÎNER

1 Vrai ou Faux ?

a. La lumière se propage dans l'eau.
b. Les ultrasons se propagent dans le vide.
c. L'oreille humaine est sensible aux ultrasons.

2 Réflexion ou réfraction ?

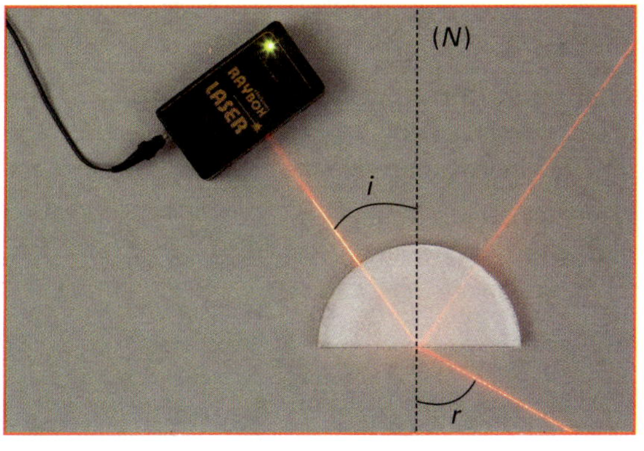

a. Indiquez sur la photo ci-dessus quel est le rayon lumineux réfracté et quel est le rayon lumineux réfléchi.
b. Comment pouvez-vous modifier le dispositif expérimental pour observer une réflexion totale ?

3 Principe d'une échographie.

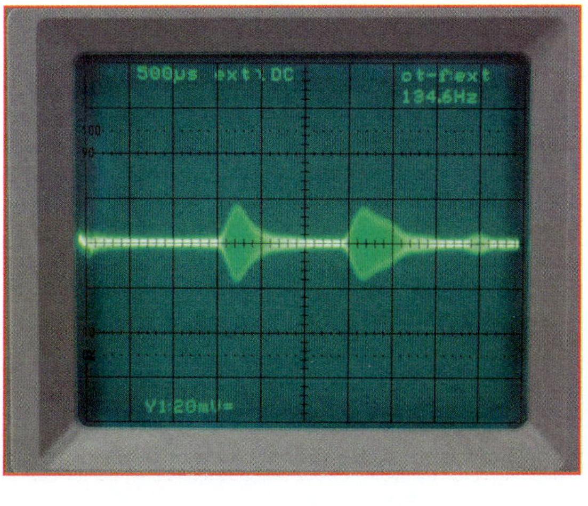

Pour simuler la réflexion des ondes ultrasonores sur des organes lors d'une échographie, une sonde *E*, reliée à un oscilloscope, émet des salves ultrasonores dans une boîte (la paroi au fond de la boîte modélise l'organe réfléchissant les ondes).
Un récepteur d'ultrasons *R*, relié également à l'oscilloscope, capte les ondes ultrasonores réfléchies par la paroi au fond de la boîte.
Sur l'oscillogramme, on observe alors le signal émis par la sonde *E* et le signal reçu par le récepteur *R*.
a. Sachant que la sensibilité horizontale de l'oscilloscope vaut 500 µs / div, déterminez la durée qui s'écoule entre l'émission et la réception de l'onde ultrasonore.
b. Sachant que la vitesse de propagation des ultrasons dans l'air vaut 340 m·s^{-1}, calculez la distance parcourue par l'onde ultrasonore entre son émission et sa réception, puis la distance entre la paroi au fond de la boîte et la sonde *E*.

4 Étude d'un document sur l'IRM.

L'imagerie par résonance magnétique (IRM) utilise les propriétés magnétiques des noyaux d'hydrogène des molécules d'eau du corps. Dans l'appareil d'IRM, les protons sont soumis à un champ magnétique puissant et à des ondes radio ; le traitement des signaux émis permet ensuite de visualiser les organes. L'IRM ne permet pas la recherche fine de fractures osseuses, mais est très utilisée pour le cerveau, les muscles, le cœur et les tumeurs. Contrairement au scanner qui émet des rayons X, cet examen n'est pas nocif, mais il est contre-indiqué en cas de port d'un stimulateur cardiaque ou de présence d'un corps étranger métallique (comme une prothèse).

a. L'IRM utilise-t-elle des ondes sonores ou des ondes électromagnétiques ?
b. Si le choix est possible, est-il préférable d'effectuer un scanner ou une IRM ? Pourquoi ?
c. Recherchez pourquoi l'IRM est contre-indiquée en cas de port d'un stimulateur cardiaque.

LA SANTÉ

6 Solutions et concentration massique

SAVOIR

La dissolution d'une espèce moléculaire ou ionique

Dans une **solution**, les entités chimiques constituant le soluté sont **dispersées uniformément** parmi les molécules du **solvant** ; ces entités sont soit des **molécules,** soit des **ions**.

Une solution est **saturée** si la dissolution du soluté n'est plus possible ; le solvant a dissous la **quantité maximale** d'espèce qu'il pouvait dissoudre.
Exemple : la solubilité du sel, $NaCl_{(S)}$, dans l'eau à 20 °C, est de 360 grammes de sel par litre d'eau. Si on dissout 360 g de sel dans un litre d'eau à 20 °C, la solution est saturée.

Concentration massique d'une espèce

La **concentration massique d'un soluté** est égale à la masse de soluté dissous par litre de solution. Elle s'exprime le plus souvent en gramme par litre (**g·L⁻¹**).

$C_m = \dfrac{m_{Soluté}}{V_{Solution}}$	C_m en $g \cdot L^{-1}$ $m_{Soluté}$ en g $V_{Solution}$ en L

Cette relation peut aussi s'écrire $m_{Soluté} = C_m \times V_{Solution}$, avec les mêmes unités que précédemment.
Remarque :
Il ne faut pas confondre masse volumique et concentration massique :

- Dans la **masse volumique** $\rho = \dfrac{m}{V}$, m est la masse du corps de volume V.
- Dans la **concentration massique** $C_m = \dfrac{m_{Soluté}}{V_{Solution}}$, le soluté de masse $m_{Soluté}$ est dissous dans une solution de volume $V_{Solution}$.

Préparation d'une solution par dilution

Lors d'un ajout d'eau à une solution, on **diminue la concentration massique** des espèces qu'elle contient.

La **dilution d'une solution mère** est un procédé qui consiste à **diminuer la concentration** de la solution initiale en lui ajoutant de l'eau. La solution obtenue, **solution fille**, est **moins concentrée**.

La dilution est effectuée dans **une fiole jaugée**, un instrument de verrerie qui permet une lecture précise du volume.

Le **volume prélevé** dans la solution mère doit être le plus précis possible ; on utilise de préférence **une pipette jaugée** ou une pipette graduée.

Lorsque l'on dilue une solution, son volume augmente mais la **masse de soluté** présent ne change pas. La concentration massique des espèces de la solution diminue donc.

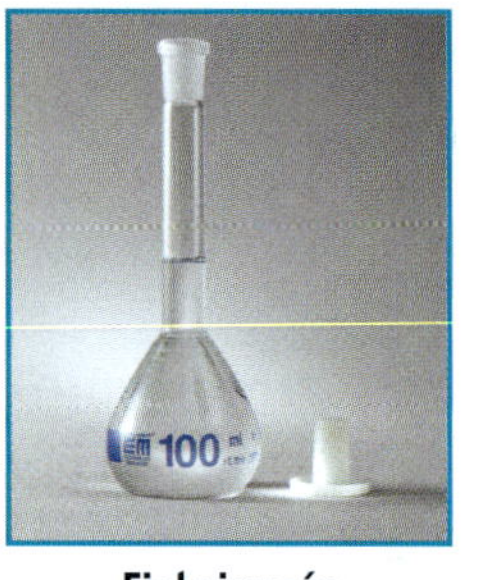

Fiole jaugée.

Préparation d'une solution par dilution.

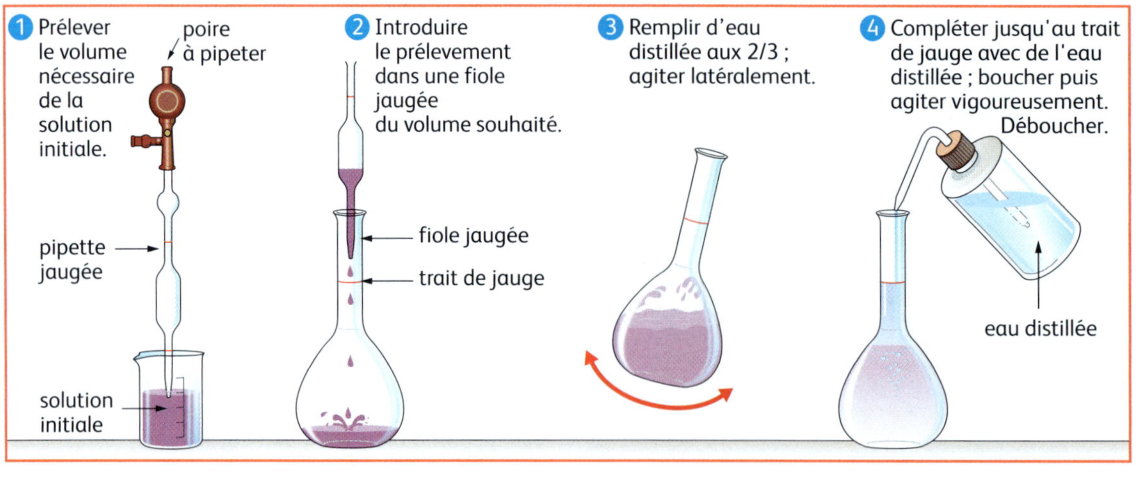

SAVOIR FAIRE Élaborer le protocole d'une dilution

On dispose d'une solution de diode de concentration $C_{m,0} = 2,0 \times 10^{-2}$ g·L^{-1}.
Comment obtenir 100,0 mL d'une solution de diiode de concentration $C_{m,1} = 4,0 \times 10^{-3}$ g·L^{-1} ?

1. Identifier les solutions.
La solution la plus concentrée est toujours la solution mère. $C_{m,0}$ est la concentration de la solution mère, $C_{m,1}$ est celle de la solution fille.

2. Écrire l'égalité des masses de soluté.
$m_{\text{Soluté dans la solution fille}} = m_{\text{Soluté dans la solution mère}}$

3. Appliquer la relation $m_{\text{Soluté}} = C_m \times V_{\text{Solution}}$.
$C_{m,1} \times V_{\text{Final}} = C_{m,0} \times V_{\text{Solution mère}}$

4. Déterminer le volume de solution mère à prélever.
$$V_{\text{Solution mère}} = \frac{C_{m,1} \times V_{\text{Final}}}{C_{m,0}} = \frac{4,0 \times 10^{-3} \times 100,0}{2,0 \times 10^{-3}} = 20 \text{ mL.}$$

5. Rédiger le protocole de la dilution.
Prélever 20 mL de la solution mère à l'aide d'une pipette jaugée de 20 mL. Placer ce prélèvement dans une fiole jaugée de 100 mL. Compléter avec de l'eau jusqu'au trait de jauge et homogénéiser la solution.

S'ENTRAÎNER

1 Maîtrisez le vocabulaire scientifique.

Parmi les propositions suivantes, choisissez la (ou les) réponse(s) correcte(s).

a. À une température donnée, la concentration massique d'une espèce est toujours :
- inférieure ou égale à sa solubilité
- supérieure à sa solubilité
- égale à sa solubilité

b. La concentration massique d'un soluté A en solution est donnée par :
- $C_m = m_A \times V$
- $C_m = \frac{m_A}{V}$
- $C_m = \frac{V}{m_A}$

c. Dans une dilution, le volume prélevé dans la solution mère peut être prélevé à l'aide :
- d'un bécher
- d'une éprouvette graduée
- d'une pipette jaugée

2 Préparation d'une solution.

Indiquez comment préparer 100 mL d'une solution d'eau sucrée de concentration massique $C_m = 20$ g·L^{-1} à partir du matériel suivant :
- bécher de 100 mL
- éprouvette graduée de 100 mL
- fiole jaugée de 100 mL
- ballon de 1 L
- fiole jaugée de 1 L
- balance
- coupelle de pesée
- spatule
- entonnoir à solide
- compte-goutte
- eau
- sucre solide

3 Saturation d'une solution.

La solubilité du sel dans l'eau est de 357 g·L^{-1}. On souhaite préparer $V = 100$ mL une solution d'eau salée de concentration massique $C = 100$ g·L^{-1}.

a. Déterminez la masse de sel solide que l'on doit dissoudre dans 100 mL d'eau pour préparer cette solution.

b. Comparez cette masse à la masse maximale de sel que l'on peut dissoudre dans 100 mL. La solution est-elle saturée ?

4 Dilution et vitamine C.

Pour combattre un état de fatigue passager, un médecin conseille à Victor de prendre un comprimé de vitamine C 500 chaque matin pendant un mois. Un comprimé contient une masse $m = 500$ mg de principe actif.

a. Victor dissout un comprimé dans un verre d'eau. Le volume de solution est $V_1 = 100$ mL.

Déterminez la concentration massique en vitamine C de la solution, que vous noterez C_1.

b. Victor trouve le goût trop prononcé. Le grand frère de Victor lui conseille de mettre deux fois plus d'eau avec un comprimé.

Le conseil est-il judicieux ? Justifiez.

c. Calculez la concentration massique en vitamine C de la solution obtenue par dissolution d'un comprimé dans un volume $V_2 = 2 \times V_1$, que vous noterez C_2.

d. Quelle masse de principe actif Victor absorbe-t-il en buvant la solution de volume V_2 ?

7 Description de l'Univers

SAVOIR

De l'infiniment petit à l'infiniment grand

▸ La matière est formée d'**atomes**, qui sont eux-mêmes constitués d'un **noyau** autour duquel se déplacent un ou plusieurs **électrons**. Il n'y a que du **vide** entre le noyau et les électrons d'un atome.

▸ De même, il y a essentiellement du **vide** entre le Soleil et les planètes, entre les étoiles d'une galaxie ou entre les galaxies.

▸ Le remplissage de l'espace par la matière est donc essentiellement **lacunaire**, aussi bien au niveau de l'atome qu'à l'échelle cosmique.

Dessins représentant notre Galaxie vue de côté et de face (la flèche rouge indique où se trouve le système solaire).

La mesure de distances grâce à la lumière

▸ La vitesse de propagation de la lumière dans le vide ou dans l'air est $c = 3{,}00 \times 10^8\ \mathrm{m \cdot s^{-1}}$.
En connaissant la valeur de cette vitesse de propagation, on peut déterminer la distance d (en mètre) parcourue par la lumière pendant une durée Δt (en seconde) :

$$d = c \times \Delta t.$$

▸ L'**année de lumière** (a.l.) est la distance parcourue par la lumière dans le vide en un an.

▸ La relation $d = c \times \Delta t$, avec $\Delta t = 1$ an, permet de calculer la valeur d'une année de lumière :

$$1\ \text{a.l.} = 3{,}00 \times 10^8 \times \underbrace{365 \times 24 \times 3\,600}_{\text{un an exprimé en seconde}} = 9{,}5 \times 10^{15}\ \text{m.}$$

L'ordre de grandeur d'une année de lumière est **10^{16} m**.

▸ Le résultat d'une mesure de distance s'écrit de manière scientifique sous la forme $a \times 10^p$, avec $1 \leq a < 10$ (nombre décimal) et p un nombre entier. Ce nombre est suivi d'une unité, le **mètre (m)**, qui est l'unité de longueur dans le système international. Pour les grandes distances ou les petites distances, on peut aussi utiliser des **multiples** ou des **sous-multiples du mètre**.

mégamètre	Mm	10^6 m
kilomètre	km	10^3 m
mètre	m	10^0 m ou 1 m
centimètre	cm	10^{-2} m
milimètre	mm	10^{-3} m
micromètre	µm	10^{-6} m
nanomètre	nm	10^{-9} m
picomètre	pm	10^{-12} m

Regarder loin, c'est regarder dans le passé

▸ Des astres ou des phénomènes astronomiques sont visibles parce qu'ils nous envoient de la lumière. Nous les voyons tels qu'ils étaient au moment de l'émission de cette lumière.

▸ La lumière met du temps pour se propager de l'objet observé vers nos yeux. Plus cet objet est **éloigné**, plus la **durée** du trajet parcouru par la lumière est **longue** et plus nous observons **dans le passé**.

Par exemple, la source lumineuse très brillante visible à droite de la photo ci-dessous a été vue sur terre pour la première fois le 23 févier 1987. Il s'agit de l'explosion d'une étoile située dans le grand nuage de Magellan, une galaxie à 1,7 a.l. de la Terre. Cet événement s'est produit il y a environ 170 000 années.

SAVOIR FAIRE — Mesurer la durée du trajet de la lumière

L'étoile Proxima du Centaure est l'étoile la plus proche du système solaire. Elle est située à $d = 4 \times 10^{16}$ m de la Terre. Quelle est la durée qu'il faut à la lumière pour parvenir jusqu'à nous depuis cette étoile ?

1. Convertir la distance *d* en année de lumière (a.l.).

$d = \dfrac{4 \times 10^{16}}{9{,}5 \times 10^{15}} = 4{,}2$ a.l. (Une durée est exprimée en année et une distance est exprimée en année de lumière).

2. En déduire la durée du trajet parcouru par la lumière émise par Proxima du Centaure pour parvenir jusqu'à nous, sachant que l'année de lumière est la distance parcourue par la lumière dans le vide en un an.

$\Delta t = 4{,}2$ ans.

S'ENTRAÎNER

1 Vrai ou Faux ?

a. L'Univers est essentiellement constitué de matière.
b. L'année de lumière correspond à la durée du trajet parcouru par la lumière entre le Soleil et la Terre.
c. Le rayon équatorial de la Terre vaut 6378 km. L'écriture scientifique du rayon équatorial de la Terre est $6{,}378 \times 10^6$ m.
d. L'ordre de grandeur du rayon équatorial de la Terre est égal à 10^6 m.
e. Le rayon équatorial de la Terre vaut 6,378 Mm.

2 Du plus petit au plus grand.

a. Classez par ordre croissant de taille (du plus petit au plus grand) les objets suivants :
un électron, le Soleil, une molécule, un homme, l'Univers, le système solaire.
b. Qu'y-a-t-il essentiellement entre le noyau d'un atome et les électrons, ainsi qu'entre les différentes galaxies de l'Univers ?

3 L'année de lumière.

a. Retrouvez par le calcul l'ordre de grandeur de la valeur d'une année de lumière : 1 a.l = 10^{16} m.
La nébuleuse d'Orion est une galaxie située à 1 500 années de lumière de la Terre.

b. Quelle est l'ordre de grandeur (en mètre) de la distance entre la nébuleuse d'Orion et la Terre ?
c. Combien d'années dure le trajet de la lumière entre la nébuleuse d'Orion et la Terre ?

Hubert Reeves écrit : « *À l'échelle astronomique, la lumière progresse à pas de tortue. Les nouvelles qu'elle nous apporte ne sont pas fraiches du tout ! Pour nous, c'est plutôt un avantage. Nous avons trouvé la machine à remonter le temps ! En regardant loin, nous regardons tôt* ».
(Source : *Patience dans l'azur. L'évolution cosmique*, éditions du Seuil, 1981, coll. Science ouverte, 1988).
d. Commentez la dernière phrase, en expliquant pourquoi la faible vitesse de propagation de la lumière à l'échelle astronomique est « *plutôt un avantage* ».

4 Explosion sur le Soleil.

Si une explosion se produisait à la surface du Soleil, au bout de combien de temps l'observerions-nous sur Terre, sachant que la distance Terre-Soleil est égale à $1{,}5 \times 10^8$ km ?

5 L'étoile polaire.

La lumière émise par l'étoile polaire met 431 ans pour nous parvenir.
a. Notez en écriture scientifique la durée du trajet (en année), parcouru par la lumière émise par l'étoile polaire pour parvenir jusqu'à nous.
b. Calculez la distance (en mètre), qui sépare cette étoile de la Terre.
c. Déterminez l'ordre de grandeur (en mètre), de la distance étoile polaire-Terre.

PHYSIQUE-CHIMIE

L'UNIVERS

8 Dispersion et réfraction de la lumière

SAVOIR

Lumières monochromatique et polychromatique

▸ Une lumière monochromatique est composée d'une seule **radiation monochromatique**, caractérisée par sa **longueur d'onde dans le vide**, notée λ, qui s'exprime en mètre (m).

▸ L'œil n'est sensible qu'aux radiations monochromatiques dont la longueur d'onde est comprise entre 400 nm (pour le violet) et 800 nm (pour le rouge).

Domaines de longueurs d'onde des radiations monochromatiques.

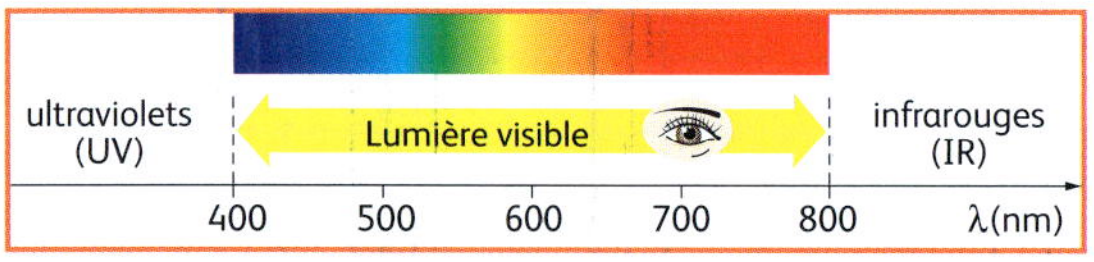

▸ Une lumière polychromatique est composée de plusieurs radiations monochromatiques.

▸ La lumière blanche émise par le Soleil est une lumière polychromatique, composée d'une infinité de radiations monochromatiques.

Réfraction de la lumière

La réfraction de la lumière est le **changement de direction de propagation** d'un rayon lumineux passant d'un milieu transparent, d'indice de réfraction n_1, à un autre milieu transparent, d'indice de réfraction n_2. Ce phénomène est régi par les **lois de Snell-Descartes** :

▸ **Première loi** : le rayon incident, le rayon réfracté et la normale à la surface de séparation au point d'incidence sont dans le même plan, appelé plan d'incidence.

▸ **Deuxième loi** : les angles d'incidence i_1 et de réfraction i_2 vérifient la relation :

$$n_1 \sin i_1 = n_2 \sin i_2.$$

Indices de réfraction de quelques milieux transparents.

Milieu	Indice
Air	1,00
Plexiglas	1,50
Eau	1,33

Dispersion de la lumière

▸ Le verre est un milieu dispersif : son indice de réfraction varie avec la longueur d'onde dans le vide des radiations monochromatiques.

▸ Un prisme disperse une lumière polychromatique, c'est-à-dire qu'il sépare les radiations monochromatiques qui la composent.

Dispersion par un prisme.

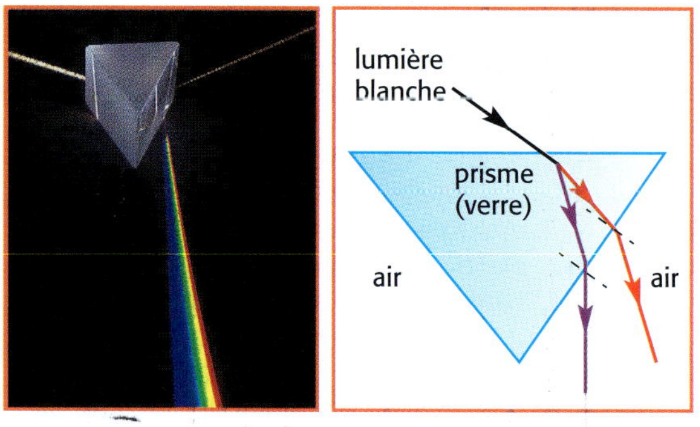

▸ Contrairement à une lumière polychromatique, une lumière monochromatique n'est pas dispersée par un prisme.

Schéma de réfraction.

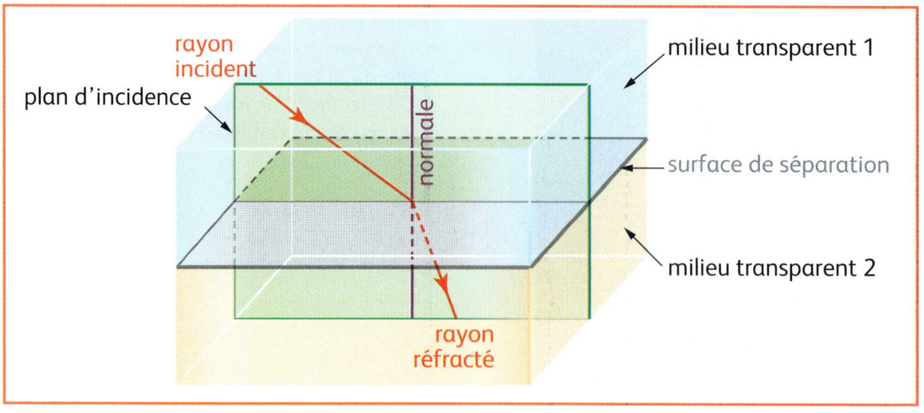

SAVOIR FAIRE Calculer l'indice de réfraction d'un diamant

1. **Émettre avec un laser une onde lumineuse**, afin qu'elle passe de l'air dans le diamant.

2. **Mesurer l'angle d'incidence i_1 et l'angle de réfraction i_2** (par exemple, $i_1 = 41°$ et $i_2 = 16°$).

3. **Utiliser la deuxième loi de Snell-Descartes.**

$n_{air} \sin i_1 = n_{diamant} \sin i_2$.

4. **Donner le résultat littéral** permettant de calculer l'indice de réfraction d'un diamant.

$$n_{diamant} = \frac{n_{air} \sin i_1}{\sin i_2}.$$

5. Sachant que $n_{air} = 1{,}0$, **effectuer l'application numérique** correspondante en donnant le résultat avec deux chiffres significatifs :

$$n_{diamant} = \frac{1{,}0 \times \sin(41)}{\sin(16)} = 2{,}4.$$

S'ENTRAÎNER

1 Dispersion ou réfraction de la lumière ?

Parmi les propositions suivantes, choisissez la (ou les) réponse(s) correcte(s).

a. Le changement de direction d'un faisceau lumineux passant de l'air à l'eau correspond au phénomène de :
- dispersion
- réfraction

b. Dans un arc-en-ciel, la séparation des radiations monochromatiques de la lumière du Soleil dans les gouttes d'eau de pluie est due au phénomène de :
- dispersion
- réfraction

c. La formation d'un mirage est due au phénomène de :
- dispersion
- réfraction

2 Un poisson éclairé.

On éclaire un aquarium avec une lampe de poche comme sur le schéma ci-dessous, tous les éléments représentés étant dans le même plan vertical.

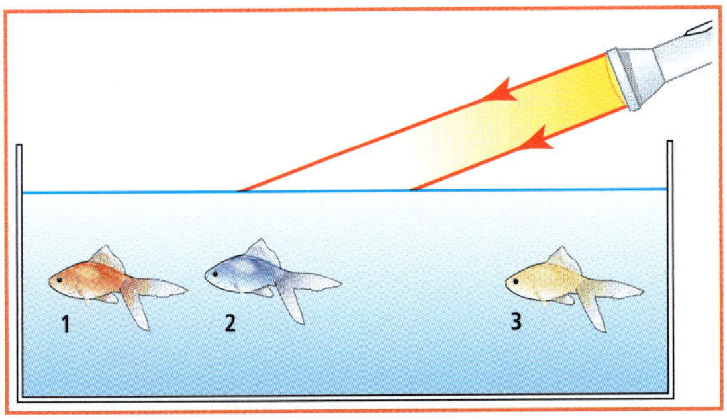

a. Tracez les deux rayons réfractés limitant le faisceau lumineux émis par la lampe de poche (sans calcul mais en justifiant le tracé).

b. En déduire le numéro du poisson éclairé.

3 Réfraction air-verre.

Un laser émet un rayon lumineux rouge monochromatique qui arrive sur un hémicylindre en verre comme sur le schéma suivant.

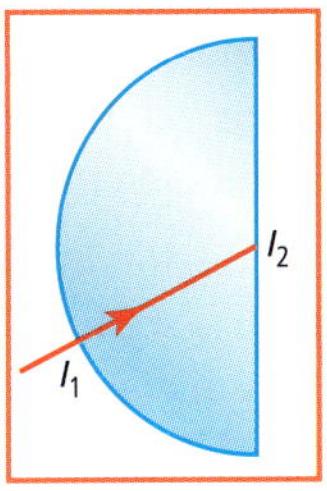

Données :
- indice de réfraction de l'air : $n_{air} = 1{,}0$;
- indice de réfraction du verre pour une radiation monochromatique rouge : $n_{verre} = 1{,}6$.

a. Le rayon lumineux n'est pas dévié lorsqu'il pénètre dans l'hémicylindre en verre en I_1. Pourquoi ?

b. L'angle d'incidence du rayon lumineux en I_2 est égal à 35. Calculez l'angle de réfraction lorsque le rayon ressort de l'hémicylindre en verre.

4 Dispersion de la lumière blanche.

Le rayon lumineux rouge monochromatique de l'exercice précédent est remplacé par un rayon de lumière blanche polychromatique.
Sachant que le verre est un milieu dispersif, qu'observera-t-on à la sortie de l'hémicylindre ? Justifiez votre réponse.

9 Spectres lumineux

L'UNIVERS

SAVOIR

Un **spectre lumineux** correspond à la décomposition d'une lumière par un prisme ou par un réseau, appelés spectroscope.

Spectre d'émission

▸ Un **spectre d'émission** est un spectre d'une lumière directement émise par une source lumineuse.

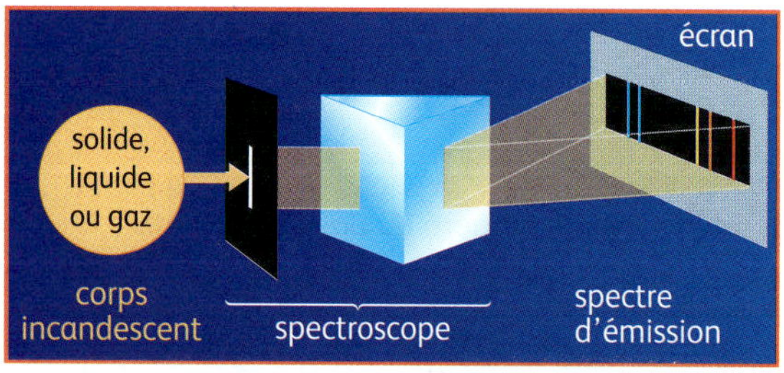

▸ Un **corps dense et chaud** (solide, liquide, gaz sous haute pression) émet un **rayonnement continu**, dont les propriétés dépendent de la température de ce corps : plus le corps est chaud, plus son spectre d'émission s'enrichit vers le violet.

▸ Un gaz sous faible pression et à haute température émet un **spectre de raies d'émission**, caractéristique des entités chimiques qui composent ce gaz.

Spectre d'absorption

▸ Un **spectre d'absorption** d'une substance est un spectre de la lumière blanche après la traversée d'une substance qui a absorbé une partie de cette lumière.

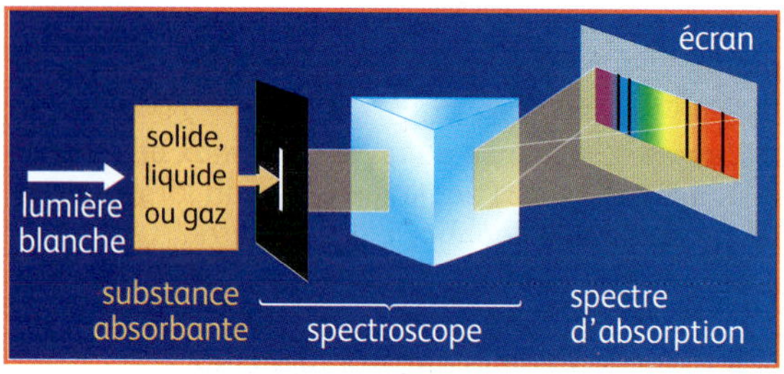

▸ Un spectre d'absorption d'une substance a un fond continu coloré, dû à la lumière blanche, et des bandes ou des raies noires, dues à l'absorption des entités de la substance.

▸ Le spectre d'absorption d'un gaz sous faible pression est un **spectre de raies d'absorption**, caractéristique des entités chimiques qui composent ce gaz.

▸ Les **raies d'absorption** d'une entité chimique permettent d'identifier cette entité chimique car elles ont la même longueur d'onde dans le vide et occupent donc **la même position que les raies d'émission** de cette entité chimique.

Spectres d'émission ⓐ et d'absorption ⓑ d'une même entité chimique.

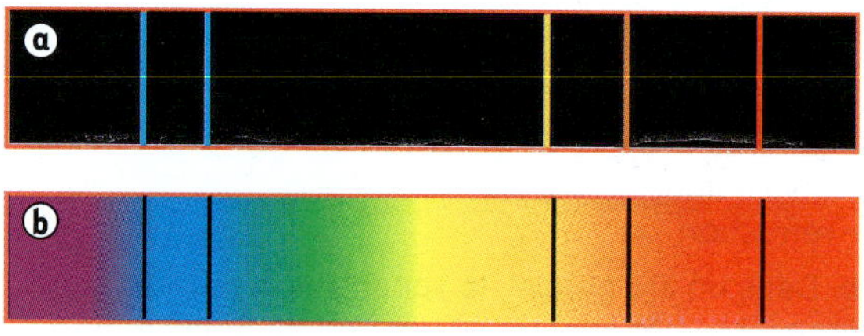

Étude du spectre de la lumière émise par une étoile

▸ Le spectre de la lumière émise par une étoile est constitué d'un fond continu coloré, dû aux gaz chauds et condensés qui constituent l'étoile, et de raies noires, dues aux radiations monochromatiques absorbées par les gaz à basse pression présents dans l'atmosphère de l'étoile.

▸ La **couleur d'une étoile**, que l'on peut déterminer grâce au fond continu du spectre lumineux, permet d'évaluer sa température de surface.

▸ Les **raies noires d'absorption** du spectre lumineux permettent d'identifier les entités présentes dans l'atmosphère de l'étoile.

SAVOIR FAIRE Identifier des spectres

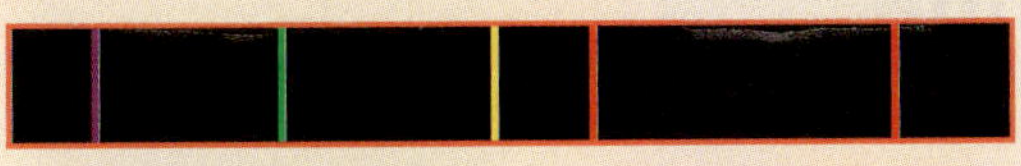
①

②

1. Identifier le spectre ①.
C'est un spectre de raies d'émission car il est constitué de raies colorées sur un fond noir.

2. Identifier le spectre ②.
C'est un spectre de raies d'absorption car il est constitué de raies noires sur un fond coloré.

S'ENTRAÎNER

1 Spectre d'émission ou spectre d'absorption ?

Parmi les propositions suivantes, choisissez la (ou les) réponse(s) correcte(s).

a. Le spectre de la lumière émise par de la lave en fusion est un spectre :
– continu d'émission
– de raies d'émission
– de raies d'absorption

b. Le spectre suivant est un spectre :
– continu d'émission
– de raies d'émission
– de raies d'absorption

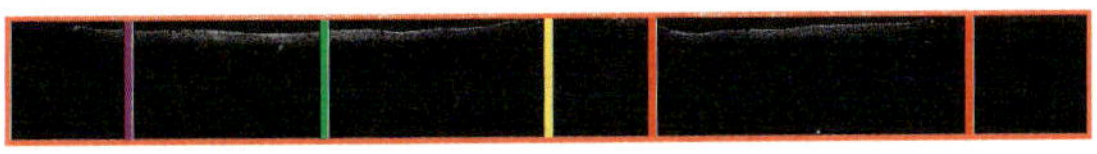

c. Le spectre suivant est un spectre :
– continu d'émission
– de raies d'émission
– de raies d'absorption

2 Émission de la lumière par de la lave en fusion.

Deux spectres continus d'émission de la lumière émise par de la lave en fusion S_1 et S_2 ont été réalisés après une éruption volcanique.

S_1

S_2

a. Identifiez le spectre d'émission réalisé juste après l'éruption volcanique et celui réalisé plusieurs heures après. Justifiez votre réponse.
b. À quoi ressemblera le spectre d'émission de la lave réalisé plusieurs semaines après l'éruption volcanique ?

3 La couleur des étoiles.

Dans la constellation d'Orion, l'étoile Bételgeuse, en haut à gauche de la photo, et l'étoile Rigel, en bas à droite, sont colorées.

a. Quelles sont les couleurs de ces deux étoiles ?

b. Quelle est l'étoile ayant la température de surface la plus importante ? Justifiez votre réponse.

4 Spectre de la lumière émise par une étoile.

On souhaite analyser les gaz présents dans l'atmosphère d'une étoile ayant le spectre lumineux suivant.

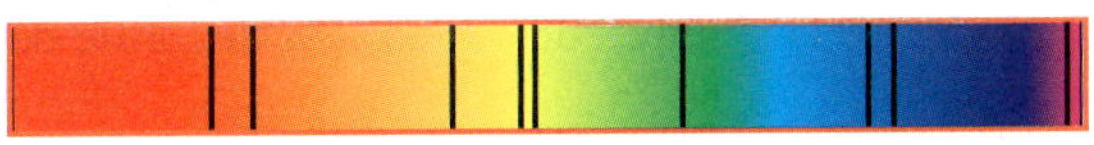

a. Les spectres de raies d'émission des gaz Ⓐ et Ⓑ sont donnés ci-dessous. L'atmosphère de l'étoile contient-elle ces gaz ? Justifiez votre réponse.

b. L'atmosphère de l'étoile contient-elle d'autres gaz ? Justifiez votre réponse.

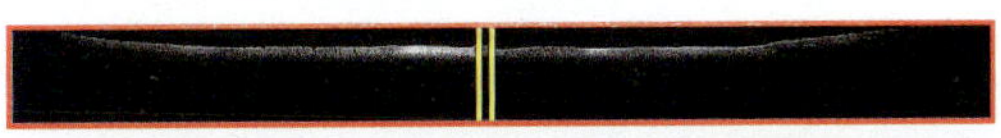
Ⓐ

Ⓑ

L'UNIVERS

10 Un modèle de l'atome

SAVOIR

La constitution de l'atome

▸ Un atome est une **entité électriquement neutre** constituée d'un **noyau chargé positivement**, lequel est entouré d'**électrons chargés négativement**.

▸ Le noyau est constitué de **neutrons**, des particules non chargées, et de **protons**, des particules chargées positivement ; ces particules constitutives du noyau sont appelées les **nucléons**.

▸ La **charge électrique élémentaire** est notée e : $e = 1{,}6 \times 10^{-19}$ C. La charge électrique d'un proton est e, celle d'un électron est $-e$.

▸ Le proton et le neutron ont des **masses quasiment égales** ; la masse de l'électron est deux mille fois plus petite que celle d'un nucléon.

	Masse (kg)	Charge électrique (C)
Proton	$1{,}7 \times 10^{-27}$	$+1{,}6 \times 10^{-19}$
Neutron	$1{,}7 \times 10^{-27}$	0
Électron	$9{,}1 \times 10^{-31}$	$-1{,}6 \times 10^{-19}$

▸ Un noyau atomique est représenté symboliquement par la notation ${}^{A}_{Z}X$, où :
– X est le **symbole de l'atome** correspondant ;
– A est le **nombre de masse**. Il s'agit du nombre total de **nucléons** du noyau ;
– Z est le **nombre de charges** ou **numéro atomique**. Il s'agit du nombre de **protons** du noyau.
Un atome est électriquement neutre : il comporte autant d'électrons que de protons, soit Z électrons.

Les caractéristiques de l'atome

1 nm = 1×10^{-9} m
1 pm = 1×10^{-12} m
1 fm = 1×10^{-15} m

▸ L'ordre de grandeur du rayon d'un noyau est le **fermi (fm)**. Le rayon moyen des atomes est de l'ordre de 0,1 nm.

▸ Le rapport du rayon de l'atome au rayon du noyau est :

$$\frac{r_{\text{atome}}}{r_{\text{noyau}}} \approx \frac{10^{-10}}{10^{-15}} \approx 10^{5}$$

▸ L'espace vide entre les électrons et le noyau est 100 000 fois plus grand que la taille du noyau. L'atome est donc **essentiellement constitué de vide**, sa structure est **lacunaire**.

▸ La **masse d'un électron** étant négligeable devant celle d'un nucléon, la masse m d'un atome est pratiquement égale à celle de son noyau :

$m = A \times m_n$	A le nombre de nucléons m_n la masse d'un nucléon, dans la même unité que m la masse de l'atome.

La répartition des électrons en couche

▸ Les électrons d'un atome se répartissent dans des couches électroniques. Chaque couche électronique est repérée par une lettre : K, L, M…

Couche électronique	K	L	M
Nombre maximal d'électrons	2	8	18

▸ La répartition des électrons sur les couches électroniques obéit à des règles de remplissage :
– une couche électronique ne peut contenir qu'un nombre limité d'électrons ;
– les électrons se répartissent d'abord sur la couche K. S'il reste des électrons, ils remplissent alors la couche L, puis la couche M.

Répartition des électrons sur les couches électroniques.

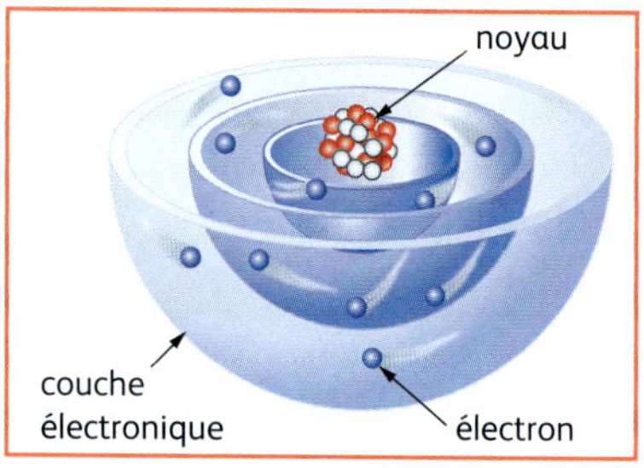

▸ Une couche électronique est **saturée** si elle contient le **nombre maximal d'électrons** qu'elle peut contenir.

▸ La répartition des électrons sur les couches électroniques se nomme la **structure électronique de l'atome**.
Exemple : $(K)^2(L)^1$ est la structure électronique du Lithium. On note ${}^{7}_{3}Li$: $(K)^2(L)^1$.

▸ La **dernière couche** de la structure électronique **contenant des électrons** est appelée couche électronique **externe**.
Exemple : la couche externe du lithium contient 1 électron.

SAVOIR FAIRE — Déterminer la composition d'un atome

La notation symbolique d'un noyau d'atome d'azote est $^{14}_{7}N$.
Quelle est la composition de l'atome d'azote correspondant ?

1. Identifier le document.
Le document présente la notation symbolique d'un noyau d'azote.

2. Identifier le numéro atomique *Z*, et le nombre de masse *A*.
Dans la représentation, *A* est en haut et à gauche, $A = 14$.
Z est en bas à gauche, $Z = 7$.

3. Déterminer le nombre de protons et d'électrons.
Appliquer la définition du numéro atomique : il y a *Z* protons dans le noyau. On obtient ici 7 protons dans ce noyau.
L'atome étant électriquement neutre, il contient autant d'électrons que de protons, soit *Z* électrons.
On obtient ici 7 électrons.

4. Déterminer le nombre de neutrons.
A représente le nombre total de nucléons et *Z* le nombre de protons.
On obtient le nombre de neutrons par différence $A - Z$, donc ici $14 - 7 = 7$ neutrons.

S'ENTRAÎNER

1 Maîtrisez le vocabulaire scientifique.

Parmi les propositions suivantes, choisissez la (ou les) réponse(s) correcte(s).

a. Un atome est une entité :
- chargée positivement
- électriquement neutre

b. *Z* représente le :
- nombre de neutrons du noyau
- nombre de protons du noyau

c. Dans un atome, il y a autant d'électrons que :
- de neutrons
- de protons
- de nucléons

d. Le nombre de neutrons dans un noyau est :
- $Z - A$
- $A - Z$
- A

2 Compositions d'atomes.

Déterminez les compositions des atomes de soufre (S), de béryllium (Be) et de magnésium (Mg).

Données : les notations symboliques des noyaux de ces atomes sont $^{32}_{16}S$; $^{9}_{4}Be$; $^{24}_{12}Mg$.

3 Les dimensions de l'atome.

a. Rappelez les ordres de grandeur des dimensions du noyau et de l'atome.

b. Si on représente le noyau par une tête d'épingle de rayon $r_n = 1{,}0$ mm, montrez que l'atome sera représenté par une dimension de 100 m.

c. Pourquoi dit-on que les atomes ont une structure lacunaire ?

4 L'atome de chlore dans les molécules du sport.

Les polymères sont des molécules intervenant dans de nombreux matériaux sportifs. Le polychlorure de vinyle (ou P.V.C.) est un polymère contenant du chlore.
Le symbole du chlore est Cl et la notation symbolique de son noyau est $^{35}_{17}Cl$.

Données :
- masse d'un nucléon : $m_n = 1{,}7 \times 10^{-27}$ kg ;
- masse d'un électron : $m_e = 9{,}1 \times 10^{-31}$ kg ;
- charge électrique élémentaire : $e = 1{,}60 \times 10^{-19}$ C.

a. Donnez la composition d'un noyau de chlore.

b. Donnez la structure électronique de l'atome de chlore en justifiant.

c. Quelle est la couche externe ? Combien cette couche possède-t-elle d'électrons ?

d. Déterminez la charge électrique du nuage électronique de l'atome. Comment pourriez-vous en déduire la charge électrique du noyau ?

e. Calculez la masse *m* du noyau.

f. Calculez la masse m_a de l'atome.

g. Comparez les valeurs numériques de *m* et de m_a. Que remarquez-vous ?

A Faire

PHYSIQUE-CHIMIE

L'UNIVERS

11 L'élément chimique

SAVOIR

Définition de l'élément chimique et des isotopes

▸ Toutes les entités chimiques (atomes, ions) possédant **le même numéro atomique Z appartiennent au même élément chimique**.
Exemple : $Fe_{(s)}$, $Fe^{2+}_{(aq)}$ et $Fe^{3+}_{(aq)}$ désignent l'élément fer sous différentes formes.

▸ Des noyaux qui appartiennent au **même élément chimique** mais qui diffèrent par leurs nombres de neutrons sont appelés des **noyaux isotopes**.
Exemple : les noyaux ${}^{12}_{6}C$, ${}^{13}_{6}C$ et ${}^{14}_{6}C$ sont des noyaux isotopes de l'élément chimique carbone.

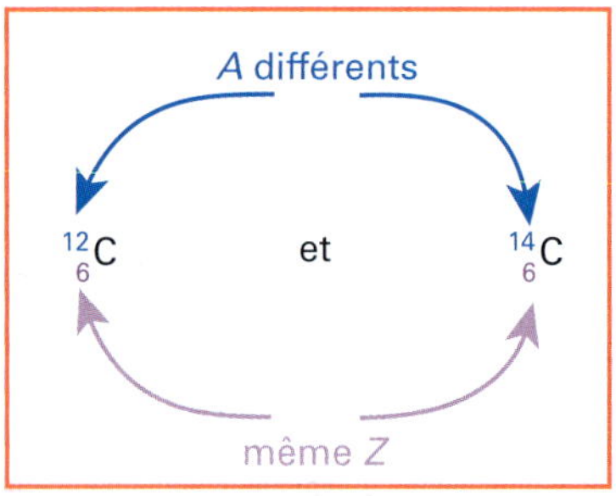

Conservation d'un élément chimique

▸ Lors d'une **transformation chimique**, les noyaux des atomes ne sont pas affectés : seuls les **nuages électroniques** sont concernés par la réaction chimique.

▸ En conséquence, **tous les éléments chimiques** mis en jeu dans une transformation chimique sont **conservés**.

Cycle de conservation de l'élément fer.

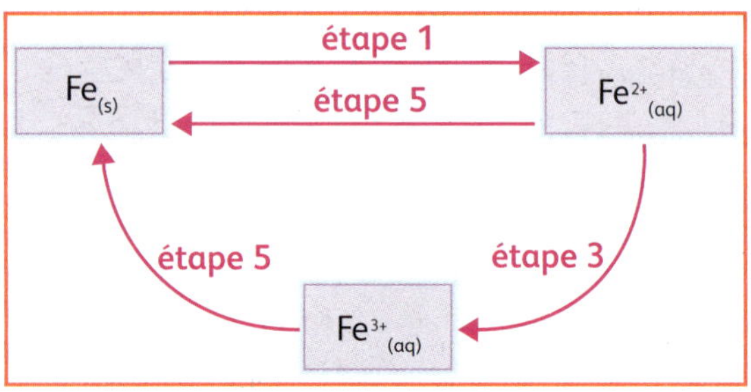

▸ Les ions mis en jeu dans ces transformations peuvent être mis en évidence par des **tests caractéristiques** : en présence d'un réactif donné, dans des conditions expérimentales précisées, l'ion testé va réagir et la transformation chimique s'accompagnera d'**observations propres à cette réaction**.

Règles du duet et de l'octet

▸ Un **anion monoatomique** est un atome qui **a gagné un ou plusieurs électrons** sur sa couche électronique externe ; c'est un **ion chargé négativement**.
Exemple : Cl^- est un anion ; c'est un atome de chlore (Cl) qui a gagné un électron.

▸ Un **cation monoatomique** est un atome qui **a perdu un ou plusieurs électrons** sur sa couche électronique externe ; c'est un **ion chargé positivement**.
Exemple : Fe^{2+} est un cation ; c'est un atome de fer (Fe) qui a perdu deux électrons.

La charge positive des cations n'est pas due à un gain de protons par l'atome. Le noyau est inchangé par les réactions chimiques, seul le nuage électronique est affecté par la réaction.

▸ L'hélium (He), le néon (Ne) et l'argon (Ar) sont des éléments qui n'existent sur Terre que sous la forme d'**atomes isolés** : ils ne forment pas d'ions ou de molécules, ils sont **inertes chimiquement**.

▸ Cette inertie chimique vient de la structure particulière de leur couche électronique externe :
– ${}^{4}_{2}He$: $(K)^2$. La couche électronique externe **K est saturée** avec 2 électrons (**un duet**) ;
– ${}^{20}_{10}Ne$: $(K)^2(L)^8$. La couche électronique externe **L est saturée** avec 8 électrons (**un octet**) ;
– ${}^{40}_{18}Ar$: $(K)^2(L)^8(M)^8$. La couche électronique externe **M** contient 8 électrons (**un octet**).

▸ Au cours de leurs transformations chimiques, les atomes et les ions perdent ou gagnent des électrons, de manière à avoir :
– **deux électrons** sur la couche externe pour les atomes de numéro atomique inférieur ou égal à 4 : c'est la **règle du duet** ;
– **huit électrons** sur la couche externe pour les atomes de numéro atomique supérieur à 4 : c'est la **règle de l'octet**.

SAVOIR FAIRE Prévoir la formule d'un ion

Déterminer la formule de l'ion formé par l'atome de fluor (F) de numéro atomique $Z = 9$.

1. Choisir la règle à appliquer.

La règle concernée est la règle du duet ou la règle de l'octet. Pour l'atome de fluor, on a $Z > 4$, donc on applique la règle de l'octet.

2. Donner la structure électronique.

$Z = 9$, on doit donc répartir 9 électrons sur les couches électroniques tel que $(K)^2(L)^7$.

3. Appliquer la règle.

L'atome possède 7 électrons externes (couche L). Il lui manque un électron pour satisfaire à la règle de l'octet.

4. Conclure

L'atome de fluor va gagner un électron pour former l'ion F^-.

S'ENTRAÎNER

1 Maîtrisez les bases.

Parmi les propositions suivantes, choisissez la (ou les) réponse(s) correcte(s).

a. Un élément chimique est défini par :
- le nombre de neutrons
- le nombre d'électrons
- le nombre de protons

b. Des noyaux isotopes ont même nombre :
- de protons
- de neutrons
- d'électrons

c. La transformation chimique ne change pas :
- le cortège électronique
- le noyau

d. L'ion Fe^{3+} est un atome de fer qui :
- a gagné 3 protons
- a perdu 3 électrons
- a gagné 3 électrons

e. L'ion Mg^{2+} ($Z = 12$ pour le magnésium Mg) possède :
- 12 électrons
- 10 électrons
- 14 électrons

2 Formules des ions.

a. Rappelez la règle du duet et la règle de l'octet.

b. Complétez le tableau ci-dessous.

Symbole de l'élément	Li	Na	Al	O	S
Numéro atomique Z	3	11	13	8	16
Structure électronique					
Nombre d'électrons gagnés ou perdus par l'atome					
Règle appliquée					
Formule de l'ion					

3 L'énergie du sportif et les éléments chimiques.

Lors d'un effort, des transformations chimiques permettent au sportif d'obtenir l'énergie nécessaire. Ces transformations chimiques s'accompagnent d'une libération d'énergie utilisable par le muscle. On s'intéresse à la dégradation du glucose dans un muscle.

Le dioxygène, véhiculé par le sang après la respiration, permet la dégradation des nutriments dans le muscle : il réagit notamment avec le glucose pour former de l'eau et du dioxyde de carbone (CO_2).

Donnée : la formule du glucose est $C_6H_{12}O_6$.

a. Le diazote N_2 peut-il être un réactif de cette transformation chimique ? Justifiez.

b. Les éléments chimiques présents dans l'état initial sont-ils toujours présents dans l'état final ? Justifiez.

4 Les noyaux isotopes.

On donne la notation symbolique de plusieurs noyaux :

$^{16}_{8}O$; $^{13}_{7}N$; $^{13}_{6}C$; $^{14}_{7}N$; $^{12}_{5}B$; $^{12}_{6}C$; $^{18}_{8}O$; $^{14}_{6}C$

a. Regroupez ceux qui sont isotopes. Justifiez.

b. Complétez si nécessaire chacune des notations symboliques suivantes :

$^{238}_{\dots\dots}U$; $^{235}_{92}U$; $^{234}_{92}\dots\dots$.

L'uranium 238 est l'isotope le plus abondant de l'uranium. On s'intéresse ici à un sol contenant 1 g d'uranium par tonne. On supposera que 99,27 % des noyaux d'uranium sont des noyaux d'uranium 238.

c. Déterminez la masse d'uranium 238 contenue dans une tonne du sol étudié.

PHYSIQUE-CHIMIE

12 La classification périodique des éléments

SAVOIR

La démarche de Mendeleïev

▸ Le 17 février 1869, Dimitri Mendeleïev propose une classification des éléments chimiques. Il les range dans un tableau, par masse atomique croissante.

▸ Les éléments qui possèdent des propriétés chimiques semblables sont placés dans une même ligne. Mendeleïev laisse des cases vides dans son tableau : il prédit l'existence d'éléments chimiques non découverts à son époque.

Les critères actuels de la classification

▸ Il y a à ce jour **118 éléments chimiques connus**, dont 94 qui existent à l'état naturel sur Terre. Les 28 autres éléments sont des éléments synthétiques.

▸ Les éléments chimiques sont désormais rangés **en lignes** (ou **périodes**), par **numéro atomique *Z* croissant**.

▸ Le remplissage **progressif d'une ligne** de la classification par les éléments chimiques correspond au **remplissage progressif d'une couche électronique** :
– la **première ligne** correspond au remplissage complet de la couche **K** ;
– la **deuxième ligne** correspond au remplissage complet de la couche **L** ;
– la **troisième ligne** correspond au remplissage partiel de la couche **M**.

▸ Les éléments chimiques d'une **même colonne** ont le **même nombre d'électrons sur leur couche externe**.
Exemple : les éléments de la première colonne (H, Li, Na…) ont tous un électron sur la couche externe.

Les familles chimiques

▸ Les éléments chimiques situés dans **une même colonne** de la classification possèdent le même nombre d'électrons externes ; les règles de l'octet et du duet vont s'appliquer de la même manière pour ces éléments, et ils vont former le **même type d'ions**.
Exemple : les éléments chimiques de la deuxième colonne possèdent deux électrons externes et forment des ions du même type : Be^{2+}, Mg^{2+}, Ca^{2+}…

▸ De la même manière, les éléments d'**une même colonne** formeront le **même nombre de liaisons** dans une molécule.
Exemple : les éléments de la quatorzième colonne (celle du carbone C) forment tous quatre liaisons dans les molécules.

▸ Les éléments chimiques d'une même colonne ont donc des **propriétés chimiques semblables**. On dit qu'ils forment une **famille d'éléments**.
Exemples :
– La famille des **gaz nobles** : la 18ᵉ et dernière colonne. Les gaz nobles satisfont la règle du duet ou la règle de l'octet, et sont inertes chimiquement.
– La famille des **halogènes** : la 17ᵉ et avant-dernière colonne (fluor, chlore, brome, iode).
– La famille des **métaux alcalins** : la première colonne, à l'exception de l'hydrogène.

Quelques molécules.

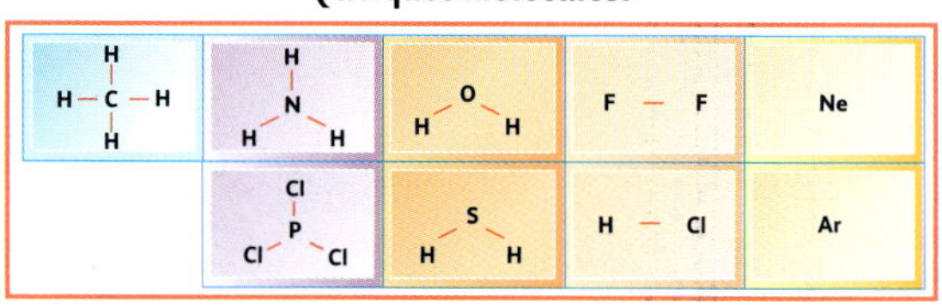

Extrait de la classification périodique des éléments (deuxième ligne).

1	2	13	14	15	16	17	18
$^{1}_{1}\mathrm{H}$ $(K)^1$							$^{4}_{2}\mathrm{He}$ $(K)^2$
$^{7}_{3}\mathrm{Li}$ $(K)^2\,(L)^1$	$^{9}_{4}\mathrm{Be}$ $(K)^2\,(L)^2$	$^{11}_{5}\mathrm{B}$ $(K)^2\,(L)^3$	$^{12}_{6}\mathrm{C}$ $(K)^2\,(L)^4$	$^{14}_{7}\mathrm{N}$ $(K)^2\,(L)^5$	$^{16}_{8}\mathrm{O}$ $(K)^2\,(L)^6$	$^{19}_{9}\mathrm{F}$ $(K)^2\,(L)^7$	$^{20}_{10}\mathrm{Ne}$ $(K)^2\,(L)^8$
$^{23}_{11}\mathrm{Na}$ $(K)^2\,(L)^8\,(M)^1$	$^{24}_{12}\mathrm{Mg}$ $(K)^2\,(L)^8\,(M)^2$	$^{27}_{13}\mathrm{Al}$ $(K)^2\,(L)^8\,(M)^3$	$^{28}_{14}\mathrm{Si}$ $(K)^2\,(L)^8\,(M)^4$	$^{31}_{15}\mathrm{P}$ $(K)^2\,(L)^8\,(M)^5$	$^{32}_{16}\mathrm{S}$ $(K)^2\,(L)^8\,(M)^6$	$^{35}_{17}\mathrm{Cl}$ $(K)^2\,(L)^8\,(M)^7$	$^{40}_{18}\mathrm{Ar}$ $(K)^2\,(L)^8\,(M)^8$

SAVOIR FAIRE

Utiliser la classification pour prévoir la formule d'un ion monoatomique

H							He
Li	Be	B	C	N	O	F	Ne
Na	Mg	Al	Si	P	S	Cl	Ar
K	Ca	Ga	Ge	As	Se	Br	Kr

Extrait de la classification périodique actuelle.

Déterminer l'ion que va former l'atome de chlore (Cl), sachant que le chlore est un halogène.

1. **Repérer la position du chlore dans la classification.**
Remarquer que le chlore est dans l'avant-dernière colonne de la classification, une case avant un gaz rare (l'argon).

2. **Appliquer la règle du duet ou de l'octet.**
Le chlore va perdre ou gagner des électrons de manière à obtenir la structure électronique du gaz rare le plus proche de lui dans la classification, l'argon.

3. **Déterminer la formule de l'ion.**
Pour obtenir la structure électronique de l'argon, le chlore doit gagner un électron. L'ion formé a pour formule Cl^- : c'est un atome de chlore qui a gagné un électron.

S'ENTRAÎNER

1 Maîtrisez les bases.

Complétez les phrases suivantes.

a. Dans la classification de Mendeleïev, les éléments étaient classés par .... atomiques croissantes ; des éléments possédant des propriétés chimiques semblables étaient situés dans une même ....

b. Dans la classification actuelle, les éléments sont classés par .... atomiques croissants.

c. Une famille d'éléments chimiques correspond à une .... de la classification.

d. Les gaz nobles sont situés dans la .... colonne de la classification.

e. Les éléments chimiques de la première colonne possèdent tous .... électron(s) externe(s).

f. La seconde ligne de la classification correspond au remplissage de la couche électronique externe ....

g. L'élément chimique bore a pour structure électronique $(K)^2(L)^3$; il est situé dans la .... ligne et dans la .... colonne de la classification.

2 Troisième période.

Le silicium Si a pour numéro atomique $Z = 14$.

a. Donnez sa structure électronique.

b. Juste à gauche du silicium, on trouve l'aluminium Al. Juste à droite du silicium, on trouve, dans l'ordre, les éléments phosphore P, soufre S, chlore Cl et argon Ar. Déduisez-en les structures électroniques de tous ces atomes.

c. Que pouvez-vous dire de l'argon ?

3 L'élément sodium.

Cet exercice doit être traité sans la classification périodique.

a. Le sodium (Na) a pour numéro atomique $Z = 11$. Établissez sa structure électronique.

b. Déduisez de la question précédente, la position occupée par l'élément sodium dans la classification.

c. Déterminez, en justifiant, l'ion sodium qui se formera dans une réaction chimique.

4 Les alcalino-terreux.

Les sels de quelques ions monoatomiques sont reconnus pour leur vertu thérapeutique. Parmi eux, le chlorure de magnésium $MgCl_2$ est utilisé pour soigner des dépressions légères.

Données : $Z = 12$ pour le magnésium.

a. Déterminez la structure électronique du magnésium.

b. Déduisez-en la position occupée par l'élément magnésium dans la classification. Justifiez.

c. À l'aide de la classification périodique du savoir-faire, nommez deux autres éléments chimiques appartenant à la famille chimique du magnésium, les alcalino-terreux.

d. À quelle famille appartient le chlore ?

e. Donnez une formule possible pour le bromure de calcium. Justifiez.

13 Mouvements et forces

SAVOIR

Référentiels d'étude

- Pour décrire le mouvement d'un corps, il est indispensable de définir un **référentiel**, constitué d'un repère d'espace et d'un repère de temps.
- Trois principaux référentiels sont utilisés :
– le **référentiel terrestre** correspond à tout objet immobile par rapport à la surface de la Terre ;
– le **référentiel géocentrique** est défini par le centre de la Terre et par des étoiles lointaines considérées comme fixes ;
– le **référentiel héliocentrique** est défini par le centre du Soleil et par des étoiles lointaines considérées comme fixes.

Référentiels géocentrique et héliocentrique.

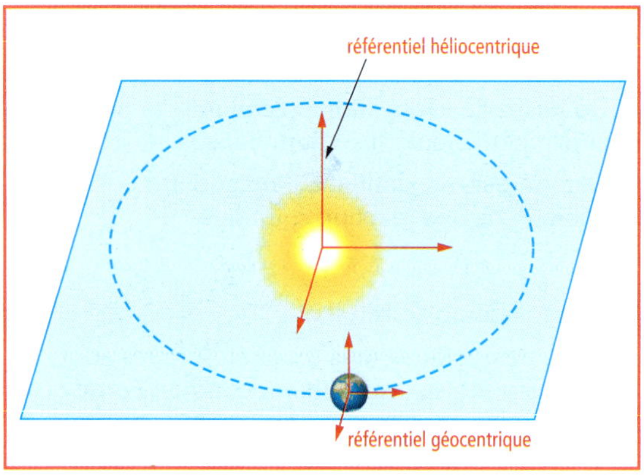

Étude du mouvement d'un corps

- Un mouvement est relatif, il **dépend du référentiel choisi**.
Exemple : la Terre est immobile dans le référentiel terrestre mais elle tourne sur elle-même dans le référentiel géocentrique.
- La **trajectoire** d'un corps, qui est la ligne formée par l'ensemble des positions successives du corps étudié au cours du temps, dépend elle aussi du référentiel choisi.

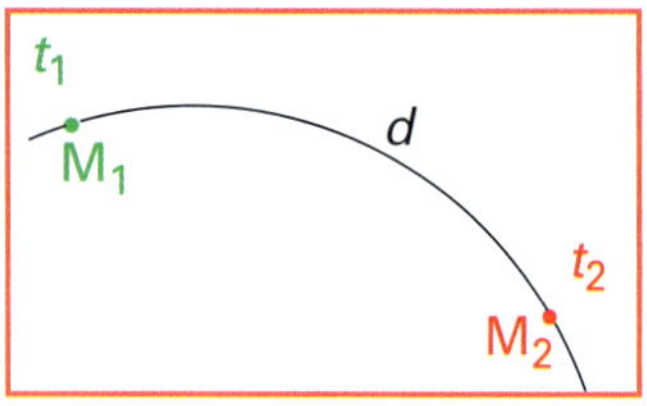

- La **vitesse moyenne** v d'un corps M est égale au quotient de la distance d parcourue par la durée du trajet Δt :

$v_M = \dfrac{d}{\Delta t}$	v_M en mètre par seconde ($m \cdot s^{-1}$) d en mètre (m) $\Delta t = t_2 - t_1$ en seconde (s)

Cette vitesse dépend elle aussi du référentiel choisi.

- Dans la vie courante, les vitesses sont souvent exprimées en $km \cdot h^{-1}$:

$$\mathbf{1\ m \cdot s^{-1} = 3{,}6\ km \cdot h^{-1}}$$

Interactions et forces

- En physique-chimie, l'**action d'un corps (A) sur un corps (B) est modélisée par une force** exercée par le corps (A) sur le corps (B). Cette force est représentée par un vecteur, lequel est caractérisé par une direction, un sens et une valeur exprimée en newton (N).

> Ne confondez pas sens et direction d'une force. Par exemple, la direction du poids est verticale et son sens est vers le bas.

- Pour identifier les forces exercées sur un corps, il faut d'abord déterminer les interactions entre les corps grâce à un **diagramme objets-interactions**.
- Dans un diagramme objets-interactions, tous les objets de la situation étudiée (sans oublier la Terre et le sol) sont dans des bulles et les interactions existant entre ces objets sont représentés par des doubles flèches (les interactions à distance sont représentées en pointillés, les interactions de contact sont représentés en trait plein).
- Dans un référentiel donné, **une force exercée sur un corps peut modifier le mouvement de ce corps,** c'est-à-dire qu'elle peut modifier la valeur de sa vitesse ou la direction de son mouvement.
Exemple : la trajectoire d'une sonde spatiale est modifiée lorsqu'elle s'approche d'une planète, à cause de la force exercée par cette planète sur la sonde.

SAVOIR FAIRE — Représenter les forces exercées sur Io, l'un des satellites de Jupiter

1. Déterminer le diagramme objets-interactions de Io.

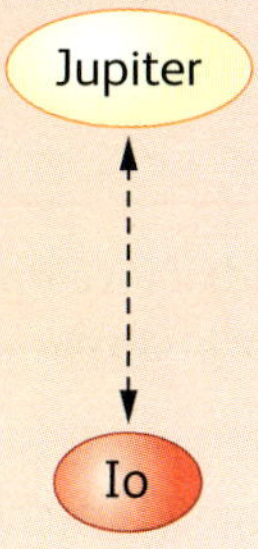

2. Représenter la force exercée par Jupiter sur Io par un vecteur dirigé vers Jupiter sur l'axe Io-Jupiter.

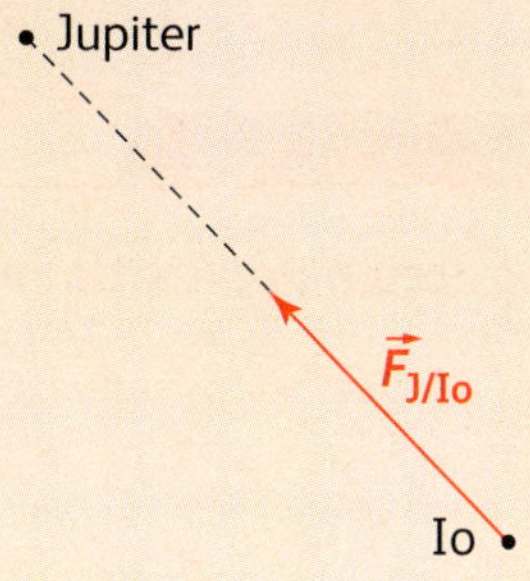

S'ENTRAÎNER

1 Immobile ou en mouvement ?

a. Un enfant est installé sans bouger sur un cheval de bois dans un manège. Le manège se met en route puis atteint au bout d'un tour une vitesse constante. Dans le référentiel du manège, l'enfant est :
- immobile
- en mouvement

b. Dans le référentiel géocentrique, la Terre est :
- immobile
- en mouvement

c. Dans le référentiel héliocentrique, la Terre est :
- immobile
- en mouvement

2 Identifier des forces.

Dans une salle de classe, Mathias, habillé en bleu, est assis sur un fauteuil. Anna, habillée en rouge, est assise sur une chaise à roulettes. Elle pousse avec ses pieds sur les genoux de Mathias.

Quelles sont les forces qui sont exercées sur Anna ?

☐ La force exercée par la Terre sur Anna (appelée également le poids d'Anna).
☐ La force exercée par le fauteuil sur Anna.
☐ La force exercée par la chaise à roulettes sur Anna.
☐ La force exercée par le sol sur Anna.
☐ La force exercée par Mathias sur Anna.

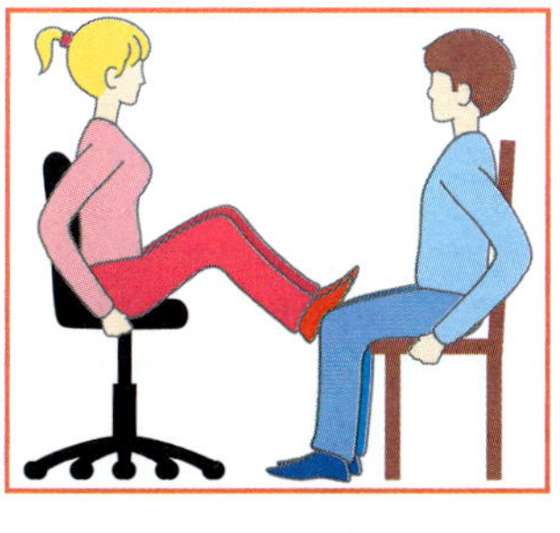

3 Comprendre l'assistance gravitationnelle.

Dans les missions spatiales, les planètes permettent d'accélérer les sondes spatiales et de modifier leur trajectoire, comme par exemple la sonde Voyager lorsqu'elle s'est approchée de Jupiter.

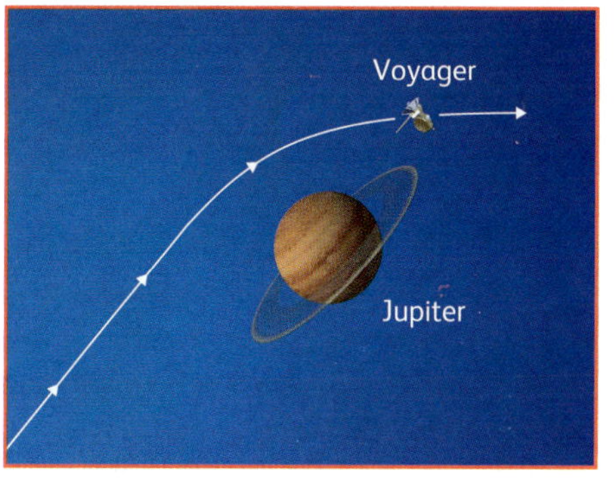

a. Représentez sur un schéma la ou les forces exercées sur la sonde Voyager lorsqu'elle s'est approchée de Jupiter.

b. Pourquoi la trajectoire de Voyager a-t-elle été modifiée lorsque la sonde s'est approchée de Jupiter ?

4 Mesurer une vitesse moyenne.

Dans le référentiel héliocentrique, la Terre tourne autour du Soleil, à une distance moyenne de $1{,}5 \times 10^{11}$ m du Soleil. La Terre effectue un tour complet du Soleil en un an.

a. Calculez la distance parcourue en un an par le centre de la Terre dans le référentiel héliocentrique.

b. Calculez la vitesse moyenne du centre de la Terre dans le référentiel héliocentrique en $m \cdot s^{-1}$, puis en $km \cdot h^{-1}$.

c. Déterminez la vitesse moyenne du centre de la Terre dans le référentiel géocentrique.

14 La gravitation universelle

SAVOIR

Forces d'attraction gravitationnelle

La loi de l'attraction gravitationnelle s'applique aussi aux centres des corps à répartition de masse sphérique, comme la Terre par exemple.

- Deux corps supposés ponctuels A et B, de masses respectives m_A et m_B, séparés d'une distance d, subissent une interaction gravitationnelle.

- Cette **interaction gravitationnelle** est modélisée par des forces d'attraction gravitationnelle exercées sur chacun des deux corps A et B et représentées par les vecteurs $\vec{F}_{A/B}$ et $\vec{F}_{B/A}$ ayant même valeur, même direction et des sens opposés.

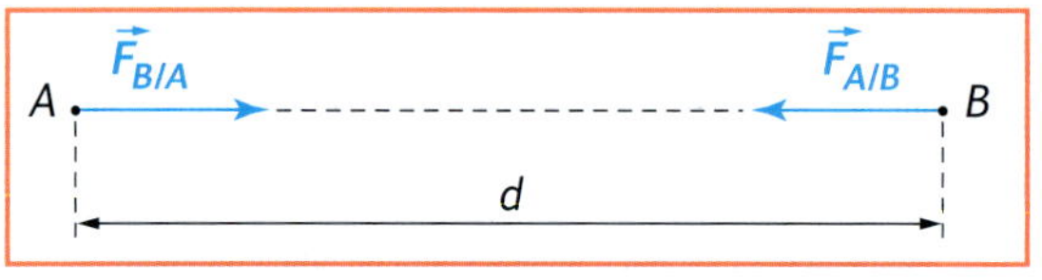

- La **valeur des forces d'attraction gravitationnelle**, exprimée en newton (N), est égale à :

$F_{A/B} = F_{B/A} = G \dfrac{m_A m_B}{d^2}$	G la constante de gravitation universelle $G = 6{,}67 \times 10^{-11}\ \text{N} \cdot \text{m}^2 \cdot \text{kg}^{-2}$ m_A et m_B les masses des corps A et B en kilogramme (kg) d la distance entre les corps A et B en mètre (m)

Poids d'un corps

- Le **poids d'un corps** sur un astre résulte de la force d'attraction gravitationnelle exercée par l'astre sur ce corps.

- Le poids d'un corps sur un astre est représenté par un vecteur $\vec{P}$ ayant les caractéristiques suivantes.
  - direction : verticale ;
  - sens : vers le centre de l'astre ;
  - valeur, exprimée en newton (N) :

$P = m\,g$	m la masse du corps en kilogramme (kg) g l'intensité de pesanteur de l'astre en $\text{N} \cdot \text{kg}^{-1}$

Remarque : contrairement au poids, la masse d'un corps ne dépend pas du lieu où il se trouve.

- La valeur P du poids d'un corps de masse m **dépend du lieu où se trouve le corps**.

- À la surface de la Terre, le poids $\vec{P}_T$ d'un corps A, de masse m_A, correspond à la force $\vec{F}_{Terre/A}$ d'attraction gravitationnelle exercée par la Terre sur ce corps.

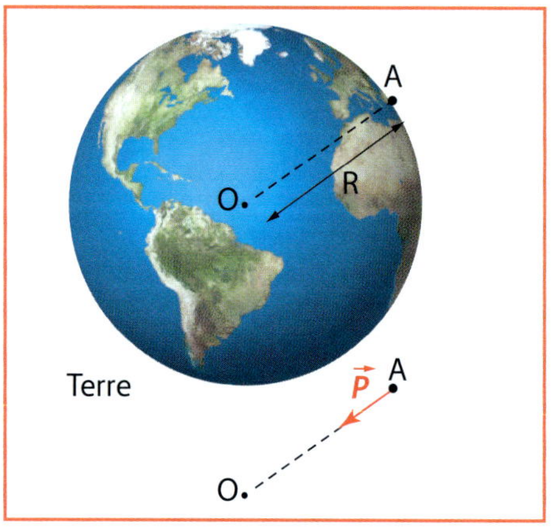

Les valeurs de ces deux forces sont :

$$P_T = F_{Terre/A} \Leftrightarrow m_A\, g_T = G \frac{m_A\, m_{Terre}}{d^2}$$

Et l'intensité de pesanteur terrestre vaut à la surface de la Terre :

$g_T = G \dfrac{m_{Terre}}{d^2}$	$m_{Terre} = 6{,}0 \times 10^{24}$ kg d la distance entre le corps A et le centre de la Terre qui est égale au rayon de la Terre $R_{Terre} = 6{,}38 \times 10^6$ m

Ainsi, à la surface de la Terre, $P_T = m\, g_T$, avec

$$g_T = \frac{6{,}67 \times 10^{-11} \times 6{,}0 \times 10^{24}}{(6{,}38 \times 10^6)^2} = \mathbf{9{,}8\ N \cdot kg^{-1}}.$$

- De même, à la surface de la Lune $P_L = m\, g_L$, avec $g_L = 1{,}6\ \text{N} \cdot \text{kg}^{-1}$.

- La valeur du poids d'un corps sur la Lune P_L est six fois plus faible que la valeur du poids du même corps sur la Terre P_T :

$$P_L = \frac{P_T}{6}$$

SAVOIR FAIRE Calculer la valeur de la force d'attraction gravitationnelle

Calculer la valeur de la force d'attraction gravitationnelle $F_{Terre/ISS}$ exercée par la Terre sur la station spatiale internationale ISS.

1. **Utiliser la loi de l'attraction gravitationnelle.**

$$F_{Terre/ISS} = G\frac{m\, m_{Terre}}{d^2}.$$

2. **Déterminer la distance *d*** en mètre entre la station ISS et le centre de la Terre, sachant que l'altitude de la station est $h = 400$ km.

$$d = h + R_{Terre}$$
$$= 400 \times 10^3 + 6{,}38 \times 10^6$$
$$= 6{,}78 \times 10^6 \text{ m}.$$

3. La masse m de la station ISS valant 400 tonnes = 400×10^3 kg, **effectuer l'application numérique** de la loi de l'attraction gravitationnelle.

$$F_{Terre/ISS} = \frac{6{,}67 \times 10^{-11} \times 400 \times 10^3 \times 6{,}0 \times 10^{24}}{(78 \times 10^6)^2}$$
$$= 3{,}5 \times 10^6 \text{ N}.$$

S'ENTRAÎNER

1 Vrai ou faux ?

a. Le poids d'un corps sur la Lune est égal à la force d'attraction gravitationnelle exercée par la Lune sur ce corps.

b. La force d'attraction gravitationnelle exercée sur un objet par la Lune à la surface de la Lune est égale à la force d'attraction gravitationnelle exercée sur ce même objet par la Terre à la surface de la Terre.

c. Les poids de deux objets de masses différentes à la surface de la Terre sont égaux.

d. La masse d'un objet à la surface de la Terre est égale à la masse de ce même objet à la surface de la Lune.

2 Le satellite Artemis.

Le satellite Artemis a été lancé par la fusée Ariane 5 en 2001. Ce satellite de masse $m = 3{,}1$ tonnes tourne en orbite autour de la Terre à une altitude $h = 36\,000$ km et il peut échanger des données grâce à un faisceau laser avec le satellite d'observation de la Terre Spot 4.

Données :
– constante de gravitation universelle : $G = 6{,}67 \times 10^{-11}$ N·m²·kg⁻² ;
– masse de la Terre : $M_T = 6{,}0 \times 10^{24}$ kg ;
– rayon de la Terre : $R_T = 6{,}38 \times 10^3$ km.

a. Calculez la valeur de la force d'interaction gravitationnelle exercée par la Terre sur le satellite Artemis.

b. Donnez la valeur de la force d'interaction gravitationnelle exercée par le satellite Artemis sur la Terre.

c. Représentez ces deux forces d'interaction gravitationnelle sur un schéma.

3 Poids et masse sur la Lune.

La combinaison spatiale d'un astronaute a un poids de 981 N et une masse de 100 kg à la surface de la Terre.

a. Quelle est la masse de la combinaison spatiale à la surface de la Lune ?

b. Quelle est la valeur du poids de la combinaison spatiale à la surface de la Lune ?

c. Pourquoi la combinaison spatiale est-elle plus facile à porter par un astronaute à la surface de la Lune qu'à la surface de la Terre ?

4 Intensité de pesanteur sur Mars.

Un élève, Jean, pense que l'intensité de la pesanteur sur Mars vaut environ le 37ᵉ de l'intensité de pesanteur terrestre.

Données :
– constante de gravitation universelle : $G = 6{,}67 \times 10^{-11}$ N·m²·kg⁻² ;
– masse de Mars : $m_M = 6{,}4 \times 10^{23}$ kg ;
– rayon de Mars : $R_M = 3{,}4 \times 10^6$ m.

a. Calculez la valeur de l'intensité de pesanteur g_M à la surface de Mars.

b. Jean a-t-il raison ? Justifiez votre réponse.

15 Mouvement et inertie

SAVOIR

Relativité du mouvement

Pour décrire le **mouvement d'un corps**, il est indispensable de définir un **référentiel**, constitué d'un repère d'espace et d'un repère de temps.

ⓐ Dans le référentiel terrestre, le paysage est immobile, le vélo avance et la trajectoire de la balle lâchée par le cycliste est une courbe.

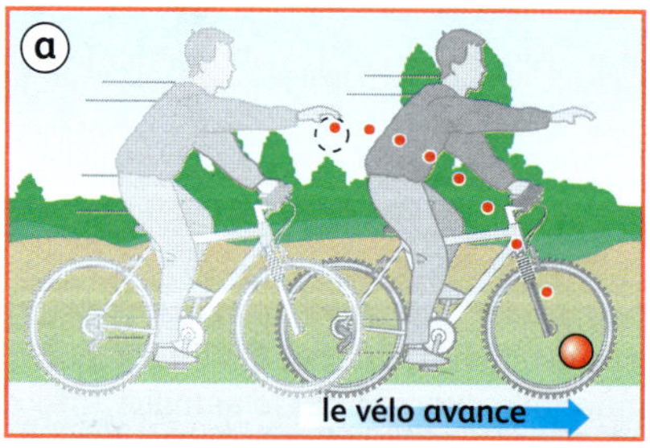

ⓑ Dans le référentiel lié au vélo, le vélo est immobile, le paysage recule et la trajectoire de la même balle lâchée par le cycliste est une droite verticale.

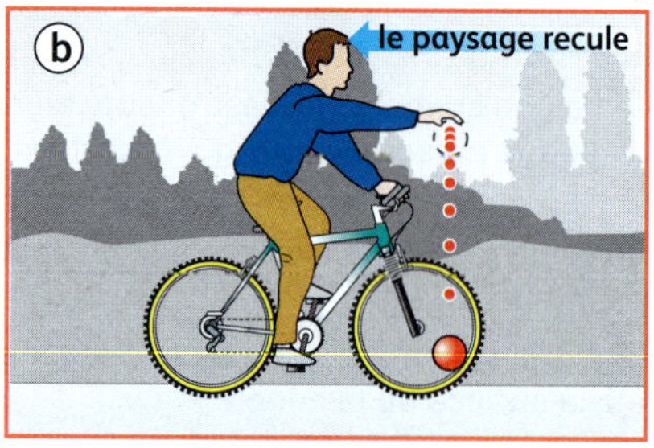

La trajectoire et la vitesse d'un corps dépendent du référentiel choisi.

Étude du mouvement d'un corps

Dans un référentiel donné, un mouvement est **uniforme** si **la valeur de sa vitesse est constante** au cours du temps.

Dans un référentiel donné :
- un mouvement est **rectiligne** si sa trajectoire est une **ligne droite** ;
- un mouvement est circulaire si sa trajectoire est un cercle.

Dans un référentiel donné, **une force exercée sur un corps peut modifier le mouvement de ce corps**, c'est-à-dire qu'elle peut modifier la valeur de sa vitesse ou la direction de son mouvement. Cette modification est **d'autant plus importante que la masse du corps est faible**.

La masse d'un corps caractérise son **inertie**, c'est-à-dire la difficulté à modifier son mouvement ou à le mettre en mouvement.

Principe d'inertie

Tout corps persévère dans son **état de repos** ou de **mouvement rectiligne uniforme** si les forces qui s'exercent sur lui se compensent. Ainsi :
- le corps reste au repos s'il n'a pas de vitesse initiale ;
- le corps a un mouvement rectiligne uniforme s'il a une vitesse initiale.

Des forces exercées **sur un même corps** se compensent si la somme de ces forces est **nulle**.

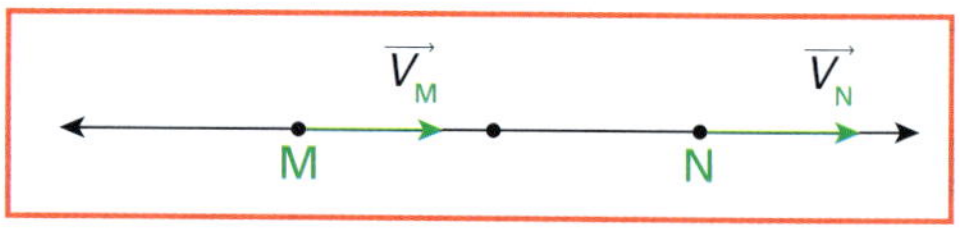

Réciproquement, si un corps est immobile ou en mouvement rectiligne uniforme dans le référentiel terrestre, les forces qui s'exercent sur lui se compensent.

SAVOIR FAIRE Analyser le mouvement d'un point

Les positions d'un point ont été enregistrées toutes les 40 ms dans le référentiel terrestre.

a. + + + + +

b. + + + + + + + +

1. Décrire la trajectoire des mouvements.
Les deux mouvements sont rectilignes car les deux trajectoires sont des droites.

2. Mesurer la distance entre deux positions successives des points, afin d'analyser la variation de leur vitesse.

a. La distance entre deux positions successives du point ne varie pas : le mouvement est uniforme.

b. La distance entre deux positions successives du point augmente : le mouvement est accéléré.

1 Rectiligne ou circulaire ?

Succession de photographies prises à des intervalles de temps réguliers d'un golfeur.

a. Dans le référentiel terrestre, le mouvement de l'extrémité du club de golf est :
– rectiligne
– circulaire
– uniforme

Mouvement d'un mobile autoporteur sur une table à coussin d'air.

b. Dans le référentiel terrestre, le mouvement du mobile autoporteur est :
– rectiligne
– circulaire
– uniforme

2 Parachutisme.

Deux parachutistes sautent au même instant d'un hélicoptère en vol stationnaire et leur mouvement en chute « libre » est très rapidement vertical uniforme avec une même vitesse constante limite égale à 150 $km \cdot h^{-1}$. Une des parachutistes, Rachida, filme l'autre parachutiste, Maël.

a. Sur le film de Rachida, Maël paraîtra-t-il en mouvement ou pratiquement immobile lors de la chute « libre » en parachute ? Pourquoi ?

b. Dans le référentiel terrestre, quel est le mouvement de Maël une fois sa vitesse constante limite atteinte ?

c. Lors de la chute « libre » en parachute, les forces qui s'exercent sur Maël sont le poids et la force de frottement de l'air.
Donnez les caractéristiques de ces deux forces en justifiant votre réponse.

d. Maël ouvre ensuite son parachute avant Rachida. Quel est le mouvement de Maël sur le film de Rachida lorsqu'il ouvre son parachute alors que Rachida n'a pas encore ouvert le sien ? Pourquoi ?

e. Dans le référentiel terrestre, quel est le mouvement de Maël après avoir ouvert son parachute et avant d'avoir touché le sol ?

3 Chute de billes.

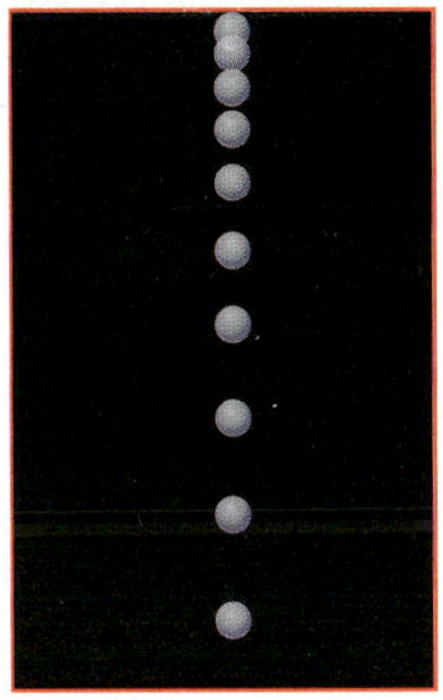

Pour étudier le mouvement d'une bille très dense lâchée sans vitesse initiale dans le référentiel terrestre, on effectue une chronophotographie, qui est une technique photographique permettant de prendre une succession de photographies à des intervalles de temps réguliers.

a. Quel est le mouvement de cette bille dans le référentiel terrestre ?

b. Les forces qui s'exercent sur cette bille se compensent-elles ? Pourquoi ?

c. Si on lâche une autre bille ayant la même forme mais une plus grande masse à la même altitude et au même instant que la première bille, les deux billes arrivent au sol au même instant. Pourtant leur poids est différent et on peut négliger les forces de frottements exercées sur les deux billes. Comment pouvez-vous expliquer cela ?

4 Mouvement d'une balle.

Un homme fait tourner une balle au dessus de sa tête avec une ficelle dans le sens inverse des aiguilles d'une montre. La balle tourne à vitesse constante dans le référentiel terrestre.
Dans cet exercice, on néglige les frottements de l'air.

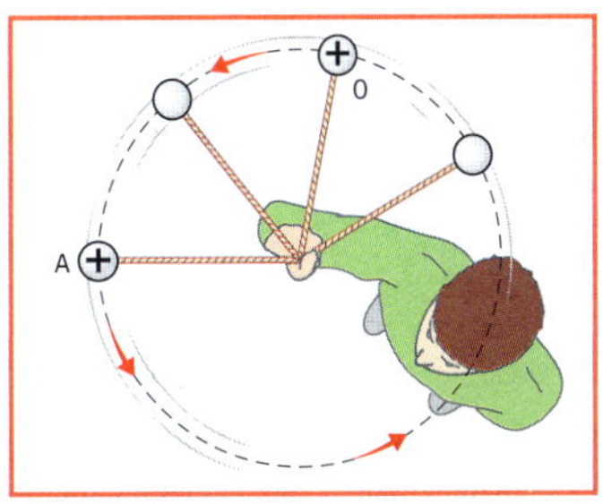

a. Effectuez un bilan des forces exercées sur la balle.

b. Les forces exercées sur la balle se compensent-elles ? Justifiez votre réponse.

c. La ficelle se casse lorsque la balle arrive au point A. Tracez sur le schéma ci-contre la trajectoire (vue de dessus) de la balle après que la ficelle se soit cassée. Justifiez votre réponse.

LA PRATIQUE DU SPORT

16 La mole et la concentration molaire

SAVOIR

Définition et intérêt de la mole

Une **entité microscopique** est un constituant de la matière (les atomes, les molécules, les ions).

À notre échelle, l'**échelle macroscopique**, les échantillons de matière contiennent un grand nombre d'entités. La **mole** est une **unité de mesure de la quantité de matière**, de symbole « **mol** ».

Une mole d'entités contient $6{,}02 \times 10^{23}$ entités ; ce nombre d'entités par **mole** est une constante universelle. La constante d'Avogadro est notée N_A :

$$N_A = 6{,}02 \times 10^{23}\ \text{mol}^{-1}$$

Si on connaît le nombre N d'entités élémentaires dans un échantillon, la quantité de matière n est obtenue par la relation :

$n = \dfrac{N}{N_A}$	n en mol

On a aussi :

$$N = n \times N_A$$

Les masses molaires

Les **masses molaires** permettent de passer d'une quantité de matière à une masse (et réciproquement). On les note M et elles s'expriment en gramme par mole, $\mathbf{g \cdot mol^{-1}}$.

La **masse molaire atomique** est la masse d'une mole d'atomes. Elle est indiquée dans la classification périodique des éléments pour chaque élément chimique.
Exemple : $M(\text{C}) = 12\ \text{g} \cdot \text{mol}^{-1}$ pour les atomes de carbone.

La masse molaire moléculaire est la masse d'une mole de molécules. Elle est égale à la somme des masses molaires atomiques de tous les atomes qui constituent la molécule.
Exemple :
$M(\text{CO}_2) = M(\text{C}) + 2 \times M(\text{O}) = 12 + 2 \times 16 = 44\ \text{g} \cdot \text{mol}^{-1}$.

La concentration molaire

Pour un **soluté en solution** dans un solvant, la **concentration molaire** est une grandeur particulièrement utile. Elle est définie d'une manière analogue à la concentration massique :

$C = \dfrac{n_{\text{Soluté}}}{V_{\text{Solution}}}$	$n_{\text{Soluté}}$ en mol V_{Solution} en L C en $\text{mol} \cdot \text{L}^{-1}$

Lors d'une dilution (voir la leçon 6), si on raisonne avec les concentrations molaires, on peut suivre la même démarche que dans cette leçon en écrivant :

$$n_{\text{Soluté dans la solution fille}} = n_{\text{Soluté prélevée dans la solution mère}}$$

On applique ensuite la relation $n_{\text{Soluté}} = C \times V_{\text{Solution}}$ et on obtient :

$$C_{\text{Solution fille}} \times V_{\text{Final}} = C_{\text{Solution mère}} \times V_{\text{Prélevé dans la solution mère}}$$

Prélever une quantité de matière

Suivant l'échantillon, il est possible de prélever une quantité de matière n donnée en prélevant une masse ou un volume de cet échantillon. Si l'échantillon est :
– un **solide** ou un **liquide pur**, on peut prélever une masse m :

$n = \dfrac{m}{M}$	n en mol m en g M en $\text{g} \cdot \text{mol}^{-1}$

On peut s'appuyer sur les unités pour retrouver ces relations :
M est en $\text{g} \cdot \text{mol}^{-1}$ donc M doit être égale à une grandeur en gramme divisée par une grandeur en mol.

– un **liquide pur**, on peut prélever un volume V de ce liquide :

$n = \dfrac{\rho \times V}{M}$	n en mol ρ en $\text{g} \cdot \text{L}^{-1}$ V en L

– une **solution** de volume V dans laquelle **un soluté a été dissous**, il est possible de prélever un volume V de ce liquide :

$n_{\text{Soluté}} = C \times V$	$n_{\text{Soluté}}$ en mol C en $\text{mol} \cdot \text{L}^{-1}$ V en L

SAVOIR FAIRE

Déterminer une concentration molaire à partir d'une concentration massique

Calculer la concentration molaire en ions magnésium (Mg^{2+}) de l'eau d'Hépar (de concentration massique C_m = 119 mg · L^{-1}). *Données :* M(Mg) = 24,3 g · mol^{-1}.

1. **Rappeler** la définition de la concentration molaire.

$$C = \frac{n_{\text{Soluté}}}{V_{\text{Solution}}} = \frac{n(Mg^{2+})}{V_{\text{Solution}}}.$$

2. **Voir** que la masse d'un ion magnésium est quasiment égale à celle d'un atome de magnésium.

La masse molaire de l'ion est identique à celle de l'atome. **En déduire** $n(Mg^{2+}) = \frac{m(Mg^{2+})}{M(Mg)}$.

3. **Remplacer** $n(Mg^{2+})$ par cette dernière relation dans l'expression de la concentration molaire.

$$C = \frac{m(Mg^{2+})}{M(Mg) \times V_{\text{Solution}}}.$$

4. **Dire** que la concentration massique est définie ici par $C_m = \frac{m(Mg^{2+})}{V_{\text{Solution}}}$.

En déduire $C = \frac{C_m}{M(Mg)} = \frac{119 \times 10^{-3}}{24,3}$, soit $C = 4,90 \times 10^{-3}$ mol · L^{-1}.

S'ENTRAÎNER

Pour les exercices suivants, le nombre d'Avogadro est $N_A = 6,02 \times 10^{23}$ mol^{-1} et les masses molaires atomiques (en g · mol^{-1}) sont : M(H) = 1,0 ; M(C) = 12 ; M(N) = 14 ; M(O) = 16 ; M(S) = 32,1 ; M(Mg) = 24.

1 Q.C.M.

Parmi les propositions suivantes, choisissez la (ou les) réponse(s) correcte(s).

a. La mole est l'unité :
– de masse
– de volume
– de quantité de matière

b. Un échantillon contient N atomes d'argent. La quantité de matière d'atomes est :
– $N \times N_A$
– $\frac{N}{N_A}$
– $\frac{N_A}{N}$

c. La masse molaire s'exprime en :
– mol
– mol · g^{-1}
– g · mol^{-1}

2 Calculs de masses molaires.

Calculez les masses molaires moléculaires des espèces suivantes :

a. $C_{15}H_{10}O_7$ (quercitine, antioxydant abondant dans le thé) ;

b. $C_9H_8O_4$ (acide acétylsalicylique, aspirine) ;

c. $C_{809}H_{1301}N_{229}O_{240}S_5$ (E.P.O., hormone dopante).

3 Des poissons pour les vaccins.

Le squalène a pour formule brute $C_{30}H_{50}$. Il est extrait du corps de poissons cartilagineux et il est utilisé comme adjuvant dans des vaccins, afin de renforcer leur réponse immunitaire.
Un vaccin antigrippal contient une masse m = 10 mg de squalène pour un volume V = 0,5 mL.

a. Montrez que la quantité de matière n de squalène dans une dose de vaccin est $n = 2,4 \times 10^{-5}$ mol.

b. Combien de molécules de squalène contient un vaccin ?

c. Quelle est la concentration molaire C_1 du vaccin en squalène ?

4 Prélever des quantités de matière.

Pour chacune des espèces chimiques mentionnées dans le tableau ci-dessous, on souhaite prélever une quantité de matière $n = 1,0 \times 10^{-1}$ mol. Complétez le tableau.

Nom	Éthanol	Magnésium	Boisson énergisante
État physique	liquide	solide	liquide
Formule brute	C_2H_6O	Mg	Contient du fructose $C_6H_{12}O_6$
Masse volumique (g · cm^{-3})	0,79	1,7	X
Concentration massique (g · L^{-1})	X	X	30 g · L^{-1}
Masse molaire (g · mol^{-1})			
Quantité d'échantillon prélevée (unité)			
Dispositif(s) utilisé(s) pour le prélèvement et la préparation			

PHYSIQUE-CHIMIE

LA PRATIQUE DU SPORT

17 La réaction chimique

SAVOIR

L'évolution d'un système chimique

Un changement d'état n'est pas une réaction chimique. Lors d'un changement d'état, la composition du système est la même dans l'état initial et dans l'état final.

▸ Une espèce chimique dont la **quantité de matière diminue** lors d'une transformation chimique est appelée un **réactif**.

▸ Une espèce chimique dont la **quantité de matière augmente** lors d'une transformation chimique est appelée un **produit**.
Exemple : la combustion du carbone dans le dioxygène, dans le cas où il reste du carbone en fin de transformation, peut se symboliser par :

État initial	→	État final
• $P_i = 1$ bar		• $P_f = 1$ bar
• $T_i = 25$ °C		• $T_f > 25$ °C
• C(s) : $n_{C,i}$		• C(s) : $n_{C,f} < n_{C,i}$
• O_2(g) = $n_{O_2,i}$		• CO_2(g) = $n_{CO_2,f}$

▸ Les transformations chimiques peuvent s'accompagner d'une **élévation** ou d'une **diminution** de la **température**. Les **combustions** s'accompagnent **d'un dégagement d'énergie thermique**.

La réaction chimique et l'équation chimique

▸ La **réaction chimique** est décrite par une **équation chimique** qui fait intervenir :
– les formules brutes et les états physiques des réactifs, à gauche d'une flèche qui symbolise l'évolution du système chimique ;
– les formules brutes et les états physiques des produits, à droite de cette flèche.

▸ L'écriture de l'équation d'une réaction chimique doit respecter quelques règles importantes. Ces règles sont des **conséquences macroscopiques de propriétés microscopiques** :
– il y a **conservation des éléments chimiques** de part et d'autre de la flèche d'évolution (cette conservation traduit la conservation du noyau dans les transformations chimiques ; le nombre de protons est inchangé donc les éléments chimiques sont conservés) ;
– il y a **conservation de la charge électrique** de part et d'autre de la flèche d'évolution (cette conservation traduit la conservation des électrons, ces particules ne peuvent pas être « détruites » dans une transformation).

▸ Pour assurer ces conservations, il est nécessaire d'**équilibrer l'équation chimique** grâce à des nombres placés **devant** les différentes espèces, nommés les **nombres stœchiométriques**. Ils sont en général choisis entiers et les plus petits possibles.

▸ L'équation chimique indique les **proportions en mole** dans lesquelles les **réactifs disparaissent** et dans lesquelles les **produits se forment**.

SAVOIR FAIRE Équilibrer une équation chimique

Écrire l'équation de la réaction chimique associée au test de reconnaissance des ions cuivre $Cu^{2+}_{(aq)}$ par les ions hydroxyde $HO^-_{(aq)}$ de la soude.

1. Repérer les espèces chimiques présentes dans l'état initial.
Les ions cuivre $Cu^{2+}_{(aq)}$ et les ions hydroxyde $HO^-_{(aq)}$ sont les réactifs.

2. Repérer les espèces chimiques présentes dans l'état final.
L'espèce formée dans la réaction et n'apparaissant que dans l'état final est le produit de la réaction : c'est ici le précipité $Cu(OH)_{2(s)}$.

3. Écrire le « squelette » de l'équation chimique.
Les réactifs sont à gauche de la flèche d'évolution et les produits sont à droite.

4. Appliquer la règle de conservation des éléments chimiques à chaque élément chimique.
– Élément cuivre, Cu : 1 à droite, 1 à gauche.
– Élément hydrogène et oxygène, H et O : 1 à gauche et 2 à droite.
– Écrire le nombre stœchiométrique 2 devant $HO^-_{(aq)}$.

5. Appliquer la règle de conservation de la charge.
La somme des charges électriques des réactifs doit être égale à la somme des charges électriques des produits.
– Pour les réactifs, compter 1 × (+ 2e) + 2 × (–e) = 0.
– Pour les produits, le corps obtenu est un solide, sa charge électrique est nulle.

L'équation chimique équilibrée est :

Réactifs → **Produits**

$$Cu^{2+}\,(aq) + 2\,HO^-\,(aq) \longrightarrow Cu(OH)_2\,(s)$$

Nombre stœchiométrique — **État physique de chaque constituant**

S'ENTRAÎNER

1 Maîtrisez les bases.

Complétez les phrases suivantes.

a. L'évolution d'un .... chimique est caractérisée par le passage d'un état .... à un état ....
b. Dans une transformation chimique, il y a évolution de la .... du .... chimique.
c. Dans l'écriture de l'......... de la réaction chimique, les .... sont écrits à gauche de la flèche et les .... sont écrits à droite de la flèche.
d. Lorsqu'une réaction chimique se déroule dans un milieu, la .... peut augmenter ou ....
e. Une réaction de .... s'accompagne toujours d'un .... d'énergie thermique.

2 Équilibrez des équations chimiques.

Les équations chimiques écrites ci-dessous sont-elles correctement écrites ? Vous justifierez vos réponses et vous corrigerez si nécessaire les nombres stœchiométriques.

a. $2\,Fe^{2+}_{(aq)} + HO^-_{(aq)} \rightarrow Fe(OH)_{2(s)}$
b. $Ag^+_{(aq)} + CrO^{2-}_{4\,(aq)} \rightarrow Ag_2CrO_{4(s)}$
c. $2\,H_2O_{2(\ell)} \rightarrow O_{2(g)} + H_2O_{(\ell)}$
d. $CH_{4(g)} + 2\,O_{2(g)} \rightarrow CO_{2(g)} + 2\,H_2O_{(\ell)}$

3 Préparation de l'eau de Javel.

L'eau de Javel est un désinfectant fréquemment utilisé. Pour la préparer, on fait agir du dichlore gazeux ($Cl_{2(g)}$) sur une solution aqueuse de soude ($Na^+_{(aq)} + HO^-_{(aq)}$). Il se forme des ions chlorure ($Cl^-_{(aq)}$) et hypochlorite ($ClO^-_{(aq)}$). La solution obtenue est une solution d'eau de Javel. La pression et la température sont supposées constantes, $P = 1$ bar et $T = 18$ °C. On suppose qu'il reste de la soude mais pas de dichlore à la fin de la réaction.

a. Décrivez l'état initial et l'état final du système chimique.
b. À partir des lois de conservation, montrez que les ions sodium ne participent pas à la réaction (on dit qu'ils sont « spectateurs »).
c. Écrivez l'équation chimique de la réaction.
d. On admettra qu'il faut une mole de gaz dichlore pour fabriquer une mole d'ions hypochlorite. La concentration de l'eau de Javel dans un berlingot est $C = 0{,}53\ mol \cdot L^{-1}$.
Quelle est la quantité de matière de gaz nécessaire pour fabriquer $V = 350$ mL de cette eau de Javel ?

4 Effets thermiques d'une combustion.

La combustion des sucres permet à l'organisme d'obtenir de l'énergie. Les lipides peuvent aussi fournir de l'énergie par des combustions. On s'intéresse ici à l'acide palmitique, $C_{16}H_{32}O_2$, présent dans l'huile de palme. On supposera que cette combustion est identique à une combustion dans le dioxygène ($O_{2(g)}$) et qu'elle libère du dioxyde de carbone ($CO_{2(g)}$) et de l'eau ($H_2O_{(\ell)}$).

a. Écrivez l'équation chimique correspondante.
b. Lors d'une séance de travaux pratiques, les élèves réalisent la combustion d'un échantillon d'huile de palme et calculent son contenu énergétique : 3 500 kJ pour 100 g d'huile.
Un élève trouve sur un site internet la donnée suivante : « l'huile de palme a une valeur nutritionnelle de 9 480 kJ pour une mole ». On supposera que l'huile de palme ne contient que de l'acide palmitique.
L'information trouvée par l'élève est-elle cohérente avec la mesure ? Justifiez.

18 Les molécules, formules et groupes caractéristiques

SAVOIR

Définition et modélisation d'une molécule

▸ Une **molécule** est un édifice chimique neutre constitué d'atomes connectés entre eux par des **liaisons**.

▸ Une **liaison simple** entre deux atomes est aussi nommée un **doublet liant**.

Nombre de liaisons suivant la nature de l'atome.

Atome	Nombre de liaisons
H	1
O	2
N	3
C	4

▸ Les liaisons peuvent être **simples** (un seul doublet liant), **doubles** (deux doublets liants) ou **triples** (trois doublets liants).

▸ Suivant sa nature et plus précisément suivant le nombre d'électrons externes, un atome admet un **nombre particulier de liaisons**.

▸ On peut **représenter** une molécule à l'aide **d'un modèle moléculaire**. Dans ce modèle, les **atomes** sont représentés par des **boules colorées** et les liaisons par des **bâtons**.

Modèle moléculaire de l'éthanol.

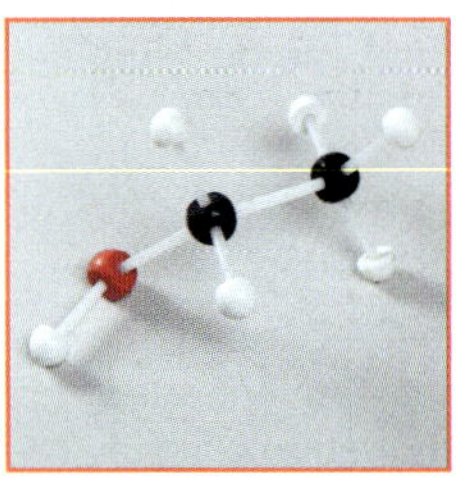

Code des couleurs pour les modèles moléculaires.

Couleur de la boule	Atome
Blanche	Hydrogène
Noire ou grise	Carbone
Bleue	Azote
Rouge	Ozygène
Verte	Chlore

Les formules d'une molécule

▸ La **formule brute** d'une molécule indique la **nature** et le **nombre des atomes** qui la composent.
Exemple : C_2H_6O est la formule brute de l'éthanol.

Formule développée de l'éthanol.

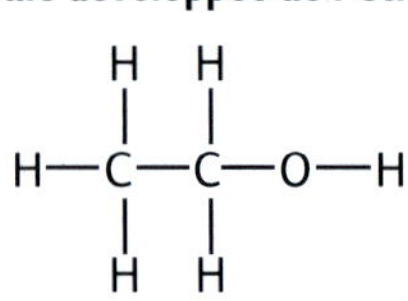

▸ La formule développée est obtenue en écrivant tous les symboles des atomes et en représentant chaque liaison par un trait (un trait correspond alors à un doublet liant).

▸ Dans la formule semi-développée, on simplifie l'écriture en ne représentant plus les liaisons avec les atomes d'hydrogène. Ces derniers sont regroupés avec les atomes auxquels ils sont liés.

Les atomes de carbone ne peuvent former que quatre liaisons simples. Attention aux nombres d'atomes d'hydrogène dans les formules semi-développées.

Exemple : $CH_3—CH_2—OH$ est la formule semi-développée de l'éthanol.

Les groupes caractéristiques

▸ Les **enchaînements d'atomes** qui constituent une molécule lui confèrent une **structure** particulière : on distingue principalement les molécules **cycliques**, **linéaires** et **ramifiées**.

Exemple : dans une molécule linéaire, les atomes de carbone ne forment qu'une seule chaîne carbonnée ouverte.

▸ Les **groupes caractéristiques** sont des **fractions de la molécule** qui lui confèrent des propriétés chimiques particulières. Ce sont des **atomes reliés entre eux**, dont au moins un n'est pas un atome de carbone.

L'acide éthanoïque contient le groupe caractéristique carboxyle.

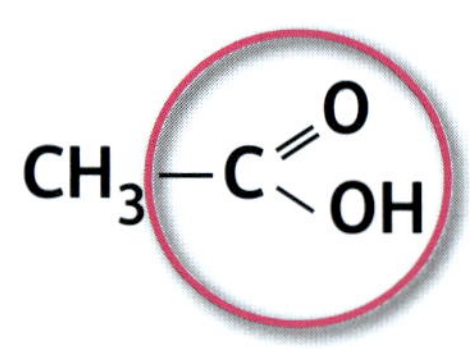

Les isomères

▸ Des **isomères** sont des molécules qui possèdent la **même formule brute** mais des **formules développées ou semi-développées différentes**.
Exemple : les deux molécules isomères de formule brute C_4H_{10}.

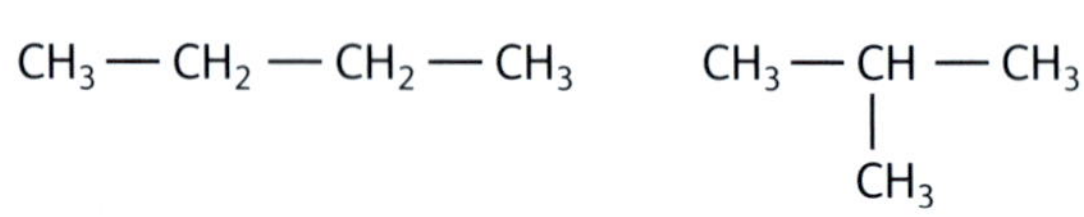

▸ Les molécules isomères n'ont pas les mêmes propriétés physiques et chimiques.

SAVOIR FAIRE

Écrire la formule semi-développée d'une molécule à partir de son modèle moléculaire

Modèle moléculaire de l'acide éthanoïque.

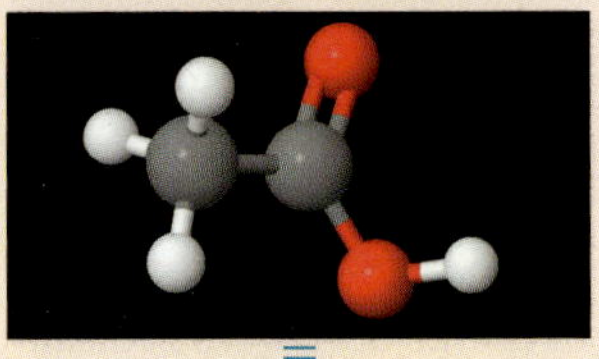

1. Déterminer la composition de la molécule.
Utiliser le code des couleurs.
La molécule contient :
- deux atomes de carbone ;
- deux atomes d'oxygène ;
- quatre atomes d'hydrogène.

Formule développée de l'acide éthanoïque.

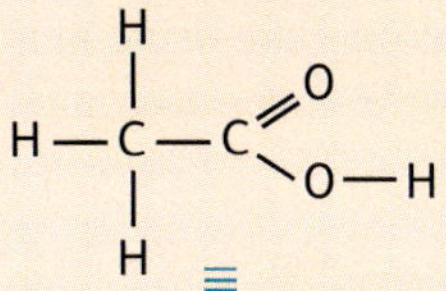

2. Écrire la formule développée.
Remplacer :
- les boules par les symboles des atomes correspondants ;
- les liaisons simples par des tirets ;
- les liaisons doubles par un double tiret.

Formule semi-développée de l'acide éthanoïque.

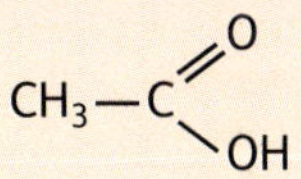

3. En déduire la formule semi-développée.
Grouper trois atomes d'hydrogène avec l'atome de carbone, le dernier atome d'hydrogène avec l'atome d'oxygène auquel il est lié.

S'ENTRAÎNER

1 Q.C.M.

Parmi les propositions suivantes, choisissez la (ou les) réponse(s) correcte(s).

a. $CH_3-CH_2-CH_2-OH$ est une formule :
- brute
- semi-développée
- développée

b. La molécule dont le modèle moléculaire est représenté ci-contre a pour formule développée :

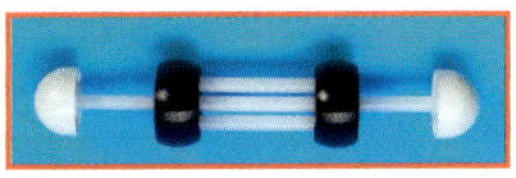

- H—C—C—H
- H—C≡C—H

c. Un groupe caractéristique est constitué d'atomes liés entre eux dont au moins un :
- est un atome de carbone
- n'est pas un atome de carbone

2 Les alcools à trois atomes de carbone.

Le groupe caractéristique des alcools est le groupe hydroxyde —O—H.
Le propan-1-ol a pour formule développée :

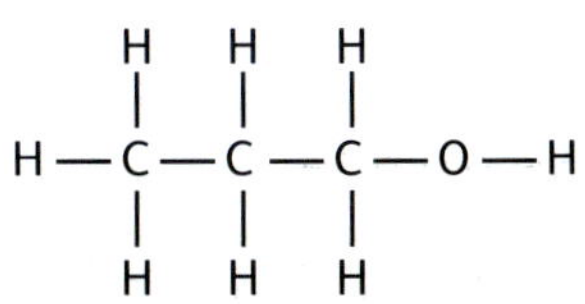

a. Montrez que le propan-1-ol est bien un alcool.
b. Écrivez la formule semi-développée du propan-1-ol.
c. Montrez qu'il existe un autre alcool à trois atomes de carbone : écrivez sa formule semi-développée et entourez son groupe caractéristique.
d. Donnez les deux formules brutes des deux molécules précédentes. Que remarquez-vous ? Comment nomme-t-on de telles molécules ? Justifiez.

3 Structure et formules d'une molécule.

Le propanal appartient à la famille des aldéhydes. Dans cette molécule, l'enchaînement des atomes autres que ceux d'hydrogène est le suivant :

C—C—C=O.

a. À l'aide du tableau de la page précédente (nombre de liaisons suivant la nature de l'atome), écrivez la formule semi-développée du propanal.
b. Quelle est la formule brute du propanal ?

4 Une anomalie dans une formule.

Vous pouvez vous aider du tableau « nombre de liaisons suivant la nature de l'atome » pour résoudre cet exercice. On donne les formules semi-développées de différentes molécules.

propanone

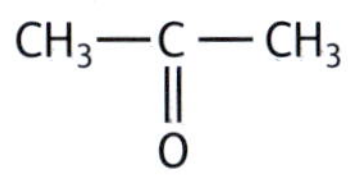

butanone

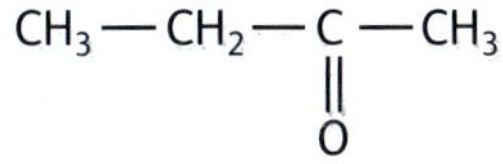

but-1-ène

$CH_2=CH_2-CH_2-CH_3$

a. Il y a une anomalie dans l'une de ces molécules, identifiez-la puis corrigez-la.
b. Les noms de certaines de ces molécules évoquent la même famille organique. Identifiez ces molécules et entourez le groupe caractéristique correspondant.

PHYSIQUE-CHIMIE

19 Propriétés des gaz

SAVOIR

Force pressante et pression d'un gaz

Un gaz exerce une **action mécanique** sur toute paroi de surface S avec laquelle il est en contact. Cette action mécanique est modélisée par une **force pressante** $\vec{F}_{gaz/S}$, orthogonale à la paroi et dirigée du gaz vers la paroi.

Force pressante exercée par un gaz sur une paroi.

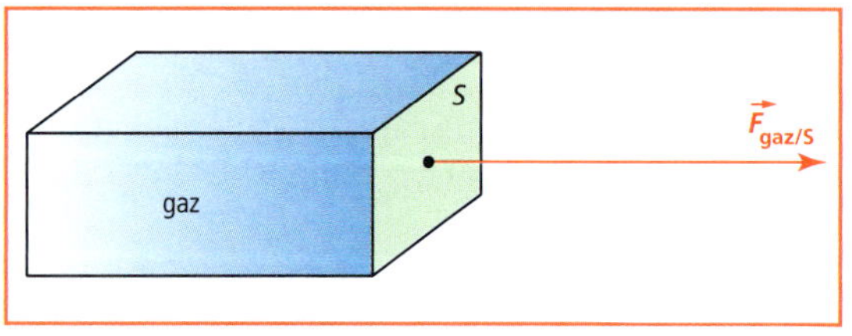

La pression est souvent exprimée en hectopascal (1 hPa = 10^2 Pa) ou en bar (1 bar = 10^5 Pa).

Un gaz, qui exerce une force pressante $\vec{F}_{gaz/S}$ sur une surface plane S, est caractérisé par sa **pression**. Cette pression P est telle que :

$P = \dfrac{F_{gaz/S}}{S}$	P la pression s'exprime en pascal (Pa) $F_{gaz/S}$ la valeur de la force pressante s'exprime en newton (N) S la surface plane de la paroi s'exprime en mètre carré (m^2)

Au niveau microscopique, la pression d'un gaz est due au **mouvement incessant et désordonné des molécules** qui constituent le gaz. Ces molécules, très espacées les unes des autres, se déplacent en ligne droite à grande vitesse tant qu'elles ne rencontrent pas d'obstacle.

Modèle microscopique d'un gaz exerçant une action mécanique sur une paroi.

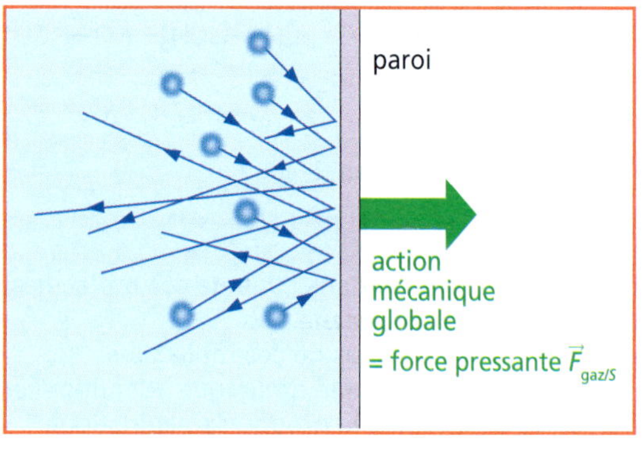

La pression de l'air, qui exerce des forces pressantes sur tous les objets sur Terre, est nommée pression atmosphérique. La **pression atmosphérique** ainsi que la pression du dioxygène de l'air **diminuent avec l'altitude**. La quantité de dioxygène disponible pour le fonctionnement de notre corps diminue donc lorsque l'altitude est élevée.

Loi de Boyle-Mariotte

À température constante, pour une quantité de matière donnée de gaz, le produit de la pression P par le volume V de ce gaz est constant :

$$P \times V = \text{constante}$$

La loi de Boyle-Mariotte est vérifiée uniquement pour les gaz ayant une pression assez faible, de l'ordre de la pression atmosphérique ($P_{atm} = 1{,}015 \times 10^5$ Pa).

Loi d'Avogadro-Ampère

Dans les mêmes conditions de température et de pression, des **volumes égaux** de gaz différents contiennent la **même quantité de matière de gaz**, indépendamment de la nature des gaz.

Aux mêmes conditions de température et de pression, ces deux bouteilles contiennent la même quantité de matière de gaz O_2 et CO_2.

Comme la loi de Boyle-Mariotte, la loi d'Avogadro-Ampère est vérifiée uniquement pour les gaz ayant une pression assez faible.

SAVOIR FAIRE — Vérifier la loi de Boyle-Mariotte

Seringue reliée à un capteur de pression.

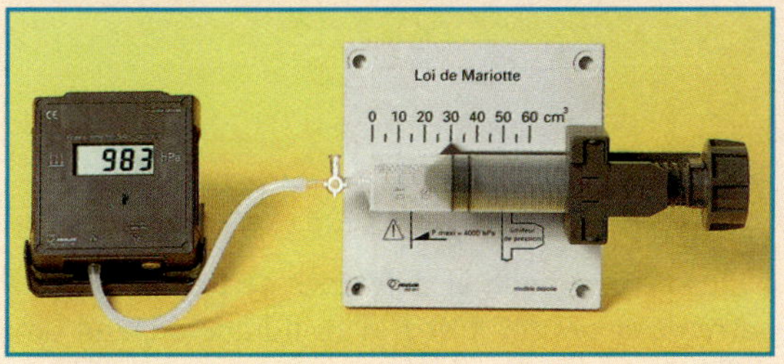

1. **Enfermer une quantité de matière constante d'air** dans une seringue reliée à un capteur de pression, appelé manomètre. Mesurer le volume V d'air enfermé dans la seringue et la pression P correspondante.

2. **Faire varier le volume V d'air enfermé** dans la seringue en appuyant ou en relâchant le piston de la seringue, et mesurer le volume et la pression de gaz correspondants.

3. **Tracer le graphique** représentant la pression P de l'air en fonction de l'inverse du volume V de l'air :

$$P = f\left(\frac{1}{V}\right).$$

4. **Vérifier que la fonction $P = f\left(\frac{1}{V}\right)$ est linéaire**, c'est-à-dire que sa représentation graphique est une droite passant par l'origine.

Ainsi : $P = \frac{\text{constante}}{V}$, d'où $P \times V = \text{constante}$.

S'ENTRAÎNER

1 Vrai ou faux ?

a. Dans un gaz, les molécules ont un mouvement désordonné et incessant.

b. La valeur de la force pressante exercée par un gaz s'exprime en pascal.

c. La valeur de la force pressante exercée sur une paroi par un gaz est d'autant plus grande que la pression du gaz est importante.

d. Dans un ballon fermé maintenu à température constante, la pression de l'air enfermé dans le ballon est multipliée par deux lorsque le volume du ballon double.

e. La pression de l'air augmente avec l'altitude.

2 Verre retourné.

Sur un verre d'eau rempli à ras bord, on pose une feuille cartonnée.
Lorsqu'on retourne délicatement le verre et la feuille cartonnée, la feuille reste « collée » au verre et l'eau reste dans le verre.
Réalisez l'expérience et expliquez pourquoi la feuille ne tombe pas.

3 Sas de décompression.

À l'intérieur d'un sas de décompression, l'air exerce sur la porte du sas une force pressante de $3{,}70 \times 10^5$ N dirigée vers l'extérieur du sas.

Données :
– pression atmosphérique à l'extérieur du sas : $P_{atm} = 1{,}01 \times 10^5$ Pa ;
– surface de la porte du sas : $S = 3{,}60$ m^2.

a. Calculez la pression de l'air à l'intérieur du sas de décompression.

b. Calculez la valeur de la force pressante exercée par l'air à l'extérieur du sas sur la porte du sas.

c. Si la porte du sas n'était pas verrouillée et pouvait pivoter dans toutes les directions, cette porte s'ouvrirait-elle vers l'extérieur ou vers l'intérieur du sas ?

4 Loi de Boyle-Mariotte.

On effectue des mesures de la pression et du volume d'une même quantité de matière de gaz maintenu à température constante.

Pression P (en bar)	0,6	0,8	1,2
Volume V (en L)	8,0	6,0	4,0

a. Ce gaz suit-il la loi de Boyle-Mariotte ?

b. Quelle serait la pression de ce gaz s'il occupait un volume de 7,0 L ?

c. Quel volume occuperait ce gaz s'il était soumis à une pression de $1{,}0 \times 10^5$ Pa ?

5 Chute libre en parachute.

Un parachutiste saute d'un avion à 4000 m d'altitude et il atterrit dans la plaine à une altitude de 500 m.

a. Comment varie la pression du dioxygène de l'air que respire le parachutiste lors de sa chute ?

b. La quantité de dioxygène disponible dans l'organisme du parachutiste est-elle modifiée lors de sa chute ?

6 Loi d'Avogadro-Ampère.

Une bouteille fermée de 50 cL contient uniquement du gaz dioxygène, tandis qu'une autre bouteille fermée de 1,5 L contient uniquement du gaz diazote.
Sachant que les deux gaz sont à la même pression et à la même température, comparez les quantités de matière des gaz présents dans les deux bouteilles.

20 Propriétés des liquides

SAVOIR

Force pressante et pression d'un liquide

Comme les gaz, un liquide de pression P exerce une **action mécanique** sur toute paroi Σ de surface S avec laquelle il est en contact. Cette action mécanique est modélisée par une **force pressante** $\vec{F}_{\text{liquide}/\Sigma}$, orthogonale à la paroi, dirigée vers l'extérieur du liquide et ayant pour valeur :

$P = \dfrac{F_{\text{liquide}/\Sigma}}{S}$	P la pression s'exprime en pascal (Pa) $F_{\text{liquide}/\Sigma}$ la valeur de la force pressante s'exprime en newton (N) S la surface de la paroi s'exprime en mètre carré (m^2)

Force pressante exercée par un liquide sur une paroi.

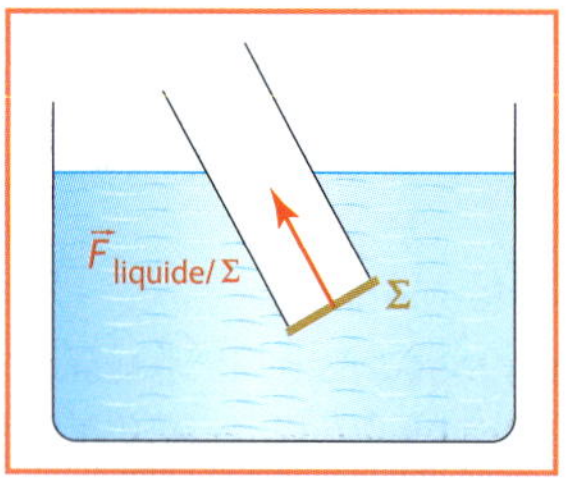

Au niveau microscopique, la pression d'un liquide est due au **mouvement incessant et désordonné des molécules** qui constituent le liquide.

Les molécules constituant un liquide ne sont pas aussi espacées que dans les gaz : elles forment au contraire un ensemble moléculaire compact pratiquement **incompressible** et **inextensible**.

Différences de pression

La pression d'un liquide **augmente avec la profondeur**. Lorsqu'un plongeur remonte à la surface de l'eau, il doit expirer pour vider l'air présent dans ses poumons, et pour éviter notamment un accident de surpression pulmonaire.

Volume de l'air dans les poumons d'un plongeur.

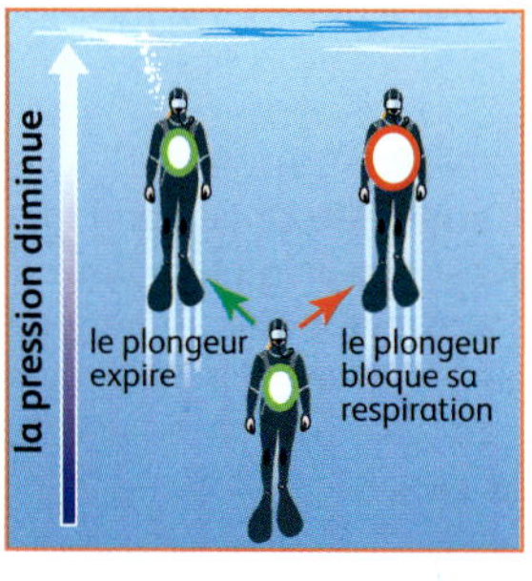

Plus précisément, la différence de pression $P_A - P_B$ entre deux points A et B d'un liquide dépend de la différence de profondeur entre ces points $h_A - h_B$:

$P_A - P_B = \rho\, g\, (h_A - h_B)$	P_A et P_B en pascal (Pa) h_A et h_B en mètre (m) ρ la masse volumique du liquide en $kg \cdot m^{-3}$ g l'intensité de la pesanteur terrestre ($g = 9{,}8\ N \cdot kg^{-1}$)

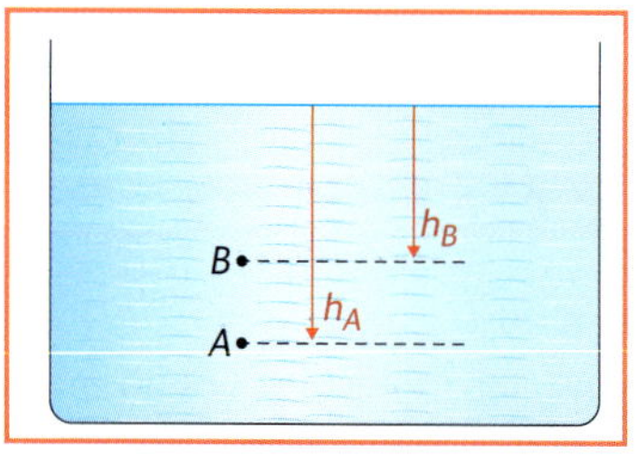

Solubilité d'un gaz dans un liquide

À température constante, la **quantité maximale de gaz dissous** dans un volume donné de liquide **augmente quand la pression de ce gaz** au-dessus du liquide **augmente**. Cette quantité maximale de gaz soluble dépend de la nature du liquide, de la nature, de la température du gaz et de la pression du gaz au-dessus du liquide.

Par exemple, lorsqu'on ouvre une bouteille d'eau pétillante (voir figure ci-dessous), du dioxyde de carbone dissous dans l'eau redevient gazeux car la pression du gaz au-dessus de l'eau diminue brusquement.

SAVOIR FAIRE

Calculer la pression d'un liquide à une profondeur donnée

Sachant que la pression atmosphérique extérieure P_{atm} est égale à 1 013 hPa, calculer la pression P_A de l'eau à une profondeur h_A = 30 m.

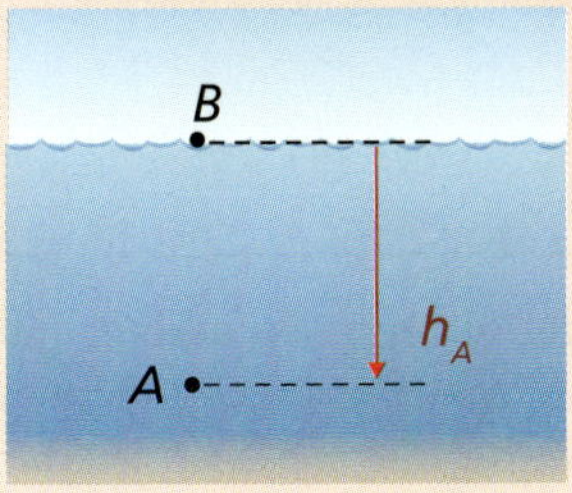

1. **Déterminer la pression P_B de l'eau à la surface de l'eau.**
$P_B = P_{atm}$ = 1 013 hPa
= 1,013 × 10^5 Pa.

2. **Utiliser la relation liant la pression de l'eau à sa profondeur.**
$P_A - P_B = \rho \times g \times (h_A - h_B)$, avec :
– ρ la masse volumique de l'eau (ρ = 1,0 × 10^3 kg · m^{-3}) ;
– g l'intensité de la pesanteur terrestre (g = 9,8 N · kg^{-1}) ;
– h_B la profondeur du point B (h_B = 0 m).

3. **Écrire le résultat littéral permettant de calculer la pression P_A.**
$P_A = \rho \times g \times (h_A - h_B) + P_B$
$= \rho \times g \times h_A + P_B$ (comme h_B = 0).

4. **Effectuer l'application numérique correspondante.**
P_A = 1,0 × 10^3× 9,8 × 30 + 1,013 × 10^5.

5. **Donner le résultat**, sans oublier l'unité, avec un nombre de chiffres significatifs adapté.
P_A = 4,0 × 10^5 Pa.

S'ENTRAÎNER

1 Vrai ou faux ?

a. Dans un liquide, les molécules ont un mouvement incessant et désordonné.
b. La pression de l'eau diminue avec la profondeur.
c. La pression dans un liquide est la même en tout point d'un même plan vertical.
d. La quantité de gaz diazote dissous dans le sang et les tissus liquides d'un plongeur est d'autant plus grande que la plongée est profonde.

2 Forces pressantes lors d'une plongée.

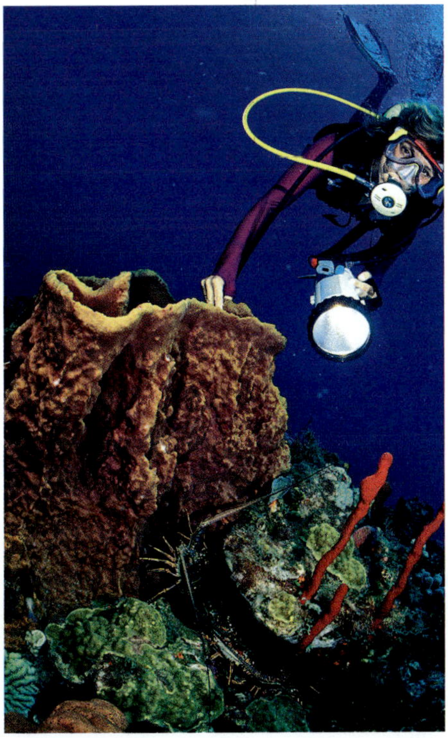

Quelle est la valeur de la force pressante exercée par l'eau de mer sur le masque d'un plongeur :
a. lorsque le plongeur est à la surface de l'eau ?
b. lorsque le plongeur se trouve à une profondeur de 40 m ?
Données :
– surface du masque de plongée en contact avec l'eau : S = 70 cm^2 ;
– pression de l'eau à la surface : P_1 = 1 bar ;
– masse volumique de l'eau de mer : ρ = 1 kg · L^{-1} ;
– intensité de la pesanteur terrestre : g = 9,8 N · kg^{-1}.

3 Loi de Boyle-Mariotte et plongée.

Un plongeur s'immerge dans l'eau avec 4,0 L d'air dans les poumons.
Quel serait le volume de cette même quantité d'air à température constante :
a. à 10 m de profondeur ?
b. à 30 m de profondeur ?
Données :
– pression de l'air à la surface :
P_1 = 1 × 10^5 Pa ;
– pression de l'air à une profondeur de 10 m :
P_2 = 2 × 10^5 Pa ;
– pression de l'air à une profondeur de 30 m :
P_3 = 4 × 10^5 Pa.

4 Précautions à prendre lors d'une plongée.

Lors de la remontée d'un plongeur descendu jusqu'à 30 m de profondeur, des microbulles de gaz se forment dans l'organisme du plongeur et sont évacuées par les poumons.
a. D'où proviennent ces bulles de gaz ?
b. Quelle précaution doit prendre le plongeur pour éviter une embolie gazeuse qui se caractérise par un amas de bulles de gaz dans les vaisseaux sanguins, ce qui est extrêmement dangereux pour l'organisme ?

1 Le nom et ses déterminants

SAVOIR

Le nom

Singulier/pluriel

Le suffixe "*s*" est la marque du pluriel (*museums, activities*), mais il existe des exceptions :
– **des pluriels irréguliers**. (*foot/feet, man/men, child/children, mouse/mice, sheep/sheep…*).
– **des noms au singulier** qui ont un sens collectif et peuvent être suivis d'un verbe au pluriel.
London police are called bobbies. Bobbies est l'autre nom des policiers londoniens.
– **des noms au singulier se terminant par *s*.**
The good news is that there's a free concert in Hyde Park tonight. La bonne nouvelle c'est qu'il y a un concert gratuit à Hyde Park ce soir.
– **des noms qui n'ont pas de forme au singulier**.
People are usually fond of the Horse Guards.
En général, les gens raffolent de la cavalerie de la Reine.

Dénombrable/indénombrable

– Les **noms dénombrables** peuvent se mettre au pluriel, être dénombrés (*two tickets, three postcards*) et être précédés au singulier de *a/an* ou *one*.
– Les **noms indénombrables** ne peuvent ni se mettre au pluriel ni être dénombrés. Il s'agit pour l'essentiel de noms de matériaux (*wool, petrol…*), d'aliments (*tea, bread…*), de noms à sens collectif (*furniture…*), d'activités humaines (*travelling, cooking…*) et de noms abstraits (*information, progress, news…*).

Les articles

On emploie l'article indéfini (*a/an*) devant un **nom singulier dénombrable** (*a bus, an airplane*) ; devant **un nom de métier** (*a bus-driver, an actor*) ; dans les **expressions de temps** (*three times a day, half an hour*).

On emploie l'**article zéro** (Ø) devant un nom pluriel pour exprimer une **généralité** (*Ø Tourists like taking photos.* Les touristes, en général, aiment prendre des photos) ; devant certains **noms propres** (*Ø Queen Elizabeth, Ø England*) ; devant les **marqueurs de temps** (*last Ø week, next Ø summer*) ; devant les noms de sports et de jeux (*I can play Ø cricket very well*).

On emploie l'article défini *the* pour désigner un **élément déterminé** par le contexte, un **complément du nom** ou une **proposition** (*the bookshop which is next to the British Museum*), un élément **unique en son genre** (*the Queen*), une **institution** (*the Parliament*), un nom **géographique contenant un nom commun** (*the United States*), un **instrument de musique** (*the piano*).

Les quantifieurs

Dans des phrases affirmatives ou interrogatives, ***some*** indique la **présence de quelque chose**. *I have bought some tea bags, do you want some tea?*

Dans des phrases interrogatives, ***any*** est le **signe d'un doute**. *Are there any biscuits left?* Est-ce qu'il reste des biscuits ? (On n'est pas sûr de la réponse)

Dans des phrases négatives, ***any*** indique **l'absence de quelque chose**. *I don't have any milk.* Je n'ai pas de lait. (Je sais que je n'en ai pas.)

No indique aussi **l'absence de quelque chose**. *There's no water in the river.* Il n'y a pas d'eau dans la rivière.

Prononcer l'article *the* :
[ðə] devant les mots commençant phonétiquement par une consonne : *the sky, the house*.
[ðɪ] devant un mot commençant phonétiquement par une voyelle : *the air, the MPs*.

Les degrés de quantité

quantité	noms dénombrables pluriel	noms indénombrables
faible	*few umbrellas* (peu de) *a few umbrellas* (quelques)	*little rain* (peu de) *a little rain* (un peu de)
importante	*many cars* (beaucoup de)	*much traffic* (beaucoup de)
suffisante	*enough museums, enough time* (assez de)	
excessive	*too many tourists* (trop de)	*too much noise* (trop de)
totalité	*all the monuments, all the information* (tout)	

SAVOIR FAIRE Présenter un article de presse

The whole world lives in London. Walk down Oxford Street and you will see Indians and Colombians, Bangladeshis and Ethiopians, Pakistanis and Russians, Melanesians and Malaysians. Fifty nationalities with communities of more than 5,000 make their home in the city, and on any given day 300 languages are spoken. It is estimated that by 2010 the population will be almost 30 percent ethnic minorities, the majority born in the UK. Most of these Londoners are the children, and in some cases the grandchildren, of the many thousands who came here from the Caribbean and the Indian subcontinent during the fifties and sixties, after the British Empire imploded.

The National Geographic, June 2000

1. Identifier le document en se posant les questions suivantes

What type of document is it? What is it taken from? When was it published?

Who is the journalist? What is the document entitled? What is it about? What is it composed of? What does the picture represent?

2. Rédiger la présentation de l'article

The document under study is an article taken from the magazine "The National Geographic". It was published in June 2000. The article deals with multiculturalism in London. It is composed of a text.

S'ENTRAÎNER

1 Indiquez si les noms soulignés sont dénombrables (D) ou indénombrables (I), singulier (S) ou pluriel (P).

a. "London, a very famous <u>city</u> where all the <u>streets</u> are paved with <u>gold</u>" said the dramatist George Colman in 1797.

b. Today London is one of Europe's largest cities and the financial <u>capital</u> of the <u>world</u>.

c. English <u>people</u> have their tea with some <u>milk</u> in it.

d. The <u>furniture</u> we saw at the Victoria and Albert museum dates back to the 18th century.

e. The <u>tea</u> she bought at Fortnum and Mason is delicious.

f. Our guide gave us precious <u>information</u> about the <u>Tower</u> of London.

2 Complétez les phrases à l'aide de l'article *a/an, the* ou *Ø*.

a. London is .... capital of .... England and .... United Kingdom.

b. .... Buckingham palace is .... main residence of .... Queen.

c. London was .... first city to have .... underground railway called .... Tube.

d. There is .... statue of .... Admiral Nelson in .... middle of Trafalgar Square.

3 Soulignez les quantifieurs puis traduisez les phrases.

a. There are many parks in London but not enough deckchairs.

b. Have you seen any squirrels in Hyde Park?

c. There are few red pillar boxes left in the streets of London.

d. We've come across some rock stars at Piccadilly Circus but we had too little time to take their photos.

e. How much ice cream did you eat?

4 Complétez les phrases suivantes à l'aide du quantifieur adéquat.

a. Julius Caesar established Londinium .... years ago.

b. In 1845, ... Irish people migrated to London because they didn't have .... food in Ireland.

c. In 1666 the Great Fire caused .... damage to the city to destroy almost all the buildings.

d. How .... inhabitants live in London?

e. Only one hour? You can't spend so .... time in the National Gallery, there are so .... paintings to see!

f. Londoners eat .... curry and there are more than just .... Indian restaurants in the city!

5 Complétez le dialogue ci-dessous avec les articles et quantifieurs adéquats.

The travel agent: Welcome to .... Piccadilly travel agency. What can I do for you?

You: Good morning! I would like to book .... sightseeing guided tour of .... London.

Agent: In fact you can choose from .... different tours, do you have .... preference?

You: .... cruise on .... River Thames would be just great!

Agent: In that case I would advise you to buy .... hop-on, hop-off pass.

You: I have .... questions first. How .... is the pass and where does .... cruise start?

Agent: .... pass costs only 14 £. You can get aboard the boat from .... Westminster or from .... Tower of London.

You: Excellent! I think I've got .... information, thanks for everything.

2 L'adjectif, le comparatif, le superlatif

SAVOIR

Propriétés des adjectifs qualificatifs

- En anglais, les adjectifs sont toujours **invariables**.

Canada is made of boreal forests, rocky mountains, huge glaciers, flat and fertile prairies.

- Les adjectifs de **nationalité** prennent une majuscule.

Canada's two official languages are Canadian English and Canadian French.

- Les adjectifs peuvent être **substantivés** (devenir des noms) et renvoyer à toute une catégorie lorsqu'ils sont précédés de l'article *the*.

In Canada, the gap between the rich and the poor keeps growing. L'écart entre les riches et les pauvres continue de s'agrandir.

Types d'adjectifs

- **Les adjectifs dérivés d'un verbe** se terminent par *-ing* s'ils ont un sens actif et par *-ed* s'ils ont un sens passif.

Canada is an amazing country. Le Canada est un pays étonnant = qui étonne.

Canada contains some of the very last untouched boreal forests in the world. Il abrite quelques-unes des dernières forêts du monde intactes = qui n'ont pas été dénaturées par l'homme.

- **Les adjectifs composés** sont créés à partir de plusieurs mots (adjectif, nom, verbe) reliés par des tirets. Le second élément est le plus important, le premier en précise le sens.

Long-lasting winters : des hivers de longue durée ; *fresh-water glaciers* : des glaciers d'eau douce ; *a bright-coloured coat* : un manteau de couleur vive.

Place des adjectifs

- Les adjectifs se placent devant le nom qu'ils qualifient, sauf s'ils sont en apposition (*The boreal forests, still huge and intact, are of much interest to the environmentalists.*) ou en position d'attribut avec un verbe d'état (*The environmentalists seem interested.*).

- Si plusieurs adjectifs sont utilisés, la propriété la plus objective se place le plus près du nom. Dans le cas d'une description, les adjectifs s'ordonnent selon la règle suivante : **opinion – taille – âge – forme – couleur – origine – matière**. *A beautiful Canadian wooden house.* Une belle maison canadienne en bois.

SAVOIR FAIRE — Utiliser le comparatif et le superlatif

1. Mettre un adjectif au comparatif

- Le comparatif de supériorité **(« plus… que »)** se construit avec le suffixe **-*er* dans le cas des adjectifs courts** (*Canada is larger than the USA.*) et avec ***more*** **dans le cas des adjectifs longs**.

The weather is more pleasant on the coast than in central Canada. Au Canada, le temps est plus plaisant sur la côte qu'à l'intérieur des terres.

- Le comparatif d'égalité **(« aussi… que »)** se construit avec ***"as… as"***.

Montreal is as famous as Ottawa. Montréal est aussi connu qu'Ottawa.

- Le comparatif d'infériorité **(« moins… que »)** se construit avec ***less*** quelque soit l'adjectif.

Canada is less populated than France. Le Canada est moins peuplé que la France.

- Le double comparatif (**« de plus en plus », « de moins en moins »**) se traduit ainsi :

The aboriginal languages are more and more endangered. (de plus en plus menacés)

The Woodland Caribous are less and less numerous. (de moins en moins nombreux)

2. Mettre un adjectif au superlatif

- Le superlatif de supériorité **(« le plus… »)** se traduit à l'aide du suffixe **-*est* dans le cas des adjectifs courts** (*Canada's population is among the lowest in the world.* … l'une des plus basses au monde) et de ***the most*** **dans le cas des adjectifs longs** (*The most densely populated region is called "Quebec City-Windsor Corridor".* … la région la plus densément peuplée).

- Le superlatif d'infériorité se construit avec ***the least*** quelque soit l'adjectif.

Prince Edward Island is the least populated area in Canada. Une des régions les moins peuplées du Canada.

À noter : on ne dit pas "the largest region ~~of~~ Canada", mais "the largest region **in** Canada".

S'ENTRAÎNER

1 Trouvez les adjectifs composés correspondant aux éléments soulignés.

a. More than 85 percent of the Canadians who speak French live in Quebec.
→ More than 85 percent of .... Canadians live in Quebec.

b. The Hollow Tree in Stanley Park is 130 foot high.
→ It is a .... tree.

c. This cedar tree is 800 years old.
→ It is a .... cedar tree.

d. In 2009, almost one in five Canadians were born in a foreign country.
→ In 2009, ... Canadians represented almost 20% of the total population.

e. Jim Carrey is paid more money than any other comic actors.
→ Jim Carrey is the .... comic actor in the world.

2 Mettez les mots suivants dans l'ordre pour former des phrases.

a. active – has – highly – Canada – programme. – a – space

b. you – giant – In Ontario, – can – a – coin. – nickel – see – grey

c. Grey Cup – The – event. – the – annual – is – sport – largest

d. Canadian – Jim Carrey – actor. – is – famous – a – comic

e. wonderful – are – in Montreal. – There – historic – French – buildings – old

3 Comparez les éléments suivants en suivant l'exemple.

Provinces > territories (numerous)
→ The provinces are more numerous than the territories.

a. Canada < France (populated)

b. Provinces > territories (autonomous)

c. Prairies < northern states (cold)

d. Ice-hockey = lacrosse (popular)

e. Jim Carrey > Keanu Reeves (funny)

f. The Old Crow Flats = the Bluefish caves (old)

4 Complétez les phrases suivantes à l'aide d'un adjectif de la liste au superlatif.

long – tall – famous – large – bad – successful – populated – big

a. Canada is the world's second-......... country by total area.

b. The border with the USA is the .... land border in the world.

c. The volcanic eruption of the Tseax Cone in 1775 was one of Canada's .... natural disasters.

d. The region called Quebec – Windsor Corridor is the .... densely .... area.

e. The Canadian Prairies are one of the .... global producers of wheat.

f. The CN Tower is the .... free-standing building.

g. Ice-hockey is the .... sport in international competition.

h. Margaret Atwood is the .... Canadian writer.

5 Complétez le descriptif publicitaire à l'aide des adjectifs de la liste que vous mettrez au comparatif ou au superlatif.

surprising – thrilling – good – good – white – adventurous – fast – wild – comfortable – high – great – exciting

If you feel .... as the great explorer James Cook, come to Canada, one of .... country in world! Come and experience .... adventures ever with us!

Not much of a bicycle rider? If you like dogs ...., dogsledding* is your thing!

Do you know that snowmobiles are one of .... Canadian inventions? Come and try one through Canada's wilderness, you'll be ....!

Don't miss our rafting expeditions down the glacier valley: they're .... any other trips!

If you're .... wearing a wet suit and a tuba, why not swimming with belugas whales, ... species in the seas!

You can also take one of .... walks along the Bay of Fundy and marvel at the world's .... tides!

Canada, ... way of travelling!

* balade en chiens de traîneau

3 La possession et les démonstratifs

SAVOIR

Exprimer la possession

- **Pour demander à qui appartient quelque chose**, on utilise le pronom interrogatif ***whose***, immédiatement suivi du nom de l'objet dont on veut connaître le propriétaire.

Whose chocolate bar is it? This is Charlie's (bar). À qui est cette barre de chocolat ? C'est celle de Charlie.

- **Le cas possessif** (ou génitif) sert à exprimer un rapport de possession ou de parenté.

Il s'emploie :
- avec un nom de personne ou d'animal considéré comme une personne. *The witches' potions.*
- avec des noms de pays, villes, institutions. *England's cathedrals, Harper's magazine, St Peter's school.*
- dans des expressions telles que *the baker's shop* (la boulangerie).

- **Les déterminants et les pronoms possessifs**

Pronoms sujets	Déterminants possessifs	Pronoms possessifs
I	*My* (mon, ma, mes)	*Mine* (le mien, la mienne, les miens)
You	*Your* (ton, ta, tes)	*Your* (le tien, la tienne, les tiens)
He, she, it	*His, her, its* (son, sa, ses)	*His, hers, its* (le sien, la sienne, les siens)
We	*Our* (notre, nos)	*Ours* (le nôtre…)
You	*Your* (votre, vos)	*Yours* (le vôtre…)
They	*Their* (leur, leurs)	*Theirs* (le leur…)

Les déterminants démonstratifs

- *This* et *that* (sing.) se traduisent par « ce, cet, cette, ça » ; *these* et *those* (pl.) par « ces ».
- *This* et *these* servent à désigner un objet proche dans l'espace (*This book I'm reading*) ou dans le temps (*I've been quite busy these past few days.* J'ai été très occupé ces derniers temps.).
- *That* et *those* servent à désigner un objet éloigné dans l'espace (*That poster over there.* Cette affiche là-bas.) ou dans le temps (*In those days, they didn't use computers but typewriters.* À l'époque, on utilisait des machines à écrire et non des ordinateurs.).

Ils servent également à exprimer l'opinion du locuteur. (*Not that film again, we've already watched it three times!*)

- On utilise les démonstratifs pour traduire l'expression « celui qui ». *Those who like Roald Dahl's stories will enjoy Tim Burton's films!* Ceux qui aiment les histoires de Roald Dahl aimeront les films de Tim Burton !

À noter :
Le pronom *own* renforce l'idée de possession. Boy *is Roald Dahl's own story*. C'est sa propre histoire.

SAVOIR FAIRE — Choisir *have got* ou *have* pour traduire « avoir » ?

- *Have got* s'emploie dans une **langue plutôt familière** et dans des phrases généralement au **présent**. Il est utilisé de préférence pour la **possession d'objets**. Il est privilégié dans les questions en anglais britannique.

He has got a great collection of short stories.

- *Have* s'utilise plutôt dans des phrases au **passé** et dans le cas d'un lien de **parenté**. Il est privilégié dans les questions en anglais américain.

He has two cousins. Il a deux cousins.
Do you have a typewriter? Possèdes-tu une machine à écrire ?

S'ENTRAÎNER

1 Traduisez les phrases suivantes en français.

a. Roald Dahl's is one of the world's most famous children's author.

b. His first book is entitled *The Gremlins*.

c. His fans' favourite story is *Charlie and the Chocolate Factory*.

d. Roald Dahl knew the children very well and not just his own, he saw the world through their eyes.

e. Matilda's story was his last book. Half a million copies of this book were sold in six months.

2 Traduisez.

a. la biographie de cet écrivain

b. la maison des Dahl

c. la pêche géante de James

d. des livres pour enfants

e. la famille royale de Norvège

3 Complétez les phrases suivantes à l'aide d'un déterminant possessif.

a. Roald Dahl was born in Wales but .... parents were Norwegian.

b. When .... husband died, Mrs Dahl looked after .... six children on .... own.

c. According to Roald Dahl, ... mother was "a rock, a real rock, always on .... side whatever you've done."

d. Roald Dahl's daughter wrote about .... father: "Every evening, after .... sister and I had gone to bed, ... father would walk slowly up the stairs (...) to tell us a story. I can see him now, leaning against the wall of .... bedroom."

e. .... ideas came from .... imagination, where he conceived unforgettable stories.

4 Complétez les phrases à l'aide d'un pronom démonstratif puis reliez-les au titre du livre qui leur correspond.

a. .... book is about a young girl who has an insatiable appetite for reading. •	• 1. *Boy*
b. Through .... stories Roald Dahl relates his childhood and his school life. •	• 2. *The Gremlins*
c. .... who like sweets will love this book! •	• 3. *The Witches*
d. .... horrible women are really scary! •	• 4. *Matilda*
e. It was written in 1943. .... year Roald Dahl was in Washington. •	• 5. *Charlie and the Chocolate Factory*
f. In .... story, a little boy lives great adventures in a giant fruit. Through .... events, he escapes his dreary aunts. •	• 6. *James and the Giant Peach*

5 Traduisez les phrases suivantes.

a. La maison de Roald Dahl s'appelait *Gipsy House*.

b. Il écrivait ses livres pour adultes et ses histoires pour enfants à l'intérieur d'une petite cabane.

c. Il considérait cette cabane comme un refuge douillet.

d. Il avait un vieux fauteuil qui était autrefois à sa mère.

e. À l'époque, il se couvrait les jambes avec une couverture à carreaux.

4 La phrase

SAVOIR

Le sujet

Il précède le verbe à la forme affirmative.
L'inversion se fait dans de rares cas :

- **après les expressions** *there is* et *here is*.

  Here is the DVD you've been looking for!

- **dans les tags** *so am I* (moi aussi) et *neither am I* (moi non plus).

Les compléments

- Le complément d'objet direct (COD) se place directement après le verbe et en est rarement séparé. Les autres compléments sont après le COD. Les compléments circonstanciels se placent en général en début ou en fin de phrase.

  I watched a western with my cousin in an old movie theatre yesterday afternoon.

- Le complément à mettre en évidence se place souvent en dernière position.

Les adverbes

- Les adverbes de fréquence et de temps imprécis précèdent le verbe sauf dans le cas de *be*.

  She often goes to the movies. She is rarely on time.

- Les adverbes de temps et de lieu précis figurent en fin de phrase.

  She went to the movie ***yesterday****.*

- Les adverbes de modalité (*nearly, rather, really, only*…) se placent devant le mot dont ils modifient le sens.

  I ***really*** *like this film. It is* ***almost*** *perfect!*

Les prépositions

- Elles se placent devant le mot qu'elles introduisent.

  We watched a film ***about*** *the Queen.*

- Dans les phrases interrogatives, elles se placent après le verbe. *Which actor are you talking* ***about*** *with so much enthusiasm?*

Les phrases interrogatives

Pronoms interrogatifs	Objet de la question	Exemples
WHO WHO/WHOM (langue soignée)	Personne sujet de l'action Personne complément d'objet	*Who directed* The Lord of the Rings*?* *Whom did Peter Jackson choose to play the part of Frodo?*
WHAT WHICH	Action/objet inanimé Idée de choix	*What is your favourite scene?* *Which book is the film based on?*
WHEN HOW LONG AGO	Temps de l'action	*When was* the Fellowship of the Ring *released?* *How long ago was the last film shot?*
WHY HOW WHAT … FOR	Cause Manière But	*Why does Frodo try to destroy the ring?* *How does he get the ring in the first place?* *What does Sauron want the ring for?*
HOW LONG HOW OFTEN	Durée Fréquence	*How long does the series last?* *How often do you go to the movies?*
WHERE HOW FAR	Lieu Distance	*Where was the film shot?* *How far is New Zealand from Europe?*

SAVOIR FAIRE

1. Construire une phrase négative

- Elle se forme à l'aide de la particule "*not*" après un auxiliaire.
- Elle peut également se former à l'aide de *never*, de *no* et ses composés *no one, nobody, nowhere.* Une phrase négative ne contient qu'une seule négation (*any/no, ever/never, eitheir/neither*). *I have never been to Hollywood. I know no one there.*

2. Construire une phrase exclamative

Lorsque l'exclamation porte sur :

- **un groupe nominal :**

What a *huge success!*

This is ***such a*** *huge success!*

The film has won ***so much*** *success!*

- **un adjectif :**

How *successful this film is!*

This film is ***so*** *successful!*

- **un adverbe :**

How *enthusiastically they respond to this film!*

S'ENTRAÎNER

1 Mettez les mots dans l'ordre et trouvez de quel film il s'agit.

a. takes place / really great / in Egypt. / epic / mainly / This /

b. in Los Angeles. / employees / a terrorist attack / A New York cop / at Christmas time / from / saves

c. by train / Florida / dressed / go to / Two musicians / as women.

d. with? / deeply / does / Scarlett O'Hara / fall / in love / Who

e. thriller. / throughout / often / Spectators / their breath / this / hold

f. remembers / century. / among / The narrator / the Indians / in the nineteenth / his life

1. *Some like it hot!*
2. *Psycho*
3. *Cleopatra*
4. *Little Big Man*
5. *Gone with the wind*
6. *Die Hard*

2 Mettez les expressions soulignées à la forme négative.

a. Stanley Donen directed the film *Singing in the rain* alone, he worked with Gene Kelly.

b. If you watch this famous musical comedy you will see some special effects but Gene Kelly's dancing performance will amaze you!

c. In the film, Debbie Reynolds really sings, she is dubbed by Jean Hagen.

d. Everyone considered *Singing in the rain* as a masterpiece until contemporary critics described it as one of the best musicals ever made.

3 Retrouvez les questions correspondant aux réponses.

a. ....? Alfred Hitchcock was a famous film-director, producer and scriptwriter.

b. ....? He was born in London on August 13, 1899.

c. ....? More than 50, including the classics *Rear Windows*, *The 39 steps* and *Psycho*.

d. ....? His fans call him the "master of suspense" because he employed a kind of psycho suspense in almost each of his films.

e. ....? He directed films for six decades.

4 Reformulez les exclamations suivantes à l'aide de l'amorce proposée.

a. This movie is simply great!
→ What ....

b. I think the cast is very talented!
→ How ....

c. We get plenty of action scenes!
→ There are so ....

d. The story is quite true to the book!
→ The story is so ....

e. The first 45 minutes are slow and long-winded!
→ How ....

f. We're quite disappointed.
→ What ....

g. The special effects were admirably achieved!
→ How ....

5 Traduisez les phrases suivantes.

a. Que ce film est ennuyeux ! Ne le regarde pas !

b. Qu'il achète du pop-corn s'il le souhaite !

c. Comme vous êtes bavards ! Taisez-vous, je ne comprends rien au film !

d. Louons une comédie musicale, je n'en ai pas chez moi !

e. N'attendons pas Judy, elle est toujours en retard !

5 Le présent

SAVOIR

Il existe deux formes de présent en anglais, une **forme simple** (*I read*) et une **forme en *be* + *-ing*** ou progressive (*I'm reading*).

À la forme en *be* + *-ing*, le verbe se compose de l'auxiliaire *be* conjugué et accordé au sujet suivi de la base verbale à laquelle on ajoute le suffixe *-ing*.

À la forme simple, le verbe est la base verbale à laquelle on ajoute le suffixe "*-s*" à la troisième personne du singulier. On utilise l'auxiliaire *do* ou *does* pour former les phrases négatives et les questions.

SAVOIR FAIRE Utiliser les formes du présent

Le choix de l'une ou l'autre de ces formes dépend de ce que l'on veut dire.

He invents video games. C'est son métier.

He is inventing a new video game. C'est ce qu'il est en train de faire au moment où je parle.

1. La forme simple du présent s'emploie pour parler de :

- **vérités permanentes.** *Water freezes at 32° Fahrenheit.*
- **caractéristiques.** *My parents work in the Silicon Valley.*
- **habitudes, actions répétées.** *He checks his emails three times a day.*
- **successions rapides d'actions.** *Smith passes to Devaney, Devaney to Barnes – and Taylor intercepts, and he shoots and it's a goal!*
- **préférences constantes** (*like, love, prefer, hate, dislike...*), d'une **opinion** (*think, believe...*), d'une **faculté intellectuelle** (*understand, know...*)
- d'une **apparence** (*seem, look, sound, appear...*)

Prononcer le "s" de la troisième personne du singulier

[s]	[z]	[ɪz]
He works She puts It stops	She reads He calls It knows	It misses She watche He manage

Quelques marqueurs de fréquence utiles :

– *never* (jamais) – *rarely* (rarement) – *sometimes* (parfois) – *from time to time* (de temps en temps) – *usually* (habituellement) – *generally* – *often* (souvent) – *always* (toujours).

– *once, twice, three times a day...* (une fois, deux fois, trois fois par jour...)

– *on Mondays, on Tuesdays...* (le lundi/tous les lundis)

2. La forme en *be* + *-ing* du présent (ou forme progressive) est utilisée lorsque :

- l'énonciateur fait référence à **une action qui se déroule au moment où il parle ;**

  Be silent! She is making a call. Taisez-vous ! Elle passe un coup de fil.

Marqueurs de temps : *now, at the moment, today...*

- l'énonciateur effectue une **description** (positions, attitudes, vêtements) ;

  On the photo a woman is standing in front of a shop.

Quelques verbes de position : *lie* (être couché) – *kneel* (être agenouillé) – *crouch* (être accroupi)

- l'énonciateur délivre un **commentaire.**

  She's always complaining about her mobile phone. Elle n'arrête pas de se plaindre de son portable.

3. Certains verbes prennent un sens différent en fonction de leur forme :

I think that special effects are amazing. Je pense que les effets spéciaux sont géniaux. (je donne mon opinion)

I'm thinking about adding special effects to that scene. Je songe à ajouter des effets spéciaux à cette scène. (j'y réfléchis)

He enjoys playing video games. C'est un hobby.

He's enjoying his new video game. Il en profite maintenant.

They are geeky. Ce sont des « geeks », des passionnés d'informatique.

They're being nerdy. Ils se comportent comme des « geeks » en ce moment.

La forme en *be* + *-ing* renvoie à des actions particulières tandis que la forme simple fait référence à des généralités.

S'ENTRAÎNER

1 Soulignez les formes au présent et indiquez leur valeur comme dans l'exemple.

What is your sister doing? She's sending a text to her friend, in fact she sends texts every night.
→ 1 et 2 = description d'une action en cours.
3 = habitude.

a. I like reading, I usually borrow books from the library but I also use a tablet to read e-books.

b. Listen! He is making a speech about Facebook.

c. He is a computer scientist, he invents new programmes.

d. Where is Dave? I think he's playing video games in his room.

e. I don't understand why she never meets her friends outside and is always chatting on the Net with complete strangers.

2 Conjuguez les verbes à la forme adéquate du présent.

a. What .... they (do) ....? They (chat) .... on a social website.

b. They (chat) .... on the Net several times a day.

c. Thanks to the Internet revolution more and more people (work) .... from home.

d. No wonder he (look) .... so tired, he (work) .... late every night.

e. How many hours .... he (watch) .... TV a day? .... he (watch) .... it right now?

f. Look! Your uncle (use) .... his webcam.

g. I (not – think) .... that he (know) .... what a webcam is.

h. She (prefer) .... to update her Facebook wall rather than hanging out with her friends.

3 Complétez les phrases suivantes à l'aide de *now – never – usually – several times – tonight*.

a. She's a web-addict, she logs onto Facebook .... a day.

b. She isn't going out ...., she prefers surfing the Net.

c. She .... writes emails but she often posts tweets.

d. She doesn't buy CDs, she .... downloads music from Youtube.

e. Right ...., she's shopping on line.

4 Complétez la description de l'image à l'aide de verbes au présent.

This document (be) .... a coloured cartoon. It (represent) .... the globe. People who (come) .... from every part of the planet (sit) .... at their desk in front of their computer. It (seem) .... that they (chat) .... with someone. They (look) .... happy, all of them (smile) .... The woman who (wear) .... a pink shirt and blue trousers (wave) .... her hands to the screen. Maybe she (use) .... her webcam. The cartoonist probably (intend) .... to show what a great means of communication the Internet (consist in) ....

5 Traduisez la description précédente.

Vocabulaire
– *network* : réseau
– *search engine* : moteur de recherche
– *website* : site Internet
– *file* : dossier
– *computer programmer* : programmateur informatique
– *Internet user* : utilisateur (d'Internet)
– *to surf the Net* : surfer sur Internet
– *to upload* : télécharger
– *to unload* : déposer (un fichier)
– *to get connected* : se connecter
– *to e-mail someone* : envoyer un e-mail
– *to communicate* : communiquer
– *to store data* : stocker des données

6 Le passé

SAVOIR

Le prétérit

▸ Il s'emploie pour relater des **actions passées, terminées et précises**. C'est le temps par excellence de la narration. Il marque une opposition nette avec le moment présent.

▸ Il s'accompagne de marqueurs de temps tels que :

In 2005 (en 2005), *yesterday* (hier), *last month* (le mois dernier), *two years ago* (il y a deux ans), *when he was born* (à sa naissance).

▸ À la forme simple, **deux types de verbes** sont à distinguer : les verbes réguliers auxquels on ajoute le suffixe *-ed* (*I talked, he believed, we carried*) et les verbes irréguliers dont les formes sont à apprendre par cœur (*speak* → *spoke, think* → *thought, put* → *put*).

La forme du verbe est identique pour toutes les personnes.

▸ La forme en ***be* + *-ing*** (*be* au prétérit + base verbale + *-ing*) est utilisée dans le cas :

– de descriptions :

They were wearing long coats. Ils portaient de longs manteaux.

– d'actions en cours de déroulement à un moment donné du passé :

He was writing his speech when the phone rang.

Le *past perfect* (plus-que-parfait)

▸ Il est formé de l'auxiliaire ***have* au prétérit suivi du verbe au participe passé**. Il suffit d'ajouter le suffixe *-ed* à un verbe régulier pour obtenir sa forme au participe passé (*I had talked*), les participes passés des verbes irréguliers (*I had spoken*) sont à apprendre par cœur.

▸ Il marque **l'antériorité d'un événement passé** par rapport à un autre événement.

He wanted to talk with them but they had already left. Il voulait leur parler mais ils étaient déjà partis.

▸ Il sert à indiquer **depuis combien de temps** (*How long?*) ou **depuis quand** (*Since when?*) une action est en cours à un moment donné du passé.

They had been talking for two hours/since 10 am. Ils discutaient depuis deux heures/depuis 10 heures du matin.

SAVOIR FAIRE — Quelques questions sur le passé

1. Comment traduire « autrefois » ?

La forme passée ***used to*** sert à exprimer :

- une action révolue. *He used to live in New York.* Autrefois, il habitait…
- une habitude dans le passé. *He used to have a walk in Central Park everyday.* Il avait l'habitude de…

2. Quels temps choisir en français ?

- le passé simple dans le cas d'un récit dans un registre littéraire ou soutenu. *In 1585, Sir Walter Raleigh founded a colony called "Virginia".* En 1585, Sir Walter Raleigh fonda une colonie du nom de « Virginie ».
- le passé composé dans le cas d'un discours plus familier ou oral. *Last month I read a great book about the explorer Sir Walter Raleigh.* Le mois dernier, j'ai lu un très bon livre sur l'explorateur Sir Walter Raleigh.
- l'imparfait dans le cas de descriptions et de faits routiniers, habituels. *Queen Elizabeth I treated Sir Walter Raleigh as one of her favourites.* La reine Elizabeth I traitait Sir Walter Raleigh comme l'un des ses favoris.

3. Dans quels cas le prétérit exprime-t-il l'irréel ?

Le **prétérit** sert souvent à exprimer **l'irréel** (un événement envisagé, souhaité, regretté…). On parle dans ce cas de « prétérit modal », et outre l'imparfait, il est également souvent traduit par un mode de l'irréel (subjonctif, conditionnel).

If I could, I would go to the USA. Si je le pouvais, j'irais aux États-Unis.

It's high time you started pack your bags! Il est grand temps que tu te mettes à faire tes bagages.

4. Comment prononcer *-ed* ?

[d]	[t]	[ɪd]
called colonized	talked watched	decided invented

S'ENTRAÎNER

1 Soulignez les verbes irréguliers et donnez leur base verbale.

a. The English began to colonize North America at the start of the 17th century.

b. They founded thirteen colonies between 1607 (Virginia) and 1733 (Georgia).

c. In 1775 a war broke between the Crown of England and the American colonies due to taxes.

d. One year later, on July 4, the colonies declared their independence and became the United States of America.

e. George Washington led the Patriots who finally won the Revolutionary war in 1883.

f. He contributed to the writing of a new Constitution in 1789 which set the basis for the United States federal government.

2 Conjuguez les verbes entre parenthèses au prétérit simple.

a. What .... (be) the "Manifest Destiny"?

In the 19th century Americans (believe) .... in a "Manifest Destiny" according to which they (be) .... to develop their country across the whole continent.

b. How long .... this territorial expansion (last) ....?

It (take place) .... from 1812, when the war against France (come) .... to an end, to 1860, when the United States (reach) .... the Pacific ocean.

c. How .... the Americans (manage) .... to acquire new territories?

They (not – agree) .... to set up an Indian state and they (fight) .... against them to get new territories. They also (declare) .... war to the Mexicans.

d. .... they (win) .... all the new territories that way?

No, they .... They also (sign) .... treaties and agreements. They even (buy) .... Louisiana from France.

e. Who (be) .... the men who (travel) .... to the new territories?

Immigrants from Europe (settle) .... in the new territories.

3 Conjuguez les verbes entre parenthèses à la forme adéquate (forme simple ou en *be + -ing* du prétérit, *past perfect*).

a. In 1776 the Founding Fathers (assert) .... that all American citizens (be) .... entitled to Liberty and equality even though the Americans (not – abolish) .... slavery yet.

b. Between 1861 and 1865 the Americans (fight) .... a civil war over this issue.

c. The Northern states (fight) .... against the Southern states when the Congress (approve) .... the Emancipation Proclamation.

d. Even if the Americans (vote) .... laws to protect the rights of the black people after the civil war, the Southern States (maintain) .... segregation in public places until the 1960's.

e. Martin Luther King (defend) .... the blacks'rights for a long time when he (make) .... his most famous speech "I have a dream".

f. In 1864, a century after President Abraham Lincoln (free) .... all slaves, the Congress (vote) .... a new Civil Rights Act.

4 Classez les verbes réguliers au prétérit selon la prononciation du suffixe *-ed*.

In the 19th century many immigrants decided to leave their home country.

They travelled from Europe because they believed in the American Dream.

When they reached New York, they first walked through the doors of Ellis Island.

The American authorities wanted them to take medical tests. They also checked their luggage. And they answered long lists of questions.

[d]	[t]	[ɪd]

5 Rédigez 6 phrases en anglais résumant la vie de Barack Obama à partir des informations ci-dessous.

4 août 1961	Enfance	1991	1998	2009	Novembre 2012
Naissance à Hawaï.	Il a passé son enfance à Hawaï et en Indonésie. À l'époque, on l'appelait « Barry ».	Il sortit diplômé de l'université de Colombia.	Michelle et lui étaient mariés depuis six ans lorsque Michelle donna naissance à leur première fille.	Il a été avocat et sénateur avant de devenir le premier président américain noir.	Il est réélu pour un second mandat après avoir mené une campagne mouvementée.

ANGLAIS

7 Le *present perfect*

SAVOIR

Former le *present perfect*

▸ Le *present perfect* est formé de l'auxiliaire **have** (*has* à la 3e personne du singulier) suivi du **verbe au participe passé**.

I have travelled all around the world. (I've travelled, I have not / haven't travelled)

He has seen all sorts of places. (He's seen, he has not/ hasn't seen)

▸ À l'inverse du prétérit, qui est le temps du récit et qui sert à décrire une action passée et détachée du moment présent, le *present perfect* est un aspect que l'on emploie pour **décrire une action qui a un lien avec le moment présent**.

Last year I visited London. (action envisagée comme révolue, terminée)

I have already visited London. (action envisagée comme pouvant se reproduire)

Utiliser le *present perfect*

▸ On s'intéresse aux **conséquences d'une action dans le présent**.

I've forgotten my map, I can't find my way to the hotel.
J'ai oublié mon plan, je ne sais pas comment aller à l'hôtel.

▸ On s'intéresse **au simple fait qu'une action a été accomplie**.

I've bought a guidebook about Manhattan. (Now I've got one.)

Last week I bought a book about Manhattan in a bookstore on the fifth avenue. (Récit du passé)

▸ On effectue un **bilan provisoire**.

I've already been to Australia twice.
Je suis déjà allé en Australie deux fois.

Adverbes utiles :
ever (« déjà » dans une question),
already (« déjà » dans une affirmation),
never (jamais),
not yet (pas encore),
always (toujours).

▸ On indique **depuis combien de temps ou depuis quand une action est en cours**.

They've been walking down the streets of London since 9 am.
Ils parcourent les rues de Londres depuis neuf heures du matin.

Notez que la forme en *be + -ing* du *present perfect* s'utilise pour souligner le fait que l'action n'est pas achevée.

▸ On dit qu'**une action vient de se produire**.

We've just got off our plane.
Nous venons de descendre d'avion.

▸ On précise le point de départ ou la durée d'une action en cours.

We have been reading since this morning.
Nous lisons depuis ce matin.

Question	Préposition	Notion	Exemples
Since when	*since*	Point de départ de l'action	*Since last Monday* Depuis lundi dernier *Since he arrived* Depuis qu'il est arrivé *Since the beginning of the season* Depuis le début de la saison
How long	*for*	Durée de l'action	*For two hours* Pendant deux heures *For a long time* Pendant longtemps *For a week* Durant une semaine

SAVOIR FAIRE Utiliser les verbes irréguliers

Base verbale	Prétérit	Participe passé	Traduction
be	*was, were*	*been*	être
become	*became*	*become*	devenir
begin	*began*	*begun*	commencer
drink	*drank*	*drunk*	boire
eat	*ate*	*eaten*	manger
fly	*flew*	*flown*	voler
forget	*forgot*	*forgotten*	oublier
give	*gave*	*given*	donner
go	*went*	*gone*	aller
give	*gave*	*given*	donner
know	*knew*	*known*	savoir
see	*saw*	*seen*	voir
show	*showed*	*shown*	montrer
take	*took*	*taken*	prendre
throw	*threw*	*thrown*	lancer

S'ENTRAÎNER

1 Remettez les mots dans l'ordre puis indiquez la valeur du *present perfect*.

a. Australia. / never / I / to / been / 've

b. you / ? / ever / a / thrown / boomerang / Have

c. in / 've / arrived / We / Sydney. / just

d. can't visit / They / this museum / they / bought / right tickets. / the / bought / haven't

e. long / has / sleeping / How / she / been / ?

2 Complétez à l'aide de *for* ou *since* et conjuguez les verbes entre parenthèses au *present perfect*.

a. The Aborigines (live) .... in Australia .... over 60,000 years.

b. The number of tourists (increase) .... quickly .... a few decades.

c. We (have) .... a great time .... we arrived in Sydney.

d. He (not – spend) .... much time at his hotel .... yesterday.

e. .... you (sunbathe) .... all this time?

3 Indiquez si les phrases suivantes sont à traduire au prétérit ou au *present perfect* puis traduisez.

a. L'année dernière nous avons visité le Taj Mahal.

b. Nous l'avons déjà visité deux fois.

c. Il fait le tour du monde depuis deux ans.

d. Il a commencé son tour du monde il y a deux ans.

e. Avez-vous déjà mangé du curry ?

f. Oui, nous en avons mangé quand nous étions en Inde.

4 Complétez les phrases à l'aide de l'adverbe de fréquence qui convient.

a. My cousin is a globe-trotter, he's .... been to twenty different countries.

b. He has .... taken the plane on his own, he's too young.

c. Have they .... been to Los Angeles?

d. We're at the airport, the plane has .... landed.

e. Sorry, I'm not ready, I haven't packed my luggage ....

5 Complétez le dialogue suivant entre un guide et un touriste. Utilisez des formes contractées lorsque c'est possible.

"Welcome to the Canadian Museum of Civilization, ... you ever .... it?" the guide .... me.

"No, I ....," I .... "I (already) .... to Ottawa twice but I (never) .... the opportunity to come here".

"Well, let's start with the First Peoples Halls. Some of the oldest aboriginal artefacts."

"When was the museum created?"

"Well, the Canadian government .... the museum in the early twentieth century, some of the collections .... for more than a century."

ANGLAIS

8 L'expression du futur

SAVOIR

En anglais, l'idée d'avenir peut s'exprimer de différentes façons.

L'auxiliaire *will*

- Pour de simples prédictions.
  I will meet her at the bus station. J'irai la rejoindre à l'arrêt de bus.
- Pour indiquer une idée de volonté ou de choix.
  I will do as I please.
- Dans des phrases hypothétiques.
  She'll be delighted if you meet her at the bus station.
  Elle sera ravie si tu la rejoins à l'arrêt de bus.
- *Shall* est parfois utilisé à la première personne pour formuler des propositions. *Shall we take the bus?*

La périphrase *be going to*

- Quand une action est imminente.
  Hurry up, you're going to miss your bus!
  Dépêche-toi, tu vas rater ton bus !
- Quand le sujet a l'intention de faire quelque chose.
  I'm going to buy a hybrid car. Je vais acheter (j'ai l'intention d') acheter une voiture hybride.
- Quand l'action est présentée comme inéluctable.
  He's too late, he's going to miss his bus.
  Il est trop en retard, il va (forcément) rater son bus.

Le présent en *be + -ing* suivi d'un marqueur de temps

- Pour des actions prévues.
  The students are watching the film "An inconvenient truth" tomorrow morning. Demain matin, les élèves regardent le film « Une vérité qui dérange ».
- Pour une ferme intention.
  I'm not taking part to this meeting. Je ne compte pas prendre part à cette réunion.

La forme simple du présent

On l'utilise pour une action programmée, planifiée. *The film starts at 2 pm.* La séance débute à deux heures.

La périphrase *be about to*

Pour une action imminente.
Pay attention! He's about to make his speech. Un peu d'attention, il est sur le point d'entamer son discours.

SAVOIR FAIRE Exprimer un reproche

Quelques expressions utiles :

The environmentalists <u>blame</u> the car industry <u>for</u> produc<u>ing</u> polluting vehicles.
The government is <u>criticized for</u> tak<u>ing</u> inefficient measures.
The scientists <u>reproach</u> the politicians <u>with</u> distort<u>ing</u> the truth about global warming.
Some people <u>accuse</u> developing countries <u>of</u> experienc<u>ing</u> sharp increases in carbon dioxide emissions.
You <u>shouldn't drive</u> our car so often.
<u>It's a pity</u> so many people drive their car to work.

Vocabulaire de l'environnement

Nouns and expressions			Useful verbs
Acid rains (pluies acides) *Car-sharing/carpooling* (co-voiturage) *Carbone dioxide* (dioxyde de carbone) *Drought* (sécheresse) *Eco-friendly facilities* (équipements respectueux de l'environnement)	*Exhaust gases* (gaz d'échappement) *Endangered species* (espèces en voie d'extinction) *Flood* (inondation) *Flora and fauna* *Global warming* (le réchauffement de la planète)	*Greenhouse effects gas* (gaz à effet de serre) *Natural reserve* (réserve naturelle) *Ozone layer* (la couche d'ozone) *Pressure group* (groupe de pression) *Solar panels* (panneaux solaires) *Waste* (déchets)	*To harm* (nuire à) *To contaminate* (souiller) *To destroy* (détruire) *To discharge* (rejeter) *To preserve, to protect* *To advocate* (préconiser) *To waste* (gâcher)

S'ENTRAÎNER

1 Reliez les éléments suivants, en fonction de la valeur du futur.

1. The new Earth Day summit is taking place next month. •	• a. I predict it.
2. I'm going to attend the meeting. •	• b. It is planned.
3. This event is going to gather hundreds of environmentalists. •	• c. It is very soon.
4. It will influence many politicians. •	• d. I've decided so.
5. The meeting is about to start. •	• e. There's no doubt about it.

2 Construisez chaque phrase avec *if* comme dans l'exemple.

temperatures / keep rising / glaciers / melt → If the temperatures keep rising, the glaciers will melt.

a. we / not clean / beaches / sea / become / huge dustbin

b. level of the sea / rise / the islands / disappear

c. we / not reduce / carbon emissions / more and more people / suffer / respiratory diseases

d. more natural disasters / take place / the number of environmental refuges / increase

3 Créez des phrases exprimant ce que chaque sujet a l'intention de faire pour protéger la planète. Utilisez les verbes suivants : *subsidise – get equipped – ~~recycle~~ – buy – fix.*

schools – waste → Schools are going to recycle their waste.

a. the government – hybrid cars

b. some tourist resorts – with green facilities

c. my neighbours – solar panels to their roof

d. his friend – fewer products

4 Traduisez les phrases suivantes.

a. Plus de 175 pays célèbreront le Jour de la Terre au printemps prochain.

b. As-tu l'intention d'assister à la conférence sur les énergies vertes ?

c. Je crois qu'un acteur célèbre présidera la réunion.

d. Si le nombre de voitures continue à augmenter, les gaz à effet de serre pollueront l'atmosphère.

e. Le gouvernement est sur le point de prendre des mesures en faveur de l'environnement.

5 Reliez les éléments suivants puis mettez les verbes à la forme adéquate pour former une phrase.

a. the ecologists / wood industry / blame •	• 1. pollute the atmosphere
b. reproach / car drivers •	• 2. use so much plastic wrap
c. accuse / poachers •	• 3. destroy the Amazonian forest
d. we / should •	• 4. do not regard environmental issues as a priority
e. politicians / be a pity •	• 5. kill endangered species

9 Les modaux

SAVOIR

- Les auxiliaires de modalité sont **invariables**.
- Ils sont **suivis de la base verbale** et ne peuvent pas être accompagnés d'un autre auxiliaire. Ils se combinent avec la particule ***not*** **à la forme négative** (*may not; must not/mustn't; cannot/can't…*). Il suffit d'**inverser le modal et le sujet** de la phrase pour obtenir la **forme interrogative** (*Can I leave the room?*).
- Ils servent à **apporter une information concernant un fait** : la probabilité qu'il se réalise, le sentiment du locuteur par rapport à ce fait…
- **L'utilisation d'un modal signifie que le locuteur s'implique dans l'énoncé.** L'information délivrée est plus personnelle, plus vivante qu'avec des périphrases. *You must keep quiet* (avis et souhait du locuteur). *You have to keep quiet in class* (règlement).

SAVOIR FAIRE Choisir le modal adéquat

1. Degrés de probabilité

MODAL	VALEUR	FORME PRÉSENT	FORME PASSÉE (*have* + participe passé)
Must	Quasi-certitude, conclusion logique	*He **must** be late, he's nowhere to be found.*	*He's late again, he **must have missed** the bus.*
Can	Possibilité, vraisemblance	*Anything **can** happen in this class.*	*Anything **can have happened**.*
Could	Possibilité avec nuance de doute	*He **could** be the new maths teacher, I don't know.*	*He **could have left** earlier, we did not see him.*
May	Incertitude, éventualité	*She **may** know the answer.*	*She **may have made** a mistake.*
Might	Incertitude, risque	*They **might** postpone the exam.*	*They **might have postponed** the exam.*
Can't	Impossibilité	*She **can't** be the new headmaster.*	*She **can't have done** it all by herself.*

2. Autres valeurs

AUXILIAIRES	VALEURS	EXEMPLES	ÉQUIVALENTS
Can (*could* au passé) *Can't*	Possibilité, permission Interdiction formelle (règlement)	***Can** I use your book?* *You **can't** chew gum in class.*	*You're not **allowed** to chew gum.*
May (*might* au passé)	Permission (langage plus soutenu qu'avec *can*)	*The students **may** leave the room at the end of the exam.*	*It's **permitted** to leave the room at the end of the exam.*
Should/ought to *Shouldn't*	Conseil Reproche	*You **should** work more.* *You **shouldn't** chat all the time.*	*You'**d rather** work more.*
Must *Mustn't*	Obligation, nécessité Interdiction	*I **must** read this book.* *You **mustn't** run in the corridors.*	*I **have to** read this book.* *Running in the corridors is **forbidden**.*
Need *Needn't*	Obligation Absence de nécessité	***Need** I attend this class?* *You **needn't** attend this class.*	*You **don't have to** attend this class.*

1 **Reliez les phrases suivantes en fonction des degrés de probabilité des modaux.**

1. He may go to Cambridge next year. •
2. He must be a brilliant student. •
3. He might take a course in Ancient history. •
4. He should enjoy going to university. •
5. His application can't be refused. •
6. She can't be more than 12 years-old. •
7. He must have cleaned his room. •
8. They might be arriving in an hour. •
9. I can't handle the pressure. •
10. We could be the new champions this year. •

• a. Quasi certitude.
• b. Impossibilité.
• c. Probabilité, avec nuance de doute.
• d. Incertitude, risque.
• e. Possibilité.

2 **Utilisez des modaux pour émettre des hypothèses (au présent ou au passé) concernant les situations évoquées.**

a. My ruler? I can't find it!
→ leave/at home. I must have…

b. The new teacher? I'm not sure!
→ teach/mathematics

c. David, Cheating? No way!
→ do/such a thing

d. The test? I don't remember!
→ deal with/WWII

e. His report, I'm not worried…
→ be/fine.

3 **Reformulez à l'aide du modal approprié.**

a. Drink and food are forbidden in classrooms.
b. Listen to the teacher.
c. Switch mobiles phones off in class.
d. Students are allowed to have lunch in the park.
e. Movie Club every Wednesday afternoon.
f. No vandalism.
g. Nurse room open from 10 am to 3 pm.
h. Arrive on time.

4 **Complétez les phrases suivantes à l'aide du modal approprié.**

a. He's lost his paper, he ……….. write another one.
b. He ……….. buy another case, I will lend him one.
c. He's forgotten his maths book, he ……….. borrow one from the library.
d. He's not feeling very well, he ……….. go back home.
e. He wants to go but he ……….. leave the class without permission.

5 **Observez la photographie et complétez les commentaires suivants à l'aide de modaux.**

a. This picture (be taken) during a basketball game.
b. The girls (wear) shorts and jerseys.
c. It (be) an all-girl team, because all of teammates are girls.
d. They (focus) if they want to win.
e. One of the girls (score a point).
f. The man looking at them behind (be) their trainer.
g. They look rather young, they (not be) more than sixteen years old.

10 Discours direct et discours indirect

SAVOIR

Le dialogue

▸ Chaque prise de parole est encadrée par des **guillemets** du type "…". Les tirets ne sont pas utilisés en anglais.

Les **verbes introducteurs de paroles** sont conjugués en général au prétérit. *Reply* (répondre), *exclaim* (s'exclamer), *complain* (se plaindre), *scream* (s'écrier), *grumble* (grommeler), *whisper* (chuchoter)…

▸ L'utilisation d'**adverbes** (*joyfully, kindly, furiously, carefully*…) permettent de rendre compte des réactions, attitudes et sentiments des personnages.

▸ Le **caractère oral** du discours est rendu par :
– des phrases elliptiques (points de suspension), des tags interrogatifs (*You saw him, didn't you?*), des phrases exclamatives (*How awful!*), des réponses courtes (*Of course, I did.*).
– des formes contractées :
Well, I've read hundreds of detective stories but I don't know Ruth Rendell.
– l'ajout d'interjections :
Eh! Really?/Oh, you're here!/Wow!/Hmm…

Le discours indirect

Passer du discours direct au discours indirect implique d'effectuer diverses transformations.

▸ **La concordance des temps**

La concordance des temps ne s'applique pas si :
– l'action au présent au style direct est toujours valable.
– la forme verbale est invariable (*would, should, ought to, used to, had better*…).

STYLE DIRECT	EXEMPLE	STYLE INDIRECT	EXEMPLE
Présent	*He lives*	Prétérit	*He lived*
Prétérit	*He lived*	*Past perfect* Prétérit (si habitude ou verbe d'état)	*He had lived*
Past perfect	*He had lived*	*Past perfect*	*He had lived*
Auxiliaires de modalité	*He will come* *He may come* *He must come* (obligation) *He can come*	Formes passées	*He would come* *He might come* *He had to come* (obligation) *He could come*

▸ **Les marqueurs de temps**

STYLE DIRECT	STYLE INDIRECT
Tomorrow (demain)	*The next day* (le jour suivant)
Yesterday (hier)	*The day before*
Last week (la semaine dernière)	*The week before* (la semaine précédente)
Two weeks ago (il y a deux semaines)	*Two weeks before* (deux semaines plus tôt)

▸ **Les démonstratifs**

STYLE DIRECT	STYLE INDIRECT
Here (ici)	*There* (là-bas)
This (ce, cet, cette)	*That*
These (ces)	*Those*

SAVOIR FAIRE — Passer du discours direct au discours indirect

Les modalités du passage au discours indirect dépendent du type de la phrase au discours direct.

1. Phrase déclarative : *"I try to unmask the suspect before the end of the story," he explained.*

→ *He explained that he tried/tries to unmask...*

– Le verbe introducteur de paroles est suivi du pronom *that.*

– Verbes introducteurs utiles : *say, tell* (dire à quelqu'un), *explain, note, remark, suggest...*

2. Phrase à l'impératif : *"Call the police!"* → *He asked her to call the police.*

– Les propos rapportés prennent la forme d'une proposition infinitive en *to.*

– Dans le cas d'une interdiction, la particule *not* précède le verbe. *"Don't panick!"* → *He told her not to panick.*

– Verbes introducteurs utiles : *tell, order, command, ask...*

3. Phrase interrogative :

"Have you seen the suspect?" → *The inspector asked her if she had seen the suspect.*

"What am I going to do?" → *She wondered what she was going to do.*

– Les propos rapportés prennent la forme d'une interrogative indirecte introduite par *if* ou *whether* dans le cas d'une *yes-no question*, et par un pronom dans le cas d'une *wh- question.*

– Le sujet et le verbe ne sont jamais inversés.

– Verbes introducteurs utiles : *ask* (demander)/*wonder* (se demander)

S'ENTRAÎNER

1 Complétez le dialogue à l'aide des verbes suivants à conjuguer au prétérit : *reply – interrupt – ask – tell – exclaim – shout – groan – insist.*

On a bright Saturday afternoon, Mr D. entered a bookshop.

"Good afternoon sir. Is there anything I can do for you?" .... the shopkeeper with a welcoming smile.

"Well, no, you can't. I know exactly what I want..." .... Mr D. in a sharp tone.

"Oh, do you really? There are always new books to be discovered!" .... the shopkeeper.

"Argh... Not interested!" .... Mr D. as he made his way to the thrillers section.

"Ah, a whodunits fan! How lovely!" the shopkeeper .... "Do you know that..."

"No, I don't and I don't want to!' Mr D. furiously .... him before heading for the shop's revolving doors.

"Sir, don't go so fast!" .... the shopkeeper in a last attempt to catch his customer's attention.

"Mmh, what a pity! I knew exactly what type of book he needed" the shopkeeper .... himself while going through the "Good behaviour books" section...

2 Relevez et classez les marques d'oralité suivantes dans le dialogue précédent.

– éléments exprimant la bienveillance, la sympathie
– éléments exprimant l'énervement
– éléments exprimant l'étonnement
– éléments exprimant la déception

3 Conjuguez les verbes entre parenthèses en tenant compte de la concordance des temps.

a. He told the policeman that he (see) .... someone leaving the house around midnight but that he (think) .... it of no importance whatsoever!

b. The detective wished the witnesses (not/leave) .... the city, he said that he (prefer) .... them to come back until the end of the inquest.

c. The suspect claims that he (not/buy) .... any sleeping pills from the chemist's and that he (not/know) .... where the rat poison is kept.

d. The witness felt that he (must/tell) .... the truth.

e. She thought that the truth (should/be) .... told.

4 Transposez les phrases suivantes au discours indirect.

a. "What did you do last night?" the detective asked her.

b. "Well, I stayed here, at the hotel and called one of my friends from my room." she replied.

c. "Did you hear anything strange during the night?" he enquired.

d. "I could hear the wind blowing in the dark!" she exclaimed.

e. "Don't make fun of me and answer the questions seriously" he told her.

11 La voix passive

SAVOIR

La structure de la phrase passive

More than 1.21 billion Indians were counted/reported by the 2011 census officials.

sujet + *be* + participe passé + complément d'agent

L'emploi du passif

On l'utilise :

- afin de **mettre en avant la personne ou l'objet qui subit l'action**.

Hindi is spoken by over 40 % of the population.

- lorsque le **sujet de l'action est inconnu**, sans importance ou évident.

During the last census many computers were used. (Impossible ici de nommer précisément le sujet de l'action.)

The last Indian census was carried out in 2011. (L'important ici n'est pas de savoir par qui le recensement est réalisé.)

Hundred of languages are spoken in India. (Il est évident que les Indiens sont le sujet de l'action.)

Le double passif

Certains verbes, tels que *give, show, teach, tell*, peuvent être suivis de **deux compléments d'objets**.

The officials asked the inhabitants of India many questions.

Dans ce cas, **deux formes passives** sont **possibles**.

Many questions were asked to the inhabitants of India's various states.

ou

The inhabitants of India's various states were asked many questions.

Dans ce cas, c'est le complément d'attribution qui est placé en tête de la phrase. Cette structure, impossible en français, se traduit à l'aide du pronom « on » : « On a posé de nombreuses questions aux habitants ».

Les *phrasal verbs* ou verbes prépositionnels

La préposition reste placée après le verbe.

High rates of poverty and illiteracy may account for India's fast growing population. Les taux élevés de pauvreté et d'illettrisme peuvent expliquer la rapide croissance de la population en Inde.

India's fast growing population may be accounted for by high rates of poverty and illiteracy.

Le cas de certaines phrases complexes

- **Avec un verbe de parole ou d'opinion.**

Indians are said to prefer boys to girls.

Hinduism is thought to have existed for 3 000 years.

The joint family is thought to be on the decline.

- **Avec un verbe exprimant une exigence, un ordre.**

Children are asked to work at an early age.

- **Avec le verbe *make*.**

The Untouchables were made to do the most degrading jobs.

Passer du passif à l'actif

Formes verbales	Exemples à la forme active	Exemples à la forme passive
Présent, forme simple	*Many demographers study the Indian population.*	*The Indian population is studied by many demographers.*
Be + -ing	*The authorities are controlling the population growth.*	*The population growth is being controlled.*
Prétérit	*They launched a family planning in 1952.*	*A family planning was launched in 1952.*
Present perfect	*Indians have always considered boys as wage-earners. (soutiens de famille)*	*Boys have always been considered as wage-earners.*
Modal	*The government should protect women.*	*Women should be protected by the government.*

SAVOIR FAIRE Traduire le passif

- **Le passif, plus souvent utilisé en anglais qu'en français, peut se traduire par :**
  - un **passif** : *Women are considered as inferior beings by many Indians.* Les femmes sont considérées comme étant des êtres inférieurs par de nombreux Indiens.
  - **une structure introduite par le pronom « on »**, notamment en l'absence de complément d'agent : *India is projected to be the world's most populous country by 2025.* On prévoit que l'Inde sera le pays le plus peuplé au monde d'ici 2025.
  - **par un verbe pronominal** : *Social groups are ranked according to various essential qualities.* Les groupes sociaux se classent selon des quatités essentielles.
  - **par une tournure impersonnelle** : *India is often compared to China.* Il est fréquent de comparer l'Inde à la Chine.
- **Pour traduire le pronom « on »**, différentes structures sont possibles :
  - une **phrase passive**. On cite souvent en exemple la croissance rapide de l'Inde. *India's fast growth is often held up as an example.*
  - les **pronoms *we*, *you* ou *they*** selon le contexte. On accorde beaucoup d'importance à la famille dans ce pays. *They grant much importance to the family unit in this country.*
  - ***people/someone.*** On confond souvent les Indiens d'Inde et les Indiens d'Amérique. *People often mistake the Indians from India with the American Indians.*
  - **le pronom indéfini *one*** dans le cas de vérités générales. On ne devrait pas juger les gens à leur apparence. *One should not judge a person by external appearance.*

S'ENTRAÎNER

1 Justifiez l'emploi de la voix passive dans les phrases suivantes, puis traduisez-les à l'aide de l'indice fourni.

a. The caste system was developed more than 3 000 years ago. (verbe pronominal)

b. The untouchables were treated as inferior beings. (voix passive)

c. They were made to do the work no one wanted to do. (on)

d. They are still given the most degrading jobs. (on)

e. They are not allowed to ride a bike in the city centres. (interdit)

f. They were renamed "Dalits" by Ghandi. (voix passive)

g. The Indian apartheid must be eradicated. (Il faut)

2 Mettez les verbes à la voix passive.

a. Half a century ago Bangalore (prétérit/know) .... as "The Garden City".

b. Today it (modal can/compare) .... to the "Sillicon Valley".

c. It (présent/inhabit) .... by millions of Indians.

d. Many small gardens (prétérit/transform) .... into apartment buildings in the 1990s.

e. Well over 10,000 industries (present perfect/set up) .... in the city.

3 Mettez les phrases à la voix passive et supprimez le complément d'agent lorsqu'il est superflu.

a. The filmmaker and scholar Amit Khanna gave the name "Bollywood" to the hindi film industry located in Mumbai.

b. The Indians export Bollywood's films all over the world.

c. We may compare Indian films to musicals.

d. Since 2000 Bollywood has influenced musical films in the Western world.

e. Bollywood film songs inspired the song "Don't phunk with my heart" by the Black Eyed Peas.

4 Traduisez à l'aide de la voix passive.

a. Selon l'hindouisme, les Indiens se réincarnent sur terre dans une autre caste.

b. On considère que chaque existence est cyclique et gouvernée par le Kharma.

c. Il est interdit de consommer de la viande de bœuf.

d. Chaque année, sont envahis de pèlerins les endroits saints tels que Prayaga ou Benares.

e. L'hindouisme se décrit souvent comme étant une « famille de religions ».

5 Traduisez le pronom « on » dans les phrases suivantes.

a. On accorde beaucoup d'importance à la cellule familiale en Inde.

b. On dit souvent que les garçons sont préférés aux filles.

c. On devrait toujours écouter ses aînés.

d. On demande souvent aux garçons de soutenir leurs parents dans les campagnes en Inde.

e. On oblige les filles à rester à la maison dans certaines familles traditionnelles.

12 Base verbale, infinitif complet et gérondif

SAVOIR

La base verbale (BV)

C'est la **forme non conjuguée** d'un verbe.
Elle s'emploie dans les structures suivantes :

- **après les auxiliaires de modalité.**

  She can swim very well.

- **avec des verbes tels que *to help, to make, to have*** (dans des phrases à sens causatif).

  His coach helped him progress quickly.

  The referee had the match stop because of the rain.

- **après *let* pour exprimer la permission.**

  The referee let him start again.

- **après des verbes de perception involontaire** (*to see, to hear, to feel…*) ainsi que ***to watch, to notice*** et ***to know.***

  The players heard the fans applaud.

- **après les formes verbales *had better, would rather*.**

  They had better run faster.

L'infinitif complet (*to* + BV)

Il s'emploie :

- après des **verbes exprimant la volonté, l'intention, le désir** d'accomplir une action :

to want	*I want to play soccer.*
to wish	*I wish to lead my team someday.*
to hope	*I hope to be a great coach.*
to expect	*I expect you to know the rules.*
to decide	*They have decided to watch the match on TV.*
to plan	*She planned to become an artist.*
to ask	*We asked the team to succeed.*
to refuse	*I refuse to forget this great game.*
to try	*You tried to improve.*
to choose	*She chose to help him.*

- après des **verbes exprimant une cause** : *to cause, to lead, to entice…*
- dans des **propositions infinitives.**

  His coach wants him to swim six hours a day.

Le gérondif (BV + *-ing*)

Il s'emploie :

- après des **verbes exprimant une préférence constante** : *to like, to love, to dislike, to hate, to enjoy, to prefer, to mind…*
- après des **verbes se référant à une action en cours** : *to continue, to go on, to avoid, to stop, can't help, to give up, to finish…*
  Notez que *to begin, to start, to continue* sont suivis d'un gérondif ou d'un infinitif complet.
- avec des verbes tels que : *to regret, to remember, to forget…* lorsque l'action a été réalisée.
- après des **verbes suivis d'une préposition** tels que : *to look forward to, to be used to, to be reduced to, to object to…*

  He's looking forward to taking part in the race.

- Utilisé comme nom, le gérondif peut en remplir toutes les fonctions.

  Swimming is her favourite sport.
  Nager/La natation est son sport préféré.

  She prefers swimming to dancing.

- Le gérondif peut également s'utiliser comme un adjectif.

  She is stunning. Elle est éblouissante.

- Utilisé comme participe présent, il sert notamment à conjuguer la forme progressive avec l'auxiliaire *be* ou à exprimer une action en progrès.

  We are currently watching the football match.

SAVOIR FAIRE Choisir entre base verbale, infinitif complet et gérondif

	INFINITIF COMPLET	GÉRONDIF	BASE VERBALE
Préférences	actions précises *I would prefer to play baseball.*	réactions habituelles, goûts constants *I prefer playing baseball.*	
Souvenirs, regrets	action à accomplir *Remember to bring your bat.*	action accomplie *I remember watching the final with my father.*	
Début, continuation et fin de l'action	action à venir *We will stop to watch the match.* (On s'arrête afin de faire quelque chose).	action en cours ou envisagée dans son ensemble. *Stop watching TV.* (On s'arrête de faire quelque chose).	action accomplie *I heard her take a shower.*
Échecs, réussites	*manage, fail to do something*	*succeed in doing something*	

S'ENTRAÎNER

1 Complétez par un gérondif ou un infinitif complet.

a. I would like (play).......... rugby but my friends like (play) .... soccer best.

b. Don't forget (tape) .... Manchester United next game, I remember (watch) .... a game with my father and it was great!

c. The English started (play) .... polo in India before (bring) .... it to England.

d. In 1829 Oxford and Cambridge universities decided (hold) .... a race against each other and the Oxford boat succeeded in (win) .... it!

e. I've planned (go) .... to Scotland, the home of golf which I look forward to (practice) ....

2 Reformulez les phrases suivantes à l'aide des amorces proposées :
let – had better – be used to – mind – be reduced to.

a. He usually goes to the game on Saturday.

b. They have no choice but to buy new tickets.

c. She allowed them to leave.

d. Could you bring your own racket?

e. You should train more often.

3 Complétez les phrases à l'aide des verbes suivants. Choisissez entre la base verbale, l'infinitif complet et le gérondif.
perform – train – lift – eat – do – follow – run – over-exert

a. Usain Bolt became the fastest man in the world by .... hard every day.

b. His coach makes him .... flexibility training to prevent injuries.

c. His workouts help him .... for a long time but he avoids .... his body.

d. Bolt must .... a strict diet but he can't help .... chicken nuggets!

e. He began .... weights when he was around 18 and he keeps .... so every day.

4 Complétez les phrases à l'aide des gérondifs suivants et donnez-en la fonction.
burning – sporting – going – participating – taking – governing – choosing

a. The modern Olympic Games are one of the biggest .... events across the world with 203 countries ....

b. The IOC, which was created by Pierre de Coubertin, is the .... body of the Olympic movement.

c. It is responsible for .... the host city for each celebration of the Games.

d. According to the Olympic Creed: ".......... part to the Olympic Games is the most important thing."

e. The Olympic Flame keeps .... until the closing of the Olympic Games.

f. Today the Olympic Games are .... stronger than ever.

5 Traduisez les phrases suivantes. Précisez si l'action exprimée par le second verbe (en anglais) est achevée ou non.

a. Je l'ai vu quitter le stade il y a une heure.

b. Est-ce que tu entends les fans huer le capitaine ? (huer : *to boo*)

c. Notre professeur de sport nous a obligés à courir pendant une demi-heure.

d. Je regardais les joueurs s'entraîner lorsque tu m'as appelé.

13 Les subordonnées

SAVOIR

Les propositions subordonnées relatives

Elles apportent une information complémentaire sur un nom ou un groupe nominal nommé « antécédent ». Elles sont introduites par un pronom relatif.

*The apartheid system, **which was a policy of racial separation**, was set up in South Africa in 1948.*

Le régime de l'apartheid, qui était une politique de ségrégation raciale, fut mis en place en Afrique du Sud en 1948.

- **Les propositions déterminatives définissent l'antécédent qu'elles qualifient et ne peuvent être supprimées.** *The laws the all-white government passed were discriminatory.*
- **Les propositions non déterminatives** apportent une précision non essentielle concernant l'antécédent et peuvent être supprimées. *The ANC, which was founded in 1912, struggled against the apartheid regime.* Le Congrès National Africain, qui fut fondé en 1912, lutta contre l'apartheid.

Les subordonnées de condition

- **Expression d'une condition simple** : *If I go to South Africa I will visit the Robben Island Museum.*
- **Expression d'une condition incertaine** : *If I went to South Africa, I would visit the Robben Island Museum.*
- **Expression d'une condition non réalisée** : *If I had been to South Africa, I would have visited the Robben Island Museum.*

Les subordonnées de temps

- ***When* (quand) :** *Both blacks and whites shouted "one team, one country" when South Africa won the Rugby World Cup.*
- ***As soon as* (dès que) :** *As soon as Nelson Mandela entered the stadium, the spectators rose as if one.*
- ***Before* (avant que) :** *Before the World Cup was organised in South Africa, the Springboks were not allowed to take part in international sports events.*
- ***Until* (jusqu'à ce que) :** *Until South Africa won the final, the spectators held their breath.*
- ***While* (pendant que) :** *While the president was handing over the cup to the captain, the latter thanked him warmly for his work.*

Pour exprimer le futur, on emploie le présent ou le *present perfect* dans la subordonnée. *The game will resume when it stops raining.*

Les subordonnées de cause et de conséquence

- ***Because*** (parce que), ***as*** (comme), ***since*** (puisque) : *Nelson Mandela wore the Springboks jersey because he wanted black and white South Africans to feel united.*
- ***So that*** (si bien que) :

The Rubgy World Cup final was an event of paramount importance so that everyone has heard about it!

Les subordonnées de but

- ***To, in order to, so as to*** (afin de, de sorte que) : *He made a speech so as to thank Nelson Mandela.*

Les subordonnées d'opposition et de concession

- ***Whereas*** (alors que), ***while*** (tandis que), ***although, though*** (bien que), ***however*** (cependant) :

Although South Africa is a modern country, it is still experiencing social issues such as sexual violence.

SAVOIR FAIRE — Choisir le pronom relatif adéquat

- ***who*** **pour un nom de personne** (sujet)/***whom*** (complément).
  *The Afrikaners, **who** descended from the Dutch settlers, founded the National Party.*
- ***which*** **pour un nom neutre et l'ensemble d'une proposition.**
  *The second Boers War, **which** ended in 1902, was won by the British.*
  *The apartheid lasted for a quarter of a century, **which** changed the country forever.*
- ***where*** **pour des indications de lieu.**
  *There is a museum **where** Nelson Mandela was kept prisoner.*

Dans les déterminatives, les pronoms *who* et *which* (sauf dans le cas d'une proposition) peuvent être remplacés par ***that*** (sujet) et ***that/Ø*** (complément).

*The regime **which/that/Ø** Nelson Mandela fought against was unfair and discriminatory.*

S'ENTRAÎNER

1 Complétez les propositions subordonnées relatives suivantes à l'aide du pronom relatif adéquat. Soulignez les propositions déterminatives, s'il y en a.

a. Nelson Mandela, ... real name is Rolihlahla Dalibhunga, contributed to dismantle the Apartheid regime in South Africa.

b. In 1940 after taking part to a student strike, he was expelled from the university of Fort Hare .... he studied politics.

c. In 1944 he founded the ANC Youth League with Oliver Tambo .... helped him campaign against the government's policy of racial separation.

d. The law office .... he set up in Johannesburg aimed at providing free or affordable legal representation to blacks.

e. In 1964 he was sentenced to life prison, ... turned him into a worldwide symbol of resistance against racism.

f. Twenty-seven years later he was finally released from prison by President F. W. de Klerk with .... he shared a Nobel Prize for Peace.

g. The speech .... he made on the balcony of Cape Town's City Hall is famous all over the world.

h. In 1994 South Africa, ... had become a multi-racial democracy, elected its first black president.

2 Conjuguez les verbes entre parenthèses puis traduisez les phrases.

a. South Africa (become) .... a real democracy providing that the divide between the whites and the blacks is really reduced.

b. If educated people (keep) .... leaving the country, it will soon run short of doctors and other skilled professionals.

c. If the apartheid had not been abolished, the international community (maintain) .... its embargo.

d. If nothing is done to curb down the crime rates, the future of the country (remain) .... uncertain.

e. As long as wealth (remain) .... unevenly distributed, the society will be divided.

f. "If you (want) .... to make peace with your enemy, you have to work with your enemy." Nelson Mandela

3 Traduisez les phrases suivantes.

a. Quand l'Afrique du Sud était une colonie gouvernée par les Anglais et les Hollandais, la ségrégation raciale existait déjà.

b. Après la prise du pouvoir par le National Party en 1948, le régime de l'apartheid fut adopté.

c. Aussitôt que le gouvernement vota les Group Areas Act, l'ANC entama une campagne de désobéissance civile.

d. De nombreuses manifestations eurent lieu pendant que Nelson Mandela était en prison.

e. L'ANC fut interdit jusqu'à ce que Nelson Mandela soit libéré.

4 Réécrivez les propositions pour les relier entre elles à l'aide des connecteurs logiques suivants : ***so that – whereas – because – although – in order to.***

a. South Africa is nicknamed the "Rainbow Nation" •	• 1. South Africa had to leave the Commonwealth.
b. Countries from all over the world condemned the apartheid regime •	• 2. black people were forced to live far away from the town centres.
c. In 1976 black protesters opposed the security forces •	• 3. the blacks represented 80 % of the population.
d. White people used to own houses in town •	• 4. the South Africans have various origins.
e. An all-white government ruled the country for half a century •	• 5. denounce an unfair school reform.

5 Traduisez les phrases trouvées dans l'exercice précédent.

ANGLAIS

14 Décrire une image

SAVOIR

L'introduction

Identifier et présenter le document en précisant :

- le type d'image : *a photo, a book cover* (une couverture de livre), *an ad/advert* (une publicité), *a poster* (une affiche), *a still from a film* (un extrait de film), *a painting* (un tableau), *a drawing* (un dessin), *a cartoon* (un dessin humoristique), *a comic strip* (une bande dessinée), *a graph* (un graphique)…
- son origine (*This photo is taken from/appeared in the Guardian.*) et éventuellement la date de publication (*It was published on March 12, 2003).*
- l'identité de l'auteur (*drawn/made by…*)
- le thème principal (*It deals with/is about/represents…*)

La description

Situer les différents éléments et les étudier précisément en répondant aux questions suivantes :

- *When and where does the scene take place?* (contexte)
- *What/who can you see first? Who/What catches your attention?* (élément mis en évidence)
- *What is the document composed of? How many parts/grounds are there/is it divided into?* (organisation)
- *Are there any titles/subtitles/captions?* (légendes)/*catchphrases?* (accroches)/*logos?*
- *What are the persons doing/wearing/holding? What do they look like?*
- *What are the light effects? What colours/symbols are used?*
- *What may have happened before/after?* Que s'est-il produit avant/après ?

Notez que l'on utilise le présent en ***be + -ing*** pour **décrire les actions en cours**, les **positions** des personnes représentées (*be standing, sitting, kneeling, lying…*), **la façon dont elles sont vêtues**…

Le commentaire

Mettre en évidence les intentions de l'artiste et les moyens mis en œuvre pour délivrer son message.

- *What is the aim of the picture?* (le but) : *to illustrate a social issue, to denounce an injustice, to sell a product, to make fun of someone, to pay a tribute to someone* (rendre hommage).
- *What devices does the author resort to and what do these elements mean?* À quels procédés l'auteur a-t-il recours ?
- *What are the effects on the viewer?* (effets produits sur le lecteur)

La conclusion

Émettre un avis personnel et partager ses impressions.

- *What do you think about this image? Do you believe that it has reached its goal?* (Le but visé est-il atteint ?)
- *How do you react to it?*

SAVOIR FAIRE Enrichir son commentaire

1. **Émettre des hypothèses** en utilisant :
   - un adverbe (*perhaps, maybe, probably…*),
   - un auxiliaire de modalité (*may, could…*),
   - des expressions telles que *I suppose, I guess, I imagine…*
2. **Situer précisément les éléments dans l'espace.**
   in the background/in the foreground (au premier plan/à l'arrière plan) – *in the middle* – *in the top right-hand corner* (en haut à droite) – *at the top/at the bottom* (en haut/en bas)…
3. **Exprimer l'intention de l'auteur.**
   he means to/intends to + base verbale
   he aims at + base verbale + *-ing*
   his aim/goal is to…
4. **Exprimer son opinion personnelle.**
   in my opinion, to my mind, in my view, as far as I'm concerned
   I think, I believe, I agree / disagree with, it seems to me that…, I feel like…

S'ENTRAÎNER

1 Retrouvez le type d'image qui correspond à chaque définition.

a. Amusing drawing which comments satirically on topical events. •
b. Public notice which publicizes goods or services. •
c. Sequence of drawings telling a story. •
d. Single photograph of a scene from a film. •
e. Outer page of a book. •

• 1. a comic strip
• 2. a book cover
• 3. a still
• 4. a cartoon
• 5. an advert

2 Rédigez une introduction qui contiendra les informations suivantes pour présenter l'image ci-dessous.

Gary Brookins, *The Richmond Times Dispatch*, July 2000.

a. Type of document
b. Author
c. Date of publication
d. Source
e. Main topic

3 Complétez la description de l'image ci-dessous avec les expressions suivantes : *in the background – at the bottom – catches my attention – in the middle of – in the top left-hand.*

a. The first element which .... is a little mouse called Fievel.
b. The title of the film appears .... of the poster and there is a caption .... of it.
c. Fievel is represented right .... the image on a gangway.
d. We can see steamboats ....
e. There is a big suitcase .... corner.

4 Traduisez les phrases suivantes.

a. Je trouve le dessin humoristique étonnant car l'histoire d'Harry Potter semble fasciner les enfants autant que la télévision.
b. À mon avis, l'affiche est réussie car elle me donne envie de voir ce film.
c. J'aime les couleurs vives de l'affiche ainsi que le sentiment d'aventure qu'elle inspire, l'invitation au voyage qu'elle constitue.
d. Selon moi, cette publicité atteint son but. En effet, elle réussit à mettre en avant les avantages du commerce équitable de façon claire et efficace.
e. Je suis convaincu par les arguments de l'affiche. Je pense que j'achèterai davantage de produits issus du commerce équitable à l'avenir.

5 Reformulez les phrases suivantes.

a. The main goal of the cartoon is to surprise the viewer.
→ The cartoonist...
b. The children seem to be hypnotized by the book they're reading.
→ It...
c. In my opinion the cartoonist is right.
→ I...
d. The poster's aim is to convince the viewer to go and watch the film.
→ The poster is...

6 Rédigez un paragraphe de 5 lignes pour décrire votre affiche de film préférée et expliquer pourquoi elle est réussie selon vous.

15 Comprendre et présenter un texte

SAVOIR

Bien comprendre un texte nécessite :

– d'en **identifier** la nature ;

– de s'appuyer sur **les éléments périphériques** (le titre, le sous-titre, les illustrations…) pour en **anticiper** le contenu ;

– de **relever** les informations essentielles lors de la première lecture :

– indications de lieu et de temps,

– le type de narration.

SAVOIR FAIRE Présenter un texte

Dungeons and Dragons

In 1974, two men in the US Midwest, Gary Gygax and Dave Arneson, created *Dungeons and Dragons*, the first ever role-playing game. Developed out of war gaming using table-top miniatures, the paperback rule books clearly were an instant success, a genuine phenomenon which spawned an industry and influenced a generation of film-makers, writers and videogame developers.

An estimated 20 million people worldwide have played *D&D* since it was created, with more that 1$bn* spent on game equipment and books. […]

D&D is a game in which a group of friends create and develop characters by rolling dice which determine skills and abilities. The characters are taken on adventures which are plotted by a separate player – the Dungeon Master. You can be a fighter, a thief, or a magic user, perhaps even a bard, a druid or a cleric. But there is no board or counters – just pen, paper, friendship and an active imagination. […]

D&D's popularity began to wane in the early 1990s as the videogame boom began. "*D&D* never went away," says Liz Schuh, marketing director for Wizards of the Coast**. "It was certainly huge in the 1980s and then dropped off the radar screens but it never went away."

There are now hundreds of remarkable, competing role-playing games which have all taken a bite out of the market dominance *D&D* once had. But the game remains – even thrives. Wizard estimates that three million people play in the US each month. […]

* 1 milliard de dollars

** éditeur du jeu

Adapted from Darren Waters, in BBC News Online, April 26, 2004

an extract, an excerpt : un extrait
a newspaper article : un article de journal
a tabloid : un journal *people*
a journalist : un journaliste
a play : une pièce de théâtre
a playwright : un dramaturge
an advertisement : une publicité
a novel : un roman
an author : un auteur
a novelist : un romancier
a short story : une nouvelle
a fairy tale : un conte de fée
a title : un titre

to take place : avoir lieu
to deal with : parler de/traiter de
to sum up : résumer
to depict : dépeindre
to criticize : critiquer
to point out : faire remarquer
a topic : un sujet
an issue : un problème
a goal : un but
eventually : finalement
moreover : de plus
furthermore : en outre
however : cependant

S'ENTRAÎNER

Lisez le texte du Savoir Faire puis faites les exercices en vous aidant du cours qui vous accompagne pas à pas.

Présenter un document

1 Présentez le document en soulignant les bonnes réponses et en ajoutant les informations manquantes.

a. The text under study is a narrative (un récit)/a description/a portrait/a dialogue/a poem/a press article/an interview /a plot summary (un synopsis).

b. It was written by...........

c. It was taken from/published in/posted on...........

d. It dates back to...........

2 Anticipez le contenu du document en procédant comme dans l'exercice 1.

a. The text is entitled...

b. I suppose that it deals with historical events/ adventure stories/a role-playing game.

3 Lisez le texte et relevez les indications de lieu, de temps, le type de narration et les caractéristiques du jeu.

Comprendre le sens d'un mot inconnu

Comment le mot est-il formé ?

En connaissant le sens des principaux préfixes et suffixes, on peut anticiper le sens d'un mot.

Les principaux préfixes :

Idée de contraire : *de-, dis-, im-, ir-, non-, un-* → *decrease, disadvantage, impossible, irrational, nonsense, unbelievable*

Sens péjoratif : *mis-* → *mistake*

Sens temporel ou spatial : *pre-* (avant), *post-* (après), *sub-* (sous), *super-* (au-dessus), *trans-* (à travers) → *preview, postpwar, sublet, supervise, transalpine*

Répétition : *re-* → *remake*

Les principaux suffixes :

Formation des verbes : *-en* (transformation), *-ize* (action) → *enable, criticize*

Formation des adverbes : adjectif + *-ly* → *simply*

Formation des noms :

- *-er, -or, -ess, -ist* (celui ou celle qui) → *reader, actor, guitarist*
- *-dom, -hood, -ship, -ment* (état, condition) → *kingdom, childhood*
- *-age,* verbe + *-al, -ation* (fonction, condition, action) → *transformation*
- Verbe + *-ing* (profession, activité) → *reading*
- Adjectif + *-ness* (état, caractéristique) → *selfishness* (égoïsme)

Formation des adjectifs :

- *-able, -ible* (pouvant être) → *reliable*
- *-al, -y, -ish* (comme, se rapportant à) → *commercial*
- Verbe + *-ed* ou *-ing* (voir le chapitre 2)
- Nom + *-ful* (plein de) → *wonderful* (merveilleux)
- Nom + *-less* (sans) → *heartless* (insensible)

S'agit-il d'un mot composé (c'est-à-dire formé de mots accolés ou reliés par un tiret) ?

Exemple : *role-playing game* (l. 2). Le premier mot précise le sens du second. Ici il s'agit d'un jeu qui consiste à jouer un rôle : un jeu de rôle.

4 Trouvez trois autres mots composés dans le texte et traduisez-les.

5 Trouvez et traduisez trois noms de métiers dérivés à partir de verbes, deux adjectifs formés à l'aide d'un suffixe, un nom renvoyant à un lien entre des personnes (3e paragraphe) et deux adverbes.

Utiliser le contexte

Quelle est la nature et la fonction du mot dans la phrase ?

The characters are taken on adventures which are plotted by a separate player – the Dungeon master. (l. 8) Le mot souligné est un verbe au participe passé inséré dans une phrase à la voix passive et qui a pour complément d'objet le mot « *adventures* ». Il s'agit de l'action accomplie par le Maître du jeu. On peut en déduire que « *to plot* » signifie préparer, planifier, organiser quelque chose.

Dans quel contexte le mot est-il utilisé ?

D&D is a game in which a group of friends create and develop characters rolling dice which determine skills and abilities. (l. 7-8)
« *Dice* » est le complément du verbe « *roll* » et on sait qu'il s'agit d'un jeu de plateau. « *Dice* » est le pluriel de « *die* » qui est un dé.
« *Skills* » et « *abilities* » sont situés sur le même plan et ont une signification similaire : *skills* (les facultés), *abilities* (les capacités).

Le mot à traduire est-il transparent ?

C'est un mot dont le sens semble évident du fait de sa ressemblance avec un mot français.

An estimated 20 million people. (l. 5)

estimated : estimé, environ

6 Expliquez les mots suivants en vous appuyant sur les mots qui les entourent : *to wane* (l. 11) et *thrives.* (l. 15).

7 Expliquez le mot *cleric* (l. 9).

1 Le groupe nominal

SAVOIR

Le genre des noms

- Sont **masculins** :
  - les mots terminés en *-o* sauf *la mano*
  - les mots terminés en *-or* sauf *la flor, la labor, la sor*
  - les noms des fleuves et des rivières, des mers et des océans, des montagnes
- Sont **féminins** :
  - les mots terminés en *-a,*
    - sauf *el día*
    - sauf les mots d'origine grecque : *el problema…*
    - sauf les mots terminés en *-ista* : *el pianista…*
    - sauf les mots qui désignent un être masculin : *el aeronauta.*
  - les mots terminés en *-ción, -sión, -zón,* sauf *el corazón*
  - les mots terminés en *-dad, -tad, -tud, -triz* et *-ez,* sauf *el pez*

Attention ! Quelques mots changent de sens en changeant de genre.

el cometa (le cerf-volant) et *la cometa* (la comète)

- Devant un nom commençant par *a* ou *ha* accentué, on emploie l'article masculin mais le mot reste féminin.

__Un__ <u>ama</u> de casa buena devient ***una*** *<u>buena</u> ama de casa.*

Mettre au féminin

- La plupart du temps, un *o* final devient *a.*

el chico bueno → *la chica buen**a***

- Pour les mots terminés par *-on, -an, -dor, -tor, -sor* : on rajoute *-a.*

el profesor → *la profesor**a***

- Dans les autres cas, l'adjectif ne subit pas de changement.

el niño amable → *la niña amable*

Mettre au pluriel

- Pour les **mots terminés par une voyelle** : on rajoute *-s* à la fin du mot.

el chico → *los chicos*

- Pour les **mots terminés par une consonne** ou un ***í*** **accentué** : on rajoute *-es.*

la pared → *las paredes*

Attention ! Quand un mot se termine par la lettre *z* au singulier, le *z* devient *c.*

el chico feliz → *los chicos felices*

- Le pluriel des noms de parenté désignent un couple.

el padre → le père

los padres → les parents

Former l'apocope

- **Devant un nom masculin singulier**, la voyelle ou la syllabe finale de l'adjectif disparaît.

un hombre bueno/un buen hombre

- Les adjectifs qui s'apocopent sont :

bueno → *buen*

malo → *mal*

primero → *primer*

tercero → *tercer*

grande → *gran*

ciento → *cien*

SAVOIR FAIRE Comparer

- **Comparatif de supériorité**

  Il est plus grand que Pedro. *Es **más** alto **que** Pedro.*

- **Comparatif d'infériorité**

  Il est moins grand que Pedro. *Es **menos** alto **que** Pedro.*

- **Comparatif d'égalité**

  Il est aussi grand que Pedro. *Es **tan** alto **como** Pedro.*

Attention aux comparatifs irréguliers : *mejor* (meilleur), *peor* (pire), *mayor* (plus grand), *menor* (plus petit).

- Pour former le **superlatif relatif (le plus ; le moins…)**, on a recours aux mêmes formes qu'au comparatif, mais attention, **l'article ne doit pas être répété après le nom.**

  l'enfant le plus souriant → *el niño más sonriente*

1 Complétez les colonnes du tableau.

masculin	féminin	pluriel masculin
un profesor interesante	una profesora interesante	los
un joven encantador		los
	una vendedora simpática	los
un niño respondón		los
un chico cortés		los
	una joven sonriente	los
un excelente bailarín		los
	una directora catalana	los

2 Mettez les expressions suivantes au singulier (attention à l'orthographe et à l'apocope).

a. los chicos amables

b. los jóvenes andaluces

c. los buenos amigos

d. los primeros capítulos

e. los malos tratos

f. los grandes escritores

g. los mejores libros

3 Mettez les adjectifs entre parenthèses à la forme qui convient.

a. Mis padres vienen muy (enojado) porque he sacado (malo) notas en el (último) examen.

b. Es una ciudad muy (moderno) con calles (ancho), (inmenso) centros comerciales y hoteles (lujoso).

c. Dioniso era un hombre (inteligente) y (astuto), de ojos (azul). Su madre era (francés) y su padre (español).

d. Me sorprendió su casa: las paredes estaban (encalada), por las ventanas (abierta) se oían (numeroso) ruidos, el rumor del agua (cristalino) y el (dulce) cantar de los pájaros.

4 Un peu de géographie... Transformez les phrases en suivant le modèle.

Exemple : La región de Andalucía es la más visitada por los turistas. → Andalucía es la región más visitada por los turistas.

a. La provincia de Galicia es la más húmeda de España.

b. El río Tajo es el más largo de la península.

c. La capital Madrid es la más alta de Europa.

d. Los picos de Los Pirineos son los más altos de España.

e. La región de Extremadura es la menos poblada de España.

f. La ciudad de Barcelona es la más rica de Cataluña.

5 Traduisez les phrases suivantes en espagnol.

a. Le plus âgé de leurs enfants vit à Madrid.

b. Le meilleur pianiste du groupe est aussi le plus jeune.

c. Tu es pire que ton frère.

d. Sa sœur est aussi intelligente qu'elle, mais moins aimable.

e. Il dit que Grenade est la ville la plus belle d'Andalousie.

6 Traduisez les phrases suivantes en espagnol avec les comparatifs adéquats.

a. Cette maison est plus chère que la mienne.

b. Noé a pris plus de gâteau que son père.

c. Sofia est plus responsable que son cousin.

d. Fernando est plus grand que moi.

e. Tu es aussi belle que ta mère.

f. Maria parle aussi bien le français que l'anglais.

g. Le voyage est moins dangereux que ce que tu penses.

2 Les pronoms personnels

SAVOIR

Les pronoms

- **Les pronoms personnels sujets :** *yo, tú, él/ella/Usted, nosotros, vosotros, ellos/ellas/Ustedes.*

En général, la **personne** est indiquée par la **forme du verbe**. On n'exprime le pronom sujet que pour clarifier ou insister sur le sujet.

Vamos a comer. Nous allons manger.

Nosotros vamos a comer. Nous, nous allons manger.

- **Les pronoms personnels réfléchis :** *me, te, se, nos, os, se.*

Ils permettent de **conjuguer les verbes pronominaux.**

Nos llamamos. Nous nous appelons.

- **Les pronoms personnels COD :** *me, te, lo/la, nos, os, los/las.*

Me ofrece flores → *Me las ofrece.* Il me les offre.

- **Les pronoms personnels COI :** *me, te, le, nos, os, les.*

Ils remplacent le nom **COI introduit par la préposition *a*.**

Hablo a los alumnos → *Les hablo.* Je leur parle.

- **Les pronoms personnels COI introduits par une préposition :** *mí, tí, él/ella/Usted, nosotros, vosotros, ellos/ellas/Ustedes.*

Lo hago por tí. Je le fais pour toi.

Attention ! Le pronom *él* doit toujours être accentué et ne subit pas de contraction.

Hablo de él. Je parle de lui.

L'ordre des pronoms compléments

Quelle que soit leur place par rapport au verbe, on place **toujours le pronom COI sans préposition devant le pronom COD.**

Te lo dice. Il te le dit.
COI/COD/verbe

Quiere decírtelo. Il veut te le dire.
Verbe/COI/COD

Attention ! Lorsque deux pronoms de la 3e personne se suivent, le pronom COI *le* ou *les* devient *se.*

Se lo digo. Je le lui dis.

Se lo dices. Tu le leur dis.

L'enclise

Les **pronoms compléments** sans préposition sont **obligatoirement soudés au verbe** aux trois formes verbales suivantes : l'infinitif, le gérondif et l'impératif affirmatif.

Quiere contármelo. Il veut me le raconter.

Está contándomelo. Il est en train de me le raconter.

Cuéntamelo. Raconte-le-moi.

COD	COI	réfléchi
me	*me*	
te	*te*	
lo	*le*	*se*
la	*le*	*se*
nos	*nos*	
os	*os*	
los	*les*	*se*
las	*les*	*se*

SAVOIR FAIRE Traduire le « vous » français

1. Le vouvoiement de politesse

Pour vouvoyer, l'espagnol utilise la **3e personne du singulier** si l'on ne s'adresse qu'à **une personne** et la **3e personne du pluriel** si l'on s'adresse à plusieurs personnes.

Pase Señor. Entrez Monsieur.

Pasen Señoras. Entrez Mesdames.

Il faut utiliser les pronoms personnels et les possessifs correspondant à la 3e personne.

***Le** digo la verdad.* Je **vous** dis la vérité.

2. Le tutoiement collectif

On utilise *vosotros/as* pour parler à un groupe que l'on tutoie, comme par exemple une institutrice qui parle à ses élèves.

Hoy, (vosotros) no estáis atentos. Aujourd'hui, vous n'êtes pas attentifs.

1 **Complétez chaque phrase avec le pronom sujet correct en suivant l'exemple.**

Exemple : ... no hablas. → Tú no hablas.

a. .... no como pan.

b. .... los españoles cenamos tarde.

c. .... los alemanes cenáis temprano.

d. .... nunca dices la verdad.

2 **Transformez chaque phrase à la forme de politesse (vouvoiement).**

a. Te doy flores.

b. Te escribo una carta.

c. Os devuelvo el libro.

d. Te llamo mañana por teléfono.

3 **Remplacez le mot entre parenthèses par un pronom COI ou COD. Faites les transformations nécessaires.**

Exemple : Aprovechas (la ocasión). → La aprovechas.

a. Utilizan (el teléfono).

b. Explica (los problemas).

c. Recuerda (las vacaciones).

d. Veo (a mi profesor).

e. Acogen (a los turistas).

f. Mandas una carta (a Antonio).

g. Dicta un texto (a los alumnos).

h. Dice la verdad (a sus padres).

4 **Remplacez les mots entre parenthèses par les pronoms COI et COD adéquats.**

a. Mandas (un telegrama) (a Antonio).

b. Ofrece (flores) (a su madre).

c. Explica (los problemas) (a sus amigos).

d. Presta (el coche) (a sus padres).

e. Muestra (las fotos) (a sus amigas).

5 **Transformez en suivant l'exemple.**

Exemple : Te lo dice. → Quiere decírtelo.

a. Me lo cuenta.

b. Te los compra.

c. Nos la dan.

d. Se lo promete.

e. Me las devuelve

6 **Transformez la phrase comme dans l'exemple.**

Exemple : ¿Me compras el libro? → Ya te lo he comprado. (Je te l'ai déjà acheté.)

a. ¿Me das el diccionario?

b. ¿Me cuentas la historia?

c. ¿Nos enseñas la foto?

d. ¿Nos lees la carta?

e. ¿Me muestras el cartel?

7 **Don Quichotte (Don Quijote) et Sancho Panza sont deux personnages créés par Miguel de Cervantes en 1605. Don Quichotte veut vivre des aventures comme dans les livres de chevalerie qu'il a lus. Traduisez le passage suivant.**

Sancho accompagne Don Quichotte. Il l'avertit des dangers, il les lui montre, il lui donne de bons conseils. Il veut le protéger. Mais Don Quichotte ne l'écoute pas, il croit que ses visions sont la vérité, il les décrit à Sancho.

Vocabulaire
avertir : *avisar*
montrer : *mostrar*
protéger : *proteger*
écouter quelqu'un : *hacerle caso a una persona*
le conseil : *el consejo*
la vision : *la visión*

8 **Relie chaque phrase à la bonne réponse.**

a. Su madre le llamó ayer.
b. Os pido silencio.
c. Quiero verle inmediatamente.
d. Les daré mi número.
e. Me has dicho la verdad.
f. No se preocupe.
g. ¿Me necesita para algo?

1. Tutoiement individuel
2. Tutoiement collectif
3. Vouvoiement individuel
4. Vouvoiement collectif

ESPAGNOL

3 Les possessifs et les démonstratifs

SAVOIR

Les possessifs

Les déterminants possessifs s'accordent en genre et en nombre avec le nom qu'ils déterminent.

nuestro hijo, nuestra hija, nuestros hijos, nuestras hijas

Il existe des déterminants possessifs que l'on place **devant le nom** :

Es tu amiga.
C'est ton amie.

et ceux que l'on place **après le nom** :

Es una amiga tuya.
C'est une amie à toi.

pronom sujet	possessif devant le nom	possessif après le nom
yo	*mi*	*mío, a, os, as*
nosotros	*nuestro, a, os, as*	*nuestro, a, os, as*
tú	*tu*	*tuyo, a, os, as*
vosotros	*vuestro, a, os, as*	*vuestro, a, os, as*
él, ella, usted	*su*	*suyo, a, os, as*
ellos, ellas, usted	*su*	*suyo, a, os, as*

Attention ! *Su libro* peut se traduire par :
« son livre » (*el libro de él/ella*),
« leur livre » (*el libro de ellos/ellas*),
« votre livre » (*el libro de Usted*).

Les **pronoms possessifs** sont formés à l'aide d'un **article suivi du déterminant possessif** placé après le nom.

No tengo bicicleta, ¿me prestas la tuya?
Tu me prêtes la tienne ?

Les démonstratifs

Les déterminants démonstratifs sont choisis selon **l'éloignement dans le temps, dans l'espace ou par rapport au contexte**. Ils s'accordent en genre et en nombre avec le nom qu'ils déterminent.

proche	*aquí* (ici) *ahora* (maintenant)	*este, esta, estos, estas*
position intermédiaire	*ahí* (là)	*ese, esa, esos, esas*
éloigné	*allá, allí* (là-bas) *entonces* (alors)	*aquel, aquella, aquellos, aquellas*

Par exemple : *Toma **este** telemando que está **aquí**.*
Prends la télécommande qui est ici (près de moi).

Les pronoms démonstratifs ont la même forme que les déterminants démonstratifs auxquels il faut rajouter un accent écrit.

Quiero este libro. Je veux ce livre. → *Quiero éste.* Je veux celui-ci.

Il existe trois **pronoms démonstratifs neutres** : ***esto*** (ceci), ***eso, aquello*** (cela). On les utilise lorsqu'on désigne quelque chose de précis.

Eso es una tontería. Ce que tu fais là est une bêtise.

À noter : **pour traduire « ce que + sujet + verbe »**, on utilise l'article neutre ***lo*** devant le relatif ***que***.

Lo que dice es verdad. Ce qu'il dit est la vérité.

L'article neutre *lo* peut aussi avoir le sens de « ce qui est ».

Lo importante. Ce qui est important.

SAVOIR FAIRE — Traduire « celui de », « celle de » et « celui qui/que », « celle qui/que »

Le pronom démonstratif français se traduit en espagnol par l'article défini correspondant.

celui de ton frère → *el de tu hermano*
celle qui parle → *la que habla*
ceux que nous avons vus → *los que vimos*

1 Remplacez le nom précédé d'un déterminant possessif par un pronom possessif, comme dans l'exemple.

Exemple : Es mi libro. → Es el mío.

a. Es su coche.

b. Son vuestros cuadernos.

c. Son tus juguetes.

d. Es su problema.

e. Es tu bicicleta.

f. Es mi casa y no la de Juan.

g. Son tus plumas y no las de Miguel.

2 Complétez les phrases avec un déterminant ou un pronom démonstratif.

a. … paquete es para tí, te lo doy.

b. No tomes … bicicleta, la tuya es … , allí, contra el muro.

c. Hace mucho tiempo tuve un accidente, … día descubrí el dolor.

d. Era joven, en … tiempos, se pasaba la noche bailando.

3 Transformez comme dans l'exemple.

Exemple : Esta casa es la mía. Cette maison, c'est la mienne.
→ Mi casa es ésta. Ma maison, c'est celle-ci.

a. Estos cuadernos son los míos.

b. Ese libro es el tuyo.

c. Esa televisión es la suya.

d. Aquel ordenador es el suyo.

e. Aquellas fotos son las vuestras.

4 Complétez avec *el que, la que, los que, las que, lo que*.

a. Hay muchas niñas: … ves vestida de princesa mora es mi hija.

b. Deja la puerta abierta para … quieran irse.

c. Va a visitar La Alhambra con … que le acompañe.

d. … ves es un palacio árabe.

e. Han escrito todas mis amigas excepto … no estaban presentes.

f. … están hablando, son alumnos del instituto.

g. ¿Ves a los señores? … está a la derecha es mi profesor.

5 Remplacez les mots soulignés par l'article neutre *lo*. N'oubliez pas de faire les accords nécessaires.

a. Pablo cuenta a su madre <u>las cosas</u> que sabe sobre Andalucía.

b. Comprender es <u>la cosa</u> más importante.

c. <u>La</u> mejor <u>cosa</u> es conocer el pasado.

d. Siempre me dice <u>las</u> mismas <u>cosas</u>.

e. No te procupes por <u>las cosas</u> dichas por Eduardo.

f. Te ha dicho <u>todas las cosas</u> que sabía.

g. Aquí ves <u>las cosas</u> que me sorprenden.

6 Traduisez le passage suivant.

Al-Andalus

Ce qui me semble extraordinaire, c'est qu'à cette époque les trois religions cohabitaient. Ceux qui le désiraient pratiquaient la leur. Chacun respectait ce que croyait l'autre. Ceci favorisait une vie culturelle riche. Les savants parlaient de leurs découvertes et leurs livres étaient traduits. Cette région a été un pont entre l'Orient et l'Occident. Nous pouvons encore voir une trace de cet art de vivre dans les palais et leurs magnifiques jardins.

Vocabulaire

à cette époque lointaine : *en aquel entonces*
c'est-à-dire : *esto es*
malgré cela : *con esto*
c'est cela : *eso es*
il a un don : *tiene un aquel*
vers 9 heures : *a eso de las 9*

Quelques verbes

cohabiter : *convivir*
désirer : *desear*
pratiquer : *practicar*
respecter : *respetar*
favoriser : *favorecer*
chacun : *cada uno*
le palais : *el palacio*
le jardin : *el jardín*
la trace : *la huella*
la découverte : *el hallazgo*
le pont : *el puente*
le savant : *el sabio*
étaient traduits : *eran traducidos*
a été : *fue*

4 Le présent de l'indicatif et le passé composé

SAVOIR

Le présent de l'indicatif

- Il a **trois conjugaisons régulières** :

  verbes en *-ar* → radical + *o, as, a, amos, áis, an*

  verbes en *-er* → radical + *o, es, e, emos, éis, en*

  verbes en *-ir* → radical + *o, es, e, imos, ís, en*

- Certains verbes **diphtonguent** (le *o* accentué devient *ue* et le *e* accentué devient *ie*) aux trois personnes du singulier et à la 3e du pluriel.

  contar → *cuento, cuentas, cuenta, contamos, contáis, cuentan*

  perder → *pierdo, pierdes, pierde, perdemos, perdéis, pierden*

- Certains verbes **s'affaiblissent** (*e* accentué devient *i*) aux trois personnes du singulier et à la 3e du pluriel.

  pedir → *pido, pides, pide, pedimos, pedís, piden*

- Les **verbes en *-acer, -ecer, -ocer, -ucir*** introduisent un *z* à la 1re personne du singulier. Les autres personnes ont une forme régulière.

  conocer → *conozco, conoces, conoce, conocemos, conocéis, conocen*

- Les **verbes en *-uir*** transforment *i* en *y* à certaines personnes.

  construir → *construyo, construyes, construye, construimos, construís, construyen*

- **Quelques verbes irréguliers**

  estar → *estoy, estás, está, estamos, estáis, están*

  hacer → *hago, haces, hace, hacemos, hacéis, hacen*

  ser → *soy, eres, es, somos, sois, son*

  tener → *tengo, tienes, tiene, tenemos, tenéis, tienen*

  decir → *digo, dices, dice, decimos, decís, dicen*

  ir → *voy, vas, va, vamos, váis, van*

  venir → *vengo, vienes, viene, venimos, venís, vienen*

  saber → *sé, sabes, sabe, sabemos, sabéis, saben*

Le passé composé

- Il exprime une action dont les **conséquences sur le présent** sont encore **perceptibles**.
- Pour le construire : l'auxiliaire ***haber* conjugué au présent (*he, has, ha, hemos, habéis, han*) + participe passé.**

Pour former le **participe passé :**

  Verbes en *-ar* → radical + *ado*

  Verbes en *-er* et en *-ir* → radical + *ido*

Il y a quelques participes passés irréguliers :

decir → *dicho,*

hacer → *hecho,*

escribir → *escrito,*

poner → *puesto,*

ver → *visto,*

abrir → *abierto…*

Le participe passé est invariable et ne doit jamais être séparé de l'auxiliaire.

  Me lo ha repetido siempre. Il me l'a toujours répété.

- En français, le verbe « être » peut servir soit à construire un passé composé soit à exprimer un passif. **En espagnol, on n'utilise jamais *ser* ou *estar* pour former le passé composé.**

  Las chicas ***han llegado***. (passé composé : les filles sont arrivées)

  Las chicas ***son mojadas*** *por la lluvia.* (voix passive : les filles sont mouillées par la pluie)

SAVOIR FAIRE Construire une forme négative

La négation *no* se place **entre le sujet et le verbe**, et **devant les pronoms compléments** s'il y en a.

  No me lo dice. Il ne me le dit pas.

Si une expression négative se trouve devant le verbe comme *nunca, nadie, ninguno, nada, tampoco…* **on doit supprimer la négation *no*.** Ainsi « il ne me le dit jamais » peut se traduire par *no me lo dice nunca* ou par *nunca me lo dice.*

S'ENTRAÎNER

1 Mettez les verbes entre parenthèses au présent de l'indicatif à la personne indiquée. Les verbes sont réguliers.

a. Tú (leer) el periódico.
b. Yo (aprender) las palabras.
c. Ellos (coger) un taxi.
d. Vosotros (escribir) una carta.
e. Usted (levantarse) a las ocho.

2 Mettez la phrase au singulier. Les verbes diphtonguent.

a. Pensáis en ellos.
b. Entendemos el inglés.
c. Se despiertan a las siete.
d. Soñamos con las vacaciones.
e. Contáis la historia.
f. Ustedes se acuestan tarde.

3 Choisissez la forme correcte du verbe conjugué. Les verbes s'affaiblissent.

a. La madre viste ☐ veste ☐ a la niña.
b. Tú corriges ☐ corregis ☐ el ejercicio.
c. Nosotros siguemos ☐ seguimos ☐ leyendo.
d. Los niños sonríen ☐ sonren ☐.
e. Yo me despedo ☐ despido ☐ de mi amiga.

4 Complétez le tableau.

Présent indicatif	Infinitif	Participe passé	Passé composé
(él) lee	leer	leído	ha leído
(nosotros) dormimos	dormir		
(Ustedes)	quedarse		
(tú) te acuestas	acostarse		
(yo)	ir	ido	
(ellos) concluyen		concluido	
(Usted) ríe	reír		
(vosotros)			habéis escrito
(nosotros) vemos		visto	
(yo)	decir	dicho	

5 Mettez les verbes entre parenthèses à la forme correcte.

Armando (ser) un muchacho corriente: (llevar) vaqueros y (leer) historietas. Cuando (venir) del instituto, (quitarse) los zapatos (mover) los pies y (encender) el ordenador. Cuando (llamarle) los amigos, (reirse) mucho con ellos. (dormirse) tarde y por la mañana, (despertarle) su madre.

6 Traduisez le passage suivant.

À Buenos Aires, capitale de l'Argentine

Je ne t'ai encore rien raconté. Cette semaine, je suis allé à Buenos Aires. J'ai visité le port sur le Río de la Plata. Paloma est venue aussi, nous avons beaucoup marché pour visiter, nous nous sommes reposés dans des bars et nous avons écouté des tangos.
Nous ne nous sommes jamais ennuyés.

Vocabulaire
se reposer : *descansar*
s'ennuyer : *aburrirse*
no sólo ... sino también : non seulement ... mais aussi
ya no ... : ne ... plus
no ... más que (pour une quantité)
ex : *no bebo más que agua* (je ne bois que de l'eau)
no ... sino (ne ... que pour une manière)
ex : *no lo conseguirá sino estudiando* (il ne réussira qu'en étudiant)

ESPAGNOL

5 *Ser/estar* Les périphrases verbales

SAVOIR

Employer *ser* et *estar*

Pour traduire le verbe « être », on choisit entre *ser* ou *estar*.

Devant un nom, un pronom, un nombre, un infinitif Devant les expressions qui indiquent l'origine, l'appartenance, la matière	Toujours *ser*
Devant un complément de lieu ou de temps Devant un gérondif	Toujours *estar*
Devant un participe passé	*ser* : passif *estar* : résultat de l'action
Devant un adjectif	*ser* : caractéristique essentielle *estar* : état lié aux circonstances

Il existe quelques exceptions à ces règles. Par exemple, on peut dire *ser feliz* et *estar feliz*.

Un **même adjectif peut changer de sens** suivant qu'il est employé avec *ser* ou *estar* :

ser bueno (être bon)/ *estar bueno* (être en bonne santé)

ser malo (être méchant)/ *estar malo* (être malade)

ser listo (être intelligent)/ *estar listo* (être prêt)

ser rico (être riche)/ *estar rico* (être délicieux)

Les périphrases verbales

Elles permettent d'exprimer différents aspects d'une action.

Avec l'infinitif :

– **une action future :** ***ir a***

Va a venir. Il va venir.

– **le début d'une action :** ***empezar a, comenzar a, ponerse a***

Empieza a gritar. Il se met à crier.

– **une action qui vient de se terminer :** ***acabar de***

Acaba de llegar. Il vient d'arriver.

– **la réitération d'une action :** ***volver a***

Vuelve a leer su libro. Il relit son livre.

Avec le gérondif :

– **« être en train de »** : *estar* + gérondif

– **« continuer à… »** : *seguir* + gérondif

Sigue leyendo. Il continue à lire.

– **« finir par »** : *acabar* + gérondif

Acaba gritando. Il finit par crier.

– **« peu à peu »** : *ir* + gérondif

El tiempo va pasando. Le temps passe peu à peu.

– **« passer son temps à »** : *pasarse el tiempo* + gérondif

Se pasa la noche llorando. Il passe la nuit à pleurer.

– **« ça fait… »** : *llevar* + complément de temps + gérondif

Lleva dos meses viajando. Ça fait deux mois qu'il voyage.

Attention ! Il ne faut pas oublier que **les pronoms s'attachent à la fin du verbe à l'infinitif ou au gérondif.**

Acaba de decírtelo. Il vient de te le dire.

Va diciéndotelo. Il te le dit peu à peu.

Le verbe « **devenir** » n'existe pas en espagnol et se traduit par des équivalents :

– ***Ponerse*** **+ adjectif indique un changement passager.**

Se pone rojo de vergüenza. Il devient rouge de honte.

– ***Volverse*** **indique un changement définitif et radical.**

El vino se ha vuelto vinagre. Le vin est devenu du vinaigre.

– ***Hacerse*** **indique un changement voulu.**

Se ha vuelto rico trabajando. Il est devenu riche en travaillant.

SAVOIR FAIRE Former un gérondif

Verbes en *-ar* → radical + *ando*

Verbes en *-er* et en *-ir* → radical + *iendo.* Le *i* s'écrit *y* entre deux voyelles : *leer* → *leyendo*

Attention aux verbes qui alternent comme *pedir* → *pidiendo*

S'ENTRAÎNER

1 Complétez ces phrases en choisissant entre *ser* et *estar* que vous conjuguerez au présent de l'indicatif.

a. Manuel ...un chico encantador, ... de Barcelona.

b. El puente ... de hierro.

c. Mi hermana ... en casa, ... estudiando para el examen.

d. Los alumnos ... de vacaciones, el instituto ... vacío.

e. La película ... prohibida por las autoridades.

f. La película ... prohibida : no la puedes ver.

g. Esta señora ... siempre elegante.

h. Por primera vez, hoy, Lolita ... elegante.

2 Transformez les phrases en utilisant le gérondif comme dans l'exemple.

Exemple : Limpia la casa y al mismo tiempo canta.
→ Limpia la casa cantando.

a. Llega a casa y al mismo tiempo corre.

b. Baja la cabeza y al mismo tiempo se queda callado.

c. A Pedro le gusta fumar y al mismo tiempo leer el periódico.

d. Llora y al mismo tiempo le cuenta lo que ha pasado.

e. Abre el regalo y al mismo tiempo sonríe

f. Grita y al mimo tiempo cae en las escaleras.

3 Remplacez les expressions soulignées par une périphrase verbale.

a. El chico <u>llama de nuevo</u> a su madre.

b. <u>Poco a poco</u>, el anciano <u>sube</u> las escaleras.

c. Lo <u>descubro poco a poco.</u>

d. <u>Todo el día, está</u> estudiando.

e. <u>Toda la tarde, nos llama</u> por teléfono.

f. Recitas la lección <u>otra vez</u>.

g. <u>Otra vez</u> te pido permiso para salir.

4 Complétez avec le verbe qui convient pour exprimer l'idée de « devenir ».

a. Lola... pálida de miedo.

b. Este joven ... un hombre hecho y derecho.

c. Mi abuela... vieja.

d. Al leer tu carta, los padres ... contentos.

e. Al llegar a la finca, la carretera ... un camino de tierra.

f. (yo) ... muy elegante para ir a bailar.

g. Manuela ... una mujer muy elegante.

5 Construisez une phrase avec l'expression entre parenthèses :

Exemple : Leo un libro. (acabar de)
→ Acabo de leer un libro.

a. Dices lo que sabes. (acabar de)

b. Hago los ejercicios. (ponerse a)

c. Estudian la química. (empezar a)

d. Come mucho. (seguir)

e. Vivimos dos años en Madrid. (llevar)

6 Traduisez le passage suivant.

La découverte de l'Amérique (1492)

Rodrigo de Triana vient de crier « terre ». Le bateau de Colomb s'approche petit à petit d'une île. Cela fait plus de deux mois qu'il voyage. Il est heureux d'arriver. Il finit par descendre à terre et il est très surpris parce que le peuple de l'île est accueillant et différent de tout ce qu'il connaît.

Vocabulaire
s'approcher de : *acercarse a*
descendre à terre : *desembarcar*
l'île : *la isla*
Colomb : *Colón*
le peuple : *el pueblo*
surpris : *sorprendido*
accueillant : *acogedor*

6 Formuler des projets et des désirs : indicatif futur et subjonctif présent

SAVOIR

Le futur

- Il exprime un **événement à venir** mais il peut aussi évoquer une **hypothèse**.

  ¿Donde estará? peut signifier :

  Où sera-t-il ?

  Où peut-il bien être ?

- Il se forme avec **l'infinitif du verbe** suivi des terminaisons ***é, ás, á, emos, éis, án***.
- Les verbes irréguliers **subissent une transformation de l'infinitif**. Sont irréguliers les verbes suivants et leurs composés : *decir (diré), hacer (haré), haber (habré), poder (podré), poner (pondré), querer (querré), saber (sabré), salir (saldré), tener (tendré), venir (vendré).*

Pour **conjuguer l'expression *hay*** (il y a), on emploie les formes du verbe *haber* : *habrá* (il y aura).

Le subjonctif présent

- Il sert à exprimer des **actions éventuelles, non réalisées ou subjectives**. Il se forme à partir du radical du verbe.

  verbes en *-ar* : radical + *e, es, e, emos, éis, en*

  verbes en *-er* et *-ir* : radical + *a, as, a, amos, áis, an*

- Les verbes qui **diphtonguent** le font aux **trois personnes du singulier et à la 3e du pluriel** (ex : *contar, perder).*
- Les verbes qui **s'affaiblissent** le font à **toutes les personnes** (ex : *pedir* → *p**i**da, p**i**das, p**i**da, p**i**damos, p**i**dáis, p**i**dan).*
- Certains verbes **diphtonguent ET s'affaiblissent**, on dit qu'ils alternent (ex : *sentir* → *s**ie**nta, s**ie**ntas, s**ie**nta, s**i**ntamos, s**i**ntáis, s**ie**ntan).*
- Pour les **verbes irréguliers** et leurs composés, on retrouve à toutes les personnes du subjonctif présent l'irrégularité de la 1re personne de l'indicatif présent :

  conocer → *conozca…*, *decir* → *diga…*, etc.
  sauf six verbes :

  ir → *vaya…*, *haber* → *haya…*, *saber* → *sepa…*, *ser* → *sea…*, *dar* → *dé…*, *estar* → *esté…*

SAVOIR FAIRE — Indicatif ou subjonctif dans les subordonnées ?

Une proposition subordonnée (c'est-à-dire introduite par une conjonction de subordination : *que, como…*) peut être à l'indicatif ou au subjonctif.

On choisit **l'indicatif** si on signale un **fait réel**. *Me parece que el niño está despierto.* Il me semble que l'enfant est réveillé. C'est un fait, pas une supposition.

On choisit le **subjonctif** quand on exprime :

1. **un but :**
   Lo explica para que lo entiendas. Il te l'explique pour que tu comprennes.
2. **une volonté, un désir, une crainte :**
   Quiero que estudies. Je veux que tu études. *Te pide que vengas.* Je te demande de venir.

La plupart des verbes construits avec « de + infinitif » en français se construisent en espagnol avec le subjonctif. *Aconseja que leas este libro.* Il te conseille de lire ce livre.

Attention ! *decir que* + subjonctif → ordre ; ex : *Dice que vengas.* Il te dit de venir.

decir que + indicatif → information ; ex : *Nos dice que vienes.* Il nous dit que tu viens.

3. **un doute :**
   No creo que esté bien. Je ne pense pas que ce soit bien.
4. **un souhait, une attente :**
   Espero que lo consigas. J'espère que tu réussiras.
5. **une restriction :**
   Sale de casa sin que le oigan. Il sort de chez lui sans qu'on l'entende.
6. **un événement futur dans une subordonnée de temps, de manière, de lieu :**
   Cuando sea mayor… (quand il sera grand),
   Haz como quieras (fais comme tu voudras)
   Vamos adonde quieras (allons où tu voudras)

Rappel :
Au subjonctif, on modifie l'écriture du radical de certains verbes afin d'en conserver le son transcrit.
Ex : verbe *sacar* → subjonctif présent : *saque*
Correspondent :
ca, co ↔ *que, qui*
ga, go ↔ *gue, gui*
za, zo ↔ *ce, ci*
ja, jo ↔ *ge, gi*

1 Indiquez l'infinitif du verbe puis mettez-le au futur à la même personne.

Exemple : Compro un libro. → verbe : comprar → Compraré un libro.

a. Lee un libro.
b. Traduces el texto.
c. Calientan el agua.
d. Vuelven a casa.
e. Corrige los ejercicios.
f. Tienen frío.
g. No dices nada.
h. Vienen a las tres.
i. Haces bien.
j. Hay mucha gente.

2 Mettez les verbes entre parenthèses au subjonctif présent.

a. Está bien que (tú, escribir) una carta.
b. Me dice que (yo, tocar) el piano.
c. Conviene que no (ellos, beber) vino.
d. Conviene que (nosotros, pagar) las facturas.
e. Te pido que (subir) a verme.
f. Espero a que (usted, coger) el tren.

3 Cochez la forme correcte.

a. Quiere que mi hija vuelve ❑ vuelva ❑ pronto.
b. Quiere que te sientas ❑ te sientes ❑ a su lado.
c. Conviene que pide ❑ pida ❑ permiso.
d. Está bien que consientan ❑ consienten ❑ en ello.

4 Exprimez tout ce que Pedro veut en utilisant les phrases suivantes.

Exemple : Sus padres le ofrecen discos.
→ Pedro quiere que sus padres le ofrezcan discos.

a. Cecilia viene a visitarle.
b. Todos se van de vacaciones.
c. Su hermano sale de casa.
d. Su madre le conduce a la playa.
e. Su amigo le da billetes para el concierto.
f. Su abuelo ya ha llegado.
g. Sus amigos le hacen un regalo.

5 Reliez les deux phrases indépendantes avec *para que* et mettez le verbe à la forme qui convient.

Exemple : El empleado escribe los horarios – los viajeros no pierden el tren
→ El empleado escribe los horarios para que los viajeros no pierdan el tren.

a. Te llamo por teléfono – sabes la verdad
b. Su amigo le presta un libro – lo lee
c. Insisto – me dices la verdad
d. Doy el abrigo a la niña – no tiene frío
e. Va de compras – hay algo de comer en casa
f. Cierra la puerta – no sale de casa
g. Le das dinero – ofrece flores a la abuela

6 Complétez le tableau.

présent de l'indicatif	présent du subjonctif	infinitif
digo	diga	decir
dicen		
traduzco		
traducís		
detengo		
detiene		
propongo		
proponéis		

7 Traduisez les phrases suivantes en espagnol.

a. Il conseille aux élèves de travailler.
b. Il nous dit de sortir.
c. Vous leur conseillez d'écrire.
d. Ils t'ordonnent de parler.
e. Elle ne croit pas que tu viendras.
f. Quand nous nous verrons, je te raconterai tout.

7 Exprimer des sentiments

SAVOIR

Les verbes comme *gustar*

- De nombreux **verbes** et **expressions exprimant des sentiments se construisent comme le verbe *gustar*.** La langue espagnole considère qu'une réalité extérieure provoque une réaction chez l'individu. La réalité extérieure est le sujet du verbe, l'individu est complément indirect.

No le gustan las peleas. Les disputes ne lui plaisent pas. → Il n'aime pas les disputes.

- **Si l'on veut insister** ou préciser qui est la personne, on le fait en début de phrase.

A Pedro, no le gustan las peleas. Pedro n'aime pas les disputes.

A él, no le gustan las peleas. Lui, il n'aime pas les disputes.

- Lorsque le sujet d'un verbe de sentiment est un infinitif, le verbe se met à la 3e personne du singulier.

Me apetece comer. J'ai envie de manger.

- Lorsque le sujet du verbe est une proposition complétive, le verbe de celle-ci est au subjonctif.

A Luisa, le agrada que vengas. Luisa est contente que tu viennes.

- **Quelques verbes qui se construisent comme *gustar* :**

Apetecer (avoir envie), *agradar* (plaire), *costar* (avoir du mal à), *pesar* (regretter), *doler* (avoir mal à), *ocurrirse* (avoir l'idée de), *enfadar* (mettre en colère), *encantar* (enchanter), *desesperar* (désespérer), *sorprender* (surprendre), etc.

Ces verbes se conjuguent à tous les temps.

No me apetecía comer. Je n'avais pas envie de manger.

Le gustaría venir. Il aimerait venir.

Les adverbes de manière

- Ils donnent des indications sur l'état d'esprit du sujet. Ils se forment avec **l'adjectif qualificatif féminin singulier + le suffixe *-mente*.**

lentamente, libremente, fácilmente

- Lorsque plusieurs adverbes se suivent, on ne répète pas le suffixe *–mente*. Les premiers ont alors la forme de l'adjectif féminin singulier.

Habla lenta y claramente. Il parle lentement et clairement.

Les quantitatifs

- Ils peuvent donner une indication sur la force du sentiment qui anime le sujet.

Ce sont les mots suivants : ***poco* (peu), *bastante* (assez), *mucho* (beaucoup), *demasiado* (trop), *tanto* (autant), *cuanto* (combien).**

- Ils peuvent être employés comme **adverbe** et sont alors **invariables.**

Le gusta mucho la música. Il aime beaucoup la musique.

- Ils peuvent être employés comme **adjectifs**, ils **s'accordent** alors en genre et en nombre. Lorsqu'on les traduit en français, ils sont suivis de la préposition « de ».

Escucha mucha música. Il écoute beaucoup de musique.

SAVOIR FAIRE Les expressions avec *dar*

Pour traduire « **ça me fait** » ou « **j'ai** » suivi d'un nom exprimant un sentiment, on utilise en espagnol le verbe ***dar*** suivi d'un nom exprimant un sentiment :

dar pena (faire de la peine)
dar lástima (faire pitié)
dar miedo (faire peur)
dar vergüenza (faire honte)
dar risa (faire rire)
dar tristeza, dar alegría etc.
Me da vergüenza ser el último.
Être le dernier me fait honte. → J'ai honte d'être le dernier.
Me da pena que no puedas venir.
Ça me fait de la peine que tu ne puisses pas venir. → J'ai de la peine que tu ne puisses pas venir.

1 Complétez le tableau suivant.

Adjectif	Adverbe
autoritario	
regular	
feliz	
alegre	
	hábilmente
cortés	
	constantemente

2 Remplacez les compléments de manière soulignés par un adverbe de manière en *-mente*.

a. Habla con tranquilidad.
b. Entra en la tienda con rapidez.
c. La saluda con cortesía y amabilidad.
d. Le escribe con regularidad y constancia.
e. Encuentra con facilidad la dirección.
f. Lo repite con claridad y lentitud.

3 Mettez le quantitatif entre parenthèses à la forme correcte.

a. Tiene (mucho) deberes.
b. Le quedan (poco) cosas por hacer.
c. No gana (bastante) para comprarse una casa.
d. Tiene (tanto) amigas que no las puede ver todas.
e. ¿(Cuánto) años tienes?
f. Le gustan (tanto) los discos que no deja de escucharlos.
g. Viene muy (poco) gente.

4 Reliez les expressions qui ont un sens similaire.

Le da vergüenza •	• Le asusta (ça lui fait peur)
Le da dolor •	• Le alegra
Le da alegría •	• Le agrada
Le da gusto •	• Le enfada (ça le met en colère)
Le da rabia •	• Le duele
Le da miedo •	• Le avergüenza

5 Transformez les phrases selon le modèle.

a. Está avergonzado porque su hijo no nos saluda.
→ Le avergüenza que su hijo no nos salude.
b. Está sorprendido porque Pedro viene.
c. Está desesperado porque tenemos que esperar mucho.
d. Está enfadado porque su hijo no le llama.
e. Está encantado porque sus amigos llegan mañana.
f. Está triste porque no le has felicitado.
g. Está alegre porque hoy es su cumpleaños.

6 Complétez le tableau à l'aide des mots suivants : *le agrada – le da risa – le da rabia – le da un susto – le da vergüenza – con miedo – furiosamente – con gusto – alegremente – vergonzosamente.*

Action	Verbe de sentiment	Compl. ou adv. de manière
llora	le duele	dolorosamente
sonríe		
se sobresalta (il sursaute)		
ríe		
se esconde (il se cache)		
grita		

7 Traduisez en utilisant une locution verbale composée du verbe *dar* + un nom.

a. Il a honte de son travail.
b. Nous avons peur de la nuit.
c. Ça les fait rire.
d. Ça leur fait de la peine que tu sois malade.
e. Il a très envie d'aller au restaurant.

8 Les formes impersonnelles : l'obligation et la traduction de « on »

SAVOIR

Les formes impersonnelles

- Il existe comme en français de nombreuses expressions impersonnelles. En voici quelques-unes : ***hace falta*** (il faut), ***parece mentira*** (c'est incroyable), ***ocurre*** (il arrive), ***conviene*** (il convient), ***parece*** (il semble), ***basta*** (il suffit) et des expressions formées avec le verbe ***ser*** **+ adjectif :** *es útil* (il est utile), *es necesario* (il est nécessaire), *es importante* (il est important)…
- Ces expressions sont **suivies** :

– soit directement d'un **infinitif**. *Es importante estudiar.*

– soit d'une **proposition au subjonctif**. *Es importante que estudies.*

Attention ! Lorsqu'on exprime l'heure, contrairement au français, on n'utilise pas de forme impersonnelle. *Son las tres.* Il est trois heures.

Pour parler du temps et de la météo, on utilise le verbe *hacer.*

Hace mucho sol. Il fait très beau.

Hace tres días. Il y a trois jours.

- L'obligation impersonnelle est l'obligation sans sujet énoncé (Il faut travailler). Pour la traduire, on utilise l'une des formes suivantes suivies de l'infinitif :

Hay que
Hay que identificar este nombre.

Es preciso
Es preciso decir la verdad.

Es menester
Es menester reducir las desigualdades.

Hace falta
Hace falta trabajar. Il faut travailler.

On peut conjuguer ces expressions à tous les temps. *Había que trabajar.* Il fallait travailler.

Attention ! Lorsque **l'obligation s'adresse à une personne** (Il faut que tu travailles.), c'est l'obligation personnelle.

On peut utiliser ***tener que*** **+ infinitif** (*Tienes que trabajar.*) ou les formes ***es preciso que, es menester que, hace falta que*** **suivies d'un subjonctif** (*Hace falta que trabajes.*). Le verbe **deber** s'utilise lorsqu'il s'agit d'un devoir moral (*los hijos deben respetar a sus padres*).

Attention ! Ne pas confondre l'expression de l'obligation (Il doit venir. → *Tiene que venir.*) avec la formulation d'une hypothèse. Il doit être cinq heures. → *Serán las cinco,* futur hypothétique.

- Pour formuler un **ordre**, on utilise l'impératif affirmatif qui n'a que deux personnes spécifiques : la 2ᵉ du singulier et du pluriel.

Verbes en *-ar* → radical + a, ad,

verbes en *-er* → radical + e, ed,

verbes en *-ir* → radical + e, id.

Pour les autres personnes, on a recours aux formes du subjonctif présent. L'enclise est obligatoire à l'impératif affirmatif. *Explicamelo.* Explique-le-moi.

- Pour formuler une **défense**, ou impératif négatif, on utilise à toutes les personnes les formes du subjonctif présent. *No me lo explique.*

SAVOIR FAIRE — Traduire le pronom « on »

1. *se* + 3ᵉ personne.

C'est la forme la plus courante. Elle évoque un fait général ou habituel.

Se empieza a las tres. On commence à trois heures. *Se prestan libros.* On prête des livres.

Attention ! Le verbe s'accorde avec le complément qui représente des objets ou des personnes indéterminés.

Mais si le complément représente des personnes déterminées, on l'introduit par la préposition *a* et le verbe reste à la 3ᵉ personne du singulier.

Se ve a los alumnos. On voit les élèves.

2. 3ᵉ personne du pluriel (Quand le sujet sous-entendu est « les gens »)

Dicen… On dit…

3. 1ʳᵉ personne du pluriel (sujet sous-entendu : nous)

Estamos de vacaciones. On est en vacances.

4. *uno, una* (sujet sous-entendu : je)

A mi edad, uno es todavía joven. À mon âge, on est encore jeune.

S'ENTRAÎNER

1 Construisez les phrases avec les tournures impersonnelles données.

Exemple : viajar a Madrid – es agradable
→ Es agradable viajar a Madrid.

a. vienes a verme – es importante.
b. decir la verdad – conviene
c. llaman al médico – es urgente
d. mirar la hora – basta
e. llegamos a la hora – es mejor
f. no has terminado – está mal
g. no lo sabes – parece mentira
h. estudiar cada día – es mejor

2 Transformez les recommandations du père à son enfant en recommandations générales.

a. Tienes que levantarte a las siete. → Hay que…
b. Tienes que coger al autobús de las ocho.
c. Es preciso que escuches en clase.
d. Es preciso que hagas los ejercicios.
e. Hace falta que vuelvas rápido.
f. Hace falta que aprendas las lecciones.
g. Es necesario que te acuestes temprano y que duermas bien.

3 Utilisez la tournure de l'obligation personnelle pour construire une phrase comme dans l'exemple.

Exemple : Isabel – comprar su billete.
→ Isabel tiene que comprar su billete.

a. Los turistas – visitar Madrid
b. El guía – acompañarles al museo del Prado
d. Manuel – ir de tapeo con el guía
d. Los jóvenes – tomarse una copa en la Plaza Mayor
e. Todos – pasear por El Retiro
f. Isabel y Manuel – pasear por la Gran Vía.

4 Traduisez en utilisant différentes traductions de « on ».

a. On est en vacances jusqu'à la semaine prochaine.
b. On nous a indiqué cet hôtel.
c. On nous a bien accueillis dans cet hôtel.
d. On prépare les chambres.
e. Au restaurant, on mange bien.
f. À mon âge, on va dans un hôtel confortable et on aime manger au restaurant.
g. On a beaucoup aimé ces vacances.

5 Complétez le tableau :

obligation personnelle	ordre	défense
Tienes que leer la carta.	Lee la carta.	No leas la carta.
Tienes que hablar con Pepe.		
Tenéis que mirar la tele.		
Tienes que comer todo.		
Tenéis que escribir más.		
Tienes que quedarte callado.		
Tenéis que venir.		

6 Traduisez le passage suivant.

Assister à une corrida

On entre dans l'arène et on entend la foule qui crie. Il fait chaud et il vaut mieux s'installer à l'ombre. Le toréador entre, il doit porter son « habit de lumière ». Il traverse l'arène et il faut que tous le voient. On l'admire. Il doit combattre le taureau et il doit risquer sa vie. Puis, à la fin, il est face au taureau et il faut qu'il le tue. On acclame le toréador et on lui lance des fleurs.

Vocabulaire :
combattre : *lidiar*, tuer : *matar*, risquer sa vie : *jugarse la vida*, l'arène : *la plaza de toros*, la foule : *la multitud*, l'ombre : *la sombra*, le taureau : *el toro*, le toréador : *el torero*, « l'habit de lumière » : *el traje de luces*

9 Les principales prépositions

SAVOIR

A introduit un COD de personne ou un COI. ex : *Veo a mi hermana.*
indique le lieu où l'on va. ex : *Voy a la escuela.*
situe dans le temps et dans l'espace. ex : *Estoy a la puerta, vengo a las cuatro.*
indique une manière. ex : *Escribo a máquina.* J'écris à la machine.
Attention ! *a* + article *el* = *al* ex : *Voy al colegio.*

DE indique l'appartenance. ex : *Es el libro de Pedro.*
indique l'origine. ex : *Viene de Madrid.*
indique la matière. ex : *un reloj de oro* : une montre en or
indique une caractéristique. ex : *la chica de ojos azules* : la fille aux yeux bleus
Attention ! *de* + article *el* = *del* ex : *Vengo del colegio.*

EN indique le lieu où l'on est. ex : *Me quedo en París.* Je reste à Paris.
indique un moyen. ex : *Voy en tren.* J'y vais en train.

POR indique le lieu par où l'on passe. ex : *El tren pasa por mi pueblo.*
indique la cause. ex : *Lo hace por miedo.* Il le fait parce qu'il a peur.
indique l'instrument. ex : *Habla por teléfono.*
indique l'échange. ex : *Lo compró por 20 euros.* Il l'a acheté à 20 euros.
introduit le complément d'agent. ex : *La carta es escrita por mi abuela.*

PARA indique un but. ex : *Necesito una pluma para escribir.* J'ai besoin d'un stylo pour écrire.
indique un point de vue. ex : *para mí* : d'après moi
indique un délai. ex : *Lo quiere para la semana que viene.* Il le veut pour la semaine prochaine.
indique un destinataire. ex : *Compra el libro para Felipe.*

CON indique l'accompagnement. ex : *Voy al cine con mis amigos.*
indique le moyen ou la manière de faire. ex : *Come con las manos.*
Attention ! *con* + *mi* = *conmigo*, *con* + *ti* = *contigo*, *con* + *si* = *consigo*

AL équivaut à *cuando* s'il est suivi d'un infinitif. ex : *Al entrar, me saluda.* = *Cuando entra, me saluda.*

SAVOIR FAIRE Traduire « chez »

Cette préposition n'existe pas en espagnol, on emploie le mot *casa*.

Estoy en casa de Felipe. Je suis chez Felipe. *Vengo de casa de Felipe.* Je viens de chez Felipe.

Lorsqu'il s'agit du domicile du sujet du verbe, on ne précise pas.

Estoy en casa. Je suis chez moi. *Voy a casa.* Je vais chez moi.

1 **Choisissez entre les prépositions *a* ou *de*. Faites la contraction si nécessaire.**

a. Le hablo .... mis vacaciones.

b. Este libro es .... Juana.

c. Dice .... el chico que venga.

d. Veo .... mi hermana que vuelve .... el colegio.

e. Has encontrado .... Jaime. Háblame .... él.

2 **Complétez avec la préposition qui convient (*a – de – en – por – con*).**

a. Ví .... dos jóvenes que fumaban .... la calle.

b. Se acercaba .... la casa .... su amigo.

c. Antonio está .... viaje, no vendrá .... verte.

d. Es un tren .... destino .... Sevilla.

e. Terminó su trabajo .... las diez.

f. El chico .... ojos negros lleva una chaqueta .... cuero.

g. Se va .... Inglaterra .... avión.

3 **Complétez avec *por* ou *para*.**

a. Ayer .... la noche, estaba en casa.

b. Lo hace .... su familia.

c. ¿............... quién me tomas?

d. La gente anda .... el parque.

e. Vienen a Sevilla .... ver a Juana.

f. Mañana .... la mañana, me voy.

g. Te doy dinero .... ir al cine.

h. No le gusta conducir, ... eso no tiene coche.

4 **Remplacez la proposition soulignée par une préposition suivie d'un infinitif.**

a. Cuando entran en clase, los alumnos callan.

b. Sonríe cuando se levanta.

c. Cuando nos llama por teléfono, se disculpa.

d. No dice la verdad porque tiene miedo.

e. No te lo explico porque no lo sé.

f. No pueden ir a visitarte porque no están de vacaciones.

5 **Utilisez les expressions suivantes pour décrire l'illustration.**

en primer término – en el segundo término – en el fondo – a la derecha – en el centro – en lo alto – delante de – detrás de – en medio de – alrededor de – a orillas

Está representada una ceremonia. .... se ve .... la escalera que sube al altar que está .... de la pirámide. En una pared de la pirámide,..............., se ven pinturas que representan a los dioses. Dos hombres llevan ofrendas hacia el altar que está .... ellos. Hay gente que viene .... ellos. Se ve una ciudad .... Un palacio se levanta .... ella y vemos los campos cultivados .... la ciudad. .... vemos el horizonte. La ciudad se sitúa .... del mar.

6 **Traduisez le passage suivant à l'aide du vocabulaire.**

À travers les terres du Pérou

Nous sommes partis de Cuzco, ancienne capitale des Incas, et nous allons en autobus à Machu Pichu, située sur les pentes de la Cordillère des Andes. Par curiosité, j'emporte avec moi un livre que j'ai acheté à 20 pesos pour connaître les mythes des Incas. J'ai vu au musée les bijoux en or et les couteaux d'obsidienne pour les sacrifices aux dieux.

Nous allons nous arrêter chez Elena qui va nous accompagner parce qu'elle peut nous donner beaucoup d'explications.

Vocabulaire

la Cordillera de los Andes, ancien : *antiguo*, emporter : *llevar*, la pente : *la pendiente*, la curiosité : *la curiosidad*, le mythe : *el mito*, le bijou : *la joya*, le couteau : *el cuchillo*, l'obsidienne (roche volcanique) : *la obsidiana*, le sacrifice : *el sacrificio*, le dieu : *el dios*

10 S'exprimer au passé

SAVOIR

L'imparfait

C'est le **temps du récit**. Il évoque une action qui a duré ou s'est répétée.

Verbes en *-ar* → radical + *aba, abas, aba, ábamos, abais, aban*

Verbes en *-er* et en *-ir* → radical + *ía, ías, ía, íamos, íais, ían*

Trois verbes sont irréguliers : *ser* → *era, eras... ir* → *iba, ibas,... ver* → *veía, veías,...*

Le plus-que-parfait

Il se construit avec l'auxiliaire ***haber* à l'imparfait + participe passé**. Le participe passé est invariable et ne doit jamais être séparé de l'auxiliaire.

Me lo había repetido siempre. Il me l'avait toujours répété.

Le passé simple (*pretérito indefinido*)

Il évoque des **actions ponctuelles et achevées**. Il correspond souvent au passé composé français.

Ayer me caí. Hier, je suis tombé.

Verbes en *-ar* → radical + *é, aste, ó, amos, asteis, aron*

Verbes en *-er* et *-ir* → radical + *í, iste, ió, imos, isteis, ieron*

Il n'y a jamais de diphtongue, mais les verbes peuvent s'affaiblir.

Verbes irréguliers : verbes en *-ducir* → *duje*, et *andar* → *anduve, dar* → *di, decir* → *dije, estar* → *estuve, haber* → *hube, hacer* → *hice, ser et ir* → *fui, poder* → *pude, poner* → *puse, querer* → *quise, saber* → *supe, tener* → *tuve, traer* → *traje, venir* → *vine*

Le conditionnel passé

Il exprime une **éventualité**, une **incertitude dans le passé**. Il se forme avec **l'infinitif + les terminaisons de l'imparfait**.

Creía que le llamarías. Je pensais que tu l'appellerais.

On retrouve les mêmes irrégularités qu'au futur.

verbe *tener* → *tendré* (futur) → *tendría* (conditionnel)

Le subjonctif imparfait

Il s'emploie dans les phrases au passé dans les mêmes cas que le subjonctif présent.

Verbes en *-ar* → radical + *ara, aras, ara, áramos, aráis, aran*

Verbes en *-er* et en *-ir* → radical + *iera, ieras, iera, iéramos, ierais, ieran*

On retrouve au subjonctif imparfait les mêmes irrégularités qu'à la 3e personne du pluriel du passé simple.

Verbe *decir* → passé simple, 3e pers. plur. : *dijeron* → subjonctif imparfait : *dijera*

SAVOIR FAIRE La concordance des temps au passé

Voici un récapitulatif de la concordance des temps au passé :

temps de la principale en espagnol	temps de la subordonnée en espagnol	exemple	traduction
imparfait de l'indicatif	imparfait du subjonctif	*Temía que llegaras tarde a la cita.*	Il craignait que tu n'arrives en retard au rendez-vous.
passé simple de l'indicatif	imparfait du subjonctif	*Paulo me esperó como si no hubiera ocurrido.*	Paulo m'attendait comme si de rien n'était.
conditionnel présent	imparfait du subjonctif	*No habría conseguido si no me hubierado sido solo.*	Il n'aurait pas réussi si je n'avais pas été seul.
plus-que-parfait de l'indicatif	imparfait du subjonctif	*Te había dicho que le devolveria el libro.*	Il t'avait dit de lui rendre le livre.

S'ENTRAÎNER

1 Mettez les verbes au passé simple. Les verbes sont réguliers.

a. Compramos un libro.
b. Comprendo muy bien.
c. Mereces el premio.
d. Llueve mucho.
e. Pierdo el tren.

2 Mettez les verbes au passé simple. Les verbes sont irréguliers.

a. Juan se pone el abrigo.
b. Vamos a Inglaterra.
c. No podemos venir.
d. No lo saben.
e. Hay mucho ruido.
f. Andas por el parque.

3 Complétez le tableau. Certains verbes sont irréguliers.

infinitif	passé simple 1re pers. sing.	passé simple 3e pers. plur.	subjonctif imparfait 1re pers. sing.
cantar	canté	cantaron	cantara
pensar			
perder			
conducir			
tener			
ser			
estar			
decir			

4 Complétez le tableau. Les verbes sont irréguliers.

indicatif présent	**infinitif**	**futur**	**conditionnel**
digo	decir	diré	diría
hacen			
tienes			
vamos			
sabe			
venís			
salgo			
ponemos			
quieren			

5 Mettez les verbes en italique au passé.

a. Juan *va* a ver a sus amigos para que *vayan* todos juntos a la discoteca.
b. Lola nos *explica* que mañana *irá* a la universidad y *verá* a su profesor.
c. En el noticiario, *han asegurado* que *han cesado* las hostilidades, sin embargo *hay* que esperar a que lo *confirme* la prensa.
d. Pedro nos *llama* por teléfono para que lo *sepamos* y nos *pide* que no lo *repitamos*.

6 Construisez une phrase conditionnelle à partir des deux propositions indépendantes.

Exemple : Compra un coche. Tiene dinero.
→ Compraría un coche si tuviera dinero.

a. Va de excursion. Tiene una bicicleta.
b. Se va de viaje. No está enfermo.
c. Te presta el libro. Ya lo ha leído.
d. Nos invita a cenar. Vamos a su casa.
e. Te pones el abrigo. Tienes frío.
f. Se lo ha dicho. Lo sabe.

1 Parler au futur, exprimer un projet

SAVOIR

On emploie, pour exposer un projet futur, différents modes de formulation.

Le futur avec *werden*

Le futur est formé de l'auxiliaire *werden* conjugué au présent et du verbe à l'infinitif.

- **Conjugaison de *werden* au présent :**

singulier	pluriel
ich werde	wir werden
du wirst	ihr werdet
er, es, sie wird	sie, Sie werden

- L'infinitif se place à la fin de la phrase :
  Urlaub in Deutschland machen
  → *Ich werde Urlaub in Deutschland machen.*

Verbes exprimant l'intention, le projet

- ***wollen*** (vouloir)
  Ich will eine Auslandserfahrung haben.
- ***planen*** (projeter)
  Ich plane, ein Jahr im Ausland zu verbringen.
- ***etwas vor/haben*** (avoir l'intention de)
  Ich habe vor, einige Monate in Deutschland zu verbringen.
- ***sich etwas vor/nehmen*** (se proposer de faire)
  Ich nehme mir vor, andere Länder zu entdecken.
- ***sich etwas vorgenommen haben*** (avoir pris la résolution de)
  Ich habe mir vorgenommen, an dem Voltaire Programm teilzunehmen.
- ***beschlossen haben*** (avoir décidé de)
  Ich habe beschlossen, andere Sprachen zu lernen.
- ***die Absicht haben*** (avoir l'intention de)
  Ich habe die Absicht, ein Doppeldiplom zu absolvieren.
- ***Lust haben*** (avoir envie de)
  Ich habe Lust, Zeit in Deutschland zu verbringen.
- Les **verbes d'intention** se construisent fréquemment avec une subordonnée infinitive introduite par *zu*. Le verbe à l'infinitif se place à la fin de la proposition et est directement précédé de *zu*.
- Lorsque la particule du verbe est séparable, le *zu* s'intercale entre la particule et la base du verbe.
- Les verbes de modalité (*wollen*) et l'auxiliaire *werden* se construisent sans *zu*.

> On peut également utiliser ces verbes avec une négation afin d'exprimer le refus de faire quelque chose :
> *Ich habe nicht die Absicht, …*
> *Ich habe überhaupt keine Lust, …*

SAVOIR FAIRE Employer des repères temporels

- **Situer un projet dans le futur**

nächstes Jahr	l'an prochain
in ein paar Monaten	dans quelques mois
in drei Jahren	dans 3 ans
nach dem Abitur	après le bac
sobald wie möglich	dès que possible
später	plus tard
in der Zukunft	dans le futur

- **Indiquer la succession dans le temps**

zuerst	d'abord
dann	puis
danach	ensuite
schließlich	finalement
nachher	après cela
zuletzt	pour finir
später	plus tard

- **On peut intégrer les repères temporels (compléments de temps) :**

– soit en début de phrase, en première position (attention alors à la place du verbe qui reste en 2e position) :
__Nach dem Abitur__ werde ich mit Erasmus in Deutschland studieren.

– soit les intégrer dans la phrase :
Ich werde __schließlich__ ein Praktikum machen.

1 Complétez avec le verbe *werden* conjugué.

Mutter: Was .... du also nach dem Abitur machen?

Tochter: Ich .... bestimmt ein Studienjahr im Ausland machen.

Mutter: Ach was, wir .... dich dann fast nie sehen!

Tochter: Aber doch, natürlich! Ihr .... mich bestimmt vermissen, aber nicht vergessen. Außerdem .... Vati ganz sicher mit meinem Projekt einverstanden sein. Und meine Geschwister .... mich auch sehr gerne besuchen!

2 Remettez les mots dans l'ordre afin de former des phrases correctes.

a. werde / ein / machen / Ich / Doppeldiplom / .

b. nicht / sie / nächstes / nach / Deutschland / Will / Jahr / ?

c. Mein / die / einem / an / nach / Abitur / teil/nehmen / zu / Freund / Erasmusprogramm / hat / Absicht / dem / , / .

d. du / Hast / ein / verbringen / Jahr / Ausland / im / Lust / zu / ?

e. er / Österreich / schon / langer / einige / Zeit / Monate / in / zu / verbringen / plant / seit / , / .

f. vorgenommen / haben / studieren / Ausland / Wir / uns / im / zu / , / .

3 Faut-il utiliser *zu* avec les verbes suivants ? Cochez la bonne case.

	zu	~~zu~~
planen		
wollen		
Lust haben		
etwas vor/haben		
werden		
die Absicht haben		
sich vorgenommen haben		

4 Un jeune élève allemand expose ses projets d'avenir. Rédigez le texte de manière à employer une formulation différente pour chaque phrase, en intégrant les jalons chronologiques (un par phrase).

*Exemple : Ich habe **zuerst** Lust, an dem Voltaire-Programm teilzunehmen...*

a. an dem Voltaire Programm teilnehmen

b. das Abitur bestehen

c. mit dem Studium anfangen

d. ein Jahr im Ausland als Erasmusstudent verbringen

e. ein Praktikum in einer ausländischen Firma absolvieren

f. mich in England als Ingenieur bewerben

g. mehrere Jahre im Ausland verbringen

h. Mit guter beruflicher Erfahrung nach Deutschland zurückkehren

5 Répondez aux questions en utilisant l'expression indiquée.

a. Willst du an dem Voltaire-Programm teilnehmen? (*planen*)

b. Willst du später im Ausland arbeiten? (*die Absicht haben*)

c. Willst du mal in einem anderen Land studieren? (*beschlossen haben*)

d. Willst du in einem anderen Land leben? (*sich vorgenommen haben*)

e. Willst du immer nur in Frankreich leben? (*keine Lust haben*)

f. Willst du eine andere Sprache lernen? (*sich vornehmen*)

g. Willst du ein anderes Land entdecken? (*vorhaben*)

6 Traduisez en allemand les phrases suivantes.

a. Mon cousin Denis a depuis toujours envie de découvrir un autre pays.

b. Il a donc le projet de partir d'abord six mois en Allemagne avec le programme Voltaire.

c. Puis, il a l'intention de passer le baccalauréat et de commencer ensuite des études de designer.

d. Il a décidé de faire l'année suivante un stage dans une entreprise allemande.

e. Il projette de passer son diplôme aussi vite que possible.

f. Ensuite, il a pris la résolution de se porter candidat auprès d'une entreprise qui travaille avec l'étranger.

g. Il a décidé de parler plusieurs langues étrangères couramment dans quelques années.

2 Parler au passé : le parfait, le plus-que-parfait

SAVOIR

Le parfait avec *sein* ou *haben*

On emploie le parfait pour parler d'un événement terminé ainsi que pour énoncer le passé généralement dans la conversation orale. C'est un temps composé. Il s'emploie avec un auxiliaire (*sein* : être ou *haben* : avoir) et un participe passé, toujours invariable, placé en fin de proposition.

Choix de l'auxiliaire *sein*

Sein s'utilise avec les verbes intransitifs qui expriment un changement d'état, de lieu ou un mouvement, ainsi qu'avec les verbes *bleiben* et *sein*.

Ich bin in die Schule gefahren.

Ich bin zu Hause geblieben.

Choix de l'auxiliaire *haben*

On emploie l'auxiliaire *haben* avec :

- les verbes de position *stehen* (être debout), *sitzen* (être assis) :

Ich habe an der Bushaltestelle gestanden.

Du hast neben Maria gesessen.

- les verbes réfléchis :

Ich habe mich gewundert, dass du so spät kommst.

- les verbes transitifs (avec COD) :

Ich habe ***die Kinder*** *in die Schule gefahren.*

Situer dans le passé

Pour exprimer une action antérieure à un autre fait pas on utilise le plus-que-parfait
Ich bin in die Stadt gegangen.
Es hatte geregnet.

Quelques expressions courantes :

heute Morgen	ce matin
heute Mittag	à midi
heute Nachmittag	cet après-midi
heute Abend	ce soir
heute Nacht	cette nuit
gestern Morgen	hier matin
gestern Abend	hier soir
gestern Nacht	hier dans la nuit
vorgestern Abend	avant-hier soir
dieses Jahr	cette année
letzten Monat	le mois dernier
vor den Ferien	avant les vacances

Donner une date :

– ***am*** pour un jour : *Am 3. Oktober ist der Tag der deutschen Einheit wie jedes Jahr gefeiert worden.*

– ***im*** pour les mois : *Im Januar haben wir die Partnerschule besucht.*

– ***vom… bis zum*** pour l'indication d'une date à une autre :

Vom 4. bis zum 6. April hat ein Theatertreffen im Gymnasium stattgefunden.

SAVOIR FAIRE

Former le parfait et le plus-que-parfait

- **Formation du parfait**

On conjugue l'auxiliaire *sein* ou *haben* au présent et on ajoute le participe passé en fin de proposition.

Fahren (aller) : *Ich bin nach Frankfurt gefahren.*

Arbeiten (travailler) : *Ich habe den ganzen Nachmittag gearbeitet.*

- **Formation du participe passé**

– Pour les **verbes réguliers** (faibles) → **GE + radical + T**

sagen → *gesagt* *machen* → *gemacht* *fragen* → *gefragt* *spielen* → *gespielt*

– Pour les **verbes dont le radical se termine par *-d, -t, -chn, -gn, -tm*** → **GE + radical + ET**

Er hat viel geredet, es hat nicht geregnet, sie haben die Tür geöffnet.

– Pour les **verbes irréguliers** (forts) → **GE + radical + EN**

sehen → *gesehen* *tragen* → *getragen* *laufen* → *gelaufen*

– Tout comme au prétérit, **la voyelle du radical change** au participe II des verbes forts (sauf le a qui reste toujours a : *schlafen* → *geschlafen*).

bleiben → *geblieben* *singen* → *gesungen* *gehen* → *gegangen*

– Pour les **verbes mixtes** (faibles irréguliers), on ajoute le préfixe *ge-* et la terminaison *-t* au radical du verbe, mais la voyelle du radical change au participe II comme pour les verbes forts :

bringen → gebracht *kennen → gekannt* *wissen → gewusst*

– Les **verbes à préverbe non séparable** (*ge-, miss-, zer-, be-, emp-, er-, ent-, ver-*) ou à suffixe *-ieren* n'ont pas *ge-* au participe.

zerbrechen → zerbrochen *empfangen → empfangen*

verstehen → verstanden *verkaufen → verkauft* *telefonieren → telefoniert*

– Pour les **verbes à particule séparable**, le *ge* s'intercale après la particule et avant le radical :

an|rufen → angerufen

ATTENTION : les verbes de modalité forment un double infinitif : le participe passé a la même forme que l'infinitif. *Er hat zu Hause bleiben müssen.*

S'ENTRAÎNER

1 Complétez avec l'auxiliaire qui convient en le conjuguant.

a. Ich … daheim gewesen.

b. Sie … in der ersten Reihe gesessen.

c. Er … Ingenieur geworden.

d. … ihr schon angekommen?

e. Du … in der Schule geblieben.

f. Sie … sofort aufgestanden.

2 Verbes faibles : formulez la réponse selon le modèle donné.

Du sollst deine Lektion lernen! → Ich habe sie schon gelernt!

a. Du sollst deine Übung machen!

b. Du sollst heute arbeiten!

c. Du sollst es deinem Lehrer sagen!

d. Du sollst mindesten eine halbe Stunde Klavier spielen!

3 Mettez les phrases au parfait.

a. Ich telefoniere mit meiner deutschen Brieffreundin.

b. Er vergisst seine Lektion.

c. Sie verpasst den Bus.

d. Wir verstehen die Matheübung nicht.

e. Die Schüler trainieren für das Fußballturnier.

f. Sie notieren sich den neuen Stundenplan.

g. Wir organisieren ein Klassenfest.

4 Verbes forts/Verbes mixtes : complétez le texte suivant en conjuguant au parfait.

Gestern … ich spät wach … (werden). Ich … sofort … (aufstehen), und … meinen Aufsatz für den Literaturunterricht … (schreiben). Ich … auch an die Übung … (denken), die ich für heute machen sollte. Aber ich … nicht mehr … (wissen), welche das war. Später … ich … (feststellen), dass ich mein Buch nicht nach Hause … (bringen) hatte. Zum Glück … mir Daniel … (helfen): er … … (verstehen), dass es kein guter Tag für mich war und … mir sein Buch … (geben).

5 Double infinitif : posez des questions au parfait.

die Physiklektion lernen können → Hast du die Physiklektion lernen können?

a. die Arbeit mitschreiben müssen

b. mit dem Klassenlehrer sprechen wollen

c. deine Schultasche wieder finden können

d. nach Hause gehen dürfen

6 Particule séparable : formez les phrases au parfait.

Letztes Jahr – sich einen Film im Deutschunterricht an/sehen (ihr) → Ihr habt euch letztes Jahr einen Film im Deutschunterricht angesehen.

a. Die Tür – auf/machen (ich)

b. Den Lehrern – aufmerksam zu/hören (sie)

c. Die Sportsachen – mit/nehmen (nicht alle Schüler)

d. Ihre Sachen – aus/packen (die Klasse)

7 Plus-que-parfait et parfait : formulez les phrases sur le modèle.

meine Übung machen → freie Zeit haben

Da ich schon meine Übung gemacht hatte, habe ich freie Zeit gehabt.

a. meine Lektion lernen → die nächste Übung machen können

b. schon in Deutschland sein → dieses Thema schon kennen

c. gut arbeiten → ins Kino gehen dürfen

8 Formulez les phrases au parfait en utilisant les informations.

Mai 2007: Beginn der Renovierungsarbeiten (beginnen, o) → Im Mai 2007 haben die Renovierungsarbeiten begonnen.

a. Ende der Renovierungsarbeiten: September 2010. (enden)

b. 3.9.2012: Anfang des Schuljahres (an/fangen, a)

c. 12-16.12.2012 : Terminales / Reise nach Deutschland (reisen)

3 Comprendre un récit au prétérit

SAVOIR

Les temps du passé

On emploie le **prétérit** pour parler d'**événements passés dans un récit** : roman, biographie, autobiographie, conte…

Als/Wenn

Dans une subordonnée temporelle, on emploie :

- ***wenn*** (quand, chaque fois que) pour une **action répétée ou habituelle** ; il est alors équivalent à *oft* (souvent), *immer* (toujours), *jedes Mal* (chaque fois) ou *jeden Tag* (chaque jour).

  Wenn die Sonne schien, ging ich gern in der Altstadt spazieren. Quand le soleil brillait, j'aimais bien me promener dans la vieille ville.

- ***als*** (quand, lorsque) pour une **action ponctuelle** :

  Als ich gestern spazieren ging, schien die Sonne.

  Lorsque je suis allé me promener hier, le soleil brillait.

Exprimer l'antériorité à l'aide des éléments lexicaux

vorher, früher	auparavant
damals	à cette époque
eines Tages	un jour

SAVOIR FAIRE Former le prétérit et le plus-que-parfait

- **Les verbes faibles** (réguliers)

Pour conjuguer un verbe faible au prétérit, il faut ajouter **TE** au radical du verbe puis la terminaison correspondante.

singulier	pluriel
ich lieb**te**	wir lieb**ten**
du lieb**test**	ihr lieb**tet**
er/es/sie lieb**te**	sie/Sie lieb**ten**

Attention ! Certains radicaux se terminent déjà par un T ou un D (*arbeiten, enden*). Il faut donc intercaler un **E** avant **TE**. *Ich arbei**tete**.*

- **Les verbes forts** (irréguliers)

Ils sont caractérisés par un changement de voyelle au radical, voire de tout le radical.

fahren → fuhr	gehen → ging
ich fuhr	ich ging
du fuhrst	du gingst
er/es/sie fuhr	er/es/sie ging
wir fuhren	wir gingen
ihr fuhrt	ihr gingt
sie/Sie fuhren	sie/Sie gingen

- **Les verbes mixtes** (faibles irréguliers)

Ils sont caractérisés à la fois par la marque TE des verbes faibles et par le changement de voyelle au radical des verbes forts. Ce sont les verbes :

bringen (apporter) → *brachte*
kennen (connaître) → *kannte*
senden (envoyer, émettre) → *sandte*
wissen (savoir) → *wusste*
denken (penser) → *dachte*
nennen (nommer) → *nannte*
wenden (tourner, retourner) → *wandte*

• **Les verbes de modalité**

Ils ont le même prétérit que les verbes faibles, mais la voyelle du radical perd son *Umlaut*.

können → konnte	**müssen → musste**	**mögen → mochte**
ich konnte	ich musste	ich mochte
du konntest	du musstest	du mochtest
er/es/sie konnte	er/es/sie musste	er/es/sie mochte
wir konnten	wir mussten	wir mochten
ihr konntet	ihr musstet	ihr mochtet
sie/Sie konnten	sie/Sie mussten	sie/Sie mochten

• **Les auxiliaires *sein, haben* et *werden***

sein → war	**haben → hatte**	**werden → wurde**
ich war	ich hatte	ich wurde
du warst	du hattest	du wurdest
er/es/sie war	er/es/sie hatte	er/es/sie wurde
wir waren	wir hatten	wir wurden
ihr wart	ihr hattet	ihr wurdet
sie/Sie waren	sie/Sie hatten	sie/Sie wurden

• Les verbes *sein, haben* et *werden* sont les auxiliaires qui permettent la formation du plus-que-parfait. Ils sont alors conjugués au prétérit et associés au participe passé du verbe.

*Auf die Idee kommen → Er **war** auf die Idee **gekommen**.*

S'ENTRAÎNER

1 Conjuguez les verbes faibles au prétérit.

a. 1885 **bauen** der deutsche Ingenieur Carl Benz das erste Auto mit Verbrennungsmotor und **revolutionieren** damit die Art, wie Menschen sich individuell fortbewegen. Ingenieure wie Gottlieb Daimler **entwickeln** eigene Autos und **begründen** Deutschlands Ruf als Automobilland.

b. Hoffmann **modifizieren** den Wirkstoff der Acetylsalicylsäure. In klinischen Tests **überzeugen** das Präparat durch seine Wirkung gegen Schmerz, Fieber und Entzündungen.

c. Computer **revolutionieren** unser Leben. Der Berliner Bauingenieur Konrad Zuse **entwickeln** eine vollautomatische Rechenmaschine, die Algorithmen ausrechnen **können**.

d. Der Süßwarenhersteller Hans Riegel **her/stellen** kleine süße Gummibärchen.

2 Conjuguez au prétérit les verbes forts à l'aide de l'indication entre parenthèses du changement au radical.

a. Der deutsche Chemiker Felix Hoffmann **erfinden** (a) im Jahr 1897 ein Medikament.

b. Konrad Zuse, der Mann, der das Zeitalter des Computers eröffnet hat, **versterben** (a) 1995 ohne je einen PC benutzt zu haben.

c. Es **beginnen** (a) Ende der Siebziger Jahre an der Universität Erlangen-Nürnberg, und **werden** (u) ab der Mitte der Neunziger Jahre zum Welterfolg: das MP3-Format.

3 Complétez les phrases avec les verbes mixtes conjugués au prétérit.

a. (*wissen, denken, senden*) Einstein ......, dass der Bau einer Atombombe möglich war. Er ...... sofort, dass die Nazis sie benutzen würden. Deswegen ...... er Roosevelt einen Brief, um ihn von dieser Gefahr zu informieren.

b. (*bringen*) Die Luther-Bibel, die dank Gutenbergs Erfindung gedruckt wurde, ... sogar die katholische Kirche ins Wanken.

c. (*kennen*) Ich ...... den Namen der Erfinderin des Kaffeefilters nicht.

d. (*nennen*) Adolphe Dassler ...... seine Firma Adidas.

4 Complétez à l'aide de *wenn* ou *als*.

a. ...... meine Großmutter noch gelebt hat, hat es keine Mikrowelle gegeben.

b. Immer ...... ich am Computer saß, wollte sie etwas von mir.

c. ...... es noch kein Handy gab, sollte man einfach auf die Leute warten.

d. ...... der Computer noch nicht erfunden war, konnte man nicht ahnen, dass es eine solche Revolution sein würde.

e. ...... meine Tochter ihre MP3-Musik hörte, war es jedes Mal unmöglich mit ihr zu sprechen.

4 Exprimer le souhait, le goût L'adjectif dans le groupe nominal

SAVOIR

Exprimer le souhait

▸ Avec une subordonnée conditionnelle introduite par ***wenn*** : avec le verbe à l'indicatif, il s'agit d'une **condition réalisable** ou d'une conséquence :

Wenn ich Geld habe, kaufe ich mir Adidas Sportschuhe. (condition réalisable)

Wenn ich Sportunterricht habe, ziehe ich meine Puma Sportschuhe an. (conséquence)

La subordonnée est fréquemment en première position de la phrase.

▸ À l'aide de structures permettant d'exprimer le souhait :

– ***werden*** au subjonctif II :
Ich würde gern Markenkleider kaufen.

– ***haben*** **au subjonctif II + adverbe** ***gern*** :
Ich hätte gern modische Sachen.

– ***wünschen*** :
Ich wünsche eine Adidas Sporttasche.

– ***träumen von*** + datif :
*Ich träume von **einer** Adidas Sporttasche.*

Un souhait non réalisé/réalisable est exprimé avec l'emploi du subjonctif II (*werden* et *haben* au subjonctif II).

Exprimer ses goûts

▸ Avec le verbe ***mögen*** (aimer), associé ou non à *gern* : *Ich **mag** schwarze Klamotten tragen.*

▸ Avec le verbe ***gefallen*** (plaire) : *Schwarze Klamotten **gefallen** mir.*

Il s'agit d'une tournure impersonnelle au datif : *es gefällt mir/dir/ihm/ihr/uns/euch/ihnen/Ihnen.*

Les verbes *gefallen* et *vor/ziehen* se construisent avec une subordonnée infinitive en *zu* :

Es gefällt mir, Jeanshosen zu tragen.

Ich ziehe es vor, kurze Röcke zu tragen.

▸ Avec l'adverbe ***gern***, associé à un verbe : verbe conjugué + *gern* :

Ich trage gern modische Kleider.

On indique ce que l'on n'aime pas en utilisant les structures permettant d'exprimer le goût avec une négation :
ich mag nicht/kein ...,
ich ... nicht gern...,
... gefällt/gefallen mir nicht.

La déclinaison de l'adjectif

▸ **La déclinaison faible de l'adjectif**

cas	masculin	neutre	féminin	pluriel
nominatif	der warm**e** Pulli	das blau**e** T-Shirt	die schön**e** Jacke	die modisch**en** Kleider
accusatif	den warm**en** Pulli	das blau**e** T-Shirt	die schön**e** Jacke	die modisch**en** Kleider
datif	dem warm**en** Pulli	dem blau**en** T-Shirt	der schön**en** Jacke	den modisch**en** Kleider**n**
génitif	des warm**en** Pullis	des blau**en** T-Shirts	der schön**en** Jacke	der modisch**en** Kleider

▸ **La déclinaison mixte de l'adjectif**

Elle est employée en présence d'un article indéfini ou se déclinant comme tel. L'adjectif prend alors la marque de déclinaison de l'article défini lorsque l'article indéfini ne porte pas de marque de déclinaison (exemple : *ein*).

fonctions fréquentes	cas	masculin	neutre	féminin	pluriel
sujet/attribut du sujet	nominatif	ein warm**er** Pulli	ein blau**es** T-Shirt	ein**e** schön**e** Jacke	kein**e** modisch**en** Kleider
complément d'objet du verbe (COD)	accusatif	ein**en** warm**en** Pulli	ein blau**es** T-Shirt	ein**e** schön**e** Jacke	kein**e** modisch**en** Kleider
complément d'objet second (COS)	datif	ein**em** warm**en** Pulli	ein**em** blau**en** T-Shirt	ein**er** schön**en** Jacke	kein**en** modisch**en** Kleider**n**
complément du nom	génitif	ein**es** warm**en** Pullis	ein**es** blau**en** T-Shirts	ein**er** schön**en** Jacke	kein**er** modisch**en** Kleider

SAVOIR FAIRE — Savoir exprimer la préférence

- On peut exprimer la préférence à l'aide de différentes expressions.
  - **verbe *vor/ziehen*** (préférer) : *Ich ziehe es vor, modische Kleider zu kaufen.*
  - ***lieber***, comparatif de *gern*, associé à un verbe : verbe conjugué + *gern*.
- Pour dire ce que l'on préfère par-dessus tout, on utilise le superlatif de *gern* : ***am liebsten.***

  ♥ *Ich trage **gern** schicke Kleider.*

  ♥♥ *Aber ich trage **lieber** Jeanshosen.*

  ♥♥♥ *Und **am liebsten** trage ich weiße T-Shirts.*

Avec *lieber*, l'élément par rapport auquel s'exprime la préférence est introduit par *als* :

*Ich trage **lieber** bequeme Klamotten **als** Markenkleidung.*

- On peut modaliser le degré de préférence avec des adverbes :

*Markenkleider mag ich **überhaupt nicht*** (absolument pas).
nicht so sehr (pas trop)
schon (concession)
sehr (beaucoup)
total (complètement)

S'ENTRAÎNER

1 Déclinez les groupes nominaux.

a. D… blau… T-Shirt (das) ist so schön!
b. D… hoh… Stiefel (pluriel) sind total Mode.
c. D… elegant… Hut (der) gefällt mir.
d. D… coolst… Markenkleider (pluriel) sind oft teuer.

2 Posez des questions à quelqu'un sur son mode vestimentaire en utilisant les formulations indiquées entre parenthèses.

a. Markenkleider tragen (gern)
b. modisch angezogen sein (gefallen)
c. oft teure Kleider kaufen (mögen)

3 Formulez des phrases à l'aide des éléments suivants.

a. Daniela/dieses blaue Kleid kaufen/gern/würden
b. Maria/ein neues T-Shirt/gern haben (subj II)
c. Stefan/eine modische Jeanshose/wünschen
d. Anna/topgestylte Kleider/träumen von

4 Voici ce qu'aime porter Petra : complétez le texte en déclinant les adjectifs.

Petra trägt gern:

a. ein… bequem… Jogginghose (die) mit ein… hell… Sweatshirt (das).
b. ein… warm… Pullover (der) mit ein… dick… Jacke (die).
c. modisch… Klamotten (pluriel) mit ein… elegant… Hut (der).
d. ein… marineblau… Sweatshirt (das) mit dunkelblau… Turnschuhe… (pluriel).
e. kurz… Röcke (pluriel) mit ein… schön… Schal (der).
f. schwarz… Ballerinas (pluriel) mit ein… Leggin (die).

5 Reprenez les phrases de l'exercice 4. Voici son ordre de préférence : formulez les phrases.

♥ a. ……………………………………………
♥♥ d. ……………………………………………
♥♥♥ b. ……………………………………………
~~♥~~ c. ……………………………………………
~~♥♥~~ e. ……………………………………………
~~♥♥♥~~ f. ……………………………………………

6 Rédigez un texte dans lequel Maria indique ses préférences en modalisant celles-ci.

Elle n'aime pas du tout les vêtements roses, n'aime pas les jupes courtes, porte à la rigueur des robes, aime bien des shorts, préfère les jeans, et aime par-dessus tout les slims noirs.

7 Claudia indique à quels moments elle porte certains vêtements. Formez des phrases en faisant du premier énoncé une subordonnée au présent introduite par *wenn*.

a. faulenzen → eine Jogginghose und irgendeinen Pullover
b. in die Stadt gehen → eine Legging (unter dem Kleid) oder eine Röhrenjeans
c. draußen kalt sein → lange Mäntel, Röhrestiefel, XXL-Schals und Wollmützen
d. einkaufen gehen → Röcke, knappe Tops
e. Freunde treffen → Jeans, Shirts oder Kleider
f. ausgehen → topgestylte Kleider oder Tops
g. ein Date haben → schickere Sachen
h. laufen müssen → flache Schuhe

5 Situer dans l'espace et indiquer des déplacements

SAVOIR

Situer dans l'espace

Le locatif désigne le lieu où l'on est, où une action se passe.

Il est donc employé avec des verbes tels que :

sein	être
stehen	être (debout)
sitzen	être (assis)
liegen	être (allongé)
bleiben	rester
wohnen	habiter
arbeiten	travailler
essen	manger

Im Deutschunterricht sitze ich neben der Tür.

En cours d'allemand, je suis (assis) à côté de la porte.

Le choix de la préposition dépend du lieu évoqué :

- ***in*** pour une ville, un pays sans article :
  in Berlin, in Deutschland leben
- ***bei*** pour une personne :
  bei meiner Tante wohnen, bei seiner Freundin den Abend verbringen
- ***zu*** pour l'expression idiomatique „*zu Hause sein*"

Indiquer les déplacements

Le directif désigne le lieu où l'on va, ainsi que tout déplacement.

Il est employé avec des verbes tels que :

fahren	aller en véhicule
gehen	aller à pied
fliegen	voler
stellen	mettre
legen	poser
sich setzen	s'assoir

Le choix de la préposition dépend du point de destination du déplacement :

- ***nach*** avec les noms de villes et de pays sans article :
  nach Berlin, nach Deutschland umziehen

Remarque : *nach Hause gehen.*

- ***in*** avec les noms de pays qui ont un article :
  in die Schweiz fahren
- ***zu*** pour une personne :
  zum Friseur gehen, zu Onkel Jakob fahren

On utilise fréquemment des formes contractées :

in das → ins	*in dem → im*
zu dem → zum	*zu der → zur*
bei dem → beim	*auf das → aufs*
an dem → am	*an das → ans*
von dem → vom	

SAVOIR FAIRE — Utiliser les prépositions avec le datif et l'accusatif

• **Ces prépositions mixtes sont suivies du datif ou de l'accusatif** selon que l'on exprime un locatif (question « *Wo?* ») ou un directif (question « *Wohin?* »).

in	dans	*hinter*	derrière
auf	sur	*neben*	à côté de
vor	devant	*zwischen*	entre
unter	sous	*an*	au (idée de contact latéral)

C'est le choix de la déclinaison (datif ou accusatif) qui exprime le déplacement ou non vers un lieu, plus que le verbe qui donne, lui, une information sur le mode de déplacement ou bien sur la position ou l'activité.

Ich muss morgen in die Stadt. Il faut que j'aille en ville demain.

Ich fahre morgen in die Stadt. Demain, je vais en ville.

(*Fahren* précise que c'est avec un moyen de transport, et non à pied.)

locatif = datif	directif = accusatif
*Er arbeitet in **der** Altstadt.*	*Sie fährt nachher in **die** Stadt.*
*Das Buch liegt auf dein**em** Tisch.*	*Lege dein Heft auf **den** Tisch!*
*Sie saß neben m**ir**.*	*Er stellte sich neben m**ich**.*

locatif = datif	directif = accusatif
Er steht vor ***der*** *Tür.*	*Sie stellte sich vor* ***die*** *Tür.*
Er ist hinter ***der*** *Turnhalle.*	*Geh hinter* ***die*** *Turnhalle!*
*Er schläft unter ein****er*** *Linde.*	*Er legt sich unter* ***die*** *Linde.*
*Er sitzt zwischen sein****en*** *beide****n*** *Freunde****n****.*	*Setzt dich zwischen dein****e*** *beiden Freunde!*
Sie saß ***am*** *Fenster.*	*Sie setzte sich an****s*** *Fenster.*

- Certaines prépositions sont toujours suivies du **datif** :
  aus, bei, mit, nach, seit, von, zu.
- D'autres sont uniquement suivies de l'**accusatif** :
  durch, für, gegen, ohne, um.

S'ENTRAÎNER

1 Complétez par le verbe qui convient :
fliegen, bleiben, Tee trinken, wohnen, gehen.

a. In Frankfurt...
b. Zu Hause...
c. Nach Luxemburg...
d. Zum Arzt...
e. Bei Tante Lisbeth...

2 Complétez par la préposition qui convient.

a. Wir gehen ...... Stefan: wir grillen ...... seinem Garten.
b. Ich habe ...... Maria und Franziska gesessen.
c. Er wollte schon seit Jahren ...... Berlin.
d. ...... diesem Lehrer macht der Physikunterricht Spaß.
e. Er studiert jetzt ...... Hamburg.
f. Nach dem Unterricht gehen wir ...... den Schulhof.

3 Aidez un jeune élève allemand à se repérer dans le lycée en lui indiquant où il peut trouver les lieux suivants :

a. Die Turnhalle? Sie liegt neben d...... Schulhof.
b. Der Physiksaal? Er ist i...... Erdgeschoss zwischen d...... 2 Arbeitszimmer...... .
c. Das Lehrerzimmer? Es befindet sich i...... ersten Stock, gegenüber d...... Schulbibliothek.
d. Die Kantine? Sie ist zwischen d...... Schulhof und d...... Turnhalle.
e. Das Arbeitszimmer? Es befindet sich unter d...... Lehrerzimmer, vor d...... Eingang.

4 Directif ou locatif ?
Complétez par les désinences qui conviennent.

a. Ich muss morgen ganz früh auf d...... Gymnasium.
b. Heute essen wir in d...... Kantine.
c. Ich habe meine Schultasche in d...... Physikraum vergessen.
d. Weißt du, ob mein Buch auf d...... Tisch im Arbeitszimmer geblieben ist?
e. Deine Tasche steht dort in d...... Ecke.

5 Complétez le tableau en cochant la préposition qui convient.

auf den	auf dem	in dem	in den	zu	zum	nach	bei	beim	in	
										... Berlin wohnen
										... Hause gehen
										... Bücherschrank sein
										... Hause bleiben
										... Schulleiter müssen
										... Klassenraum eintreten
										... Tom, dem Deutschassistenten, Unterricht haben
										... Schuldirektor sein
										... Schulhof gehen
										... Wien fliegen
										... Schulhof die Pause verbringen

6 Comparer, opposer

SAVOIR

Comparer

▸ Le **comparatif d'égalité** est exprimé par la structure suivante :

so (ou *ebenso* ou *genauso*) + adjectif (ou adverbe) + ***wie***

Er hat viel Arbeit. Du hast viel Arbeit.

→ *Er hat so viel Arbeit wie du.*

Er arbeitet gut. Du arbeitest gut.

→ *Er arbeitet so gut wie du.*

▸ Le **comparatif d'inégalité** :

nicht so + adjectif (ou adverbe) + ***wie***

Er arbeitet nicht so viel wie du.

Er arbeitet nicht so gut wie du.

▸ Le **comparatif d'infériorité** :

weniger + adjectif (ou adverbe) + ***als***

Er arbeitet weniger gut als du.

▸ Le **comparatif de supériorité** :

adjectif + ***-er*** + ***als***

Sie ist fleißiger als Martin.

▸ Le **superlatif**

– de l'adjectif épithète :

der/die/das + adjectif en ***-ste***

Sie bekam die schönste Note ihres Lebens.

– de l'attribut :

am + adjectif en ***-sten***

Sie findet Deutsch am interessantesten.

Exprimer l'opposition

▸ Avec une proposition subordonnée introduite par ***während*** (alors que, tandis que) :

Während … verbe, verbe … .

Während die französischen Schüler nachmittags Unterricht haben, ist es in Deutschland meistens nicht der Fall.

▸ Avec l'élément lexical ***dagegen*** (en revanche) :

[élément que l'on oppose] + *dagegen* + verbe…

Die französischen Schüler haben nachmittags Unterricht. In Deutschland dagegen ist es meistens nicht der Fall.

▸ Avec le groupe prépositionnel ***im Gegensatz zu*** + datif (à l'inverse de) :

Im Gegensatz zu + [élément au datif] + verbe…

Im Gegensatz zu den deutschen Schülern haben die französischen Schüler nachmittags Unterricht.

▸ Avec la conjonction de coordination ***sondern*** (mais au contraire) :

Die französischen Schüler haben nicht nur morgens Unterricht, sondern auch nachmittags.

▸ Avec l'expression ***anstatt zu*** + infinitif (au lieu de) :

*Er geht ins Kino, anstatt seine Hausaufgaben **zu** machen.*

SAVOIR FAIRE Former les degrés de l'adjectif irrégulier

- Un certain nombre d'adjectifs prennent une inflexion au comparatif de supériorité :
  kurz → *kürzer* → *am kürzesten* *lang* → *länger* → *am längsten* *klug* → *klüger* → *am klügsten*
- Quelques adjectifs et adverbes sont irréguliers :
  gern (avec plaisir) → *lieber* → *am liebsten* *gut* (bien) → *besser* → *am besten*
  viel (beaucoup) → *mehr* → *am meisten* *hoch* (haut) → *höher* → *am höchsten*
  nah (proche) → *näher* → *am nächsten*
  Du arbeitest besser als er. Du hast mehr Arbeit als er.
- Les adjectifs dont le radical se termine par *-d, -t, -s, -z, -sch* prennent un *-e* intercalaire au superlatif :
  *Es ist das interessant**e**ste Buch, das ich je gelesen habe.*

S'ENTRAÎNER

1 Comparez les notes de deux élèves allemands en utilisant le comparatif d'égalité, de supériorité...

Fächer	Adrian	Lena
Mathematik	2	2
Physik	1	1
Geschichte	2	3
Erdkunde	5	2
Deutsch	3	1
Englisch	3	2
Französich	2	3

a. In Mathe ist Adrian ...... gut ...... Lena.

b. In Französisch sind die Noten von Adrian .... die von Lena.

c. Lena hat ...... Noten in Englisch ...... Adrian.

d. In Erkunde ist Adrian viel .... Lena.

e. In Geschichte sind die Noten von Lena .... die von Adrian.

f. In Physik hat Adrian ...... gute Noten ...... Lena.

2 Indiquez les préférences à l'aide d'un comparatif de supériorité ou d'un superlatif.

a. Lena – den Deutschunterricht – interessant finden (superlatif)

b. Adrian – Physik – gut gefallen (superlatif)

c. Lena – Mathematik – Geschichte – gern haben (comparatif de supériorité)

d. Adrian – Erdkunde – sich wenig interessieren für (superlatif)

3 Transformez les phrases suivantes en utilisant le comparatif de supériorité.

Adrian arbeitet nicht so gut wie Lena.
→ Lena arbeitet besser als Adrian.

a. Adrian lernt nicht so fleißig wie Lena.

b. Adrian schreibt nicht so gute Klausuren wie Lena.

c. Adrian sitzt nicht so lange am Schreibtisch wie Lena.

d. Adrian bemüht sich nicht so sehr wie Lena.

4 Remettez les éléments dans l'ordre afin d'obtenir des phrases correctes.

a. Eine / Unterrichtsstunde / Frankreich / Minuten / Minuten / In / in / Deutschland / dauert / dauert / dagegen / sie / 45 / 60 / . / .

b. Im Gegensatz zu / die / die französischen Schüler / Unterricht / Fremdsprache / Deutschland / für / Stunden / nur 2 / 2. / haben

c. die Schüler / die Schüler / in Frankreich / in Deutschland / eine lange Mittagspause / haben / haben / nur 40 Minuten Pause / Während / . / ,

5 Formez les phrases en utilisant les formules d'opposition proposées.

a. Die deutschen Schüler haben keine lange Mittagspause. Die Französischen Schüler haben eine lange Pause. (*während*)

b. In deutschen Schulen gibt es oft einen Kiosk. In französischen Schulen gibt es eine Kantine. (*dagegen*)

c. In Deutschland gibt es keine „Conseiller Principal d'Education". (*im Gegensatz zu Frankreich*)

6 Comparez les systèmes allemand et français...

		DEUTSCHLAND	FRANKREICH
1	Unterrichtstage pro Woche	5 Tage	5 Tage
2	Schulfreie Tage	2 Tage	2 Tage
3	Zahl der Unterrichtsstunden pro Woche	28 Stunden	30 Stunden
4	Dauer einer Unterrichtsstunde	45 Minuten	60 Minuten
5	2. Fremdsprache	3 Stunden	2 Stunden
6	Dauer der Mittagspause	40 Minuten	1 Stunde 30

a. Avec les indications du tableau, comparez les deux systèmes en utilisant des comparatifs d'égalité ou d'inégalité.

1) égalité ....

2) égalité ....

3) inégalité ....

4) inégalité ....

5) inégalité ....

6) inégalité ....

b. Comparez les deux systèmes en utilisant des comparatifs de supériorité ou d'infériorité.

3) supériorité ....

3) infériorité ....

4) infériorité ....

4) supériorité ....

5) infériorité ....

5) supériorité ....

6) supériorité ....

6) infériorité ....

7 Exprimer le but, le moyen
Le passif

SAVOIR

Exprimer la finalité, le but

Avec 1 sujet, la structure ***um... zu*** permet de répondre à la question *wozu?* (dans quel but ?)

proposition principale, *um* + compléments + *zu* + verbe à l'infinitif

*Wir organisieren eine Hilfsaktion, **um** Geld **zu** sammeln.*

Avec 2 sujets, on emploie la conjonction ***damit***.

proposition principale, *damit* + sujet + compléments + verbe conjugué

*Die Schüler wollen Geld sammeln, **damit** die Hilfsorganisation eine Schule bauen kann.*

Exprimer le moyen

À l'aide de groupes prépositionnels :

– ***durch*** (par) + accusatif

Durch ihre Aktion helfen die Schüler anderen Kindern.

– ***mit*** (avec) + datif

Die Schüler organisieren den Solidaritätslauf mit den Lehrern.

– ***mit Hilfe*** (grâce, au moyen de) + génitif

Mit Hilfe der Eltern finanzieren sie dieses Projekt.

– ***mit Unterstützung von*** (avec le soutien de) + datif

À l'aide de groupes conjonctionnels tels que ***indem*** (en faisant).

Dans la subordonnée introduite par *indem*, le verbe conjugué est à la fin de la subordonnée qui peut être soit en première position dans la phrase, soit placée derrière la principale.

Indem die Schüler Sport machen, helfen sie anderen Kindern.

Die Schüler helfen anderen Kindern, indem sie Sport machen.

Le passif

Il permet de présenter une action lorsqu'il n'est pas nécessaire de préciser qui réalise l'action.

Eine Hilfsaktion wird organisiert. (présent)

Ein Brunnen wird gebaut werden. (futur)

> *Werden* est l'auxiliaire qui permet de former le futur et le passif : attention de ne pas confondre ces formes verbales.
> *Eine Aktion wird organisiert.* → passif présent (*werden* + participe II)
> *Die Schüler werden sich engagieren.* → futur (*werden* + infinitif)

Il est formé de la façon suivante :

Présent	Ich werde ... participe II Du wirst ... participe II Er wird ... participe II Wir werden ... participe II Ihr werdet ... participe II Sie werden ... participe II
Prétérit	Ich wurde ... participe II Du wurdest ... participe II Er wurde ... participe II Wir wurden ... participe II Ihr wurdet ... participe II Sie wurden ... participe II
Parfait	Ich bin ... participe II worden
Plus-que-parfait	Ich war ... participe II worden
Futur	Ich werde ... participe II werden

SAVOIR FAIRE Préciser un agent à la forme passive

Si l'on veut préciser l'agent, on l'introduit par :

– ***von*** si l'agent est directement à l'origine de l'action,

– ***durch*** s'il n'est qu'un moyen ou un intermédiaire.

Eine Hilfsaktion wird dieses Jahr in unserem Gymnasium organisiert.

Eine Hilfsaktion wird dieses Jahr von den Schülern der Oberstufe organisiert.

Durch den Verkauf von Bildern wird die Aktion finanziert.

1 **Replacez les éléments dans l'ordre afin d'obtenir une phrase correcte.**

a. organisiert / dieses / Solidaritätslauf / Einen / Jahr / wird / von den Schülern der Oberstufe / .

b. Wir / Geld / Hilfsaktion / eine / organisieren / sammeln / zu / um / , / .

c. Malihilfe / Unterstützung / Projekt / der / Das / mit / von / wird / organisiert / .

d. damit / eine Schule / Schüler / wollen / bauen / sammeln / kann / Geld / die Hilfsorganisation / Die / . / ,

2 **Répondez aux questions en construisant une phrase avec *um... zu*.**

a. Wozu rennen die Schüler?
(Sie wollen Malikindern helfen.)

b. Wozu sprechen sie mit ihren Eltern und Nachbaren darüber?
(Sie wollen Sponsoren finden.)

c. Wozu kommen die Journalisten?
(Sie wollen über diese Aktion informieren.)

3 **Rédigez les réponses aux questions du journaliste en utilisant *damit*.**

a. Der Journalist schreibt: *„Die Schüler rennen mehrere Kilometer, um so viel Geld wie möglich zu sammeln."*

Journalist: „Warum rennt ihr mehrere Kilometer?"

Schüler: „Damit ...."

b. Der Journalist schreibt: *„Die Schüler wollen Geld sammeln, um eine Schule in Mali zu bauen."*

Journalist: „Warum wollt ihr Geld sammeln?"

Schüler: „Damit ...."

4 **Réécrivez en reliant les 2 parties de chaque phrase à l'aide de *um... zu* ou de *damit* selon le sens.**

a. Die Hilfsorganisation Malihilfe wurde vor 25 Jahren gegründet. / Sie hilft bei der Finanzierung von Projekten in dem westafrikanischen Land.

b. Die Schüler suchen Sponsoren. / Die Sponsoren spenden ihnen Geld für jede Runde Lauf.

c. Die Schüler malen Bilder. / Sie verkaufen diese Bilder beim Elternabend.

d. Sie sammeln Geld. / Mit dem Geld wird eine Schule in einem Dorf gebaut.

e. Unsere Schule organisiert eine Hilfsaktion. / Unsere Schule hilft afrikanischen Kindern.

f. Wir sammeln Medikamente. / Wir schicken sie in die Dritte Welt.

g. Das Rote Kreuz macht viel. / Den ärmsten Leuten wird geholfen.

h. Das Rote Kreuz macht viel. / Das Rote Kreuz bekämpft die Armut.

i. Die Berliner Tafel sammelt Lebensmittel. / Alle haben etwas zu essen.

5 **Reliez les deux groupes de mots à l'aide de : *durch, mit, mit Hilfe, mit Unterstützung von, indem,* en déclinant selon la structure choisie.**

a. Die Schüler treiben Sport und laufen / sie finanzieren ein Projekt.

b. Diese Aktion / die Schüler können anderen helfen.

c. Die Journalisten / die Schüler können diese Aktion bekannt machen.

d. Die Organisation / die Hilfsaktion wird organisiert.

e. Das Geld / sehr viel kann in dem westafrikanischen Land Mali, einem der ärmsten Länder der Welt, realisiert werden.

6 **Complétez le texte en employant la voix passive (passif passé).**

Hallo liebe Mitschüler! Dieses Jahr ... wieder der Hungermarsch in unserem Gymnasium (*organisieren*).

Alle Schüler, die sich dafür interessiert haben, haben mitlaufen können.

Spenden ... mit Unterstützung von Angehörigen, Bekannten und Geschäftsleuten für jede gelaufene Runde (*sammeln*).

Während der Projekttage ... auch Trommeln (*basteln*), es ... afrikanisch (*kochen*).

Die Arbeiten ... den Eltern (*präsentieren*).

Die Bilanz der Aktion ist sehr positiv: damit ... ein Schulprojekt in Mali (*unterstützen*). Aber auch für unsere Schule gab es positive Konsequenzen: durch den Benefizlauf ... Teamgeist und soziale Verantwortung (*wecken*).

Bis nächstes Jahr für den 4. Hungermarsch in unserem Gymnasium!

8 Exprimer une opinion, la cause, la conséquence, la concession

SAVOIR

Exprimer l'opinion personnelle

Ich bin der Meinung, dass… (je suis d'avis que)

Meiner Meinung nach (à mon avis) est souvent en début de phrase ; le verbe conjugué le suit alors directement : *Meiner Meinung nach* ***ist*** *eine Schuluniform etwas Positives.*

Ich bin mir sicher, dass (je suis sûr que)

Ich bin überzeugt, dass (je suis convaincu que)

Es steht für mich fest, dass (cela ne fait aucun doute pour moi que)

Ich zweifle nicht daran, dass (je ne doute pas que)

Ich bezweifle nicht, dass (je ne doute pas que)

Exprimer la cause

- Avec les conjonctions ***weil*** (parce que) ou ***da*** (comme) :

  Ich bleibe zu Hause, weil es mir draußen zu kalt ist.

  Da es mir draußen zu kalt ist, bleibe ich zu Hause.

- Avec la conjonction de coordination ***denn*** (car) :

  Ich bleibe zu Hause, denn es ist mir draußen zu kalt.

- À l'aide des éléments lexicaux ***nämlich*** (en effet), ***deshalb*** (c'est pourquoi), ***deswegen*** (c'est pourquoi) :

  Ich bleibe zu Hause. Draußen ist es mir nämlich zu kalt.

  Draußen ist mir zu kalt. Deshalb bleibe ich zu Hause.

  Draußen ist mir zu kalt. Deswegen bleibe ich zu Hause.

- À l'aide de structures complexes :
  - *Das ist der Grund, warum* (c'est la raison pour laquelle)
  - *Aus diesem Grund* (pour cette raison)

  Draußen ist mir zu kalt. Das ist der Grund, warum ich zu Hause bleibe.

  Draußen ist mir zu kalt. Aus diesem Grund bleibe ich zu Hause.

- À l'aide du groupe prépositionnel ***wegen*** + génitif ou plus couramment datif (à cause de) :

  Wegen der Kälte draußen bleibe ich zu Hause.

Exprimer la conséquence

- ***so… dass*** (si… que)

  Ich habe so wenig Taschengeld, dass ich mir nichts kaufen kann.

- ***…, so dass*** (de telle sorte que)

  Ich habe kein Geld, so dass ich nichts kaufen kann.

- ***also*** (donc, par conséquent)

  Ich habe kein Geld. Ich kann also nichts kaufen.

Exprimer la concession

- À l'aide des conjonctions ***obwohl, obgleich, obschon*** (bien que, quoique).

  Obwohl ich überall gesucht habe, habe ich mein Handy nicht gefunden.

- À l'aide du groupe prépositionnel ***trotz*** + génitif ou datif (malgré).

  Trotz dem Regen bin ich spazieren gegangen.

- À l'aide d'éléments lexicaux :
  - ***doch, jedoch, dabei*** (pourtant)
  - ***dennoch, trotzdem*** (cependant, malgré tout)

  Die Übung war schwierig, doch machte ich sie weiter.

  Ich habe überall gesucht. Trotzdem habe ich mein Handy nicht gefunden.

  Es war schwierig. Dennoch versuchte sie es.

- À l'aide de structures complexes :
  - *zwar…, aber…* (certes, mais)
  - *Einerseits… andererseits*
  - *Auf der einen Seite, auf der anderen Seite*

  Zwar ist diese Arbeit interessant, aber der Lohn ist zu niedrig.

  Einerseits gefällt mir diese Arbeit, andererseits ist der Lohn zu niedrig.

  Auf der einen Seite ist diese Arbeit interessant, auf der anderen Seite ist der Lohn zu niedrig.

SAVOIR FAIRE — Construire les phrases avec *da* et *weil*

- Dans la subordonnée introduite par *weil* ou *da*, le verbe conjugué se place en position finale.
- La subordonnée avec *weil* succède à la principale, alors que la subordonnée avec *da* est en première partie de la phrase.

Ich mag keine Schuluniformen, ***weil*** *ich gern Markenkleider trage.*

Da *ich gern Markenkleider trage, mag ich keine Schuluniformen.*

S'ENTRAÎNER

1 Replacez les éléments dans l'ordre afin de former des phrases correctes.

a. du / der / dass / eine / negative / nur / Seiten / Schuluniform / hat / Bist / Meinung / ? / ,

b. Ich / mir / nur / dass / eine / sicher / negative / Schuluniform / Seiten / bin / hat / . / ,

c. Er / eine / dass / nur / Seiten / Schuluniform / negative / überzeugt / ist / hat / . / ,

d. dass / bezweifeln / Seiten / Schuluniform / nur / nicht / Sie / eine / negative / hat / . / ,

e. eine / Es / hat / fest / steht / nur / uns / für / dass / Schuluniform / Seiten / negative / . / ,

2 Reliez les phrases en employant l'expression de la cause indiquée entre parenthèses.

a. Schuluniformen sind nicht so gut. / Sie sind manchmal teuer. *(weil)*

b. Die Schuluniformen sind oft langweilig. / Ich habe keine Lust, eine zu tragen. *(Da)*

c. Alle sehen gleich aus. / Die Schüler wollen keine Schuluniform tragen. *(denn)*

d. Modische Sachen sind teuer. / Manche Eltern finden Schuluniformen billiger. *(nämlich)*

e. Bei einer Schuluniform hat jeder dasselbe an. / Es können keine Sprüche über die Klamotten der anderen gemacht werden. (*Deshalb*)

f. Ich will keine Uniform. / Ich habe meinen eigenen Stil. *(deswegen)*

g. Schüler werden manchmal wegen ihrer Kleidung diskriminiert. / Unsere Schule hat sich für eine Schulkleidung entschieden. (*Das ist der Grund, warum)*

h. Es ist interessant, Schuluniformen zu tragen. / Die Jugendlichen sollen ihre Freunde nach dem Charakter aussuchen. *(Aus diesem Grund)*

3 Reliez les phrases en employant l'expression de la conséquence indiquée entre parenthèses.

a. Markenkleider sind teuer. / Eine Uniform wird immer billiger sein. *(so..., dass)*

b. Alle Schüler sehen gleich aus. / Die persönliche Individualität geht verloren. (...., *so dass)*

c. Alle sehen gleich aus. / Es gibt keinen Markenterror mehr. (*also)*

4 Reliez les phrases en employant l'expression de la concession indiquée entre parenthèses.

a. Eine Schuluniform ist manchmal teuer. / Die Schuluniform kann den Markendruck verhindern. *(Zwar... aber)*

b. Alle sehen gleich aus. / Man muss nicht unbedingt modisch angezogen sein. *(Einerseits... andererseits)*

c. Uniformen sind nicht modisch. / Man sucht sich Freunde nicht nach dem Aussehen, sondern nach dem Charakter. *(trotzdem)*

d. Mit einer Schuluniform sehen alle gleich aus. / Man kann sich besser auf den Menschen konzentrieren. *(Auf der einen Seite... auf der anderen Seite)*

5 Où est la cause ? Où est la conséquence ? Reportez le chiffre 1 ou 2 dans le tableau.

	1	2	cause	conséquence
a.	Mit einer Schuluniform sehen alle gleich aus.	Man kann sich besser sich auf den Menschen konzentrieren.		
b.	Ich möchte keine Uniform tragen.	Ich habe meinen eigenen Stil.		
c.	Schuluniformen finde ich nicht so gut.	Schuluniformen sind manchmal teuer.		
d.	Alle sehen gleich aus.	Die Schüler wollen keine Schuluniform tragen.		
e.	Alle sehen gleich aus.	Es gibt keinen Markenterror mehr.		
f.	Manche Eltern finden Schuluniformen billiger.	Modische Sachen sind teuer.		

9 Exprimer l'interrogation, l'hypothèse, la condition

SAVOIR

Exprimer l'interrogation

La phrase interrogative globale est une interrogation sur l'action même.

– *Spielst du gern am Computer?*

– *Ja!*

Le verbe conjugué occupe la première place. La réponse sera *ja* ou *nein*.

La phrase interrogative partielle porte sur une des modalités de l'action (questions en *w*-).

Elle s'emploie avec un pronom interrogatif (*wer, wann, wie, warum, was*…) suivi du verbe conjugué en deuxième position. La réponse attendue n'est pas *ja* ou *nein* et dépend de la question posée.

– *Wann spielst du am Computer?*

– *Abends nach der Schule.*

L'interrogation indirecte introduite par *ob* ou un mot interrogatif en *w*- est une question introduite par un verbe exprimant l'ignorance (*nicht wissen*) suivi de *ob, wann, wo*…

„Hat er einen Internetanschluss?"

Wir wissen nicht, ob er einen Internetanschluss hat.

Ich weiß nicht, wo er sein Videospiel gekauft hat.

Kann jemand sagen, wann sie ihre Mails lesen wird?

Exprimer l'hypothèse et la condition

Avec un groupe conjonctionnel introduit par *wenn*

• Si l'hypothèse est **réalisable**, le verbe est à l'**indicatif présent** dans la principale comme dans la subordonnée :

Wenn wir Zeit haben, spielen wir am Computer.

• Si elle n'est **actuellement pas réalisée**, le verbe est au **subjonctif II présent** :

Wenn wir Zeit hätten, würden wir am Computer spielen.

• Si elle n'a **pas été réalisée dans le passé**, le verbe est au **subjonctif II passé** :

Wenn wir Zeit gehabt hätten, hätten wir mit dem Computer gespielt.

À l'aide des expressions suivantes :

es kann sein, dass…	il se peut que
es ist möglich, dass…	il est possible que
möglicherweise + verbe conjugué	il est possible que
man kann vermuten, dass…	on peut supposer que
ich vermute, dass…	je suppose que
vermutlich + verbe conjugué	on suppose que
ich nehme an, dass…	je suppose que

SAVOIR FAIRE Former le subjonctif II présent et le subjonctif II passé

• Le **subjonctif II présent** est formé sur la base du prétérit auquel on ajoute les désinences du subjonctif : **e, est, e, en, et, en** et le *Umlaut* (¨) sur les voyelles **a, o, u** (sauf pour les verbes *wollen* et *sollen*).

Infinitif → prétérit	**sein → war**	**haben → hatte**	**werden → wurde**	**Verbes faibles spielen → spielte**	**Verbes forts kommen → kam**
ich	wäre	hätte	würde	spielte	käme
du	wärst	hättest	würdest	spieltest	kämest/kämst
er/es/sie	wäre	hätte	würde	spielte	käme
wir	wären	hätten	würden	spielten	kämen
ihr	wäret/wärt	hättet	würdet	spieltet	kämet/kämt
sie/Sie	wären	hätten	würden	spielten	kämen

• Le **subjonctif II passé** est formé avec le subjonctif II de *haben* (*hätte*) ou *sein* (*wäre*) et le participe passé du verbe.

Er hätte am Computer gespielt. Er wäre mit uns gekommen.

Dans la langue courante, on emploie de préférence la forme ***würde*+ infinitif du verbe,** sauf pour les verbes *sein* (être), *haben* (avoir), *werden* (auxiliaire du futur/devenir), *dürfen* (avoir le droit), *können* (être capable), *mögen* (aimer/apprécier), *müssen* (être obligé), *sollen* (devoir), *wollen* (vouloir) et *wissen* (savoir).

S'ENTRAÎNER

1 Complétez avec les interrogatifs qui conviennent.

a. – .... hast du dein Handy gekauft?
– Ich hab's von meinen Eltern geschenkt bekommen.

b. – ... surfst du im Internet?
– Abends, oder am Wochenende.

c. – ... benutzt du den Computer?
– Ich suche da am liebsten nach Informationen.

d. – ... machst du abends am liebsten?
– Videospiele spielen und im Internet surfen.

e. – ... brauchst du einen neuen Computer?
– Weil der alte jetzt sehr langsam ist.

f. – ... chattest du?
– Mit meinen Freunden natürlich!

2 Écrivez les questions portant sur les éléments soulignés dans les réponses.

a. Ich spiele am liebsten abends am Computer.

b. Auf Facebook chatte ich gern mit meinen Freunden.

c. Ich benutze mein Handy, um SMS zu bekommen oder schicken.

d. Ich benutze Internet für die Hausaufgaben, weil man da viele Informationen finden kann.

e. Ja, natürlich habe ich auch ein Ipad.

3 *Forum für Eltern.* Rédigez les questions que se pose une mère au discours indirect en commençant les phrases avec *Ich frage mich...*

a. Soll ich meinem Kind ein Handy kaufen?

b. Ab wann braucht mein Kind ein Handy?

c. Welches Handy ist das richtige?

d. Welcher Tarif ist der richtige?

e. Wie viele Funktionen sollte das Gerät haben?

f. Ist eine Prepaid-Karte eine gute Wahl?

4 Remplacez les mots soulignés par les deux expressions synonymes les plus proches.

a. In der Zukunft werden wir vermutlich immer mehr Technologie benutzen.

b. Wir werden möglicherweise noch mehr Apparate zu Hause haben.

5 *Wie wäre das Leben ohne...* Récrivez les phrases au subjonctif II présent en commençant par *Aber wenn*.

a. Wir haben einen Computer; wir sollen nicht in Büchern nach Informationen suchen. Aber wenn...

b. Wir besitzen eine Mikrowelle; das Essen muss nicht lange kochen. Aber wenn...

c. Es gibt das Fernsehen; die Abende sind nicht langweilig. Aber wenn...

d. Du hast keinen USB-Stick; du kannst deine Dokumente nicht speichern. Aber wenn...

6 Récrivez les phrases au subjonctif II passé en commençant par *Wenn*.

a. Ich habe keine Internetverbindung gehabt; ich habe dir keine Mail geschrieben.

b. Sie hat sich nicht im Internet informiert; sie hat nicht gewusst, dass der Flug Verspätung hatte.

c. Er hat deine SMS nicht bekommen; du hast lange auf ihn gewartet.

d. Wir haben gestern stundenlang Videospiele gespielt; wir haben vergessen für die Schule zu lernen.

10 Exprimer le conseil, l'interdiction L'impératif

SAVOIR

Exprimer un conseil

▸ À l'aide de la structure ***an deiner Stelle*** *(an seiner, ihrer, eurer, Ihrer Stelle)* ***würde ich...*** **+ infinitif** (à ta place, je ferais...) :

An deiner Stelle würde ich Sport treiben. (du)

An seiner Stelle würde ich Sport treiben. (er)

▸ Avec le verbe ***sollen***

– au subjonctif présent (tu devrais) :

du solltest, er/sie sollte, wir sollten, ihr solltet, sie / Sie sollten

Du solltest mit dem Rad zur Schule fahren.

– ou à l'indicatif, accompagné de ***unbedingt*** (absolument) :

Du sollst unbedingt auf das Auto verzichten!

▸ À l'aide de la structure ***Es wäre besser, wenn*** **+ *werden* au subjonctif II** (ce serait mieux si...) :

Es wäre besser, wenn du weniger Cola trinken würdest!

▸ Avec un verbe à l'indicatif accompagné de l'expression ***am besten*** (le mieux, c'est que...) :

Am besten isst du Bioprodukte.

▸ Avec les verbes suivants :

- ***raten*** (conseiller) + datif
- ***empfehlen*** (recommander) + datif
- ***ich empfehle dir, ...*** + subordonnée infinitive lorsqu'il y a un verbe.

*Ich rate dir, mit dem Rad zur Schule **zu** fahren.*

Ich empfehle dir dieses Produkt.

*Ich empfehle dir, dieses Produkt **zu** kaufen.*

Exprimer un ordre

▸ À l'**impératif**, on distingue **4 personnes** :

Hör' mir gut zu! pour une personne que l'on tutoie.

Hört mir gut zu! pour plusieurs personnes que l'on tutoie.

Hören wir zu! pour un groupe dans lequel le sujet est inclus.

Hören Sie mir gut zu! pour une ou plusieurs personnes que l'on vouvoie.

▸ Le verbe conjugué se place en tête de l'énoncé.

Le préverbe séparable se détache du radical verbal :

das Fenster auf/machen → *Machen Sie das Fenster auf!*

Exprimer l'interdiction

▸ À l'aide du verbe ***dürfen*** (pouvoir, avoir la permission) à la forme négative :

Hier darf man kein Kaugummi essen.

Du darfst hier den Rasen nicht betreten.

▸ À l'aide des verbes ***verbieten*** ou ***untersagen*** **:**

- *verbieten / untersagen* (interdire)
- *jdm etwas verbieten / untersagen* (interdire quelque chose à quelqu'un)
- *jdm verbieten / untersagen, etwas zu tun* (défendre à quelqu'un de faire quelque chose)
- *untersagt sein / werden* (être interdit)

Autowaschen im Freien ist verboten.

Im Nordpolarmeer soll Fischen verboten werden.

Das Rauchen wurde ihm vom Arzt untersagt.

Parken verboten!

Ich verbiete dir, das weiter zu erzählen!

▸ À l'aide de l'expression ***nicht erlaubt sein*** :

Der Verkauf von Kosmetikprodukten, die an Tieren getestet wurden, ist innerhalb der EU nicht mehr erlaubt.

Für Hunde nicht erlaubt.

Es ist nicht erlaubt, das Handy beim Fahren zu benutzen.

SAVOIR FAIRE — Former l'impératif

• **Conjugaison** de l'impératif :

Mach!	2e personne du singulier : radical de la 2e personne sans pronom personnel
Machen wir!	1re personne du pluriel : forme conjuguée de la 1re personne du pluriel suivie du pronom personnel *wir*
Macht!	2e personne du pluriel : forme conjuguée de la 2e personne sans pronom personnel
Machen Sie!	forme de politesse : forme conjuguée de la forme de politesse suivie du pronom personnel *Sie*

• À l'impératif, les verbes forts en e / i (comme *helfen*) changent de voyelle au singulier. Par ailleurs, la terminaison « e » du singulier disparaît :
Helfen → Hilf! Helfen wir! Helft! Helfen Sie! *Essen → Iss! Essen wir! Esst! Essen Sie!*
Le « e » de la 2e personne du singulier est obligatoire pour les verbes prenant un « e » intercalaire au présent de l'indicatif : *Rede! Arbeite!*
Ce « e » se retrouve devant le « -t » de la 2e personne du pluriel des verbes en *-eln* et *-ern* :
Lächle! Schüttle!

S'ENTRAÎNER

1 Formez des phrases au mode impératif.

a. Den Müll trennen (2e personne du singulier)

b. Wasser und Energie sparen (1re personne pluriel)

c. Lokale Produkte kaufen (2e personne pluriel)

d. Weniger Textilien kaufen (2e personne singulier)

e. Reparaturenservice nutzen (2e personne pluriel)

2 Transposez les phrases à l'impératif.

a. Ihr sollt euch für die Umwelt engagieren.

b. Du sollst dich für neue Energien interessieren.

c. Wir sollten auf Atomstrom verzichten.

d. Ihr sollt fair produzierte Waren kaufen.

e. Sie sollten Bioschokolade essen.

f. Ihr sollt Recyclingpapier benutzen.

3 Complétez les phrases en utilisant un des verbes ci-dessous à l'impératif.

~~werfen~~ – anfangen – kaufen – gehen – laufen lassen – sammeln – trennen – sparen – ausmachen – wechseln – abschalten – anwenden – nutzen – kaufen

Werfen Sie die alten Batterien nicht in den Müll!

a. … im Kleinen …! (Sie)

b. … Artikel zum Nachfüllen! (wir)

c. … zu Fuß! (du)

d. … die Spülmaschine, und die Waschmaschine nur voll …! (ihr)

e. … in einer Zisterne Wasser zum Gießen! (wir)

f. … den Müll! (ihr)

g. … Wasser und Energie! (wir)

h. … das Licht …, wenn du ein Zimmer verlässt! (du)

i. … zu Ökostrom aus erneuerbaren Energien wie Sonne, Wind oder Wasser! (ihr)

j. … den Stand-by-Betrieb bei Fernseher und Videorecorder …! (du)

k. … Mehrwegsysteme und Recycling …, um Abfall zu vermeiden! (ihr)

l. … den Reparaturservice! (wir)

m. … lokale Produkte! (ihr)

4 Donnez un conseil avec *raten* ou *empfehlen*.

a. Du sollst kurze Strecken zu Fuß gehen oder mit dem Rad zurücklegen. (*raten*)

b. Sie sollen unnötige Spaßfahrten möglichst vermeiden. (*raten*)

c. Ihr sollt Obst oder Gemüse ohne Plastikverpackung kaufen. (*empfehlen*)

d. Sie sollen eine Stofftüte benutzen. (*empfehlen*)

e. Du sollst Müll ordentlich entsorgen. (*raten*)

f. Ihr sollt regelmäßig Müllsammelaktionen führen. (*raten*)

g. Du darfst Plastik- und Glasflaschen nicht wegwerfen. (*empfehlen*)

5 *Sie machen alles falsch!* Donnez un conseil avec *an seiner/ihrer/eurer/Ihrer Stelle würde ich…* en procédant aux modifications nécessaires.

a. Er kauft immer Plastiktüten an der Kasse des Supermarkts.

b. Sie benutzen jeden Tag das Auto für kurze Strecken.

c. Sie kauft immer das Neueste.

d. Sie kaufen Erdbeeren im Winter.

e. Du lässt Elektrogeräte auf Stand-by laufen.

f. Sie fahren nie mit öffentlichen Verkehrsmitteln.

6 Transposez les phrases en utilisant le verbe *sollen* au subjonctif présent.

a. Kaufen wir Bioprodukte!

b. Ich rate dir, Müll zu vermeiden.

c. Achtet beim Einkauf auf die Verpackung!

d. Wir empfehlen euch, Strom über einen Ökostromanbieter zu beziehen.

e. Nimm den Bus oder die Bahn oder am besten das Fahrrad!

f. Ich rate dir, deinen Fernseher oder PC auszuschalten, wenn du sie nicht benutzt.

7 Transposez les phrases en utilisant le verbe *sollen* à l'indicatif et l'adverbe *unbedingt*.

a. Benutzen Sie Energiesparlampen!

b. Du kannst den Müll trennen.

c. Esst weniger Fleisch!

d. Wenn du Essen zur Arbeit mitnimmst, packe es in eine Butterbrotdose, anstatt in eine Plastiktüte.

8 Transposez les phrases en utilisant l'expression *nicht erlaubt sein*.

a. Du darfst dein Handy nicht beim Fahren benutzen.

b. Jetzt sind Tierversuchs-Kosmetika in der EU verboten.

c. Man darf keine Gartenabfälle in den normalen Mülleimer werfen.

d. Glühlampen gehören nicht in den Glascontainer.

e. Bei Rot darf man nicht den Motor laufen lassen.

1 Le lexique p. 4

1 a. homonymes – b. synonymes – c. synonymes – d. paronymes – e. antonymes – f. homonymes – g. antonymes – h. paronymes

2

Mots	Synonymes familiers	Synonymes soutenus
a. prétentieux	péteux, m'as-tu-vu	fat, présomptueux
b. maison	baraque	demeure
c. ami	copain, pote	camarade
d. colère	pétard, rogne	courroux, ire
e. manger	bouffer, becqueter	se restaurer, se sustenter
f. s'amuser	s'éclater	se divertir, folâtrer
g. audacieux	gonflé	téméraire

3 a. Ce visiteur est d'autant plus importun (gênant) qu'il arrive au moment le moins opportun (favorable, propice).
b. Je dois décerner (remettre) le premier prix au vainqueur que je ne parviens pas à discerner (distinguer) dans la foule.
c. Ce monument perpétue (fait durer, maintient) le souvenir des disparus contre qui un crime a été perpétré (commis).
d. Il a évoqué (mentionné) cette affaire mais invoqué (fait appel à) son absence de responsabilité.
e. Le volcan est entré en éruption (jaillissement de lave). Mon frère a fait irruption (est entré brusquement) dans ma chambre.

4 a. J'ai mal à la tête. Il est à la tête de sa classe. Il m'a longtemps tenu tête. Il n'en fait qu'à sa tête. Une tête de lit en bois.
b. Son front est en sueur. Elle a eu le courage de faire front. Il est mort au front en 1917.
c. Le mouton bêle. Revenons à nos moutons. En politique, c'est un vrai mouton. Les moutons d'écume sur les vagues. Des moutons de poussière sous les meubles.
d. N'ajoute pas de sel. Ses cheveux sont poivre et sel. Mes amis sont le sel de ma vie. Il veut toujours mettre son grain de sel.
e. Nettoie le foyer de la cheminée. Nous voulons fonder un foyer. Elle a quitté le foyer conjugal. Il a vécu un an en foyer de travailleurs.
f. Nous répétons la dernière scène de *Phèdre*. Il n'y avait qu'une chaise sur la scène. Voici la scène du crime. Il va encore me faire une scène. L'affaire a fait grand bruit sur la scène internationale.
g. Il a mal supporté son échec. Vous êtes échec et mat.

5 Champ lexical de la violence : *belliqueux, transportait, battre, cracher au visage, broyer, frémissante, enragée, la haine qui l'étouffait.*

6 Les connotations humaines personnifient le loup (*jambes/ongles/s'est jugé/sans daigner savoir*) comme un être fier, digne, combatif et courageux (*n'a pas desserré ses mâchoires de fer*/*nous regarde*/*meurt sans jeter un cri*).

2 Phrases et syntaxe p. 6

1 a. Le premier paragraphe comporte une seule longue phrase complexe, constituée d'une succession de propositions indépendantes (à l'exception de *le ciel était pur comme si les anges l'eussent lavé le matin* où la proposition principale est suivie d'une subordonnée complément circonstanciel de comparaison) de type déclaratif, juxtaposées à l'aide de virgules : cette structure crée un effet d'accumulation qui met en valeur la chute de la phrase, annonçant l'éblouissement de la rencontre amoureuse par la formule rituelle *leurs deux yeux se rencontrèrent.*
b. Phrase complexe : *Elle baissa les yeux, et il continua son chemin.*
Phrase emphatique : *Ce qu'il venait de voir, ce n'était pas l'œil ingénu et simple d'un enfant, c'était un gouffre mystérieux qui s'était entr'ouvert, puis brusquement refermé.*
Phrase interrogative : *Qu'y avait-il cette fois dans le regard de la jeune fille ?*
Phrase exclamative : *Malheur à qui se trouve là !*

2 a. Le texte est composé d'une succession de brèves propositions indépendantes juxtaposées au moyen de virgules et points-virgules, puis d'une subordonnée de cause (*et comme j'avais vingt ans…*) précédant la proposition principale (*je me croyais l'amant…*) : il y a un effet d'accélération du rythme, mimant le tourbillon du libertinage amoureux et l'étourdissement du jeune homme naïf, plein d'illusions sur sa maîtresse infidèle.
b. Comme elle me trompa, je me fâchai, si bien qu'elle me quitta. Comme j'étais ingénu, je le regrettai ; elle me pardonna, parce que j'avais vingt ans.

3 a. Madeleine, grelottant, souffle sur ses doigts, une main après l'autre. Un froid mouillé s'engouffre sous sa jupe qu'elle plaque contre ses cuisses, tandis que les arbres nus succèdent aux arbres nus, découpés sur le ciel gris-mauve. Elle fixe le ruban d'asphalte et serre sur sa poitrine le châle dont le nœud se défait.
b. Le texte ainsi réécrit est plus conventionnel que celui de V. Goby, dont les brèves phrases au présent, construites selon le principe de la parataxe (voir chapitre 2), créent un effet de rythme haletant et donnent l'impression de voir ou de vivre la scène au présent, en même temps que le personnage.

4 a. **Tournures emphatiques** : *C'était au pied du tombeau de Mme de Staël que tant d'illustres absents…/ c'est à l'entrée du bois silencieux*/*ce que c'est que d'être véritablement aimé.*
Rythme binaire : *la vanité et la vérité de la gloire et de la vie.*
Rythme ternaire : *C'était au pied du tombeau de Mme de Staël que tant d'illustres absents sur le même rivage se présentaient à ma mémoire*/*bois silencieux, obscur, inconnu.*
b. Le style périodique qui marque l'ensemble du texte est particulièrement sensible dans la dernière phrase, période construite en quatre mouvements cadencés qui donnent un effet de musicalité et renforcent la solennité lyrique du propos. Les propositions subordonnées conjonctives (circonstancielle de condition *Si j'ai jamais senti…*) et

relatives (*où dort celle...*), ainsi que les tournures emphatiques (*c'est à l'entrée.../ ce que c'est que d'être...*), mettent en valeur la chute de la phrase qui célèbre la puissance de l'amour porté aux êtres disparus.

3 Les modes et les temps des verbes p. 8

1 – *étudiais* : indicatif imparfait, relatant une action passée en l'envisageant dans son déroulement (= imparfait duratif).
– *avait mis, n'était entré* : indicatif plus-que-parfait, marquant l'antériorité dans le passé par rapport aux faits relatés à l'imparfait ou au passé simple.
– *revint, trouva* : indicatif passé simple, relatant des faits de premier plan, des actions ponctuelles accomplies à un moment précis.
– *était* (*brisé*), *était* (*trop forte*) : indicatif imparfait, descriptif, évoquant un état.
– *interroge, nie, réunissent, exhortent, pressent, menacent, persiste* : indicatif présent de narration, visant à dramatiser le récit de l'interrogatoire pour montrer combien le souvenir en reste marquant dans l'esprit du narrateur, près de cinquante ans plus tard.
– *emporta* : indicatif passé simple, relatant une action achevée, définitive.
– *fût* : subjonctif imparfait, obligatoire après la conjonction de subordination « quoique » (comme après « bien que ») introduisant une concession.
– *eût trouvé* : subjonctif plus-que-parfait, marquant l'antériorité par rapport au fait précédent rapporté au subjonctif imparfait.
– *sens, élève* : indicatif présent d'énonciation, renvoyant au moment même de l'écriture et au discours du narrateur commentant son récit.
– *seront* : indicatif futur simple, exprimant une action à venir considérée comme certaine.
– *vivrais* : indicatif conditionnel, à valeur modale puisqu'il exprime une hypothèse.

2 a. – *prêtait, permettait* : indicatif imparfait.
– *est parti* : indicatif passé composé.
– *avoir déjeuné* : infinitif passé.
– *profiter* : infinitif présent.
– *allongé, sorti* : participe passé.
– (*il*) *a dû,* (*s'*) *est présentée* : indicatif passé composé.
– *se balançant* : participe présent.
– *en commençant* : gérondif.
– *sait, montent* : indicatif présent.
– *pût* : subjonctif présent.
b. Il s'agit d'un présent de vérité générale, rapportant un fait géographique présenté comme notoire (= bien connu) par un narrateur qui ironise sur l'emploi du mot *colline*, puisque chacun sait que la Vendée est une région au relief plat.
c. Anthime partit faire un tour à vélo ; il dut se dresser en danseuse quand une colline se présenta.
d. Dans le texte d'Echenoz, l'emploi du passé composé donne un effet de proximité temporelle et de réalisme, comme si la scène décrite avait eu lieu récemment et que les protagonistes étaient encore vivants. C'est ainsi une manière de rapprocher les lecteurs d'aujourd'hui de la période de la guerre de 1914-18. La réécriture au passé simple rejette au contraire cette époque dans un passé lointain et révolu, sans continuité avec le présent.

3 a. Je vous **serais** (indicatif conditionnel, valeur modale exprimant une demande polie) reconnaissante de bien vouloir me rendre le livre que je vous **ai prêté** (indicatif passé composé) le mois dernier.
b. Avant qu'il **ait pu** (subjonctif passé, évoquant un fait non réalisé dans le passé) protester, nous partîmes.
c. Après que la guerre **eut été déclarée** (indicatif passé antérieur, exprimant l'antériorité par rapport au verbe principal au passé simple), le pays fut bouleversé.
Attention ! *Avant que* s'emploie toujours avec un verbe au subjonctif puisqu'on évoque une action non réalisée ; *après que* s'emploie toujours avec un verbe à l'indicatif, puisqu'on évoque une action déjà réalisée.
d. Bien que le texte **décrive** (subjonctif présent, obligatoire après *bien que* qui introduit une subordonnée de concession) un monde imaginaire, il **offre** (indicatif présent, recommandé dans la rédaction des travaux scolaires, de type commentaire de texte ou dissertation) matière à réfléchir sur la réalité.

4 L'énonciation et la modalisation p. 10

1 a. c. Énoncés coupés de la situation d'énonciation.
b. d. e. Énoncés ancrés dans la situation d'énonciation.

2 • Marques de la 1re et de la 2e personnes, verbes à l'impératif : *approchez et venez m'entendre, votre, vous, venez apprendre, vous en avez préféré, si vous pouvez, retournez.*
• Apostrophe « *Ô femmes* » prenant à partie les destinataires pour les exhorter à « entendre » ce que l'auteur a à leur dire.
• Marques de jugement subjectif : *les avantages que vous avait donnés la nature et que la société vous a ravis/devenues son esclave/cet état abject/dégradées de plus en plus par une longue habitude de l'esclavage/vices avilissants mais commodes/vertus plus pénibles/occupations futiles.*
• Ce texte appartient au genre **argumentatif** du discours, que l'auteur écrit comme s'il était en train de l'énoncer face à ses destinataires qu'il invite à *s'approcher* pour mieux l'*entendre.*

3 • **Éléments de récit**, coupés de la situation d'énonciation : vers 1 à 4, 6 à 10, 12 à 16, 25. Récit raconté à la 3e personne, au passé simple, avec des indications de lieu et de temps relatifs au contexte fictif des événements relatés (*un tel jour, en tel lieu, son antre*).
• **Éléments de discours**, ancrés dans la situation d'énonciation : v. 5, 11, 17 à 24. Le discours du narrateur, inséré dans le récit même de la fable, est reconnaissable à l'emploi de la 1re personne du singulier, d'un verbe à l'impératif présent par lequel le fabuliste s'adresse directement à ses lecteurs (*Jugez si*), d'autres verbes à l'indicatif présent d'énonciation (*Je définis*), du déterminant possessif *notre* renvoyant à la fois au fabuliste et aux lecteurs.

4 • **Modalisateurs à supprimer :**
– *l'un de nos meilleurs fabulistes français* (pas de jugement de valeur dans un commentaire scolaire) ;
– *Je crois, à mon avis, que je dois commenter aujourd'hui* (l'emploi du *je* et des autres marques de la 1re personne est à éviter dans les travaux scolaires écrits, mais autorisé à l'oral).
• **Reformulation :**
Jean de La Fontaine, auteur classique contemporain du règne de Louis XIV, critique les défauts des hommes et la société en mettant en scène dans ses fables des animaux personnifiés : « Je me sers des animaux pour instruire les hommes », déclare-t-il dans la dédicace de son premier recueil de *Fables* (1668). Cette visée est sensible dans l'une de ses fables, « Les Obsèques de la lionne », extraite du livre VIII.

5 Les discours rapportés p. 12

1 a. • **Discours indirect** : *Je lui demandai ce qui l'amenait à Amiens, et si elle y avait quelques personnes de connaissance. Elle me répondit ingénument qu'elle y était envoyée par ses parents, pour être religieuse. Elle me dit [...] qu'elle ne prévoyait que trop qu'elle allait être malheureuse, mais que c'était apparemment la volonté du Ciel, puisqu'il ne lui laissait nul moyen de l'éviter.*

• **Discours narrativisé** : *Je lui parlai d'une manière qui lui fit comprendre mes sentiments [...]. Je combattis la cruelle intention de ses parents par toutes les raisons que mon amour naissant et mon éloquence scolastique purent me suggérer.*

b. **Transposition du discours indirect en discours direct :**
« Qu'est-ce qui vous amène à Amiens ? Y connaissez-vous quelques personnes ? », lui demandai-je. « Oh non ! Ce sont mes parents qui m'envoient ici, pour que j'entre au couvent », me répondit-elle ingénument. [...] « Je ne prévois que trop que j'y serai malheureuse, mais telle est apparemment la volonté du Ciel, puisqu'Il ne me laisse aucun moyen de l'éviter... », me dit-elle, après un moment de silence.

2 a. [...] une grosse voix lui demanda ce qui lui faisait tant de chagrin. [...] Il répondit en balbutiant, avec des larmes plein les yeux et plein la gorge, qu'on l'avait battu parce qu'il n'avait pas de papa. L'homme, en souriant, lui répondit que tout le monde en avait un. L'enfant répéta péniblement, au milieu des spasmes de son chagrin, que lui n'en avait pas. [...] L'ouvrier proposa à l'enfant de le ramener chez sa mère et lui promit qu'on lui donnerait un papa.

b. Maupassant a fait le choix du discours rapporté au style direct pour accentuer le réalisme et le caractère émouvant de son texte.

3 a. • **Discours indirect libre** : *Mon Dieu ! il était donc revenu, ce mal abominable dont il se croyait guéri ? Voilà qu'il avait voulu la tuer, cette fille ! Tuer une femme, tuer une femme ! [...] Et ce n'était point parce qu'elle résistait, non ! c'était pour le plaisir, parce qu'il en avait envie, une envie telle que, s'il ne s'était pas cramponné aux herbes, il serait retourné là-bas, en galopant, pour l'égorger. Elle, mon Dieu ! cette Flore qu'il avait vue grandir, cette enfant sauvage dont il venait de se sentir aimé si profondément. [...] Qu'avait-il donc de différent lorsqu'il se comparait aux autres ?*

• **Indices du discours indirect libre** :
– exclamations et interjections (*Mon Dieu !*) ;
– interrogations ;
– tournures emphatiques (*il était donc revenu, ce mal abominable dont.../ Voilà qu'il avait voulu la tuer, cette fille !/ Et ce n'était point parce qu'elle résistait, non ! c'était pour le plaisir.../ cette Flore qu'il avait vue grandir, cette enfant sauvage...*) ;
– Répétitions (*Tuer une femme, tuer une femme ! parce qu'il en avait envie, une envie telle que...*).

b. Transposition sous forme de discours narrativisé :
En se remémorant sa terrible pulsion meurtrière envers Flore, Jacques se désespérait de sentir revenir le mal dont il s'était cru guéri.

6 Les figures de style p. 14

1 a. métaphore – b. oxymore – c. hyperboles – d. personnification et métonymie – e. périphrase et métonymie – f. métaphore et paradoxe

2 a. Litote : j'irai droit au but, je vais parler (ou agir) franchement, sans détour.

b. Métonymie et hyperbole : au sens propre = je n'ai pas autant d'appétit que je le croyais ; au sens figuré = j'ai surestimé mes capacités, j'ai vu trop grand.

c. Métonymie et métaphore : faites ce que vous voulez, je ne veux pas m'en mêler, je décline toute responsabilité. L'origine de l'expression vient de l'attitude de Ponce Pilate face à la condamnation de Jésus, rapportée dans les Évangiles.

d. Euphémisme : les quartiers désignent aujourd'hui les banlieues ou cités défavorisées.

3 **Comparaison** : *c'est comme une femme qui serait affreuse la Peine.*

Métaphores : *rapaces, horde, se chambarder d'un flanc sur l'autre.*

Allégorie : *c'est comme une femme qui serait affreuse la Peine, et qu'on aurait épousée. Peut-être est-ce encore mieux encore de finir par l'aimer un peu que de s'épuiser à la battre pendant la vie entière.*

Métonymie : *besoins naturels, de la gueule et du cul.*

Accumulation : *le même pinard, le même cinéma, les mêmes ragots sportifs, la même soumission enthousiaste aux besoins naturels, de la gueule et du cul, en referaient là-bas comme ici la même horde lourde, bouseuse, titubante d'un bobard à l'autre, hâblarde toujours, trafiqueuse, malveillante, agressive entre deux paniques.*

Parallélisme : *puisque le malade, lui, change bien de côté dans son lit, dans la vie, on a bien le droit nous aussi de se chambarder d'un flanc sur l'autre.*

Oxymore : *soumission enthousiaste.*

Ces figures de style contribuent à la vision pessimiste et désabusée d'une vie monotone, condamnée à la répétition, et d'une humanité uniforme et bestiale qui rend vain tout désir de changement et de combat contre le destin. Il ne reste plus dès lors qu'à tenter d'*aimer un peu* sa *Peine*, affreuse mais inséparable compagne de vie puisqu'on ne saurait espérer la vaincre.

4 **Métaphores hyperboliques** : *récits hideux qui t'ont empoisonnée/le monde n'est qu'un égout sans fond où les phoques les plus informes rampent et se tordent sur des montagnes de fange.*

Accumulation d'adjectifs (de *menteurs* à *sensuels*, puis de *perfides* à *dépravées*) condamnant les faiblesses et les vices de chacun des deux sexes (à l'aide du parallélisme : *tous les hommes/toutes les femmes*).

Antithèse : *une chose sainte et sublime* s'oppose à l'accumulation précédente ainsi qu'à la vision bestiale et grotesque des *phoques* sur *des montagnes de fange*, et aux adjectifs *si imparfaits et si affreux.*

Gradation, scandée par la reprise de *souvent* : *on est souvent trompé en amour, souvent blessé et souvent malheureux/j'ai souffert souvent, je me suis trompé quelquefois, mais j'ai aimé.*

Euphémisme : *quand on est sur le bord de sa tombe.*

Les figures de style soutiennent la visée persuasive de cette tirade qui cherche à sacraliser l'amour comme une force salvatrice qui rachète les défauts des hommes et des femmes. Séparés, les deux sexes ne sont que vices et imperfections ; réunis par l'amour, ils sont capables d'éprouver la pureté du sentiment, d'accéder à leur authenticité et de donner sens à leur vie, fût-ce au prix de souffrances.

7 L'implicite p. 16

1 **Première anecdote** : en s'étonnant de découvrir que sa bonne avait cinq doigts à la main, comme elle, la fille du

Roi manifeste ses préjugés naïfs d'enfant élevée comme un être d'exception, persuadée que le sang royal confère une différence de nature d'avec le commun des mortels.

Chamfort critique implicitement, avec une ironie mordante, ce type de préjugés et, à travers eux, le système de croyances de la monarchie absolue de droit divin.

Deuxième anecdote : ce qui est dit du vin vaut pour les individus, de manière métaphorique : ce sont les personnes incompétentes, autant que les vins *très médiocres* qui ont besoin de fausses louanges et de *recommandations*, alors que les individus talentueux peuvent a priori s'en passer.

L'ironie de Chamfort dénonce ici l'hypocrisie sociale et la corruption qui permettent à des incapables d'obtenir des faveurs, d'occuper une place indue dans la société. Cela pourrait correspondre à ce qu'on appelle aujourd'hui, de manière familière, un « piston ».

2 a. Du fait de son chant remarquable, le rossignol a inspiré un grand nombre de mythes et d'œuvres littéraires ou artistiques (voir par exemple la pièce de Shakespeare, *Roméo et Juliette*, ou le poème de Verlaine, « Rossignol », dans le recueil *Poèmes saturniens*). Il symbolise l'amour, et en particulier la mélancolie d'un amour perdu. Dans la nouvelle de Maupassant, la description du chant du rossignol laisse deviner l'étreinte sexuelle entre Henri et Henriette : c'est ce qu'on appelle une ellipse métaphorique. Cette suggestion est soulignée par les analogies entre le chant du rossignol et l'acte amoureux (*Il jeta d'abord trois notes pénétrantes qui semblaient un appel d'amour/deux soupirs ardents qui se mêlaient au chant du rossignol/sa voix s'accélérant peu à peu comme un incendie qui s'allume ou une passion qui grandit, semblait accompagner sous l'arbre un crépitement de baisers/comme un chant d'amour furieux*) et le jeu sur la polysémie des mots renvoyant à la fois au chant du rossignol et aux gestes des amants (*trois notes pénétrantes/modulations très lentes/une ivresse/sa voix s'accélérant/des pâmoisons/de grands spasmes mélodieux/se reposait un peu/course affolée/des jaillissements de gammes, des frémissements, des saccades*).

b. Ce choix narratif est motivé par des raisons sociales autant que littéraires : au XIXe siècle, la pudeur interdit de décrire explicitement une scène érotique dans ce genre de nouvelle. Maupassant a ainsi l'occasion de se livrer à un véritable exercice de style qui en appelle à la connivence du lecteur et qui est riche d'effets poétiques. Le parallèle établi entre le chant de l'oiseau et l'acte amoureux permet aussi de suggérer que les amants s'abandonnent de manière éphémère à leur « instinct » naturel avant d'être séparés par les conventions sociales.

3 En peinture, la « vanité » est un sous-genre de la nature morte qui s'est particulièrement développé au XVIIe siècle, aux Pays-Bas d'abord, puis dans d'autres pays européens. Emprunté à une citation du *Livre de l'Ecclésiaste*, dans la Bible (« Vanité des vanités, tout est vanité »), le mot « vanité » renvoie au caractère vain, illusoire parce que transitoire de l'existence humaine. Le peintre de « vanités » représente ainsi divers objets symboliques qui confrontent les plaisirs de l'existence terrestre à la condition mortelle de l'homme, représentée par un crâne au centre de la composition. Ancrées dans la tradition chrétienne, ces vanités ont une fonction morale, rappelant aux hommes qu'ils doivent penser avant tout à leur salut, à leur vie après la mort, sans attacher trop d'importance aux satisfactions terrestres (ce que les Latins résumaient par la formule *memento mori* : « souviens-toi que tu vas mourir »).

La manière réaliste dont sont peints ces objets allégoriques cherche à donner une illusion d'authenticité et témoigne d'une fascination du détail qui rappelle aussi l'art du trompe-l'œil, en vogue à la même époque.

Dans le tableau de Simon Renard de Saint-André, les objets sont accumulés sur une petite table, qui s'apparente à un lieu d'offrande ou de dévotion. L'œil est immédiatement attiré vers le crâne, symbole brutal de la mort placé au centre de la composition et mis en valeur par une lumière dorée qui contraste avec le fond noir et le tissu tout aussi sombre recouvrant la table.

De part et d'autre du crâne, le bouquet de fleurs et le sablier symbolisent le temps qui passe.

Au premier plan, le sceau rouge, qui paraît en équilibre instable, suggère la vanité du pouvoir et l'illusion des prestiges qui y sont liés.

Sur la table, les deux dés et la partition de musique renvoient aux plaisirs du jeu et des arts, au divertissement qui détourne l'homme de la pensée de la mort.

La plume dans son encrier, les lunettes et bien sûr le livre symbolisent le savoir et la culture humaniste. On peut déchiffrer le titre du chapitre dans le livre ouvert, « Le Tombeau », qui fait directement écho au thème de la Vanité et du *memento mori*. Enfin, un papillon, représenté au-dessus du livre, symbolise l'espoir de résurrection.

8 Les types de textes p. 18

1 a. **Texte argumentatif**. Indices : présent de vérité générale, connecteurs logiques (*mais, parce que, or, et ainsi*), expressions du jugement (*est utile, désavantageux*), titre de l'œuvre (*Pensées*).

b. **Texte explicatif**. Indices : déclaration initiale de la visée explicative (*Il faut, pour comprendre ce mécanisme, [...] préciser quelque peu cette notion de « village »*), inscription entre guillemets du mot expliqué, présent d'actualité, termes techniques empruntés au champ lexical du sport, objectivité apparente du narrateur qui explique sans formuler de jugement.

c. **Texte descriptif**. Indices : références au paysage (mer et ciel étoilé), verbes de perception, d'état ou d'action conjugués à l'imparfait descriptif, indications spatiales (*sur l'eau profonde, sur l'eau sans limites, çà et là, proches ou lointaines*), notations visuelles précisant les couleurs et les mouvements (*plus sombre que le ciel, tremblotaient, blanches, vertes ou rouges, immobiles, semblaient courir*).

d. **Texte narratif**. Indices : verbes d'action et de paroles conjugués aux temps du passé (passé simple, imparfait, conditionnel passé), personnages désignés par des noms communs assortis d'articles définis (*les deux voyageurs*, que sont *l'ermite* et *le jeune homme qui l'accompagnait*, puis *le portier*), indications de temps et de lieu (*le soir, un château superbe*).

2 a. Mélange de texte **narratif** (*je vis hier/que j'ai entendu appeler*), **descriptif** (*tout le peuple s'assemble/le grand mouvement est sur une estrade/aux deux côtés/on voit/qui jouent ensemble des scènes muettes/ici, c'est une amante affligée qui exprime sa langueur/une autre, plus animée, dévore des yeux son amant, qui la regarde de même*), **explicatif** (*quoiqu'elle se passe tous les jours à Paris/qu'on nomme le* théâtre/*des petits réduits qu'on nomme* loges/*à peu près comme celles qui sont en usage en notre Perse*), **argumentatif** (*une éloquence qui, pour être muette, n'en est que plus vive*).

b. Alternance de texte **descriptif** (1er et 3e paragraphes), **argumentatif** (2e paragraphe) et **narratif** (dernière phrase).

c. Alternance de texte **narratif** (v. 1-2, 4 à 10), **descriptif** (v. 3), **argumentatif** (v. 11 à 14, énonçant la morale de la fable).

9 La structure d'un texte p. 20

1 Le texte est construit selon une structure à la fois temporelle et spatiale, qui suit le parcours des deux visiteurs, Candide et Cacambo, à l'intérieur du palais royal. Les indices sont les repères de lieu et verbes de mouvement (*à la descente du carrosse/les conduisirent aux bains/les menèrent à l'appartement de Sa Majesté/approchèrent de la salle du trône*) et les connecteurs temporels (*après quoi, quand*).

2 **a.** Conformément à la forme du sonnet, ce poème compte deux quatrains et deux tercets. Son originalité tient à ce que la structure des deux phrases qui le composent ne respecte pas la structure des strophes : en effet, la première phrase (de *Tant que mes yeux...* à *...encore point mourir*) compte neuf vers qui débordent le cadre des quatrains pour s'achever au début du premier tercet. Cette phrase commence par une série de quatre subordonnées temporelles qui font attendre la proposition principale, ainsi mise en valeur au v. 9. La seconde phrase, qui s'ouvre sur la conjonction *mais* marquant une opposition, est plus courte, se développant sur cinq vers. Il y a un parallélisme de structure avec la première phrase, puisque celle-ci est également constituée d'une succession de subordonnées temporelles aboutissant à la proposition principale qui marque la chute du sonnet.

b. Le poème est organisé autour de l'opposition entre les deux phrases, soulignée par *mais*, et de la reprise du thème de la mort, énoncé dans les deux propositions principales (v. 9 et 14). La première partie célèbre la fonction vitale de l'expression de l'amour, alors que la seconde exprime le désir de mourir si l'amour disparaissait. En outre, on reconnaît dans ce sonnet l'empreinte du blason (voir chapitre 25) à travers l'énumération de diverses parties du corps féminin (*mes yeux, ma voix, ma main, mon esprit*).

3 Le texte est organisé selon une structure logique qui oppose les méfaits de la guerre aux bienfaits de la paix. Cette antithèse est soulignée au centre du paragraphe par le connecteur *au contraire* ; elle est développée à l'aide d'une métaphore filée qui, tout au long du texte, associe l'état de guerre à une maladie, source de désordres, de dommages et de pertes alors que la paix garantit la *santé* du pays, condition du *bonheur* du peuple.

4 Lamartine présente le « droit au travail » comme un véritable « droit de vivre » revendiqué par et pour le peuple. La structure logique de son argumentation est soulignée par les changements du mode d'énonciation et des modalités des phrases. Les trois premières phrases, rédigées à la 3e personne, affirment avec force la nécessité vitale du travail pour le peuple, dans une équivalence soulignée par la conjonction *or* (*Or, le travail pour lui c'est la vie*). Ce constat est contrebalancé par une phrase interrogative (*La société, impassible et égoïste, peut-elle voir tout cela et détourner les yeux en renvoyant ce peuple à la concurrence pour toute réponse et pour tout secours ?*) qui met en cause le système capitaliste de la libre concurrence hors de toute intervention de l'État. La réponse négative à cette question, rédigée à la 1re personne du pluriel (*Nous disons : non !*) introduit un second moment de l'argumentation dont la visée persuasive est marquée par les phrases exclamatives et l'adresse directe aux destinataires, interpellés à l'aide du pronom *vous*.

10 Genres, registres et mouvements littéraires p. 22

1 Genres : **b. e. g.**
Mouvements : **c. f. i.**
Registres : **a. d. h. j.**

2 **a. Texte 1** : genre poétique ; indices : vers en octosyllabes, rimes.
Texte 2 : genre narratif (autobiographie) ; indices : récit en prose, à la 1re personne et au passé, d'un souvenir d'enfance marquant, présenté comme une faute impardonnable. Écho au titre *Les Confessions*.
Texte 3 : genre narratif (conte) ; indices : titre de l'œuvre ; récit en prose, à la 1re personne et au passé.
b. Texte 1 : registre lyrique ; indices : marques de la 1re et de la 2e personnes, évocation de la mort ou d'un amour perdu, associée à la mélancolie de l'automne.
Texte 2 : registre lyrique et pathétique ; indices : emploi du *je* renvoyant à la fois au personnage enfant et au narrateur adulte, exclamations et interrogations rhétoriques, lexique hyperbolique de la souffrance liée au « crime » et aux « remords ».
Texte 3 : registre fantastique ; indices : apparition nocturne d'un personnage inquiétant, qui semble venir « de l'autre monde » ; récit à la 1re personne ; lexique de la vision ; expression de l'effroi du narrateur.

11 Les différents genres du théâtre p. 24

1 **a. b. e. f.** Comédies (titres faisant référence à l'amour triomphant, au mariage, à la jalousie ou au cocuage « imaginaire » de personnages communs comme l'indiquent leurs noms ou surnoms).
c. Farce tragique (titre fondé sur un jeu de mots connotant la mort).
d. Tragédie classique (titre renvoyant à un roi de l'Antiquité grecque).
g. Vaudeville ou comédie de boulevard (l'expression évoque le langage d'un domestique dans une famille bourgeoise).

2 **a.** (Alfred de Vigny, *Chatterton*, 1835) : drame romantique.
b. (Jean Racine, *Britannicus*, 1669) : tragédie classique.
c. (Eugène Ionesco, *Amédée ou Comment s'en débarrasser*, 1954) : farce tragique.

3 **Liste 1** : comédie classique (Molière, *Les Femmes savantes*, 1672).
Liste 2 : tragédie classique (Jean Racine, *La Thébaïde ou les Frères ennemis*, 1664).

12 La tragédie classique p. 26

1 • Principales visées de la tragédie :
– produire un effet de catharsis en inspirant *terreur* et *pitié* (vers 1 à 3),
– *plaire et toucher*, conformément à la devise de l'art classique (vers 9).
• Règles de la tragédie classique :
– unités de lieu, temps, action : v. 14-15 (*Qu'en un lieu, qu'en un jour, un seul fait accompli/Tienne jusqu'à la fin le théâtre rempli.*) et v. 24-25 ;
– Respect de la vraisemblance : v. 16-19 (*Jamais au spectateur n'offrez rien d'incroyable :/ Le vrai peut quelquefois n'être pas vraisemblable/Une merveille absurde est pour moi sans appas : L'esprit n'est point ému de ce qu'il ne croit pas*) ;

– Respect des bienséances : v. 20-23 (*Ce qu'on ne doit point voir, qu'un récit nous l'expose :/ Les yeux en le voyant saisiront mieux la chose ;/ Mais il est des objets que l'art judicieux/Doit offrir à l'oreille et reculer des yeux.*)

2 Intrigue et personnages empruntés à la mythologie grecque, ici à la légende de la guerre de Troie.
Personnages de haut rang : Oreste est le fils du roi Agamemnon. Pyrrhus, fils du héros guerrier Achille, est roi d'Epire.
Références à un destin funeste qui provoquera le malheur ou la mort des héros : *ma fortune/son courroux/si funeste/le jour fatal/la mort que vous cherchiez toujours/un destin plus heureux/qui peut savoir le destin/mon sort/la vie ou la mort.*
Présentation d'Oreste en héros en proie à la *mélancolie*, souffrant de son amour non réciproque envers une femme qualifiée d'*inhumaine* qu'il persiste pourtant à poursuivre.
Ce premier dialogue remplit pleinement sa fonction d'exposition en présentant le lieu, l'époque, certains des personnages principaux et des enjeux de l'intrigue.

13 La comédie classique p. 28

1 a. Acaste incarne le type du fat, du vaniteux, toujours *content de soi* (*cf.* le dernier vers de la tirade) qui est raillé par plusieurs écrivains et moralistes du XVIIe siècle tels que La Fontaine, La Rochefoucauld ou La Bruyère.
b. Acaste fait étalage de ses prétendues qualités alors même que sa tirade témoigne de ses défauts : *juger sans étude et raisonner de tout*, autant que *faire du fracas/À tous les beaux endroits qui méritent des ah !* sont des preuves de bêtise bien loin de l'*esprit* et du *bon goût* dont se vante le personnage.
c. Les formes de comique sont : le comique de caractère (un fat stupide), le comique de mots (le vaniteux affirme parler *sans vanité* + contradictions énoncées ci-dessus), le comique de gestes (le comédien peut accentuer le ridicule d'Acaste par des mimiques et des postures risibles).

2 a. **Comique de situation** : forme de quiproquo et de comique de l'absurde reposant sur une double inversion, puisqu'un personnage en parfaite santé passe pour malade aux yeux de médecins qui semblent être de véritables fous.
Comique de mots : dialogue de sourds (les démentis du prétendu malade sont interprétés par les médecins comme des symptômes indubitables de sa maladie) ; mots injurieux de Pourceaugnac (*votre galimatias et vos sottises*) contrastant avec le lexique médical pédant (*manie, sputation*) et le sérieux imperturbable des médecins ; jeu sur le double sens du mot *comédie* (hypocrisie/pièce de théâtre).
Comique de caractère : le malade malgré lui face aux médecins charlatans.
Comique de gestes : les crachats de Pourceaugnac.
b. Molière tourne en dérision les médecins charlatans, l'une des cibles privilégiées de la satire dans ses comédies (voir *Le Médecin malgré lui, Dom Juan, Le Malade imaginaire*). Il dénonce non seulement leur incompétence (médecins incapables de distinguer les vrais des faux malades) mais aussi leur certitude d'avoir raison envers et contre tout. Ce dogmatisme les conduit à exercer une véritable tyrannie. Les médecins qui persécutent ainsi le malheureux M. de Pourceaugnac annoncent le personnage inventé par Jules Romains dans sa pièce *Knock ou le Triomphe de la médecine* (1923) : aux yeux de Knock, médecin charlatan, « tout bien portant est un malade qui s'ignore ». Chez Molière, la satire des médecins est une des facettes de la dénonciation de l'imposture, thème qui traverse toute son œuvre.

14 Les composantes du texte théâtral p. 30

1 a. La première réplique d'Agamemnon (*Grands Dieux ! à son malheur dois-je la préparer ?*) est prononcée comme un aparté, puisque Agamemnon parle d'Iphigénie à la 3e personne et évoque le malheur qui attend Iphigénie à l'insu de celle-ci. C'est donc à lui-même qu'il adresse cette question, en prenant le public à partie.
b. Didascalie interne : *Vous vous cachez, Seigneur, et semblez soupirer.*
c. Stichomythie : du vers 18 (*Ah ! ma fille !...*) au v. 25 (*Plus tôt que je ne veux*). Elle accélère le rythme de l'échange et intensifie la tension dramatique de la confrontation entre père et fille.
d. Iphigénie, ignorante de son sort, ne comprend pas le désarroi d'Agamemnon qu'elle tente de dérider en lui manifestant son affection filiale. Le quiproquo joue sur la double énonciation puisque le public, sachant ce qu'Iphigénie ignore, comprend les paroles allusives d'Agamemnon, ainsi que l'ironie tragique de certains propos naïfs d'Iphigénie : la jeune fille évoque elle-même le « sacrifice » à venir (croyant qu'il s'agit de sacrifier un animal) comme s'il s'agissait d'une belle cérémonie sans savoir qu'elle doit en être la victime.

2 a. Le monologue permet à Arnolphe d'exprimer ses sentiments contrastés envers Agnès, puis de se décider à agir contre Horace (à qui Arnolphe feint de s'adresser dans les quatre derniers vers). Il fait ainsi ressortir la souffrance à la fois grotesque et pathétique d'Arnolphe qui enrage de voir Agnès lui échapper. Sa tyrannie possessive est de fait mise en échec.
b. Exemples de didascalies : *Imitant l'air d'Agnès* (v. 4) ; *Les mains sur le cœur* (v. 13) ; *Criant* (v. 24)

15 Les différentes formes d'argumentation aux XVIIe et XVIIIe siècles p. 32

1 a. Argumentation directe, traité.
b. Argumentation indirecte, contes.
c. Argumentation directe, discours, sorte d'essai.
d. Argumentation indirecte, dialogue philosophique.
e. Argumentation indirecte, contes merveilleux.
f. Argumentation directe, essais sous forme de lettres sans destinataires explicites.
g. Argumentation directe, formes brèves, fragmentaires.
h. Argumentation indirecte, conte philosophique.

2 a. Genre : discours, essai. Thème : le bonheur, les plaisirs des passions. Auteur et titre : Mme du Châtelet, *Discours sur le bonheur* (1779).
b. Genre : dialogue philosophique. Thème : relations entre la Terre et la Lune. Auteur et titre : Fontenelle, *Entretiens sur la pluralité des mondes* (1686).
c. Genre : conte philosophique. Thème : grandeur et vanité du pouvoir monarchique. Auteur et titre : Voltaire, *La Princesse de Babylone* (1768).

3 **Genre** : fable en vers (alexandrins et octosyllabes).
Contexte : mouvement littéraire du classicisme, contemporain de la monarchie absolue de Louis XIV. La Fontaine cherche à « plaire et instruire » au moyen de ses fables qui lui permettent aussi de critiquer implicitement la société et le pouvoir.

Personnages et discours rapportés : animaux personnifiés (*leur sœur la Brebis*/*le Lion par ses ongles compta*), discours du Lion rapporté au style direct (v. 11 à 18).

Schéma narratif condensé : la situation initiale (les quatre animaux s'associent) et l'élément modificateur (capture du cerf) sont exposés dans les cinq premiers vers. La suite de l'action (le roi découpe la proie en quatre parts mais se les approprie toutes) est rapidement énoncée (v. 6 et 7) puis annoncée par les paroles du Lion (v. 8 à 18) qui laissent deviner la situation finale (les trois autres animaux se soumettent sans discuter) sans qu'il soit nécessaire de la raconter.

Registres : ironique, polémique, didactique.

Morale : implicite.

Enjeux et significations : critique de l'injustice et de la tyrannie de la loi du plus fort, au nom de laquelle le lion enfreint les règles du contrat initial (mettre en commun *le gain et le dommage*), s'approprie une proie qu'il n'a même pas contribué à capturer et prétend justifier la spoliation de ses associés par des arguments de mauvaise foi. La menace de mort qui clôt la pseudo-justification (*Je l'étranglerai tout d'abord*) souligne le cynisme et la brutalité de cet abus de pouvoir. Cette fable, qui peut être comparée au « Loup et l'Agneau » du même auteur, est une critique implicite des abus de la monarchie absolue, où la justice est soumise au bon plaisir du roi. Au-delà de ce contexte historique, elle peut illustrer toute forme de pouvoir arbitraire, où la force supplée à la justice équitable. La Fontaine fait écho à l'un de ses contemporains, Pascal, qui écrit dans ses *Pensées* : « Ne pouvant faire qu'il soit forcé d'obéir à la justice, on a fait qu'il soit juste d'obéir à la force. Ne pouvant fortifier la justice, on a justifié la force [...] » (liasse VII, « Contrariétés »).

16 Les types d'arguments et de raisonnement p. 34

1 **Arguments** : *les supplices inventés pour le bien de la société doivent être utiles à cette société*/*Forcez les hommes au travail, vous les rendrez honnêtes gens*/ *On sait assez que ce n'est pas à la campagne que se commettent les grands crimes, excepté peut-être quand il y a trop de fêtes, qui forcent l'homme à l'oisiveté, et le conduisent à la débauche.*

Exemples : toutes les autres phrases du texte.

Thèse de Voltaire : il faut bannir la peine de mort et condamner les voleurs et les criminels aux travaux d'intérêt général. Ainsi le châtiment sera utile à la société tout en corrigeant les condamnés, car le travail rend honnête.

2 a. Thèse principale : *Un conquérant, enivré de sa gloire, ruine presque autant sa nation victorieuse que les nations vaincues. Un prince qui n'a point les qualités nécessaires pour la paix ne peut faire goûter à ses sujets les fruits d'une guerre heureusement finie.* Un bon souverain se doit de *rendre un peuple heureux par un sage gouvernement.*

b. Raisonnement par analogie : *il est comme un homme qui défendrait son champ contre son voisin et qui usurperait celui du voisin même, mais qui ne saurait ni labourer, ni semer, pour recueillir aucune moisson.*

c. Raisonnement concessif : de *Il est vrai qu'il [= le roi pacifique] n'est pas propre à de grandes conquêtes [...]* à la fin du texte.

3 a. Il s'agit d'un raisonnement par l'absurde, reconnaissable à l'emploi du conditionnel et à la structure énumérative.

b. Voltaire dénonce l'intolérance religieuse qui conduit à la haine et aux massacres, non seulement entre les peuples, mais encore au sein même de l'un d'entre eux.

17 L'ironie polémique p. 36

1 a. **Indices de l'ironie** :

– Rupture par rapport à la logique courante : *les années pour elle ont moins de douze mois et ne la vieillissent pas.*

– Écart entre le point de vue du personnage et le jugement implicite de l'auteur : *elle le croit ainsi.*

– Décalage entre les actes et les pensées du personnage rapportées au style indirect : *pendant qu'elle se regarde au miroir, qu'elle met du rouge sur son visage et qu'elle place des mouches, elle convient qu'il n'est pas permis à un certain âge de faire la jeune, et que Clarice, en effet, avec ses mouches et son rouge, est ridicule.*

– Le dernier mot est à la fois une chute et une confirmation du sens du texte si on le rapporte au tout premier mot : c'est *Lise*, bien plus encore que Clarice, qui est *ridicule.*

Portée critique du texte : La Bruyère raille la vanité de la coquette qui veut paraître jeune et qui adopte exactement le comportement qu'elle juge ridicule chez une autre. Le portrait de Lise, critiquant à la fois la vanité, l'aveuglement sur soi et la médisance envers autrui, fait écho à la parabole évangélique de la paille et de la poutre, où Jésus déclare : « *Pourquoi regardes-tu la paille qui est dans l'œil de ton frère, et ne remarques-tu pas la poutre qui est dans ton œil ? Ou comment peux-tu dire à ton frère : « Laisse-moi ôter la paille de ton œil », lorsqu'il y a une poutre dans ton œil ? Hypocrite, ôte d'abord la poutre de ton œil, et alors tu verras à ôter la paille de l'œil de ton frère.* » (*Évangile selon saint Matthieu*, chap. 7, versets 3 à 5).

b. **Indices de l'ironie** : raisonnement par l'absurde, reconnaissable à la rupture de la logique courante dans le rapport établi entre l'effet et l'une des causes supposées : si un homme ne dit pas à un mot à sa voisine de table, c'est qu'il ne la connaît pas (= logique courante) ou qu'elle est sa femme (= paradoxe).

Portée critique : satire de la goujaterie conjugale, de l'absence de communication et de courtoisie entre époux.

c. **Indices de l'ironie** :

– Antiphrase (*Excellent*) et jeu sur l'ambiguïté du mot *longueurs* : si un distique paraît trop long, c'est qu'il est des plus médiocres. L'apparent éloge du distique est en réalité un blâme.

– L'auteur se désigne par son nom, *Chamfort*, au lieu de dire *je* (effet de mise à distance de l'énoncé).

Visée critique : par ce mot d'esprit, Chamfort se moque des apprentis poètes qui tiennent à faire lire leurs ébauches, aussi maigres soient-elles, dans l'espoir d'être encouragés.

2 a. La torture infligée à un homme est considérée comme un *plaisir* et un passe-temps que s'offre un *grave magistrat*, assisté par un *chirurgien* qui n'est pas là pour soulager les souffrances mais pour prolonger l'atroce agonie du supplicié. L'épouse du magistrat prend tellement *goût* aux récits des tortures qu'elle les réclame impatiemment à son mari, tortionnaire qu'elle appelle pourtant *mon petit cœur*.

b. Tout en adoptant un ton faussement léger et distancié, Voltaire inspire à ses lecteurs un sentiment d'indignation envers le magistrat et sa femme.

c. Voltaire condamne la torture comme un acte barbare et obscurantiste. Il dénonce l'inhumanité de ceux qui la pratiquent ou qui la cautionnent par leur fascination malsaine.

18 Les différents genres du roman au XIXe siècle p. 38

1 a. Roman réaliste, récit d'apprentissage. b. Roman social. c. Roman historique. d. Roman social. e. Roman historique.

2 a. Incipit statique : textes 2 (Sue) et 3 (Balzac). Incipit « in medias res » : texte 1 (Hugo).
b. **Texte 1.** Indices du roman **historique** : inscription d'une date (*mai 1793*) antérieure de presque un siècle à la date de la publication, faisant écho au titre du roman et chargée de connotations historiques (1793 est l'année de la Terreur révolutionnaire) ; expression emphatique (*C'était l'époque où...*), accentuée par la phrase nominale (*Temps des luttes épiques*) qui inscrivent ce roman dans la grande Histoire révolutionnaire.
Texte 2. Indices du roman **social** :
– emploi du présent d'actualité ;
– explications du sens de mots appartenant à l'*argot de vol et de meurtre*, cette *langue immonde* ;
– multiples références aux bas-fonds populaires présentés de manière péjorative (*du plus bas étage/le rebut de la population parisienne/cette fange/ces cloaques impurs*) et à ses personnages emblématiques (*forçats libérés, escrocs, voleurs, assassins*) ;
– promesses au lecteur (*Ce début annonce au lecteur qu'il doit assister à de sinistres scènes*) : c'est ce qu'on appelle la *captatio benevolentiae*, selon une expression latine désignant la façon dont l'auteur cherche à « capter la bienveillance », susciter la curiosité et l'intérêt du lecteur qui est censé appartenir à un milieu étranger à ce monde marginal du crime.
Texte 3. Indices du roman **réaliste** :
– description au présent d'actualité de sinistres maisons de province ;
– ancrage de l'intrigue à venir dans une ville réelle, Saumur ;
– effets de réel, donnant l'illusion de l'authenticité (*l'appui de la croisée/un logis situé à Saumur, au bout de la rue montueuse qui mène au château*) ;
– point de vue omniscient.
c. Texte 1 : que va-t-il arriver à ce bataillon déjà *décimé* par la guerre ? Se montrera-t-il à la hauteur des *luttes épiques* de cette époque ?
Texte 2 : en quoi vont consister les *sinistres scènes* promises ? Qui sont ces *types hideux, effrayants* ?
Texte 3 : qui habite cette maison si *mélancolique* ? Que va-t-il s'y passer ?

19 Le genre de la nouvelle au XIXe siècle p. 40

1 Selon Baudelaire, la brièveté de la nouvelle permet l'intensité de ses effets et une lecture d'une seule traite qui laisse un souvenir plus marquant. Tous les éléments, tous les mots d'une nouvelle sont maîtrisés en vue de produire une impression de totalité, d'unité parfaitement concertée.

2 • E. A. Poe, « Le Chat noir » : nouvelle **fantastique**, reconnaissable aux indices suivants :
– le titre : le chat noir fait l'objet de superstitions, considéré comme un animal maléfique ou au contraire un porte-bonheur ;
– le récit est rédigé à la 1re personne du singulier, au présent d'énonciation au début, au plus-que parfait à la fin, ce qui témoigne d'un récit rétrospectif par un *je* assurant le caractère à la fois extraordinaire et authentique de son histoire ;
– l'histoire est présentée d'emblée comme *très étrange et pourtant très familière*, et d'apparence invraisemblable (*je n'attends ni ne sollicite la créance.* [...] *Mes sens eux-mêmes rejettent leur propre témoignage*) ;
– référence à la folie et au rêve, faisant l'objet de dénégations révélatrices de doutes (*Cependant, je ne suis pas fou – et très certainement je ne rêve pas*) ;
– référence finale à un *monstre* emmuré dans *une tombe*.
• É. Zola, « Les Coquillages de M. Chabre » : nouvelle **réaliste**, comme l'attestent les indices suivants :
– personnages désignés par leur état civil et leur fonction : *M. Chabre, une demoiselle Catinot, de la maison Desvignes et Catinot, Mme Chabre, le docteur Guiraud* ;
– précisions sur l'âge et l'apparence physique : *la blonde Estelle/grande belle fille de dix-huit ans/la belle Mme Chabre* ;
– thèmes ancrés dans la réalité quotidienne, avec allusions implicites à la sexualité : le mariage bourgeois, le désir d'avoir des enfants pour assurer la descendance, la crainte de la stérilité ;
– récit au passé, par un narrateur à la 3e personne du singulier, adoptant un point de vue omniscient ;
– insertion d'un discours rapporté au style direct ;
– recours à un terme spécialisé (*les arapèdes*).

3 a. Il s'agit du type du personnage monomaniaque, obnubilé toute sa vie par une idée fixe, un désir obsessionnel (*Des gens naissent avec un instinct prédominant, une vocation ou simplement un désir éveillé, dès qu'ils commencent à parler, à penser. / M. Sacrement n'avait, depuis son enfance, qu'une idée en tête /Mais la pensée entrée aux premiers jours de sa vie dans la tête de M. Sacrement ne le quittait plus*).
b. La vie de M. Sacrement n'est racontée qu'à travers le prisme de son idée fixe, ce qui permet au narrateur de se concentrer sur des détails révélateurs (*Tout jeune il portait des croix de la Légion d'honneur en zinc... et il donnait fièrement la main à sa mère, dans la rue, en bombant sa petite poitrine ornée du ruban rouge et de l'étoile de métal*) sans développer les autres faits. L'enfance et la jeunesse du personnage sont résumés en un sommaire de quelques lignes seulement. L'action se passe à Paris, dans le cercle fermé d'un milieu privilégié (*Ils vécurent à Paris comme vivent des bourgeois riches, allant dans leur monde, sans se mêler au monde*) et cette concentration de l'espace, à l'image de l'étroitesse d'un esprit obsessionnel, est soulignée par le monologue intérieur de M. Sacrement : *Voyons combien j'en trouverai de la Madeleine à la rue Drouot.*

20 Le réalisme p. 42

1 a. – Scène ancrée dans la réalité ordinaire et dans un lieu réel : enterrement d'un homme modeste au cimetière parisien du Père-Lachaise.
– Insistance triviale sur l'argent, sur le coût de la cérémonie, prédominance accordée à la dimension matérielle plutôt qu'au caractère sacré de celle-ci : *tout ce qu'on peut avoir pour soixante-dix francs dans une époque où la religion n'est pas assez riche pour prier gratis/demanda leur pourboire/forcé d'emprunter vingt sous à Christophe.*
– Mention précise de la durée et des détails de l'enterrement, expédié comme s'il s'agissait d'une simple formalité : *chantèrent un psaume, le* Libera, *le* De profundis/ *le service dura vingt minutes/une seule voiture de deuil/ nous pourrons aller vite, afin de ne pas nous attarder, il est cinq heures et demie/À six heures, le corps du père Goriot*

fut descendu dans sa fosse/Quand les deux fossoyeurs eurent jeté quelques pelletées de terre sur la bière.
– Évocation de personnages issus de différents milieux sociaux, allant du peuple (*les fossoyeurs, les gens de ses filles*, et *Christophe*) à la noblesse (*deux voitures armoriées, mais vides, celles du comte de Restaud et celle du baron de Nucingen*) en passant par le clergé.
– Propos du prêtre rapportés au style direct.
– Mot familier *bonhomme* pour désigner le personnage décédé.
– Récit à la 3e personne, mené selon le point de vue omniscient du narrateur qui exprime son jugement sur la société contemporaine au moyen d'une formule au présent de vérité générale (*tout ce qu'on peut avoir pour soixante-dix francs dans une époque où la religion n'est pas assez riche pour prier gratis*).
b. – Incipit « in medias res », racontant une scène de pêche ordinaire.
– Prédominance des discours rapportés au style direct, dans un langage courant ou familier, présentant des marques d'oralité (l'exclamation *Zut !* qui donne le ton au tout début du roman, la répétition *Eh bien !... eh bien !...*, le pronom *ça* répété par M. Roland).
– Patronymes et prénoms courants : M. et Mme Roland, Pierre, Jean ; expression familière (*le père Roland)*.
– Propos conventionnels dans la conversation, renvoyant à des clichés (*On ne devrait jamais pêcher qu'entre hommes/les femmes vous font embarquer toujours trop tard*).
– Description précise de certains gestes et attitudes des personnages, donnant un effet de réel (*depuis un quart d'heure demeurait immobile, les yeux fixés sur l'eau/tournant la tête vers son mari/chacun une ligne enroulée à l'index/remuait la tête pour dire non*).
– Description des poissons à l'aide d'un lexique des diverses sensations (vue, toucher, ouïe, odorat) dans les deux derniers paragraphes.
– Lexique spécialisé de la navigation (*bâbord, tribord*) et de la pêche (*la ligne, la manne*).

2 Le tableau de J.-M. Millet illustre l'esthétique réaliste alors que celui de J. Breton donne une version académique et esthétisée de ce même thème des glaneuses dont il atténue les dures conditions d'existence (le glanage consiste à ramasser dans les champs, après la moisson, les épis de blé qui restent, pour la consommation personnelle des paysans pauvres). Millet peint les trois femmes en plein travail, courbées, visages tournés vers le sol, peau brunie par le soleil (le bronzage est à l'époque le signe d'une dure existence de travailleur, non de vacancier ; les femmes des milieux favorisés protègent la blancheur de leur visage par des ombrelles et des chapeaux) ; occupées par leur tâche, elles n'ont manifestement pas le temps de converser. Au contraire, les glaneuses de J. Breton sont représentées de face, ce qui permet de les individualiser ; elles se tiennent presque toutes debout et marchent en groupes, de manière à donner une impression d'harmonie dans une atmosphère festive. Le choix du moment représenté diffère : au lieu de peindre les gestes du glanage, Breton représente les femmes au moment de leur départ des champs. Enfin, le coucher du soleil adoucit les couleurs et embellit la vision des champs, en contribuant à l'idéaliser.

21 Le naturalisme p. 44

1 a. Zola défend son œuvre contre ceux qui l'ont accusé *d'avoir eu pour unique but la peinture de tableaux obscènes.* Lors de la parution du roman *Thérèse Raquin* en 1867, certains journalistes ont parlé de « littérature putride » en faisant passer Zola pour un écrivain immoral et même pornographique.
b. Pour se défendre contre ces accusations d'immoralité, Zola affirme la dimension scientifique de son projet littéraire et revendique donc l'objectivité, la neutralité du savant, en employant dans cette préface le champ lexical de la science : *un but scientifique avant tout/me poser et résoudre certains problèmes/expliquer/tempéraments/j'ai montré/une nature sanguine au contact d'une nature nerveuse/l'étude d'un cas curieux de physiologie/noter scrupuleusement/le travail analytique que des chirurgiens font sur des cadavres/la recherche du vrai/l'analyse du mécanisme humain.*
c. Zola compare également le travail du romancier à celui des peintres, et tout particulièrement à ceux qui *copient des nudités sans qu'un seul désir les effleure.* Comme ces peintres qui examinent leurs modèles pour représenter au mieux l'anatomie humaine sans éprouver de désir érotique envers ces corps nus, le romancier naturaliste observe la réalité pour la représenter dans ses récits, met à nu les comportements individuels et sociaux pour tenter de mieux les expliquer. Mais son travail n'a rien de voyeuriste ni d'immoral puisqu'il se veut objectif, et que la création littéraire est dissociée de la vie privée.

2 a. Éléments réalistes :
– scène d'émeute de mineurs grévistes inspirée par la réalité économique et sociale de l'époque ;
– insistance sur la misère et la violence du peuple, sur les profondes inégalités entre riches et pauvres : *la colère/la faim/ces deux mois de souffrance et cette débandade enragée/guenilles/gros sabots/peau sale/haleine empestée/les pauvres/en une nuit, videraient les caves des riches ;*
– superposition des points de vue : le point de vue interne des bourgeois à la fois effrayés et fascinés par cette *belle horreur* (oxymore) se mêle au point de vue omniscient du narrateur.
b. Vision épique et fantastique du peuple révolté :
– insistance sur l'effet de masse uniformisée, qui tend à confondre les individualités : *Le diable m'emporte si j'en reconnais un seul !/ le peuple lâché, débridé/cohue effroyable* ;
– procédés d'amplification : hyperboles (*visages atroces/massacrât/une de ces épouvantes*), mots au pluriel ;
– comparaisons et métaphores assimilant les mineurs à des bêtes sauvages, selon le point de vue des bourgeois effrayés (*mâchoires de bêtes fauves/galoper/mâchoires de loups*) ou à une puissante *force de la nature* selon le narrateur ;
– métaphores donnant une vision fantastique du paysage *ensanglanté* sous l'effet du coucher de soleil et de la menace de massacre : *la route sembla charrier du sang* ;
– vision prophétique de la révolte des *pauvres* contre les *riches* marquée par le souvenir de la terreur révolutionnaire de 1793 qui hante encore à cette époque la mémoire collective (*C'était la vision rouge de la révolution/il ruissellerait du sang des bourgeois, il promènerait des têtes/balayant le vieux monde*) ;
– idée utopique d'une violence régénératrice selon laquelle il faudrait balayer le *vieux monde* et retourner à une archaïque *vie sauvage dans les bois* avant de construire une nouvelle société, selon une vision cosmique de l'Histoire dont les cycles seraient comparables à ceux de la nature. L'expression *où une nouvelle terre repousserait peut-être* fait écho au titre et à la dernière page du roman *Germinal.*

22 Narration et focalisation p. 46

1 Texte a. Le récit est mené à la 3e personne par un narrateur extérieur à l'histoire qui n'intervient pas directement. Ce narrateur adopte ici le point de vue interne du personnage principal, Pierre, dont il retrace à la fois le parcours dans la ville et les pensées ou sentiments. Le pronom *il*, représentant Pierre, est le sujet de tous les verbes principaux, dont plusieurs indiquent des sentiments (*il se sentit attiré*) ou des pensées (*il songea/il se demandait*). La scène n'est vue qu'à travers le regard et la sensibilité du personnage dont le monologue intérieur est rapporté au style direct (*Où irais-je bien ?*) ou indirect (*il songea qu'il allait trouver là des amis [...] verres*).

Texte b. Le récit est mené à la 3e personne par un narrateur extérieur à l'histoire qui intervient cependant dans le récit pour exprimer un jugement au présent de vérité générale (*cette faute que font si souvent les femmes et qu'on appelle.../ certaines laideurs ont leur raison d'être*) ou pour faire une annonce au lecteur quant à la suite du roman (*comme on le verra*). Ce narrateur adopte un point de vue omniscient pour faire le portrait de la Thénardier : il peut ainsi rectifier l'*erreur* du *nouveau venu* voyant en cette femme le *maître de la maison*, il explique et juge le comportement de ses personnages, qu'il décrit également à l'aide de métaphores et d'antithèses (*cette montagne de bruit et de chair se mouvait sous le petit doigt de ce despote frêle/l'adoration de la matière pour l'esprit/ mammifère*). Il partage ainsi avec le lecteur un savoir et une compréhension qui dépassent beaucoup les capacités prêtées aux personnages, comme le souligne l'expression : *La Thénardier était pour le Thénardier, sans qu'elle s'en rendît trop compte, une espèce d'être particulier.*

Texte c. Le récit est mené à la 3e personne par un narrateur extérieur à l'histoire, qui adopte ici un point de vue externe pour décrire les caractéristiques géographiques de la Russie. Cette description est écrite dans un style similaire à celui des dictionnaires : présent d'actualité, nombreux noms propres, indications spatiales, chiffres, sans aucune appréciation subjective ni formulation de jugement.

2 La description de Paris est faite à la fois selon le point de vue interne d'Emma, fait d'illusions naïves, et le point de vue omniscient du narrateur, lucide et ironique. Le point de vue interne du personnage est perceptible dans le passage allant de *Le monde des ambassadeurs [...]* à [...] *et comme n'existant pas*, tandis que le point de vue omniscient du narrateur apparaît dans les autres phrases de l'extrait qui expliquent le caractère idéalisé et stéréotypé des représentations d'Emma. L'alternance ou parfois la superposition des deux points de vue permet ainsi au narrateur de dénoncer ces illusions qui font le malheur d'Emma, rêvant une vie idéale au lieu de vivre la sienne.

23 Organisation et rythme du récit fictif p. 48

1 a. • **Texte 1**, narration ultérieure : verbes conjugués aux temps du passé de l'indicatif (passé simple, futur dans le passé, imparfait, plus-que-parfait).

• **Texte 2**, narration simultanée : verbes conjugués au présent de narration.

b. • **Texte 1** : il s'agit d'un effet de récit rétrospectif par une narratrice à la 1re personne qui raconte des événements passés dont elle connaît la suite, les conséquences. D'où un décalage entre ce que sait le *je* narrant l'histoire et ce que croit à tort le *je* du personnage : le lecteur devine que la jeune fille de seize ans se fait des illusions sur le sort que lui réserve sa famille.

• **Texte 2** : l'effet produit donne l'illusion que le narrateur vit ou revit la scène au moment où il l'écrit. Il dramatise le récit d'un souvenir d'enfance marquant.

2 a. • **Texte 1**, analepse (de *où je rencontrai pour la première fois...* à la fin de l'extrait) : il faut noter qu'à l'intérieur de cette analepse, le narrateur annonce un *départ pour l'Espagne* de six mois postérieur à sa première rencontre avec le Chevalier.

• **Texte 2**, prolepse (*Vous le connaîtrez par les meilleures dans la suite de l'histoire/Si j'avais du moins profité de ses reproches dans le précipice où mes passions m'ont entraîné, j'aurais sauvé quelque chose du naufrage de ma fortune et de ma réputation*).

b. • **Texte 1**, effet de l'analepse : le lecteur devine que cette *première rencontre* sera suivie au moins d'une deuxième, dont il attend donc le récit.

• **Texte 2**, effet de la prolepse : l'anticipation exprime les remords du narrateur et éveille la curiosité du lecteur envers une suite annoncée comme tragique, sous l'effet de passions fatales.

3 • **Scène** (du début à *partit au grand trot*) : récit assez détaillé des actions successives des personnages, insertion de paroles rapportées au style direct.

• **Ellipse** : la semaine qui sépare les deux visites du couple chez les Tuvache n'est pas racontée. On connaît juste le laps de temps écoulé grâce à la phrase : *Mais elle revint la semaine suivante.*

• **Sommaire** : la dernière phrase (un épisode, qui s'est déroulé durant une durée au moins équivalente à celle de la scène antérieure, est résumé en quelques lignes, par une énumération de verbes au passé simple, sans insertion de discours rapportés).

24 Description et portrait dans les romans réalistes et naturalistes p. 50

1 a. C'est une organisation spatiale, consistant à décrire l'une après l'autre deux pièces contiguës.

b. Le lexique des perceptions olfactives domine la description de la première pièce (*exhale une odeur sans nom/ sent le renfermé/le moisi, le rance/humide au nez/elle pue/les atmosphères catarrhales/parfumé*) alors que la description de la salle à manger recourt aux sensations visuelles (*peinte en une couleur indistincte/dessiner des figures bizarres/bords bleus/tachées ou vineuses*) et tactiles (*buffets gluants/porcelaine épaisse*). Plusieurs détails créent un effet de réel par leur souci de précision : *des piles d'assiettes en porcelaine épaisse, à bords bleus, fabriquées à Tournai.*

c. L'adresse directe au lecteur (*Eh bien !* [...] *si vous le compariez à la salle à manger, vous trouveriez ce salon élégant et parfumé*) renforce l'illusion d'authenticité, en faisant de cette description une visite guidée de la pension Vauquer que le lecteur est invité à percevoir comme un lieu réel. Elle crée également un lien de complicité entre le narrateur et le lecteur, du fait de l'antiphrase ironique (*vous trouveriez ce salon élégant et parfumé).*

d. La pension Vauquer apparaît comme un lieu sordide, repoussant, misérable.

2 a. Le grand magasin est d'abord décrit du point de vue interne de son directeur, comme en témoigne le verbe de perception dans la première phrase (*Et Mouret regardait toujours son peuple de femmes*). Ce point de vue subjectif est ensuite relayé par le point de vue omniscient du narrateur qui explique et juge le comportement despotique de Mouret. Dans la dernière phrase de l'extrait, le narrateur adopte à nouveau la focalisation interne du personnage (*il les voyait...*).

b. La description du grand magasin et de sa clientèle féminine est structurée par quatre principaux champs lexicaux : la mer, le désir sexuel, le pouvoir et la religion. La métaphore filée la plus marquante est celle qui assimile la consommation effrénée à un nouveau culte religieux, se substituant aux religions traditionnelles (à partir de *Sa création apportait une religion nouvelle* jusqu'à *le confessionnal et l'autel.*)

c. Ce texte illustre bien les fonctions de la description dans le roman naturaliste : tout en décrivant de manière réaliste un phénomène nouveau au XIXe siècle (le rôle des grands magasins dans le développement de la société de consommation capitaliste), Zola transforme cette description en une vision épique qui explique à l'aide de métaphores les mutations de la société et la puissance des désirs plus ou moins conscients qui façonnent celle-ci.

3 • **Insertion dans le récit** et objet de la description : description de la chambre de bonne où vit le personnage, lien de métonymie entre le personnage et le lieu.

• **Description** faite selon un point de vue tour à tour omniscient et externe. Jugement du narrateur exprimé à l'aide d'une comparaison initiale : *avait l'air tout à la fois d'une chapelle et d'un bazar, tant il contenait d'objets religieux et de choses hétéroclites.*

• **Organisation spatiale** : le regard passe en revue les divers éléments de mobilier et de décoration entassés dans la chambre.

• **Champs lexicaux** des objets religieux et des objets-souvenirs à valeur purement sentimentale, qui sont autant de reliques correspondant aux deux passions du personnage, et qui justifient la double comparaison initiale de la chambre à *une chapelle* et *un bazar*. Ces objets sont pour la plupart des *vieilleries*, illustrant l'attachement de Félicité aux souvenirs du passé.

• **Temps verbaux** : imparfait descriptif.

• **La principale figure de style** est l'énumération qui rend bien compte de l'accumulation d'objets dans la petite chambre mansardée de Félicité.

• **Effets de réel** créés par les détails précis (*deux peignes, un cube de savon bleu dans une assiette ébréchée*) et la référence à un personnage historique, le *comte d'Artois*.

• **Valeurs symboliques** : la chambre renvoie par métonymie et par métaphore aux traits de caractère de la servante au *cœur simple*, femme humble et pieuse, habituée à vivre dans la pauvreté, mais débordante d'amour envers ses proches et collectionneuse des rebuts d'autrui.

25 Les formes et les genres poétiques p. 52

1 Les réponses attendues sont personnelles.

2 a. Poème en prose. b. Poème en vers libres. c. Sonnet (poème versifié à forme fixe).

26 La versification p. 54

1 • Type de strophes : huitains.

• Type de vers : dissyllabes (= deux syllabes) dans la première strophe, trisyllabes (= trois syllabes) dans la deuxième strophe.

• Le « e » se prononce dans les mots *elle* (v. 13) et *qu'une* (v. 15) qui précèdent un mot commençant par une consonne.

• Le « e » est élidé dans les mots placés à la fin des vers : *vill(e)* (v. 1), *asil(e)* (v. 3), *gris(e)* (v. 5), *bris(e)* (v. 6 et 7), *plain(e)* (v. 9), *halein(e)* (v. 11), *bram(e)* (v. 13), *âm(e)* (v. 14), *flamm(e)* (v. 15), ainsi que dans les mots placés devant une voyelle : *comm(e) un(e) âme* (v. 14).

2 a. C'est un sonnet en alexandrins à rimes suffisantes (2 sons en commun), croisées dans les deux quatrains (abab abab) puis plates et croisées dans les deux tercets (ccd ede).

b. Le rejet de *loin d'eux* au début du v. 9 marque le passage des quatrains aux tercets et souligne l'éloignement dont il est question.

c. Diérèse : *O/ri/ent* (3 syllabes).

Allitérations en *s* (*soleil, s'endormir, sous, linceul, douce*) et en *l* (*soleil, long linceul, l'Orient, la*).

3 a. Mon rêve familier

Je fais souvent ce rêv(e) étrang(e) et pénétrant
D'une femm(e) inconnu(e), et que j'aim(e) et qui m'aim(e)
Et qui n'est, chaque fois, ni tout à fait la mêm(e)
Ni tout à fait un(e) autre, et m'aim(e) et me comprend.

Car elle me comprend, et mon cœur, transparent
Pour elle seul(e), hélas ! cesse d'êtr(e) un problèm(e)
Pour elle seul(e), et les moiteurs de mon front blêm(e),
Elle seule les sait rafraîchir, en pleurant.

Est-elle brune, blond(e) ou rousse ? – Je l'ignor(e).
Son nom ? Je me souviens qu'il est doux et sonor(e)
Comme ceux des aimés que la Vi(e) exila.

Son regard est pareil au regard des statu(e)s,
Et, pour sa voix, lointain(e), et calm(e), et grav(e), ell(e) a
L'inflexion des voix chères qui se sont tu(e)s.

b. Diérèse : *l'inflexi/on.*

c. Enjambements : dans l'ensemble du sonnet, à l'exception des v. 9 et 12.

Rejets : *pour elle seule* (v. 6 et 7).

Contre-rejet : *elle a* (v. 13).

d. Le poème est tissé d'allitérations (en « s », « m » et « l ») et d'assonances (en « an », « é », « a ») qui en font une chambre d'écho. À l'instar des nombreuses répétitions de mots, ce jeu sur les homophonies contribue à la musicalité du poème et à son évocation mystérieuse et envoûtante d'une femme idéale car irréelle.

27 La poésie romantique p. 56

1 a. Le poème comprend des quatrains alternant des alexandrins (dans les trois premiers vers de chaque strophe) et des hexasyllabes (dernier vers de chaque strophe).

b. Dans la première strophe, le poète s'adresse au lac, comme en témoigne l'expression *tes flots harmonieux* ; la troisième strophe rapporte au style direct l'injonction adressée au temps par Elvire.

c. • **Thèmes caractéristiques du romantisme** : harmonie avec la nature personnifiée comme une confidente, recherchée comme un refuge consolateur ; déploration du temps qui passe et de la mort prématurée des êtres aimés ; nostalgie des amours mortes ; invitation à jouir des bonheurs éphémères.

• **Registres et procédés d'écriture** : le lyrisme élégiaque est soutenu par des questions et interrogations rhétoriques (v. 1, 9, 10, 11-12) ; personnification des éléments naturels (*le flot fut attentif*), apostrophes (v.9), métaphores (*Ô temps, suspends ton vol*), hyperboles (*délices*).

2 a. Le sonnet présente une structure antithétique qui oppose les quatrains aux tercets : les quatrains sont l'expression du désenchantement, de la perte des illusions (anaphore de *J'ai perdu*), alors qu'un mouvement contraire, introduit par *Et pourtant* marque dans les tercets un sursaut d'espoir réaffirmant la croyance en la Vérité, en Dieu, et en la sensibilité.

b. L'éloge paradoxal des pleurs dans les deux derniers vers rappelle que le poète romantique puise son inspiration dans sa souffrance, qu'il se plaît donc à cultiver.

3 a. Le poème oppose de manière binaire l'abjection du Second Empire à la résistance héroïque de ses adversaires, républicains bannis du pays, comme le mal au bien, le vice et le déshonneur à la vertu et à l'honneur.

b. Registres polémique (diatribe contre Napoléon III), lyrique (exaltation des républicains et particulièrement de Victor Hugo lui-même, décidé à résister jusqu'au bout, fût-il seul contre tous), épique (amplification et emphase du discours), fantastique (métaphore assimilant Napoléon III à un monstre ou à une bête sauvage dans les trois premiers vers), propres à mobiliser les lecteurs par un double sentiment d'indignation et d'admiration.

c. Poète engagé, pour qui la force de la parole poétique est une arme politique, Victor Hugo se présente aussi comme un guide pour le peuple, un prophète éclairé par sa foi en son idéal républicain.

28 La poésie symboliste p. 58

1 a. *Les parfums, les couleurs et les sons se répondent.*

b. Les correspondances sensorielles – qu'on appelle correspondances « horizontales » – sont illustrées par des références à l'expérience de la synesthésie, exprimée à l'aide de comparaisons qui associent l'odorat au toucher, à l'audition et à la vision : *Il est des parfums frais comme des chairs d'enfants,/ Doux comme les hautbois, verts comme les prairies.* La comparaison peut s'accompagner d'une antithèse comme dans le vers 7 (*Vaste comme la nuit et comme la clarté*).

c. La Nature est vue comme un lieu à la fois esthétique et sacré, pourvoyeuse de signes mystérieux (*confuses paroles/forêts de symboles*) qu'il s'agit d'interpréter. Pour Baudelaire, le monde visible renvoie en effet à un monde invisible, que la poésie a pour tâche de révéler.

2 a. C'est un heptasyllabe, l'un de ces mètres impairs que les poètes symbolistes privilégient pour leur musicalité.

b. L'analogie part du mot *âme* que Mallarmé emploie dans le sens étymologique du latin *anima*, signifiant le *souffle* ; le parallèle entre la fumée du cigare et l'écriture du poème est ensuite développé à l'aide des mots *expirons, ronds de fumée, brûlant, cendre, baiser de feu, vole-t-il.* Amateur de cigares, Mallarmé compare les volutes de la fumée au flou d'une poésie diffuse, évanescente. De même que le cigare se transforme en cendre, l'écriture poétique transmue le langage ordinaire en une matière subtile.

c. Les quatre derniers vers s'adressent à un apprenti poète, ce qui donne à ces vers le statut d'un « art poétique » (voir le poème de Verlaine ci-après), formulant des conseils et principes d'écriture. La poésie selon Mallarmé ne doit pas représenter le réel, trop *vil*, trivial, ni viser un *sens trop précis*, mais cultiver le *vague*, c'est-à-dire les impressions imprécises et multiples des connotations et des sons des mots.

3 a.

Refus	– *Ce qui pèse* ou ce qui *pose*. – La précision du sens. – La *Couleur*. – L'esprit ironique, la raillerie (*la Pointe assassine, L'Esprit cruel et le Rire impur*). – *l'éloquence*. – *la Rime*.
Conseils	– La musicalité des mètres impairs. – La *méprise, l'Indécis*. – La *Nuance*. – La musique.

b. Ce poème didactique est aussi un exercice de style où Verlaine met en pratique les principes qu'il recommande :
– *De la musique avant toute chose,/ Et pour cela préfère l'Impair* : poème écrit en vers de neuf syllabes (ennéasyllabes) dont la coupe est irrégulière, ce qui permet un rythme instable, changeant (*De la musiqu(e)/ avant toute chose* : 4/5 ; *Plus vagu(e)/ et plus solu/ble dans l'air* : 2/4/3).
– *Pas la Couleur, rien que la nuance !* : culte de l'imprécision du sens, de la suggestion plutôt que de l'expression, jeu sur les connotations et l'ambiguïté des mots (*la chanson grise* ; *le bleu fouillis des claires étoiles* ; *Que ton vers soit la chose envolée/Qu'on sent qui fuit d'une âme en allée/Vers d'autres cieux à d'autres amours*).
– *Ô qui dira les torts de la Rime [...]/ De la musique encore et toujours* : Verlaine ne renonce pas aux rimes mais réduit leur importance en les choisissant plutôt pauvres (*point/joint*) ou suffisantes (*méprise/grise*) que riches. Il leur préfère le jeu sur les rimes internes (*Où l'Indécis au Précis se joint*) et surtout sur les assonances et les allitérations qui créent de multiples échos et associent les mots par leur son plutôt que par leur sens (ex. assonance en « ou » dans les vers 26-27).

29 La poésie surréaliste p. 60

1 a. Le poème joue sur le double sens du titre, célébrant à la fois l'amour en union libre, hors des liens institutionnels du mariage, et la libre association des mots dans un poème en vers libres.

b. La forme est celle du blason, consistant en l'éloge des différentes parties du corps féminin. Cet inventaire s'appuie ici sur l'anaphore de l'expression *Ma femme* qui assimile le poème à une forme de litanie, de prière en hommage à une femme.

c. Une succession de métaphores relie le corps féminin à des éléments du monde végétal (*chevelure de feu de bois*), animal (*taille de loutre/dents d'empreintes de souris blanche*) ou minéral (*langue d'ambre et de verre frottés/tempes d'ardoise*). La femme apparaît ainsi comme un miroir du monde, un microcosme (= une image miniaturisée de l'univers). C'est pourquoi le poète surréaliste lui donne une fonction de médiatrice entre lui et le monde, et le rôle d'une muse inspiratrice.

2 • **Comparaison** : *la terre est bleue comme une orange.*
• **Personnification** : *les mots ne mentent pas.*
• **Métaphores** : *Elle sa bouche d'alliance/vêtements d'indulgence/les guêpes fleurissent vert/l'aube se passe autour du cou/un collier de fenêtres/joies solaires/chemins de ta beauté.*
Ces images privilégient le rapprochement insolite de réalités apparemment incompatibles (*la terre est bleue comme une orange/les guêpes fleurissent vert*) pour donner une

vision poétique d'un monde conciliant les contraires. Elles affirment le pouvoir de l'imagination et du langage (*les mots ne mentent pas*) et célèbrent l'euphorie de l'amour « fou » (*les fous et les amours*) pour une femme miroir du monde (*Tu as toutes les joies solaires/Tout le soleil sur la terre/Sur les chemins de ta beauté*).

3 a. Le poème est construit sur une énumération d'antithèses et d'oxymores, selon un principe d'écriture consistant à employer systématiquement le mot opposé à celui qu'on attendrait.
b. Cette vision d'un monde à l'envers, irréel ou merveilleux, provoque la surprise : elle va à l'encontre de la rationalité pour proclamer le triomphe de l'imaginaire et du rêve à travers la liberté du langage.

4 Le principe du collage consiste à juxtaposer des réalités éloignées pour en faire surgir une image surprenante. Ici, la main féminine semble sortir du coquillage dont elle constituerait le corps. Cette composition insolite fait écho au poème de Breton « L'Union libre » (*cf.* exercice 1) et à l'association récurrente chez les surréalistes entre la femme et la nature. La photographie rappelle en outre le motif mythologique de la « Vénus anadyomène », c'est-à-dire de la déesse de la Beauté surgie des eaux, peint par de nombreux peintres classiques (voir par exemple *La Naissance de Vénus* de Botticelli), et a des connotations érotiques.

30 Les questions sur un corpus de textes p. 62

1 a. 2 – b. 5 – c. 4 – d. 1 – e. 3

2 a. Corpus 1 et 2 : genres et formes de l'argumentation aux XVIe et XVIIe siècles.
Corpus 3 : la poésie.
b. Corpus 1 : quels sont les cibles et les procédés de la critique formulés dans ces deux textes ?
Corpus 2 : étudiez les manifestations et les effets du registre ironique employés par les deux auteurs.
Corpus 3 : comment la structure du sonnet soutient-elle l'expression des sentiments dans ces trois poèmes ?

3

	Texte 1	Texte 2
a.	Pension misérable, sordide (*plates horreurs, crasse*)	Petite chambre de bonne (*Une grande armoire gênait pour ouvrir la porte ; assiette ébréchée*)
b.	*assiettes en porcelaine épaisse, à bords bleus, fabriquées à Tournai*	*un bénitier en noix de coco ; le visage du comte d'Artois*
c.	omniscient	omniscient

4 Plusieurs écrivains classiques du XVIIe siècle ont cherché à définir la nature humaine en analysant les qualités et les défauts des individus. Ainsi, l'envie, définie comme un « vice » ou une « passion », est le sujet commun à la fable de La Fontaine « Le paon se plaignant à Junon » et à l'extrait du traité philosophique de Descartes *Les Passions de l'âme* : quelles différentes formes et stratégies argumentatives ces deux moralistes mettent-ils en œuvre ?

La différence la plus évidente concerne le choix de la forme argumentative : alors que Descartes recourt à l'argumentation directe, énoncée à la première personne du singulier (« mais je me sers ici de ce mot »), La Fontaine préfère l'argumentation indirecte de la fable, qui fait dialoguer un animal personnifié, le paon, avec une déesse romaine, Junon (dont le paon était l'un des attributs). En écrivant son traité, le philosophe vise à convaincre son destinataire à l'aide d'arguments faisant appel à la « raison » (l. 9), alors que le fabuliste cherche à plaire et instruire en jouant sur la sensibilité autant que sur la réflexion du lecteur.

Ces divers modes d'argumentation entraînent des différences de composition et de style. Descartes définit l'envie en nuançant les diverses acceptions du mot, à l'aide d'un raisonnement concessif : il rappelle d'abord la définition courante du mot, selon laquelle le bonheur des uns fait le malheur des autres (« ce qu'on nomme communément envie est un vice qui consiste en une perversité de nature qui fait que certaines gens se fâchent du bien qu'ils voient arriver aux autres hommes ») ; puis il définit l'envie non plus comme un vice (acception morale) mais comme une « passion » (acception pathologique, maladie de l'âme), « une espèce de tristesse mêlée de haine qui vient de ce qu'on voit arriver du bien à ceux qu'on pense en être indignes ». Or, selon Descartes, philosophe rationaliste, on ne saurait en ce sens envier que l'acquisition de biens matériels, car les qualités de l'âme ou du corps sont innées, données par Dieu en toute légitimité. Dans la fable de La Fontaine, le défaut de l'envieux ne fait pas l'objet d'une définition mais d'un dialogue polémique : le paon, jaloux du chant du rossignol, se plaint à Junon d'avoir été mal loti, alors que la déesse lui rappelle le magnifique plumage qui lui a été donné, pour qu'il « cesse de [se] plaindre ».

Par des voies spécifiques à chacun, les deux auteurs font ainsi valoir une similaire leçon de vie et d'humilité : chacun doit se satisfaire de ce qu'il est et cultiver ses qualités, cadeaux du Ciel, au lieu de se rendre malheureux en enviant ce que sont ou ce qu'ont les autres.

31 Le commentaire de texte p. 64

1 • **Caractéristiques principales du texte :**
– Genre et mouvement : extrait de roman naturaliste.
– Type et sujet du texte : portrait en action d'une actrice médiocre qui est pourtant applaudie parce qu'elle est attirante aux yeux du public masculin.
– Énonciation et focalisation : texte écrit à la 3e personne par un narrateur extérieur à l'histoire, qui alterne point de vue omniscient et point de vue interne des spectateurs.
– Registres : satirique et polémique.
– Composition en deux étapes antithétiques qui montrent le renversement d'opinion du public : Nana est d'abord huée puis applaudie.
• **Analyse des enjeux et finalités du texte** :
– Importance sociale du théâtre au XIXe siècle, dont le public fournit une image concentrée de l'ensemble de la société. Étudier la façon dont le narrateur rapporte les réactions des spectateurs en alternant descriptions et discours rapportés au style direct, indirect ou indirect libre.
– Nana : personnage-type de l'actrice courtisane, dont la sensualité compense le manque de talent artistique. Joue ici de manière vulgaire le rôle de Vénus, déesse grecque de la Beauté et de l'Amour, dans une opérette mythologique de mauvais goût mais très prisée de la bourgeoisie sous le Second Empire (contexte historique des romans de Zola). Repérer le champ lexical de la sensualité animale utilisé tout au long du texte pour caractériser Nana et son pouvoir d'attraction sur les hommes.

– Ambition du roman naturaliste : représenter la société contemporaine en expliquant scientifiquement les forces qui la régissent, et notamment le pouvoir de l'argent et du sexe.

• **Problématique** : comment le portrait de Nana sur scène permet-il de dresser une satire de la société bourgeoise du Second Empire ?

• **Plan de commentaire** :

I. Une apparition théâtrale et parodique
 1. Le portrait en action d'une Vénus de boulevard
 2. Un jeu de regards et de discours croisés
II. Le portrait de Nana en bête de scène
 1. Le triomphe de la sensualité
 2. Une actrice ratée
 3. Une courtisane prête à jouer de ses atouts
III. La satire d'une société pervertie
 1. Un public voyeur et bestial
 2. Un public versatile et compromis
 3. Le théâtre, microcosme d'une société décadente

2 Plan de commentaire :

I. Un autoportrait du jeune poète en vagabond
1. Le souvenir des fugues adolescentes
2. En harmonie avec la nature
3. En quête de liberté et d'inspiration poétique
II. Le culte de la fantaisie annonciatrice de la révolte contre l'ordre établi
1. L'éloge paradoxal de la pauvreté, condition de la liberté
2. Le goût de la création verbale
3. Les entorses aux règles de la versification traditionnelle

32 La dissertation littéraire p. 66

1 Sujet 1
Objet d'étude : genres et formes de l'argumentation aux XVIIe et XVIIIe siècles.
Type de question : ouverte.
Angle d'approche : efficacité argumentative du conte et de la fable, rapport entre fiction et vérité.
Sujet 2
Objet d'étude : la poésie, du romantisme au surréalisme.
Type de question : fermée.
Angle d'approche : le lien entre souffrance et écriture poétique.
Sujet 3
Objet d'étude : la tragédie et la comédie au XVIIe siècle : le classicisme.
Type de question : ouverte.
Angle d'approche : le plaisir paradoxal du spectateur de théâtre.

2 Sujet 1
Objet d'étude : la comédie.
Angle d'approche : la portée critique du rire et de la comédie.
Type de question : ouverte, appelant une démarche analytique.
Sens de l'énoncé : selon Molière, la meilleure attaque contre les vices consiste à les ridiculiser en les représentant à travers des personnages de théâtre. La question qui suit cette citation invite à expliquer ce qui permet à la comédie d'exercer une fonction critique auprès du public.
Problématique : en quoi le rire suscité par la comédie permet-il de critiquer les travers des individus et de la société ? De quels moyens spécifiques le théâtre dispose-t-il pour exercer cette fonction contestataire ?
Sujet 2
Objet d'étude : la poésie.
Angle d'approche : le travail sur les mots en poésie.
Type de question : il s'agit d'une injonction invitant à une démarche dialectique du fait de l'emploi du verbe *discuter*.
Sens de l'énoncé : la citation d'Octavio Paz repose sur un jeu de mots autour du verbe *servir* et une opposition entre *les hommes*, qui mettent les mots à leur service, et *le poète* qui se met au service des mots.
Problématique : le poète se distingue-t-il du reste des hommes par son rapport particulier au langage ? Célèbre-t-il les mots pour eux-mêmes au lieu de voir en eux un outil de communication ?

3 **a.** Rousseau reproche à la tragédie de mettre en scène des personnages inhumains par leur démesure, qui restent totalement étrangers au public et qui empêchent ainsi le spectacle d'exercer le moindre effet, bénéfique ou nocif, sur le spectateur.
b. Arguments soutenant la thèse de Rousseau : 1, 2, 3, 4, 5.
Arguments réfutant la thèse de Rousseau : 6, 7, 8, 9.
c. Exemples illustrant les arguments :
1. Racine, *Andromaque*.
2. Corneille, *Cinna* ; Racine, *Bérénice*.
3. Règle des trois unités, vraisemblance et bienséances.
4. Toutes les tragédies de Corneille et de Racine sont écrites en alexandrins, dans un langage soutenu qui ne comporte pas de références à l'argent, aux besoins corporels, tels que la nourriture, ou aux activités banales de la vie quotidienne.
5. Corneille, *Médée* (mère infanticide) ; Racine, *Andromaque* (Hermione se suicide après avoir, par jalousie, poussé Oreste à tuer Pyrrhus qu'elle aimait mais qui lui était infidèle).
6. *Phèdre*, de Racine : l'héroïne paraît à la fois irresponsable et coupable de l'amour qu'elle éprouve envers son beau-fils Hippolyte.
7. Enchaînement de péripéties dans *Le Cid* ou dans *Horace* de Corneille, comme dans *Britannicus* de Racine, visant à captiver et à émouvoir le spectateur.
8. Personnages antiques habillés de manière moderne, évoluant dans un décor contemporain.
9. *Le Cid* : conflit entre l'amour et l'honneur familial ; *Andromaque* : déchaînement de violences sous l'effet des amours impossibles et de la jalousie.

4 **a.** Plan dialectique, en réponse à la question : la poésie ne vise-t-elle qu'à exprimer les sentiments du poète ?
b. c. Plan détaillé :
I. Certes, la poésie est un moyen privilégié d'expression des sentiments intimes.
 1. Poèmes inspirés par une expérience personnelle du poète, souvent douloureuse : Lamartine, « Le Lac », chapitre 27 ; Hugo, « Ultima verba » chapitre 27.
 2. Emploi de la première personne et du registre lyrique : Baudelaire, « À une passante », chapitre 25, « Recueillement », chapitre 26.
 3. Expression d'une sensibilité mélancolique ou au contraire euphorique : Musset, « J'ai perdu ma force… » chapitre 27 ; Éluard, « La terre est bleue… » chapitre 29.
II. Toutefois, la poésie peut être employée à d'autres fins que l'expression lyrique du « moi ».
 1. Poésie engagée au service d'une cause collective : Hugo, « Ultima verba » chapitre 27.
 2. Expression d'une conception philosophique : Baudelaire, *Correspondances*, chapitre 28.
 3. Formulation d'un art poétique : Mallarmé, « Toute l'âme résumée… » chapitre 28 ; Verlaine, « Art poétique » chapitre 28.
III. Quels que soient son contenu et sa visée, la poésie passe avant tout par un travail créatif sur le langage.

1. Fécondité d'une écriture à contraintes, telle que la structure du sonnet : Musset, « J'ai perdu ma force... » chapitre 27 ; Baudelaire, « À une passante », chapitre 25.

2. Jeu sur les mots et les figures de style : Breton, « L'Union libre », chapitre 29 ; Desnos, « Un jour qu'il faisait nuit », chapitre 29.

3. Jeu sur les sons et la musicalité des mots : Hugo, « Les Djinns », chapitre 26 ; Verlaine, « Mon Rêve familier » chapitre 26 et « Art poétique » chapitre 28 ; Mallarmé, « Toute l'âme résumée... » chapitre 28.

33 Le sujet d'invention p. 68

1 Sujet 1 : argumentation. Sujet 2 : imitation. Sujet 3 : amplification. Sujet 4 : transposition (actualisation).

2 **Cahier des charges du sujet 1 :**

• Type de sujet : amplification et transposition (de genre et de point de vue).

• Genre et type de texte demandé : récit de rencontre dans le journal intime d'une femme du XIXe siècle.

• Situation d'énonciation : la passante rencontrée par le poète rédige son journal intime à la 1re personne, sans autre destinataire qu'elle-même. Elle fait référence non seulement à la scène de rencontre mais aussi au moment présent de l'écriture du journal.

• Niveau de langue : courant mais approprié à l'époque de Baudelaire et au milieu social de la passante, qu'on suppose assez élevé du fait de sa tenue élégante.

• La consigne n'impose pas explicitement l'emploi d'un registre particulier ni l'emploi de figures de style mais celles-ci sont toujours bienvenues. On peut adopter un registre lyrique et tragique proche de celui du poème de Baudelaire ou au contraire jouer sur un effet de dissonance par le recours à un registre comique ou parodique.

• La mise en page doit respecter les conventions propres à l'écriture du journal intime : indication de la date et éventuellement du lieu d'écriture, alternance de récits, de portraits et d'analyse des sentiments, emploi de signes de ponctuation émotive (points d'interrogation, d'exclamation, de suspension).

• Le poème de Baudelaire fournit de précieuses indications à exploiter : lieu de la rencontre (grande ville, rue agitée), femme « en grand deuil » (Qui est mort dans son entourage ?), réactions envers le poète (A-t-elle vraiment croisé son regard ? Qu'a-t-elle ressenti envers cet homme ? A-t-elle délibérément fui parce qu'elle « savait » que le poète l'eût passionnément aimée ? Ou n'est-ce là qu'une interprétation illusoire de celui-ci ?)

Cahier des charges du sujet 2 :

• Type de sujet : imitation.

• Genre : fable en vers ou en prose, comportant un récit fictif et une morale implicite ou explicite.

• Situation d'énonciation : le moraliste peut raconter son histoire à la 3e personne, au présent ou au passé, mais intervenir à la 1re personne, au présent d'actualité ou de vérité générale.

• Niveau de langue : courant ou soutenu.

• Registre et figures de style : comique, satirique, polémique, didactique ; personnification d'animaux.

• Thème imposé : critique d'un défaut humain, de préférence autre que celui illustré dans la fable indiquée.

• Structure : insérer dans le récit des discours rapportés au style direct ; placer la morale explicite à la fin du récit (comme dans « La Grenouille... ») ou l'intercaler au cours de celui-ci (comme dans « Les Obsèques de la lionne »).

3 • **Forme et circonstances** du texte à écrire : discours argumentatif d'un conteur, s'exprimant à la 1re personne à destination de son public de tous âges, dans une bibliothèque ou une salle de spectacle.

• **Thèse à défendre** : les contes merveilleux ne sont pas destinés qu'aux enfants mais s'adressent à tous, petits et grands.

• **Arguments et exemples** :

– Contes issus d'une longue tradition, transmis de génération en génération (les contes de Perrault ou de Grimm sont la transcription stylisée d'histoires populaires, puisées dans la tradition orale).

– Plaisir de l'audition d'une histoire, transformée par les différentes manières de la raconter (voir les diverses fins, heureuses ou malheureuses, du « Petit Chaperon rouge »).

– Pluralité des significations, à interpréter différemment selon l'âge des auditeurs (allusions sexuelles dans *Barbe-Bleue, La Belle au bois dormant, les Mille et Une Nuits*, plus compréhensibles par les adultes que par les enfants).

– Richesse symbolique des contes porteurs de quêtes initiatiques, de leçons de vie, qu'on peut méditer à tout âge (le malheur transformé en bonheur dans « Le Petit Poucet », « Le Vilain Petit Canard »).

– Fonction sociale des contes, rassemblant diverses générations autour du plaisir de raconter et d'entendre des histoires, de nous transporter dans un monde merveilleux (magie de la formule inaugurale « Il était une fois... »).

4 • **Exercice d'imitation** (« à la manière de... ») et de **transposition** d'époque (un personnage de notre époque).

• **Genre et sujet du texte** : un portrait en action d'un personnage fictif d'aujourd'hui qui aurait le même défaut qu'Arrias (= fanfaron qui prétend avoir tout vu, tout connu, tout vécu et s'en vante à tort devant quelqu'un qui va démasquer ses mensonges).

• **Registre** : comique et satirique.

• **Énonciation et procédés d'écriture** : texte écrit à la 3e personne, au présent et passé composé, sans intervention directe du narrateur ; portrait et récit accompagnés de discours rapportés au style direct et indirect ; rythme rapide favorisé par la parataxe, l'énumération, l'accumulation ; fin du texte sur un effet de chute, de « pointe » satirique.

34 L'épreuve orale p. 70

1 Texte 1 : comment et pourquoi le loup est-il personnifié ? Texte 2 : à quelle stratégie argumentative l'auteur recourt-il ? Texte 3 : comment se manifeste l'ironie tragique dans ce dialogue ?

2 • **Questions de lecture analytique** :

Problématique 1 : il s'agit d'expliciter et de commenter le mode de vie et la conception de la poésie qui sont suggérés dans ce poème.

Problématique 2 : il faut expliciter les différents statuts et rôles du poète qui sont exposés dans ce texte.

• **Questions d'entretien** :

a. Voir les chapitres 27 et 28. Baudelaire se détourne des canons traditionnels de l'art pour ériger la laideur et le mal en objets de création poétique ; il marque la transition entre la poésie romantique et la poésie symboliste ; il innove sur le plan de la forme en écrivant des poèmes en prose (dans le recueil intitulé *Le Spleen de Paris, Petits Poèmes en prose*).

b. *Spleen* est un mot anglais désignant au sens propre la rate et par métonymie la mélancolie, en référence à l'ancienne théorie médicale des « humeurs » héritée des Grecs anciens qui attribuaient l'origine de la mélancolie à un excès de « bile noire » sécrétée par la rate. Dès le début du XIXe siècle, les écrivains romantiques français utilisent ce mot *spleen* pour désigner un état de tristesse, de mal de vivre qu'Alfred de Musset nommera le « mal du siècle ». Charles Baudelaire en fait un concept central de son œuvre poétique : le *spleen* désigne pour lui un sentiment de profonde angoisse, qu'il oppose dans *Les Fleurs du mal* à l'« idéal », sentiment d'extase, de plénitude que seuls le rêve ou la création permettent d'atteindre.

c. Voir le sonnet « À une passante », chapitre 25.
d. E. Verhaeren, *Les Villes tentaculaires* ; G. Apollinaire, *Alcools* (« Zone », « Le Pont Mirabeau ») ; R. Queneau, *Courir les rues* ; J. Réda, *Les Ruines de Paris* ; J. Roubaud, *La forme d'une ville change plus vite, hélas, que le cœur des humains* ; J. Jouet, *Poèmes de métro*.

MATHS

1 Nombres : ensembles et intervalles p. 73

1 $(-1)^3 = -1$ et $-1 < 0$, donc $-1 \notin \mathbb{N}$, et $1 < \sqrt{2} < 2$, donc $\sqrt{2} \notin \mathbb{N}$. Les deux intrus à entourer sont donc $(-1)^3$ et $\sqrt{2}$.

2 $(\sqrt{3})^3 = 3\sqrt{3} \approx 5{,}196$ et $\dfrac{12}{-8} = -1{,}5$.

Les deux intrus à entourer sont donc $(\sqrt{3})^3$ et $\dfrac{12}{-8}$.

3 $A = \dfrac{7}{5} \times \dfrac{5}{3} - \dfrac{1}{3} = \dfrac{7}{3} - \dfrac{1}{3} = \dfrac{6}{3} = 2$

$B = \dfrac{2^6 \times 3^4}{3^2 \times 2^7} = 2^{6-7} \times 3^{4-2} = 2^{-1} \times 3^2 = \dfrac{9}{2}$

Conclusion : $A \in \mathbb{N}$ donc $A \in \mathbb{Z}$ et $A \in \mathbb{Q}$, et $B \notin \mathbb{Z}$ mais $B \in \mathbb{Q}$.

4

	Vrai	Faux
$3 \in [2 ; 6]$	x	
$-8 \in [-7 ; -5[$		x
$6 \in]5 ; +\infty[$	x	
$-2 \in]-\infty ; -3]$		x
$4 \in]-4 ; 4[$		x
$-1 \in]-\infty ; 1]$	x	

5

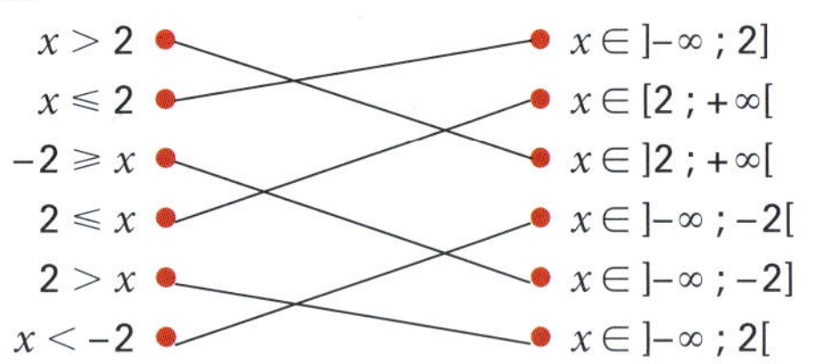

6 **a.** $-3 \leqslant x \leqslant 3$
b. $0 > x$ ou $x < 0$
c. $1{,}5 < x$ ou $x > 1{,}5$
d. $-4 < x < 2$

7

Segment	[AB]	[CD]	[EF]	[GH]	[IJ]
Intervalle	[−3 ; 1]	[−2 ; 0,5]	[−1,5 ; 3,5]	[−2,5 ; −2]	[0 ; 2]

8

n	0	1	2	3	4	11	15	71
$\dfrac{2n+4}{3}$	$\dfrac{4}{3}$ Non	2 Oui	$\dfrac{8}{3}$ Non	$\dfrac{10}{3}$ Non	4 Oui	$\dfrac{26}{3}$ Non	$\dfrac{34}{3}$ Non	$\dfrac{146}{3}$ Non

2 Fonctions : généralités p. 75

1 **a.** $k(-1) = 4$
b. 0 a pour antécédent 4 par k.
c. L'image de 0 par k est 2.
d. Les antécédents de 2 par k sont −3, 0 et 2.

2 **a.** $f(0) = \sqrt{0+1} = \sqrt{1} = 1$ et
$f(15) = \sqrt{15+1} = \sqrt{16} = 4$
b. $f(5) = \sqrt{5+1} = \sqrt{6}$
c. 3 est l'antécédent de son image donc il faut calculer $f(3)$: $f(3) = \sqrt{3+1} = \sqrt{4} = 2$.
3 est ainsi l'antécédent de 2 par f.

3 **a.** $g(3) = 2 \times 3 - 5 = 6 - 5 = 1$
b. Soit a l'antécédent de 3 par g, alors $g(a) = 3$, donc $2 \times a - 5 = 3$, d'où $2 \times a - 5 + 5 = 3 + 5$, soit $2 \times a = 8$ et $a = \dfrac{8}{2} = 4$. 4 est l'antécédent de 3 par g.
c. Soit b ce nombre, alors $g(b) = 7$, d'où $2 \times b - 5 = 7$, soit $2 \times b - 5 + 5 = 7 + 5$ et $2b = 12$, d'où $b = \dfrac{12}{2} = 6$. 7 est donc l'image de 6 par g.
d. g est définie sur [2 ; 6] donc n'est pas définie pour 1. On ne peut donc pas calculer l'image de 1.

4 **a.** 1 a pour image 1 par h.
b. $h(-2) \approx -0{,}8$.
c. Il y en a 2 : $x \approx 2{,}4$ et $x \approx 3{,}8$.
d. Il y en a 2 : $x \approx -0{,}7$ et $x \approx 0{,}7$.

5 **a.**

x	−3	−2	−1	0	1	2
$f(x)$	2,5	0	−1,5	−2	−1,5	0

b. A(−3 ; 2,5) ; B(−2 ; 0) ; C(−1 ; −1,5) ; D(0 ; −2) ; E(1 ; −1,5) et F(2 ; 0)
c.

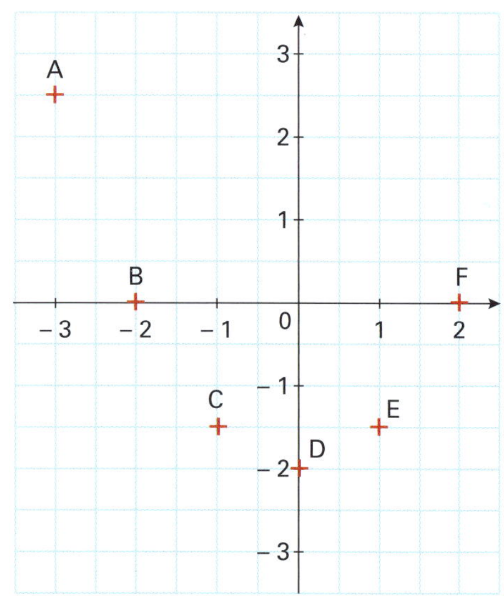

6 **a.** $D_h = D_k = [0 ; 4]$
b. Seule la troisième indication permet de faire la différence : la courbe bleue est celle de la fonction k, car −2 possède un seul antécédent par la fonction associée à la courbe rouge.

7 **a.** On choisit 1, puis $1 \times 3 = 3$, puis $3 - 1 = 2$, puis $2^2 = 4$, et enfin $4 + 2 = 6$: on a bien $g(1) = 6$.
b. $0 \times 3 = 0$, puis $0 - 1 = -1$, puis $(-1)^2 = 1$, et enfin $1 + 2 = 3$: on a $g(0) = 3$.
c. Le triple de x est $3x$, qui devient $3x - 1$ à l'étape 3, puis $(3x-1)^2$ à l'étape 4, et enfin $(3x-1)^2 + 2$ à l'étape 5.
Sa forme développée et réduite est alors $9x^2 - 6x + 3$.

3 Fonctions : variations p. 77

1 Il faut rayer $f(-2) \leqslant f(-3)$.

2 **a.** Le maximum de g sur [−1 ; 1] est 0.
b. Le minimum de g sur [−1 ; 1] est −2.
c. g est croissante sur [−1 ; 0].
d. g est décroissante sur $\left[0 ; \dfrac{1}{2}\right]$.

3

x	-1	2	5
$h(x)$	4 ↘	-2 ↗	1

4 a. $k(-4) \geqslant k(-3)$ $k(2) \geqslant k(-2)$
$k(-3)$ **IMP** $k(1)$ $k(4) \leqslant k(-4)$

b.

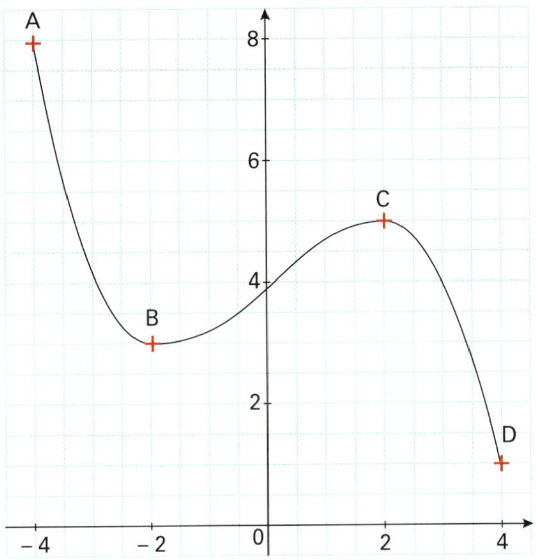

5 a. $\text{Aire(ABC)} = \dfrac{\text{AB} \times \text{HC}}{2} = \dfrac{6 \times \text{HC}}{2} = 3\,\text{HC}$,

donc $3\text{HC} = 15$ et $\text{HC} = \dfrac{15}{3} = 5$ (cm).

b.

x	0	4	6
$f(x)$	0 ↗	5 ↘	0

4 Algèbre : développer, factoriser p. 79

1 a. $x(x+1) = \boldsymbol{x} \times x + \boldsymbol{x} \times 1 = \boldsymbol{x^2 + x}$.

b. $(x+1)(x-2)$
$= x \times x + x \times (-2) + \mathbf{1} \times \boldsymbol{x} + 1 \times (-2)$
$= \boldsymbol{x^2} - 2x + \boldsymbol{x} - 2$
$= \boldsymbol{x^2 - x - 2}$

c. $(2x-1)(x+6)$
$= 2x \times x + 2x \times 6 + \mathbf{(-1)} \times \boldsymbol{x} + \mathbf{(-1) \times 6}$
$= \boldsymbol{2x^2 + 12x - x - 6}$
$= \boldsymbol{2x^2 + 11x - 6}$

d. $(x+3)^2$
$= (\boldsymbol{x})^2 + 2 \times \boldsymbol{x} \times \mathbf{3} + (\mathbf{3})^2$
$= \boldsymbol{x^2 + 6x + 9}$

e. $(x+5)(x-5) - (x-2)^2$
$= (\boldsymbol{x})^2 - (\mathbf{5})^2 - [(\boldsymbol{x})^2 - 2 \times \boldsymbol{x} \times \mathbf{2} + (\mathbf{2})^2]$
$= \boldsymbol{x^2} - \mathbf{25} - [x^2 - 4x + 4]$
$= \boldsymbol{x^2 - 25 - x^2 + 4x - 4}$
$= \boldsymbol{4x - 29}$

2 a. $(x+7)(3-x) + (2x+3)(x+7)$
$= (\boldsymbol{x+7})\,[(3-x) + (2x+3)]$
$= (\boldsymbol{x+7})\,(\boldsymbol{x+6})$

b. $x^2 - 6x + 9$
$= (\boldsymbol{x})^2 - 2 \times \boldsymbol{x} \times \mathbf{3} + (\mathbf{3})^2$
$= (\boldsymbol{x-3})^2$

c. $4x^2 - 25 + (2x-5)(x+6)$
$= (\boldsymbol{2x})^2 - (\mathbf{5})^2 + (2x-5)(x+6)$
$= (\boldsymbol{2x+5})\,(\boldsymbol{2x-5}) + (2x-5)(x+6)$
$= (\boldsymbol{2x-5})\,[(\boldsymbol{2x+5}) + (x+6)]$
$= (\boldsymbol{2x-5})\,(\boldsymbol{3x+11})$

3

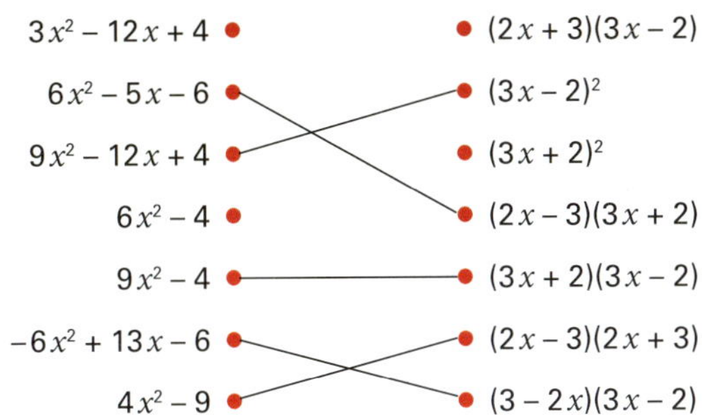

4 a. $(3x-1)^2$
$= (3x)^2 - 2 \times 3x \times 1 + 1^2$
$= 9x^2 - 6x + 1$

b. $5 - (x+2)^2$
$= 5 - [x^2 + 2 \times x \times 2 + 2^2]$
$= 5 - (x^2 + 4x + 4)$
$= 5 - x^2 - 4x - 4$
$= -x^2 - 4x + 1$

c. $(x+2)^2 - (x-1)^2$
$= (x^2 + 4x + 4) - (x^2 - 2x + 1)$
$= x^2 + 4x + 4 - x^2 + 2x - 1$
$= 6x + 3$

5 a. Le grand carré est d'aire $(4x+1)^2$, chacun des quatre petits carrés est d'aire $(x-1)^2$, d'où la formule : $(4x+1)^2 - 4(x-1)^2$.

b. $A = (4x+1)^2 - 4(x-1)^2$
$= (16x^2 + 8x + 1) - 4(x^2 - 2x + 1)$
$= 16x^2 + 8x + 1 - 4x^2 + 8x - 4$
$= 12x^2 + 16x - 3$

c. Puisque $4(x-1)^2 = 2^2(x-1)^2 = (2x-2)^2$
$A = (4x+1)^2 - (2x-2)^2$.
On a ainsi :
$A = [(4x+1) - (2x-2)]\,[(4x+1) + (2x-2)]$
$A = [4x + 1 - 2x + 2]\,[4x + 1 + 2x - 2]$,
$A = (2x+3)\,(6x-1)$.

6 $(x+1)^4 = (x+1)^2(x+1)^2$
$= (x^2 + 2x + 1)\,(x^2 + 2x + 1)$
$= x^2 \times x^2 + x^2 \times 2x + x^2 \times 1 + 2x \times x^2 + 2x \times 2x + 2x \times 1 + 1 \times x^2 + 1 \times 2x + 1 \times 1$
$= x^4 + 2x^3 + x^2 + 2x^3 + 4x^2 + 2x + x^2 + 2x + 1$
$= x^4 + 4x^3 + 6x^2 + 4x + 1$.

7
- $\dfrac{1}{x-1} + \dfrac{1}{x+1} = \dfrac{\mathbf{2x}}{x^2-1}$
- $\dfrac{1}{x-1} - \dfrac{1}{x+1} = \dfrac{\mathbf{2}}{\boldsymbol{x^2-1}}$
- $\dfrac{1}{2x+3} - \dfrac{1}{x+2} = \dfrac{\boldsymbol{-x-1}}{\boldsymbol{2x^2+7x+6}}$

8 a. $C \times \left(1 + \dfrac{x}{100}\right) = C \times 1 + \dfrac{C \times x}{100} = C + \dfrac{Cx}{100}$

b. Au bout de deux ans, cette somme est $C \times \left(1 + \dfrac{x}{100}\right)^2$, soit $C\left(1^2 + \dfrac{2 \times 1 \times x}{100} + \left(\dfrac{x}{100}\right)^2\right)$

et ainsi $C\left(1 + \dfrac{x}{50} + \dfrac{x^2}{10\,000}\right)$.

c. $C\left(1+\frac{x}{100}\right)^3 = C \times \left(1+\frac{x}{100}\right) \times \left(1+\frac{x}{100}\right)^2$

$= C\left(1+\frac{x}{100}\right)\left(1+\frac{x}{50}+\frac{x^2}{10\,000}\right)$

$= C\left(1+\frac{x}{50}+\frac{x^2}{10\,000}+\frac{x}{100}+\frac{x^2}{5000}+\frac{x^3}{1\,000\,000}\right)$

$= C\left(1+\frac{3x}{100}+\frac{3x^2}{10\,000}+\frac{x^3}{1\,000\,000}\right)$

5 Équations : résoudre algébriquement p. 81

1 **a.** Faux. – **b.** Faux.– **c.** Vrai. – **d.** Faux. – **e.** Vrai. – **f.** Faux.

2 **a.** $2x - 1 = -x + 3$, donc $2x + x = 1 + 3$, soit $3x = 4$ et $x = \frac{4}{3}$. La solution est $\frac{4}{3}$.

b. On a $2x + 1 = 0$ ou bien $-x + 3 = 0$. D'après la règle du produit nul, on a $x = \frac{-1}{2}$ ou bien $x = 3$.
Les deux solutions sont donc $\frac{-1}{2}$ et 3.

c. On a $2x - 3 = 0$ ou bien $2x - 3 = 0$. D'après la règle du produit nul, on a $x = \frac{3}{2}$ (solution double). La solution est donc $\frac{3}{2}$.

d. On a $x = 0$ ou bien $x - 1 = 0$ ou bien $x + 1 = 0$. D'après la règle du produit nul, on a $x = 0$ ou $x = 1$ ou $x = -1$.
Les trois solutions sont donc –1, 0 et 1.

3 **a.** Vu que $h(0) < 0$ et $h(2) > 0$, et que h est définie sur [0 ; 2] (donc sans valeur interdite), alors il existe (au moins) un nombre $a \in [0\,;2]$ tel que $h(a) = 0$.

b. $h(1) = 1^2 - 1 - 1 = -1$

c. Puisque $h(1) < 0$ d'après **b.** et que $h(2) > 0$, on peut écrire l'encadrement $1 < z < 2$.

d.

x	1,5	1,6	1,7	1,8
$h(x)$	–0,25	–0,04	0,19	0,44

e. On en déduit que $1{,}6 < z < 1{,}7$ puisque $h(1{,}6) < 0$ et que $h(1{,}7) > 0$.

f. La dichotomie consiste à partager en deux l'intervalle [1,6 ; 1,7], donc à calculer $h(1{,}65)$:
$h(1{,}65) = 1{,}65^2 - 1{,}65 - 1 = 0{,}0725$, donc $h(1{,}65) > 0$.
On en déduit que $z \in]1{,}6\,;1{,}65[$.

4 D'une part $\frac{1}{\frac{\sqrt{5}-1}{2}} = \frac{2}{\sqrt{5}-1} = \frac{2\times(\sqrt{5}+1)}{(\sqrt{5}-1)(\sqrt{5}+1)}$

$= \frac{2\sqrt{5}+2}{5-1} = \frac{2\sqrt{5}+2}{4} = \frac{\sqrt{5}+1}{2}.$

D'autre part $\frac{\sqrt{5}-1}{2} + 1 = \frac{\sqrt{5}-1}{2} + \frac{2}{2} = \frac{\sqrt{5}+1}{2}.$

On trouve le même nombre, donc $\frac{\sqrt{5}-1}{2}$ est bien solution de l'équation $\frac{1}{x} = x + 1$.

5 **a.** $9 + (x - 3)(2x + 1) = 6x - x^2$ équivaut, après avoir fait apparaître un 0 à droite, à :
$x^2 - 6x + 9 + (x - 3)(2x + 1) = 0$
$x^2 - 6x + 9 = (x - 3)^2$ (identité remarquable),
d'où $(x - 3)^2 + (x - 3)(2x + 1) = 0$.
En factorisant par $(x - 3)$, on a :
$(x - 3)[(x - 3) + (2x + 1)] = 0$
$(x - 3)(3x - 2) = 0$.
La règle du produit nul indique alors que :
$x - 3 = 0$ ou $3x - 2 = 0$
$x = 3$ ou $x = \frac{2}{3}$.
Les deux solutions sont donc $\frac{2}{3}$ et 3.

b. $x^2 = -5$ n'a aucune solution car $x^2 \geqslant 0$ pour tout x réel, donc ne peut en aucun cas être égal à –5 (qui est < 0).

6 **a.** $(x - 3)^2 - 16 = x^2 - 6x + 9 - 16 = x^2 - 6x - 7$

b. $(x - 7)(x + 1) = x^2 + x - 7x - 7 = x^2 - 6x - 7$

c.

Équation	Expression adaptée de E	Solutions
E = 0	$(x - 7)(x + 1)$	–1 et 7
E = –7	$x^2 - 6x - 7$	0 et 6
E = –16	$(x - 3)^2 - 16$	3 (double)

7 **a.** L'égalité de Pythagore donne dans le triangle DMA rectangle en A :
$DM^2 = DA^2 + AM^2$, d'où $DM^2 = 4^2 + x^2 = x^2 + 16$,
ainsi $DM = \sqrt{x^2 + 16}$.

b. De même, dans le triangle MCB rectangle en B :
$MC^2 = MB^2 + BC^2 = (4 - x)^2 + 4^2 = x^2 - 8x + 32$,
d'où $MC = \sqrt{x^2 - 8x + 32}$.

8 **a.** $-0{,}004(x + 12{,}5)(x - 262{,}5)$
$= -0{,}004(x^2 - 262{,}5x + 12{,}5x - 12{,}5 \times 262{,}5)$
$= -0{,}004(x^2 - 250x - 3\,281{,}25)$
$= -0{,}004x^2 + x + 13{,}125$

b. La portée du canon est la valeur de x pour laquelle on a $h = 0$. D'après **a.** on a $h = -0{,}004(x + 12{,}5)(x - 262{,}5)$. Il faut donc résoudre $-0{,}004(x + 12{,}5)(x - 262{,}5) = 0$, soit $(x + 12{,}5)(x - 262{,}5) = 0$ puisque $-0{,}004 \neq 0$. D'après la règle du produit nul, les solutions sont –12,5 et 262,5. On ne retient pas l'éventualité –12,5 (le boulet atterrirait derrière le canon), donc la portée du canon est 262,5 mètres.

6 Équations : résoudre graphiquement p. 83

1

Équation	Nombre de solutions	Intervalle(s) où sont les solutions
$f(x) = 0$	**3**	**[–4 ; 0], [0 ; 3] et [3 ; 5]**
$f(x) = -3{,}5$	**1**	**[–4 ; 0]**
$f(x) = 1$	**2**	**[–4 ; 0] et [0 ; 3]**
$f(x) = 2{,}1$	**0**	**∅**

2 **a.** L'équation $x^2 = x + 1$ a deux solutions car les courbes de f et g se coupent en deux points distincts.

b. On lit $x \approx -0{,}7$ et $x \approx 1{,}6$.

c. $x^2 = x + 1$ équivaut à $x^2 - x - 1 = x + 1 - x - 1$ donc à $x^2 - x - 1 = 0$.

3 **a.** $2 < z < 3$

b.

x	2,2	2,3	2,4	2,5
$h(x)$	**–0,56**	**–0,31**	**–0,04**	**0,25**

c. $2{,}4 < z < 2{,}5$

4 A et C ont le même bénéfice au mois 3. B est donc en rouge puisque au mois 3 les courbes bleue et verte ont la même ordonnée, ce sont donc celles de A et C.
C a réalisé quatre fois un bénéfice de 2 au cours de ces six mois : la courbe verte est la seule à posséder quatre points distincts d'ordonnée 2 (la courbe bleue en a deux et la rouge en a trois). Donc C est en vert. On en déduit que A est en bleu.

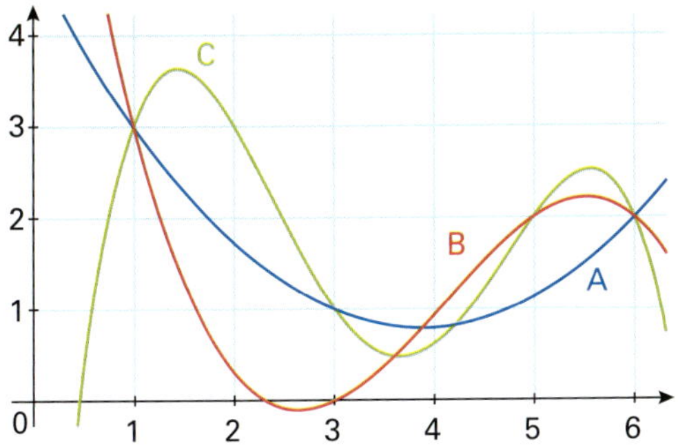

5 a. [−3 ; 0] : aucune solution
b. [0 ; 3] : une solution (qui est 1)

6

Équation	Nombre de solutions	Valeurs approchées
$f(x) = 0$	2	$x \approx -1{,}6$ et $x \approx 1{,}6$
$f(x) = -1{,}5$	3	$x \approx -2{,}4$, $x \approx 2{,}4$ et $x \approx 3{,}8$
$f(x) = 1$	2	$x \approx -1$ et $x \approx 1$
$f(x) = 2{,}1$	0	sans objet

7 Fonctions : affine et linéaire p. 85

1 a. Affine. – b. Non affine. – c. Affine et constante. – d. Affine. – e. Non affine. – f. Non affine. – g. Affine et linéaire. – h. Affine et constante.

2 a. $4 \neq 8$ donc g est du type $g(x) = ax + b$.
On a $a = \frac{g(4) - g(2)}{4 - 2} = \frac{8 - 4}{2} = \frac{4}{2} = 2$ et $g(4) = 8$ se traduit par $4a + b = 8$, or $a = 2$, donc $4 \times 2 + b = 8$, soit $8 + b = 8$ et $b = 8 - 8 = 0$. D'où $g(x) = 2x$.

b. On n'a donc pas $g(7) = 12$ puisque $g(7) = 2 \times 7 = 14$ d'après a. et $14 \neq 12$.

3 a. $f(x) = -x + 2$ et $g(x) = 2x - 2$

b. Soit A le point commun aux deux droites et a son abscisse, alors $f(a) = g(a)$, d'où $-a + 2 = 2a - 2$ qui donne $a = \frac{4}{3}$. D'où $f\left(\frac{4}{3}\right) = g\left(\frac{4}{3}\right) = \frac{2}{3}$, et le point commun a pour coordonnées $\left(\frac{2}{3} ; \frac{4}{3}\right)$.

4 a. Fonction décroissante, car $a = -3$ et $-3 < 0$.

b. Fonction croissante car $a = 1$ et $1 > 0$.

c. Fonction croissante car $a = 3$ et $3 > 0$.

d. Fonction croissante et décroissante car $a = 0$ donc $a \geqslant 0$ et $a \leqslant 0$.

5 a. $f(x) = 0$ donc $5x - 2 = 0$ et $x = \frac{2}{5}$.
b. $g(x) = 0$ donc $\frac{-2}{3}x + 4 = 0$ et $x = 6$.

c. $f(x) = 6$ donc $5x - 2 = 6$ et $x = \frac{8}{5}$.
d. $f(x) = g(x)$ donc, $5x - 2 = \frac{-2}{3}x + 4$ soit $5x + \frac{2}{3}x = 4 + 2$ d'où $\frac{17}{3}x = 6$ et $x = \frac{18}{17}$.

6

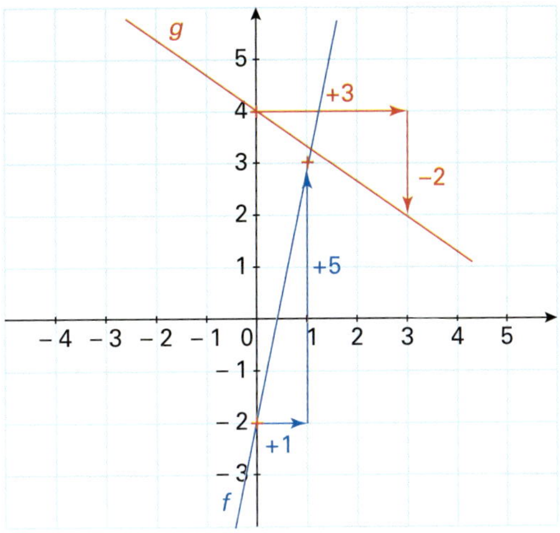

7 a.

x	−3		2		4
$h(x)$	−2	↗	3	↘	−1

b.

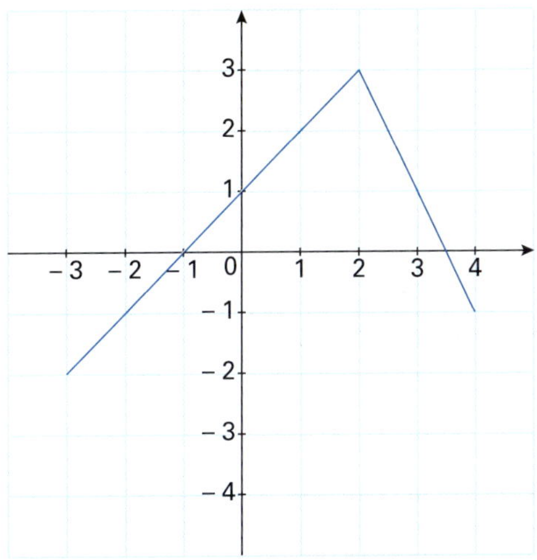

8

Fonction	Intervalle
$x \mapsto 2x + 1$	$\left[-\frac{1}{2} ; +\infty\right[$
$x \mapsto -3x - 4$	$\left]-\infty ; -\frac{4}{3}\right]$
$x \mapsto \frac{1}{2}x - 2$	$[4 ; +\infty[$
$x \mapsto 7$	$\mathbb{R}$

8 Fonction carré p. 87

1

x	−5	−1	0	10	50
$f(x)$	**25**	**1**	**0**	**100**	**2 500**

2

x	**−2**	**−1,5**	$\mathbf{\frac{1}{3}}$	**12**	**20**
$f(x)$	4	2,25	$\frac{1}{9}$	144	400

3 **a.** $f(\sqrt{3}) = 3$
b. $f(-5\sqrt{5}) = 25 \times 5 = 125$
c. $f(2\sqrt{6}) = 4 \times 6 = 24$
d. $f(\sqrt{2} + \sqrt{3}) = 2 + 2\sqrt{2}\sqrt{3} + 3$
$= 5 + 2\sqrt{6}$

4 **a.** L'antécédent de 0 par la fonction carré est 0.
b. 9 a deux antécédents par la fonction carré : −3 et 3.
c. −4 n'a pas d'antécédent par la fonction carré car $-4 < 0$ et pour tout $x \in \mathbb{R}$, $x^2 \geqslant 0$.

5 **a.** $(-88)^2 < (-89)^2$ car $-89 < -88$ et la fonction carré est décroissante sur $]-\infty ; 0]$.
b. $(3 + \sqrt{2})^2 < (4 + \sqrt{2})^2$ car $3 < 4$, donc $3 + \sqrt{2} < 4 + \sqrt{2}$ et la fonction carré est croissante sur $[0 ; +\infty[$.
c. $(\pi - 1)^2 > (2{,}14)^2$ car $\pi - 1 > 2{,}14$ et la fonction carré est croissante sur $[0 ; +\infty[$.

6 **a.** Si $x^2 \leqslant 4$ alors $-2 \leqslant x \leqslant 2$.
b. Si $-1 \leqslant x \leqslant 3$ alors $0 \leqslant x^2 \leqslant 9$.
c. Si $x^2 \geqslant 2$ alors $x \leqslant -\sqrt{2}$ ou $x \geqslant \sqrt{2}$.
d. Si $x^2 \geqslant -1$ alors $x \in \mathbb{R}$.
e. Si $x^2 < -2$ alors cette situation est impossible.

7 **a.** Voir ci-contre.
b. On lit $x \approx 0{,}5$ et $x = 2$
c. $2^2 = 4$
et $\frac{5}{2} \times 2 - 1 = 5 - 1 = 4$
puis $\left(\frac{1}{2}\right)^2 = \frac{1}{4}$ et
$\frac{5}{2} \times \frac{1}{2} - 1 = \frac{5}{4} - 1 = \frac{1}{4}$.
2 et 0,5 sont donc bien les deux solutions de l'équation $f(x) = g(x)$.

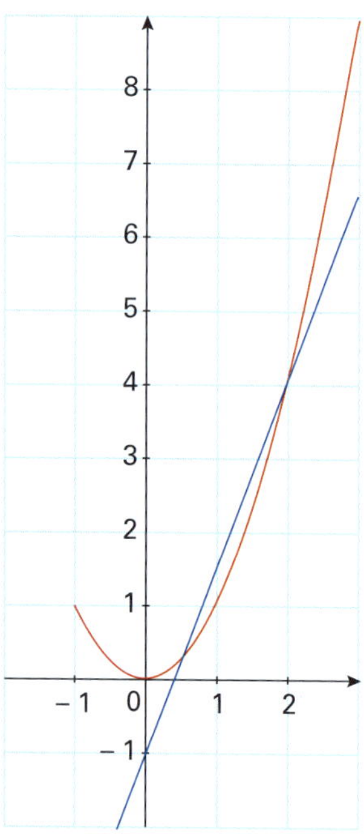

8 **a.** D'une part $(\sqrt{7 + 2\sqrt{10}})^2 = 7 + 2\sqrt{10}$.
D'autre part $(\sqrt{2} + \sqrt{5})^2 = (\sqrt{2})^2 + 2\sqrt{2}\sqrt{5} + (\sqrt{5})^2$
$= 2 + 2\sqrt{2 \times 5} + 5 = 7 + 2\sqrt{10}$.

b. Vu que $\sqrt{2} + \sqrt{5}$ et $\sqrt{7 + 2\sqrt{10}}$ ont le même signe, ils ne sont pas opposés, et vu qu'ils ont la même image par la fonction carré, ils sont donc égaux.
Ainsi $\sqrt{2} + \sqrt{5} = \sqrt{7 + 2\sqrt{10}}$.

9 On donne $\sqrt{5} + 1 < \frac{10}{3}$. Puisque $2 > 0$, alors la fonction f est **croissante** sur $\mathbb{R}$.
Ainsi $f(\sqrt{5} + 1) < f\left(\frac{10}{3}\right)$. Or $f(\sqrt{5} + 1) = 2\sqrt{5} + 5$ et $f\left(\frac{10}{3}\right) = \frac{14}{3}$, on en déduit que $2\sqrt{5} + 5 < \frac{14}{3}$.
Ensuite, la fonction carré est **croissante** sur $[0 ; +\infty[$, donc $(2\sqrt{5} + 5)^2 < \left(\frac{14}{3}\right)^2$.

9 Fonction inverse p. 89

1

x	−5	−1	0	0,5	$\frac{7}{3}$
$f(x)$	$\mathbf{\frac{-1}{5}}$	**−1**	**impossible**	**2**	$\mathbf{\frac{3}{7}}$

2

x	$\mathbf{\frac{-1}{4}}$	**−4**	**−9**	**impossible**	$\mathbf{\frac{1}{\sqrt{2}}}$
$f(x)$	−4	−0,25	$-\frac{1}{9}$	0	$\sqrt{2}$

3 **a.** $f(10^{-3}) = 1\,000$
b. $f(-1) = -1$
c. $f\left(\frac{-5}{6}\right) = \frac{-6}{5}$
d. $f\left(\frac{6}{5}\right) = \frac{5}{6}$

4 **a.** L'antécédent de 1 par la fonction inverse est 1.
b. −0,1 est l'antécédent de −10 par la fonction inverse.
c. 0 n'a pas d'antécédent par la fonction inverse car la division par 0 est impossible.

5 **a.** Si $2 \leqslant \frac{1}{x} \leqslant 4$ alors $\frac{1}{4} \leqslant x \leqslant \frac{1}{2}$.
b. Si $-1 \leqslant x \leqslant \frac{-1}{2}$ alors $-2 \leqslant \frac{1}{x} \leqslant -1$.
c. Si $\frac{1}{x} \geqslant 4$ alors $0 < x \leqslant \frac{1}{4}$.
d. Si $\frac{1}{x} \leqslant -1$ alors $-1 \leqslant x < 0$.
e. Si $-2 < \frac{1}{x} < 2$ alors $x < \frac{-1}{2}$ ou $x > \frac{1}{2}$.

6 **a.** $\frac{-1}{18} < \frac{-1}{19}$ car $-19 < -18$ et la fonction inverse est décroissante sur $]-\infty ; 0[$.
b. $\frac{1}{3 + \sqrt{2}} > \frac{1}{4 + \sqrt{2}}$ car $3 + \sqrt{2} < 4 + \sqrt{2}$ et la fonction inverse est décroissante sur $]0 ; +\infty[$.

7 a.

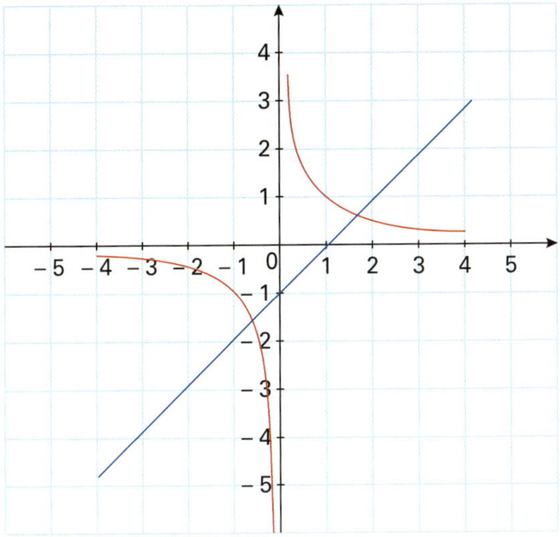

b. On lit $x \approx -0{,}7$ et $x \approx 1{,}7$

c. D'une part $\dfrac{1}{\left(\dfrac{\sqrt{5}+1}{2}\right)} = \dfrac{2}{\sqrt{5}+1} = \dfrac{2(\sqrt{5}-1)}{(\sqrt{5}+1)(\sqrt{5}-1)}$

$$= \frac{2(\sqrt{5}-1)}{(5-1)} = \frac{\sqrt{5}-1}{2}.$$

D'autre part $\dfrac{\sqrt{5}+1}{2} - 1 = \dfrac{\sqrt{5}+1}{2} - \dfrac{2}{2} = \dfrac{\sqrt{5}-1}{2}$.

$\dfrac{\sqrt{5}+1}{2}$ est bien solution de l'équation $f(x) = g(x)$.

8 On donne $\sqrt{5} + 1 < \dfrac{10}{3}$.

Comme $2 > 0$, la fonction affine f est **croissante** sur $\mathbb{R}$.

Ainsi, $f(\sqrt{5}+1) < f\left(\dfrac{10}{3}\right)$.

Or $f(\sqrt{5}+1) = 2\sqrt{5} + 5$ et $f\left(\dfrac{10}{3}\right) = \dfrac{14}{3}$, on en déduit que $2 + 5 < \dfrac{14}{3}$. Ensuite, la fonction inverse est **décroissante** sur $]0\,;+\infty[$, donc $\dfrac{1}{2\sqrt{5}+5} > \dfrac{3}{14}$.

10 Fonctions du second degré p. 91

1 a. $f(3) = 8$

b. $f(-2) = 13$

c. $f(\sqrt{3}) = 5 - 3\sqrt{3}$

d. $f\left(\dfrac{2}{3}\right) = \dfrac{-19}{9}$

2 a. $f_1(x)$ est la forme factorisée de f.
$f_2(x)$ est la forme développée et réduite de f.
$f_3(x)$ est la forme canonique de f.

b. Calculer $f(4)$: c'est $f_1(x)$ et $f(4) = 0$.

Calculer $f\left(\dfrac{5}{2}\right)$: c'est $f_3(x)$ et $f\left(\dfrac{5}{2}\right) = \dfrac{-9}{2}$.

Calculer $f(0)$: c'est $f_2(x)$ et $f(0) = 8$.

3 a. $g_1(x)$ est la forme canonique de g.
$g_2(x)$ est la forme factorisée de g.
$g_3(x)$ est la forme développée et réduite de g.

b. Calculer l'antécédent de 4 par g : c'est $g_1(x)$ et 1 est l'antécédent de 4 par g.
Calculer l'antécédent de 0 par g : c'est $g_2(x)$, et -1 et 3 sont les antécédents de 0 par g.
Calculer $g(0)$: c'est $g_3(x)$ et $g(0) = 3$.

4

a.

x	$-\infty$		4		$+\infty$
$-2(x-4)^2$		↘	0	↗	

b.

x	$-\infty$		1		$+\infty$
$3(x-1)^2+6$		↘	6	↗	

c.

x	$-\infty$		0		$+\infty$
x^2-7		↘	-7	↗	

d.

x	$-\infty$		0		$+\infty$
$-5x^2-8$		↗	-8	↘	

5 a. d et e se lisent à l'intersection avec l'axe des abscisses $d = 4$ et $e = -2$, et $f(0) = -4 = a \times d \times e$, soit $-4 = -8 \times a$ d'où $a = \dfrac{1}{2}$.

b. $f(x) = \dfrac{1}{2}(x - \mathbf{4})(x + \mathbf{2})$

c. La forme canonique de f est du type $f(x) = a(x - \alpha)^2 + \beta$.
$\alpha = 1$, c'est l'abscisse du point le plus bas de la courbe,
$\beta = -4{,}5$, c'est l'ordonnée de ce point.

$a = \dfrac{1}{2}$ d'après a.

Donc $f(x) = \mathbf{\dfrac{1}{2}}(x - \mathbf{1})^2 - \mathbf{4{,}5}$.

d. On trouve $f(x) = \mathbf{\dfrac{1}{2}}x^2 - x - \mathbf{4}$ en développant.

Notez que -4 se lit à l'intersection avec l'axe des ordonnées.

6 a. $f(2) = 40$

b. $f(x) = (3x + 1)^2 - 9$

c. $f(x) = (3x - 2)(3x + 4)$

d. $x = \dfrac{-4}{3}$ et $x = \dfrac{2}{3}$

e.

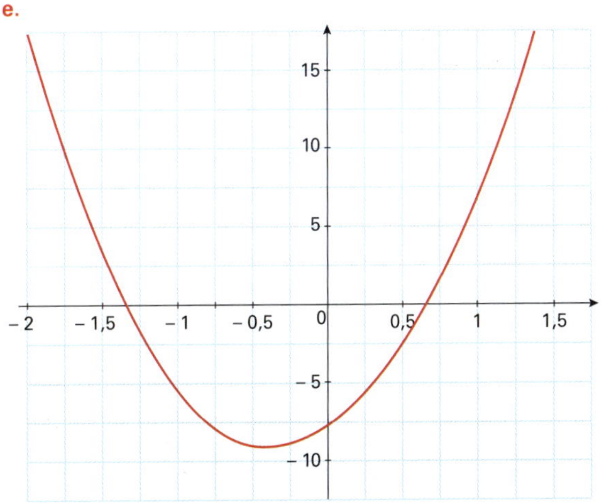

11 Fonction homographique p. 93

1

x	$\frac{-2}{3}$	-1	0	$\frac{2}{3}$	2
$f(x)$	$\frac{1}{12}$	$\frac{1}{5}$	$\frac{-1}{2}$	**impossible**	$\frac{5}{4}$

2 a. Il faut $x + 4 \neq 0$, d'où $]-\infty\ ;\ 4[\cup]4\ ;\ +\infty[$.
b. Soit a l'antécédent de 0 par g, on a $g(a) = 0$, d'où $2x - 3 = 0$ et $x = \frac{3}{2}$. L'antécédent de 0 par g est $\frac{3}{2}$.
c. Soit x l'antécédent de 1 par g, on a $g(x) = 1$, d'où $\frac{2x-3}{x+4} = 1$, d'où $2x - 3 = x + 4$.
d. $2x - 3 = x + 4$ équivaut à $2x - x = 4 + 3$, soit $x = 7$.
L'antécédent de 1 par g vaut 7.

3 a. $D_f = \left]-\infty\ ;\ \frac{1}{2}\right[\cup \left]\frac{1}{2}\ ;\ +\infty\right[$

b. $D_g = \left]-\infty\ ;\ -\frac{1}{3}\right[\cup \left]-\frac{1}{3}\ ;\ +\infty\right[$

c. $D_h = \left]-\infty\ ;\ -\frac{2}{3}\right[\cup \left]-\frac{2}{3}\ ;\ +\infty\right[$

4 $1 + \frac{2}{2x-3} = \frac{2x-3}{2x-3} + \frac{2}{2x-3} = \frac{2x-3+2}{2x-3} = \frac{2x-1}{2x-3}$

5 *f*. Vrai. – *g*. Vrai. – *h*. Faux. – *p*. Faux.
h et p sont des fonctions du second degré (représentées par des paraboles).

6 $2 + \frac{1}{-2x+5} = \frac{2 \times (-2x+5)}{-2x+5} + \frac{1}{-2x+5}$

$= \frac{-4x+10}{-2x+5} + \frac{1}{-2x+5} = \frac{-4x+11}{-2x+5}$.

Ce n'est donc pas la forme réduite proposée.

7 a.

$x \overset{①}{\mapsto} 2x - 1 \overset{②}{\mapsto} \frac{1}{2x-1} \overset{③}{\mapsto} \frac{1}{2x-1} + 3$

b.

$x \overset{①}{\mapsto} 3x + 2 \overset{②}{\mapsto} \frac{1}{3x+2} \overset{③}{\mapsto} 2 \times \frac{1}{3x+2} + 3$

La fonction homographique cherchée a pour forme réduite $x \mapsto \frac{2}{3x+2} + 3$.

8 a. D'après l'énoncé, on a $AD = x$ et $AE = AD + DE = x + 1$, d'où $f(x) = \frac{x}{x+1}$ qui est bien l'expression d'une fonction homographique.
b. Soit a l'antécédent de $\frac{3}{5}$ par f.
Alors $f(a) = \frac{3}{5}$, d'où $\frac{x}{x+1} = \frac{3}{5}$ puis par produit en croix $5x = 3(x + 1)$, d'où $5x = 3x + 3$ puis $5x - 3x = 3$.
Donc $2x = 3$ et $x = \frac{3}{2}$. $\frac{3}{2}$ est bien l'antécédent de $\frac{3}{5}$ par f.

12 Inéquations : résolution algébrique et graphique p. 95

1 a. Oui. – b. Non. – c. Non. – d. Oui. – e. Oui.

2 $3(5 - x) + 2 > (x + 1)^2 - x^2$ devient :
$15 - 3x + 2 > x^2 + 2x + 1 - x^2$, soit $17 - 3x > 2x + 1$ puis $17 - 1 > 2x + 3x$, d'où $16 > 5x$ et $\frac{16}{5} > x$.
L'ensemble des solutions est $\left]-\infty\ ;\ \frac{16}{5}\right[$.

3 a. $]-2\ ;\ 2[$ b. $[-3\ ;\ 3]$ c. $\varnothing$

4 a. Ensemble des solutions : $\mathbb{R}$
b. Ensemble des solutions : $[-2\ ;\ 2]$

5 a. À partir d'environ 4,5 milliers d'objets, soit 4 500, d'où l'intervalle $]4500\ ;\ +\infty[$.
b. Le bénéfice réalisé est supérieur au coût de production entre 0,3 et 3,6 milliers d'objets environ, soit $[300\ ;\ 3600]$.

6 a. Les quatre carrés bétonnés ont chacun une aire de x^2, donc l'aire bétonnée est de $4x^2$. L'aire du terrain carré est 40^2 soit 1 600, donc l'aire non bétonnée est $1600 - 4x^2$.
Enfin, sa moitié est $\frac{1600 - 4x^2}{2}$ d'où l'inéquation $4x^2 \geqslant \frac{1600 - 4x^2}{2}$.
b. L'inéquation se traduit encore par $f(x) \geqslant g(x)$. Le point d'intersection des courbes a pour abscisse 12 environ, d'où l'ensemble des solutions $[12\ ;\ 40]$.

13 Inéquations : signes d'un produit et d'un quotient p. 97

1 a.

x	$-\infty$		$\frac{2}{3}$		5		$+\infty$
$x - 5$		$-$		$-$	0	$+$	
$-3x + 2$		$+$	0	$-$		$-$	
$(x - 5)(-3x + 2)$		$-$	0	$+$	0	$-$	

b.

x	$-\infty$		-1		$\frac{5}{3}$		$+\infty$
$x + 1$		$-$	0	$+$		$+$	
$3x - 5$		$-$		$-$	0	$+$	
$(x + 1)(3x - 5)$		$+$	0	$-$	0	$+$	

c.

x	$-\infty$		-2		1		$+\infty$
$x + 2$		$-$	0	$+$		$+$	
$x - 1$		$-$		$-$	0	$+$	
$\frac{x-1}{x+2}$		$+$	‖	$-$	0	$+$	

d.

x	$-\infty$		$\frac{-7}{2}$		0		$+\infty$
x		$-$		$-$	0	$+$	
$2x + 7$		$-$	0	$+$		$+$	
$\frac{2x+7}{x}$		$+$	0	$-$	‖	$+$	

2 e.

3 a. $(3x - 1)^2 \geqslant 4x^2$
$(3x - 1)^2 - 4x^2 \geqslant 4x^2 - 4x^2$
$(3x - 1)^2 - (2x)^2 \geqslant 0$
$(3x - 1 - 2x)(3x - 1 + 2x) \geqslant 0$
$(x - 1)(5x - 1) \geqslant 0$

b.

x	$-\infty$		$\frac{1}{5}$		1		$+\infty$
$x-1$		$-$		$-$	0	$+$	
$5x-1$		$-$	0	$+$		$+$	
$(x-1)(5x-1)$		$+$	0	$-$	0	$+$	

L'ensemble des solutions est donc l'intervalle

$\left]-\infty\,;\frac{1}{5}\right] \cup [1\,;+\infty[$.

4 a. On a $\frac{x}{x-4} \leqslant 2$, d'où $\frac{x}{x-4} - 2 \leqslant 2 - 2$

puis $\frac{x}{x-4} - \frac{2}{1} < 0$, soit $\frac{x}{x-4} - \frac{2(x-4)}{x-4} \leqslant 0$

et enfin $\frac{-x+8}{x-4} \leqslant 0$.

b.

x	$-\infty$		4		8		$+\infty$
$x-4$		$-$	0	$+$		$+$	
$-x+8$		$+$		$+$	0	$-$	
$\frac{x-4}{-x+8}$		$-$	0	$+$	‖	$-$	

L'ensemble des solutions est donc l'intervalle
$]-\infty\,; 4] \cup]8\,; +\infty[$.

5 L'étape contenant l'erreur est celle-ci :
« Je multiplie chaque membre par $(x-4)$ et j'obtiens l'inéquation $x \leqslant 2(x-4)$ ». En effet Éric multiplie par $(x-4)$ pour x **quelconque** à ce stade, or $(x-4)$ n'a pas le même signe pour toutes les valeurs de x. La manipulation d' Éric occulte le fait que $(x-4)$ puisse être négatif, ce qui impliquerait de changer le sens de l'inégalité et d'obtenir les autres solutions. De plus, Éric perd ainsi la fraction, et la valeur interdite $x = 8$.

6 a.

x	$-\infty$		-5		-1		2		3		$+\infty$
$2x-4$		$-$		$-$		$-$	0	$+$		$+$	
$3-x$		$+$		$+$		$+$		$+$	0	$-$	
$x+1$		$-$		$-$	0	$+$		$+$		$+$	
$x+5$		$-$	0	$+$		$+$		$+$		$+$	
$\frac{(2x-4)(3-x)}{(x+1)(x+5)}$		$-$	‖	$+$	‖	$-$	0	$+$	0	$-$	

b. L'ensemble des solutions est donc l'intervalle
$]-5\,; -1[\cup]2\,; 3[$

7 a. Le carré initial, de côté 4 m, a pour aire 16 m², donc la moitié correspond à 8 m². Le carré bleu de côté $4-x$, a pour aire $(4-x)^2$, d'où l'inéquation.
b. Comme $8 = (\sqrt{8})^2$, on a $(4-x)^2 \geqslant (\sqrt{8})^2$
d'où $(4-x)^2 - (\sqrt{8})^2 \geqslant (\sqrt{8})^2 - (\sqrt{8})^2$,
puis $(4-\sqrt{8}-x)(4+\sqrt{8}-x) \geqslant 0$.
c. On pose $E = (4-\sqrt{8}-x)(4+\sqrt{8}-x)$.

x	$-\infty$		$4-\sqrt{8}$		$4+\sqrt{8}$		$+\infty$
$4-\sqrt{8}-x$		$+$	0	$-$		$-$	
$4+\sqrt{8}-x$		$+$		$+$	0	$-$	
E		$+$	0	$-$	0	$+$	

Attention ! On a $0 \leqslant x \leqslant 4$ vu les données de l'énoncé, donc le tableau se restreint au tableau suivant.

x	0		$4-\sqrt{8}$		4
$4-\sqrt{8}-x$		$+$	0	$-$	
$4+\sqrt{8}-x$		$+$		$+$	
E		$+$	0	$-$	

L'ensemble des solutions est donc l'intervalle $[0\,; 4-\sqrt{8}]$.

14 Cercle trigonométrique p. 99

1

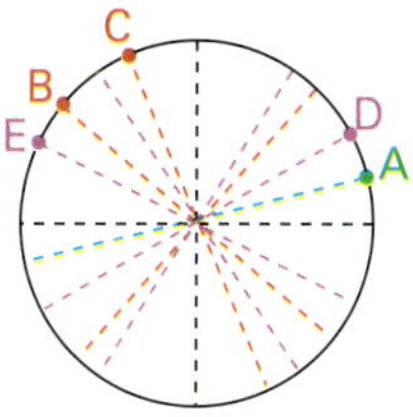

2

M est confondu avec	A	B	C	D	E	F
$\widehat{EOM}$	$\frac{2\pi}{3}$	π	$\frac{4\pi}{3}$	$\frac{5\pi}{3}$	0	$\frac{\pi}{3}$

3 a. $\frac{5\pi}{2} = \frac{\pi}{2} + \frac{4\pi}{2} = \frac{\pi}{2} + 2\pi$.
Un tour de cercle sépare les deux points.

b. $\frac{13\pi}{2} = \frac{\pi}{6} + \frac{12\pi}{6} = \frac{\pi}{6} + 2\pi$.
Un tour de cercle sépare les deux points.

c. $\frac{29\pi}{4} = \frac{5\pi}{4} + \frac{24\pi}{4} = \frac{5\pi}{4} + 6\pi = \frac{5\pi}{4} + 3 \times 2\pi$.
Trois tours de cercle séparent les deux points.

4

Degrés	45	30	120	132
Radians	$\frac{\pi}{4}$	$\frac{\pi}{6}$	$\frac{2\pi}{3}$	$\frac{11\pi}{15}$

5 $\frac{31\pi}{21} - \frac{17\pi}{21} = \frac{14\pi}{21} = \frac{2\pi}{3}$.
$\frac{17\pi}{21} - \frac{\pi}{7} = \frac{17\pi}{21} - \frac{3\pi}{21} = \frac{14\pi}{21} = \frac{2\pi}{3}$. Ainsi, en notant O le centre du cercle trigonométrique, on a $\widehat{SOT} = \widehat{ROS} = \frac{2\pi}{3}$ d'où $\widehat{TOR} = 2\pi - \frac{2\pi}{3}$. RTS a trois angles au centre égaux : c'est un triangle équilatéral.

6 a. Sur $[\pi\,; 3\pi]$: $\frac{9\pi}{4}$ car $\frac{9\pi}{4} \in [\pi\,; 3\pi]$ et
$\frac{25\pi}{4} = \frac{9\pi}{4} + \frac{16\pi}{4} = \frac{9\pi}{4} + 2\pi \times 2$.

b. Sur $\left[\frac{-5\pi}{2}\,; -\frac{\pi}{2}\right]$: $\frac{-7\pi}{4}$ car $\frac{-7\pi}{4} \in \left[\frac{-5\pi}{2}\,; -\frac{\pi}{2}\right]$ et
$\frac{25\pi}{4} = \frac{-7\pi}{4} + \frac{32\pi}{4} = \frac{-7\pi}{4} + 4\pi \times 2$.

7 – $f(\pi) = \frac{1}{3}\pi - \frac{\pi}{6} = \frac{2}{6}\pi - \frac{\pi}{6} = \frac{\pi}{6}$

– $f\left(\frac{3\pi}{2}\right) = \frac{1}{3} \times \frac{3\pi}{2} - \frac{\pi}{6} = \frac{\pi}{2} - \frac{\pi}{6} = \frac{3\pi}{6} - \frac{\pi}{6} = \frac{2\pi}{6} = \frac{\pi}{3}$

– $f\left(\frac{5\pi}{4}\right) = \frac{1}{3} \times \frac{5\pi}{4} - \frac{\pi}{6} = \frac{5\pi}{12} - \frac{2\pi}{12} = \frac{3\pi}{12} = \frac{\pi}{4}$

– $f(2\pi) = \frac{1}{3} \times 2\pi - \frac{\pi}{6} = \frac{2\pi}{3} - \frac{\pi}{6} = \frac{4\pi}{6} - \frac{\pi}{6} = \frac{3\pi}{6} = \frac{\pi}{2}$

d'où :

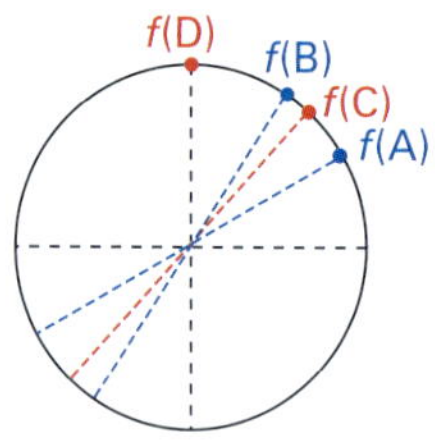

15 Cosinus et sinus d'un nombre réel p. 101

1 **a.** $\cos\left(\frac{7\pi}{3}\right) = \cos\left(\frac{\pi}{3} + \frac{6\pi}{3}\right) = \cos\left(\frac{\pi}{3} + 2\pi\right) = \cos\left(\frac{\pi}{3}\right)$ car $\cos(x + 2\pi) = \cos(x)$. Or, $\cos\left(\frac{\pi}{3}\right) = \frac{1}{2}$ d'où $\cos\left(\frac{7\pi}{3}\right) = \frac{1}{2}$.

b. $\sin\left(\frac{-7\pi}{2}\right) = \sin\left(\frac{\pi}{2} - \frac{8\pi}{2}\right) = \sin\left(\frac{\pi}{2} - 4\pi\right) = \sin\left(\frac{\pi}{2}\right)$ car $\sin(x + 2\pi) = \sin(x)$. Or, $\sin\left(\frac{\pi}{2}\right) = 1$, d'où $\sin\left(\frac{-7\pi}{2}\right) = 1$.

2 **a.** Si $x \in [0 ; \pi]$:
on emploie la formule des carrés $(\cos x)^2 + (\sin x)^2 = 1$, d'où $\left(\frac{5}{13}\right)^2 + (\sin x)^2 = 1$ soit $\frac{25}{169} + (\sin x)^2 = 1$,
d'où $(\sin x)^2 = 1 - \frac{25}{169}$ et $(\sin x)^2 = \frac{144}{169}$, d'où $\sin x = \sqrt{\frac{144}{169}}$ ou $\sin x = -\sqrt{\frac{144}{169}}$, soit $\sin x = \frac{12}{13}$ ou $\sin x = \frac{-12}{13}$. Vu que $x \in [0 ; \pi]$, on retient $\sin x = \frac{12}{13}$. D'où $\tan x = \frac{\sin x}{\cos x} = \frac{12}{5}$.

b. Si $x \in [\pi ; 2\pi]$: d'après les calculs du **a.**, on retient cette fois-ci $\sin x = \frac{-12}{13}$ d'où $\tan x = \frac{-12}{5}$.

c. Si $x \in [0 ; 2\pi]$: on a deux solutions possibles, celle du **a.** et celle du **b.**

3

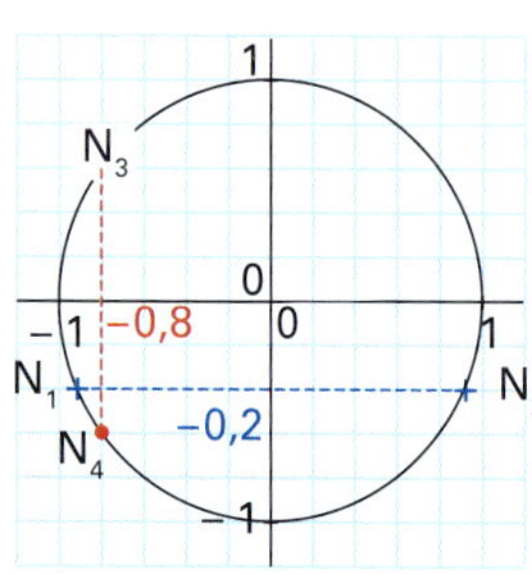

4 On lit deux solutions approchées : environ $x = -0{,}8$ et $x = 0{,}8$.

5 $A = \cos\frac{\pi}{4} + \cos\frac{\pi}{3} + \cos\frac{\pi}{2}$

$= \frac{\sqrt{2}}{2} + \frac{1}{2} + 0 = \frac{1 + \sqrt{2}}{2}$.

$$B = \frac{\sin\frac{3\pi}{4}\cos\frac{2\pi}{3}}{\sin\frac{-\pi}{3}\cos\frac{\pi}{4}} = \frac{\frac{\sqrt{2}}{2} \times \frac{-1}{2}}{\frac{-\sqrt{3}}{2} \times \frac{1}{2}}$$

(valeurs déduites du tableau du cours et du placement des angles en jeu sur le cercle trigonométrique), d'où :

$$B = \frac{\frac{-\sqrt{2}}{4}}{\frac{-\sqrt{3}}{4}} = \frac{-\sqrt{2}}{4} \times \frac{4}{-\sqrt{3}} = \frac{\sqrt{2}}{\sqrt{3}} = \sqrt{\frac{2}{3}}.$$

6 **a.** Vu que $\cos 0 = 1$, par exemple, on voit que la courbe g (en rouge) représente la fonction $x \mapsto \cos x$. La courbe f (en bleu) représente donc la fonction $x \mapsto \sin x$.

b. L'équation $\sin x = \cos x$, pour $x \in [-3 ; 3]$, a pour solutions approchées environ $-2{,}4$ et environ $0{,}7$. Si l'on observe que :
$\cos\frac{\pi}{4} = \sin\frac{\pi}{4} = \frac{\sqrt{2}}{2}$ et que $\cos\frac{-3\pi}{4} = \sin\frac{-3\pi}{4} = -\frac{\sqrt{2}}{2}$, on a même les deux solutions en valeur exacte : $\frac{-3\pi}{4}$ et $\frac{\pi}{4}$.

7 **a.** Par définition, la tangente en un point à un cercle est perpendiculaire en ce point au rayon de ce cercle, d'où $(OM) \perp (MH)$ et donc $\widehat{OMH} = 90°$.

b. Par définition on a $\tan\widehat{HOM} = \frac{MH}{OM}$, or $\widehat{HOM} = x$ et $OM = 1$ (rayon du cercle trigonométrique), d'où $\tan x = \frac{MH}{1}$, soit $MH = \tan x$.

16 Géométrie analytique : le départ p. 103

1

Point	A	B	C	D	E
Coordonnées	(–1 ; 2)	(0 ; –2)	(–1,5 ; –1)	(4 ; 0)	(2,5 ; 2,5)

2 **a.**

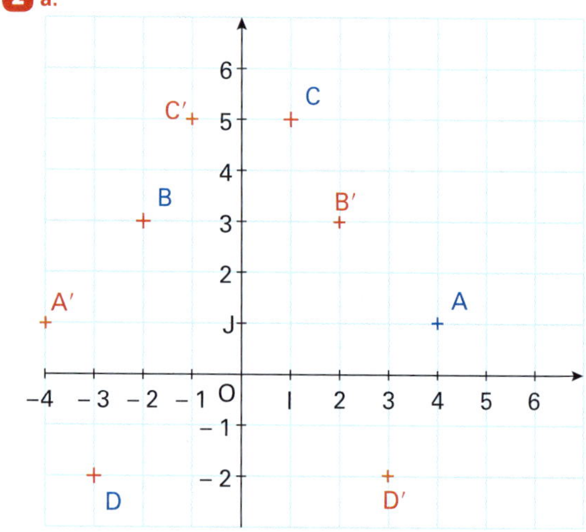

b.

Point	A'	B'	C'	D'
Coordonnées	(–4 ; 1)	(2 ; 3)	(–1 ; 5)	(3 ; –2)

3

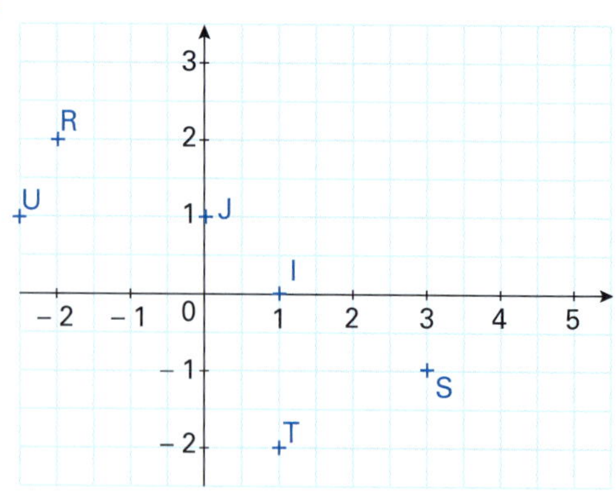

4
- $RS = \sqrt{(3-(-2))^2 + (-1-2)^2} = \sqrt{25+9} = \sqrt{34}$
- $ST = \sqrt{(1-3)^2 + (-2-(-1))^2} = \sqrt{4+1} = \sqrt{5}$
- $TU = \sqrt{(-2{,}5-1)^2 + (1-(-2))^2} = \sqrt{12{,}25+9} = \sqrt{21{,}25}$
- $UR = \sqrt{(-2-(-2{,}5))^2 + (2-1)^2} = \sqrt{0{,}25+1} = \sqrt{1{,}25}$

5 **a.** • $x_K = \dfrac{-2+3}{2} = \dfrac{1}{2}$ • $y_K = \dfrac{2+(-1)}{2} = \dfrac{1}{2}$

Donc on a $K\left(\dfrac{1}{2} ; \dfrac{1}{2}\right)$.

• $x_L = \dfrac{1+(-2{,}5)}{2} = \dfrac{-1{,}5}{2}$ • $y_L = \dfrac{-2+1}{2} = \dfrac{-1}{2}$

Donc on a $L\left(\dfrac{-1{,}5}{2} ; \dfrac{-1}{2}\right)$.

b. RTSU n'est pas un parallélogramme car K ≠ L donc les diagonales de RSTU n'ont pas le même milieu.

6 Traduisons en termes de coordonnées le fait que H soit le milieu de [GK] :

$x_H = \dfrac{x_G + x_K}{2}$ et $y_H = \dfrac{y_G + y_K}{2}$

$-2 = \dfrac{3 + x_K}{2}$ et $2 = \dfrac{-4 + y_K}{2}$

$-4 = 3 + x_K$ et $4 = -4 + y_K$

$x_K = -7$ et $y_K = 8$

D'où K(−7 ; 8).

7 **a.** Soit I le milieu de [LN] et J celui de [MP], montrons que ces points sont confondus :

$x_I = \dfrac{-3+4}{2} = \dfrac{1}{2}$ et $y_I = \dfrac{-3+2}{2} = \dfrac{-1}{2}$

$x_J = \dfrac{2+(-1)}{2} = \dfrac{1}{2}$ et $y_J = \dfrac{-2+1}{2} = \dfrac{-1}{2}$

On a bien I = J, les diagonales de LMNP se coupent en leur milieu ; c'est donc un parallélogramme.

b. Comme un parallélogramme ayant deux côtés consécutifs de même longueur est un losange, calculons LM et MN :

$LM = \sqrt{(2-(-3))^2 + (-2-(-3))^2} = \sqrt{25+1} = \sqrt{26}$ et

$MN = \sqrt{(4-2)^2 + (2-(-2))^2} = \sqrt{4+16} = \sqrt{20}$.

Ainsi LM ≠ MN et LMNP n'est pas un losange.

8 Il suffit de calculer SX, SY et SZ et de vérifier que ces trois longueurs sont égales à $\sqrt{13}$. Ainsi X,Y et Z sont sur le cercle de centre S et de rayon $\sqrt{13}$.

17 Géométrie analytique : les calculs p. 105

1 On calcule les longueurs BF, BG et FG pour tester l'égalité de Pythagore.

$BF = \sqrt{(2-(-2))^2 + (7-2)^2} = \sqrt{16+25} = \sqrt{41}$.

De même on trouve $BG = \sqrt{13}$ et $FG = \sqrt{58}$. En testant l'égalité de Pythagore, on trouve FG > BF et FG > BG d'où $FG^2 = 58$ et $FB^2 + BG^2 = 41 + 13 = 54$.

Ainsi $FG^2 \neq FB^2 + BG^2$ et FBG n'est pas rectangle.

2 On a $\cos\widehat{ABC} = \dfrac{BC}{BA}$.

Or, après calcul, on trouve $BC = \sqrt{72}$ et $BA = \sqrt{104}$.

Ainsi $\cos\widehat{ABC} = \dfrac{\sqrt{72}}{\sqrt{104}}$ et $\widehat{ABC} \approx 33{,}69°$. $\widehat{ABC}$ et $\widehat{BAC}$ étant complémentaires, on en déduit $\widehat{BAC} \approx 56{,}31°$.

3 On a S,T,V alignés ainsi que S, T, U et aussi (RT)//(UV). Le théorème de Thalès s'applique donc dans les triangles SRT et SUV et donne :

$\dfrac{SR}{SU} = \dfrac{ST}{SV} = \dfrac{RT}{UV}$.

D'autre part on calcule $SR = \sqrt{3{,}25}$, $ST = \sqrt{10}$ et $SV = \sqrt{90}$.

On en déduit $\dfrac{\sqrt{3{,}25}}{SU} = \dfrac{\sqrt{10}}{\sqrt{90}}$, d'où

$SU = \dfrac{\sqrt{90} \times \sqrt{3{,}25}}{\sqrt{10}} = \sqrt{29{,}25}$.

4 Si RSTU est un parallélogramme, alors [RT] et [SU] ont le même milieu. Soit I celui de [RT],

alors on trouve I(2,75 ; 0) en utilisant les coordonnées du point milieu. Mais comme I est aussi milieu de [SU] on a $x_I = \dfrac{x_S + x_U}{2}$, d'où $2{,}75 = \dfrac{5 + x_U}{2}$ soit $5{,}5 = 5 + x_U$ et $x_U = 0{,}5$.

Puis $y_I = \dfrac{y_S + y_U}{2}$, d'où $0 = \dfrac{0 + y_U}{2}$ soit $0 = 0 + y_U$ et $y_U = 0$.

D'où U(0,5 ; 0).

5 **a.** Il faut prouver que $\widehat{RET} = 90°$, donc que le triangle RET est rectangle en E. On calcule $RT = \sqrt{50}$, $RE = \sqrt{25} = 5$, puis $ET = \sqrt{25} = 5$. On a bien $RT^2 = 50 = ER^2 + ET^2$, donc (TE) est tangente en E au cercle de centre R passant par E.

b. On calcule $ST = \sqrt{50}$ et $SE = \sqrt{25} = 5$. D'après **a.**, on a également $\widehat{SET} = 90°$. De plus $\dfrac{x_S + x_R}{2} = \dfrac{7+(-1)}{2} = 3 = x_E$ et $\dfrac{y_S + y_R}{2} = \dfrac{7+1}{2} = 4 = y_E$, donc E est le milieu de [ER], et (RS) ⊥ (TE) : R et S sont bien symétriques par rapport à (ET).

6 **a.** Si M est sur le cercle de centre A et de rayon $\sqrt{5}$, alors $AM = \sqrt{5}$ donc $AM^2 = 5$.

Or $AM = \sqrt{(a-3)^2 + (a-2)^2}$ d'où $AM^2 = (a-3)^2 + (a-2)^2$ et $AM^2 = a^2 - 6a + 9 + a^2 - 4a + 4 = 2a^2 - 10a + 13$.

L'égalité $AM^2 = 5$ équivaut donc à $2a^2 - 10a + 13 = 5$, d'où $2a^2 - 10a + 8 = 0$ soit encore en divisant membre à membre par 2 : $a^2 - 5a + 4 = 0$.

b. $(a-4)(a-1) = a^2 - a - 4a + 4 = a^2 - 5a + 4$, or l'équation $(a-4)(a-1) = 0$ a pour solutions (règle du produit nul) 1 et 4 sur ℝ. D'où les possibilités pour M (1 ; 1) ou (4 ; 4).

18 Droites dans un repère p. 107

1 (AB) : $a = \dfrac{y_B - y_A}{x_B - x_A} = \dfrac{4-1}{-1-3} = \dfrac{-3}{4}$

(AC) : $a = \dfrac{y_C - y_A}{x_C - x_A} = \dfrac{-2-1}{-2-3} = \dfrac{3}{5}$

(BC) : $a = \dfrac{y_C - y_B}{x_C - x_B} = \dfrac{-2-4}{-2-(-1)} = 6$

2

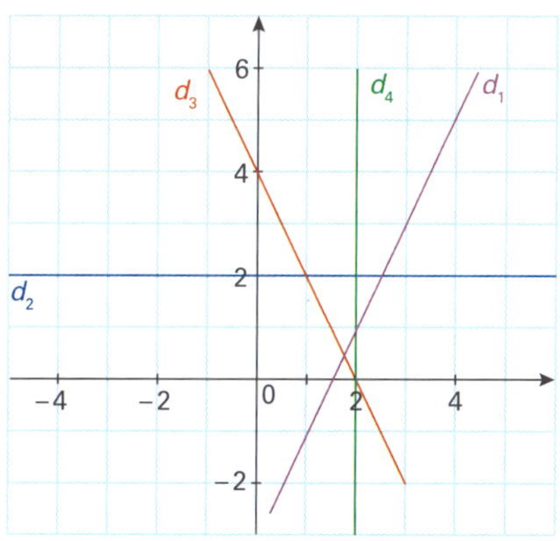

3 • $x_E \neq x_F$ donc (EF) a pour coefficient directeur :

$\dfrac{y_F - y_E}{x_F - x_E} = \dfrac{-3-(-1)}{3-(-1)} = \dfrac{-1}{2}$.

Puis E ∈ (EF) donc $y_E = \dfrac{-1}{2} x_E + b$ soit $-1 = \dfrac{-1}{2} \times (-1) + b$

donc $-1 = \dfrac{1}{2} + b$ et $b = \dfrac{-3}{2}$.

Ainsi (EF) a pour équation : $y = \dfrac{-1}{2}x - \dfrac{3}{2}$.

• $x_E \neq x_G$ donc (EG) a pour coefficient directeur :

$\dfrac{y_G - y_E}{x_G - x_E} = \dfrac{5-(-1)}{2-(-1)} = 2$.

Puis E ∈ (EG) donc $y_E = 2x_E + b$ soit $-1 = 2 \times (-1) + b$ donc $-1 = -2 + b$ et $b = 1$.
Ainsi (EG) a pour équation : $y = 2x + 1$.
Observer que le produit des coefficients directeurs de (EF) et (EG), droites perpendiculaires, vaut -1 : cette propriété, utile lors de vérifications, sera vue ultérieurement.

4 **a.** d_5 – **b.** d_1 – **c.** d_3 – **d.** d_4 – **e.** d_6 – **f.** d_2

5 $(d_1) : y = x + 3$ $\quad (d_2) : y = -2x + 2$
$(d_3) : y = 3x - 1$ $\quad (d_4) : x = 4$

6 **a.** (AB) a pour équation $y = 3x + 3$ et (CD) a pour équation $y = 3x - 10$.
b. (AB) et (CD) ont le même coefficient directeur 3 donc sont parallèles, ce qui est logique puisque les côtés opposés d'un parallélogramme sont parallèles.

7 **a.** (MN) a pour équation $y = \frac{2}{5}x - \frac{8}{5}$.
b.

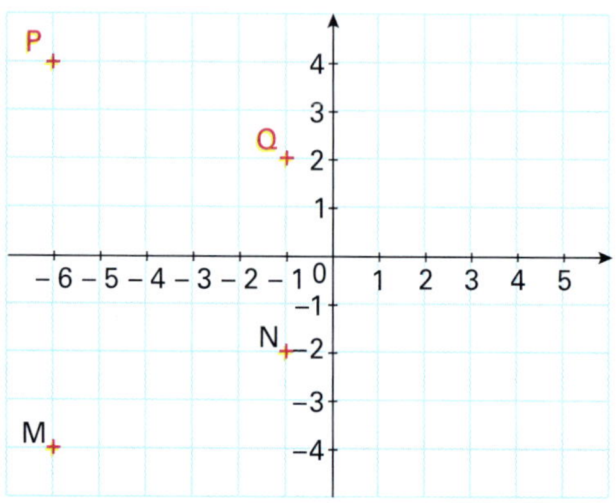

c. (QP) a pour équation $y = \frac{-2}{5}x + \frac{8}{5}$. On constate que les coefficients directeurs de (PQ) et (MN) sont opposés, ce qui est logique puisque les droites étant symétriques par rapport à l'axe des abscisses, ces droites ont la même pente mais l'une « descend » quand l'autre « monte ». De façon aussi cohérente, on observe que les ordonnées à l'origine sont opposées.

19 Droites parallèles ou sécantes p. 109

1 **a.** D'une part $3x_A + 4 = \frac{3 \times (-3)}{2} + 4 = \frac{-9}{2} + \frac{8}{2} = \frac{-1}{2}$.
D'autre part on a $y_A = \frac{-1}{2}$.
On a bien $y_A = 3x_A + 4$ donc A ∈ (d).
b. D'une part $3x_B + 4 = \frac{3 \times 7}{3} + 4 = 7 + 4 = 11$.
D'autre part on a $y_B = 6$.
On a donc donc $y_B \neq 3x_B + 4$ donc B ∉ (d).

2 **a.** $x_E \neq x_D$ donc (ED) a pour coefficient directeur
$\frac{y_D - y_E}{x_D - x_E} = \frac{5 - 1}{-2 - 3} = \frac{4}{-5}$.
Puis E ∈ (ED) donc $y_E = \frac{-4}{5}x_E + b$, soit $1 = \frac{-4}{5} \times 3 + b$ donc $1 = \frac{-12}{5} + b$ et $b = \frac{17}{5}$.
Ainsi (ED) a pour équation $y = \frac{-4}{5}x + \frac{17}{5}$.
b. D'une part $\frac{-4}{5}x_F + \frac{17}{5} = \frac{-4}{5} \times 5 + \frac{17}{5} = \frac{-20 + 17}{5} = \frac{-3}{5}$.
D'autre part on a $y_B = \frac{-26}{5}$.
On a donc $y_F \neq \frac{-4}{5}x_F + \frac{17}{5}$ donc F ∉ (d)

3 **a.** (AB) a pour équation : $y = \frac{-2}{3}x + \frac{2}{3}$
b. On a bien : (d) // (AB) car les deux droites ont le même coefficient directeur $\frac{-2}{3}$.

4 On détermine l'équation de (CD) : $y = \frac{-3}{4}x + \frac{11}{2}$.
Ensuite, $\frac{-3}{4}x_F + \frac{11}{2} = \frac{-3}{4} \times (-2) + \frac{11}{2} = 7 = x_F$, donc F ∈ (CD) et les points C, D et F sont bien alignés.

5 Étant donné que $-2 \neq 2$, (d) et (d') ne sont pas parallèles, donc sont sécantes. Soit $A(x_A ; y_A)$ leur point d'intersection, les coordonnées de A vérifient donc les deux équations, d'où $y_A = 2x_A + 1$ et $y_A = -2x_A - 2$.
Ainsi $2x_A + 1 = -2x_A - 2$, d'où $4x_A = -3$ et $x_A = \frac{-3}{4}$.
Ensuite $y_A = \frac{2 \times (-3)}{4} + 1 = \frac{-1}{2}$.
D'où $A\left(\frac{-3}{4} ; \frac{-1}{2}\right)$.

6 **a.**

Droite	(MN)	(NP)	(PR)	(MR)
Coefficient directeur	$\frac{1}{4}$	-3	$\frac{1}{4}$	-3

b. D'après la question **a.**, les côtés opposés du quadrilatère MNPR sont deux à deux parallèles (coefficients directeurs identiques) donc MNPR est bien un parallélogramme.

7 (AC) est une droite **verticale** d'équation $x = 7$ puisque $x_A = x_C$. En revanche (BD) est **oblique** puisque $x_B \neq x_D$: (AC) n'est donc pas parallèle à (BD).

8 La droite parallèle à (d) passant par M a le même coefficient directeur que (d), donc a une équation du type $y = -x + b$, où b reste à déterminer.
Mais comme M est un point de cette parallèle à (d), on a $y_M = -x_M + b$ soit $-1 = -6 + b$ et $b = 5$, d'où l'équation de droite cherchée : $y = -x + 5$.

9 On détermine d'abord l'équation de (AB) grâce aux coordonnées de A et B, on trouve : $y = \frac{7}{2}x - \frac{21}{2}$. Ensuite A, B et C sont alignés si et seulement si C ∈ (AB), donc, si $y_C = \frac{7}{2}x_C - \frac{21}{2}$, d'où $a = \frac{7}{2} \times 6 - \frac{21}{2}$ donc $a = \frac{42}{2} - \frac{21}{2} = \frac{21}{2}$.
A, B et C sont donc alignés à condition d'avoir $a = \frac{21}{2}$.

20 Vecteurs : généralités p. 111

1

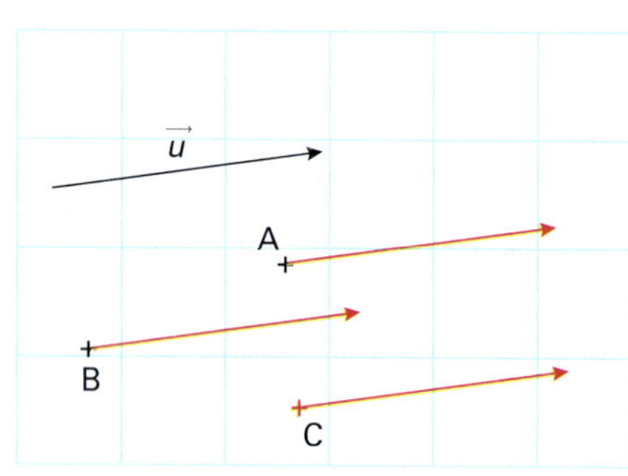

2 $\overrightarrow{AB} = \overrightarrow{ID} = \overrightarrow{KH}$ et $\overrightarrow{ED} = \overrightarrow{DL} = \overrightarrow{CJ}$

3 a.

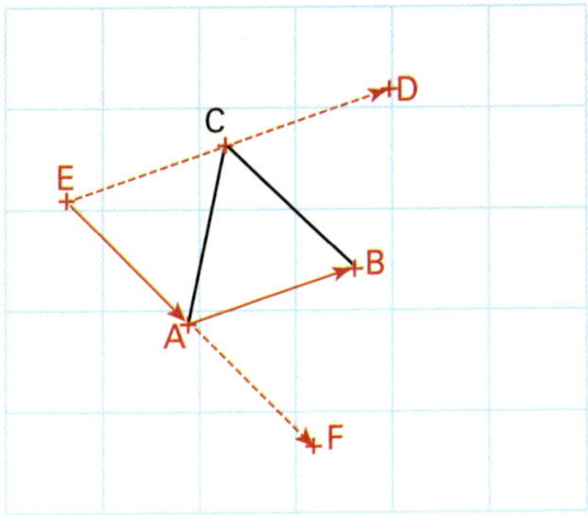

b. ABCE est un parallélogramme car $\overrightarrow{BA} = \overrightarrow{CE}$. On en déduit $\overrightarrow{EA} = \overrightarrow{CB}$. Par ailleurs, on a $\overrightarrow{AF} = \overrightarrow{EA}$, on en déduit $\overrightarrow{AF} = \overrightarrow{CB}$ et donc ACBF est un parallélogramme.

4

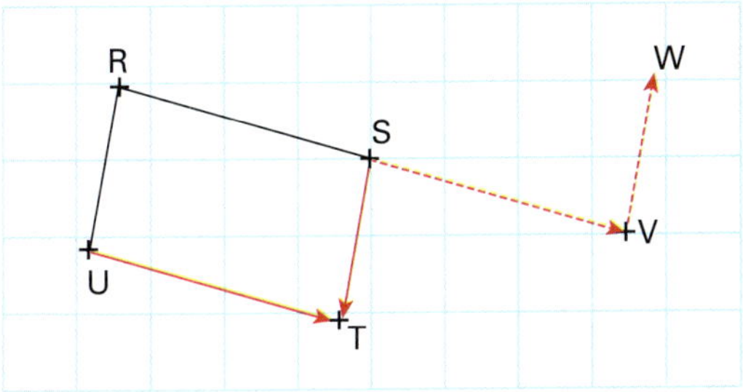

5 a. B est le milieu de [AD] donc $\overrightarrow{AB} = \overrightarrow{BD}$ puis BDES est un parallélogramme donc $\overrightarrow{BD} = \overrightarrow{SE}$ et SECT aussi, d'où $\overrightarrow{SE} = \overrightarrow{TC}$. On a ainsi $\overrightarrow{AB} = \overrightarrow{TC}$, autrement dit ABCT est un parallélogramme.

b. On procède comme au a. pour montrer que $\overrightarrow{UT} = \overrightarrow{RS} = \overrightarrow{AB}$ avec les parallélogrammes RSTU et ABSR. Et comme $\overrightarrow{AB} = \overrightarrow{BD}$ (voir a.), et que UTDB est un parallélogramme. D'où (UB) // (TD).

6

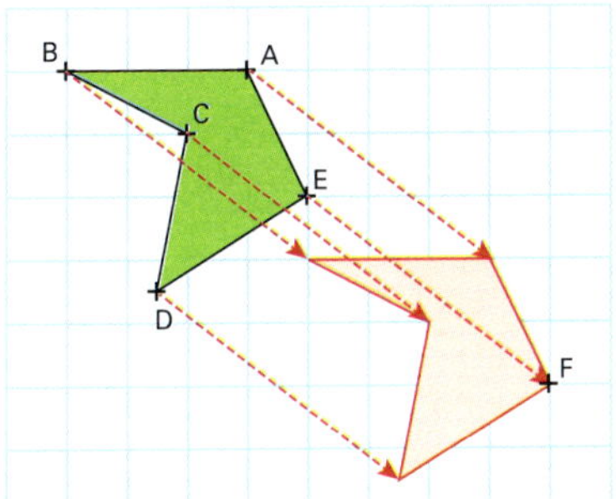

21 Vecteurs : coordonnées p. 113

1

Vecteur	$\overrightarrow{AB}$	$\overrightarrow{GF}$	$\overrightarrow{BD}$	$\overrightarrow{EZ}$	$\overrightarrow{CD}$	$\overrightarrow{HL}$
Coordonnées $(x ; y)$	(3 ; –3)	(4 ; –2)	(3 ; 3)	(0 ; 5)	(–1 ; 3)	(4 ; 1)

2 a. On doit avoir $x_T - x_C = x_B - x_A$ et $y_T - y_C = y_B - y_A$ donc $x_T - 1 = 5 - (-2)$, d'où $x_T = 8$ d'une part, et $y_T - 3 = 5 - 7$ et $y_T = 1$ d'autre part : on a ainsi T(8 ; 1).

b. On doit avoir $x_A - x_R = x_B - x_C$ et $y_A - y_R = y_B - y_C$ donc $-2 - x_R = 5 - 1$, d'où $-x_R = 6$ et $x_R = -6$ d'une part, et $7 - y_R = 5 - 3$ donc $-y_R = -5$ et $y_R = 5$ d'autre part : on a ainsi R(–6 ; 5).

3 a. On lit A (2 ; 3).

b. $\overrightarrow{AM} = \vec{u}$: $x_M - x_A = x_{\vec{u}}$ et $y_M - y_A = y_{\vec{u}}$, d'où $x_M - 2 = 2$ et $y_M - 3 = -2$ ainsi on a M(4 ; 1)

$\overrightarrow{AN} = \vec{v}$: $x_N - x_A = x_{\vec{v}}$ et $y_N - y_A = y_{\vec{v}}$, d'où $x_N - 2 = -3$ et $y_N - 3 = 1$ ainsi on a N(–1 ; 4).

En raisonnant de même, on trouve P(6 ; 4) et Q(–2 ; 1).

c.

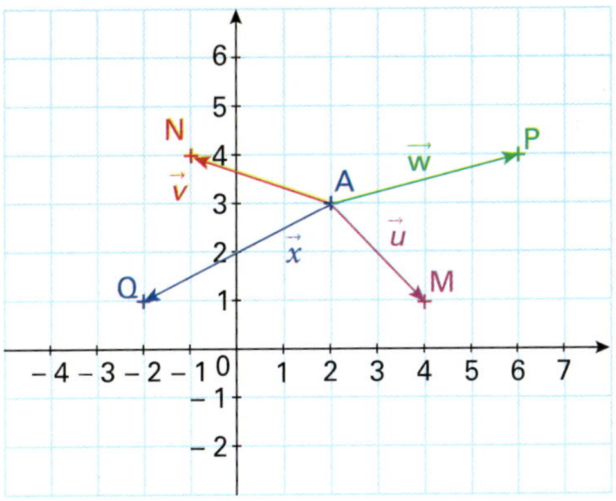

4 a. On a $x_M - x_A = 4$ et $y_M - y_A = 4$, d'où $x_M - 1 = 4$ et $y_M - 2 = 4$ ainsi on a M(5 ; 6).

b. On en déduit N(6 ; 5).

5 a. Pour que ABCD soit un parallélogramme, il faut que [AC] et [BD] aient le même milieu. Le milieu de [AC] a pour coordonnées $\left(\frac{x_A + x_C}{2} ; \frac{y_A + y_C}{2}\right)$, soit $\left(\frac{4 + (-3)}{2} ; \frac{-2 + 0}{2}\right)$ et donc $\left(\frac{1}{2} ; -1\right)$. Il faut alors avoir $\frac{x_B + x_D}{2} = \frac{1}{2}$ et $\frac{y_B + y_D}{2} = -1$, ce qui donne $\frac{1 + x_D}{2} = \frac{1}{2}$, d'où $x_D = 0$ et $\frac{3 + y_D}{2} = -1$, d'où $y_D = -5$, ainsi D a pour coordonnées (0 ; 5).

b.

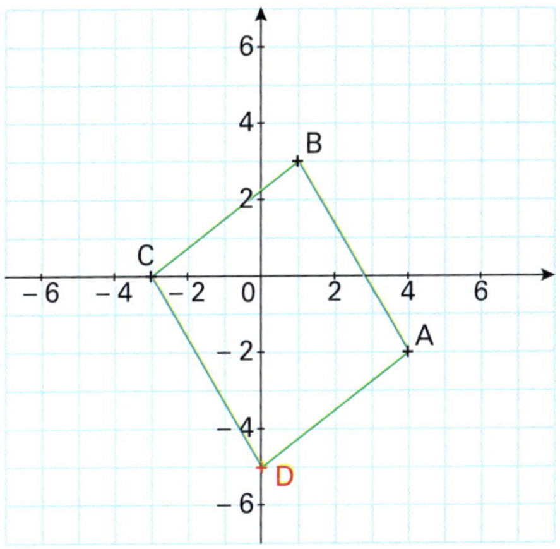

6 a. Le milieu I de [AB] a pour coordonnées $\left(\frac{x_A + x_B}{2} ; \frac{y_A + y_B}{2}\right)$, soit $\left(\frac{5 + (-3)}{2} ; \frac{2 + (-3)}{2}\right)$, d'où $I\left(1 ; -\frac{1}{2}\right)$.

b. On a $\overrightarrow{IA}$ de coordonnées $\left(5 - 1 ; 2 - \left(\frac{-1}{2}\right)\right)$ soit $\left(4 ; \frac{5}{2}\right)$ et $\overrightarrow{IB}$ de coordonnées $\left(-3 - 1 ; -2 - \left(\frac{-1}{2}\right)\right)$ soit $\left(-4 ; -\frac{5}{2}\right)$. Les coordonnées de $\overrightarrow{IA}$ et de $\overrightarrow{IB}$ sont opposées, donc les vecteurs aussi.

7 a. $\overrightarrow{MN}$ a pour coordonnées (4 ; 2) et $\overrightarrow{QP}$ également. Ainsi $\overrightarrow{MN} = \overrightarrow{QP}$ et MNPQ est un parallélogramme.

b. On a $MN = \sqrt{(x_N - x_M)^2 + (y_N - y_M)^2}$

$= \sqrt{(9 - 5)^2 + (0 - (-2))^2} = \sqrt{16 + 4} = \sqrt{20}$.

De même, on calcule $NP = \sqrt{4 + 16} = \sqrt{20}$.

MNPQ est ainsi un parallélogramme ayant deux côtés consécutifs de même longueur : c'est un losange.

22 Vecteurs : somme et relation de Chasles p. 115

1 On a tracé dans la figure ci-dessous un représentant des vecteurs : $\overrightarrow{CD} + \overrightarrow{AB}$ (en rouge), $\overrightarrow{CD} + \overrightarrow{CF}$ (en vert) et $\overrightarrow{AB} + \overrightarrow{CF}$ (en rose) ayant pour origine E.

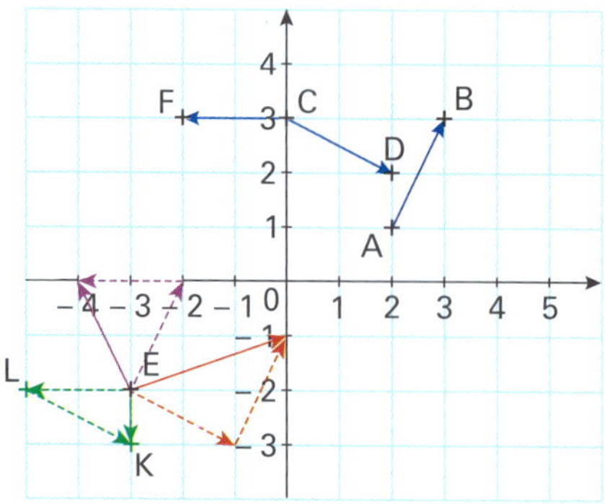

2 **a.** $\vec{a} = \overrightarrow{AB} + \overrightarrow{BC} + \overrightarrow{AD} = \overrightarrow{AC} + \overrightarrow{AD}$

b. $\vec{b} = \overrightarrow{AB} + \overrightarrow{CA} + \overrightarrow{AC}$
$= \overrightarrow{AB} + \overrightarrow{CC} = \overrightarrow{AB} + \vec{0} = \overrightarrow{AB}$

c. $\vec{c} = \overrightarrow{AB} + \overrightarrow{BC} + \overrightarrow{CA}$
$= \overrightarrow{AC} + \overrightarrow{CA} = \overrightarrow{AA} = \vec{0}$

d. $\vec{d} = \overrightarrow{AB} + \overrightarrow{CA} + \overrightarrow{BD} = \overrightarrow{CA} + \overrightarrow{AB} + \overrightarrow{BD} = \overrightarrow{CB} + \overrightarrow{BD} = \overrightarrow{CD}$

3 **a.** On constate que I = S.
b. Vu que I est le milieu de [AB], on a $\overrightarrow{AI} = \overrightarrow{IB}$.
c. La relation de Chasles donne $\overrightarrow{AI} + \overrightarrow{IA} = \vec{0}$, donc en remplaçant $\overrightarrow{AI}$ on trouve $\overrightarrow{IA} + \overrightarrow{IB} = \vec{0}$.

4 **a.** $\overrightarrow{\mathbf{RS}} + \overrightarrow{ST} = \overrightarrow{RT}$
b. $\overrightarrow{\mathbf{RR}} + \overrightarrow{ST} = \overrightarrow{ST}$
c. $\overrightarrow{\mathbf{AD}} + \overrightarrow{EF} + \overrightarrow{DA} = \overrightarrow{EF}$

5 **a.** On a $\overrightarrow{AB}(3\,;-4)$ et $\overrightarrow{AC}\,(3\,;2)$.
b. Soit D tel que $\overrightarrow{AD} = \overrightarrow{AB} + \overrightarrow{AC}$.
Alors ABDC est un parallélogramme, d'où $\overrightarrow{AB} = \overrightarrow{CD}$, ainsi on a $x_B - x_A = x_D - x_C$ soit $5 - 2 = x_D - 5$ et $x_D = 8$. De même, $y_B - y_A = y_D - y_C$, donc $-1 - 3 = y_D - 5$ et $y_D = 1$. D'où D(8 ; 1).

6 **a.** $\overrightarrow{CD} = \overrightarrow{CA} + \overrightarrow{AD} = \overrightarrow{CA} + \overrightarrow{AB} + \overrightarrow{AC} = \overrightarrow{AB}$ puisque $\overrightarrow{CA} + \overrightarrow{AC} = \vec{0}$.
b. $\overrightarrow{DE} = \overrightarrow{DA} + \overrightarrow{AE} = \overrightarrow{DA} + \overrightarrow{AD} + \overrightarrow{AB} = \overrightarrow{AB}$
c. D'après **a.** $\overrightarrow{CD} = \overrightarrow{DE}$ (tous deux égaux à $\overrightarrow{AB}$), ce qui est la caractérisation vectorielle du fait que D est le milieu de [CE].

7

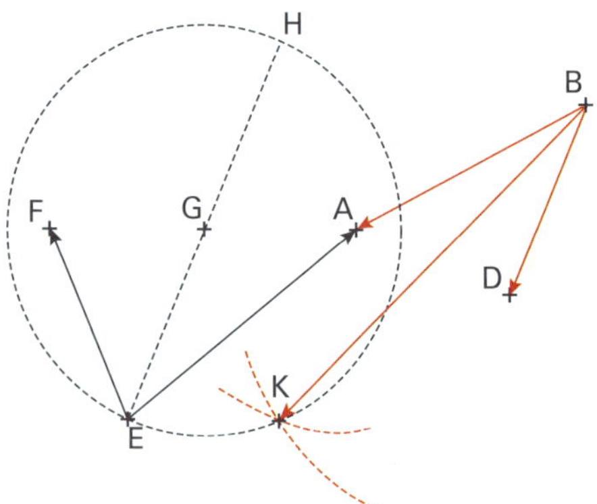

23 Vecteurs : produit d'un vecteur par un réel, colinéarité de deux vecteurs p. 117

1

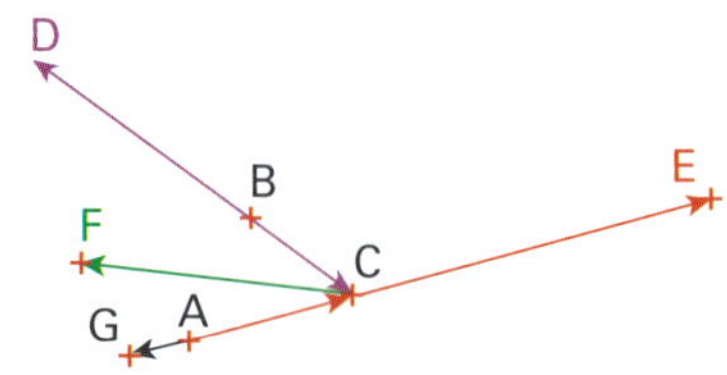

2 **a.** $\overrightarrow{AJ} = 4\overrightarrow{BA}$ – **b.** $\overrightarrow{IH} = \frac{1}{2}\overrightarrow{GC}$ – **c.** $\overrightarrow{DA} = \frac{-1}{5}\overrightarrow{JB}$
d. $\overrightarrow{CH} = \frac{3}{2}\overrightarrow{AH}$ – **e.** $\overrightarrow{AE} = -\overrightarrow{FD}$ – **f.** $\overrightarrow{CI} = -4\overrightarrow{IH}$.

3 Deux « paires » de vecteurs sont colinéaires.
$\vec{u} = -\sqrt{2}\,\vec{z}$ donc $\vec{z}$ et $\vec{u}$ sont colinéaires.
$\vec{v} = -3\,\vec{w}$ donc $\vec{v}$ et $\vec{w}$ sont colinéaires.

4 **a.** On détermine $\overrightarrow{RS}(-2\,;-2)$ et $\overrightarrow{RU}(-9\,;-9)$, d'où $\overrightarrow{RU} = \frac{9}{2}\overrightarrow{RS}$ ainsi $\overrightarrow{RS}$ et $\overrightarrow{RU}$ sont colinéaires et donc R, S et U sont alignés.
b. $\overrightarrow{RT} = \frac{\mathbf{4}}{\mathbf{7}}\overrightarrow{US}$ car $\overrightarrow{RT}(4\,;4)$ et $\overrightarrow{US}(7\,;7)$

$\overrightarrow{RT} = \frac{\mathbf{-4}}{\mathbf{13}}\overrightarrow{TU}$ car $\overrightarrow{TU}(-13\,;-13)$

$\overrightarrow{UR} = \frac{\mathbf{-3}}{\mathbf{2}}\overrightarrow{TS}$ car $\overrightarrow{UR}(9\,;9)$ et $\overrightarrow{TS}(-6\,;-6)$

5 On a $x_R - x_P = 3(x_N - x_M)$ soit $x - 3 = 3(-1 - 4)$ d'où $x - 3 = -15$ et $x = -12$.
De même $y_R - y_P = 3(y_N - y_M)$ soit $y - (-1) = 3(-5 - 2)$ d'où $y + 1 = -21$ et $y = -22$. Ainsi on a R(–12 ; –22).

6 **a.** Par la relation de Chasles $\overrightarrow{CA} = \overrightarrow{CO} + \overrightarrow{OA}$ et comme O est le milieu de la diagonale [CA] on a aussi $\overrightarrow{CO} = \overrightarrow{OA}$ d'où $\overrightarrow{CA} = \overrightarrow{CO} + \overrightarrow{CO} = 2\overrightarrow{CO}$.
b. De même A est le milieu de [CE] (E symétrique de C par rapport à A) donc $\overrightarrow{CA} = \overrightarrow{AE}$,
d'où $\overrightarrow{CE} = \overrightarrow{CA} + \overrightarrow{AE} = \overrightarrow{CA} + \overrightarrow{CA} = 2\overrightarrow{CA} = 4\overrightarrow{CO}$ d'après **a.**
c. $\overrightarrow{CB} + \overrightarrow{BA} + \overrightarrow{CE} = \overrightarrow{CA} + \overrightarrow{CE} = 2\overrightarrow{CO} + 4\overrightarrow{CO} = 6\overrightarrow{CO}$

7 On a $\overrightarrow{UT}\left(11\,;-\frac{43}{5}\right)$ et $\overrightarrow{WV}\left(\frac{-33}{2}\,;\frac{91}{10}\right)$, or $\frac{-33}{2} = 11 \times \frac{-3}{2}$ mais $\frac{43}{5} \times \frac{-3}{2} = \frac{-129}{10} \neq \frac{91}{10}$. $\overrightarrow{UT}$ et $\overrightarrow{WV}$ ne sont donc pas colinéaires et donc (UT) et (WV) ne sont pas parallèles.

8 **a.** J est le milieu de [AB] donc $\overrightarrow{BJ} = \overrightarrow{JA}$ d'où $\overrightarrow{BA} = \overrightarrow{BJ} + \overrightarrow{JA} = 2\overrightarrow{JA}$ d'où $\overrightarrow{JA} = \frac{1}{2}\overrightarrow{BA}$. On montre de même que $\overrightarrow{AK} = \frac{1}{2}\overrightarrow{AC}$.
Enfin $\overrightarrow{JK} = \overrightarrow{JA} + \overrightarrow{AK} = \frac{1}{2}\overrightarrow{BA} + \frac{1}{2}\overrightarrow{AC} = \frac{1}{2}(\overrightarrow{BA} + \overrightarrow{AC}) = \frac{1}{2}\overrightarrow{BC}$
b. On note d'abord que $\overrightarrow{BJ} = \overrightarrow{JA} = \frac{1}{2}\overrightarrow{BA}$
d'où $2\overrightarrow{BJ} + 2\overrightarrow{AK} + \overrightarrow{CB} = 2 \times \frac{1}{2}\overrightarrow{BA} + 2 \times \frac{1}{2}\overrightarrow{AC} + \overrightarrow{CB}$
$= \overrightarrow{BA} + \overrightarrow{AC} + \overrightarrow{CB}$
$= \overrightarrow{BC} + \overrightarrow{CB} = \overrightarrow{BB} = \vec{0}$.

24 Espace : calculs variés sur les solides usuels p. 119

1

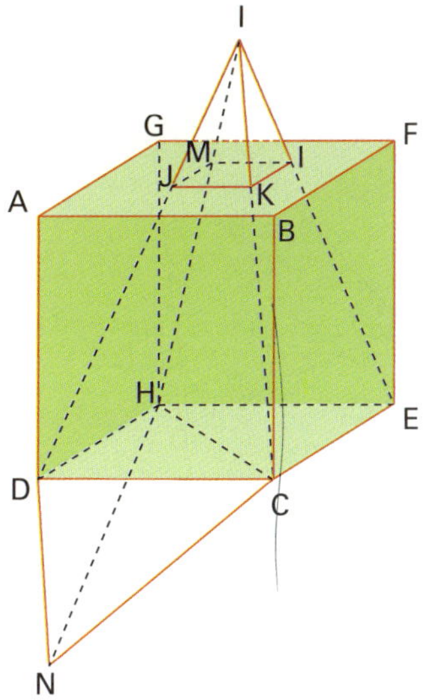

2 a. Aire(ABC) $= \dfrac{AB \times AC}{2} = \dfrac{2 \times 3}{2} = 3$ cm^2

b. Volume(DABC) $= \dfrac{\text{Aire(ABC)} \times 6}{3} = \dfrac{3 \times 6}{3} = 6$ cm^3

c. D'après le théorème de Thalès appliqué aux triangles DFE et DCA puisqu'on a (EF) // (AC), on a $\dfrac{DF}{DC} = \dfrac{FE}{CA} = \dfrac{1}{3}$ car $\overrightarrow{DF} = \dfrac{1}{3}\overrightarrow{DC}$. De même, on trouve que $\dfrac{EG}{AB} = \dfrac{1}{3}$ et que $\dfrac{FG}{CB} = \dfrac{1}{3}$.

Ainsi le triangle EFG est une réduction de coefficient $\dfrac{1}{3}$ du triangle ABC.

On en déduit Aire(EFG) $= \left(\dfrac{1}{3}\right)^2 \times$ Aire(ABC) $= \left(\dfrac{1}{3}\right)^2 \times 3 = \dfrac{1}{3}$ cm^2.

De même, le tétraèdre DEFG est une réduction du tétraèdre DACB de coefficient $\dfrac{1}{3}$, d'où :

Volume(DEFG) $= \left(\dfrac{1}{3}\right)^3 \times$ Volume(DABC) $= \left(\dfrac{1}{3}\right)^3 \times 6 = \dfrac{2}{9}$ cm^3.

3 a. $V_{2 \text{ glaçons}} = 2 \times 3^3 = 54$ cm^3

b. $V_{\text{verre}} = \pi \times 3^2 \times 13 = 117\pi$ cm^3

c. $117\pi \approx 367{,}56$ cm^3. Or 33 cL = 330 cm^3 et $330 + 54 > 367{,}56$: on ne peut donc pas ajouter 33 cL d'eau dans le verre s'il contient déjà deux glaçons.

4 a. L'aire orange est celle d'une demi-sphère soit $\dfrac{4 \times \pi \times 10^2}{3}$, soit 418,8790 m^2, au cm^2 près.

b. L'aire jaune est celle d'une demi-sphère soit $\dfrac{4 \times \pi \times 30^2}{3}$ soit 3 769,9112 m^2, au cm^2 près.

5 a. $V_{\text{cube}} = 4^3 = 64$ cm^3

b. $V_{1 \text{ sphère}} = \dfrac{4}{3}\pi \times 2^3 = \dfrac{32}{3}\pi$ cm^3

c. Chaque sphère centrée sur un sommet du cube possède $\dfrac{1}{8}$ de son volume dans le cube. Il y a huit sphères, donc le volume du cube occupé par les 8 sphères correspond au volume de l'une d'elles $\left(8 \times \dfrac{1}{8}\right)$ soit $\dfrac{32}{3}\pi$ cm^3.

d. Le pourcentage d'espace rempli par les sphères à l'intérieur du cube est donné par $\dfrac{\frac{32}{3}\pi}{64} \times 100$, soit environ 52,36 %.

25 Espace : positions relatives de droites et de plans p. 121

1 a. Vrai. (AB) et (BH) sont coplanaires dans (ABH) et sécantes en B.

b. Vrai. (BC) et (GH) ne sont pas coplanaires : BCGH est un tétraèdre.

c. Faux. (AE) et (DF) ne sont pas parallèles car elles ne sont pas coplanaires : AEFD est un tétraèdre.

d. Faux. (EF) et (CG) ne sont pas coplanaires car EFCG est un tétraèdre.

e. Faux. (DC) et (HG) sont coplanaires dans la face (DHG) du cube.

2 a. (AB) // (EFG).

b. (AC) et (BCG) sont sécants en C.

c. (AF) et (BCD) sont sécants en A.

d. (BC) est incluse dans (EHB).

e. (EC) est incluse dans (GEA).

3 a. (ABC) // (EFG).

b. (HEF) et (BCG) sont sécants suivant (FG).

c. (ABE) et (BCD) sont sécants suivant (AB).

d. (ADH) // (BFG).

e. (EBC) et (DHF) sont sécants suivant (BH).

4

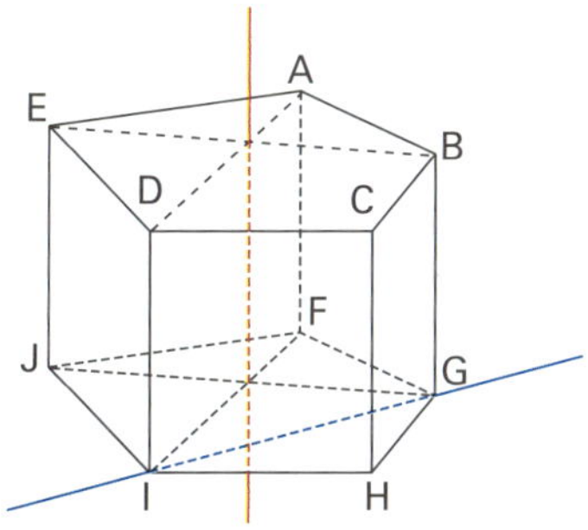

a. (IG), en bleu, est l'intersection des plans (EAG) et (DBI).

b. La droite passant par les points d'intersection de (EB) et (AD) d'une part, (JG) et (IF) d'autre part, en rouge, est l'intersection cherchée.

5 a. Non. Si c'était le cas, la droite (SI) serait alors dans (RSU) et en particulier T y serait (puisque T ∈ (SI)) et RSTU ne serait pas un tétraèdre.

b. Oui, elles sont toutes les deux dans le plan (RST).

c. C'est la droite (IU), puisque I et U sont communs aux deux plans.

d. C'est la droite (RU), en bleu, pour la même raison.

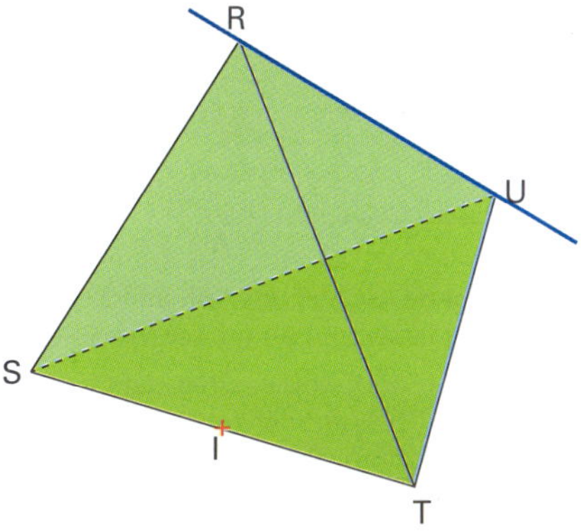

6 a. J ∈ (TU) donc J ∈ (RTU) et K ∈ (TR) donc K ∈ (RTU). Ainsi (JK) ∈ (RTU).

b. (JK) et (RU) ne sont pas parallèles car J étant le milieu de [TU], si (JK) était parallèle à (RU), K serait le milieu de

[RT] d'après le théorème des milieux appliqué au triangle RTU, or K est situé au tiers de [RT] et non au milieu.

c. L'intersection de (IKJ) et de (RST) est (IK), en rouge. Celle de (IKJ) et de (SUT) est (IJ), en bleu.

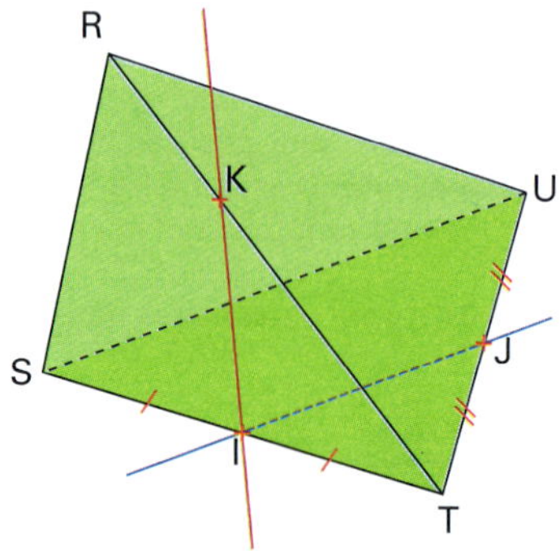

26 Espace : parallélisme p. 123

1 a. Faux. Dans l'espace, deux droites perpendiculaires à une même troisième droite ne sont parallèles entre elles que si elles sont coplanaires : considérez (AE) et (HC), l'une perpendiculaire à (AB) dans (ABE), l'autre dans (AHC) et qui ne sont pas coplanaires donc pas parallèles.

b. Faux. Dans l'espace, lorsque deux droites sont perpendiculaires, toute droite parallèle à l'une est parallèle à l'autre uniquement si ces trois droites sont coplanaires : considérez (AE) et (AB) perpendiculaires, (DH) parallèle à (AE) dans (AEH) mais non coplanaire avec (AB) donc non perpendiculaire.

2 a. Vrai, dans (ABC).

b. Vrai, dans (EFC)

c. Vrai, AEFB et DHGC sont deux faces opposées du cube donc parallèles.

d. Vrai, (AC) est incluse dans (ADC) et ADCB et EHGF sont deux faces opposées du cube donc parallèles.

3 a. (AD), (AE), (AL), (AH).

b. (ILK) et (ADC)

c. (IH), (BK), (JG).

d. (AI), (IB), (IC), (IJ), (IL), (IE), (IH) et (IG) sont les huit droites non coplanaires à (DF).

4

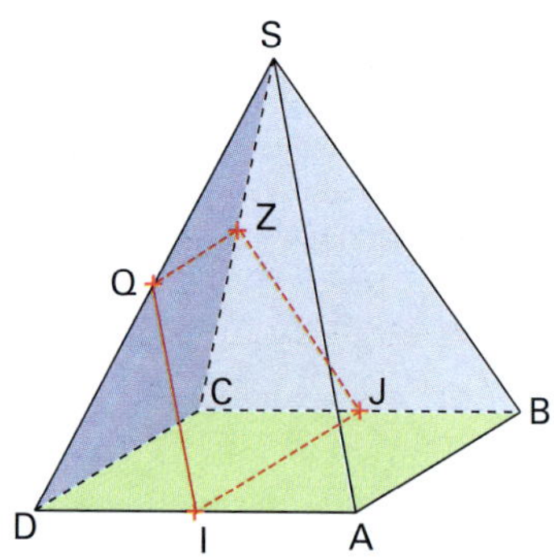

Notons Z le point de (SC) tel que l'on ait (QZ)//(IJ). Le quadrilatère QZJI est la section du tétraèdre par le plan (QIJ).

5 a. A, D, C et E sont coplanaires dans (ABC) d'après l'énoncé et (ED) ⊥ (BD) (énoncé) et (CA) ⊥ (BA) (définition d'un cône de révolution). Comme B, D, A sont alignés, on a (CA) // (DE) (toutes deux perpendiculaires à (BA) dans le plan (ABC)).

b. E et D n'appartiennent pas au plan de base du cône, donc (DE) non plus. (DE) est parallèle à une droite incluse dans ce plan (la droite (CA)) donc on a (ED) parallèle au plan de base du cône.

6 L'intersection de la pyramide ci-dessous et du plan parallèle à (ABC) passant par F est le quadrilatère dont les bords sont en rouge.

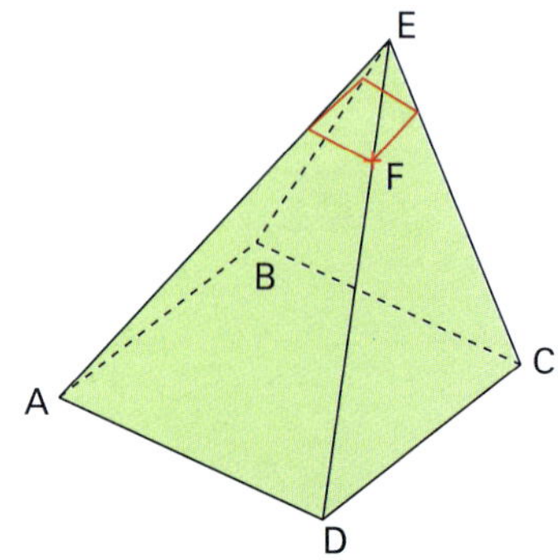

7 Par construction, on a (d_1) // (d) dans $\mathcal{P}_1$ et (d_2) // (d) dans $\mathcal{P}_2$. Deux droites parallèles à une même troisième droite étant parallèles entre elles, on en déduit (d_1) // (d_2), et ce dans $\mathcal{P}_3$.

27 Statistiques : fréquences p. 125

1 a.

Indice	[3350 ; 3400[	[3400 ; 3450[	[3450 ; 3500[	[3500 ; 3550[
Effectif	**3**	**9**	**4**	**5**
Fréquence	$\frac{1}{7}$	$\frac{3}{7}$	$\frac{4}{21}$	$\frac{5}{21}$

b. $m = \frac{1}{7} \times 3375 + \frac{3}{7} \times 3425 + \frac{4}{21} \times 3475 + \frac{5}{21} \times 3525$
$\approx 3444{,}05$

2 a.

Distance	[0 ; 1[	[1 ; 5[	[5 ; +∞[
Effectif	**10**	**5**	**5**
Fréquence	**0,5**	**0,25**	**0,25**

b. On prend 20 pour centre de la classe [5 ; +∞[, puis 0,5 pour centre de [0 ; 1[et 3 pour [1 ; 5[:
$m = 0{,}5 \times 0{,}5 + 3 \times 0{,}25 + 20 \times 0{,}25 = 6$ km.

3 a.

Valeur	0	1	2	3	4	5	6	7	8
Effectif	**2**	**5**	**11**	**7**	**9**	**2**	**0**	**1**	**3**
Fréquence	**0,05**	**0,125**	**0,275**	**0,175**	**0,225**	**0,05**	**0**	**0,025**	**0,075**
FCC	**0,05**	**0,175**	**0,45**	**0,625**	**0,85**	**0,9**	**0,9**	**0,925**	**1**

b. $m = 0{,}05 \times 0 + 0{,}125 \times 1 + 0{,}275 \times 2 + 0{,}175 \times 3 + 0{,}225 \times 4 + 0{,}05 \times 5 + 0 \times 6 + 0{,}025 \times 7 + 0{,}075 \times 8 = 3{,}125$ buts marqués par match en moyenne.

c.

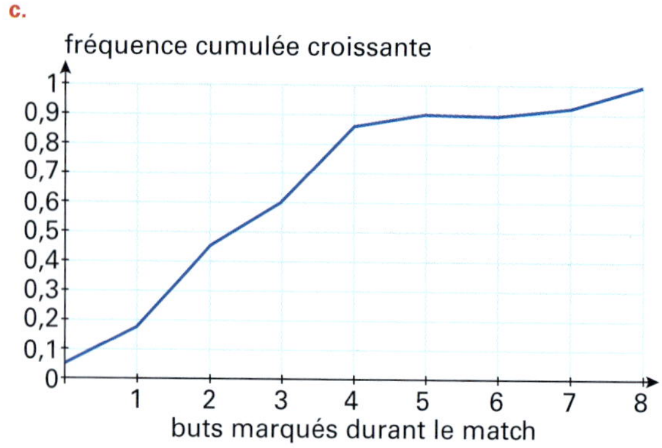

4

Age (ans)	13	14	15	16	17	18	19	20
FCC (%)	1,6	6,4	26,4	62,4	74,4	84	91,6	100
Fréquence (%)	**1,6**	**4,8**	**20**	**36**	**12**	**9,6**	**7,6**	**8,4**
Effectif	**4**	**12**	**50**	**90**	**30**	**24**	**19**	**21**

5

Valeur	10	12	14	16	18	20	22
Effectif	**2**	5	**5**	**10**	15	**6**	7
ECC	2	**7**	12	**22**	**37**	43	**50**
Fréquence	0,04	**0,10**	**0,1**	**0,20**	**0,30**	**0,12**	0,14
FCC	**0,04**	**0,14**	**0,24**	0,44	**0,74**	**0,86**	**1**

6 **a.** Le pourcentage de contrôles restants d'ici la fin de l'année est de 15 % (c'est 100 – 55 – 30).

b. $m = 9 \times \frac{55}{100} + 12 \times \frac{30}{100} + 11 \times \frac{15}{100} = 10{,}2$. Sa moyenne sera de 10,2/20.

c. Notons x la note à obtenir pour avoir 11/20 de moyenne, c'est-à-dire pour satisfaire l'équation

$$9 \times \frac{55}{100} + 12 \times \frac{30}{100} + x \times \frac{15}{100} = 11.$$

On trouve $4{,}95 + 3{,}6 + 0{,}15x = 11$, soit $8{,}55 + 0{,}15x = 11$ et $0{,}15x = 2{,}45$, d'où $x = \frac{2{,}45}{0{,}15} \approx 16{,}33...$ En obtenant 16,5/20 lors de ses contrôles restants, Fred est certain de dépasser 11/20 de moyenne.

28 Statistiques : indicateurs p. 127

1 Classons la série dans l'ordre croissant :

21 – 21 – 22 – 23 – 23 – 24 – 25 – 25 – 26 – 26 – 28 – 28 – 28 – 29 – 34 – 35 – 37 – 39 – 41 – 53 – 58

a. Son mode : c'est 28, présent à trois reprises.

b. Son étendue : c'est 37 (car 58 – 21 = 37).

c. Sa moyenne : c'est 30,76 environ.

d. Sa médiane : il y a 21 valeurs dans la série, la 11e est 28.

e. Son premier quartile : $21 \times \frac{25}{100} = 5{,}25$, donc Q_1 est la 6e valeur soit $Q_1 = 24$.

f. Son troisième quartile : $21 \times \frac{75}{100} = 15{,}75$, donc Q_3 est la 16e valeur soit $Q_3 = 35$.

g. Son écart interquartile : c'est 11 car 35 – 24 = 11.

h. L'écart obtenu entre la moyenne et la médiane est dû à la présence de deux valeurs fortes éloignées du reste des valeurs de la série : 53 et 58, qui influencent très sensiblement la moyenne vers le haut, et non la médiane car $2 < 21$.

2 **a.** Vrai, le salaire moyen est le même chez A et B : c'est 1 500 €.

b. Vrai, le salaire médian est le même chez A et B : c'est 1 300 € car le 10e et le 11e salaires sont à chaque fois à 1 300 €.

c. Faux, l'écart interquartile n'est pas le même chez A et B : $Q_1 = 1\,100$ pour A et B (5e valeur) mais $Q_3 = 1\,500$ chez A et $Q_3 = 1\,700$ chez B (15e valeur), donc l'écart interquartile de A vaut 400 alors qu'il vaut 600 chez B.

3 **a.** La médiane, lue pour la fréquence cumulée croissante de 50 % s'obtient entre 15 et 16 graphiquement, l'âge médian des coureurs est donc de 16 ans.

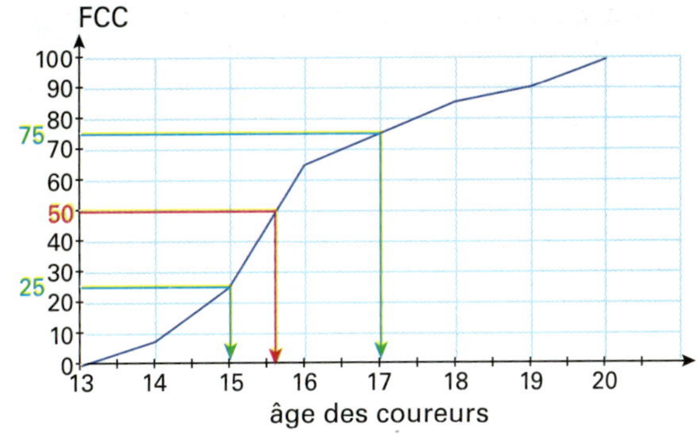

b. Q_1 et Q_3 se lisent grâce aux flèches vertes : $Q_1 = 15$ et $Q_3 = 17$.

4 La série correspond au tableau ci-dessous :

?	500	?	650	?	900	?

Pour chaque modification, on a représenté la série avec Q_1 en vert, la médiane en rouge et Q_3 en jaune.

a. Non :

200	**400**	?	500	?	650	?	900	?

b. Non :

?	500	?	650	?	900	?	**901**	**910**

c. Oui :

?	**500**	500	?	650	?	900	?	**1000**

d. Non :

?	500	?	**635**	650	**653**	?	900	?

5 **a.** Vrai, les deux ont 10,2 de moyenne.

b. Vrai, le troisième quartile d'Ali est 13 tandis que celui de Bob est 11. Cela signifie que 25 % au moins des meilleures notes d'Ali sont supérieures à 13 alors qu'au moins 25 % des meilleures notes de Bob sont supérieures à 11 seulement....

c. Vrai, d'après la médiane, 50 % au moins des notes d'Ali sont inférieures à 8 alors que toutes les notes de Bob sont supérieures à 9. Le premier quartile confirme : au moins 25 % des notes d'Ali inférieures à 8, au moins 75 % des notes de Bob supérieures à 11.

6 **a.** $\frac{22}{100} \times 53 = 11{,}66$: 12 personnes, en arrondissant, ont un scooter de 5 ans ou plus.

b. Q_1 se situe dans la tranche « 1 à 2 ans » car $21 < 25 < 48$ ($48 = 21 + 27$), la médiane se situe dans la tranche « 3 à 4 ans » car $48 < 50 < 78$ ($78 = 48 + 30$) et Q_3 se situe dans la tranche « 3 à 4 ans » aussi car $48 < 75 < 78$.

29 Échantillonnage et simulation p. 129

1 **d.** Vu que $\sqrt{225} = 15$, que $0{,}56 - \frac{1}{15} \approx 0{,}493\,33...$ et que $0{,}56 + \frac{1}{15} \approx 0{,}626\,66...$

2 L'intervalle de fluctuation au seuil de 95 % est donné par $\left[p - \frac{1}{\sqrt{n}} ; p + \frac{1}{\sqrt{n}}\right]$ donc son amplitude est

$\left(p + \frac{1}{\sqrt{n}}\right) - \left(p - \frac{1}{\sqrt{n}}\right)$ soit $\frac{2}{\sqrt{n}}$.

Ainsi $\frac{2}{\sqrt{n}} = 0{,}02$ donc $\frac{\sqrt{n}}{2} = \frac{1}{0{,}02} = 50$ et $\sqrt{n} = 100$, d'où $n = 10\,000$: 10 000 personnes ont été interrogées.

3 **a.** On a bien 15 décimales dans chaque nombre donc un échantillon de taille 30.

b. Il y a 6 chiffres « 9 », donc une fréquence de $\frac{6}{30}$, soit $\frac{1}{5}$.

c. Il y a 16 entiers impairs donc une fréquence de $\frac{16}{30}$, soit $\frac{8}{15}$.

d. La proportion théorique d'entiers impairs dans un lot d'entiers est de $\frac{1}{2}$, soit ici de $\frac{15}{30}$.

e. Ici $p = 0{,}5$ et $n = 30$, d'où l'intervalle de fluctuation au seuil de 95 % :

$\left[0{,}5 - \frac{1}{\sqrt{30}} \,;\, 0{,}5 + \frac{1}{\sqrt{30}}\right]$ donc environ [0,3174 ; 0,6826].

f. Comme $\frac{8}{15} \approx 0{,}5333$ est situé dans cet intervalle de confiance, on peut considérer que l'échantillon de Zoé est représentatif pour ce qui est de la présence d'entiers impairs.

4 **a.** La fréquence des « Pile » est de $\frac{7}{25}$, soit 0,28.

Ici $p = 0{,}5$ et $n = 25$ donc $\frac{1}{\sqrt{n}} = \frac{1}{\sqrt{25}} = \frac{1}{5} = 0{,}2$.

L'intervalle de fluctuation au seuil de 95 % est donc [0,3 ; 0,7].

b. Non, on peut en conclure que l'échantillon choisi (c'est-à-dire la série de 25 lancers) n'est pas représentatif. Il faut réitérer l'expérience un plus grand nombre de fois avec la pièce avant de se prononcer sur son équilibre.

5 **a.** Ici $f = \frac{21}{36} = \frac{7}{12}$ et $n = 36$ d'où l'intervalle de confiance au seuil de 95 % :

$\left[\frac{7}{12} - \frac{1}{\sqrt{36}} \,;\, \frac{7}{12} + \frac{1}{\sqrt{36}}\right]$, soit environ [0,4166 ; 0,75].

b. L'investisseur n'est ainsi pas sûr à 95 % de pouvoir acheter au moins 50 % des logements, puisque la proportion réelle de vendeurs potentiels peut se situer, avec 95 % de confiance, entre 41,66 % et 50 %. Il ne va donc pas se lancer.

6 **a.** Les fréquences simulées semblent se stabiliser autour de 0,25.

b. Ici $f = \frac{7}{20} = 0{,}35$ et $n = 20$, d'où l'intervalle de confiance au niveau 95 % :

$\left[0{,}35 - \frac{1}{\sqrt{20}} \,;\, 0{,}5 + \frac{1}{\sqrt{20}}\right]$, soit environ [0,1263 ; 0,5736].

c. Le taxi décidera d'investir dans une voiture de plus grande capacité si ce type de situation se produit plus d'une fois par semaine, et comme il travaille 5 jours par semaine, si la probabilité de $0{,}2\left(\frac{1}{5}\right)$ se situe dans l'intervalle de confiance, ce qui est le cas. Il doit donc changer de véhicule.

7 Après 50 lancers, l'intervalle de confiance est

$\left[0{,}86 - \frac{1}{\sqrt{50}} \,;\, 0{,}86 + \frac{1}{\sqrt{50}}\right]$, soit environ [0,7185 ; 1].

La probabilité de l'équilibre pour la pièce est de 0,5 et est pour l'instant située en-dehors de l'intervalle de confiance. Pour être certain à 95 % que la pièce soit équilibrée, il faut au moins, à condition de n'obtenir que des « Pile » à partir du 51e lancer, avoir $\frac{43}{n} - \frac{1}{\sqrt{n}} < 0{,}5$ où n est le nombre total de lancers, avec $n \geqslant 50$. $n = 70$ convient, à condition d'avoir 20 « Pile » aux 20 lancers supplémentaires.

30 Probabilités sur un ensemble fini p. 131

1 **a.** p(« obtenir une voyelle ») $= \frac{6}{26} = \frac{3}{13}$

b. p(« obtenir une consonne ») $= 1 - \frac{3}{13} = \frac{10}{13}$

c. p(« obtenir une lettre située strictement entre G et P ») $= \frac{8}{26} = \frac{4}{13}$

d. p(« obtenir l'une des lettres du mot PROBABILITE ») $= \frac{9}{26}$

2

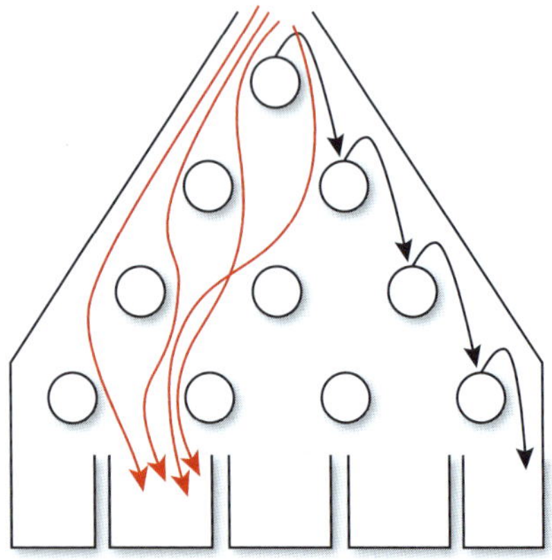

a. p(« la balle termine sa course dans la case de droite ») $= \frac{1}{2} \times \frac{1}{2} \times \frac{1}{2} \times \frac{1}{2} = \frac{1}{16}$ (tracé noir)

b. p(« la balle termine sa course dans la seconde case à partir de la gauche ») $= 4 \times \left(\frac{1}{16}\right) = \frac{4}{16} = \frac{1}{4}$ (tracés rouges).

3 **a.** p « obtenir un trèfle » $= \frac{13}{52} = \frac{1}{4}$

b. p « obtenir deux trèfles » = 0 (on ne tire qu'**une** carte, donc : événement impossible).

c. p « obtenir un valet » $= \frac{4}{52} = \frac{1}{13}$

d. p « obtenir une carte complétant la suite 6 – 7 – 8 » $= \frac{8}{52} = \frac{2}{13}$ (on peut obtenir 4 « 5 » différents ou 4 « 9 différents » pour compléter la suite).

e. p « obtenir une carte dont le numéro est un diviseur de 120 » $= \frac{32}{52} = \frac{8}{13}$ (les diviseurs de 120 inférieurs à 10 sont 1, 2, 3, 4, 5, 6, 8 et 10 et il y a 4 cartes pour chacun de ces numéros).

4 **a.** p « obtenir 8 » $= \frac{1}{37}$

b. p « obtenir un nombre pair » $= \frac{19}{37}$ (0 est pair au sens mathématique du mot « pair »).

c. p « obtenir un nombre rouge » $= \frac{18}{37}$

5 **a.**

	1	2	3	4	5
1	2	**3**	**4**	**5**	**6**
2	**3**	4	**5**	**6**	**7**
3	**4**	**5**	**6**	**7**	8
4	**5**	**6**	7	**8**	**9**
5	**6**	**7**	**8**	9	**10**

b. p « la somme des deux numéros vaut 10 » : $\frac{1}{25}$

c. p « la somme des deux numéros vaut 6 » : $\frac{5}{25} = \frac{1}{5}$

6 **a.** $p(« 5 ») = p(« 4 ») = p(« 3 ») = p(« 2 ») = p(« 6 »)$

$$= \frac{1 - \frac{1}{3}}{5} = \frac{2}{15}.$$

b. p(« obtenir moins de « 3 ») = p(« obtenir 1 ou 2 ou 3»)

$= p(« 1 ») + p(« 2 ») + p(« 3 ») = \frac{1}{3} + \frac{2}{15} + \frac{2}{15}$

$= \frac{9}{15} = \frac{3}{5}$.

c. Si « 1 » sort avec une probabilité p, chacun des autres numéros sort avec une probabilité de $\frac{(1-p)}{5}$.

Or p(« obtenir moins de 2 ») = p(« obtenir 1 ou 2 »)

$= p(« 1 ») + p(« 2 ») = p + \frac{(1-p)}{5} = \frac{5p}{5} + \frac{(1-p)}{5} = \frac{4p+1}{5}$.

On veut donc $\frac{4p+1}{5} = 0{,}5$, soit $4p + 1 = 2{,}5$ d'où $4p = 1{,}5$ et $p = 0{,}375$.

31 Probabilités et ensembles p. 133

1 **a.** Vrai. – **b.** Faux, c'est {2,4}. – **c.** Vrai. – **d.** Faux, c'est $\frac{6}{8}$. – **e.** Faux, c'est {2,4,6,7,8}. – **f.** Faux, c'est $\frac{7}{8}$. Seul obtenir « 5 » n'est pas dans A ∪ C. – **g.** Vrai.

2 **a.** C'est $\frac{23{,}0 + 20{,}1 + 27{,}1}{100}$, soit $\frac{70{,}2}{100}$ ou 0,702.

b. C'est 1 – p(« un homme a un diplôme supérieur au BAC + 2 »), soit $1 - \frac{22{,}3}{100}$ donc 0,777.

3 **a.** $p(A) = \frac{3}{8}$, $p(B) = \frac{3}{8}$ et $p(C) = \frac{4}{8} = \frac{1}{2}$

b. $p(A \cap B) = p$(obtenir 4 ou 7) $= \frac{2}{8} = \frac{1}{4}$

$p(A \cap C) = p$(obtenir 2 ou 4) $= \frac{2}{8} = \frac{1}{4}$

$p(B \cap C) = p$(obtenir 4) $= \frac{1}{8}$

c. $p(A \cup B) = p$(obtenir 1, 2, 4 ou 7) $= \frac{4}{8} = \frac{1}{2}$

$p(A \cup C) = p$(obtenir 2, 4, 6, 7 ou 8) $= \frac{5}{8}$

$p(B \cup C) = p$(obtenir 1, 2, 4, 6, 7 ou 8) $= \frac{6}{8} = \frac{3}{4}$

4 **a.** Non, $\overline{P}$ c'est obtenir 0 ou 1 bonne réponse, c'est-à-dire **au plus** une mauvaise réponse.

b. $p(\overline{F}) = p$(obtenir 0 mauvaise réponse) $= \left(\frac{1}{2}\right)^3 = \frac{1}{8}$

c. $p(F \cup P) = 1$ en effet F c'est obtenir 1, 2 ou 3 mauvaises réponses et P c'est obtenir 2 ou 3 bonnes réponses, c'est-à-dire 1 ou 0 mauvaise réponse. F ∪ P contient donc toutes les possibilités : obtenir 0, 1, 2 ou 3 mauvaises réponses, sa probabilité vaut 1.

d. F ∩ P = « obtenir 1 mauvaise réponse » d'après la réponse **b.**. Il y trois possibilités en notant B une bonne réponse et M une mauvaise, l'élève a une seule mauvaise réponse dans chacune des ces trois séries : BBM,BMB,MBB.

Donc $p(F \cap P) = \frac{3}{8}$.

5 **a.** $\frac{27}{62}$. – **b.** $\frac{42}{62}$, soit $\frac{21}{31}$.

c. Le contraire de cet événement correspond à ne prendre ni dessert ni café, événement de probabilité $\frac{11}{62}$. La probabilité cherchée est donc $1 - \frac{11}{62}$ soit $\frac{51}{62}$.

d. C'est p(a.) + p(b.) – p(c.), soit $\frac{27 + 42 - 51}{62}$ donc $\frac{18}{62}$ ou $\frac{9}{31}$.

6 **a.** $p(A \cap B) = 1 - p$(au moins un des deux est déjà en ligne) = 1 – 0,85 = 0,15.

b. $p(A \cup B) = 1 - p$ (les deux sont déjà en ligne)
= 1 – 0,35 = 0,65.

c. On a $p(A \cup B) = p(A) + p(B) - p(A \cap B)$. Or $p(A) = p(B)$, d'où, en utilisant **a.** et **b.** :

$0{,}65 = 2\,p(A) - 0{,}15$ d'où $0{,}8 = 2\,p(A)$ et $p(A) = 0{,}4$.

32 Algorithmique : premiers pas p. 135

1

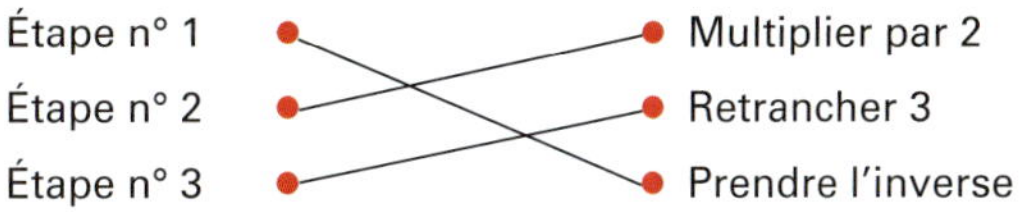

2

« **Variables :** »
  a, b les deux entiers à diviser
  q, r, les résultats
« **Initialisation :** »
  Saisir $\boldsymbol{a}$ et $\boldsymbol{b}$
« **Traitement :** »
  q prend la valeur « partie entière » de a/b
  r prend la valeur $a - q \times b$
« **Sortie :** »
  Afficher « Quotient » = $\boldsymbol{q}$
  Afficher « Reste » = $\boldsymbol{r}$
Fin

3 **a.** 4 → 7 → 49 → 44

b. –3 → 0 → 0 → –5

c. Le test est nécessaire car la dernière étape n'aura de sens et ne bloquera pas l'algorithme que si la valeur à traiter est positive (sinon la fonction racine n'est pas définie), d'où la nécessité d'intercaler ce test.

4 **a.** p prend la valeur $m \times 2$ si $m \leqslant 20$ parce que m représente le nombre de morceaux achetés, au prix unitaire de 2 € tant que $m \leqslant 20$.

b. Si $21 \leqslant m \leqslant 50$, chacun des 20 premiers morceaux a été payé 2 € (d'où le 40) et chacun des suivants est payé 1,50 €, mais le premier morceau payé 1,50 € est le 21e morceau acheté (21 – 20 = 1), le 2e payé 1,50 € est le 22e acheté (22 – 20 = 2), etc., d'où la formule.

c. Si $m > 80$, on achète plus de 80 morceaux. Les 20 premiers l'ont été à 2 € l'unité (soit 40 € pour les 20 premiers), les 30 suivants l'ont été à 1,50 € l'unité (soit 45 € pour les 30 suivants, du 21e au 50e) et les 30 suivants à 0,80 € l'unité (soit 24 € pour les 30 suivants, du 51e au 80e). Les 80 premiers morceaux ont ainsi coûté 40 + 45 + 24, soit 109 €, d'où le 109 de la formule.

1 La place des Européens dans le peuplement de la Terre p. 136

1 a. Cette carte permet de repérer les différentes destinations des migrants européens au XIXe siècle et de les hiérarchiser.
b. Les pôles d'accueil des migrants européens sont des « pays neufs » comme les États-Unis, le Canada, le Brésil, l'Argentine et l'Australie ; des territoires colonisés : les Antilles, l'Afrique du Nord (Maroc, Algérie, Tunisie), l'Afrique du Sud et la Sibérie pour les Russes.
c. Avec 28 millions de migrants, le flux de loin le plus important est celui dirigé vers les États-Unis. Puis on trouve le flux sibérien et ceux dirigés vers l'Argentine (ainsi que le Brésil) et le Canada. Les États-Unis constituent donc le principal pôle d'accueil, d'autant plus qu'une partie des migrants se destinant au Canada entre ensuite aux États-Unis par voie terrestre (le prix des traversées vers le Canada est en effet moins coûteux que vers les États-Unis). Entre 1903 et 1914, les États-Unis accueillent chaque année plus d'1 million d'immigrants. Suit la Sibérie, dont le peuplement par des migrants russes s'inscrit dans une politique de front pionnier encouragée par une loi de 1904, puis l'Argentine et le Brésil où le besoin de main-d'œuvre bon marché, notamment pour la culture du café, est alors d'autant plus fort que l'esclavage y a été récemment aboli.

2 a. Les migrants irlandais se dirigent massivement vers les États-Unis alors en plein essor économique. C'est, comme le montre la carte de l'exercice 1, la principale terre d'accueil des migrants européens au XIXe siècle. D'autre part, la pratique de l'anglais leur permet de s'adapter facilement.
b. Les Irlandais sont poussés par la misère engendrée par la maladie de la pomme de terre et la grande famine qui s'en est suivie.
c. L'émigration permet à deux millions d'Irlandais et à leurs familles restées au pays d'échapper à l'extrême misère. Les migrants trouvent aux États-Unis des emplois bien rémunérés et une nourriture abondante. Ils peuvent économiser et, en raison de leur grand sens de la solidarité familiale, ils soutiennent leurs familles restées en Irlande. Ils peuvent aussi payer le passage de certains des membres de leur famille vers les États-Unis.

2 Citoyenneté et démocratie à Athènes (Ve-IVe siècles avant J.-C.) p. 138

1 a. Il s'agit d'une source archéologique, en l'occurrence, une pièce de céramique datant du VIIe siècle avant J.-C. qui permet de décrire avec précision les conditions de combat de la phalange hoplitique.
b. Le combat hoplitique est un combat collectif, qui se déroule en rangs serrés. Le succès repose sur la cohésion de chaque rangée face à la rangée adverse. Le bouclier est l'arme clé du combat hoplitique. Appelé *hoplon* en grec, il donne son nom à la phalange, ce qui montre bien son importance fondamentale. Avec son système d'attache interne composée d'une poignée intérieure et d'une courroie enserrant l'avant-bras, le bouclier permet à chaque soldat de protéger à la fois la partie gauche de son corps et le côté droit de son voisin de ligne.
c. Ce type de combat réalise l'idéal égalitaire de la démocratie athénienne. Le sort de chaque combattant dépend non seulement de son comportement individuel, mais aussi de celui de ses voisins. Il nécessite la cohésion totale de chaque rangée, soudée par le sentiment d'égalité et de solidarité entre les citoyens-soldats.

2 a. C'est la majorité (des voix) qui est décisive dans le système démocratique.
b. C'est le mérite qui donne l'accès aux honneurs, et non l'appartenance à une catégorie sociale, tout comme la condition financière, qui ne peut empêcher les hommes de rendre service à l'État.

3 Citoyenneté et empire à Rome (Ier-IIIe siècles) p. 140

1 a. **donner la cité romaine** : donner la citoyenneté romaine ; **condition pérégrine** : il s'agit de la condition des hommes libres ou pérégrins, non-citoyens romains, vivant dans les cités ou les territoires appartenant à l'Empire romain ; **affranchi** : esclave libéré par son maître ; **en sauvegardant le droit des cités** : les pérégrins qui accèdent à la citoyenneté romaine grâce à l'édit de Caracalla n'en demeurent pas moins citoyens de leur cité d'origine.
b. Voir tableau ci-dessous.

	Texte 1	Texte 2	Texte 3
Auteur et date	Pline le Jeune, début du IIe siècle.	Tacite, historien romain, IIe siècle.	L'empereur Caracalla, en 212.
Comment et à qui la citoyenneté romaine est-elle donnée ?	La citoyenneté romaine est octroyée par l'empereur à titre individuel et sur demande d'un notable : ici, Pline le jeune est le gouverneur de la province et il est en outre un ami de l'empereur Trajan.	La citoyenneté complète, c'est-à-dire l'accès au *cursus honorum* et du coup la possibilité d'entrer au sénat, est accordée par l'empereur Claude aux notables des Trois Gaules.	La citoyenneté est octroyée globalement à tous les hommes libres de l'empire par un édit de l'empereur Caracalla.
Arguments	C'est le mérite personnel de l'affranchi (ici le médecin qui a soigné avec efficacité Pline lui-même) qui motive la demande.	Claude s'appuie sur l'histoire grecque pour montrer que le refus d'assimiler les étrangers mène un État à sa perte. D'autre part, les notables des Trois Gaules ont toujours respecté la paix romaine depuis la conquête. De plus, ils sont parfaitement romanisés.	Selon Caracalla, il est juste que tous les hommes libres bénéficient également des droits liés à la citoyenneté romaine puisqu'ils en assument déjà les charges.

4 La chrétienté médiévale (XIe-XIIIe siècles) p. 142

1 a. L'abbatiale de Conques appartient au patrimoine mondial de l'UNESCO car elle est considérée comme un chef-d'œuvre de l'art roman. La construction de l'édifice débute au milieu du XIe siècle, au moment où l'Occident chrétien se couvre « d'un blanc manteau d'Églises » (Raoul Glaber). Cette période correspond aussi à une époque où l'Europe connaît un regain de prospérité : la population, mieux nourrie, augmente et vit mieux. La ferveur religieuse entraîne alors un foisonnement de créations artistiques et architecturales. Les églises en bois sont jugées trop petites et trop fragiles ; on utilise désormais la pierre. Par son architecture et son décor, Sainte-Foy de Conques se rattache à l'art roman. On reconnaît facilement une église de style roman pour laquelle l'architecte doit résoudre le problème du poids de l'édifice : voûte en berceau (1/2 cercle) ou voûte d'arêtes, murs épais pleins et bas, lumière faible, puissants contreforts extérieurs pour empêcher l'écartement des murs porteurs. Les décors constituent de véritables livres d'images qui permettent une meilleure connaissance des textes religieux pour ceux qui ne savent pas lire : fresques, chapiteaux et tympans sculptés racontent la Bible, la vie quotidienne, et inventent des bestiaires fantastiques.

b. Le portail occidental de l'abbatiale Sainte-Foy est surmonté d'un tympan représentant le jugement dernier d'après l'Évangile selon saint Matthieu. L'ensemble est divisé en trois niveaux. Tout en haut dans les angles, on peut voir deux anges sonneurs de cor, au centre trône le Christ en majesté, roi et juge, avec les élus à sa droite, au Paradis, et les damnés à sa gauche, en Enfer. Derrière lui, les anges portent la Croix. Au deuxième niveau, les élus marchent vers le Christ, on peut reconnaître la Vierge Marie et saint Pierre (personnages nimbés). Alors que de l'autre côté, des anges-chevaliers repoussent les damnés essayant d'échapper à l'Enfer. Le troisième niveau est divisé en deux parties. À gauche, se trouve le Paradis présidé au centre par Abraham, à sa porte un ange fait entrer les élus. À droite, l'Enfer présidé par Satan où sont châtiés les péchés capitaux : par exemple, l'avarice pendue haut et court avec sa bourse.

c. Les fidèles du Moyen Âge sont, pour l'immense majorité, analphabètes. Il s'agit tout d'abord de leur permettre de « lire » l'histoire religieuse à même la pierre par des représentations simples et compréhensibles par tous. Le souci de l'Église est aussi de leur inspirer la crainte du jugement dernier et de l'enfer afin de les maintenir dans l'obéissance et la foi. Ainsi le Christ n'est pas représenté comme un enfant tendre et vulnérable, ce qui se fera plus tard durant la Renaissance, mais au contraire comme un souverain tout puissant jugeant les âmes et les départageant. Il est à noter que la notion de purgatoire, qui peut atténuer la terreur qu'inspire le jugement dernier, n'existe pas au XIe siècle, elle n'est précise qu'à la fin du XIIe siècle.

5 Sociétés et cultures rurales (XIe-XIIIe siècles) p. 144

1 a. Il s'agit de deux cartes qui représentent le couvert forestier (en vert) à deux époques différentes : vers 900 et vers 1300.

b. Entre ces deux dates, le couvert forestier a considérablement diminué. En 1300, il est à peu près celui que l'on connaît encore aujourd'hui.

c. À partir du XIe siècle, les progrès techniques, ainsi que l'adoucissement du climat, permettent d'améliorer la productivité agricole. Les récoltes sont meilleures et la population mieux nourrie, plus résistante, augmente. La pression démographique conjuguée à un meilleur outillage entraîne de grands défrichements à l'origine de l'extension de l'espace agricole. Ce mouvement s'achève vers 1300 et les paysages restent quasiment inchangés jusqu'à la révolution industrielle.

d. Les grands défrichements obligent les seigneurs à faire des concessions. De plus, avec le développement de l'économie monétaire, la corvée est souvent transformée en redevance en argent qui, comme toutes les redevances, a un montant fixe dont le poids se trouve allégé par la hausse de la production agricole.

6 Sociétés et cultures urbaines (XIe-XIIIe siècles) p. 146

1 a. Les grandes routes commerciales sont :
- les routes maritimes, de la Méditerranée jusqu'à la mer Noire et le Proche-Orient, de l'Atlantique et de la mer du Nord à la Baltique ;
- les routes terrestres qui relient les villes commerçantes, notamment les foires, d'Europe et d'Afrique du Nord, où elles rejoignent la route de la soie vers l'Extrême-Orient (Inde et Chine).

b. Le nord de l'Italie, le nord de la France, la Belgique, le nord de l'Allemagne, le sud-est de l'Angleterre.

c. Les principaux produits échangés sont :
- la laine, les draps (c'est-à-dire toutes sortes de tissus), le bois, les fourrures, les harengs (fumés, séchés, pour les périodes de jeûne), le vin, le sel (important pour conserver les aliments), le blé en ce qui concerne les productions européennes ;
- d'une provenance plus lointaine (Afrique ou Asie), des produits plus précieux et plus coûteux, de l'or, des épices (utilisées dans la cuisine des riches pour masquer notamment le goût fort des gibiers et des viandes faisandées, mais aussi pour leurs vertus médicinales), de l'huile, de la soie et des étoffes de luxe, du coton, du sucre, des pierres précieuses et des esclaves.

d. Les principales foires sont les foires de Champagne en France mais aussi celles des grandes villes commerçantes d'Italie du Nord et de Flandre.

7 L'élargissement du monde (XVe-XVIe siècles) p. 148

1 a. La première carte est beaucoup moins précise que la seconde : en dehors de l'Europe occidentale, le monde méditerranéen, l'Afrique du Nord et de l'Ouest, le reste du monde est mal connu. L'Amérique n'y figure pas.

b. Les deux cartes ont été réalisées à des dates différentes, l'une à la fin du XVe siècle, l'autre, au milieu du XVIe siècle. Les voyages d'exploration effectués entre ces deux périodes expliquent les progrès réalisés dans la représentation du monde.

c. Les grands repères géographiques sont les parallèles et les méridiens. Ils témoignent des progrès de la cartographie et de la géographie. Ils sont précieux pour les navigateurs qui peuvent ainsi mieux se situer.

d. L'expédition de Magellan part du Portugal, traverse l'Atlantique en diagonale, contourne l'Amérique du Sud, traverse l'océan Pacifique et rejoint l'Asie aux Philippines, puis traverse l'océan Indien vers le sud de l'Afrique et rejoint l'Europe en longeant l'Afrique de l'Ouest. Le détroit de Magellan est situé au sud du Chili, en Patagonie.

2 a. Les Ottomans ne contrôlent d'abord au milieu du XIVe siècle que la région de Constantinople qui lui permet de contrôler les détroits entre la mer Noire et la mer Méditerranée. Puis jusqu'au XVIe siècle, l'Empire ottoman s'étend essentiellement dans la péninsule balkanique et en Asie mineure. À partir du XVIe siècle, les Ottomans prennent les rives méridionales du Danube, le Moyen-Orient et d'une bonne partie des côtes de l'Afrique du Nord, et dominent ainsi désormais la Méditerranée orientale.
b. La péninsule balkanique se trouve entièrement sous la domination ottomane ainsi que la Moldavie et le nord de la mer Noire.
c. L'expansion ottomane est particulièrement menaçante pour les possessions des Habsbourg en Autriche et en Italie et pour la République de Venise qui perd la plupart de ses îles en Méditerranée orientale.

8 Les hommes de la Renaissance (XVe-XVIe siècles) p. 150

1 a. L'opposition entre catholiques et protestants a aussi été une guerre de pamphlets et de gravures. Il s'agit ici d'une gravure du XVIe siècle qui caricature l'Église catholique en la comparant point par point à l'Église Réformée. En effet, son auteur, Lucas Cranach, est un peintre et graveur engagé dans le camp protestant, réformé lui-même et ami de Luther. Il a vécu l'essentiel de sa vie à Wittenberg où son atelier est protégé par les princes de Saxe.
b. Dieu le père semble satisfait du côté protestant alors qu'il est en colère côté catholique.
c. Dans la chaire, on reconnait Luther qui prêche sur un extrait de la Bible. La colombe du Saint-Esprit l'inspire tandis que de sa main droite il désigne l'agneau qui symbolise le sacrifice du Christ sur la croix et le Christ lui-même priant Dieu le Père.
d. Lucas Cranach, peintre des réformateurs, dénonce ici les trafics immoraux auxquels se livrent les catholiques et les oppose à la pureté et à la rigueur du culte protestant.
e. **A** : Lucas Cranach dénonce ici le trafic des indulgences. Le pape se tient devant une table où il reçoit des dons en argent ou en nature, en échange des indulgences, c'est-à-dire des promesses de pardon des péchés. **B** : un gros moine inspiré par le diable prêche devant une assistance où se trouvent de nombreux dignitaires de l'Église, tous bien gras, signe d'abondance et d'absence d'ascèse. Un des moines de l'assistance laisse échapper des cartes alors que les protestants condamnent le jeu. **C** et **D** : sont représentés là les deux sacrements conservés par les protestants : le baptême (C) et la communion (D) sous la forme du pain et du vin, qui commémore le dernier repas du Christ.

9 Un nouvel esprit scientifique et technique (XVIe-XVIIIe siècles) p. 152

1 a. Pour Ptolémée, la Terre se trouve au centre de l'univers.
b. La théorie de Copernic, qui place le Soleil au centre de l'univers, implique l'idée de la révolution de la Terre autour du Soleil.
c. Le géocentrisme pour Ptolémée ; l'héliocentrisme pour Copernic.
d. La théorie de Copernic est correcte scientifiquement.
e. La théorie de Ptolémée avait la faveur de l'Église parce que la création divine ne peut être qu'au centre de l'univers.

2 a. Rembrandt (1606-1669), peintre néerlandais, est considéré comme l'un des plus grands peintres baroques. *La leçon d'anatomie du docteur Tulp* est une huile sur toile réalisée en 1632. Tulp et les autres chirurgiens représentés ont sans doute financé l'œuvre, un portrait de groupe. Ce genre de peinture était très apprécié aux Pays-Bas où on les accrochait dans les maisons corporatives.
b. Rembrandt utilise ici la technique du clair-obscur qui fait disparaître le décor dans l'ombre et attire le regard sur les visages dans une construction pyramidale. Il les montre dans une grande variété de positions, de trois-quarts, de profil... L'artiste, dans la peinture des traits, nuance les expressions pour montrer la diversité de l'intérêt porté. Leurs regards montrent qu'ils sont très attentifs, certains se penchent dans leur volonté de tout voir dans les moindres détails. D'après les spécialistes, les tendons et les muscles du bras et de la main sont décrits avec une grande précision.
c. Le choix du sujet, une leçon d'anatomie, témoigne du nouvel esprit scientifique. En effet, l'Église s'était longtemps opposée aux dissections arguant de leur aspect sacrilège, l'être humain étant une création divine. Les dissections humaines ont donc été interdites jusqu'à la fin du Moyen Âge et les médecins avaient donc une vision approximative et souvent erronée de l'intérieur du corps humain. L'interdiction ne fut que partiellement levée à la Renaissance. À l'époque de Rembrandt, la dissection n'est admise qu'à titre exceptionnel.

10 La montée des idées de liberté et le déclenchement de la Révolution française p. 154

1 a. La répartition des pouvoirs trouve sa source dans le *Bill of Rights* de 1689. Le Parlement, rassemblant la Chambre des Lords et la Chambre des communes, vote les lois, détient le pouvoir législatif. Il autorise les impôts et l'entretien d'une armée, peut renverser le gouvernement. Il s'agit d'une monarchie parlementaire.
b. Le président est élu au suffrage censitaire indirect. Seuls les hommes blancs les plus riches peuvent voter. Ils élisent des grands électeurs, car c'était difficile dans un si grand pays d'organiser un suffrage direct.
c. Ces deux modèles de gouvernement appliquent certains des principes de la philosophie des Lumières, comme la séparation des pouvoirs, un ordre social fondé sur les droits naturels de l'homme, le recours au suffrage, dominé par les élites.
d. Ces régimes ne sont malgré tout pas des démocraties car certaines catégories de la population ne possèdent pas encore de droits politiques ou civiques. Les femmes ne votent pas. Les plus pauvres sont écartés par le suffrage censitaire. L'esclavage est maintenu.

11 La Révolution française, l'affirmation d'un nouvel univers politique p. 156

1 a. Ils seront élus et rétribués par l'État.
b. Ils doivent prêter serment de fidélité à la nation, à la loi et au roi, et de maintenir la Constitution.
c. Le calendrier révolutionnaire montre la volonté du gouvernement révolutionnaire de déchristianiser, car il abolit les noms traditionnels qui étaient liés au christianisme pour les remplacer par des références aux saisons et aux activités agricoles ; il casse aussi le rythme de l'année chrétienne car les anciennes fêtes religieuses n'y figurent pas et la semaine est remplacée par une décade (dix jours).

12 Libertés et nations en France et en Europe dans la première moitié du XIXe siècle p. 158

1 a. L'Europe est dominée par les monarchies autoritaires et conservatrices.

b. 1830 est une année de révolution en Europe (dans certains États allemands et italiens, en France, en Pologne, en Belgique). En France, un régime libéral est instauré, la monarchie de Juillet ; la Belgique devient indépendante. Mais pour les autres pays, les insurrections sont écrasées violemment, notamment par les Autrichiens en Italie et en Allemagne, par les Russes en Pologne.

c. Partie de Paris, la vague révolutionnaire de 1848 s'étend au reste de l'Europe, dans les pays où se pose la question des nationalités : dans l'Empire d'Autriche-Hongrie, dans les États allemands et italiens.

d. Les souverains doivent faire des concessions. La France devient une République et les peuples expérimentent le suffrage universel. Mais rapidement, les conservateurs reprennent le pouvoir. Malgré tout, les idées libérales se sont répandues et poursuivent leur chemin.

13 Du développement au développement durable p. 160

1 a. Les prévisions tiennent compte d'une élévation du niveau de vie moyen qui entraînera une augmentation de la ration alimentaire moyenne par individu.

b. Pour la même raison, l'alimentation va se diversifier et s'enrichir en protéines animales. L'urbanisation en est une autre cause : les citadins ont accès à une plus grande variété de produits alimentaires que n'ont pas les ruraux.

c. De même, les prévisions d'évolution de la consommation en eau ne sont pas uniquement fondées sur l'augmentation prévue de la population (1 milliard 180 millions en 2010 ; 1 milliard 750 millions en 2050). Elles prennent aussi en compte l'urbanisation (elle est d'un peu plus de 30 % aujourd'hui mais sera de plus de 50 % en 2050) et l'industrialisation qui vont accroître les besoins moyens en eau par habitant.

d. D'après le document, la consommation en énergie va sans doute doubler d'ici 2050 en raison de l'industrialisation, de l'élévation du niveau de vie qui modifie les modes de consommation et les loisirs, de l'augmentation des transports individuels et collectifs liée au développement économique et social, et bien sûr aussi à cause de l'augmentation de la population.

14 Nourrir les hommes p. 162

1 a. Les biocarburants sont produits à partir de la biomasse, c'est-à-dire la matière première végétale, animale ou les déchets. Le plus souvent, on utilise des végétaux, qui sont cultivés dans ce but, comme ici, le maïs.

b. Les personnages maigres de gauche symbolisent le Sud économique alors que le personnage qui fait le plein de sa voiture, visiblement bien nourri, appartient au Nord économique.

c. La production de végétaux pour les biocarburants destinés à couvrir les énormes besoins énergétiques de la planète, essentiellement des populations à fort niveau de vie, prive les populations pauvres de ressources alimentaires. Il faut aussi énormément d'eau pour ces cultures, particulièrement pour le maïs et les biocarburants qui, comme les autres, polluent l'atmosphère.

2 **Doc 1** : il s'agit d'une agriculture productiviste destinée à la commercialisation et à l'exportation ; les exploitations sont très grandes et utilisent les moyens les plus modernes, notamment un travail mécanisé.

Doc 2 : il s'agit d'une agriculture vivrière destinée à la consommation locale ; les exploitations sont petites et le travail se fait encore essentiellement à la main, d'où un très grand nombre d'agriculteurs.

15 L'eau, ressource essentielle p. 164

1 a. Voir tableau ci-dessous.

b. Les grands barrages apportent des solutions aux besoins économiques et sociaux : meilleure circulation, amélioration des transports, irrigation facilitée, production d'énergie. Mais ils portent aussi atteinte à l'environnement en modifiant les écosystèmes : érosion des sols et des deltas, prolifération des algues par eutrophisation. Ils créent de nouveaux risques, glissements de terrain par exemple. Ils imposent le déplacement des populations. Les lacs retiennent les boues qui fertilisaient les sols en aval auparavant. Dans les pays chauds, les lacs de retenue favorisent la prolifération des maladies parasitaires. Enfin, l'irrigation entraîne la salinisation des sols.

16 L'enjeu énergétique p. 166

1 a. Il y a 19 centrales nucléaires actuellement en France.

b. Elles sont installées sur les littoraux ou sur de grands cours d'eau. Il leur faut beaucoup d'eau pour le refroidissement de la vapeur qui fait tourner leurs turbines.

c. Ce sont des risques de rejets radioactifs dûs à un accident, une erreur humaine, un attentat ou une catastrophe naturelle, comme à Tchernobyl en 1986 et plus récemment en 2011 à Fukushima au Japon à la suite d'un séisme.

d. Les énergies importées sont le charbon, le pétrole, le gaz naturel.
Les énergies produites sont l'électricité, l'énergie.

e. Malgré les risques, la France a fait le choix du nucléaire afin de préserver son indépendance énergétique.

Avantages	Impact humain	Impact environnemental
• Régulation du débit du Yangzi • Production d'hydroélectricité • Navigabilité du fleuve renforcée	• Limitation des risques d'inondation • Approvisionnement en énergie des provinces tant intérieures que littorales jusqu'à Shanghai • Les provinces de l'intérieur sont mieux reliées aux espaces littoraux les plus dynamiques • Déplacement forcé des populations • Destruction d'une partie du patrimoine historique	• Les eaux stagnantes des lacs de retenue favorisent le développement des maladies parasitaires : bilharziose notamment • Glissements de terrain • Accumulation des sédiments dans les réservoirs • Érosion des sols • Érosion du delta envahi par l'eau de mer • Prolifération d'algues par eutrophisation

17 Villes et développement durable p. 168

1 a. La transition démographique est le processus au cours duquel la population, initialement rurale, devient majoritairement urbaine.

b. En Afrique du Nord, en Afrique du Sud, sur le littoral de l'Afrique de l'Ouest, au Moyen-Orient, en Asie Centrale et en Asie du Sud-Est, la transition urbaine est avancée mais reste inachevée. En Afrique subsaharienne et en Asie du Sud, la transition urbaine n'est qu'à ses débuts : l'urbanisation est faible mais en plein essor.

c. d.

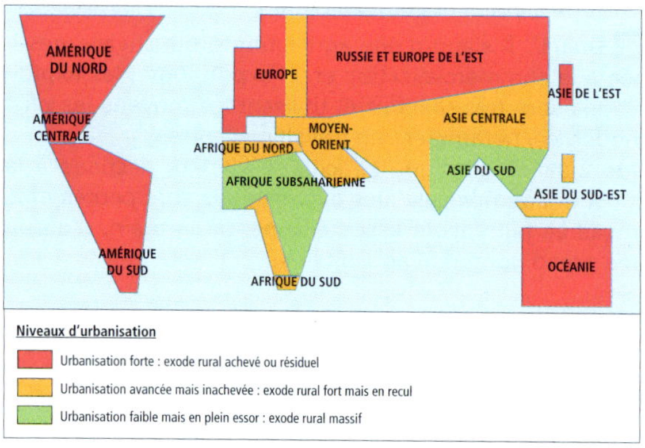

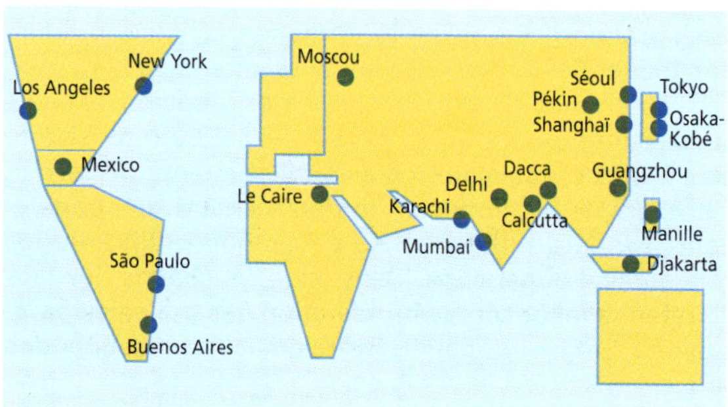

18 Les mondes arctiques, une nouvelle « frontière » p. 170

1 a. Il s'agit du réchauffement climatique.

b. Le film *Une vérité qui dérange* est un documentaire américain où Al Gore, ancien vice-président américain et prix Nobel de la paix en 2007, tient le rôle du conférencier. Il veut alerter les populations sur les causes humaines des changements climatiques et les risques qui lui sont liés. En revanche, *Le jour d'après* est un film catastrophe grand public qui développe la thèse de certains climatologues du refroidissement rapide de certaines régions tempérées liée, paradoxalement, au réchauffement global. En effet, la fonte rapide des glaces polaires refroidirait considérablement nos régions et en particulier les océans qui les bordent. Cependant, les climatologues ne prévoient pas du tout une évolution aussi soudaine que celle décrite dans le film.

c. Ces films très populaires ont bénéficié de la diffusion mondiale des productions américaines. Ils ont donc touché un large public à travers le monde, beaucoup plus important que les quelques lecteurs des publications scientifiques et des rapports officiels sur le sujet. Ces films sont aussi très simplificateurs et, par conséquent, sont compris par le plus grand nombre qui est touché par des images choc, volontairement alarmantes.

19 Les littoraux, des espaces convoités p. 172

1 a. Le port de Rotterdam, premier port européen, se situe aux Pays-Bas, sur le littoral de la mer du Nord qui appartient au Northen Range. En outre, Rotterdam est placé à l'embouchure du Rhin, fleuve navigable jusqu'à Bâle en Suisse et véritable colonne vertébrale du cœur économique de l'Union européenne.

b. L'adaptation du port de Rotterdam aux besoins croissants du commerce maritime mondial se voit sur le plan aux différents aménagements qui ont été réalisés, notamment les aménagements permettant l'accès des gros navires, comme les porte-conteneurs et les pétroliers.

c. Les activités représentées dans la ZIP sont les raffineries de pétrole, les industries chimiques, agroalimentaires, les aires de stockage pour conteneurs, les stations de ravitaillement en produits énergétiques. Rotterdam est le principal lieu d'arrivée et d'entrée du pétrole importé sur le continent européen. Il est donc logique que le pétrole soit transformé sur place par les raffineries et les industries chimiques. C'est aussi le lieu principal d'arrivée des porte-conteneurs venus entre autres d'Asie et remplis de produits manufacturés destinés au marché européen. C'est aussi un lieu de transformation et de départ de la grosse production agricole européenne (2e derrière celle des États-Unis) destinée au marché mondial.

d. On peut parler d'intermodalité des transports, car il est facile ici de passer rapidement d'un mode de transport à un autre, en raison de la présence de nombreuses infrastructures visibles sur le plan : autoroutes, voies ferrées, oléoducs, aéroport.

20 Les espaces exposés aux risques majeurs p. 174

1 a. Il s'agit ici de l'application de la loi « Seveso » qui vise à établir pour les populations un périmètre de sécurité autour des sites industriels à risques.

b. Le rôle des pouvoirs publics est de réglementer ou légiférer à l'échelle européenne ou nationale et à l'échelon local, régional, départemental ou municipal ; de réglementer, de fournir ou de refuser les autorisations ou les permis de construire.

c. On peut aussi établir des plans d'évacuation rapide des populations et d'intervention des secours comme les plans ORSEC. Il est aussi nécessaire d'informer les populations ainsi que de les entraîner en organisant des exercices réguliers.

2 a. Manille est la capitale des Philippines, dans le Sud-Est asiatique. C'est un archipel soumis aux pluies diluviennes de la mousson d'été qui provoque des inondations catastrophiques. En outre, on trouve aux Philippines des volcans actifs et c'est aussi une zone à risque de typhons.

b. Tout le secteur est envahi par des eaux boueuses qui arrivent jusqu'à la taille. Les populations ne sont, semble-t-il, pas évacuées. Des objets flottent à la dérive et les habitations sont en partie détruites. Ces populations sont particulièrement vulnérables car elles sont démunies de tout et vivent dans de l'habitat informel ou bidonville.

c. Ces catastrophes freinent le développement car elles ont un coût matériel élevé qui représente une part importante du PIB des PED touchés, qui sont de plus souvent endettés.

SVT

1 La Terre, une planète habitable p. 177

1 a. de la température et de la pression atmosphérique.
b. gravitent autour d'une étoile.

2 a. La distance Terre-Soleil correspond à une unité astronomique, soit 150 000 km. La distance de Mars au soleil est égale à 1,5 UA, soit 1,5 x 150 000 = 225 000 km.
b. Du fait d'une pression atmosphérique de 10^3 Pascal et d'une température moyenne de - 50 °C, sur Mars l'eau est à l'état de glace.
c. La présence d'eau liquide est possible dans une gamme de température et de pression définie par le document 2 (pression supérieure à environ 10^3 Pascal et température supérieure à 0 °C mais sans dépasser une température maximale selon la pression).
d. Une partie du rayonnement solaire qui atteint la surface de la Terre est réémis sous forme de rayonnement infrarouge. Les rayons infrarouges sont piégés en partie par l'atmosphère : c'est l'effet de serre qui élève la température à la surface de la Terre.
e. Mars n'a pas pu conserver d'eau liquide du fait d'une trop faible température en raison de son éloignement au Soleil. Si la présence d'une atmosphère épaisse à ses débuts a permis un effet de serre et une température plus élevée, la taille de Mars, inférieure à celle de la Terre, l'a empêchée d'exercer une attraction suffisante pour conserver la majeure partie de son atmosphère.

3 Les planètes Gliese e et Gliese b sont trop près de l'étoile et sont donc soumises à une température trop élevée pour se trouver dans la zone d'habitabilité. Les planètes Gliese c et Gliese d qui se situent dans la zone d'habitabilité pourraient être habitables. Néanmoins, l'habitabilité d'une planète dépend d'autres caractères, en particulier de sa taille compatible avec le maintien d'une atmosphère. Les planètes Gliese c et Gliese d, de taille supérieure à la Terre, seraient susceptibles de retenir une atmosphère. Cependant, la température dépend également de la pression atmosphérique et de la composition de l'atmosphère.

2 La nature du vivant p. 179

1 a. sont des molécules carbonées.
b. sont riches en carbone.

2 a. Cette cellule végétale comporte des organites, elle est compartimentée. On observe également un noyau. Il s'agit donc d'une cellule eucaryote.
b. La présence d'une vacuole et d'une paroi permet d'identifier une cellule végétale.
c. La présence des chloroplastes permet de distinguer la cellule de feuille de celle de racine. Chacune exerce une fonction particulière. Ce sont donc des cellules différenciées.

3 a. Tous les êtres vivants sont constitués en majorité d'eau (70 % minimum). Ils se caractérisent par la présence de molécules organiques : lipides, glucides et protides qui constituent l'essentiel de leur masse sèche.
b. Ces deux types de molécules ont un squelette carboné, un assemblage d'atomes de carbone, auquel sont fixés des atomes d'oxygène et d'hydrogène : ce sont des molécules organiques. L'une des molécules se distingue par la présence d'un atome d'azote : c'est un protide.

3 Le métabolisme p. 181

1 a. se traduit par un dégagement de CO_2.

2 a. Seul le milieu 2 comporte des molécules organiques (glucose). À l'obscurité, les euglènes sont capables de se multiplier seulement dans le milieu 2. Elles ont besoin de molécules organiques et possèdent donc un métabolisme hétérotrophe.
b. À la lumière, les euglènes sont capables de se multiplier en absence de molécules organiques. Elles ont un métabolisme autotrophe.
c. À la lumière, les euglènes présentent des chloroplastes et peuvent ainsi effectuer la photosynthèse, c'est-à-dire la synthèse de molécules organiques grâce à l'énergie lumineuse. Elles deviennent alors autotrophes.
À l'obscurité, les chloroplastes sont absents.

4 L'ADN, support de l'information génétique p. 183

1 a. contient l'information nécessaire à la synthèse d'une protéine / est une succession de nucléotides.
b. montre l'universalité de l'ADN.

2 a. ....TACCACGTGGACTGAGGACTCCTCTTCAGAC...
b. Sur la version ⓑ, le A est remplacé par un T en position 20.
c. Les deux versions d'un même gène sont des allèles.
d. Une mutation est à l'origine d'un nouvel allèle, qui code pour une protéine différente.

3 a. On peut supposer que l'apparition des colonies blanches est le résultat de mutations.
b. On note que le huitième nucléotide de la séquence représentée est différent. Le T des colonies rouges est remplacé par un G. Il s'agit bien d'une mutation.
c. Les mutations se produisent au hasard mais leur fréquence est augmentée sous l'influence de certains facteurs de l'environnement comme les UV.

4 a. Les bactéries ont subi une transgenèse, c'est-à-dire le transfert d'un gène. Le fragment transféré contient le gène responsable de la fabrication d'insuline.
b. L'ADN contient l'information nécessaire à la réalisation d'un caractère, ici l'aptitude à synthétiser de l'insuline. L'information contenue dans la molécule d'ADN est inscrite dans un langage universel utilisable par toutes les espèces.
c. L'ADN est constitué d'une succession de nucléotides dont la séquence variable contient l'information nécessaire à la réalisation d'un caractère.

5 Biodiversité et parenté p. 185

1 a. comprend différentes espèces / se modifie sous l'influence humaine.
b. regroupe des individus capables de se reproduire entre eux.

2 a. Il est possible de parler de biodiversité pour ce milieu car il présente une grande diversité d'êtres vivants, des groupes différents et des espèces différentes.
b. Les trilobites et les crustacés présentent des caractères communs : corps segmenté recouvert d'une carapace articulée, présence d'antennes, etc.
c. Les caractères communs sont hérités d'un ancêtre commun.
d. La disparition de ces espèces montre que la biodiversité évolue au cours du temps. De nouvelles espèces

apparaissent tandis que d'autres disparaissent du fait des changements des conditions du milieu.

6 Biodiversité et évolution p. 187

1 a. s'exerce dans un milieu donné.
b. dépend de l'effectif d'une population.

2 a. En présence du prédateur des drosophiles, on observe après 30 semaines d'élevage que la fréquence de l'allèle sépia devient deux plus fois importante qu'en son absence.
b. Le prédateur exerce donc une pression sélective sur les populations de drosophiles, ce qui modifie la fréquence allélique. C'est la sélection naturelle.

3 a. L'augmentation de la forme noire correspond à la période où les conditions du milieu changent : les troncs des bouleaux deviennent noirs. L'existence d'un allèle sombre donne maintenant un avantage certain aux individus qui le possèdent puisqu'ils sont protégés des prédateurs grâce à leur camouflage. La fréquence de l'allèle augmente alors dans la population : c'est un exemple de sélection naturelle.
b. Dans les années 1970, la situation inverse apparaît : l'allèle sombre ne permet plus de se camoufler, il devient défavorable. Les individus au corps clair sont avantagés, leur allèle se répand. Là encore, il s'agit de l'évolution d'une population par sélection naturelle.

7 Le Soleil, source d'énergie de la biosphère p. 189

1 a. utilisent l'énergie lumineuse.
b. est captée par la chlorophylle / entre dans la biosphère par l'intermédiaire des végétaux.

2 a. On observe que plus le taux de CO_2 est élevé, plus la masse sèche récoltée est importante.
b. Le CO_2 prélevé dans l'air par les végétaux est utilisé pour la synthèse de matière organique au cours de la photosynthèse.

8 Cycle du carbone et activités humaines p. 191

1 a. dans un bassin subsident / indirectement à partir de la photosynthèse.
b. revient à utiliser une énergie solaire fossile.

2 a. Le kérogène se forme par dégradation partielle de la matière organique (soustraction de O et N).
b. Une élévation de température provoque la transformation du kérogène en hydrocarbure. Elle est due à l'enfoncement du kérogène en profondeur lors de l'accumulation des sédiments.
c. Le pétrole ne se forme qu'à une température correspondant à une profondeur de 1 000 à 3 000 m. À une profondeur plus grande, la température est plus élevée et seul du gaz se forme.

9 D'autres formes d'énergies solaires p. 193

1 a. Lorsque l'air **chaud** s'élève, il se crée une zone de **basse** pression.
b. Les courants atmosphériques sont orientés des zones de **haute** pression vers les zones de **basse** pression.
c. L'énergie des vents est considérée comme une énergie **renouvelable** car elle a pour origine l'énergie **solaire**.
d. Les **précipitations** proviennent de la condensation de la vapeur d'eau contenue dans **l'atmosphère**.

2 a. L'eau chaude se déplace en surface vers l'eau froide. Inversement, l'eau froide se déplace en profondeur vers l'eau chaude.
b. Les différences de température, et donc de densité des masses d'eau, sont la cause de ces mouvements.
c. Les courants océaniques profonds se forment de cette façon par déplacement horizontal des masses d'eaux froides depuis les pôles vers l'équateur.
d. Les courants océaniques superficiels sont dus au déplacement des masses d'eau par les vents (courants atmosphériques).
e. Le moteur de la circulation océanique est l'inégale répartition de l'énergie solaire reçue à la surface du globe.

3 a. Les courants aériens se déplacent des hautes pressions vers les basses pressions.
b. Les masses d'air circulent des hautes pressions vers les basses pressions dans les deux hémisphères. Elles convergent vers l'équateur dans les deux hémisphères car c'est une zone de basse pression.
c. L'échauffement de l'air à l'équateur provoque son ascension et la formation d'une zone de basse pression.
d. Le moteur de la circulation atmosphérique est l'inégale répartition de l'énergie solaire reçue à la surface du globe.

10 Nourrir l'humanité p. 195

1 a. Faux. – b. Vrai. – c. Vrai. – d. Faux.

2 a. Pour satisfaire ses besoins alimentaires, l'Homme utilise à son profit la **photosynthèse**.
b. L'agriculture entre en concurrence avec la **biodiversité** naturelle.
c. La biomasse végétale produite par l'agriculture est une source de nourriture et d'**agrocarburants**.
d. L'agriculture a besoin de **sols cultivables** et d'**eau**, deux ressources inégalement réparties à la surface de la planète.

3 a. Les terres cultivables représentent entre 10 et 20 % de la surface de la planète.
b. Les terres agricoles sont limitées dans les régions proches des pôles, en Afrique, en Océanie, ainsi qu'en Amérique centrale et du Sud.
c. Les sols peuvent être incultivables pour plusieurs raisons : température trop basse qui les rend gelés toute l'année (vers les pôles), reliefs élevés, absence de sol (Sahara), manque d'eau dans les régions arides, extension des zones urbanisées.
d. Les populations doivent importer une partie de leur alimentation, lorsqu'elles en ont les moyens. Sinon, c'est la malnutrition qui sévit.
e. Des terres cultivables peuvent être gagnées sur les forêts par exemple. Néanmoins, cela peut entraîner des problèmes environnementaux.

11 Le sol, un patrimoine durable ? p. 197

1 a. fait intervenir des micro-organismes.
b. dépend des facteurs climatiques.

2 a. Le désherbage total permet d'éviter la compétition entre la vigne et les adventices, notamment pour l'eau.
b. Moins le sol est nu, moins il est sensible à l'érosion.
c. Le gazon recouvre entièrement le sol et le stabilise en limitant le ruissellement.
d. Cette méthode demande un entretien supplémentaire.

3 a. L'épaisseur des sols est très faible aux pôles (90°) et au niveau des tropiques (30°). Elle est plus importante dans les régions tempérées (60°) et très grande à l'équateur (0°).
b. On observe que l'épaisseur augmente avec la température, mais elle dépend aussi des précipitations. La faible épaisseur des sols aux tropiques s'explique par la sécheresse.
c. Le sol a une double origine : la fragmentation de la roche mère qui nécessite de l'eau et la décomposition des êtres vivants. Aux pôles, la présence d'êtres vivants et l'action des décomposeurs sont limitées par le manque d'eau et par une température trop basse.

12 Effort physique et métabolisme énergétique p. 199

1 a. Faux. – b. Vrai. – c. Faux. – d. Vrai.

2 a. Durant la marche, le muscle consomme essentiellement des acides gras prélevés dans le sang. Pour une course, c'est-à-dire un effort physique plus intense, il double sa consommation et utilise ses réserves de glucides (glycogène) et d'acides gras (triglycérides). La quantité d'acides gras prélevée dans le sang diminue.
b. Plus l'effort est intense et plus la consommation de nutriments augmente et plus le muscle puise sur ses réserves.
c. Durant le sprint, un effort intense et de courte durée, l'organisme augmente sa consommation de nutriments et privilégie surtout les glucides (glycogène). Les mesures réalisées confirment donc la conclusion précédente.

3 a. La VO_2 augmente avec la vitesse de la course, mais au-delà d'une certaine vitesse (20 $km \cdot h^{-1}$), elle cesse d'augmenter. La VO_2 max est atteinte.
b. L'augmentation de la VO_2 permet d'intensifier la respiration des cellules musculaires et par conséquent la libération d'énergie nécessaire au travail des muscles. Néanmoins, il existe une limite à la consommation de dioxygène au-delà de laquelle l'intensité maximale de l'effort est atteinte.

13 Le couplage cardiorespiratoire p. 201

1 a. dépend du volume courant.
b. peut être multipliée par trois / limite la VO_2 max.

2 a. Le volume d'air échangé augmente, ainsi que la fréquence des mouvements respiratoires.
b. Débit ventilatoire : fréquence respiratoire × volume courant. Au repos, la fréquence respiratoire est d'environ 3 mouvements en 10 secondes (soit 18 par minute), et d'environ 5 en 10 secondes au cours de l'effort (soit 30 par minute). Le volume d'air échangé passe de 0,5 L à 3 L. Le débit ventilatoire passe donc de 18 × 0,5 = 9 L par minute à 30 × 3 = 90 L par minute au cours de l'effort.
c. Ces modifications physiologiques permettent un meilleur approvisionnement des muscles en dioxygène.

14 Régulation nerveuse de la pression artérielle p. 203

1 a. captent les variations de la pression artérielle.
b. a une action modératrice sur le cœur.

2 a. La pression artérielle est maximale quand le cœur est en systole, c'est-à-dire pendant la contraction. Elle est au contraire minimale quand le cœur est en diastole, c'est-à-dire au repos.
b. La pression artérielle est la force exercée par le sang sur la paroi des artères.
c. Quand le cœur se contracte (systole), le sang est propulsé dans les artères. Il exerce une force sur leur paroi et la pression artérielle augmente jusqu'à devenir maximale. Pendant la diastole, le sang n'est plus propulsé et n'exerce pas de force sur la paroi des artères. La pression artérielle est minimale.
d. En fin de systole, le sang quitte le ventricule, puis l'aorte, ce qui explique la diminution de pression.

3 a. L'injection de liquide physiologique a pour effet d'augmenter la pression dans le sinus carotidien ligaturé. Le ralentissement du rythme cardiaque corrige une hausse de pression. On en déduit que le sinus contient des capteurs sensibles à la pression artérielle, c'est-à-dire des barorécepteurs.
b. On déduit de ce résultat que le nerf de Hering transmet l'information relative à la hausse de pression. C'est un nerf sensitif.
c. On déduit de l'augmentation du rythme cardiaque qu'en absence d'informations relatives à la pression artérielle, le cœur est naturellement stimulé. C'est la stimulation du nerf sympathique par le centre bulbaire qui est responsable de l'augmentation du rythme cardiaque, et par conséquent de l'augmentation de la pression artérielle.

15 Activité physique et santé p. 205

1 a. Vrai. – b. Faux. – c. Faux. - d. Vrai.

2 a. Plus la charge d'entraînement est grande, plus le temps mis pour la course est faible. La performance est donc augmentée lorsque la charge est inférieure à 140 km/semaine. Au contraire, pour une charge supérieure à 140 km/semaine, plus elle augmente et plus le temps mis pour la course augmente. La performance est de moins en moins bonne.
b. Au-delà d'un seuil, l'entraînement réduit la performance : c'est le surentraînement.
c. Un entraînement trop intensif peut provoquer une fatigue trop importante ou des microtraumatismes, voire des accidents musculo-articulaires.

PHYSIQUE-CHIMIE

1 Extraction et séparation d'espèces chimiques p. 207

1 a. Vrai. – b. Faux. L'eau minérale contient des espèces chimiques, les minéraux, c'est un mélange. – c. Vrai. – d. Faux. Une solution peut contenir des espèces moléculaires ou ioniques. – e. Faux. Si les solvants sont miscibles entre eux, ils constituent un mélange homogène et ne peuvent être séparés dans une ampoule à décanter.

2 a. Le solvant ne doit pas dissoudre les arômes de café.

b. Le solvant extracteur ne doit extraire que la caféine, d'où l'appellation de solvant sélectif.

c. Le solvant le plus habituel des arômes de café est l'eau.

3 a. La menthone se trouve dans le toluène car elle est plus soluble dans le toluène que dans l'eau.

b. Le toluène étant moins dense que l'eau, il occupera la phase supérieure dans l'ampoule à décanter. Pour récupérer la menthone, il faudra évacuer la phase inférieure (phase aqueuse) et récupérer la phase supérieure (il faudrait ensuite éliminer le toluène par une autre technique, la distillation ou l'évaporation par exemple).

4 a. L'eugénol doit être le plus soluble possible dans le solvant extracteur : l'éther et l'éthanol remplissent cette condition. Le solvant extracteur ne doit pas être miscible avec l'eau : il faut donc éliminer l'éthanol et retenir l'éther.

b. L'éther est extrêmement inflammable, il faudra donc manipuler en l'absence de flamme, dans un local correctement ventilé pour éviter l'accumulation de vapeurs. Une manipulation sous la hotte serait sans doute préférable (l'éther comporte d'autres inconvénients non indiqués ici).

1. Verser la solution dans une ampoule à décanter. Ajouter de l'éther, boucher.
2. Agiter et dégazer plusieurs fois pour extraire l'eugénol de la phase aqueuse.
3. Déboucher, laisser décanter.
4. Éliminer la phase inférieure, la phase aqueuse, en la laissant couler. L'eugénol se trouve en effet dans la phase supérieure, car la densité de l'éther est inférieure à la densité de l'eau.
5. Recueillir la phase organique qui contient l'eugénol.

Remarque : pour rendre l'extraction plus efficace, le solvant peut être ajouté en plusieurs fractions avec à chaque fois une agitation et un dégazage.

c.

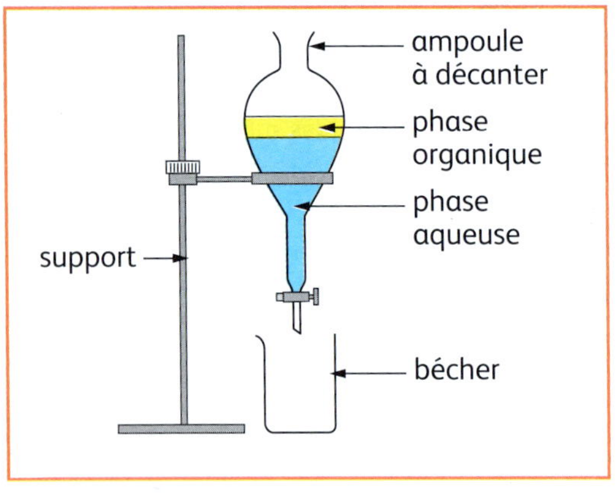

2 Principe actif, formulation, identification p. 209

1 a. La notice précise la « substance active », le kétotifène. Les excipients ne sont sans doute pas tous donnés dans cet extrait de la notice ; les excipients qui peuvent avoir un effet sur la santé sont le saccharose, le sorbitol et les sels de parahydroxybenzoate.

b. Le kétotifène est une molécule. La formule donnée est sa formule brute : la molécule est constituée d'un groupe d'atomes liés les uns aux autres et elle est électriquement neutre.

c. 27,6 mg de kétotifène sont dissous dans 100 mL de solution : le kétotifène est un soluté, espèce chimique dissoute dans un solvant.

2 a. L'éther diéthylique est liquide à 20 °C (à la pression atmosphérique) car $T_f < 20$ °C $< T_{éb}$. Le menthol est à l'état solide à 20 °C (à la pression atmosphérique) car $T_f > 20$ °C.

b. À 40 °C, l'éther sera à l'état gazeux car $T_{éb} < 40$ °C. Il ne sera pas possible d'utiliser ce solvant pour une extraction liquide – liquide à une telle température.

3 a. L'anéthole doit être plus soluble dans le solvant extracteur que dans l'eau. L'éthanol et le cyclohexane pourraient convenir.
Le solvant extracteur ne doit pas être miscible avec l'eau (solvant initial). L'éthanol est à proscrire car il est miscible avec l'eau. Le cyclohexane est le seul solvant utilisable pour réaliser cette extraction (parmi ceux proposés).

b. Ne pas confondre principe et objectif : le principe doit expliquer la technique est non donner le but de la chromatographie. L'éluant migre sur la plaque par capillarité et entraîne en premier avec lui les espèces les plus solubles. En fonction de leur affinité avec la plaque et de leur solubilité dans l'éluant, les espèces chimiques donneront des taches de hauteurs différentes.

c. Comme sur le document « Réalisation d'une C.C.M. », indiquer les éléments suivants : ligne de dépôt, front de l'éluant, plaque à chromatographie. Ajouter simplement un trait de légendes vers les taches avec l'annotation « espèces chimiques déposées » ou simplement « taches »...

d. Pour chaque tache, nous avons $R_F = \frac{d}{d_E}$. Pour le dépôt A, on mesure ainsi : $R_{F_1}(A) = \frac{1{,}1}{3{,}0} = 0{,}37$ pour la tache la plus proche de la ligne de dépôt ;
$R_{F_2}(A) = \frac{2{,}2}{3{,}0} = 0{,}73$ pour la tache la plus éloignée de la ligne de dépôt ;
Pour le dépôt B, on obtient la même valeur que pour la tache 1 de A : $R_F(B) = 0{,}37$.

e. **Analyse par colonne :** le dépôt A conduit à deux taches, l'huile essentielle extraite de l'anis étoilé est donc un mélange (le dépôt B ne comporte évidemment qu'une seule tache, c'est une espèce chimique pure utilisée comme témoin).
Analyse par ligne : le dépôt A et le dépôt B comporte deux taches à la même hauteur, donc l'huile essentielle extraite de l'anis étoilé contient bien de l'anéthole. L'anis étoilé n'est toutefois pas de l'anéthole pur, elle contient d'autres espèces chimiques non identifiées ici.

3 Synthèse d'espèces chimiques p. 211

1 a. Préparer une espèce chimique, c'est effectuer sa **synthèse**.

b. La transformation se caractérise par une modification de la **composition** du système chimique.

c. Pour effectuer un chauffage à **reflux**, on utilise un **réfrigérant** à **eau** qui permet de condenser les **vapeurs** afin d'éviter toute **perte** de matière.

d. Le traitement a pour objectif d'**extraire** l'espèce chimique synthétisée et parfois de la **purifier**.

e. La dernière étape d'une synthèse consiste à **identifier** l'espèce synthétisée.

2 a. Le schéma est dans le cours (cf. p. 210).

b. L'utilisation du catalyseur et l'augmentation de la température accélère la réaction. La synthèse se déroulera ainsi pendant une durée plus courte.

c. La première étape est la transformation, elle correspond au début du texte (jusqu'à « 20 minutes ») ; la deuxième étape est le traitement (jusqu'à « On récupère les cristaux purifiés, notés S_2 par filtration ») ; la troisième et dernière étape est l'identification.

$R_F = \frac{d}{d_E}$, soit $d = d_E \times R_F$. On obtient les résultats suivants :

Dépôt A	Dépôt B	Dépôt C
$d_A = 5{,}0 \times 0{,}4 = 2{,}0$ cm	$d_B = d_A = 2{,}0$ cm	$d_C = 5{,}0 \times 0{,}7 = 3{,}5$ cm

d. On trace ainsi le chromatogramme ci-contre.

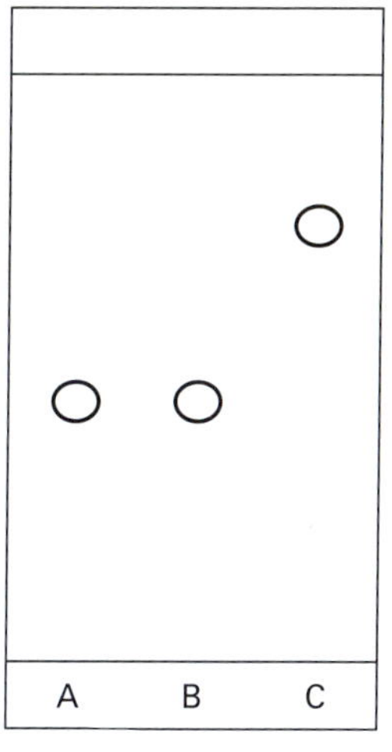

e. La technique de lecture par colonne et par ligne n'est pas indispensable ici, car le texte donne les rapports frontaux. L'espèce synthétisée S_2 est pure car elle ne conduit qu'à une seule tache sur le chromatogramme. L'espèce synthétisée S_2 est identique à l'aspirine commercial car le rapport frontal obtenu pour la tache du dépôt B est identique à celui obtenu pour le dépôt A.

f. Le solide S_1 est obtenu après la transformation et avant le traitement. C'est un mélange d'espèces chimiques. Il contient de l'aspirine mais sans doute également d'autres espèces, peut-être de l'acide salicylique. Le chromatogramme de S_1 aurait comporté plusieurs taches, dont une à la même hauteur que celles des dépôts A et B, et peut-être une autre à la même hauteur que celle du dépôt C (il n'est pas possible de prévoir combien de taches seraient visibles pour C).

3 a. Des espèces chimiques naturelles sont synthétisées pour des raisons écologiques et économiques.

b. Il est parfois nécessaire de gommer certains inconvénients des espèces chimiques extraites dans la nature tout en conservant le principe actif. Il est également fréquent que le chimiste invente de nouvelles molécules qui n'existent pas dans la nature pour obtenir une propriété précise.

4 Signaux périodiques p. 213

1 a. L'électrocardiogramme réalisé est périodique car le signal se reproduit identique à lui-même à intervalles de temps égaux.

b. Le motif élémentaire commençant en P est dessiné en bleu sur l'électrocardiogramme suivant.

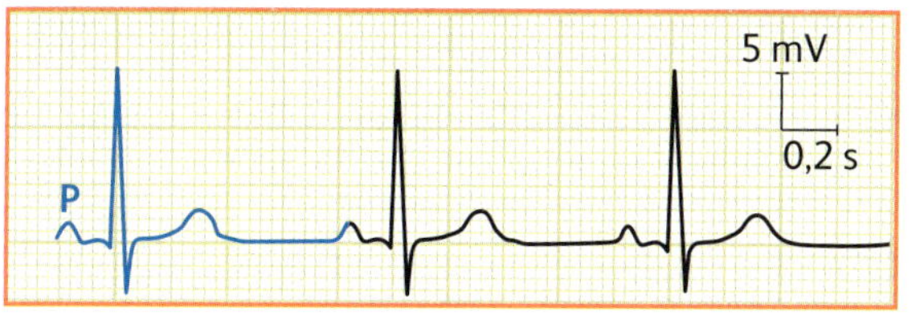

c. La période T des pulsations cardiaques est égale à la durée d'un motif élémentaire : $T = 5 \times 0{,}2 = 1$ s.

2 a. Par définition, la fréquence cardiaque d'un oiseau-mouche f_1 est égale à 20 Hz.

b. La période T du battement de cœur d'un cheval est telle que $10\ T = 60$ s.
On en déduit $T = \frac{60}{10} = 6{,}0$ s. Ainsi, la fréquence cardiaque d'un cheval f_2 est égale à $f_2 = \frac{1}{T} = \frac{10}{60} = 0{,}17$ Hz.

3 a. D'après la courbe $u(t)$, $4\ T = 5{,}0$ ms. Ainsi, la période T de la tension est égale à :
$T = \frac{5{,}0}{4} = 1{,}25$ ms $= 1{,}25 \times 10^{-3}$ s $= 1{,}3 \times 10^{-3}$ s (avec deux chiffres significatifs).

b. La fréquence f de la tension périodique vaut :
$f = \frac{1}{T} = \frac{1}{1{,}25 \times 10^{-3}} = 800$ Hz $= 8{,}0 \times 10^2$ Hz (avec deux chiffres significatifs).

c. La tension minimale de la tension périodique est égale à $U_{min} = -2{,}7$ V.
La tension maximale de la tension périodique est égale à $U_{max} = 4{,}0$ V.

d. Cette tension périodique n'est pas symétrique car $U_{max} \neq -U_{min}$.

4 a. D'après l'oscillogramme, la période de la tension périodique correspond à 1,25 divisions horizontales. Ainsi, la valeur de la sensibilité horizontale de l'oscilloscope est égale à $\frac{25}{1{,}25} = 20\ \mu s \cdot div^{-1}$.

b. D'après l'oscillogramme, la tension maximale de la tension périodique correspond à 2,5 divisions verticales. Ainsi, la valeur de la sensibilité verticale de l'oscilloscope est égale à $\frac{12{,}5}{2{,}5} = 5\ V \cdot div^{-1}$.

5 Ondes et imagerie médicale p. 215

1 a. Vrai. La lumière se propage dans l'eau, dans tous les milieux matériels transparents et dans le vide.

b. Faux. Les ultrasons sont des ondes sonores : ils ont besoin d'un milieu matériel pour se propager.

c. Faux. L'oreille humaine est sensible uniquement aux sons ayant une fréquence comprise entre 20 Hz et 20 kHz (les ultrasons ont une fréquence supérieure à 20 kHz).

2 a.

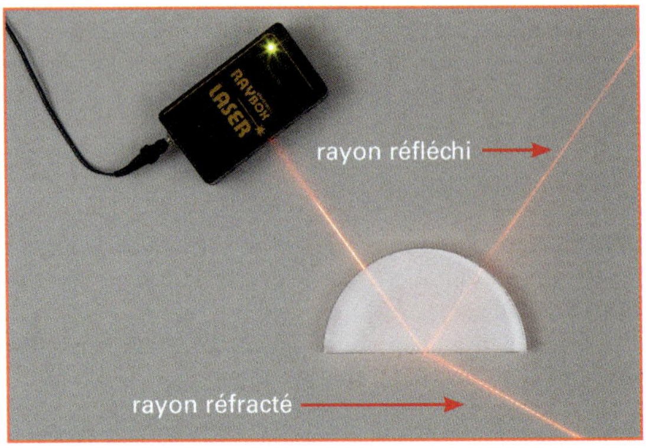

b. Pour observer une réflexion totale, il faut augmenter l'angle *i* entre le rayon lumineux émis, appelé incident, et la normale à la surface de séparation (*N*).

3 a. La durée Δt qui s'écoule entre l'émission et la réception de l'onde ultrasonore est égale à :
$\Delta t = 3{,}0 \times 500 = 1{,}5 \times 10^3$ µs = 1,5 ms = $1{,}5 \times 10^{-3}$ s.

b. La distance *D* parcourue par l'onde ultrasonore entre son émission et sa réception est égale à $D = v \times \Delta t$, avec *v* la vitesse de propagation des ondes ultrasonores dans l'air, donc $D = 340 \times 1{,}5 \times 10^{-3} = 5{,}1 \times 10^{-1}$ m = 51 cm.
La distance parcourue par l'onde entre son émission et sa réception correspond à un aller-retour. Ainsi, la distance *d* entre la paroi au fond de la boîte et la sonde *E* vaut $d = \frac{D}{2} = \frac{51}{3} = 26$ cm (avec deux chiffres significatifs).

4 a. L'IRM utilise des ondes radio, qui sont des ondes électromagnétiques.

b. Si possible, il faut privilégier l'IRM car les ondes radio sont moins nocives que les rayons X utilisés lors d'un scanner.

c. Lors d'une IRM, un champ magnétique puissant est produit. Il pourrait dérégler un stimulateur cardiaque, appelé également pacemaker, qui est un dispositif implanté dans l'organisme et qui délivre des impulsions électriques au cœur et qui permet par exemple d'accélérer ce dernier lorsqu'il est trop lent.

6 Solutions et concentration massique p. 217

1 a. inférieure ou égale à sa solubilité. – b. $C_m = \frac{m_A}{V}$. – c. d'une pipette jaugée.

2 La masse de sucre à prélever sera :
$m = C_m \times V = 20 \times 100 \times 10^{-3} = 2{,}0$ g.

- Peser 2,0 g de sucre à l'aide de la balance et de la coupelle de pesée.
- Vider ce prélèvement dans une fiole jaugée de 100 mL à l'aide de l'entonnoir à solide.
- Rincer la coupelle et l'entonnoir en récupérant les eaux de rinçage dans la fiole.
- Ajouter de l'eau dans la fiole jusqu'aux deux tiers du volume maximal et homogénéiser ensuite la solution en veillant à bien dissoudre le sucre.
- À l'aide du compte-goutte, ajuster le niveau de l'eau jusqu'au trait de jauge avant d'homogénéiser une dernière fois la solution.

3 a. Lors d'une dilution, la masse de soluté se conserve. Nous avons donc :

$$m_{\text{Soluté dans la solution fille}} = m_{\text{Soluté prélevé dans la solution mère}} = C_{\text{m, solution mère}} \times V_{\text{Solution mère}} = C \times V = 100 \times 100 \times 10^{-3} = 1 \times 10^1 \text{ g.}$$

Il faut donc dissoudre 10 g de sel solide pour préparer cette solution.

b. Dans 100 mL, on peut dissoudre :
$m_{\text{Soluté, max}} = C_{\text{m, max}} \times V_{\text{Solution}} = 357 \times 100 \times 10^{-3} = 3{,}57 \times 10^1$ g.
On peut dissoudre 35,7 g de sel solide dans 100 mL de solution, or nous n'en avons dissous que 10 g. La solution n'est donc pas saturée.

4 a. $C_1 = \frac{m}{V_1} = \frac{0{,}500}{0{,}100} = 5{,}00 \text{ g} \cdot \text{L}^{-1}$

b. Si on double le volume, pour une même masse de vitamine C, la concentration massique en principe actif sera divisée par deux. Une concentration massique moins grande implique un goût moins prononcé, le conseil est judicieux (c'est une dilution).

c. $C_2 = \frac{C_1}{2} = 2{,}50 \text{ g} \cdot \text{L}^{-1}$

d. Un seul comprimé est dissous dans le volume V_2, la dilution ne change pas la masse de soluté contenue dans la solution. Victor absorbe 500 mg de principe actif (aux excipients près).

7 Description de l'Univers p. 219

1 a. Faux. L'Univers est essentiellement constitué de vide.

b. Faux. L'année de lumière est une distance : c'est la distance parcourue par la lumière dans le vide en un an.

c. Vrai.

d. Faux. L'ordre de grandeur du rayon équatorial de la Terre est égal à 10^7 m.

e. Vrai. 1 Mm = 10^6 m.

2 a. Les objets, rangés par ordre croissant de taille, sont : un électron, une molécule, un homme, le Soleil, le système solaire, l'Univers.

b. Entre le noyau d'un atome et les électrons, et entre les étoiles de l'Univers, il y a essentiellement du vide.

3 a. L'ordre de grandeur d'une année de lumière vaut :
1 a.l. = $c \times \Delta t$ avec $c = 3{,}00 \times 10^8 \text{ m} \cdot \text{s}^{-1}$ et
$\Delta t = 365 \times 24 \times 3600 = 3{,}2 \times 10^7$ s
d'où 1 a.l. = $3{,}00 \times 10^8 \times 365 \times 24 \times 3600 = 10^{16}$ m.

b. L'ordre de grandeur (en mètre) de la distance *d* entre la nébuleuse d'Orion et la Terre est égal à :
$d = 1\,500 \times 10^{16} = 10^{19}$ m.

c. Comme la nébuleuse d'Orion est une galaxie située à 1 500 années de lumière de la Terre, le trajet de la lumière entre la nébuleuse d'Orion et la Terre dure 1 500 ans.

d. La vitesse de propagation de la lumière dans le vide ou dans l'air ($c = 3{,}00 \times 10^8 \text{ m} \cdot \text{s}^{-1}$) est très grande à l'échelle humaine mais elle est faible à l'échelle astronomique car les distances entre les étoiles ou entre les galaxies sont extrêmement grandes. Cette faible vitesse est plutôt un avantage car les informations apportées par la lumière émise par des étoiles très lointaines ont mis beaucoup de temps à parvenir jusqu'à nous. Ainsi, plus la lumière a été émise par une étoile éloignée, plus la durée de son trajet jusqu'à la Terre est grande et plus les informations apportées par cette lumière sont anciennes : en regardant loin, nous regardons donc dans le passé !

4 La distance entre la Terre et le Soleil est égale à $d = 1{,}5 \times 10^8$ km = $1{,}5 \times 10^{11}$ m.

Si une explosion se produisait à la surface du Soleil, la lumière portant cette information mettrait une durée Δt pour parvenir à la Terre.

Comme $d = c \times \Delta t$, avec c la vitesse de propagation de la lumière dans le vide ($c = 3{,}00 \times 10^8$ m·s^{-1}), la durée Δt vaudrait $\Delta t = \frac{d}{c} = \frac{1{,}5 \times 10^{11}}{3{,}0 \times 10^8} = 5{,}0 \times 10^2$ s = 8 min 20 s.

Nous observerions donc l'explosion à la surface du Soleil 8 minutes et 20 secondes plus tard.

5 a. $\Delta t = 4{,}31 \times 10^2$ ans.

b. La distance qui sépare cette étoile de la Terre est $d = c \times \Delta t = 3{,}00 \times 10^8 \times 4{,}31 \times 10^2 \times 365 \times 24 \times 3\,600 = 4{,}1 \times 10^{18}$ m.

c. L'ordre de grandeur de la distance étoile polaire – Terre est 10^{18} m.

8 Dispersion et réfraction de la lumière p. 221

1 a. réfraction. – b. dispersion. – c. réfraction.

2 a. Les rayons lumineux changent de direction lorsqu'ils traversent la surface de séparation entre l'air et l'eau : c'est le phénomène de réfraction. Ainsi, les deux rayons réfractés limitant le faisceau lumineux émis par la lampe de poche sont tracés ci-dessous.

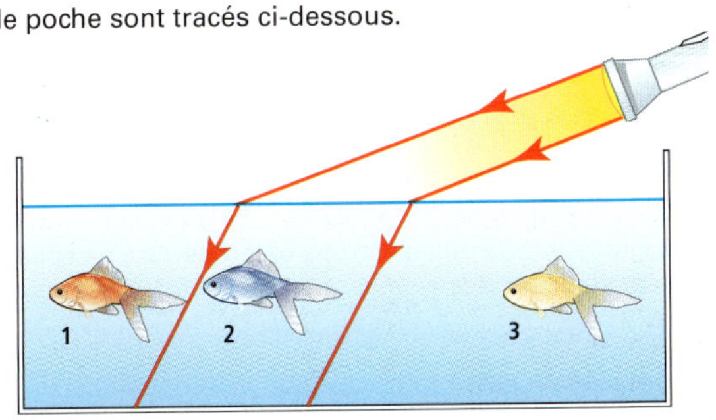

b. Seul le poisson n° 2, au milieu de l'aquarium, est éclairé.

3 a. D'après la deuxième loi de Snell-Descartes, l'angle de réfraction $i_{2,1}$ (entre le rayon réfracté et la normale à la surface de séparation) en I_1 est tel que :

$$n_{air} \sin i_{1,1} = n_{verre} \sin i_{2,1} \Leftrightarrow \sin i_{2,1} = \frac{n_{air}}{n_{verre}} \sin i_{1,1}$$

D'où $i_{2,1} = \text{Arcsin}\left(\frac{n_{air}}{n_{verre}} \sin i_{1,1}\right)$.

L'angle d'incidence $i_{1,1}$ (entre le rayon incident et la normale à la surface de séparation) en I_1 est égal à 0, on trouve donc que $i_{2,1} = \text{Arcsin}\left(\frac{1{,}0}{1{,}6} \sin 0\right) = 0° = i_{1,1}$.

L'angle d'incidence $i_{1,1}$ étant égal à l'angle de réfraction $i_{1,2}$, le rayon lumineux n'est pas dévié lorsqu'il pénètre dans l'hémicylindre en verre en I_1.

b. En I_2, l'angle d'incidence $i_{1,2}$ du rayon lumineux est égal à 35°. Lorsque le rayon ressort de l'hémicylindre en verre, l'angle de réfraction $i_{2,2}$ vaut donc, d'après la deuxième loi de Snell-Descartes :

$$n_{verre} \sin i_{1,2} = n_{air} \sin i_{2,2} \Leftrightarrow \sin i_{2,2} = \frac{n_{verre}}{n_{air}} \sin i_{1,2},$$

d'où $i_{2,2} = \text{Arcsin}\left(\frac{n_{verre}}{n_{air}} \sin i_{1,2}\right) = \text{Arcsin}\left(\frac{1{,}6}{1{,}0} \sin 35\right) = 67°$.

4 Comme le verre est un milieu dispersif, l'indice de réfraction du verre varie pour chaque radiation monochromatique qui compose la lumière blanche.

D'après la deuxième loi de Snell-Descartes, chaque radiation est donc déviée différemment.

Ainsi, le faisceau lumineux à la sortie de l'hémicylindre sera plus large qu'à l'entrée et les différentes radiations monochromatiques qui composent la lumière blanche seront séparées.

9 Spectres lumineux p. 223

1 a. continu d'émission. – b. de raies d'émission. – c. de raies d'absorption.

2 a. Le spectre continu d'émission qui a été réalisé juste après l'éruption volcanique est le spectre S_2 car ce spectre est plus enrichi vers le violet, ce qui correspond à une lave plus chaude juste après l'éruption volcanique. Quelques heures après, la lave s'est refroidie et le spectre lumineux résultant est moins enrichi vers le violet : c'est le spectre S_1.

b. Plusieurs semaines après l'éruption volcanique, la lave se sera encore plus refroidie et elle n'émettra plus de lumière : le spectre lumineux sera donc entièrement noir.

3 a. Bételgeuse a une couleur rouge et Rigel a une couleur bleue.

b. Comme la couleur de Rigel tend plus vers le violet que celle de Bételgeuse, l'étoile ayant la température de surface la plus importante est Rigel.

4 a. L'atmosphère de l'étoile contient le gaz A mais pas le gaz B car les raies d'émission du gaz A correspondent aux raies d'absorption de l'atmosphère de l'étoile, alors que ce n'est pas le cas des raies d'émission du gaz B.

b. L'atmosphère de cette étoile contient au moins un autre gaz car certaines raies d'absorption de son atmosphère ne sont pas dues au gaz A.

10 Un modèle de l'atome p. 225

1 a. électriquement neutre. – b. nombre de protons du noyau. – c. de protons. – d. $A - Z$.

2

	Nombre de protons : Z	Nombre de neutrons : $A - Z$	Nombre d'électrons : Z
Soufre	**16**	**32 – 16 = 16**	**16**
Béryllium	**4**	**9 – 4 = 5**	**4**
Magnésium	**12**	**24 – 12 = 12**	**12**

3 a. L'ordre de grandeur de la dimension d'un noyau est 10^{-15} m ; l'ordre de grandeur de la dimension d'un atome est 10^{-10} m.

b. Les dimensions sur la maquette sont proportionnelles aux dimensions réelles. Pour résoudre cet exercice, vous devez trouver l'échelle. Il est possible d'utiliser un tableau de proportionnalité.

	Dimension réelle (m)	Dimension sur la maquette (mm)
Noyau	10^{-15}	1,0
Atome	10^{-10}	r_n

La proportionnalité implique : $r_n \times 10^{-15} = 10^{-10} \times 1{,}0$ avec r_n en mm, donc $r_n = \frac{10^{-10}}{10^{-15}}$ mm $= 10^5$ mm $= 10^5 \times 10^{-3}$ m = 100 m.

c. Cette « maquette » de l'atome permet de mieux se représenter l'atome et de remarquer qu'il est surtout constitué de vide. On parle ainsi de structure lacunaire.

4 a. $^{17}_{35}Cl$, soit $A = 35$ et $Z = 17$ (il ne faut pas citer les électrons, le texte stipule « composition du noyau »).

Nombre de protons	Nombre de neutrons
$Z = 17$ protons	$A - Z = 35 - 17 = 18$ neutrons

b. L'atome de chlore est électriquement neutre, il comporte autant d'électrons que de protons, soit $Z = 17$ électrons ; ${}^{17}_{35}Cl$: $(K)^2(L)^8(M)^7$

c. La couche externe est la dernière couche occupée par des électrons, c'est la couche M. Elle contient 7 électrons.

d. Il y a Z électrons dans l'atome d'où une charge totale $-Z \times e$ pour le nuage électronique, soit une charge électrique de $-17 \times 1,60 \times 10^{-19} = -2,7 \times 10^{-18}$ C. L'atome étant électriquement neutre, la charge électrique du noyau est l'opposé de celle du nuage électronique, donc $+2,7 \times 10^{-18}$ C.

e. $m = A \times m_n = 35 \times 1,7 \times 10^{-27} = 6,0 \times 10^{-26}$ kg.

f. $m_a = A \times m_n + Z \times m_e = 6,0 \times 10^{-26} + 17 \times 9,1 \times 10^{-31}$
$= 6,0 \times 10^{-26}$ kg.

g. Le résultat numérique des masses doit être donné avec deux chiffres significatifs. Avec cette précision, la masse de l'atome est égale à celle du noyau : la quasi-totalité de la masse de l'atome est concentrée dans son noyau.

11 L'élément chimique p. 227

1 **a.** le nombre de protons. – **b.** de protons (ils ne contiennent pas d'électrons, ce sont des noyaux). – **c.** le noyau. – **d.** a perdu 3 électrons. – **e.** 10 électrons.

2 **a.** Au cours de leurs transformations chimiques, les atomes et les ions perdent ou gagnent des électrons de manière à avoir : deux électrons sur la couche externe pour les atomes de numéro atomique inférieur ou égal à 4 : c'est la règle du duet ; huit électrons sur la couche externe pour les atomes de numéro atomique supérieur à 4 : c'est la règle de l'octet.
b. Voir le tableau en bas de page.

3 **a.** Le diazote N_2 ne peut pas être un réactif de cette transformation chimique car l'élément chimique azote n'est pas présent dans les deux produits de la transformation (l'eau, de formule H_2O ; le dioxyde de carbone, CO_2). Il y a conservation des éléments chimiques dans une transformation chimique : si l'azote était un réactif, l'élément chimique azote devrait être présent dans les produits.

b. Les éléments chimiques oxygène (O), carbone (C) et hydrogène (H) sont présents dans les réactifs et dans les produits : il y a conservation des éléments chimiques.

4 **a.** Les noyaux ${}^{16}_{8}O$ et ${}^{18}_{8}O$ sont deux noyaux isotopes de l'élément oxygène (ils contiennent le même nombre de protons, $Z = 8$, et des nombres de neutrons différents). De la même manière, les noyaux ${}^{13}_{7}N$ et ${}^{14}_{7}N$ sont deux noyaux isotopes de l'élément azote ; les noyaux ${}^{12}_{6}C$, ${}^{13}_{6}C$ et ${}^{14}_{6}C$ sont trois noyaux isotopes de l'élément carbone.

b. ${}^{238}_{92}U$, ${}^{235}_{92}U$, ${}^{234}_{92}U$.

c. Il y a 1 g d'uranium dans une tonne de ce sol. La masse d'uranium 238 contenue dans une tonne de sol est donc :
$\frac{99,27}{100} \times 1 = 0,9927 \text{ g} \approx 0,99 \text{ g}$.

12 La classification périodique des éléments p. 229

1 **a.** Dans la classification de Mendeleïev, les éléments étaient classés par **masses** atomiques croissantes ; des éléments possédant des propriétés chimiques semblables étaient situés dans une même **colonne**.

b. Dans la classification actuelle, les éléments sont classés par **numéros** atomiques croissants.

c. Une famille d'éléments chimiques correspond à une **ligne (ou période)** de la classification.

d. Les gaz nobles sont situés dans la **dernière** colonne de la classification.

e. Les éléments chimiques de la première colonne possèdent tous **un** électron externe.

f. La seconde ligne de la classification correspond au remplissage de la couche électronique externe **L**.

g. L'élément chimique bore a pour structure électronique $(K)^2(L)^3$; il est situé dans la **deuxième** ligne et dans la **troisième** colonne de la classification.

2 **a.** Si : $(K)^2(L)^8(M)^4$

b. L'aluminium se trouvant une case avant le silicium, il possède un électron en moins, soit Al : $(K)^2(L)^8(M)^3$; l'élément phosphore possède un électron en plus par rapport au silicium, soit :
P : $(K)^2(L)^8(M)^5$; de même pour les suivants, avec
S : $(K)^2(L)^8(M)^6$; Cl : $(K)^2(L)^8(M)^7$; Ar : $(K)^2(L)^8(M)^8$.

c. L'argon possède huit électrons externes sur une couche M, il est stable et respecte la règle de l'octet. C'est un gaz noble.

3 **a.** Na : $(K)^2(L)^8(M)^1$

b. La couche électronique externe est une couche M, le sodium est sur la troisième ligne. Le sodium possède un électron externe, il est donc dans la première colonne.

c. D'après la règle de l'octet, l'atome de sodium va tendre à perdre un électron pour obtenir 8 électrons sur la couche externe L (ou le sodium va perdre un électron pour obtenir la structure électronique du gaz rare le plus proche de lui dans la classification). Il forme ainsi l'ion Na^+.

4 **a.** Mg : $(K)^2(L)^8(M)^2$

b. Le magnésium est sur la troisième ligne car sa couche externe est une couche M. Il est dans la seconde colonne car il possède deux électrons externes.

c. Le béryllium et le calcium sont dans la même colonne que le magnésium, ils appartiennent à la même famille d'éléments.

d. Le chlore est dans l'avant-dernière colonne de la classification, c'est un halogène.

Symbole de l'élément	Li	Na	Al	O	S
Numéro atomique Z	3	11	13	8	16
Structure électronique	$(K)^2(L)^1$	$(K)^2(L)^8(M)^1$	$(K)^2(L)^8(M)^3$	$(K)^2(L)^6$	$(K)^2(L)^8(M)^6$
Nombre d'électrons gagnés ou perdus par l'atome	**1 électron perdu**	**1 électron perdu**	**3 électrons perdu**	**2 électrons gagnés**	**2 électrons gagnés**
Règle appliquée	**Duet :** $Z \leqslant 4$	**Octet :** $Z > 4$	**Octet :** $Z > 4$	**Octet :** $Z > 4$	**Octet :** $Z > 4$
Formule de l'ion	Li^+	Na^+	Al^{3+}	O^{2-}	S^{2-}

e. Le calcium a des propriétés chimiques semblables à celles du magnésium, le brome a des propriétés chimiques semblables à celles du chlore car ils appartiennent aux mêmes familles (alcalino-terreux pour les deux premiers, halogènes pour les deux autres). On remplace Mg par Ca et Cl par Br dans la formule $MgCl_2$: $CaBr_2$.

13 Mouvements et forces p. 231

1 **a.** immobile. – **b.** en mouvement (elle tourne sur elle-même). – **c.** en mouvement (elle tourne autour du Soleil et sur elle-même).

2 Les forces exercées sur Anna sont :
– la force exercée par la Terre sur Anna (appelée également le poids d'Anna) car Anna est attirée par la Terre ;
– la force exercée par la chaise à roulettes sur Anna car Anna est en contact avec la chaise à roulettes ;
– la force exercée par Mathias sur Anna car Anna est en contact avec Mathias.
Le fauteuil et le sol n'exercent pas de force avec Anna car ils ne sont pas en contact avec Anna.

3 **a.** On étudie d'abord le diagramme objets-interactions de la sonde Voyager :

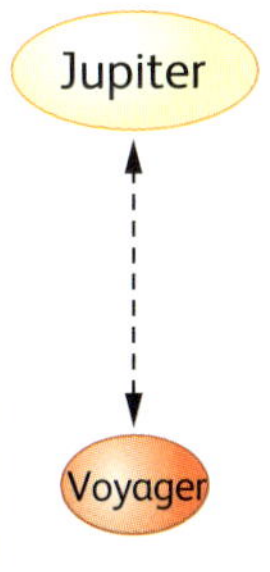

Puis on modélise l'interaction Voyager-Jupiter par la force exercée par Jupiter sur Voyager, représentée par le vecteur $\vec{F}_{Jupiter/Voyager}$

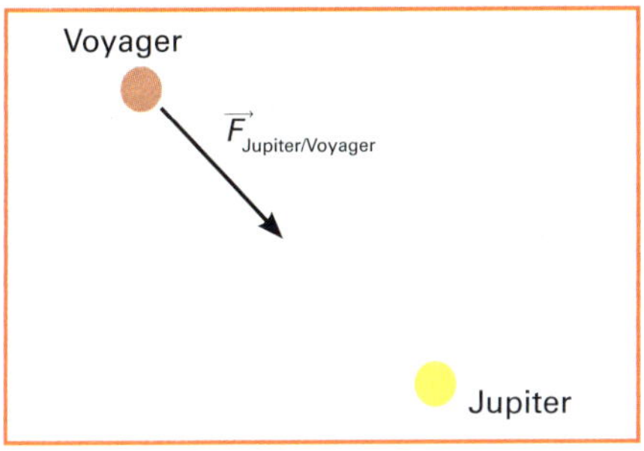

b. La trajectoire de Voyager a été modifiée lorsque la sonde s'est approchée de Jupiter car une nouvelle force (exercée par Jupiter) a agi sur cette sonde lors de cette approche.

4 **a.** Dans le référentiel héliocentrique, la distance d parcourue en un an par le centre de la Terre correspond au périmètre du cercle de rayon R, égal à la distance moyenne Terre-Soleil $d = 2\pi R$, donc :
$d = 2\pi R = 2\pi \times 1{,}5 \times 10^{11} = 9{,}4 \times 10^{11}$ m.

b. Dans le référentiel héliocentrique, la vitesse moyenne v du centre de la Terre vaut $v = \dfrac{d}{\Delta t}$,
avec $\Delta t = 365 \times 24 \times 3600 = 3{,}2 \times 10^7$ s,
donc $v = \dfrac{9{,}4 \times 10^{11}}{3{,}2 \times 10^7} = 3{,}0 \times 10^4$ m·s^{-1},
soit $v = 3{,}0 \times 10^4 \times \dfrac{3{,}6 \times 10^3}{10^3} = 1{,}1 \times 10^5$ km·h^{-1}.

c. Dans le référentiel géocentrique, le centre de la Terre est immobile. Sa vitesse moyenne est donc nulle dans ce référentiel.

14 La gravitation universelle p. 233

1 **a.** Vrai. – **b.** Faux. – **c.** Faux. – **d.** Vrai.

2 **a.** La valeur $F_{T/A}$ de la force d'interaction gravitationnelle exercée par la Terre sur le satellite Artemis est égale à :

$F_{T/A} = G\dfrac{m_A M_T}{d^2}$, avec d la distance entre le centre de la Terre et le satellite.

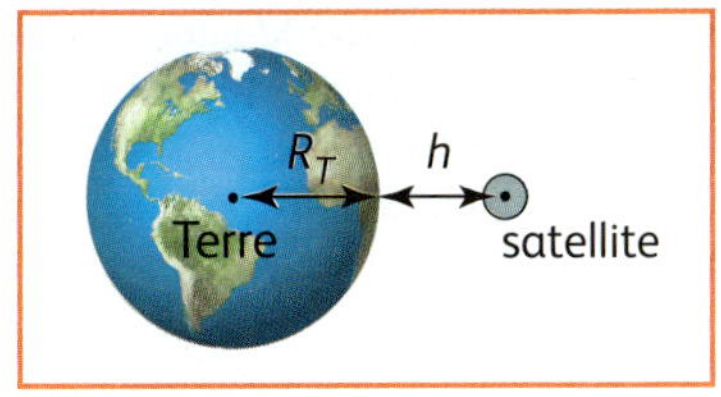

Comme $d = R_T + h$, on trouve que :

$$F_{T/A} = G\frac{m_A M_T}{(R_T + h)^2}$$
$$= 6{,}67 \times 10^{-11} \times \frac{3{,}1 \times 10^3 \times 6{,}0 \times 10^{24}}{(6{,}38 \times 10^6 + 36000 \times 10^3)^2} = 6{,}9 \times 10^2 \text{ N.}$$

b. La valeur $F_{A/T}$ de la force d'interaction gravitationnelle exercée par le satellite Artemis sur la Terre est égale à la valeur $F_{T/A}$ de la force d'interaction gravitationnelle exercée par la Terre sur le satellite Artemis étant donné que ces deux forces modélisent la même interaction.
Ainsi $F_{A/T} = F_{T/A} = 6{,}9 \times 10^2$ N.

c. Ces deux forces d'interaction gravitationnelle sont représentées par des vecteurs :
- de même direction : la droite reliant Artemis au centre de la Terre ;
- de même longueur (étant donné que les valeurs des deux forces sont égales) ;
- de sens opposés (car ces deux forces sont attractives).

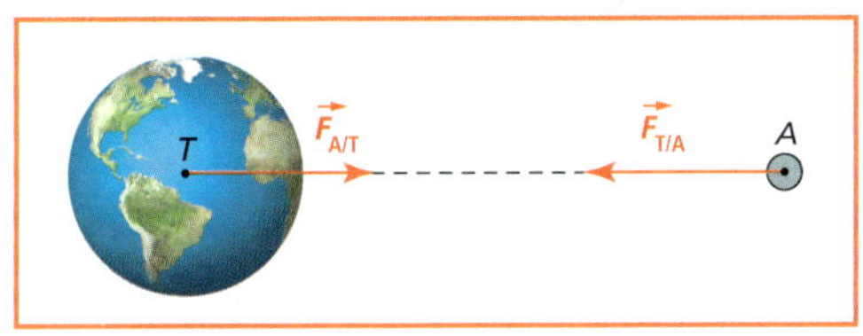

3 **a.** La masse m de la combinaison spatiale est la même à la surface de la Lune et à la surface de la Terre :
$m = 100$ kg.

b. La valeur P_L du poids de la combinaison spatiale à la surface de la Lune est égale à
$P_L = m\, g_L$ avec $g_L = 1{,}6$ N·kg^{-1},
donc $P_L = 100 \times 1{,}6 = 1{,}6 \times 10^2$ N.

c. La combinaison spatiale est plus facile à porter par un astronaute à la surface de la Lune qu'à la surface de la Terre car son poids est six plus faible à la surface de la Lune qu'à la surface de la Terre.

4 **a.** $g_M = G\dfrac{m_M}{R_M^2} = 6{,}67 \times 10^{-11} \times \dfrac{6{,}4 \times 10^{23}}{(3{,}4 \times 10^6)^2} = 3{,}7$ N·kg^{-1}.

b. Jean a raison. En effet, le 37e de l'intensité de pesanteur terrestre vaut :
$0{,}37\, g_T = 0{,}37 \times 9{,}8 = 3{,}6$ N·kg^{-1}, ce qui correspond à peu près à la valeur de l'intensité de pesanteur g_M à la surface de Mars.

15 Mouvement et inertie p. 235

1 **a. circulaire** (car sa trajectoire est un cercle). – **b. rectiligne uniforme** (car sa trajectoire est une droite et la distance entre deux positions successives du mobile autoporteur est constante au cours du temps, ce qui signifie que sa vitesse ne varie pas).

2 **a.** Lors de la chute « libre » en parachute, Rachida descend à la même vitesse que Maël, la distance entre Rachida et Maël ne varie donc pas. Sur le film de Rachida, c'est-à-dire dans le référentiel de Rachida, Maël paraîtra donc pratiquement immobile.

b. Dans le référentiel terrestre, le mouvement de Maël est rectiligne uniforme une fois la vitesse limite atteinte, car sa trajectoire est une droite (verticale) et sa vitesse est constante.

c. Lors de la chute « libre » en parachute, les caractéristiques du poids de Maël sont :

- direction : verticale ;
- sens : vers le bas ;
- valeur : $P = m\ g$, avec m la masse de Maël et g l'intensité de la pesanteur terrestre.

Les caractéristiques de la force $\vec{F}$ de frottement de l'air exercée sur Maël sont :

- direction : verticale ;
- sens : vers le haut ;
- valeur : $F = P$.

En effet, comme le mouvement de Maël est rectiligne uniforme dans le référentiel terrestre, les deux forces $\vec{P}$ et $\vec{F}$ qui s'exercent sur Maël se compensent d'après le principe d'inertie.

d. Lorsque Maël ouvre son parachute alors que Rachida n'a pas encore ouvert le sien, Rachida descend plus vite que Maël et la distance entre Rachida et Maël augmente. Sur le film de Rachida, c'est-à-dire dans le référentiel de Rachida, Maël paraîtra donc remonter.

e. Dans le référentiel terrestre, après avoir ouvert son parachute et avant d'avoir touché le sol, le mouvement de Maël est d'abord rectiligne ralenti puis rectiligne uniforme.

3 **a.** Dans le référentiel terrestre, la bille a un mouvement rectiligne accéléré. En effet, sa trajectoire est une droite et la distance entre deux positions successives de la bille augmente au cours du temps, ce qui signifie que sa vitesse augmente.

b. Comme la bille n'a pas un mouvement rectiligne uniforme dans le référentiel terrestre, les forces qui s'exercent sur cette bille ne se compensent pas d'après le principe d'inertie.

c. La bille la plus lourde est plus attirée par la Terre car son poids est plus grand. Cependant, comme sa masse est plus grande, son inertie est plus grande et l'effet du poids sur son mouvement est plus faible, ce qui explique le fait que les deux billes touchent le sol en même temps.

4 **a.** Les forces qui s'exercent sur la balle sont la force exercée par la Terre sur la balle (le poids de la balle) et la force exercée par la ficelle sur la balle.

b. Dans le référentiel terrestre, le mouvement de la balle est circulaire et uniforme. D'après le principe d'inertie, comme le mouvement de la balle n'est pas rectiligne uniforme, les forces qui s'exercent sur la balle ne se compensent pas.

c. Après que la ficelle se soit cassée au point A, il n'y a plus aucune force qui ait une composante non nulle dans le plan horizontal du cercle de la trajectoire et qui s'exerce sur la balle.

D'après le principe d'inertie dans le plan horizontal, la trajectoire de la balle (vue de dessus) est donc une ligne droite.

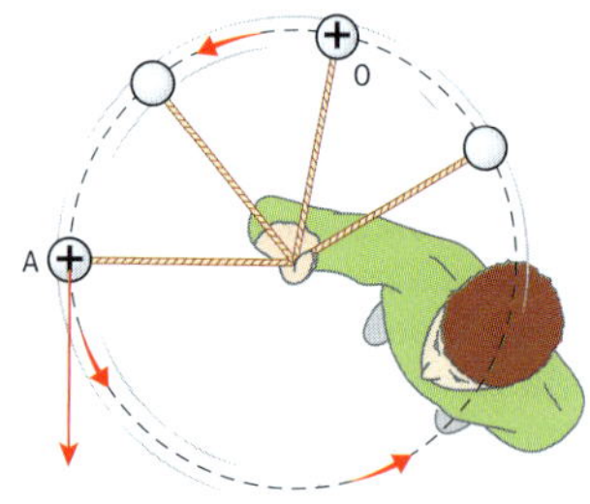

16 La mole et la concentration molaire p. 237

1 **a.** de quantité de matière. – **b.** $\frac{N}{N_A}$. – **c.** $g \cdot mol^{-1}$.

2 **a.** $M(C_{15}H_{10}O_7) = 15 \times M(C) + 10 \times M(H) + 7 \times M(O)$
$= 15 \times 12 + 10 \times 1{,}0 + 7 \times 16 = 302\ g \cdot mol^{-1}$.

b. $M(C_9H_8O_4) = 9 \times M(C) + 8 \times M(H) + 4 \times M(O)$
$= 9 \times 12 + 8 \times 1{,}0 + 4 \times 16 = 180\ g \cdot mol^{-1}$.

c. $M(C_{809}H_{1301}N_{229}O_{240}S_5) = 809 \times M(C) + 1\,301 \times M(H) + 229 \times M(N) + 240 \times M(O) + 5 \times M(S)$
$= 809 \times 12 + 1\,301 \times 1{,}0 + 229 \times 14 + 240 \times 16 + 5 \times 32$
$= 1{,}8 \times 10^4\ g \cdot mol^{-1}$.

3 **a.** $n = \frac{m}{M(C_{30}H_{50})} = \frac{10 \times 10^{-3}}{30 \times 12 + 50 \times 1{,}0}$ soit $n = 2{,}4 \times 10^{-5}$ mol.
(m = 10 mg doit être convertie en gramme)

b. Le nombre de molécules de squalène dans une dose de vaccin est $N = n \times N_A$, donc :
$N = 2{,}4 \times 10^{-5} \times 6{,}02 \times 10^{23} = 1{,}4 \times 10^{19}$ molécules.

c. La concentration molaire du vaccin en squalène est
$C_1 = \frac{n}{V} = \frac{2{,}4 \times 10^{-5}}{0{,}5 \times 10^{-3}} = 4{,}8 \times 10^{-2}\ mol \cdot L^{-1}$.

4 Voir tableau ci-dessous.

Nom	Éthanol	Magnésium	Boisson énergisante
État physique	liquide	solide	liquide
Formule brute	C_2H_6O	Mg	Contient du fructose $C_6H_{12}O_6$
Masse volumique ($g \cdot cm^{-3}$)	0,79	1,7	
Concentration massique ($g \cdot L^{-1}$)			30 $g \cdot L^{-1}$
Masse molaire ($g \cdot mol^{-1}$)	$M(C_2H_6O)$ $= 2 \times 12 + 6 \times 1 + 16$ $= \mathbf{46\ g \cdot mol^{-1}}$	$M(Mg) = \mathbf{24\ g \cdot mol^{-1}}$	$M(C_6H_{12}O_6)$ $= 6 \times 12 + 12 \times 1 + 6 \times 16$ $= \mathbf{180\ g \cdot mol^{-1}}$
Quantité d'échantillon prélevée (unité)	On prélève un **liquide pur** : $n = \frac{\rho \times V}{M}$ soit un volume prélevé $V = \frac{n \times M}{\rho} = \frac{0{,}10 \times 46}{0{,}79}$ **= 5,8 mL.**	On prélève un **solide pur** : $n = \frac{m}{M(Mg)}$ soit une masse prélevée $m = n \times M(Mg)$ $= 0{,}10 \times 24$ **= 2,4 g.**	On prélève une **solution** contenant un soluté de concentration molaire C : $n = C \times V$ et $C = \frac{C_m}{M}$ $V = \frac{n}{C} = \frac{n}{\frac{C_m}{M}} = \frac{n}{C_m} \times M$ $= \frac{0{,}10}{5} \times 180$ **= 0,60 L.**

Nom	Éthanol	Magnésium	Boisson énergisante
Dispositif(s) utilisé(s) pour le prélèvement et la préparation.	On prélèvera de préférence avec une pipette graduée (de 10 mL).	On prélèvera l'échantillon solide à l'aide d'une balance (précise au décigramme) et d'une coupelle de pesée.	On prélèvera la solution à l'aide d'une éprouvette graduée. Le volume est important et plusieurs prélèvements seront nécessaires.

17 La réaction chimique p. 239

1 a. L'évolution d'un **système** chimique est caractérisée par le passage d'un état **initial** à un état **final**.

b. Dans une transformation chimique, il y a évolution de la **composition** du **système** chimique.

c. Dans l'écriture de l'**équation** de la réaction chimique, les **réactifs** sont écrits à gauche de la flèche et les **produits** sont écrits à droite de la flèche.

d. Lorsqu'une réaction chimique se déroule dans un milieu, la **température** peut augmenter ou **diminuer**.

e. Une réaction de **combustion** s'accompagne toujours d'un **dégagement** d'énergie thermique.

2 a. L'équation chimique n'est pas équilibrée, il n'y a pas conservation de l'élément chimique fer (2 à gauche, 1 à droite) et il n'y a pas conservation de la charge électrique (+3e à gauche, 0 à droite). L'équation correctement équilibrée est $Fe^{2+}_{(aq)} + 2\ HO^-_{(aq)} \rightarrow Fe(OH)_{2(s)}$

b. L'équation chimique n'est pas équilibrée : il n'y a pas conservation de l'élément chimique argent (2 à gauche, 1 à droite) et il n'y a pas conservation de la charge électrique (–e à gauche et 0 à droite). L'équation correctement équilibrée est $2\ Ag^+_{(aq)} + CrO^{2-}_{4\ (aq)} \rightarrow Ag_2CrO_{4(s)}$

c. L'équation chimique n'est pas équilibrée : il n'y a pas conservation des éléments chimiques oxygène (4 à gauche, 3 à droite) et hydrogène (4 à gauche, 2 à droite). L'équation correctement équilibrée est :

$2\ H_2O_{2(\ell)} \rightarrow O_{2(g)} + 2\ H_2O_{(\ell)}$

d. C'est une équation chimique équilibrée. Elle vérifie la conservation de la charge électrique (charges nulles de part et d'autre de la flèche d'évolution) et des éléments chimiques.

3 a. **État initial** :
- $T = 18$ °C, $P = 1$ bar ;
- Dichlore gazeux : $Cl_{2(g)}$, n_1 moles ;
- Solution de soude : $Na^+_{(aq)} + HO^-_{(aq)}$; n_2 moles de chacun de ces ions ;
- Eau (c'est une solution aqueuse de soude).

État final :
- $T = 18$ °C°, $P = 1$ bar ;
- Solution de soude, n_F moles ($n_F < n_2$) ;
- Ions chlorure : $Cl^-_{(aq)}$;
- Ions hypochlorite : $ClO^-_{(aq)}$;
- Eau.

b. Aucun produit de cette réaction ne contient l'élément chimique sodium Na. Il y a conservation des éléments chimiques dans une réaction, les ions sodium $Na^+_{(aq)}$ ne peuvent participer à cette réaction chimique. Ils sont présents en fin de réaction dans les mêmes quantités qu'au début de cette réaction.

c. $Cl_{2(g)} + 2\ HO^-_{(aq)} \rightarrow Cl^-_{(aq)} + ClO^-_{(aq)} + H_2O_{(\ell)}$.

d. $n(Cl_{2(g)}) = n(ClO^-_{(aq)}) = C \times V = 0{,}53 \times 350 \times 10^{-3} = 0{,}19$ mol.

4 a. $C_6H_{32}O_{2(\ell)} + 13\ O_{2(g)} \rightarrow 6\ CO_{2(g)} + 16\ H_2O_{(\ell)}$

b. Il y a deux manières de résoudre cette question : déterminer la quantité de matière correspondant à 100 g d'huile de palme ou déterminer la masse correspondant à une mole : si on utilise cette dernière méthode, on écrit $m = n \times M = 1{,}0 \times (6 \times 12 + 32 + 2 \times 16) = 256$ g.

Il faut ensuite déterminer la valeur nutritionnelle pour 100 g grâce à une proportionnalité : $100 \times \frac{9480}{256} = 3700$ kJ.

La valeur trouvée sur le site internet est du même ordre que la valeur expérimentale, elles sont donc cohérentes (il y a environ 5 % d'écart entre les deux valeurs).

18 Les molécules, formules et groupes caractéristiques p. 241

1 a. semi-développée. – b. H—C≡C—H

c. n'est pas un atome de carbone.

2 a.

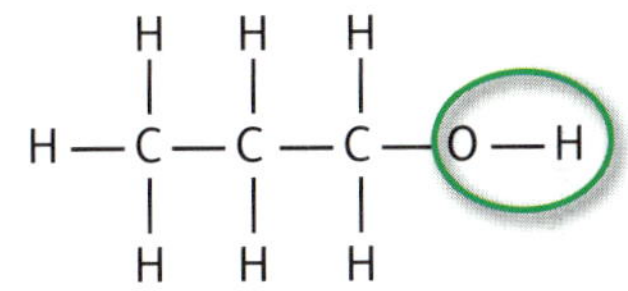

Le propan-1-ol contient le groupe hydroxyde (entouré ci-dessus) ; il appartient à la famille des alcools.

b. La formule semi-développée du propan-1-ol est $CH_3—CH_2—CH_2—OH$.

c. La molécule suivante appartient aussi à la famille des alcools :

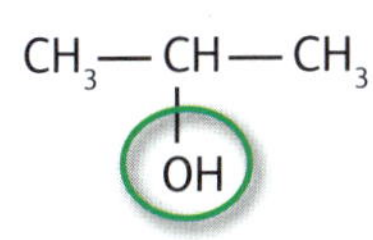

d. Les deux molécules précédentes ont la même formule brute, C_3H_8O : ce sont des isomères car elles possèdent la même formule brute mais des formules semi-développées différentes.

3 a. La formule semi-développée du propanal est $CH_3—CH_2—CH{=}O$ car les atomes de carbone forment quatre liaisons, les atomes d'oxygène en forment deux.

b. La formule brute du propanal est C_3H_6O.

4 a. L'anomalie est dans la formule semi-développée du but-1-ène. Le second atome de carbone de la chaîne carbonée forme ici cinq liaisons (une double avec un atome de carbone, deux simples avec deux atomes d'hydrogène, une simple avec un atome de carbone). Il ne devrait en former que quatre, il est donc nécessaire d'enlever un atome d'hydrogène, tel que $CH_2{=}CH—CH_2—CH_3$.

b. Les molécules de butanone et de propanone semblent appartenir à la même famille organique (même terminaison « one » dans le nom, ce sont des cétones).

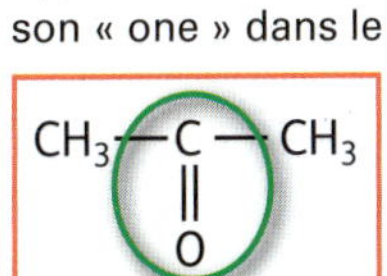

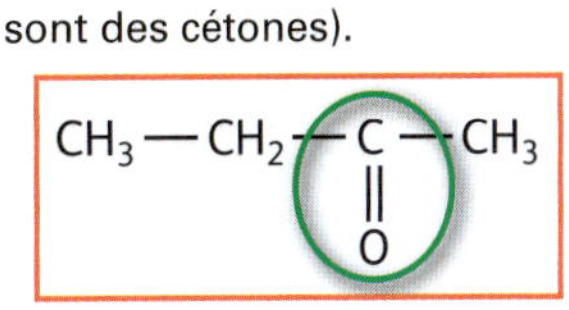

19 Propriétés des gaz p. 243

1 a. Vrai. – b. Faux. La valeur de la force pressante exercée par un gaz s'exprime en newton (N). – c. Vrai. – d. Faux. D'après la loi de Boyle-Mariotte, dans un ballon fermé maintenu à température constante, la pression de l'air enfermé dans le ballon est divisée par deux lorsque le volume du ballon double. – e. Faux. La pression de l'air diminue avec l'altitude.

2 La feuille reste « collée » au verre car l'air exerce une force pressante dirigée vers le haut sur la feuille cartonnée, ce qui l'empêche de tomber.

3 a. La pression P_{int} de l'air à l'intérieur du sas de décompression est telle que $P_{int} = \frac{F_{int}}{S} = \frac{3{,}70 \times 10^5}{3{,}60} = 1{,}03 \times 10^5$ Pa.

b. La valeur F_{ext} de la force pressante exercée par l'air à l'extérieur du sas sur la porte du sas est telle que :
$F_{ext} = P_{atm} \times S = 1{,}01 \times 10^5 \times 3{,}60 = 3{,}64 \times 10^5$ N.

c. Si la porte du sas n'était pas verrouillée et pouvait pivoter dans toutes les directions, cette porte s'ouvrirait vers l'extérieur du sas car la valeur de la force pressante exercée par l'air à l'intérieur du sas F_{int} est supérieure à celle exercée par l'air à l'extérieur du sas F_{ext}.

4 a. Ce gaz suit la loi de Boyle-Mariotte car
$P_1 \times V_1 = 0{,}6 \times 8{,}0 = P_2 \times V_2 = 0{,}8 \times 6{,}0 = P_3 \times V_3 = 1{,}2 \times 4{,}0$
$= \text{constante} = 4{,}8$ bar·L.

b. Si ce gaz occupait un volume $V_4 = 7{,}0$ L, sa pression P_4 serait telle que $P_4 \times V_4 = 4{,}8$ bar·L.
Ainsi, $P_4 = \frac{4{,}8}{V_4} = \frac{4{,}8}{7{,}0} = 6{,}9 \times 10^{-1}$ bar.

c. Si ce gaz était soumis à une pression de $1{,}0 \times 10^5$ Pa, c'est-à-dire à une pression $P_5 = 1{,}0$ bar, il occuperait un volume égal à $V_5 = \frac{4{,}8}{P_5} = \frac{4{,}8}{1{,}0} = 4{,}8$ L.

5 a. La pression du dioxygène de l'air que respire le parachutiste augmente lors de sa chute car l'altitude du parachutiste diminue.

b. La quantité de dioxygène disponible dans l'organisme du parachutiste est donc modifiée : elle augmente lors de sa chute.

6 Comme les deux gaz sont à la même pression et à la même température, le rapport des quantités de matière des gaz présents dans les deux bouteilles est égal au rapport des volumes des gaz d'après la loi d'Avogadro-Ampère.
Ainsi, $\frac{n_{N_2}}{n_{O_2}} = \frac{V_{N_2}}{V_{O_2}} = \frac{1{,}5}{0{,}50} = 3{,}0$.
La quantité de matière du diazote est trois fois plus grande que la quantité de matière du dioxygène.

20 Propriétés des liquides p. 245

1 a. Vrai. – b. Faux. La pression de l'eau augmente avec la profondeur – c. Faux. La pression dans un liquide est la même en tout point d'un même plan horizontal – d. Vrai.

2 a. Lorsque le plongeur est à la surface de l'eau, la valeur de la force pressante exercée par l'eau de mer sur le masque d'un plongeur vaut :
$F_1 = P_1 \times S = 1 \times 10^5 \times 70 \times 10^{-4} = 7 \times 10^2$ N.

b. À 40 m de profondeur, la pression P_2 de l'eau de mer est telle que $P_2 - P_1 = \rho \times g \times (h_2 - h_1)$, avec $h_1 - h_2 = 40$ m.
Ainsi $P_2 = \rho \times g \times (h_2 - h_1) + P_1$
$= 1 \times 10^3 \times 9{,}8 \times 40 + 1 \times 10^5$
$= 1 \times 10^5$ Pa,
d'où $F_2 = P_2 \times S = 5 \times 10^5 \times 70 \times 10^{-4} = 4 \times 10^3$ N.
Lorsque le plongeur se trouve à une profondeur de 40 m, la valeur de la force pressante exercée par l'eau de mer sur le masque d'un plongeur vaut 4×10^3 N.

3 a. D'après la loi de Boyle-Mariotte, à 10 m de profondeur, le volume V_2 de cette même quantité d'air serait tel que
$P_2 V_2 = P_1 V_1 \Leftrightarrow V_2 = P_1 \frac{V_1}{P_2} = 1 \times 10^5 \times \frac{4{,}0}{2 \times 10^5} = 2$ L.

b. D'après la loi de Boyle-Mariotte, à 30 m de profondeur, le volume V_3 de cette même quantité d'air serait tel que
$P_3 V_3 = P_1 V_1 \Leftrightarrow V_3 = P_1 \frac{V_1}{P_3} = 1 \times 10^5 \times \frac{4{,}0}{4 \times 10^5} = 1$ L.

4 a. À 30 m de profondeur, la pression des gaz est plus grande qu'à la surface. Les gaz sont donc davantage dissous dans le sang et dans les tissus liquides du plongeur, car la solubilité des gaz dans les liquides est plus importante lorsque leur pression est plus grande.

b. Lorsque le plongeur remonte à la surface, la pression des gaz diminue ainsi que la solubilité des gaz dans ces liquides. Le gaz dissous redevient donc gazeux, ce qui forme des microbulles de gaz dans l'organisme du plongeur qui doivent être évacuées par les poumons.
Pour éviter une embolie gazeuse, un plongeur doit prendre le temps lors de sa remontée d'évacuer ces microbulles de gaz par ses poumons. Pour cela, il doit respecter des paliers à différentes profondeurs dont les durées dépendent de la profondeur et de la durée de la plongée.

1 Le nom et ses déterminants p. 246

1 a. city: D/S ; streets: D/P ; gold: I/S.
b. capital: D/S ; world: D/S.
c. people: I/P ; milk: I/S.
d. furniture: I/S.
e. tea: I/S.
f. information: I/S ; Tower: D/S.

2 a. London is **the** capital of **Ø** England and **the** United Kingdom.
b. **Ø** Buckingham palace is **the** main residence of **the** Queen.
c. London was **the** first city to have **an** underground railway called the Tube.
d. There is **a** statue of **Ø** Admiral Nelson in **the** middle of Trafalgar Square.

3 a. There are <u>many</u> parks in London but <u>not enough</u> deckchairs. *Il y a de nombreux parcs à Londres mais pas assez de chaises longues.*
b. Have you seen <u>any</u> squirrels in Hyde Park? *Avez-vous vu des écureuils à Hyde Park ?*
c. There are <u>few</u> red pillar boxes left in the streets of London. *Il reste quelques boîtes aux lettres rouges dans les rues de Londres.*
d. We've come across <u>a few</u> rock stars at Piccadilly Circus but we had too <u>little</u> time to take their photos. *Nous avons croisé quelques stars du rock à Piccadilly Circus mais nous avons eu trop peu de temps pour les prendre en photos.*
e. How <u>much</u> ice cream did you eat? *Quelle quantité de glace as-tu mangé ?*

4 a. Julius Caesar established Londinium **many** years ago.
b. In 1845, **many** Irish people migrated to London because they didn't have **enough** food in Ireland.
c. In 1666 the Great Fire caused **enough** damage to the city to destroy almost all the buildings.
d. How **many** inhabitants live in London?
e. Only one hour! You can't spend **so little time** in the National Gallery, there are so **many** paintings to see!
f. Londoners eat **much/a lot of** curry and there are more than just **a few** Indian restaurants in the city!

5 The travel agent: Welcome to **Ø** Piccadilly travel agency. What can I do for you?
You: Good morning! I would like to book **a** sightseeing guided tour of **Ø** London.
Agent: In fact you can choose from **many** different tours, do you have **any** preference?
You: **A** cruise on the River Thames would be just great!
Agent: In that case I would advise you to buy **one** hop-on, hop-off pass.
You: I have **a few** questions first. How **much** is the pass and where does **the** cruise start?
Agent: **The** pass costs only 14 £. You can get aboard the boat from **Ø** Westminster or from **the** Tower of London.
You: Well, I think I've got **enough** information, thanks for everything.

2 L'adjectif, le comparatif, le superlatif p. 248

1 a. French-speaking Canadians.
b. a 130-foot tree.
c. a 800-year-old cedar tree.
d. foreign-born Canadians.
e. the highest-paid comic actor.

2 a. Canada has a highly active space programme.
b. In Ontario you can see a giant grey nickel coin.
c. The Grey Cup is the largest annual sport event.
d. Jim Carrey is a famous Canadian comic actor.
e. There are wonderful old French historic buildings in Montreal.

3 a. Canada is less populated than France.
b. The provinces are more autonomous than the territories.
c. The prairies are colder than the northern states.
d. Ice-hockey is as popular as lacrosse.
e. Jim Carrey is funnier than Keanu Reeves.
f. The Old Crow Flats are as old as the Bluefish caves.

4 a. Canada is the world's second-**largest** country by total area.
b. The border with the USA is the **longest** land border in the world.
c. The volcanic eruption of the Tseax Cone in 1775 was one of Canada's **worst** natural disasters.
d. The region called Quebec-Windsor Corridor is the **most** densely **populated** part.
e. The Canadian Prairies are one of the **biggest** global producers of wheat.
f. The CN Tower is the **tallest** free-standing building.
g. Ice-hockey is the **most successful** sport in international competition.
h. Margaret Atwood is the **most famous** Canadian writer.

5 If you feel **as adventurous** as the great explorer James Cook, come to Canada one of **the wildest** country in world! Come and experience **the most thrilling/exciting** adventures ever with us!
Not much of a bicycle rider? If you like dogs **better**, dog-sledding is your thing!
Do you know that snowmobiles are one of **the greatest** Canadian inventions? Come and try one through Canada's wilderness, you'll be **the fastest**!
Don't miss our rafting expeditions down the glacier valley: they're **more exciting/thrilling than** any other trips!
If you're **more comfortable** wearing a wet suit and a tuba, why not swimming with beluga whales, **the whitest** species in the seas!
You can also take one of **the most surprising** walks along the Bay of Fundy and marvel at the world's **highest** tides!
Canada, **the best** way of travelling!

3 La possession et les démonstratifs p. 250

1 a. Roald Dahl est l'un des auteurs pour enfants les plus connus au monde.
b. Son premier livre s'intitule *Les Gremlins*.
c. L'histoire préférée de ses fans est *Charlie et la Chocolaterie*.
d. Roald Dahl connaissait très bien les enfants et pas seulement les siens, il voyait le monde au travers de leurs yeux.
e. L'histoire de Matilda fut son dernier livre. Un demi-million d'exemplaires de ce livre fut vendu en l'espace de six mois.

2 a. this writer's biography
b. the Dahls' house
c. James' giant peach

d. children's books
e. Norway's royal family

3 a. Roald Dahl was born in Wales but **his** parents were Norwegian.
b. When **her** husband died, Mrs Dahl looked after **their** six children on **her** own.
c. According to Roald Dahl, **his** mother was "a rock, a real rock, always on **your** side whatever you've done."
d. Roald Dahl's daughter wrote about **her** father: "Every evening, after **my** sister and I had gone to bed, **my/our** father would walk slowly up the stairs (...) to tell us a story. I can see him now, leaning against the wall of **our** bedroom."
e. **His** ideas came from **his** imagination, where he conceived unforgettable stories.

4 a. **This** book is about a young girl who has an insatiable appetite for reading.
b. Through **these** stories Roald Dahl relates his childhood and his school life.
c. **Those** who like sweets will love this book!
d. **Those** horrible women are really scary!
e. It was written in 1943. **That** year Roald Dahl was in Washington.
f. In **this** story, a little boy lives great adventures in a giant fruit. Through **these** events, he escapes his dreary aunts.

Il fallait relier : 1) b. ; 2) e. ; 3) d. ; 4) a. ; 5) c. ; 6) f.

5 a. Roald Dahl's house was called "Gipsy House".
b. He wrote/would write his adults' books and children's stories inside a little hut.
c. He considered that hut as a cosy refuge.
d. He had an old armchair which used to be his mother's.
e. In those days he covered his legs with a tartan rug.

4 La phrase p. 252

1 a. This really great epic mainly takes place in Egypt. 3) *Cleopatra* ("Cléopâtre")
b. A New York cop saves employees from a terrorist attack at Christmas time in Los Angeles. 6) *Die Hard* ("Piège de Cristal")
c. Two musicians go to Florida by train dressed as women. 1) *Some like it hot!* ("Certains l'aiment chaud")
d. Who does Scarlett O'Hara deeply fall in love with? 5) *Gone with the wind* ("Autant en emporte le vent")
e. Spectators often hold their breath throughout this thriller. 2) *Psycho* ("Psychose")
f. The narrator remembers his life among the Indians in the nineteenth century. 4) *Little Big Man*

2 a. Stanley Donen didn't direct the film *Singing in the rain* alone, he worked with Gene Kelly.
b. If you watch this famous musical comedy you won't see any special effects but Gene Kelly's dancing performance will amaze you!
c. In the film, Debbie Reynolds doesn't really sing, she is dubbed by Jean Hagen.
d. Nobody considered *Singing in the rain* as a masterpiece until contemporary critics described it as one of the best musicals ever made.

3 a. Who was Alfred Hitchcock?
b. Where and when was he born?
c. How many films did he make?
d. Why did his fans call him the "master of suspense"?
e. How long did he direct films?

4 a. What a great movie!
b. How talented the cast is!
c. There are so many action scenes!
d. The story is so true to the book!
e. How slow and long-winded the first 45 minutes are!
f. What a disappointment!
g. How admirably the special effects were achieved!

5 a. What a boring film/How boring this film is! Don't watch it!
b. Let him buy some popcorn if he wishes to!
c. How talkative you are! Stop talking/be quiet, I don't understand a single thing/anything about the film.
d. Let's rent a musical, I don't have any at home!
e. Let's not wait for Judy, she's always late!

5 Le présent p. 254

1 a. I <u>like</u> reading, I usually <u>borrow</u> books from the library but I also <u>use</u> a tablet to read e-books. 1 = expression d'une préférence constante, générale – 2 = action habituelle, récurrente – 3 = habitude, façon de procéder en général.
b. Listen! He <u>is making</u> a speech about Facebook. = action en cours au moment de l'énonciation.
c. He is a computer scientist, he <u>invents</u> new programmes. = caractéristique, métier exercé.
d. Where is Dave? I <u>guess</u> he<u>'s playing</u> video games in his room. 1 = expression d'une opinion – 2 = action en cours de déroulement.
e. I <u>don't understand</u> why she never <u>meets</u> her friends outside and <u>is</u> always <u>chatting</u> on the Net with complete strangers. 1 = expression d'une faculté intellectuelle, verbe cognitif – 2 = généralité, situation habituelle – 3 = commentaire dénonçant l'aspect répétitif de l'action.

2 a. What **are** they **doing**? They **are chatting** on a social website.
b. They **chat** on the Net several times a day.
c. Thanks to the Internet revolution more and more people **work** from home.
d. No wonder he **looks** so tired, he **works** late every night.
e. How many hours **does** he **watch** TV a day? **Is** he **watching** it right now?
f. Look! Your uncle **is using** his webcam.
g. I **don't think** that he **knows** what a webcam is.
h. She **prefers** updating her Facebook wall rather than hanging out with her friends.

3 a. several times
b. tonight
c. rarely
d. usually
e. now

4 This document **is** a coloured cartoon. It **represents** the globe. People who **come** from every part of the planet **are sitting** at their desk in front of their computer. It **seems** that they **are chatting** with someone. They **look** happy, all of them **are smiling**. The woman who **is wearing** a pink shirt and blue trousers **is waving** her hands to the screen. Maybe she **is using** her webcam. The cartoonist probably **intends** to show what a great means of communication the Internet **consists** in.

5 Ce document est un dessin humoristique en couleur. Il représente le globe terrestre. Des gens originaires de toutes les régions du monde sont assis à leur bureau. Il semble qu'ils chattent/bavardent avec quelqu'un. Ils ont l'air contents, ils sourient tous. La femme qui porte un chemisier rose et un pantalon bleu agite ses mains devant l'écran. Elle utilise peut-être sa webcam. Le dessinateur a probablement l'intention de démontrer qu'Internet est un formidable mode de communication.

6 Le passé p. 256

1 Il fallait souligner :
a. began → begin (*commencer*)
b. founded → found, verbe régulier (*fonder*)
c. broke → break (*ici, éclater, se déclarer*)
d. became → become (*devenir*)
e. led → lead (*mener*)/won → win (*gagner*)
f. set → set (*fixer*)

2 a. What **was** the "Manifest Destiny"?
In the 19th century Americans **believed** in a "Manifest Destiny" according to which they **were** to develop their country across the whole continent.
b. How long **did** this territorial expansion **last**?
It **took place** from 1812, when the war against France **came** to an end, to 1860, when the United States **reached** the Pacific Ocean.
c. How **did** the Americans **manage** to acquire new territories?
They **did not agree** to set up an Indian state and they **fought** against them to get new territories. They also **declared** war to the Mexicans.
d. **Did** they **win** all the new territories that way?
No, **they didn't**. They also **signed** treaties and agreements. They even **bought** Louisiana from France.
e. Who **were** the men who **travelled** to the new territories?
Immigrants from Europe **settled** in the new territories.

3 a. In 1776 the Founding Fathers **asserted** that all American citizens **were** entitled to Liberty and equality even though the Americans **had not abolished** slavery yet.
b. Between 1861 and 1865 the Americans **fought** a civil war over this issue.
c. The Northern states **were fighting** against the Southern states when the Congress **approved** the Emancipation Proclamation.
d. Even if the Americans **had voted** laws to protect the rights of the black people after the civil war, the Southern States **maintained** segregation in public places until the 1960's.
e. Martin Luther King **had been defending** the blacks' rights for a long time when he **made** his most famous speech "I have a dream".
f. In 1864, a century after President Abraham Lincoln **had freed** all slaves, the Congress **voted** a new Civil Rights Act.

4

[d]	[t]	[ɪd]
travelled believed answered	reached walked checked	decided wanted

5 a. Barack Obama was born on August 4, 1961 in Hawaii.
b. He spent his childhood in Hawaii and in Indonesia. He used to be called "Barry".
c. In 1991 he graduated from Columbia University.
d. Michelle and he had been married for six years when Michelle gave birth to their first daughter in 1998.
e. He used to be a lawyer and a senator before he became the first African-American president of the USA.
f. In November 2012 he was reelected for a second term after he had led an eventful campaign./after leading an eventful campaign.

7 Le *present perfect* p. 258

1 a. I've never been to Australia. *Bilan provisoire.*
b. Have you ever thrown a boomerang? *On demande à quelqu'un s'il a déjà fait quelque chose.*
c. We've just arrived in Sydney. *Action qui vient de se produire.*
d. They can't visit this museum, they haven't bought the right tickets. *Expression d'une conséquence dans le présent.*
e. How long has she been sleeping? *On demande depuis combien de temps une action est en cours.*

2 a. The Aborigines **have lived** in Australia **for** over 60,000 years.
b. The number of tourists **has increased** quickly **for** a few decades.
c. We **have had** a great time **since** we arrived in Sydney.
d. He **hasn't spent** much time at his hotel **since** yesterday.
e. **Have** you **been sunbathing for** all this time?

3 a. *Action révolue et datée → prétérit.* Last year we visited the Taj Mahal.
b. *Bilan → present perfect.* We've already visited it twice.
c. *Action non achevée dont on indique la durée → present perfect.* He's been travelling all around the world for two years.
d. *Action révolue → prétérit.* He started his trip around the world two years ago.
e. *Demande portant sur un bilan → present perfect.* Have you ever eaten curry?
f. *Action passée et achevée → prétérit.* Yes, we had some when we were in India.

4 a. My cousin is a globetrotter, he's **already** been to twenty different countries.
b. He has **never** taken the plane on his own, he's too young.
c. Have they **ever** been to Los Angeles?
d. We're at the airport, the plane has **just** landed.
e. Sorry, I'm not ready, I haven't packed my luggage **yet**.

5 "Welcome to the Canadian Museum of Civilization, **have** you ever **visited** it?" the guide **asks** me.
"No, I **haven't**." I **answer**. "I **have** already **been** to Ottawa twice but **I've** never **had** the opportunity to come here."
"Well, let's start with the First Peoples Halls. Some of the oldest aboriginal artefacts."
"When was the museum created?"
"Well, the Canadian government **created** the museum in the early twentieth century, some of the collections **have been** here for more than a century."

8 L'expression du futur p. 260

1 Il fallait relier : 1) b. – 2) d. – 3) e. – 4) a. – 5) c.

2 a. If we don't clean the beaches, the sea will become a huge dustbin.
b. If the level of the sea rises, the islands will disappear.

c. If we do not reduce the carbon emissions, more and more people will suffer from respiratory diseases.
d. If more natural disasters take place, the number of environmental refuges will increase.

3 **a.** The government is going to subsidise hybrid cars.
b. Some tourist resorts are going to get equipped with green facilities.
c. My neighbours are going to fix solar panels to their roof.
d. His friend is going to buy fewer products.

4 **a.** More than 175 countries will celebrate Earth Day next spring.
b. Are you going to attend the lecture about green energies?
c. I think that a famous actor will chair the meeting.
d. If the number of cars keeps increasing, the greenhouse effects gases will pollute the atmosphere.
e. The government is about to take eco-friendly measures.

5 **a.** The ecologists blame the wood industry for destroying the Amazonian forest.
b. Car drivers are reproached with polluting the atmosphere.
c. Poachers are accused of killing endangered species.
d. We shouldn't use so much plastic wrap.
e. It's a pity some politicians do not regard environmental issues as a priority.

9 Les modaux p. 262

1 1) c. – 2) a. – 3) d. – 4) e. – 5) b. – 6) b. – 7) a. – 8) d. – 9) b. – 10) c.

2 **a.** I must have left it at home.
b. She may teach mathematics.
c. He can't have done such a thing.
d. It might deal with World War II.
e. It should be fine.

3 **a.** We mustn't drink or eat in classrooms.
b. We should listen to the teacher.
c. We must switch our mobiles phones off in class.
d. We may have lunch in the park.
e. We can attend the Movie Club every Wednesday afternoon.
f. We mustn't tag the walls. *(par exemple).*
g. We can go to the Nurse Room from 10 am to 3 pm.
h. We must arrive on time.

4 **a.** He's lost his paper, he **must** write another one.
b. He **needn't** buy another case, I will lend him one.
c. He's forgotten his maths book, he **may** borrow one from the library.
d. He's not feeling very well, he **should** go back home.
e. He wants to go but he **can't** leave the class without permission.

5 **a.** This picture **must have been taken** during a basketball game.
b. The girls **had to** wear shorts and jerseys.
c. It **must be** an all-girl team, because all of teammates are girls.
d. They **should** focus if they want to win.
e. One of the girls **may** score a point.
f. The man looking at them behind **could be/must be** their trainer.
g. They look rather young, they **can't be** more than sixteen years old.

10 Discours direct et discours indirect p. 264

1 On a bright Saturday afternoon, Mr D. entered a bookshop.
"Good afternoon sir. Is there anything I can do for you?" **asked** the shopkeeper with a welcoming smile.
"Well, no, you can't. I know exactly what I want..." **replied** Mr D. in a sharp tone.
"Oh, do you really? There are always new books to be discovered!" **insisted** the shopkeeper.
"Argh... Not interested!" **groaned** Mr D. as he made his way to the thrillers section.
"Ah, a whodunits fan! How lovely!" the shopkeeper **exclaimed**. "Do you know that..."
"No, I don't and I don't want to!' Mr D. furiously **interrupted** him before heading for the shop's revolving doors.
"Sir, don't go so fast!" **shouted** the shopkeeper in a last attempt to catch his customer's attention.
"Mmh, what a pity! I knew exactly what type of book he needed" the shopkeeper **told** himself while going through the 'Good behaviour books' section...

2 – Éléments exprimant la bienveillance, la sympathie : *with a welcoming smile/how lovely*

– Éléments exprimant l'énervement : *well, no, you can't/in a sharp tone/argh/groaned/furiously*

– Éléments exprimant l'étonnement : *oh, do you really?/ ah, a whodunits fan!/exclaimed*

– Élément exprimant la déception : *what a pity!*

3 **a.** He told the policeman that he **had seen** someone leaving the house around midnight but that he **thought** it of no importance whatsoever!
b. The detective wished the witnesses **had not left** the city, he said that he **would prefer** them to come back until the end of the inquest.
c. The suspect claims that he **has not bought** any sleeping pills from the chemist's and that he **doesn't know** where the rat poison is kept.
d. The witness felt that he **had to tell** the truth.
e. She thought that the truth **should be** told.

4 **a.** He asked her what she had done the night before.
b. She replied that she had stayed there, at the hotel and called one of her friends from her room.
c. He enquired whether she had heard anything strange during the night.
d. She exclaimed that she could hear the wind blowing in the dark.
e. He told her not to make fun of him and to answer the questions seriously.

11 La voix passive p. 266

1 **a.** The caste system was developed more than 3 000 years ago.
→ Le sujet de l'action est inconnu ou difficile à déterminer. L'accent porte sur la mise en place du système des castes. Le système de castes s'est développé il y a plus de 3 000 ans. (utilisation d'un verbe pronominal en français)

b. The untouchables were treated as inferior beings.
→ Les intouchables sont présentés comme les victimes d'un système dont ils subissent les injustices.
Les intouchables étaient traités comme des êtres inférieurs.

c. They were made to do the work no one wanted to do.
→ Le sujet de l'action n'est pas mentionné car il est peu important ici. C'est la condition de victimes des intouchables qui est mise en avant ici.
On leur faisait accomplir les tâches dont personne ne voulait.
On leur faisait faire le travail que personne ne voulait accomplir.

d. They are still given the most degrading jobs.
→ Le sujet de l'action n'a pas d'importance, c'est de la condition des intouchables dont il est question avant toute chose.
On leur attribue encore aujourd'hui les tâches les plus dégradantes.

e. They are not allowed to ride a bike in the city centres.
→ Le sujet de l'action n'a pas d'importance, l'information essentielle est l'interdiction (les interdictions) dont sont frappés les intouchables.
Il leur est interdit de circuler à vélo en centre ville.

f. They were renamed "Dalits" by Ghandi.
→ L'accent porte sur la condition des intouchables, pas sur la personne qui les a renommés.
Ils ont été renommés « Dalits » par Ghandi.

g. The Indian apartheid must be eradicated.
→ C'est une généralité qui est énoncée ici.
Il faut éradiquer l'apartheid indien.

2 a. Half a century ago Bangalore **was known** as "The Garden City".
b. Today it **can be compared** to the "Sillicon Valley".
c. It **is inhabited** by millions of Indians.
d. Many small gardens **were transformed** into apartment buildings in the 1990s.
e. Well over 10,000 industries **have been set up** in the city.

3 a. The name "Bollywood" was given to the hindi film industry by the filmmaker and scholar Amit Khanna.
b. Bollywood's films are exported (by the Indians) all over the world.
c. Indians films may be compared to musicals.
d. Since 2000 musical films in the Western World have been influenced by Bollywood.
e. The song "Don't phunk with my heart" by the Black Eyed Peas was inspired by Bollywood songs.

4 a. According to Hinduism the Indians are reincarnated on earth into another caste.
b. Each life is regarded as cyclical and governed by Kharma.
c. Eating beef is forbidden (to all).
d. Every year, holy places such as Prayaga or Benares are invaded by pilgrims.
e. Hinduism is often described as a "family of religions".

5 a. The family unit is granted much importance in India.
ou Much importance is given to the family unit in India.
b. It is often said that boys are preferred to girls.
c. One should always listen to their elders.
ou You should always listen to your elders.
d. Boys are often asked to help their parents with field work in India.
e. Girls are made/forced to remain at home in certain traditional families.

12 Base verbale, infinitif complet et gérondif p. 268

1 a. I would like **to play** rugby but my friends like **playing** soccer best.
b. Don't forget **to tape** Manchester United next game, I remember **watching** a game with my father and it was great!
c. The English started **to play** polo in India before **bringing** it to England.
d. In 1829 Oxford and Cambridge universities **decided** to hold a race against each other and the Oxford boat succeeded in **winning** it!
e. I've planned **to go** to Scotland, the home of golf which I look forward to **practicing**.

2 a. He's used to going to the game on Saturday.
b. They're reduced to buying new tickets.
c. She let them leave.
d. Would you mind bringing your own racket?
e. You'd better train more often.

3 a. Usain Bolt became the fastest man in the world by **training** hard every day.
b. His coach makes him **perform** flexibility training to prevent injuries.
c. His workouts help him **to run** for a long time but he avoids **over-exerting** his body.
d. Bolt must **follow** a strict diet but he can't help **eating** chicken nuggets!
e. He began **lifting** weights when he was around 18 and he keeps **doing** so every day.

4 a. The modern Olympic Games are one of the biggest **sporting** events across the world with 203 countries **participating**. (adjectif/participe présent)
b. The IOC, which was created by Pierre de Coubertin, is the **governing** body of the Olympic movement. (adjectif)
c. It is responsible for **choosing** the host city for each celebration of the Games. (participe présent)
d. According to the Olympic Creed: '**Taking** part to the Olympic Games is the most important thing.' (sujet)
e. The Olympic Flame keeps **burning** until the closing of the Olympic Games. (participe présent)
f. Today the Olympic Games are **going** stronger than ever. (participe présent)

5 a. I saw him <u>leave</u> the stadium one hour ago. (action achevée, il a quitté le stade)
b. Can you hear the fans <u>booing</u> the captain? (action non achevée, on les entend huer)
c. Our PE teacher made us <u>run</u> for half an hour. (action achevée, ils ont couru pendant…)
d. I was watching the players <u>training</u> when you called me. (action non-achevée au moment de l'appel, les joueurs ne se sont pas arrêtés de s'entraîner)

13 Les subordonnées p. 270

1 a. Nelson Mandela, **whose** real name is Rolihlahla Dalibhunga, contributed to dismantle the Apartheid regime in South Africa.
b. In 1940 after taking part to a student strike, he was expelled from the university of Fort Hare **where** he studied politics.
c. In 1944 he founded the ANC Youth League with Oliver Tambo, **who** helped him campaign against the government's policy of racial separation.

d. The law office that he set up in Johannesburg aimed at providing free or affordable legal representation to blacks.
e. In 1964 he was sentenced to life prison, **which** turned him into a worldwide symbol of resistance against racism.
f. Twenty-seven years later he was finally released from prison by President F. W. de Klerk with **whom** he shared a Nobel Prize for Peace.
g. The speech **Ø** he made on the balcony of Cape Town's City Hall is famous all over the world.
h. In 1994 South Africa, **which** had become a multi-racial democracy, elected its first black president.

2 **a.** South Africa **will become** a real democracy providing that the divide between the whites and the blacks is really reduced. *L'Afrique du Sud deviendra une vraie démocratie à condition que le fossé entre les blancs et les noirs soit vraiment réduit.*
b. If educated people **keep** leaving the country, it will soon run short of doctors and other skilled professionals. *Si les personnes diplômées continuent de quitter le pays, celui-ci manquera bientôt de médecins et de professionnels qualifiés.*
c. If the apartheid had not been abolished, the international community **would have maintained** its embargo. *Si l'apartheid n'avait pas été aboli, la communauté internationale aurait maintenu son embargo.*
d. If nothing is done to curb down the crime rates, the future of the country **will remain** uncertain. *Si rien n'est fait pour réduire les taux de criminalité, le futur du pays restera incertain.*
e. As long as wealth **remains** unevenly distributed, the society will be divided. *Tant que les richesses resteront réparties de façon inégale, la société sera divisée.*
f. "If you **want** to make peace with your enemy, you have to work with your enemy." (Nelson Mandela) *« Si l'on souhaite faire la paix avec son ennemi, il faut travailler avec lui. »*

3 **a.** When South Africa was under Dutch and British rule, the racial segregation already existed.
b. After the National Party took power in 1948, the system of the apartheid was adopted.
c. As soon as the government passed the Group Areas Act, the ANC started a campaign of civil disobedience.
d. Many demonstrations took place while Nelson Mandela was in prison.
e. The ANC was banned until Nelson Mandela was released.

4 **a.** South Africa is nicknamed the "Rainbow Nation" because the South Africans have various origins.
b. Countries from all over the world condemned the apartheid regime so that South Africa had to leave the Commonwealth.
c. In 1976 black protesters opposed the security forces in order to denounce an unfair school reform.
d. White people used to own houses in town whereas black people were forced to live far away from the town centres.
e. An all-white government ruled the country for half a century although the blacks represented 80 % of the population.

5 **a.** L'Afrique du Sud est surnommée "la nation arc-en-ciel" parce que les Sud-africains ont des origines variées.
b. Des pays du monde entier ont critiqué le régime de l'apartheid si bien que l'Afrique du Sud a dû quitter le Commonwealth.
c. En 1976, des manifestants noirs se sont opposés aux forces de l'ordre pour dénoncer une réforme scolaire injuste.
d. Auparavant, la population blanche était propriétaire de maisons dans le centre-ville, alors que les Noirs étaient forcés de vivre loin du centre.
e. Un gouvernement uniquement composé de Blancs a gouverné le pays pendant plus de cinquante ans alors que les Noirs représentaient 80% de la population.

14 Décrire une image p. 272

1 **a.** a cartoon
b. an advert
c. a comic strip
d. a still
e. a book cover

2 **a.** Type of document: a cartoon
b. Author: Gary Brookins
c. Date of publication: July 2000
d. Source: the Richmond Times-Dispatch website
e. Main topic: It deals with the fascination television may or may not have on children./the issue of reading versus watching television.

Paragraphe rédigé
This document is a cartoon. It was designed/drawn by a cartoonist named Gary Brookins. It was published/it dates back to July 2000. It was posted on the Richmond Times-Dispatch website. It deals with the fascination television may or may not have on children./the issue of reading versus watching television.

3 **a.** The first element which **catches my attention** is a little mouse called Fievel.
b. The title of the film appears **at the bottom** of the poster and there is a caption **at the bottom** of it.
c. Fievel is represented right **in the middle of** the image on a gangway.
d. We can see steam boats **in the background**.
e. There is a big suitcase **in the top left-hand** corner.

4 **a.** I find the cartoon astonishing for Harry Potter's story seems to fascinate the children as much as television.
b. In my opinion, the poster is very well done for it makes me feel like watching the film.
c. I like the bright colours of the poster as well as the feeling of adventure it conjures up.
d. To my mind, the advert has reached its goal. Indeed it manages to highlight the advantages of fair trade in a clear and efficient way.
e. I'm convinced by the arguments presented in the advert. I think that I will buy more fair trade products in the future.

5 **a.** The cartoonist aims to surprise the viewer.
b. It seems that the children are hypnotized by the book they're reading.
c. I think (that) the cartoonist is right.
d. The poster is aiming at convincing the viewer to go and watch the film.

6 Quelques phrases pour vous aider à rédiger votre paragraphe :
My favorite movie poster is the one for *(titre du film)*. It depicts (*décrivez le contenu global de l'image)*; in the foreground, we can see (*décrire le premier plan*), in the background, there is (*décrire l'arrière-plan*). The main elements are (*éléments principaux*).
According to my opinion, this poster is convincing because .../To my mind, the poster is very well done because...
I like the colours/ the characters/the actors/the typography...

15 Comprendre et présenter un texte p. 274

1 a. The text under study is a press article.
b. It was written by **the journalist Darren Waters**.
c. It was posted on **the website BBC News Online**.
d. It dates back to **April 26, 2004**.

2 a. The text is entitled "**Dungeons and Dragons**".
b. I suppose that it deals with adventure stories/a role-playing game.

3 • Les indications de lieu : The article refers to the creators of *Dungeons and Dragons* who are from the US Midwest. The journalist also informs us that this game is played all over the world.
• Les indications de temps : The journalist tells the story of this game from its creation in 1974 until today "in the age of the iPod, MP3s, DVD and online videogames."
• Le type de narration : l'information serait davantage pertinente dans le cas d'un texte littéraire. Ici il s'agit bien entendu d'une "first-person narrative".
• Les caractéristiques du jeu : *Dungeons and Dragons* is a role-playing game. To play it, you need a paperback rule book, table-top miniatures and dice. There are several players who each play a particular role such as bard or fighter and the Dungeon Master who organises the adventures. It requires a lot of imagination.

4 l. 2 : *paperback rule books* : les règles du jeu en livre de poche
l. 4 : *videogame* : jeux vidéo
l. 5 : *worldwide*. wide : grand, large. world : monde. Grand comme le monde : à l'échelle du monde.

5 a. trois noms de métiers dérivés à partir de verbes : *film-**make**r* (réalisateur de films), ***writ**er* (écrivain), *videogame **develop**ers* (concepteurs de jeux vidéo)
b. deux adjectifs formés à l'aide d'un suffixe : *compet**ing*** (l. 14, concurrent) *remark**able*** (l. 14, remarquable, incroyable)
c. un nom renvoyant à une relation entre des personnes : *friend**ship*** (l. 10, amitié)
d. deux adverbes : *clear**ly*** (l. 2, clairement), *certain**ly*** (l. 12, certainement)

6 Un conseil : remettez toujours le mot dans son contexte pour mieux le comprendre.

*D&D's popularity began **to wane** in the early 1990's as the videogame boom began.* (l. 11)
Ici le verbe *wane* est opposé au verbe *boom* qui renvoie à l'explosion des jeux vidéo dans les années 1990. On peut en déduire que *wane* véhicule une idée de baisse, de diminution. *Wane* peut se traduire par « décliner ».

*But the game remains – even **thrives**.* (l. 15) *Wizard estimates that three million people play in the US each month.*
Thrives est un verbe qui a pour sujet *the game* au même titre que *remains*. On comprend ici en lisant la phrase suivante que malgré la concurrence des jeux vidéos, le jeu de plateau s'est maintenu, voire même mieux que cela, car trois millions d'Américains y jouent chaque mois. *Thrives* signifie donc que le jeu s'est développé de façon très positive. On peut le traduire par « prospérer ».

7 Le nom *cleric* fait penser au mot « clerc » en français, c'est-à-dire un membre du clergé. Dans le contexte, vu que le texte parle de druides, bardes et autres personnages de *fantasy* qu'on peut interpréter dans le jeu, il s'agit d'un homme d'Église.

ESPAGNOL

1 Le groupe nominal p. 276

1

masculin	féminin	pluriel masculin
un profesor interesante	una profesora interesante	**los profesores interesantes**
un joven encantador	**una joven encantadora**	**los jovenes encantadores**
un vendedor simpático	una vendedora simpática	**los vendedores simpáticos**
un niño respondón	**una niña respondona**	**los niños respondones**
un chico cortés	**una chica cortés**	**los chicos corteses**
un joven sonriente	una joven sonriente	**los jovenes sonrientes**
un excelente bailarín	**una excelente bailarina**	**los excelentes bailarines**
un director catalán	una directora catalana	**los directores catalanes**

2 a. el chico amable
b. el joven andaluz
c. el buen amigo
d. el primer capítulo
e. el mal trato
f. el gran escritor
g. el mejor libro

3 a. Mis padres vienen muy **enojados** porque he sacado **malas** notas en el **último** examen.
b. Es una ciudad muy **moderna** con calles **anchas**, **inmensos** centros comerciales y hoteles **lujosos**.
c. Dioniso era un hombre **inteligente** y **astuto**, de ojos **azules**. Su madre era **francesa** y su padre **español**.
d. Me sorprendió su casa: las paredes estaban **encaladas**, por las ventanas **abiertas** se oían **numerosos** ruidos, el rumor del agua **cristalina** y el **dulce** cantar de los pájaros.

4 a. Galicia es la provincia más húmeda de España.
b. El Tajo es el río más largo de la península.
c. Madrid es la capital más alta de Europa.
d. Los Pirineos son los picos más altos de España.
e. Extremadura es la región menos poblada de España.
f. Barcelona es la ciudad más rica de Cataluña.

5 a. El mayor de sus hijos vive en Madrid.
b. El mejor pianista del grupo es también el menor.
c. Eres peor que tu hermano.
d. Su hermana es tan inteligente como ella, pero menos amable.
e. Dice que Granada es la ciudad más hermosa de Andalucía.

6 a. Esta casa es más cara que la mía.
b. Noé ha cogido más pastel que su padre.
c. Sofia es más responsable que su primo.
d. Fernando es más alto que yo.
e. Tu eres tan guapa como tu madre.
f. Maria habla español tan bien como francés.
g. El viaje es menos peligroso de lo que pienses.

2 Les pronoms personnels p. 278

1 a. **Yo** no como pan.
b. **Nosotros** los españoles cenamos tarde.
c. **Vosotros** los alemanes cenáis temprano.
d. **Tú** nunca dices la verdad.

2 a. **Le** doy flores.
b. **Le** escribo una carta.
c. **Les** devuelvo el libro.
d. **Le** llamo mañana por teléfono.

3 a. Lo utilizan.
b. Los explica.
c. Las recuerda.
d. Le veo.
e. Les acogen.
f. Le mandas una carta.
g. Les dicta un texto.
h. Les dice la verdad.

4 a. Se lo mandas.
b. Se las ofrece.
c. Se los explica.
d. Se lo presta.
e. Se las muestra.

5 a. Quiere contármelo.
b. Quiere comprártelos.
c. Quiere dárnosla.
d. Quiere prometérselo.
e. Quiere devolvérmelas.

6 a. Ya te lo he dado.
b. Ya te la he contado.
c. Ya os la he enseñado.
d. Ya os la he leído.
e. Ya te lo he mostrado.

7 Don Quijote y Sancho Panza
Sancho acompaña a Don Quijote. Le avisa de los peligros, se los muestra, le da buenos consejos. Quiere protegerle. Pero Don Quijote no le hace caso, cree que sus visiones son la verdad, las describe a Sancho.

8 Il fallait relier :
a. 3
b. 2
c. 3
d. 4
e. 1
f. 3
g. 3

3 Les possessifs et les démonstratifs p. 280

1 a. Es el suyo.
b. Son los vuestros.
c. Son los tuyos.
d. Es el suyo.
e. Es la tuya.
f. Es la mía y no la de Juan.
g. Son las tuyas y no las de Miguel.

2 a. **Este** paquete es para tí, te lo doy.
b. No tomes **esta** bicicleta, la tuya es **aquélla**, allí, contra el muro.
c. Hace mucho tiempo tuve un accidente, **aquel** día descubrí el dolor.
d. Era joven, en **aquellos** tiempos, se pasaba la noche bailando.

3 a. Mis cuadernos son éstos.
b. Tu libro es ése.

c. Su televisión es ésa.
d. Su ordenador es aquél.
e. Vuestras fotos son aquéllas.

4 a. Hay muchas niñas: **la que** ves vestida de princesa mora es mi hija.
b. Deja la puerta abierta para **los que** quieran irse.
c. Va a visitar La Alhambra con **el que** le acompañe.
d. **Lo que** ves es un palacio árabe.
e. Han escrito todas mis amigas excepto **las que** no estaban presentes.
f. **Los que** están hablando, son alumnos del instituto.
g. **El que** está a la derecha es mi profesor.

5 a. Pablo cuenta a su madre **lo** que sabe sobre Andalucía.
b. Comprender es **lo más importante**.
c. **Lo mejor** es conocer el pasado.
d. Siempre me dice **lo mismo**.
e. No te procupes por **lo dicho** por Eduardo.
f. Te he dicho **todo lo** que sabía.
g. Aquí ves **lo que me sorprende**.

6 a. Al-Andalus
Lo que me parece extraordinario es que en aquel entonces las tres religiones convivían. Los que lo querían practicaban la suya. Cada uno respetaba lo que creía el otro. Eso favorecía una vida cultural rica. Los sabios hablaban de sus hallazgos y sus libros eran traducidos. Esta región fue un puente entre el Oriente y el Occidente. Todavía podemos ver huellas de este arte de vivir en los palacios y sus magníficos jardines.

4 Le présent de l'indicatif et le passé composé p. 282

1 a. Tú **lees** el periódico.
b. Yo a**prendo** las palabras.
c. Ellos **cogen** un taxi.
d. Vosotros **escribís** una carta.
e. Usted **se levanta** a las ocho.

2 a. Piensas en ellos.
b. Entiendo el inglés.
c. Se despierta a las siete.
d. Sueño con las vacaciones.
e. Cuentas la historia.
f. Usted se acuesta tarde.

3 a. La madre **viste** a la niña.
b. Tú **corriges** el ejercicio.
c. Nosotros **seguimos** leyendo.
d. Los niños **sonríen**.
e. Yo me **despido** de mi amiga.

4

Présent indicatif	Infinitif	Participe passé	Passé composé
(él) lee	leer	leído	ha leído
(nosotros) dormimos	dormir	**dormido**	**hemos dormido**
(ustedes) **se quedan**	quedarse	**quedado**	**se han quedado**
(tú) te acuestas	acostarse	**acostado**	**te has acostado**
(yo) **voy**	ir	ido	**he ido**
(ellos) concluyen	**concluir**	concluido	**han concluido**
(usted) ríe	reír	**reido**	**ha reido**
(vosotros) **escribís**	**escribir**	**escrito**	habéis escrito
(nosotros) vemos	**ver**	visto	**hemos visto**
(yo) **digo**	decir	dicho	**he dicho**

5 Armando **es** un muchacho corriente: **lleva** vaqueros y **lee** historietas. Cuando **viene** del instituto, **se quita** los zapatos, **mueve** los pies y **enciende** el ordenador. Cuando **le llaman** los amigos, **se ríe** mucho con ellos. **Se duerme** tarde y por la mañana, **le despierta** su madre.

6 En Buenos Aires, capital de Argentina
Todavía no te he contado nada. Esta semana, he ido a Buenos Aires. He visitado el puerto en el Río de la Plata. Paloma también ha venido. Hemos andado mucho para visitar, hemos descansado en los bares y hemos escuchado tangos. No nos hemos aburrido nunca.

5 *Ser/estar* Les périphrases verbales p. 284

1 a. Manuel **es** (devant un nom : *ser*) un chico encantador, **es** (origine : *ser*) de Barcelona.
b. El puente **es** (matière : *ser*) de hierro.
c. Mi hermana **está** (lieu : *estar*) en casa, **está** (devant un gérondif : *estar*) estudiando para el examen.
d. Los alumnos **están** de vacaciones, el instituto **está** (état lié aux circonstances : *estar*) vacío.
e. La película **es** (le complément d'agent introduit par *por* indique qu'il s'agit d'un passif : *ser*) prohibida por las autoridades.
f. La película **está** (résultat de l'action : *estar*) prohibida: no la puedes ver.
g. Esta señora **es** (*siempre* nous indique qu'il s'agit d'une caractéristique essentielle : *ser*) siempre elegante.
h. Por primera vez, hoy, Lolita **está** (*por primera vez* nous indique qu'il s'agit d'un état lié aux circonstances : *estar*) elegante.

2 a. Llega a casa corriendo.
b. Baja la cabeza callando.
c. A Pedro le gusta fumar leyendo el periódico.
d. Llora contándole lo que ha pasado.
e. Abre el regalo sonriendo.
f. Grita cayendo en las escaleras.

3 a. El chico **vuelve a llamar** a su madre.
b. El anciano **va subiendo** las escaleras.
c. **Voy descubriéndolo**.
d. **Se pasa el día estudiando**.
e. **Se pasa la tarde llamándonos** por teléfono.
f. **Vuelves a recitar** la lección.
g. **Vuelvo a pedirte** permiso para salir.

4 a. Lola **se pone** pálida de miedo.
b. Este joven **se vuelve** un hombre hecho y derecho.
c. Mi abuela **se vuelve** vieja.
d. Al leer tu carta, los padres **se ponen** contentos.
e. Al llegar a la finca, la carretera **se vuelve** un camino de tierra.
f. (yo) **Me hago** muy elegante para ir a bailar.
g. Manuela **se vuelve** una mujer muy elegante.

5 a. Acabas de decir lo que sabes.
b. Me pongo a hacer los ejercicios.
c. Empiezan a estudiar la química.
d. Sigue comiendo mucho.
e. Llevamos dos años viviendo en Madrid.

6 El descubrimiento de América (1492)
Rodrigo de Triana acaba de gritar « tierra ». El barco de Colón se va acercando a una isla. Lleva más de dos meses viajando. Está contento de llegar. Acaba desembarcando y está muy sorprendido porque el pueblo de la isla es acogedor y diferente de todo lo que conoce.

6 Formuler des projets et des désirs : indicatif futur et subjonctif présent p. 286

1 a. Lee un libro. → Leer → Leerá un libro.
b. Traduces el texto. → Traducir → Traducirás el texto.
c. Calientan el agua. → Calentar → Calentarán el agua.
d. Vuelven a casa. → Volver → Volverán a casa.
e. Corrige los ejercicios. → Corregir → Corregirá los ejercicios.
f. Tienen frío. → Tener → Tendrán frío.
g. No dices nada. → Decir → No dirás nada.
h. Vienen a las tres. → Venir → Vendrán a las tres.
i. Haces bien. → Hacer → Harás bien.
j. Hay mucha gente. → Haber → Habrá mucha.

2 a. Está bien que **escribas** una carta.
b. Me dice que **toque** el piano.
c. Conviene que no **beban** vino.
d. Conviene que **paguemos** las facturas.
e. Te pido que **subas** a verme.
f. Espero a que Usted **coja** el tren.

3 a. Quiere que mi hija **vuelva** pronto.
b. Quiere que **te sientas** a su lado.
c. Conviene que **pida** permiso.
d. Está bien que **consientan** en ello.

4 a. Pedro quiere que Cecilia venga a visitarle.
b. Pedro quiere que todos se vayan de vacaciones.
c. Pedro quiere que su hermano salga de casa.
d. Pedro quiere que su madre le conduzca a la playa.
e. Pedro quiere que su amigo le dé billetes para el concierto.
f. Pedro quiere que su abuelo ya haya llegado.
g. Pedro quiere que sus amigos le hagan un regalo.

5 a. Te llamo por teléfono para que sepas la verdad.
b. Su amigo le presta un libro para que lo lea.
c. Insisto para que me digas la verdad.
d. Doy el abrigo a la niña para que no tenga frío.
e. Va de compras para que haya algo de comer en casa.
f. Cierra la puerta para que no salga de casa.
g. Le das dinero para que ofrezca flores a la abuela.

6

présent de l'indicatif	présent du subjonctif	infinitif
a. digo	diga	decir
b. dicen	**digan**	**decir**
c. traduzco	**traduzca**	**traducir**
d. traducís	**traduzcan**	**traducir**
e. detengo	**detenga**	**detener**
f. detiene	**detenga**	**detener**
g. propongo	**proponga**	**proponer**
h. proponéis	**propongáis**	**proponer**

7 a. Aconseja a los alumnos que trabajen.
b. Nos dice que salgamos.
c. Les aconsejáis que escriban.
d. Te mandan que hables.
e. No cree que vengas.
f. Cuando nos veamos, te contaré todo.

7 Exprimer des sentiments p. 288

1

Adjectif	Adverbe
autoritario	**autoritariamente**
regular	**regularmente**
feliz	**felizmente**
alegre	**alegremente**
hábil	hábilmente
cortés	**cortésmente**
constante	constantemente

2 a. Habla **tranquilamente**.
b. Entra en la tienda **rápidamente**.
c. La saluda **cortés y amablemente**.
d. Le escribe **regular y constantemente**.
e. Encuentra **fácilmente** la dirección.
f. Lo repite **clara y lentamente**.

3 a. Tiene **muchos** deberes.
b. Le quedan **pocas** cosas por hacer.
c. No gana **bastante** para comprarse una casa.
d. Tiene **tantas** amigas que no las puede ver todas.
e. **¿Cuántos** años tienes?
f. Le gustan **tanto** los discos que no deja de escucharlos.
g. Viene muy **poca** gente.

4 Il fallait relier :
Le da vergüenza – Le avergüenza
Le da dolor – Le duele
Le da alegría – Le alegra
Le da gusto – Le agrada
Le da rabia – Le enfada
Le da miedo – Le asusta

5 a. Le avergüenza que su hijo no nos salude.
b. Le sorprende que Pedro venga.
c. Le desespera que tengamos que esperar mucho.
d. Le enfada que su hijo no llame.
e. Le encanta que sus amigos lleguen mañana.
f. Le da tristeza que no le hayas felicidado.
g. Le da alegría que hoy sea su cumpleaños.

6

Action	Verbe de sentiment	Compl. ou adv. de manière
llora	le duele	dolorosamente
sonríe	**le agrada**	**con gusto**
se sobresalta (il sursaute)	**le da un susto**	**con miedo**
ríe	**le da risa**	**alegremente**
se esconde (il se cache)	**le da vergüenza**	**vergonzosamente**
grita	**le da rabia**	**furiosamente**

7 a. Le da vergüenza su trabajo.
b. Nos da miedo la noche.
c. Les da risa.
d. Les da pena que estés enfermo.
e. Le da mucho gusto ir al restaurante.

8 Les formes impersonnelles : l'obligation et la traduction de « on » p. 290

1 a. Es importante que vengas a verme.
b. Conviene decir la verdad.
c. Es urgente que llamen al médico.
d. Basta mirar la hora.
e. Es mejor que lleguemos a la hora.
f. Está mal que no hayas terminado.
g. Parece mentira que no lo sepas.
h. Es mejor estudiar cada día.

2 a. Hay que levantarse a las siete.
b. Hay que coger el autobús de las ocho.
c. Es preciso que escuches en clase. → Es preciso escuchar en clase.
d. Es preciso que hagas los ejercicios. → Es preciso hacer los ejercicios.
e. Hace falta que vuelvas rápido. → Hace falta volver rápido.
f. Hace falta que aprendas las lecciones. → Hace falta aprender las lecciones.
g. Es necesario acostarse temprano y dormir bien.

3 a. Los turistas tienen que visitar Madrid.
b. El guía tiene que acompañarlos al museo del Prado.
c. Manuel tiene que ir de tapeo con el guía.
d. Los jóvenes tienen que tomarse una copa en la Plaza Mayor.
e. Todos tienen que pasear por El Retiro.
f. Isabel y Manuel tienen que pasear por la Gran Via.

4 a. On est en vacances jusqu'à la semaine prochaine. → (on = nous) Estamos de vacaciones hasta la semana que viene.
b. On nous a indiqué cet hôtel. → (on = des gens) Nos han indicado este hotel.
c. On nous a bien accueillis dans cet hôtel. → (on = les gens) Nos han acogido bien en este hotel.
d. On prépare les chambres. → (fait habituel = *se*) Se preparan las habitaciones.
e. Au restaurant, on mange bien. → (fait habituel) En el restaurante, se come bien.
f. À mon âge, on va dans un hôtel confortable et on aime manger au restaurant. → (on = je) A mi edad, uno (una, si c'est une femme) va a un hotel cómodo y le gusta comer en un restaurante.
g. On a beaucoup aimé ces vacances. → (on = nous) Nos han gustado mucho estas vacaciones.

5

obligation personnelle	ordre	défense
Tienes que leer la carta.	Lee la carta.	No leas la carta.
Tienes que hablar con Pepe.	**Habla con Pepe.**	**No hables con Pepe.**
Tenéis que mirar la tele.	**Mirad la tele.**	**No miréis la tele.**
Tienes que comer todo.	**Come todo.**	**No comas todo.**
Tenéis que escribir más.	**Escribid más.**	**No escribáis más.**
Tienes que quedarte callado.	**Quédate callado.**	**No te quedes callado.**
Tenéis que venir.	**Venid.**	**No vengáis.**

6 Asistir a una corrida
Se entra en la plaza de toros y se oye a la multitud que está gritando. Hace calor y es mejor instalarse en la sombra. El torero entra, es preciso que lleve su traje de luces. Cruza la plaza de toros, y todos tienen que verle. Le admiran. Tiene que lidiar con el toro y jugarse la vida. Luego, al final, está frente al toro y tiene que matarlo. Aclaman al torero y le lanzan flores.

9 Les principales prépositions p. 292

1 a. Le hablo **de** mis vacaciones.
b. Este libro es **de** Juana.
c. Dice **al** chico que venga.
d. Veo **a** mi hermana que vuelve **del** colegio.
e. Has encontrado **a** Jaime. Háblame **de** él.

2 a. Ví **a** dos jóvenes que fumaban **en** la calle.
b. Se acercaba **a** la casa **de** su amigo.
c. Antonio está **de** viaje, no vendrá **a** verte.
d. Es un tren **con** destino **a** Sevilla.
e. Terminó su trabajo **a** las diez.
f. El chico **de** ojos negros lleva una chaqueta **de** cuero.
g. Se va **a** Inglaterra **en** avión

3 a. Ayer **por** la noche, estaba en casa.
b. Lo hace **por** su familia.
c. ¿**Para** quién me tomas?
d. La gente anda **por** el parque.
e. Vienen a Sevilla **para** ver a Juana.
f. Mañana **por** la mañana, me voy.
g. Te doy dinero **para** ir al cine.
h. No le gusta conducir, **por** eso no tiene coche.

4 a. **Al entrar en clase**, los alumnos callan.
b. Sonríe **al levantarse**.
c. **Al llamarnos por teléfono**, se disculpa.
d. No dice la verdad **por tener miedo**.
e. No te lo explico **por no saberlo**.
f. No pueden ir a visitarte **por no estar de vacaciones**.

5 Está representada una ceremonia. **En primer término** se ve **en el centro** la escalera que sube al altar que está **en lo alto** de la pirámide. En una pared de la pirámide, **a la derecha**, se ven pinturas que representan a los dioses. Dos hombres llevan ofrendas hacia el altar que está **delante de** ellos. Hay gente que viene **detrás de** ellos. Se ve una ciudad en **el segundo término**. Un palacio se levanta **en medio de** ella y vemos los campos cultivados **alrededor de** la ciudad. **En el fondo** vemos el horizonte. La ciudad se sitúa **a orillas** del mar.

6 Por las tierras del Perú
Salimos de Cuzco, antigua capital de los Incas, y vamos en autobús a Machu Pichu, situada en las pendientes de la Cordillera de los Andes. Por curiosidad, llevo conmigo un libro que he comprado por 20 pesos para conocer los mitos de los Incas. En el museo, he visto las joyas de oro y los cuchillos de obsidiana para los sacrificios por los dioses. Vamos a detenernos en casa de Elena que va a acompañarnos porque puede darnos muchas explicaciones.

10 S'exprimer au passé p. 294

1 a. **Compramos** un libro.
b. **Comprendí** muy bien.
c. **Mereciste** el premio.
d. **Llovió** mucho. (pas de diphtongue)
e. **Perdí** el tren.

2 a. Juan **se puso** el abrigo.
b. **Fuimos** a Inglaterra.
c. No **pudimos** venir.
d. No lo **supieron**.
e. **Hubo** mucho ruido.
f. **Anduviste** por el parque.

3

Infinitif	Passé simple 1re pers. sing.	Passé simple 3e pers. plur.	Subjonctif imparfait 1re pers. sing.
cantar	canté	cantaron	cantara
pensar	**pensé**	**pensaron**	**pensara**
perder	**perdí**	**perdieron**	**perdiera**
conducir	**conduje**	**condujeron**	**condujera**
tener	**tuve**	**tuvieron**	**tuviera**
ser	**fui**	**fueron**	**fuera**
estar	**estuve**	**estuvieron**	**estuviera**
decir	**dije**	**dijeron**	**dijera**

4

indicatif présent	infinitif	futur	conditionnel
digo	decir	diré	diría
hacen	**hacer**	**haré**	**haría**
tienes	**tener**	**tendré**	**tendría**
vamos	**ir**	**iré**	**iría**
sabe	**saber**	**sabré**	**sabría**
venís	**venir**	**vendréis**	**vendríais**
salgo	**salir**	**saldré**	**saldría**
ponemos	**poner**	**pondremos**	**pondríamos**
quieren	**querer**	**querrán**	**querrían**

5 a. Juan **fue** a ver a sus amigos para que **fueran** todos juntos a la discoteca.
b. Lola nos **explicó** que mañana **iría** a la universidad y **vería** a su profesor.
c. En el noticiario, **habían asegurado** que **habían cesado** las hostilidades, sin embargo **había** que esperar a que lo **confirmara** la prensa.
d. Pedro nos **llamó** por teléfono para que lo **supiéramos** y nos **pidió** que no lo **repitiéramos**.

6 a. Iría de excursión si tuviera una bicicleta.
b. Se iría de viaje si no estuviera enfermo.
c. Te prestaría el libro si ya lo hubiera leído.
d. Nos invitaría a cenar si fuéramos a su casa.
e. Te pondrías el abrigo si tuvieras frío.
f. Se lo habría dicho si lo supiera.

ALLEMAND

1 Parler au futur, exprimer un projet p. 296

1 *Mutter:* Was **wirst** du also nach dem Abitur machen?
Tochter: Ich **werde** bestimmt ein Studienjahr im Ausland machen.
Mutter: Ach was, wir **werden** dich dann fast nie sehen!
Tochter: Aber doch, natürlich! Ihr **werdet** mich bestimmt vermissen, aber nicht vergessen. Außerdem **wird** Vati ganz sicher mit meinem Projekt einverstanden sein. Und meine Geschwister **werden** mich auch sehr gerne besuchen!

2 a. Ich werde ein Doppeldiplom machen.
b. Will sie nicht nächstes Jahr nach Deutschland?
c. Mein Freund hat die Absicht, nach dem Abitur an einem Erasmusprogramm teilzunehmen.
d. Hast du Lust ein Jahr im Ausland zu verbringen?
e. Er plant schon seit langer Zeit, einige Monate in Österreich zu verbringen.
f. Wir haben uns vorgenommen, im Ausland zu studieren.

3

	zu	~~zu~~
planen	x	
wollen		x
Lust haben	x	
etwas vor/haben	x	
werden		x
die Absicht haben	x	
sich vorgenommen haben	x	

4 a. Ich werde **nächstes Jahr** an dem Voltaire-Programm teilnehmen.
b. **Später** werde ich das Abitur bestehen.
c. **Dann** werde ich mit dem Studium anfangen.
d. **Danach** werde ich ein Jahr im Ausland als Erasmusstudent verbringen.
e. Ich werde **sobald wie möglich** ein Praktikum in einer ausländischen Firma absolvieren.
f. **In der Zukunft** werde ich mich in England als Ingenieur bewerben.
g. **Schließlich** werde ich mehrere Jahre im Ausland verbringen.
h. **Zuletzt** werde ich mit guter beruflicher Erfahrung nach Deutschland zurückkehren.

5 a. Ja, **ich plane** an dem Voltaire-Programm teil**zu**nehmen.
b. Ja, **ich habe die Absicht** im Ausland **zu** arbeiten.
c. Ja, **ich habe beschlossen**, mal in einem anderen Land **zu** studieren.
d. Ja, **ich habe mir vorgenommen,** in einem anderen Land **zu** leben.
e. Nein, **ich habe keine Lust**, immer nur in Frankreich **zu** leben.
f. Ja, **ich nehme mir vor**, eine andere Sprache **zu** lernen.
g. Ja, **ich habe vor**, ein anderes Land **zu** entdecken.

6 a. Mein Cousin Denis hat schon immer Lust gehabt, ein anderes Land zu entdecken.
b. Er plant also zuerst, 6 Monate mit dem Voltaire-Programm in Deutschland zu verbringen.
c. Er hat dann die Absicht, Abitur zu machen und danach mit dem Designstudium anzufangen.
d. Er hat beschlossen, das Jahr darauf ein Praktikum in einer deutschen Firma zu absolvieren.
e. Er plant, sein Diplom so schnell wie möglich zu bekommen.
f. Dann nimmt er sich vor, sich bei einer Firma, die mit dem Ausland arbeitet, zu bewerben.
g. Er hat beschlossen, dass er in ein paar Jahren mehrere Fremdsprachen fließend können wird.

2 Parler au passé : le parfait, le plus-que-parfait p. 298

1 a. bin b. hat / haben c. ist d. Seid e. bist f. ist / sind

2 a. Ich habe sie schon gemacht!
b. Ich habe heute schon gearbeitet!
c. Ich habe es ihm schon gesagt!
d. Ich habe heute schon eine halbe Stunde Klavier gespielt!

3 a. Ich habe mit meiner deutschen Brieffreundin telefoniert.
b. Er hat seine Lektion vergessen.
c. Sie hat den Bus verpasst.
d. Wir haben die Matheübung nicht verstanden.
e. Die Schüler haben für das Fußballturnier trainiert.
f. Sie haben sich den neuen Stundenplan notiert.
g. Wir haben ein Klassenfest organisiert.

4 Gestern **bin** ich spät wach **geworden**. Ich **bin** sofort **aufgestanden**, und **habe** meinen Aufsatz für den Literaturunterricht **geschrieben**. Ich **habe** auch an die Übung **gedacht**, die ich für heute machen sollte. Aber ich **habe** nicht mehr **gewusst**, welche das war. Später **habe** ich **festgestellt**, dass ich mein Buch nicht nach Hause **gebracht** hatte. Zum Glück **hat** mir Daniel **geholfen**: er **hat verstanden**, dass es kein guter Tag für mich war und **hat** mir sein Buch **gegeben**.

5 a. Hast du die Arbeit mitschreiben müssen?
b. Hast du mit dem Klassenlehrer sprechen wollen?
c. Hast du deine Schultasche wieder finden können?
d. Hast du nach Hause gehen dürfen?

6 a. Ich habe die Tür aufgemacht.
b. Sie hat den Lehrern aufmerksam zugehört.
c. Nicht alle Schüler haben die Sportsachen mitgenommen.
d. Die Klasse hat ihre Sachen ausgepackt.

7 a. Da ich schon meine Lektion gelernt hatte, habe ich die nächste Übung machen können.
b. Da ich schon in Deutschland gewesen war, habe ich dieses Thema schon gekannt.
c. Da ich gut gearbeitet hatte, habe ich ins Kino gehen dürfen.

8 a. Im September 2010 haben die Renovierungsarbeiten geendet.
b. Am 3.9.2012 hat das Schuljahr angefangen.
c. Vom 12 bis zum 16.12.2012 sind die Terminales nach Deutschland gereist.

3 Comprendre un récit au prétérit p. 300

1 a. baute – revolutionierte – entwickelten – begründeten
b. modifizierte – überzeugte
c. revolutionierten – entwickelte – konnte
d. stellte – her.

2 a. Der deutsche Chemiker Felix Hoffmann **erfand** im Jahr 1897 ein Medikament.
b. Konrad Zuse, der Mann, der das Zeitalter des Computers eröffnet hat, **verstarb** 1995 ohne je einen PC benutzt zu haben.
c. Es **begann** Ende der Siebziger Jahre an der Universität Erlangen-Nürnberg, und **wurde** ab der Mitte der Neunziger Jahre zum Welterfolg: das MP3-Format.

3 a. wusste – dachte – sandte b. brachte c. kannte d. nannte

4 a. Als b. wenn c. Als d. Als e. Wenn

4 Exprimer le souhait, le goût – L'adjectif dans le groupe nominal p. 302

1 a. **Das** blau**e** T-Shirt ist so schön!
b. **Die** hoh**en** Stiefel sind total Mode.
c. **Der** elegant**e** Hut gefällt mir.
d. **Die** coolst**en** Markenkleider sind oft teuer.

2 a. Trägst du gern Markenkleider?
b. Gefällt es dir, modisch angezogen zu sein?
c. Magst du oft teure Kleider kaufen?

3 a. Daniela **würde gern** dieses blaue Kleid kaufen.
b. Maria **hätte gern** ein neues T-Shirt.
c. Stefan **wünscht** eine modische Jeanshose.
d. Anna **träumt von** topgestylten Kleider**n**.

4 Petra trägt gern:
a. eine bequem**e** Jogginghose mit ein**em** hell**en** Sweatshirt.
b. ein**en** warm**en** Pullover mit ein**er** dick**en** Jacke.
c. modisch**e** Klamotten mit ein**em** elegant**en** Hut.
d. ein marineblau**es** Sweatshirt mit dunkelblau**en** Turnschuh**en**.
e. kurz**e** Röcke mit ein**em** schön**en** Schal.
f. schwarz**e** Ballerinas mit ein**er** Leggin.

5 a. Am liebsten trage ich eine bequeme Jogginghose mit einem hellen Sweatshirt.
Eine bequeme Jogginghose mit einem hellen Sweatshirt gefällt mir sehr (total).
d. Ich trage lieber ein marineblaues Sweatshirt mit dunkelblauen Turnschuhen.
Ich ziehe vor, ein marineblaues Sweatshirt mit dunkelblauen Turnschuhen zu tragen.
b. Ich mag einen warmen Pullover mit einer dicken Jacke tragen.
Ich trage gern einen warmen Pullover mit einer dicken Jacke.
Ein warmer Pullover mit einer dicken Jacke gefällt mir.
c. Ich trage schon modische Klamotten.
Ich trage nicht so gern modische Klamotten.
e. Ich trage nicht gern kurze Röcke.
Kurze Röcke gefallen mir nicht.
f. Ich trage überhaupt nicht gern schwarze Ballerinas mit einer Leggin.

6 Sie mag überhaupt keine (trägt überhaupt nicht gern) rosa Klamotten, mag keine (trägt ungern) kurze Röcke, trägt schon Kleider, mag (trägt gern) kurze Hosen, trägt lieber Jeanshosen und trägt am liebsten (mag total) schwarze Röhrenjeans.

7 a. Wenn ich faulenze, trage ich eine Jogginghose und irgendeinen Pullover.
b. Wenn ich in die Stadt gehe, trage ich eine Legging (unter dem Kleid) oder eine Röhrenjeans.
c. Wenn es draußen kalt ist, trage ich lange Mäntel, Röhrestiefel, XXL-Schals und Wollmützen.
d. Wenn ich einkaufen gehe, trage ich Röcke, knappe Tops.
e. Wenn ich Freunde treffe, trage ich Jeans, Shirts oder Kleider.
f. Wenn ich ausgehe, trage ich topgestylte Kleider oder Tops.
g. Wenn ich ein Date habe, trage ich schickere Sachen.
h. Wenn ich laufen muss, trage ich flache Schuhe.

5 Situer dans l'espace et indiquer des déplacements p. 304

1 a. In Frankfurt wohnen.
b. Zu Hause bleiben.
c. Nach Luxemburg fliegen.
d. Zum Arzt gehen.
e. Bei Tante Lisbeth Tee trinken.

2 a. Wir gehen **zu** Stefan: wir grillen **in** seinem Garten.
b. Ich habe **neben** Maria und Franziska gesessen.
c. Er wollte schon seit Jahren **nach** Berlin.
d. **Bei** diesem Lehrer macht der Physikunterricht Spaß.
e. Er studiert jetzt **in** Hamburg.
f. Nach dem Unterricht gehen wir **auf** den Schulhof.

3 a. Die Turnhalle? Sie liegt neben **dem** Schulhof.
b. Der Physiksaal? Er ist **im** Erdgeschoss zwischen **den** 2 Arbeitszimmer**n**.
c. Das Lehrerzimmer? Es befindet sich **im** ersten Stock, gegenüber **der** Schulbibliothek.
d. Die Kantine? Sie ist zwischen **dem** Schulhof und **der** Turnhalle.
e. Das Arbeitszimmer? Es befindet sich unter **dem** Lehrerzimmer, vor **dem** Eingang.

4 a. Ich muss morgen ganz früh auf **das** Gymnasium.
b. Heute essen wir in **der** Kantine.
c. Ich habe meine Schultasche in **dem** Physikraum vergessen.
d. Weißt du, ob mein Buch auf **dem** Tisch im Arbeitszimmer geblieben ist?
e. Deine Tasche steht dort in **der** Ecke.

5 **in** Berlin wohnen
nach Hause gehen
in dem Bücherschrank sein
zu Hause bleiben
zum Schulleiter müssen
in den Klassenraum eintreten
bei Tom, dem Deutschassistenten, Unterricht haben
beim Schuldirektor sein
auf den Schulhof gehen
nach Wien fliegen
auf dem Schulhof die Pause verbringen

6 Comparer, opposer p. 306

1 a. In Mathe ist Adrian **so** gut **wie** Lena.
b. In Französisch sind die Noten von Adrian **besser als** die von Lena.
c. Lena hat **bessere** Noten in Englisch **als** Adrian.
d. In Erkunde ist Adrian viel **schlechter als** Lena.
e. In Geschichte sind die Noten von Lena **schlechter als** die von Adrian.
f. In Physik hat Adrian **so** gute Noten **wie** Lena.

2 a. Lena findet den Deutschunterricht am interessantesten.
b. Adrian gefällt Physik am besten.
c. Lena hat lieber Mathematik als Geschichte.
d. Adrian interessiert sich für Erdkunde am wenigsten.

3 a. Lena lernt fleißiger als Adrian.
b. Lena schreibt bessere Klausuren als Adrian.
c. Lena sitzt länger am Schreibtisch als Adrian.
d. Lena bemüht sich mehr als Adrian.

4 a. Eine Unterrichtsstunde dauert 45 Minuten in Deutschland. In Frankreich dagegen dauert sie 60 Minuten.
b. Im Gegensatz zu Deutschland haben die französischen Schüler nur 2 Stunden Unterricht für die 2. Fremdsprache.
c. Während die Schüler in Frankreich eine lange Mittagspause haben, haben die Schüler in Deutschland nur 40 Minuten Pause.

5 a. Die deutschen Schüler haben keine lange Mittagspause, während die französischen Schüler eine lange Pause haben.
b. In deutschen Schulen gibt es oft einen Kiosk. In französischen Schulen dagegen gibt es eine Kantine.
c. Im Gegensatz zu Frankreich gibt es in Deutschland keine „Conseiller Principal d'Education".

6 a. 1) Es gibt so viele Unterrichtstage pro Woche in Deutschland wie in Frankreich.
2) Es gibt (genauso) so viele schulfreie Tage in Frankreich wie in Deutschland.
3) Die deutschen Schüler haben nicht so viele Unterrichtsstunden pro Woche wie die französischen Schüler.
4) Eine Unterrichtsstunde dauert nicht so lange in Deutschland wie in Frankreich.
5) Die französischen Schüler haben nicht so viele Unterrichtsstunden für die 2. Fremdsprache wie die deutschen Schüler.
6) Die Mittagspause dauert nicht so lange in Deutschland wie in Frankreich.
b. 3) Die französischen Schüler haben mehr Unterrichtsstunden pro Woche als die deutschen Schüler.
3) Die deutschen Schüler haben weniger Unterrichtsstunden pro Woche als die französischen Schüler.
4) Eine Unterrichtsstunde dauert weniger lang in Deutschland als in Frankreich.
4) Eine Unterrichtsstunde dauert in Frankreich länger als in Deutschland.
5) Die französischen Schüler haben weniger Unterrichtsstunden für die 2. Fremdsprache als die deutschen Schüler.
5) Die deutschen Schüler haben mehr Unterrichtsstunden für die 2. Fremdsprache als die französischen Schüler.
6) Die Mittagspause dauert länger in Frankreich als in Deutschland.
6) Die Mittagspause dauert weniger lang in Deutschland als in Frankreich.

7 Exprimer le but, le moyen – Le passif p. 308

1 a. Einen Solidaritätslauf wird dieses Jahr von den Schülern der Oberstufe organisiert.
b. Wir organisieren eine Hilfsaktion, um Geld zu sammeln.
c. Das Projekt wird mit Unterstützung von der Malihilfe organisiert.
d. Die Schüler wollen Geld sammeln, damit die Hilfsorganisation eine Schule bauen kann.

2 a. Die Schüler rennen, **um** Malikindern **zu** helfen.
b. Sie sprechen mit ihren Eltern und Nachbaren darüber, **um** Sponsoren **zu** finden.
c. Die Journalisten kommen, **um** über diese Aktion **zu** informieren.

3 a. Schüler: „Damit wir so viel Geld wie möglich sammeln."
b. Schüler: „Damit eine Schule in Mali gebaut wird."

4 a. Die Hilfsorganisation Malihilfe wurde vor 25 Jahren gegründet, **um** bei der Finanzierung von Projekten in dem westafrikanischen Land **zu** helfen.
b. Die Schüler suchen Sponsoren, **damit** sie ihnen Geld für jede Runde Lauf spenden.
c. Die Schüler malen Bilder, **um** sie beim Elternabend **zu** verkaufen.
d. Sie sammeln Geld, **damit** eine Schule in einem Dorf gebaut wird.
e. Unsere Schule organisiert eine Hilfsaktion, **um** afrikanischen Kindern **zu** helfen.
f. Wir sammeln Medikamente, **um** sie in die Dritte Welt **zu** schicken.
g. Das Rote Kreuz macht viel, **damit** den ärmsten Leuten geholfen wird.
h. Das Rote Kreuz macht viel, **um** die Armut **zu** bekämpfen.
i. Die Berliner Tafel sammelt Lebensmittel, **damit** alle etwas zu essen haben.

5 a. **Indem** die Schüler Sport treiben und laufen, finanzieren sie ein Projekt.
b. **Durch** diese Aktion können die Schüler anderen helfen.
c. **Mit Hilfe der** Journalisten können die Schüler diese Aktion bekannt machen.
d. **Mit Unterstützung von** der Organisation wird die Hilfsaktion organisiert.
e. **Mit** dem Geld kann sehr viel in dem westafrikanischen Land Mali, einem der ärmsten Länder der Welt, realisiert werden.

6 Hallo liebe Mitschüler! Dieses Jahr **wurde** wieder der Hungermarsch in unserem Gymnasium **organisiert**. Alle Schüler, die sich dafür interessiert haben, haben mitlaufen können. Spenden **wurden** mit Unterstützung von Angehörigen, Bekannten und Geschäftsleuten für jede gelaufene Runde **gesammelt**. Während der Projekttage **wurden** auch Trommeln **gebastelt**, es **wurde** afrikanisch **gekocht**. Die Arbeiten **wurden** den Eltern **präsentiert**. Die Bilanz der Aktion ist sehr positiv: damit **wurde** ein Schulprojekt in Mali **unterstützt**. Aber auch für unsere Schule gab es positive Konsequenzen: durch den Benefizlauf **wurden** Teamgeist und soziale Verantwortung **geweckt**. Bis nächstes Jahr für den 4. Hungermarsch in unserem Gymnasium!

8 Exprimer une opinion, la cause, la conséquence, la concession p. 310

1 a. **Bist du der Meinung, dass** eine Schuluniform nur negative Seiten hat?
b. **Ich bin mir sicher, dass** eine Schuluniform nur negative Seiten hat.
c. **Er ist überzeugt, dass** eine Schuluniform nur negative Seiten hat.
d. **Sie bezweifeln nicht**, dass eine Schuluniform nur negative Seiten hat.
e. **Es steht für uns fest,** dass eine Schuluniform nur negative Seiten hat.

2 a. Schuluniformen sind nicht so gut, **weil** sie manchmal teuer sind.
b. **Da** die Schuluniformen oft langweilig sind, habe ich keine Lust, eine zu tragen.
c. Die Schüler wollen keine Schuluniform tragen, **denn** alle sehen gleich aus.

d. Manche Eltern finden Schuluniforme billiger. Modische Sachen sind **nämlich** teuer.
e. Bei einer Schuluniform hat jeder dasselbe an. **Deshalb** können keine Sprüche über die Klamotten der anderen gemacht werden.
f. Ich habe meinen eigenen Stil, **deswegen** will ich keine Uniform.
g. Schüler werden manchmal wegen ihrer Kleidung diskriminiert. **Das ist der Grund, warum** unsere Schule sich für eine Schulkleidung entschieden hat.
h. Die Jugendlichen sollen ihre Freunde nach dem Charakter aussuchen. **Aus diesem Grund** ist es interessant, Schuluniformen zu tragen.

3 **a.** Markenkleider sind **so** teuer, **dass** eine Uniform immer billiger sein wird.
b. Alle Schüler sehen gleich aus**, so dass** die persönliche Individualität verloren geht.
c. Alle sehen gleich aus. Es gibt **also** keinen Markenterror mehr.

4 **a.** **Zwar** ist eine Schuluniform manchmal teuer, **aber** die Schuluniform kann den Markendruck verhindern.
b. **Einerseits** sehen alle gleich aus, **andererseits** muss man nicht unbedingt modisch angezogen sein.
c. Uniformen sind nicht modisch. **Trotzdem** sucht man sich Freunde nicht nach dem Aussehen, sondern nach dem Charakter.
d. **Auf der einen Seite** sehen alle mit einer Schuluniform gleich aus. **Auf der anderen Seite** kann man sich besser auf den Menschen konzentrieren.

5

	cause	conséquence
a.	1	2
b.	2	1
c.	2	1
d.	1	2
e.	1	2
f.	1	2

9 Exprimer l'interrogation, l'hypothèse, la condition p. 312

1 **a.** Wo **b.** Wann **c.** Wie **d.** Was **e.** Warum **f.** Mit wem

2 **a.** Wann spielst du am liebsten am Computer?
b. Mit wem chattest du gern auf Facebook?
c. Wozu benutzt du dein Handy?
d. Warum benutzt du Internet für die Hausaufgaben?
e. Hast du auch ein Ipad?

3 **a.** Ich frage mich, ob ich meinem Kind ein Handy kaufen soll.
b. Ich frage mich, ab wann mein Kind ein Handy braucht.
c. Ich frage mich, welches Handy das richtige ist.
d. Ich frage mich, welcher Tarif der richtige ist.
e. Ich frage mich, wie viele Funktionen das Gerät haben sollte.
f. Ich frage mich, ob eine Prepaid-Karte eine gute Wahl ist.

4 **a.** **Man kann vermuten / Ich vermute, dass** wir in der Zukunft immer mehr Technologie benutzen werden.
b. **Es ist möglich, dass** wir noch mehr Apparate zu Hause haben werden.

5 **a.** Wir haben einen Computer, wir sollen nicht in Büchern nach Informationen suchen. Aber wenn wir keinen Computer hätten, sollten wir in Büchern nach Informationen suchen.
b. Wir besitzen eine Mikrowelle; das Essen muss nicht lange kochen. Aber wenn wir keine Mikrowelle besitzen würden, müsste das Essen lange kochen.
c. Es gibt das Fernsehen; die Abende sind nicht langweilig. Aber wenn es kein Fernsehen gäbe, würden die Abende langweilig sein.
d. Du hast keinen USB-Stick; du kannst deine Dokumente nicht speichern. Aber wenn du einen USB-Stick hättest, könntest du deine Dokumente speichern.

6 **a.** Wenn ich eine Internetverbindung gehabt hätte, hätte ich dir eine Mail geschrieben.
b. Wenn sie sich im Internet informiert hätte, hätte sie gewusst, dass der Flug Verspätung hatte.
c. Wenn er deine SMS bekommen hätte, hättest du nicht lange auf ihn gewartet.
d. Wenn wir gestern nicht stundenlang Videospiele gespielt hätten, hätten wir nicht vergessen für die Schule zu lernen.

10 Exprimer le conseil, l'interdiction – L'impératif p. 314

1 **a.** Trenn den Müll!
b. Sparen wir Wasser und Energie!
c. Kauft lokale Produkte!
d. Kauf weniger Textilien!
e. Nutzen wir Reparaturenservice!

2 **a.** Engagiert euch für die Umwelt!
b. Interessiere dich für neue Energien!
c. Verzichten wir auf Atomstrom!
d. Kauft fair produzierte Waren!
e. Essen Sie Bioschokolade!
f. Benutzt Recyclingpapier!

3 **a.** Fangen Sie im Kleinen an!
b. Kaufen wir Artikel zum Nachfüllen!
c. Geh zu Fuß!
d. Lasst die Spülmaschine und die Waschmaschine nur voll laufen!
e. Sammeln wir in einer Zisterne Wasser zum Gießen!
f. Trennt den Müll!
g. Sparen wir Wasser und Energie!
h. Mach das Licht aus, wenn du ein Zimmer verlässt!
i. Wechselt zu Ökostrom aus erneuerbaren Energien wie Sonne, Wind oder Wasser!
j. Schalte den Stand-by-Betrieb bei Fernseher und Videorecorder ab!
k. Wendet Mehrwegsysteme und Recycling an, um Abfall zu vermeiden!
l. Nutzen wir den Reparaturservice!
m. Kauft lokale Produkte!

4 **a.** Ich rate dir, kurze Strecken zu Fuß zu gehen oder mit dem Rad zurückzulegen.
b. Ich rate Ihnen, unnötige Spaßfahrten möglichst zu vermeiden.
c. Ich empfehle euch, Obst oder Gemüse ohne Plastikverpackung zu kaufen.
d. Ich empfehle ihnen, eine Stofftüte zu benutzen.
e. Ich rate dir, Müll ordentlich zu entsorgen.
f. Ich rate euch, regelmäßig Müllsammelaktionen zu führen.

g. Ich empfehle dir, Plastik- und Glasflaschen nicht wegzuwerfen.

5 a. An seiner Stelle würde ich keine Plastiktüten an der Kasse des Supermarkts kaufen.
b. An ihrer Stelle würde ich nicht jeden Tag das Auto für kurze Strecken benutzen.
c. An ihrer Stelle würde ich nicht immer das Neueste kaufen.
d. An ihrer Stelle würde ich keine Erdbeeren im Winter kaufen.
e. An deiner Stelle würde ich keine Elektrogeräte auf Stand-by laufen lassen.
f. An ihrer Stelle würde ich mit öffentlichen Verkehrsmitteln fahren.

6 a. Wir sollten Bioprodukte kaufen.
b. Du solltest Müll vermeiden.
c. Ihr solltet beim Einkauf auf die Verpackung achten.
d. Ihr solltet Strom über einen Ökostromanbieter beziehen.
e. Du solltest den Bus oder die Bahn oder am besten das Fahrrad nehmen.
f. Du solltest deinen Fernseher oder PC ausschalten, wenn du sie nicht benutzt.

7 a. Sie sollen unbedingt Energiesparlampen benutzen.
b. Du sollst unbedingt den Müll trennen.
c. Ihr sollt unbedingt weniger Fleisch essen.
d. Wenn du Essen zur Arbeit mitnimmst, sollst du unbedingt es in eine Butterbrotdose packen, anstatt in eine Plastiktüte.

8 a. Es ist nicht erlaubt, das Handy beim Fahren zu benutzen.
b. Jetzt sind Tierversuchs-Kosmetika in der EU nicht mehr erlaubt.
c. Es ist nicht erlaubt, Gartenabfälle in den normalen Mülleimer zu werfen.
d. Glühlampen in den Glascontainer sind nicht erlaubt.
e. Bei Rot ist es nicht erlaubt, den Motor laufen zu lassen.

Crédits photographiques : 17 BIS / © Archives Larbor ; **43 bas** BIS / © Archives Larbor ; **43 ht** BIS / Ph. © Archives Nathan ; **61** RMN / MNAM-Cci / Jacques Faujour, Adagp 2013, Paris ; **136** CORBIS / Heffler ; **139** THE PICTURE DESK / Dagli-Orti ; **141** GAMMA RAPHO / Hoa-Qui / Yann Guichaoua ; **143** La Collection ; **144** BIS / Ph. Coll. Archives Nathan ; **146** BIS / Archives Larbor ; **147** BNF ; **149 d** BIS / Ph. Coll. Archives Nathan ; **149 g** LEEMAGE / heritage Images ; **151 bas** AKG Images ; **151 ht** BIS / Ph. © Archives Nathan ; **153 bas g** BIS / Ph. Coll. Archives Larbor ; **153 m g** BRIDGEMAN - GIRAUDON ; **153 d** BIS / Ph.Scala © Archives Larbor ; **155** BIS / © Archives Larbor ; **157 bas** BIS / Ph. Michel Didier © Archives Larbor ; **157 ht** BIS / Ph. Hubert Josse © Archives Larbor ; **163 ht** REUTERS ; **163 m d** CORBIS / Paulo Fridman ; **163 bas** SHUTTERSTOCK ; **163 m g** CHAPPATE PATRICK / Courrier International ; **165** SIPA PRESS / AP / Chine Nouvelle ; **171 d** CHRISTOPHE L ; **171 g** CHRISTOPHE L ; **173** CORBIS / Chris Sattlberger ; **175** AFP / Noël Celis ; **179 bas** BSIP / Biophoto Associates ; **179 ht** ISM / Ctu-UCBL ; **189** HANOTEAU Frédéric ; **193** HANOTEAU Frédéric ; **195** NOAA / © Tele Atlas 2010 / US dept of State Geographer ; **196** LALEVÉE Frédéric ; **197** LALEVÉE Frédéric ; **209** HANOTEAU Frédéric ; **214** Archives Nathan / Pénigaud ; **215** HANOTEAU Frédéric ; **216** HANOTEAU Frédéric ; **218 d** CIEL ET ESPACE / AAO / D. Malin ; **218 g** COSMOS / SPL / David A. Hardy ; **219 h** CIEL ET ESPACE / NASA CXC SAO ; **219 bas** CIEL ET ESPACE / Fernandez ; **220** HANOTEAU Frédéric ; **222 d** M. Chapelet ; **222 g** M. Chapelet ; **223 ht d** COSMOS / SPL / Eckhard Slawik ; **235 ht** HANS Michel ; **235 bas** HANOTEAU Frédéric ; **239** HANOTEAU Frédéric ; **240** HANOTEAU Frédéric ; **241** HANOTEAU Frédéric ; **242** HANOTEAU Frédéric ; **243** HANOTEAU Frédéric ; **244** HANOTEAU Frédéric ; **245** BIOSPHOTO / Odile Gauthier ; **255** CORBIS / Images.com / Mike Dammer ; **263** SHUTTERSTOCK / Aspen Photo ; **273 bas** Don Bluth, Universal Film DR ; **273 ht** The Richmond Times Dispatch / Gary Brookins ; **293** THE PICTURE DESK / Art Archive / H.M. Herget.

Édition : MT Valakoon, M. Demaria, C. Châtillon
Mise en page : Facompo, Linéale
Création maquette : Frédéric Jély
Création couverture : Véronique Lefebvre
Infographie : Laurent Blondel/Corédoc (sciences et p. 140),
Renaud Scapin (p. 137, 139, 142, 155), Odile Regnault-Dionne (p. 164, 167, 175)
Cartographie : AFDEC, Légendes Cartographie
Iconographie : Juliette Barjon

N° d'éditeur : 10230980 – LINÉALE – Décembre 2016
Imprimé en France par LOIRE OFFSET TITOULET